Revista de Direito Tributário

81

MALHEIROS EDITORES

Revista de Direito Tributário

Publicada sob os auspícios do

Instituto Geraldo Ataliba — IDEPE — Instituto Internacional de Direito Público e Empresarial e do
IBET — Instituto Brasileiro de Estudos Tributários

ISS 0102-7956

REVISTA DE DIREITO TRIBUTÁRIO
publicação trimestral de
MALHEIROS EDITORES LTDA.
Rua Paes de Araújo, 29, 17º andar - conj. 171
CEP: 04531-940 - São Paulo, SP
Tel. (0xx) 3078-7205
Fax. (0xx) 3168-5495
Diretor Responsável: Álvaro Malheiros
Diretora: Suzana Fleury Malheiros

Assinaturas e comercialização:
CATAVENTO DISTRIBUIDORA
DE LIVROS S.A.
Rua Conselheiro Ramalho, 928
CEP 01325-000 - São Paulo - SP
Tel. 289-0811 - Fax. 251-3756
Supervisão Gráfica: Vânia Lúcia Amato
Composição: *Scripta*
Impressão: Paym Gráfica e Editora Ltda.

SUMÁRIO

XIV CONGRESSO BRASILEIRO DE DIREITO TRIBUTÁRIO

SESSÃO DE ABERTURA 7

MESA DE DEBATES "A" — GARANTIA DE INSTÂNCIA - EFEITOS DA CONSULTA - REGIMES ESPECIAIS 17

MESA DE DEBATES "B" — PROJETO DE CÓDIGO - SIGILO BANCÁRIO 42

MESA DE DEBATES "C" — COMÉRCIO ELETRÔNICO: IMPORTAÇÃO, EXPORTAÇÃO, ESTABELECIMENTO VIRTUAL - ATOS MERCANTIS - CONFLITOS 64

MESA DE DEBATES "D" — SERVIÇOS E SERVIÇOS DE COMUNICAÇÃO - INTERNET - PROVEDORES - "SOFTWARES" - TV A CABO - FIBRA ÓPTICA 84

MESA DE DEBATES "E" — IMPACTO SOBRE CONSUMO 102

MESA DE DEBATES "F" — TRATADOS - PREÇOS DE TRANSFERÊNCIAS 120

MESA DE DEBATES "G" — RESPONSABILIDADE DOS ADMINISTRADORES 139

CONFERÊNCIAS

MEDIDAS PROVISÓRIAS E GRAVE LESÃO À CIDADANIA E À ORDEM DEMOCRÁTICA
— Profa. Anna Maria Pimentel 144

A LEI COMPLEMENTAR E A EXPERIÊNCIA BRASILEIRA
— Prof. Paulo de Barros Carvalho 158

TRANSPARÊNCIA FISCAL
— Prof. Ricardo Lobo Torres 171

SESSÃO DE ENCERRAMENTO 180

XV CONGRESSO BRASILEIRO DE DIREITO TRIBUTÁRIO

ICMS E ISS: SERVIÇOS DE COMUNICAÇÃO E DE "VALOR ADICIONADO"
— Aires F. barreto 187

IMPOSTO SOBRE TRANSMISSÃO "CAUSA MORTIS" E DOAÇÃO E PROGRESSIVIDADE

— Eduardo Bottallo 201

ICMS – CARÁTER NACIONAL – GUERRA FISCAL E SEUS MECANISMOS DE ATUAÇÃO – O regime dos incentivos fiscais no ICMS

— Heron Arzua 206

A LEI COMPLEMENTAR 104, DE 2001 E O ART. 116 DO CTN

— José Artur Lima Gonçalves 217

ISS – INCIDÊNCIAS CONTROVERTIDAS

— José Eduardo Soares de Melo 236

REFLEXÕES SOBRE A INTERVENÇÃO DO ESTADO NO DOMÍNIO ECONÔMICO E AS CONTRIBUIÇÕES INTERVENTIVAS

— Lucia Valle Figueiredo 248

O SIGILO BANCÁRIO E A GUERRA PELO CAPITAL

— Misabel Abreu Machado Derzi 256

IMPOSTO SOBRE DOAÇÃO – ENTIDADES FILANTRÓPICAS – IMUNIDADE DO ART. 150, VI, "C", DA CONSTITUIÇÃO FEDERAL – INCONSTITUCIONALIDADES DA LEI PAULISTA N. 10.085/00 – QUESTÕES CONEXAS

— Roque Antonio Carrazza 276

A CPMF E SUAS INOVAÇÕES

— Wagner Balera 300

O PRINCÍPIO DA PROGRESSIVIDADE E SUAS IMPLICAÇÕES NO IPTU, IMPOSTO SOBRE DOAÇÕES, "CAUSA MORTIS" E "INTER VIVOS"

— Yoshiaki Ichihara 312

XIV CONGRESSO BRASILEIRO DE DIREITO TRIBUTÁRIO

25 a 27 de outubro de 2000

Presidente do Congresso

Prof. José Eduardo Soares de Melo

Presidente da Comissão Científica

Prof. Estevão Horvath

Presidente da Comissão de Trabalhos

Prof. Roberto Quiroga Mosquera

Presidente da Comissão Organizadora

Profa. Raquel Novais

Conferencistas

Desaembargadora Federal Anna Maria Pimentel – SP

Prof. Paulo de Barros Carvalho – SP

Prof. Ricardo Lobo Torres – RJ

Prof. Sacha Calmon Navarro Coelho – MG

SESSÃO DE ABERTURA

CONFERENCISTA: PROFESSOR SACHA CALMON NAVARRO COELHO

MEMBROS DA MESA: PROFESSORES SOUTO MAIOR BORGES, VALDIR DE OLIVEIRA ROCHA, EUGÊNIO DOIN VIEIRA, ROSOLÉA FOLGOSI, PAULO DE BARROS CARVALHO, ESTEVÃO HORVATH, RAQUEL NOVAIS, LUIZ BOVE.

PRESIDENTE DA MESA (PROF. AIRES BARRETO) – Na qualidade de Presidente do Instituto Geraldo Ataliba - Instituto Internacional de Direito Público e Empresarial declaro abertos os trabalhos do XIV Congresso Brasileiro de Direito Tributário, evento anual que nasceu sob a inspiração do grande mestre que foi Geraldo Ataliba, titular de Direito Tributário da Universidade Católica de São Paulo, seu ex-reitor, jurista notável, orador ímpar, parecerista inexcedível e arguto advogado.

Compõem a Mesa o Prof. Souto Maior Borges, professor honorário da Pontifícia Universidade Católica e professor titular dos cursos de graduação e de pós-graduação da Faculdade de Direito de Recife; Prof. Valdir Rocha, mestre e doutor pela Universidade de São Paulo; o Prof. Eugênio Doin Vieira, professor titular de Direito Tributário e Financeiro da Universidade Federal de Santa Catarina; Profa. Rosoléa Folgosi, professora de Direito Administrativo da PUC de São Paulo e nossa constante colaboradora, uma das responsáveis, nestes últimos anos, pelo sucesso dos vários congressos brasileiros de direito tributário; Prof. José Eduardo Soares de Melo, a quem a Diretoria do IDEPE escolheu para presidir o XIV Congresso Brasileiro de Direito Tributário deste ano. O Prof. José Eduardo, além de mestre, é doutor pela PUC de São Paulo. Integram também a Mesa, à minha esquerda, o Prof. Paulo de Barros Carvalho, que é titular de Direito Tributário da PUC de São Paulo e é também titular de Direito Tributário da USP, em verdade o único professor que detém, simultaneamente, esses dois títulos, de professor titular, ambos conquistados por concurso. A seu lado, o Prof. Sacha Calmon Navarro Coelho, professor titular de Direito Tributário da Faculdade de Direito da Universidade de Minas Gerais e nosso conferencista desta manhã; logo a seguir, o Prof. Estevão Horvath, que é professor na Universidade de São Paulo, onde leciona Direito Tributário; é também doutor em Direito pela PUC de São Paulo; em seguida, a Profa. Raquel Novais, presidente da Comissão Organizadora deste Congresso. Grande parte do êxito deste evento deve-se à atuação da Profa. Raquel Novais. Na extrema esquerda, evidentemente sem qualquer conotação política, está o Prof. Luiz Bove, que é diretor da Faculdade de Direito da Universidade de Santo Amaro, entidade que sempre tem prestigiado todos os nossos Congressos.

Autoridades presentes, senhoras e senhores. Pela décima quarta vez, aqui estamos reunidos para debater, cientificamente, questões de direito constitucional-tributário e questões de direito tributário, neste evento criado sob a inspiração do inesquecível Prof. Geraldo Ataliba. (Vejo, agora, ingressando no auditório, o Prof. Osíris Lopes Filho, professor de Direito Financeiro na Universidade Federal de Brasília e ex-Secretário da Receita Federal. Convido-o a compor a Mesa.)

Agradeço a presença de tantas e ilustres personalidades. Agradeço, sobremodo, aos nossos convidados. São mestres, doutores, magistrados, promotores, advogados, especialistas em direito tributário. Sintam-se todos compondo a Mesa.

A circunstância de termos um Auditório seleto, capacitado, de nível intelectual elevadíssimo, faz com que rigorosamente todos devam situar-se na posição de expositores e menos na situação de ouvintes.

Permitam-me que faça um pequeno registro na abertura deste XIV Congresso Brasileiro de Direito Tributário. Um registro de decepção. Vejo com grande tristeza que nada avançamos em matéria de reforma tributária. Não quero entrar no mérito, aqui, se essa reforma deveria ocorrer no nível constitucional ou se deveria desenrolar-se no âmbito infraconstitucional. Não é o momento de discutir isso, agora. Mas que precisamos de uma reforma, e que ela não se avizinha, isto é certo. Ao menos para eliminar tributos cumulativos e dar caráter nacional ao hoje ICMS. À míngua dessa reforma, prosseguiremos convivendo com a ausência de normas reguladoras de matérias que marcam o célere e gigantesco avanço da tecnologia moderna. Urge uma reforma; mas é preciso que essa reforma contemple os novos fatos tributários, fruto desse avanço tecnológico. A reforma que imagino nada tem a ver com os modelos até agora apresentados, porque marcados por características arcaicas, retrógradas, superadas, desatualizadas, em função do mundo de hoje, que é um mundo em que a predominância não mais é das coisas tangíveis, não é mais baseada nos átomos, mas sim nas intangíveis, que são a grande riqueza do mundo atual.

Li certa feita um livro, cujo título era: *Se funciona, é obsoleto*. É verdade. Sempre que alguma coisa já está em execução, novas idéias – ou para o aprimoramento ou para a modificação dessas inovações – estão sendo desenvolvidas. Esse dinamismo, essa revolução tecnológica, exige uma atualização, igualmente célere e constante dos mecanismos jurídicos pertinentes. Antes os avanços demoravam séculos. Mais recentemente, os avanços passaram a se produzir em função de um certo número de anos. Hoje a mudança é imediata, quase diária. É preciso acompanhar bem de perto essas mutações, adaptando, com a mesma celeridade, com a mesma rapidez, as normas reguladoras dessas matérias. Só assim poderemos acompanhar esse avanço tecnológico, diminuindo a distância entre o Direito e a realidade atual.

Cabe a nós, membros e participantes deste XIV Congresso Brasileiro de Direito Tributário, contribuirmos para o aprimoramento do sistema, para a evolução do direito positivo e para a melhor apreensão da ciência do direito. Não podemos fugir a tal responsabilidade. Vamos, pois, estudar e debater os temas deste XIV Congresso, esforçando-nos para atingir esse objetivo. É a isso que os conclamo.

Isto posto, para conduzir os trabalhos do XIV Congresso Brasileiro de Direito Tributário, tenho a satisfação de passar a palavra ao presidente deste evento, Prof. José Eduardo Soares de Melo.

PRESIDENTE DO CONGRESSO (PROF. JOSÉ EDUARDO SOARES DE MELO) – Em primeiro lugar, peço a todos que fiquem de pé para ouvirmos o Hino Nacional.

[É executado o Hino Nacional. (*Palmas*)]

PRESIDENTE DO CONGRESSO (PROF. JOSÉ EDUARDO SOARES DE MELO) – Quero cumprimentar a todos os participantes do XIV Congresso Brasileiro de Direito Tributário. Antes de iniciar os nossos trabalhos, quero dizer que é para mim motivo de honra, satisfação e orgulho presidir este Congresso, fruto da generosidade e da amizade dos meus caros amigos do IDEPE. Posso dizer que é um dia muito feliz para mim e quero agradecer a Deus por esta oportunidade. Quero agradecer também o apoio da minha família. Tenho três filhos tributaristas e posso dizer também que minha mulher, que está aqui também, é tributarista por osmose. Fico muito feliz de estar aqui com vocês. Como disse o Prof. Osiris, que presidiu este congresso algum tempo atrás, devemos tudo isto ao incansável trabalho e labor científico do Prof. Geraldo Ataliba. Disse também, muito claramente, há cinco anos, logo após o falecimento do Prof. Geraldo, que Geraldo Ataliba deu dignidade científica ao direito tributário. Até então o direito tributário era examinado sob um ponto de vista econômico, da ciência das finanças, da contabilidade e, com Geraldo Ataliba, passamos a compreendê-lo, a examiná-lo e a apreciá-lo sob a ótica constitucional. Geraldo Ataliba dizia que não era um tributarista, era um constitucionalista. Todos nós sabemos que é matéria complicada, difícil, árdua, mas apaixonante e devemos isso, fundamentalmente, a Geraldo Ataliba.

Ataliba é o precursor da Escola Paulista de Direito Tributário, da PUC. Os seus estudos científicos, hoje liderados por Paulo de Barros Carvalho, Roque Antonio Carrazza e, aqui no IDEPE, por Aires Barreto, formaram inúmeros discípulos.

O programa que se segue, e a nossa dinâmica, já são conhecidos de inúmeros participantes; teremos as Mesas de Debates, os trabalhos das teses, onde certamente deverá haver grande interação entre o público e a Mesa. Tenho certeza que após três dias do nosso grande convívio, não só aqui, nos debates, mas também no café e no coquetel sempre esperado, poderemos trocar informações pertinentes à produção científica, casos práticos, que é o grande objetivo do Congresso. Nós sabemos que a ciência não se faz com a vaidade, se faz com a verdade – e todos nós temos de ter grande humildade, porque todos nós estamos aprendendo.

Como diz o Prof. Paulo de Barros, sem mais delongas vamos começar o nosso Congresso.

Tenho o prazer, a honra e a satisfação de dizer a vocês que inaugurará o nosso Congresso, como conferencista, o Prof. Sacha Calmon Navarro Coelho, meu amigo fraternal de mais de 25 anos. Aliás, eu ia dizer muito mais tempo, mas aí acabaria revelando a sua idade, o que não é conveniente.

Vou aqui fazer apenas um breve currículo do Prof. Sacha, que, evidentemente, tomaria grande parte do tempo. Apenas direi que o Prof. Sacha é um dos maiores tributaristas de renome nacional e internacional. Começou suas atividades como técnico em tributação em Minas Gerais, depois foi assessor especial do Secretário da Fazenda, professor de Economia Política e Direito Financeiro da Faculdade de Direito da PUC de Minas, conselheiro da OAB, diretor do Departamento Tributário do Instituto dos Advogados Brasileiros de Minas Gerais, foi Tributarista do Ano pela IOB em 1981, procurador chefe da Procuradoria Fiscal do Estado, doutor em Direito e juiz federal durante muito tempo – onde o grande mérito não foi apenas o seu desempenho como magistrado, mas o ingresso na carreira em primeiro lugar entre 1.720 candidatos.

O Prof. Sacha tem vários livros publicados, dentre eles, para não cometer o pecado da omissão, vou apenas mencionar alguns verdadeiros best-sellers jurídicos: *Comentários à Constituição de 1988*, *Sistema Tributário*, *Teoria Geral do Tributo e a Exoneração Tributária*, *ICM – Competência Exonerativa*, *As infrações fiscais, suas sanções*, e tantos outros trabalhos.

O Prof. Sacha irá discorrer sobre o tema do "Processo Tributário Administrativo" como procedimento de formação do título executivo da Fazenda Pública, princípios constitucionais aplicáveis, inconstitucionalidade, garantia de estância e das confissões fixas.

Convido para nosso orgulho o Prof. Sacha Calmon Navarro Coelho. (*Palmas*)

CONFERÊNCIA

A IMPORTÂNCIA DA DISCUSSÃO DO ATO DE LANÇAMENTO COMO DIREITO À LIBERDADE

PROF. SACHA CALMON NAVARRO COELHO

Prólogo

PROF. SACHA CALMON NAVARRO COELHO – Professor José Eduardo Soares de Melo, Presidente do XIV Congresso Brasileiro de Direito Tributário, em nome de quem saúdo todos os ilustres professores e professoras com assento à Mesa, e cujos nomes e títulos já foram declinados pelo Prof. Aires Fernandino Barreto; meus senhores e minhas senhoras. Antes de iniciar a minha fala – que se referirá ao processo de lançamento como formador do título executivo da Fazenda Pública –, desde logo devo dizer ser injusta e imerecida a menção ao nosso nome a respeito de um título que está a ser conferido em nosso país ao tributarista do século. Eu pediria a todos, neste Congresso, em que reverenciamos como sempre a figura inolvidável de Geraldo Ataliba, que se receberem esta correspondência votem em Geraldo Ataliba, o incentivador idealista de todos nós, o inspirador, o mestre magnânimo, o batalhador incansável pelo estado de direito, o jurista sempre inconformado, o democrata por convicção, um republicano, um constitucionalista, um municipalista e, principalmente, a pessoa humana que ele foi. Ele estaria bem, porque já morto, estaria bem ao lado de Rubens Gomes de Souza, de Gilberto de Ulhôa Canto, de Alfredo Augusto Becker, estaria bem ao lado dos vivos entre Aires Fernandino Barreto, José Souto Maior Borges, entre Paulo de Barros Carvalho e outros, e só não digo da Profa. Misabel Derzi porque ainda muito jovem, talvez o seu século seja o XXI e não o daqueles nossos companheiros e mestres que já se foram e que deixaram lições inolvidáveis de Direito.

Dito isto, entremos no assunto.

Um exórdio sobre o anteprojeto da Lei Complementar n. 104

Antes de entrar propriamente no assunto, eu devo me referir a um projeto de lei complementar que está em tramitação no Congresso Nacional para reformar, em partes significativas, o Código Tributário Nacional. Eu direi que esse projeto de lei complementar é liberticida, é fiscalista, é antidemocrático e, portanto, é anti-republicano.

A tributação dos fundos de pensão

Aflorarei alguns pontos desse projeto que, ao que parece, encontra ressonância no Congresso Nacional: primeiro, a imunidade das instituições de assistência social e de educação vê-se acrescida de um item 6º, em que são obrigadas a prestar serviços gratuitos a toda a sociedade, ressalvados os casos previstos em lei.

Estamos, portanto, de regresso ao caritativismo pio e piegas do tempo do Império.

Os fundos de pensão já estão expelidos do rol das instituições de assistência social, pela interpretação pedestre que dela fez o ministro Galotti, ao dizer que a seguridade assenta-se num tripé de assistência, seguridade e saúde e que, portanto, as instituições privadas de seguridade estão no campo da previdência e não da assistência. Portanto por interpretação gramatical estas instituições estão expelidas do campo da imunidade.

Dirão que estou aqui a fazer uma defesa que não cabe seja feita neste pretório. Eu digo: cabe. Cabe porque o tratamento tributário que se dá aos fundos de pensão em nosso país é realmente absurdo. Recentemente esteve entre nós o professor alemão Lang, sucessor de Tipke, e que estava a reorganizar as finanças da Croácia após a guerra fratricida travada com a Sérvia e com a Bósnia, por motivos, evidentemente, econômicos, históricos, culturais e religiosos. Nos dizia que o sistema brasileiro é perverso, porque tributa a renda aplicada na segurança futura, no momento em que ela é ganha, no momento em que é reaplicada e no momento em que ela é entregue ao poupador. Em termos macrométricos, esse sistema perverso reduz em 40% a pecúnia disponível daqueles que, por receberem muito mal da previdência oficial, que não atende a ninguém, a não ser a um grupo privilegiado, entre os quais eu me incluo como magistrado aposentado, entram na seguridade privada. Tão-somente para satisfazer a gula fiscalista do governo para que possa cumprir com os seus compromissos de pagamento dos juros e da dívida externa, tributam estes Fundos.

Portanto, não faz nenhum sentido expelir do âmbito da imunidade as aplicações financeiras dos fundos de pensão porque eles são o dínamo, o pólo de atração da poupança nacional, da dinamização da economia nacional e, finalmente, a complementação das aposentadorias e pensões. Sabem a razão jurídica? Eles não possuem capacidade contributiva. Gerem dinheiro alheio.

O dispositivo referente a esta imunidade, que abrange não apenas os fundos de pensão, mas uma gama imensa de instituições de educação e assistência social, que, ao lado do governo, ajudam-no a cumprir os misteres de assistência e educação do nosso povo, o dispositivo do Código vê-se acrescido ainda de um inciso 7º, onde se diz, de uma maneira ingênua, porém perversa e esperta, que nenhuma delas pode praticar, nem contribuir de qualquer forma para o exercício de ato que constitua infração à legislação tributária. Então, fico eu a pensar quem definirá, de maneira soberana, o que significa o caráter infracional de um ato, que para o contribuinte pode ser o exercício de um lídimo direito e para a Fazenda pode ser um ato de nefanda sonegação. Mormente quando se planeja, como veremos à frente, a instituição, entre nós, da norma geral antielisiva.

Relembrem-se que entre nós o Código Tributário Nacional permite que a autoridade administrativa suspenda – não invalide! – suspenda o gozo da imunidade, quando aqueles requisitos já previstos no Código Tributário Nacional, que a meu ver são suficientes, não estejam cumpridamente sendo observados pelo ente imune.

O § 2º desse mesmo artigo diz que as instituições de educação e assistência social devem colocar irrestritamente os seus serviços à disposição da população em geral.

Já tive oportunidade de dizer, no meu modesto livro *Curso de Direito Tributário* – que não se compara, evidentemente, às obras de altíssimo teor dos professores aqui presentes –, que não é possível exigir-se de uma instituição localizada em determinado ponto do país, abrir-se por inteiro a toda a comunidade. Leopoldo Braga, há 30 anos, batia-se por esse requisito para combater a imunidade das instituições de educação e assistência social. Pois é a volta ao passado, ao retrógrado, ao obscuro, que estamos a verificar neste momento.

Esta universalidade de atendimento é simplesmente impossível – e, na tradução que eu faço dessa lei, significa, ao ver da Receita Federal, uma maneira última e definitiva de liquidar com essa imunidade, como se liquidou certa vez, ou se tentou, na História, liquidar-se um povo inteiro: é a solução última e final do problema imunitório. Isso para combater instituições que fazem aquilo que o governo não faz, que é acrescentar grãos de educação, de segurança, de transporte, de saúde, de assistência e de seguridade ao sofrido povo brasileiro. Quebra-se aí a igualdade em nome de uma necessidade soez de obtenção de receitas tributárias.

Modificação no conceito de renda

A par disso, as pessoas físicas são atacadas. O art. 43 sofre alteração para dizer que é renda qualquer acréscimo patrimonial. Não me demoro sobre esse item, mas apenas lembro, e há livro sobre o assunto, que entre nós nem todo acréscimo patrimonial pode ser tributado pelo Imposto de Renda, haja vista a nossa natureza política federal e a repartição de competências tributárias assentada na Constituição. Por exemplo: heranças e doações não podem ser tributadas pelo Imposto de Renda, porque já o são pelos Estados-membros da Federação. Mas é isso que se quer.

A norma fiscal genérica antielisiva

O art. 116 é acrescido de um parágrafo único, liberticida e mortal. Com a licença de Vossas Senhorias eu passo a lê-lo – e vou lê-lo de maneira bem vagarosa, para que possamos raciocinar. Parágrafo único do art. 116 da projetada lei complementar em tramitação no Congresso Nacional: "A autoridade administrativa poderá desconsiderar atos ou negócios jurídicos praticados com a finalidade de dissimular a ocorrência do fato gerador do tributo ou a natureza dos elementos constitutivos da obrigação tributária, observados os procedimentos estabelecidos em lei". É aí que habita a chamada norma geral antielisiva.

Temos que, entre nós, o princípio da legalidade material, ou se assim preferirem, o da tipicidade fechada ou cerrada – é princípio constitucional. É princípio constitucional positivado, como diz o Prof. José Souto Maior Borges. Não é um princípio geral do Direito que o jurista possa invocar para basear as suas afirmações. É um princípio constitucional positivado. Portanto, de observância obrigatória pelo legislador infraconstitucional e por aquele que pretende mudar a Constituição, porque constitui, sem dúvida – embora muitos combatam a expressão, eu a louvo –, uma cláusula pétrea, tão dura como a pedra sobre a qual Cristo ergueu a sua Igreja.

Entre nós, o princípio da legalidade material – não me refiro à legalidade formal – é dogma.

Trata-se de legalidade material, ou seja, da descrição pormenorizada do fato gerador em lei. É disso que estou falando. O tributo, entre nós, tem de ser exaustivamente exaurido na lei. É um princípio constitucional, para que possamos ter tranqüilidade perante o poder que tributa e que ingressa em nosso patrimônio. De nada adiantaria dizer que só o legislador pode fazer a lei, se de uma maneira ou de outra lhe devolvêssemos o poder de dizer como é o fato gerador, o que é o fato gerador, a base de cálculo, a alíquota e o contribuinte. A legalidade material é até mais importante que a legalidade formal. De nada adiantaria dizer que só o legislador faz a lei, se ela pudesse retroagir, se ela não se aplicasse apenas aos casos futuros. A Constituição é igualdade, já disse Paulo, já disse Misabel, já nos relembrava, há muito, Geraldo Ataliba. A Constituição é igualdade, a igualdade de todos perante a lei, mas é também segurança e certeza do direito.

Não se pode, em nome de um pretenso combate sacrossanto à sonegação, permitir à Administração tamanho poder: o de definir e de redefinir os atos da vida negocial para descaracterizar contratos no afã de tributar.

É claro que eu não desconheço que vários países do mundo possuem técnicas antielisivas, e nós também a temos no art. 109 do Código Tributário Nacional. Lá se diz que o legislador da norma tributária, quando vai buscar, por subsunção, institutos já definidos noutro ramo do Direito, não está obrigado a aceitar todos os efeitos, pode atribuir a eles efeitos próprios. Já há uma permissão para o legislador colmatar as lacunas para combater a inventividade dos contribuintes. E vou lhes dar um exemplo muito claro de uma norma legal antielisiva específica, que é a tese que eu defendo: todos sabemos que a nossa Constituição prevê uma hipótese de imunidade para as transformações empresariais: fusão, cisão, transformação, incorporação. Nesses casos, os bens imóveis – mesmo na formação de sociedades se permite a colação de bens imóveis, na integralização do capital social – não são tributados pelo imposto sobre transmissão de bens imóveis. Foi uma opção do constituinte para não embaraçar as organizações e reorganizações empresariais com uma tributação que poderia interromper, muitas vezes, esse fluxo necessário de mutações que ocorrem no mundo empresarial.

Ocorre-me dizer que a inventiva dos contribuintes poderia, utilizando abuso das formas jurídicas de direito privado, cercear a tributação, dando a aparência de um negócio lícito para elidir tributação do ITBI. Por exemplo, quero eu comprar uma fazenda no Mato Grosso, onde meu querido mestre Paulo de Barros Carvalho tem uma vasta criação vacum, e ele está disposto a vender. Mas como teríamos de pagar o imposto sobre transmissão de bens imóveis, fazemos uma sociedade, um contrato de sociedade. Eu entro com o dinheiro, ele entra com as terras. Daí a um mês nós distratamos a sociedade. Eu saio com as terras como meio de dar destinação aos bens sociais e ele sai com o dinheiro. Isso é realmente um abuso de forma do direito privado. Eu utilizei um contrato de sociedade seguido de um distrato para gozar de uma imunidade ilegitimamente. O Código diz que nessas hipóteses – e diz até com exagero, porque até a norma fiscal antielisiva específica contém exageros – só pode sair com bens imóveis aquele sócio que integralizou a sua parte com bens imóveis. Mas pode ocorrer esse desfazimento da sociedade depois de 30 anos. Não seria justo, não seria razoável, não seria possível, que eu, que entrei com o dinheiro, pudesse sair com as terras porque amo o bucólico? Porque não quero sair do Pantanal? Porque não viverei em lugar nenhum do mundo, nem em Paris, longe das minhas belezas naturais? Sim!

Mas, vejam: estou eu a advogar que o legislador possa, ele sim, estatuir normas fiscais antielisivas específicas para cada caso e não uma norma geral antielisiva, em que a Administração, não o juiz, não o Judiciário, não o Poder Legislativo, mas aquele que aplica a lei ao caso concreto, desclassifique os negócios jurídicos.

Essa foi uma experiência vivida na Alemanha, por influência de Enno Becker, que se revelou desastrosa. É só ler o testemunho, entre outros, de Klaus Tipke. Isso nada mais é, deslavadamente, que a interpretação arbitrária do direito tributário e não interpretação econômica do direto tributário.

Já temos outras normas antielisivas específicas, complexas ou não. É o caso do *transfer pricing*; é o caso, sem motivo palpável, sem obediência ao princípio da razoabilidade, de se instituir comodato em lugar de locação para furtar os aluguéis à incidência do Imposto de Renda. Já temos, em determinadas circunstâncias, o *disregard*, ou a desconsideração da pessoa jurídica em direito tributário.

Se esta norma antielisiva, como quer a Administração, passar, em razão da omissão legislativa e em razão do avanço das idéias neoliberais, assistiremos em nosso país a uma situação de extremo desconforto para o contribuinte e a um acinte grande demais aos princípios da segurança e da certeza do direito. Todos nós viveremos no reino da insegurança e da desconfiança.

Não me venham dizer, nem pensar, que outros países praticam esse sistema, porque outra é a tradição desses povos, quer na Europa Continental, quer nos países de tradição anglo-saxã, onde propriamente não há uma interpretação do direito, porque o processo interpretativo se confunde com o processo aplicativo do direito – principalmente naqueles países onde não existem códigos ou normas gerais, impessoais, abstratas e obrigatórias, mas apenas precedentes, que são o produto, o resultado da resolução de um caso concreto, hipostasiado num precedente: são os países que seguem a experiência da sentença para classificar a realidade. Lá, o que ocorre, e assim mesmo através do juiz, é a confluência da interpretação e da aplicação do direito, da verificação da razoabilidade, da proporcionalidade, da plausibilidade do negócio. É lá que se pode aplicar o *business purpose*, não entre nós, porque outra é a nossa história, outra é a nossa tradição, outro é o pensar das autoridades administrativas. Será muito perigoso inovar neste campo.

Uma aparente e enganosa vantagem

O art. 151 (e logo entro no tema) desse projeto de lei parece-nos favorecer, ao dizer que suspende a exigibilidade do crédito tributário a liminar de ação direta de inconstitucionalidade e a concessão de tutela antecipada, que, como outros institutos processuais, deveriam ter, a meu ver, desde logo, se o Judiciário vanguardeiramente assim pensasse, os mesmos efeitos da liminar em mandado de segurança. O que ocorre é que quando o Código foi feito só tínhamos liminares em mandado de segurança. É claro, havia nas ações possessórias, mas não se aplicava ao direito tributário.

Toda essa evolução processual, que procura trocar o ordinário do processo ordinário pela rapidez do processo cautelar, é posterior ao Código Tributário Nacional. Mas, de qualquer modo, esse art. 151 da Lei Complementar prevê que as liminares em ação direta de inconstitucionalidade e a tutela antecipada e as liminares outras em ações que não a de segurança, suspende a exigibilidade do crédito.

Mas em compensação, as liminares e a tutela antecipada, que difere da liminar porque já adianta a satisfatividade da sentença definitiva, perdem eficácia automática após um ano. Após um ano, todas elas perdem eficácia...

Garantias que valem só por 12 meses – A volta da garantia de instância

Ora, diante de um governo que conta com a inércia do Judiciário, e a estimula, isso quer dizer garantia provisória e direito periclitante, salvo se o contribuinte fizer o depósito integral da quantia litiganda. As ilegalidades surgem, e antecipadamente a qualquer ato de lançamento, nós impetramos a segurança preventiva, e que não combate um ato, mas busca a declaração para barrar todos os atos baseados na lei. Nesses casos, em quaisquer circunstâncias, a exigibilidade do crédito só será suspensa se além da liminar houver depósito. Ou seja, a porta está aberta a premiar todo tipo de ilegalidade e inconstitucionalidade, porque certamente a maioria da comunidade jurídica não terá a pecúnia suficiente para garantir o Juízo, como já não tem, hoje, nessa exigência de 30% no recurso administrativo.

O evitamento de pagar o débito com indébito

O art. 170-A proíbe a compensação, a não ser com trânsito em julgado do acórdão. Por que não antes? Se a Fazenda nos transfere o ônus de calcular o tributo, sob o eufemismo de um nome que se chama "lançamento por homologação", coisa que não existe, nem pagamento antecipado – porque se eu não pagar estarei em mora, portanto não é antecipação de coisa nenhuma, é pagamento mesmo –, se ela me transfere o ônus de interpretar uma legislação ínvia e complexa, se sou obrigado, sem o prévio exame dela, Administração, a recolher o tributo e fico cinco anos com a espada de Dâmocles sobre a minha cabeça, com o risco de pagar o principal da dívida, mais juros e correção, por que não posso eu compensar, se ela tem 10 anos para verificar se a compensação foi correta? Há aqui um evidente tratamento antiisonômico. O que se quer é, descaradamente, evitar que aquilo que indevidamente foi cobrado e até reconhecido como inconstitucional possa ser oposto a um pagamento. Ao invés de dinheiro, compensação... Isso não!

Quebra arbitrária de sigilo bancário

O art. 198 quebra o sigilo bancário e o § 3º diz que não é vedada a divulgação de informações relativas – vou reler novamente o texto, e peço a paciência dos senhores: "não é vedada a divulgação de informações relativas a representações fiscais para fins penais, inscrições na dívida ativa da fazenda pública, parcelamento ou moratória". O que se quer com isso? Dar publicidade à vida das pessoas físicas e jurídicas para lançá-las à execração pública, para forçá-las ao pagamento do tributo, para retirar-lhes o direito legítimo de contestar as exigências fiscais. Ajunte-se a estas novidades liberticidas, o que já hoje existe: a execução que não pára, como um carro em plano inclinado em desabalada corrida. Porque hoje nós temos, em matéria de execuções fiscais, a execução definitiva antes que transitem em julgado os recursos dos contribuintes. Ajunte-se a isso a exigência de depósito na esfera administrativa, encurtando esta esfera de discussão e obrigando o contribuinte a garantir a instância nos embargos ou o depósito na ação anulatória de débito fiscal, para vermos estabelecida, em definitivo, a tirania fiscal em nosso País.

Em nome do que? Da sonegação? Que me perdoe Osiris, o meu mestre, mas no ano passado arrecadou-se 31% do PIB nacional. Se ainda há sonegação em dobro deveríamos arrecadar 62% do PIB nacional? É possível isso num país tão pobre, tão cheio de desigualdades? Só nos tributos indiretos sobre a renda consumida? Creio que a sonegação é grande, Prof. Osiris, mas nem tanto. O esforço do governo tem rendido, a Estados e Municípios, *deficits* orçamentários, mas à União *superavits* primários estrondosos, que vêm a ser tudo o que o governo arrecada e sobra, depois de tudo o que ele gasta, inclusive todos os gastos da previdência social, exceto os juros. Aí, sim, temos *deficit* nominal. E nesse *superavit*, um tostão não vai nem para a saúde, nem para a educação, nem para a infra-estrutura, vai para abater o principal da dívida.

É em nome disso, é em nome do acordo com o FMI que se está a mudar o Código Tributário Nacional? Que se está a amesquinhá-lo? Acho que devemos dizer "não". Se fosse para aperfeiçoar o direito, se fosse para garantir os direitos legítimos do Estado na percepção dos seus tributos, nós diríamos "sim". O que se dá, o que ocorre, o que se passa, é que essas motivações são espúrias.

O valor da discussão do título executivo da Fazenda Pública

Vai longe, portanto, senhores, o tempo em que Alberto Pinheiro Xavier e Ronaldo Cunha Campos ensinavam que o lançamento tributário e sua livre e completa discussão, após o ato do lançamento, eram direito inalienável à cidadania, porque era através da discussão do lançamento que o Estado, de sua parte, verificava ou fazia o auto-exame do ato administrativo, e o contribuinte participava da formação do título executivo da Fazenda Pública, como de resto foi assinalado no seu livro pelo Prof. Estevão Horvath.

Os títulos executivos são judiciais ou extrajudiciais. Nos judiciais, temos a força da sentença, baseada no dizer do juiz; nos títulos extrajudiciais temos o prévio assentimento do devedor. Quando o devedor assina um cheque, uma nota promissória, um contrato testemunhado, ele sabe muito bem que a inadimplência favorecerá o seu credor com uma ação célere, que começa pela estatuição das garantias e depois pela execução daquilo que se tem por líquido e certo exigível.

E o título da Fazenda Pública? Vem *ex-nihilo*? É uma graça? Estamos no tempo do absolutismo? O rei, de uma penada, cria o título?

Vai longe o tempo em que eu poderia aqui discorrer sobre a enorme importância da discussão do ato administrativo do lançamento, como ensinado pelo mestre Paulo de Barros Carvalho. O lançamento não tem nada de extraordinário. É um ato jurídico administrativo, dos simples, de aplicação da lei a um caso concreto, não de natureza constitutiva, mas de natureza meramente declaratória, porque se limita a declarar a preexistência de um direito e não a formá-lo.

Uma homenagem a Gilberto de Ulhôa Canto

Seria inútil, portanto, a minha fala. Melhor, a minha denúncia.

E eu quero aqui terminar, invocando outro em quem podemos votar, que foi Gilberto de Ulhôa Canto, que certa feita, para a imensa satisfação da minha mediocridade, escreveu-me uma carta, dizendo: que "Deus conserve o ilustre magistrado, tão lúcido e corajoso como ele foi nessa sentença e que seu exemplo seja seguido por ampla generalidade. Pois até eu – dizia Gilberto –, que sempre fui conservador e tolerante com o Fisco, estou convencido de que é necessário detê-lo, enquanto ainda há tempo e decisão. Longe de mim pretender, em breve nota, lançar os contribuintes contra ele, pois não tenho apreço pelo pujadismo, não favoreço a sonegação, nem outras formas de ilícito tributário – o que eu reclamo é a fiel observância da lei, esta, sim, instrumento próprio de que o Estado deve servir-se para assegurar o atendimento de suas necessidades e obtenção de meios para cumprir as suas funções. A lei, fiel à Constituição e à legislação dela complementar, esta sim é que pode e deve vincular os contribuintes, que ela seja feita com clareza e nela se diga tudo a que as pessoas são obrigadas a fazer ou deixar de fazer, sem esse absurdo vezo de se invocar a sua vontade ou seu espírito, porque a lei não tem nem uma, nem outra coisa, quem as tem, ambas, é apenas o homem".

Muito obrigado, não sem antes ressaltar a firme condução do Instituto Geraldo Ataliba por meu pessoal amigo Aires Fernandino Barreto (*palmas*).

PRESIDENTE DO CONGRESSO (PROF. JOSÉ EDUARDO SOARES DE MELO) – Após o discurso brilhante do Prof. Sacha – o que não é nenhuma novidade, já esperávamos por isso –, vamos ter agora um ligeiro intervalo para o café. Pediria aos nossos amigos que fossem rápidos, porque o tempo já se faz adiantado.

Voltaremos às 10h para a primeira Mesa de Debates sobre "Garantia de Instância – Efeitos da consulta – Regimes Especiais".

MESA DE DEBATES "A"

GARANTIA DE INSTÂNCIA - EFEITOS DA CONSULTA - REGIMES ESPECIAIS

COORDENADOR: PROF. ESTEVÃO HORVATH
MEMBROS DA MESA: PROFS. EURICO DE SANTI, JOSÉ SOUTO MAIOR BORGES, LUCIA VALLE FIGUEIREDO E MARCELO FORTES.

COORDENADOR (PROF. ESTEVÃO HORVATH) – Bom dia a todos. Dando prosseguimento ao XIV Congresso Brasileiro de Direito Tributário, vamos passar à primeira Mesa de Debates, que conta com a presença e participação, a partir da minha direita, dos professores Eurico de Santi, José Souto Maior Borges, Lucia Valle Figueiredo e Marcelo Fortes.

Cada palestrante terá o tempo de 15 minutos, que espero seja respeitado, para que todos possam falar, e depois passaremos aos debates. De imediato dou a palavra ao Prof. José Souto Maior Borges, que vai falar, entre outras coisas, principalmente sobre o princípio do contraditório.

PROF. JOSÉ SOUTO MAIOR BORGES – Excelentíssimo Sr. Prof. Estevão Horvath, demais membros componentes desta Mesa de Debates, senhoras e senhores presentes a este plenário: cabe-me, nesta oportunidade, tecer brevíssimas considerações sobre o princípio constitucional do contraditório. A análise desse princípio será norteada pelo art. 5º, inciso LV, da Constituição Federal, em cujos termos "aos litigantes em processo administrativo ou judicial será assegurada ampla defesa com os meios e recursos a ela inerentes".

Diante desse preceito constitucional, a doutrina tradicionalmente se volta sobre implicações meramente processuais que o dispositivo envolve, nos seus desdobramentos na legislação integrativa ou, o que é pior ainda, o mais dramático dos destinos, o ignora pura e simplesmente nas suas preocupações exclusivas com a legislação processual (civil, penal, trabalhista, tributária). Interpreta-se o contraditório na legislação processual como se ele não fora uma categoria constitucional. É dizer: ignorando as implicações constitucionais desse princípio, implantado no rol dos direitos e garantias fundamentais. Mas, só o estar ele assim enunciado no texto constitucional já nos alerta para a sua eminência semântica, para a sua dignidade de significação objetiva e para a sua proeminência no rol dos direitos e garantias fundamentais, tal como esculpidos no art. 5º do texto supremo.

Esse dispositivo, como vem sendo enfrentado pela doutrina do direito tributário e pela doutrina processual, induz não a expressar e manifestar a sua grandeza, mas a formalmente veicular, em mera glosa repetitiva dos textos constitucionais, certas trivialidades hermenêuticas.

Hierarquização dos princípios constitucionais

A distinção entre princípio e norma, que honrou as tradições sobretudo da Pontifícia Universidade Católica de São Paulo, num passado não muito distante, postula, não obstante a sua operatividade e a sua pertinencialidade com relação ao sistema constitucional brasileiro, uma superação, um avanço teórico, porque, já o disse certa feita, e costumo repetir – verdades são para serem reiteradas: "em ciência, só o provisório é definitivo". Sendo a ciência obra humana, é necessariamente imperfeita, e, portanto, submetida a um processo contínuo de aperfeiçoamento institucional.

O contraditório na Constituição Federal, não é um princípio qualquer. Não basta apenas enunciá-lo como um dos princípios e garantias constitucionais elencados nos 77 itens em que se desdobra a Constituição Federal. É preciso ir mais além, buscar, como ensinava Heidegger, para além daquilo que se pensou (porque o pensamento humano é necessariamente incompleto) precisamente o que no pensamento permanece impensado, aquilo que resta aprofundar e exige um esforço expositivo, uma exegese em profundidade do jurista digno desse nome.

Não basta apenas enunciá-lo como um princípio. Essa já é uma verdade, por assim dizer, do senso comum. É preciso ir além no questionamento. Qual a posição semântica do contraditório no texto constitucional? Se intentarmos, guiados pelo princípio da unificação do conhecimento, uma revisitação em profundidade ao art. 5º da Constituição Federal (e nada mais digno de ser questionado que aquilo que já foi pré-questionado – em geral, superficialmente pré-questionado); se fizermos a revisitação desses textos, verificaremos que, no próprio art. 5º, há uma hierarquia semântica, uma hierarquia de significados entre os diversos direitos e garantias fundamentais da Constituição. É um problema de densificação, de saturação de conteúdos que vão condicionando outros conteúdos, que estão embutidos ao longo dos diversos preceitos do art. 5º da Constituição Federal.

Se formos fiéis a essa tendência para a unificação, que metodologicamente é uma categoria fundamental do conhecimento científico, quatro princípios fundamentais, no rol do art. 5º, resultarão, como primeira conseqüência desse esforço de meditação: o princípio da universalidade da jurisdição (a lei não excluirá da apreciação do Poder Judiciário nenhuma lesão do direito individual); o princípio do contraditório, o princípio da legalidade e o princípio da isonomia. Se aprofundarmos cada vez mais a análise, veremos que o mais originário dos princípios, o protoprincípio, aquele que está no fundo dos fundamentos do texto constitucional, é o princípio da isonomia, conforme já me referi aqui em outra oportunidade.

Todavia, todos os demais princípios, todos os demais preceitos, todas as demais garantias e os correspondentes deveres gerais imputados a uma coletividade de pessoas em função da atributividade de direitos, no art. 5º, todos eles, são condensados a partir desse núcleo básico principal e que seria reduzido, no fim, ao princípio da isonomia. Este é o protoprincípio na ordem dos direitos e garantias individuais.

Mas o nosso tema é o princípio do contraditório.

A lógica dialética e o contraditório

O princípio do contraditório tem origens as mais insignes. Ele deriva da lógica dialética, como um resquício, uma preciosidade, como que "arqueológica" no direito moderno, e ao nível da linguagem-objeto, que é precisamente a linguagem do texto constitucional. O contraditório provém da lógica dialética, que é a lógica do diálogo, a mais espontânea, a mais originária das lógicas que o espírito humano concebeu. Esse princípio habita hoje o texto constitucional. Um princípio que tem origens tão insignes não deve (poder, pode – e a prática mostra que pode –, nada obstante ele nos reger com todos os seus condicionamentos e implicações conceituais) ser amesquinhado ao nível da legislação integrativa.

A lógica dialética. Hoje, pratica-se só a lógica deôntica, que tem legitimidade, é objeto de notáveis estudos e preocupações, inclusive neste Estado de São Paulo; mas é uma lógica derivada e não originária. Originária é realmente a lógica dialética. E dizer que é originária, é dizê-la seminal, é dizer aquilo que está realmente condicionando toda a nossa existência. Melhor que nós, juristas, dizem os poetas: "nós somos em diálogo" (Hoelderlin).

A Constituição Federal refere: "aos acusados ou aos litigantes em processo administrativo ou judicial" – portanto, o princípio aplica-se indistintamente, quer à esfera administrativa, quer à esfera judicial. Mas o princípio não se limita a enunciar o contraditório no âmbito processual. O princípio vai além. Ele diz: ampla defesa, com os meios e recursos a ela inerentes. Ou bem eu não consigo mais interpretar texto algum, constitucional ou não, ou bem dele sou obrigado a extrair uma regra de unicidade exclusa. Não basta apenas que a defesa (1) seja ampla; é preciso (2) que ela seja sujeita a uma revisão em sede procedimental contenciosa. Meios e recursos a ela inerentes. Se quisesse insistir na linguagem cara à lógica deôntica – e quero! – diria que é possível extrair dessa disciplina regra da unicidade exclusa. É incompatível com o texto constitucional unificar a jurisdição administrativa judicial, ou seja, suprimir a dualidade de jurisdição.

Ressurreição do "solve et repete"

Costuma-se dizer que a evolução do direito se faz em zigue-zagues, avanços e recuos, marchas e contramarchas. É a saga, o destino das instituições humanas.

Pensávamos que o velho princípio do *solve et repete* ("pagar e depois discutir") estava sepultado definitivamente como mera curiosidade histórica. No entanto, em nível infraconstitucional, se restaura esta exigência no processo administrativo tributário e no processo trabalhista, já com a chancela no processo trabalhista, e ao que eu saiba, do Supremo Tribunal Federal.

Costumo reverenciar, com o respeito que me merece, a Suprema Corte do País, pela sua função altíssima – e tão alta quanto meritória, na construção do federalismo brasileiro. Mas neste caso eu não lhe concedo adesão.

O fato de serem as partes, no processo trabalhista, patrão e empregado, substancialmente desiguais, é algo inegável. Todavia essa constatação não autoriza a desconsideração da exigência constitucional do contraditório. É uma questão só de dosificação do ilícito afirmar em equívoco que é possível estabelecer em tais processos uma garantia de instância, e também um preconceito contra a posição patronal, eivando-a, *a priori*, de uma presunção absoluta de não-conformação das suas pautas de atuação com os critérios legais. É apenas uma observação despretensiosa: acaso será impossível a um empresário-patrão, só por sê-lo, comportar-se dignamente e com justiça nas relações trabalhistas?

Conceito jurídico não comporta graduação – ninguém é mais competente ou menos competente do que outro –, mas a ilegalidade comporta. E aí eu me lembro de uma tirada bem-humorada de José Eduardo Monteiro de Barros, em que ele dizia: "isso não só é inconstitucional, como é muito inconstitucional". (*risos*)

Em matéria tributária, imagine-se o seguinte: para se recorrer na esfera administrativa, precisa-se garantir a instância, um depósito de até 30% do valor questionado. Imagine-se o que pode resultar disso, algo potencialmente explosivo. Quem exige 30%, pode exigir o depósito cautelar de 50, de 60, de 70 ou do valor integral do débito, de 200% do valor do débito ou 300% do valor do débito.

Parece que estou ouvindo o Prof. Geraldo Ataliba, um ausente-presente, falando. Ele diria praticamente o que eu estou dizendo. E qual era a garantia que se teria para que um despautério desses não se interpusesse na aplicação constitucional? Só a prudência, a jurisprudência, a prudência como a virtude suprema do juiz; mas é muito pouco para se esperar, das instituições constitucionais, a dependência exclusiva do arbítrio judicial, por mais que nos mereça a Justiça brasileira.

E mais: tenta-se contornar esses obstáculos a partir da inconformação generalizada com esse tipo de exigência fiscal, com a introdução de uma alternativa a esse depósito recursal, que está numa Medida Provisória n. 1.973 (hoje MP 2.095), em que é possível, alternativamente ao depósito referido anteriormente, prestar garantias ou arrolar, por sua iniciativa, bens e direitos de valor igual ou superior à exigência fiscal. Aí a dosificação da ilegalidade: agora ficou menos ilegal um pouquinho, mas continua ilegal. (*risos*) Por quê? Porque a questão do depósito para suspender a exigibilidade do crédito tributário é inteiramente distinta do depósito recursal, como condição do recurso. Claro que o depósito para suspender a exigibilidade do crédito tributário tem de ser integral, porque o Código Tributário Nacional o diz, e não por outro motivo. Mas isso nada tem a ver, é coisa absolutamente distinta do depósito recursal. O depósito, para suspender a exigibilidade do crédito tributário, é voluntário. No recursal, a dose de voluntariedade, nele é mínima e, mesmo, desprezível.

Veja-se bem: é uma questão de ponderação das circunstâncias. Dir-se-á: isso aí retira a inconstitucionalidade do depósito recursal. Não tanto assim. Suponhamos, por exemplo: também é um direito e uma garantia constitucional o direito de propriedade. A Constituição é tão ciosa de preservar o direito de propriedade, que ela não se contenta em enunciá-lo, no art. 5º, e dizer: o proprietário somente poderá ser despojado do seu bem mediante procedimento expropriatório na forma da lei e nas hipóteses que a própria Constituição enumera. Este é um preceito constitucionalmente expresso.

Eficácia dos princípios implícitos

Dizia Baleeiro: os preceitos expressos não têm mais eficácia, senão a mesma eficácia dos preceitos constitucionais implícitos. Se se garante o direito de propriedade e o proprietário somente pode ser despojado do seu bem pelo devido processo legal expropriatório, segue-se que é incompatível com a preservação constitucional da propriedade o confisco por via tributária. Mas nada obstante o legislador constituinte, nesse ponto, foi sábio. Ele sabia que, por mais que ele tomasse cuidado em fechar todas as comportas (olhem a tipicidade cerrada de que falava o Prof. Sacha) ainda assim a imaginação criadora é ilimitada no tocante à capacidade de burlar o texto constitucional. Por isso ele reiterou, no art. 150, que é proibido à União, aos Estados, ao Distrito Federal e aos Municípios utilizarem tributo com efeito de confisco. Norma expressa em matéria tributária implícita no art. 5º. É um resultado da pormenorização constitucional.

Mas suponhamos que esta tributação pela União ou pelos Estados ou pelos Municípios venha a envolver caráter confiscatório. Essa alternatividade de garantia real ou de outra natureza vai tornar menos inconstitucional essa exigência? A meu ver, a resposta é seguramente negativa.

Agora eu também não tenho dúvida quanto ao destino dessas medidas. No Brasil há certas ilegalidades que prosperam e constitucionalidades que não pegam. Este é um país engraçado. Descobriu-se que todos os economistas do Brasil e todos os juristas do Brasil eram incapazes de definir esta coisa trivial: o que é que constitui juro real. Simplesmente porque como estava na Constituição que o juro real era 12% ao ano, a solução imaginosa e salomônica adotada pelo Supremo Tribunal Federal, e com isso inviabilizando a aplicação daquele preceito, foi dizer que ela dependia de integração legislativa. Isso fica mais ou menos como aquela regra da Constituição Federal de 1946: é garantida aos trabalhadores participação no lucro das empresas, nos termos da lei. Como a lei não veio, participação também nunca houve. (*risos*) Isso é semelhante, por exemplo, a se falar numa reforma tributária num país que não esgotou a virtualidade do sistema todo: é outorgada à União habilitação para instituir um imposto sobre grandes fortunas, nos termos da lei – não nos termos da lei complementar, porque uma lei complementar nacional é mais difícil de votar. (*risos*) E aí é evidente que esse imposto dificilmente – e não é preciso ser futurólogo, que, aliás, não é função nem de jurista, nem de cientista algum – para saber que esse imposto dificilmente será aplicado.

Então, meus amigos, o que quero significar aqui é basicamente algo que pode ser resumido no seguinte: não estaremos realmente prestando serviço relevante ao Estado de Direito e à implantação da efetividade do governo dos homens pela Constituição, se continuarmos retoricamente a discutir medidas processuais infraconstitucionais, desconsiderando as implicações que estão na Constituição Federal porque é exatamente aí, onde, sob pretexto de fidelidade à Constituição, se cometem as maiores infidelidades ao texto constitucional.

Muito obrigado, Dr. Estevão e ao Auditório. (*palmas*)

COORDENADOR (PROF. ESTEVÃO HORVATH) – Professor Souto, muito obrigado pela sua costumeira e brilhante participação, e por nos ter dado um pouquinho, algumas gotas, da sua vasta cultura. Acho que, com certeza, todos ficaríamos aqui algumas horas ouvindo o Prof. Souto Maior falar. Como isso aqui, neste momento, não é possível, eu passo a palavra ao próximo palestrante, Dr. Marcelo Fortes, que vai falar sobre "Regimes Especiais".

PROF. MARCELO FORTES – Prof. Estevão, Prof. Souto, Profa. Lúcia, Prof. Eurico, prezados congressistas, é com imensa honra e alegria que participo deste Congresso e, em especial, desta Mesa, razão pela qual procurarei dedicar os 15 minutos que me foram destacados para tratar, da melhor forma possível, do tema designado: "Regimes Especiais".

Em primeiro lugar, gostaria de enfatizar a acentuada escassez de literatura a respeito desse assunto, o que pode ter ocorrido em razão de uma dessas duas possibilidades que vou mencionar: ou trata-se de um tema de menor importância, ou sobre o mesmo paira aquele sistema dos fundamentos óbvios a que se referiu Becker, em que se deixa de analisar determinadas matérias ou institutos porque precipitadamente rotulados de óbvios, sem, contudo, qualquer análise crítica anterior, sem qualquer aprofundamento teórico mais acurado.

Na minha opinião, é exatamente isso o que acontece com os denominados regimes especiais, pois, não obstante esse menosprezo da doutrina, é tema da maior importância – tanto é que têm sido atualmente uma forma muito utilizada para a reengenharia das empresas, com o objetivo de pagar, dentro da legalidade, o menor valor de tributo possível. Esses últimos são aplicáveis a toda uma categoria de contribuintes: são sistemas especiais de tributação.

Para se enfrentar qualquer assunto faz-se necessária a redução de complexidades. E reduzir complexidades significa sistematizar a matéria. Logo, perseguindo este propósito de sistematização, a primeira observação a ser feita é a de que os regimes especiais aos quais irei me referir são aqueles concedidos pela Administração com base no exercício da sua competência discricionária, e não aqueles outros regimes que são previstos na própria lei, como o Befiex, o *drawback* e o próprio Simples.

Assim, serão objeto das minhas considerações apenas os regimes especiais do âmbito da Administração. Esses regimes podem ser visualizados como pequenas simplificações, como modificações visando a dar maior operacionalidade a um determinado tributo. Isto é, têm eles o objetivo imediato de facilitar a aplicação da legislação tributária. Vemos exemplos de regimes especiais quando se facilita o desembaraço aduaneiro de determinadas mercadorias; quando se permite que o desembaraço ocorra no próprio estabelecimento do contribuinte, dado o grande porte do material que está sendo importado; quando se permite a utilização de microfilmagens em substituição às notas fiscais tradicionais; ou, igualmente, quando estamos diante daqueles regimes especiais ditos punitivos, quando, pela renitência de um determinado contribuinte no pagamento de um tributo ou no cumprimento das suas obrigações, a fiscalização, de uma forma unilateral, acaba forçando (estabelecendo) que esse contribuinte observe regras específicas. Os regimes especiais punitivos são formalidades extras impostas com a tônica sancionatória, como acontece, por exemplo, quando certos carimbos são colocados nos documentos da empresa alertando sob uma condição peculiar sua; ou, também, quando é fixada a obrigatoriedade de que uma dada empresa pague o tributo antes mesmo da realização do fato gerador, como uma forma de a Administração acautelar-se.

Vejam que existem duas finalidades básicas para a existência desses regimes especiais: uma é a de facilitar a aplicação da legislação tributária, naqueles casos em que a situação do contribuinte reclama um tratamento diferenciado; e outra é a de compelir o contribuinte "relapso" ao cumprimento regular da obrigação tributária. A partir dessas finalidades, podem-se dividir as duas espécies de regimes especiais: os regimes especiais *ex-officio* ou punitivos, impostos unilateralmente pela Administração, e os regimes especiais voluntários ou consensuais, de interesse do próprio contribuinte.

Os regimes especiais punitivos já mereceram tratamento por parte do Prof. Geraldo Ataliba, em artigo conjunto com o Prof. Kleber Giardino, e, mais recentemente, do Prof. Heron Arzua. Também já foram amplamente apreciados pela jurisprudência, de modo que hoje se pode dizer que a grande parte desses regimes especiais punitivos é tida como inconstitucional, por ferirem alguns princípios básicos, sendo os principais deles: o da liberdade de trabalho, o do livre exercício das atividades profissionais, o da igualdade. De fato, aquelas empresas que recebem esse tipo de punição, que têm de cumprir formalidades extras, ficam cerceadas no exercício regular das suas funções, e isso, indiscutivelmente, ofende o rol das garantias fundamentais elencadas na Constituição Federal.

O que também nos leva a proclamar a efetiva inconstitucionalidade desses regimes especiais punitivos é a constatação inequívoca de que o Estado já possui instrumentos poderosíssimos para fazer valer suas prerrogativas na cobrança dos tributos, quais sejam, a execução fiscal com a conseqüente penhora de bens, e a própria medida cautelar fiscal, cabível em situações excepcionais. Portanto, nada justifica que esses regimes especiais punitivos sejam utilizados como uma forma oblíqua de forçar o contribuinte a pagar tributo.

Mas, na minha opinião, os regimes especiais punitivos já receberam tratamento adequado por parte da doutrina e da jurisprudência, razão pela qual procurarei focalizar mais os regimes consensuais ou voluntários, que, inclusive, são os que estão em voga, dado o recente aumento na sua utilização.

Esses regimes voluntários ou consensuais dependem da iniciativa do contribuinte, que vai até o Fisco esclarecer as peculiaridades da sua atividade, explicando as razões pelas quais ela merece um tratamento especial da Administração. Observe-se que ele clama por um tratamento diferenciado justamente para alcançar uma igualdade material, ou seja, a justiça do caso concreto ou a igualdade na lei a que se referiu Kelsen. Ele quer, na verdade, um equilíbrio nas relações, já que a forma padrão não lhe satisfaz. É isso o que justifica ajustes e adaptações no campo do cumprimento dos deveres instrumentais, ou, às vezes, na obrigação tributária. Portanto, o que está subjacente aos regimes consensuais ou voluntários é a necessidade de simplificação na aplicação da legislação tributária, sempre com a finalidade de implementar economia procedimental ou eficiência administrativa (praticabilidade).

Esses regimes consensuais podem ser de dois tipos também. Podem ser regimes eminentemente formais, quando aquelas flexibilizações da Administração atingem apenas obrigações acessórias, quando por exemplo se permite utilizar a microfilmagem em substituição às notas fiscais fixas; ou quando se dispensam determinados livros ou certas formalidades; enfim, eles não chegam a atingir a própria obrigação tributária. O critério distintivo entre os regimes voluntários formais e materiais está na possibilidade de o regime autorizado acarretar ou não alterações na compostura do vínculo tributário.

Ao lado dos formais, temos os regimes especiais materiais, que atingem a própria materialidade da obrigação tributária, quando, por exemplo, fixa-se determinada margem para substituição tributária, num caso que não foi disciplinado em lei, ou numa situação que mereça essa margem especial; ou quando, por exemplo, permite-se que o desembaraço aduaneiro aconteça no próprio estabelecimento da empresa e não na repartição aduaneira. Em todos esses casos nota-se uma alteração na regra-matriz de incidência do tributo.

Sob uma visão exclusivamente normativa, desprezando-se o conteúdo de significação de cada um desses regimes, podemos visualizá-los como regras jurídicas veiculadas pela Administração Tributária, que, inobstante conferirem direitos e obrigações a um dado contribuinte, são também dirigidas às regras-matrizes dos tributos ou a normas jurídicas fixadoras de deveres instrumentais (principalmente a essas últimas), com o objetivo de alterar algum dos seus critérios, da hipótese ou do conseqüente, diminuindo assim o seu campo de irradiação.

Por este prisma, os regimes especiais têm um quê de regras jurídicas de estrutura, haja vista que se destinam a modificar outras regras de direito. É o que acontece quando é autorizada, por regime especial, a adoção de uma determinada margem para a substituição tributária, caso em que a norma veiculadora do regime promoveu modificações no critério pessoal, que passa a não mais contemplar o contribuinte alcançado pelo regime especial. Ou seja, para aquele contribuinte passa a existir uma regra-matriz de incidência específica, com dadas peculiaridades. Ocorre fenômeno similar quando se permite que um dado contribuinte pague o tributo na entrada da mercadoria importada no seu estabelecimento, e não na data para realização do desembaraço aduaneiro.

Noutros casos, a norma de regime especial é dirigida às regras fixadoras de deveres instrumentais, retirando determinado contribuinte do campo de incidência da norma, o que significa abolir determinados deveres para certos contribuintes, estabelecendo-lhes, às vezes, deveres instrumentais substitutivos. Vale salientar que, em determinados sistemas jurídicos, apenas são permitidos os regimes especiais voluntários formais; há vedação expressa aos voluntários materiais, como ocorre na legislação do ICMS no Estado de São Paulo.

Os regimes especiais também podem ser vistos como enunciados normativos que, justapostos aos enunciados contidos nas leis veiculadoras da regra-matriz ou de normas de deveres instrumentais, possibilitam a construção, ao lado de uma regra-matriz geral, de outra específica para certo contribuinte, ou de deveres instrumentais igualmente individualizados.

Assim, regime especial é o plexo das normas jurídico-tributárias, da categoria das regras de estrutura, que, relativamente a um determinado contribuinte, promove alterações nos critérios da regra-matriz de incidência tributária ou em normas jurídicas fixadoras de deveres instrumentais, subtraindo o campo de incidência de uma ou de outras, estabelecendo, em regra, uma norma específica para aquele contribuinte.

Este o fenômeno no plano normativo. De uma certa forma, os regimes especiais podem ser vistos da mesma maneira que as isenções, na visão proposta por Paulo de Barros Carvalho, ou na concebida por Pedro Lunardelli, em trabalhos sobre o tema. De fato, com os regimes especiais acontece o mesmo, com a peculiaridade de que essas normas que alteram a regra-matriz ou as normas de deveres instrumentais são veiculadas pela própria Administração Tributária, ou seja, são veiculadas pelo próprio Poder Executivo, o que desde logo conduz à sensação de que há ofensa ao princípio da legalidade tributária, uma vez que você tem normas de hierarquia inferior, ou seja, fontes formais secundárias alterando fontes formais primárias, ou seja, normas emanadas do Poder Executivo alterando a regra-matriz de incidência ou as normas de deveres instrumentais.

Notem que no caso presente existe, pelo menos aparentemente, uma tensão muito forte entre a legalidade tributária e o princípio da isonomia em sentido material. Mas eu pergunto: será que existe mesmo uma incompatibilidade ou um choque entre esses princípios? Para responder a essa questão não podemos esquecer que os regimes especiais são implementados no exercício de uma competência discricionária, pois cabe à Administração Pública, à autoridade fiscal, sopesar antes de qualquer coisa as atividades daquele contribuinte para saber se elas merecem ou não um tratamento especial. Após, deverá avaliar também quais os comportamentos que devem ser realizados por aquele contribuinte para, de uma determinada forma, facilitar a aplicação da legislação tributária.

Eu diria que, relativamente aos regimes especiais, poderá existir discricionariedade, essa margem de liberdade para a Administração, dentro de limites legais, claro, tanto na hipótese, quanto na conseqüência da norma que atribui esses regimes, já que cabe analisar os fatos e também decidir quais os procedimentos a serem seguidos, qual o tipo de documento a ser utilizado ou que alterações na regra-matriz precisam ser feitas em prol da racionalidade, em prol da funcionalidade do sistema tributário.

Lembro aqui que a boa doutrina administrativa afirma a respeito da discricionariedade, e dentre ela está a do Prof. Celso Antônio, que a discrição não está fora das raias da legalidade. Muito pelo contrário, a discricionariedade serve para realizar, de uma forma mais adequada, o próprio princípio da legalidade, uma vez que a Administração, quando tem essa margem de liberdade, terá que exercê-la dentro de determinados limites predefinidos. Inclusive, existem determinadas situações em que, diante de determinados casos concretos, a margem de discricionariedade se reduz significativamente. Ou seja, a discricionariedade, por si só, não afeta o princípio da legalidade. E é justamente isso o que eu acho que acontece no caso de regimes especiais. Tanto é verdade que, se realmente a autoridade administrativa se fiar dentro dessa razoabilidade, não vejo ofensa nenhuma ao princípio da legalidade, uma vez que a discricionariedade não afasta o respeito à legalidade, ela se dá dentro da legalidade. Mesmo que se admitisse, *ad argumentandum,* que haveria ofensa à legalidade, você teria de decidir, diante do caso concreto, se o que é mais importante é a legalidade ou o princípio da igualdade material, e este poderá sim se sobrepor àquele. De fato, como se está em busca de uma maior funcionalidade e também de uma maior racionalidade do sistema ao se facilitar ou simplificar a aplicação da legislação tributária, a igualdade assume uma posição de destaque, na minha opinião.

Concluo, pois, que essa discricionariedade para a Administração avaliar a situação do contribuinte, para saber se ele merece um tratamento especial, e a fixação dos comportamentos que ele deve observar, não ofende a legalidade. Além disso, está-se realizando com muito maior força o princípio da igualdade material. Não há, desta forma, qualquer inconstitucionalidade. Tanto é verdade que naqueles regimes especiais punitivos, em relação aos quais a própria jurisprudência já definiu que grande parte deles é inconstitucional, assim decidiu não por causa da legalidade, mas por outras cláusulas, como a liberdade de trabalho, o livre exercício de atividades profissionais, o princípio da igualdade e não simplesmente a legalidade.

Por fim, gostaria de chamar a atenção para o fato de que esses regimes especiais podem ser mais facilmente compreendidos se olharmos para eles pelo prisma do princípio da praticabilidade, que foi tão bem estudado pela Profa. Misabel Derzi no seu livro "Direito Tributário, Direito Penal e Tipo". A praticabilidade, como bem definida pela Profa. Misabel Derzi, compreende todas as técnicas que têm como objetivo simplificar, padronizar ou facilitar a aplicação da legislação tributária. Quase sempre essa praticabilidade, essa maior eficiência, é obtida através do quê? Através de padronizações, através de generalizações e, principalmente, através de ficções e de presunções legais. É isso que acontece, por exemplo, nas pautas de valores. É isso que acontece, também, na própria substituição tributária. Outrossim, é isso que acontece quando o Poder Legislativo se utiliza dos limites de dedução, que são muito freqüentes no Imposto de Renda. Qual é o objetivo? É diminuir as despesas, é diminuir o esforço de ter de analisar situações individuais. Realmente, se fosse para analisar todas essas situações individuais haveria necessidade de um aparato administrativo muito maior. Mas, infelizmente, o que se vê com freqüência é que, ao dar ensejo a esse princípio da praticabilidade, o nosso Poder Legislativo não respeita a Constituição Federal, porque grande parte dessas ficções e presunções acabam, aqui e ali, ferindo princípios constitucionais, atropelando direitos e garantias dos contribuintes.

Ora, com os regimes especiais alcançamos as mesmas finalidades das ficções e das presunções, mas sem ferir princípios e garantias constitucionais. Esses regimes especiais que permitem, que facilitam a aplicação da legislação tributária, acabam realizando o princípio da igualdade material e tornando mais fácil que aquele determinado contribuinte cumpra com o seu dever de entregar parcela do seu patrimônio ao Poder Público, a título de tributo. E também facilitam a Administração na fiscalização daquele contribuinte. Então, você chega à mesma finalidade das presunções e das ficções, sem ofender a princípios e garantias constitucionais. Por isso é que esses regimes especiais precisariam, sim, ser mais pensados e mais utilizados como uma forma de conseguir uma otimização da legislação tributária de uma maneira geral.

Então, o que tinha para falar sobre regimes especiais era isso. Muito obrigado. (*Palmas*)

COORDENADOR (PROF. ESTEVÃO HORVATH) – Muito obrigado, Prof. Marcelo.

Passo a palavra, agora, ao Prof. Eurico de Santi, que vai tratar – e depois a Profa. Lucia também fará o mesmo – da consulta em matéria tributária.

PROF. EURICO MARCOS DINIZ DE SANTI – Senhoras e senhores, bom dia! Antes de mais nada, gostaria de agradecer ao presidente do IDEPE, Prof. Aires Barreto, e ao presidente deste Congresso, Prof. José Eduardo Soares de Melo, bem como ao Prof. Estevão Horvath, coordenador desta Mesa, pelo convite para participar deste evento, numa Mesa de Debates desta envergadura.

Inicialmente, verifico íntimas relações entre o tema da consulta fiscal e as exposições do Prof. Souto e do Prof. Marcelo Fortes. O Prof. Souto trabalhou o contraditório – e me parece que a consulta fiscal aproxima-se deste tema, à medida em que serve como expediente redutor do âmbito material da discussão no contraditório judicial e administrativo, posto que expõe os critérios utilizados pela Administração na interpretação da lei tributária.

A questão dos regimes especiais, tratada pelo Prof. Marcelo Fortes, aproxima-se também do foco temático da consulta fiscal, pois tais regimes são formas que o Estado encontrou para estabelecer faculdades e critérios objetivos de aplicação da lei em casos concretos, garantindo, desta forma, a realização de princípios constitucionais em situações peculiares da atividade do contribuinte. Ou seja, nos regimes especiais, como na consulta fiscal, a preocupação de fundo é a objetividade na eleição dos critérios de aplicação da lei ao caso concreto.

Com a precisão destes critérios, reduz-se, proporcionalmente, o âmbito do contraditório, restringindo o campo de discricionariedade interpretativa das decisões administrativas e judiciais, valorizando-se, assim, a função isonomia, como princípio fundamental gestor dos atos da Administração, conforme assinalou o Prof. Souto Maior Borges.

Para atender ao tempo da exposição, reduzi minha fala a tópicos essenciais: (i) a questão dos fundamentos jurídicos e da importância da consulta fiscal para a Administração tributária e (ii) a questão do efeito do ato administrativo de resposta à consulta para terceiros.

Na doutrina tem-se entendido que a consulta tem a função de esclarecer a dúvida justificada do contribuinte em relação à legislação tributária, e que seu efeito vale somente para o consulente. Se outra pessoa quiser o mesmo efeito, deve pleiteá-lo, mediante consulta específica dirigida à Administração.

Sobre o tema escreveram trabalhos monográficos o Prof. Valdir de Oliveira Rocha, a Profa. Fúlvia Paoli, orientanda da Profa. Lucia Valle Figueiredo, e a Profa. Carla Gonçalves, orientanda do Prof. Paulo de Barros Carvalho.

Outro trabalho importante, que merece menção, é o artigo do Prof. Wagner Balera, publicado na *RDT* 45/88, em que se defende a proposta da importância de a consulta apresentar efeitos normativos para a Administração.

Pretendo iniciar minha exposição lembrando um conceito importantíssimo muito bem posto pelo Prof. Oswaldo Aranha Bandeira de Mello, e que tive oportunidade de desenvolver com o Prof. Celso Antônio Bandeira de Mello, que é a questão das funções do Estado, as chamadas funções legislativa, administrativa e judicial.

A função legislativa cuida de produzir leis gerais e abstratas, que valem para todos e para o futuro; a função administrativa aplica a lei, produzindo tipicamente atos individuais e concretos, que valem para um fato concreto, num determinado tempo, espaço e para pessoas definidas; a função judicial também tem a mesma proposta típica de resolver casos concretos, expedindo regras individuais e concretas. Diferenciam-se, contudo, a administrativa da judicial, posto que nesta a produção normativa pressupõe a discussão do contencioso, ou seja, há este aspecto específico da função judicial. Isto explica porque a Administração é órgão hierarquizado de forma vertical, enquanto os órgãos jurisdicionais apresentam uma organização horizontal, em que a autonomia de cada ente, de cada vara, de cada juiz, para proferir a sua livre convicção é essencial para a caracterização desta função.

Na função legislativa o produto é a lei. A lei prescreve, como disse o Prof. Marcelo Fortes, a regra-matriz da incidência, a regra tributária – não importa o nome –, essa regra constitui a hipótese de incidência, e seus critérios vão definir o fato tributável, os sujeitos da relação e o valor do tributo. Tradicionalmente, em sentido ponteano, podemos dizer que é a partir desse produto da função legislativa, que é a lei, que a regra incide sobre o fato concreto e faz nascer a obrigação tributária.

Por outro lado, temos a função administrativa, que busca aplicar a lei aos casos concretos. A função administrativa parte também de regras gerais e abstratas, regras que determinam como aplicar a lei ao caso concreto, e o produto dessas regras são atos administrativos, que vão determinar o entendimento da Administração no que diz respeito à aplicação da lei.

Quero entrar em dois pontos específicos do exercício dessas duas funções: na função legislativa, na lei; na função administrativa, exatamente no ato da aplicação do direito ou, no sentido mais preciso, no procedimento administrativo. Há duas questões importantes aqui, que merecem ser colocadas de forma clara.

Primeira: é falso afirmar que a lei tem um único e verdadeiro sentido. A lei é feita de palavras; as palavras têm vários sentidos. Por serem as leis feitas de palavras, palavras vagas e ambíguas, têm uma multiplicidade imensa de sentidos, ou seja, não há um verdadeiro e único sentido na lei e isso desmistifica, de certa forma, a legalidade como busca da verdadeira interpretação da lei.

Segunda: é no procedimento administrativo que efetivamente, pelo menos em termos normativos, a lei ganha sentido. Daí porque o Prof. Paulo de Barros Carvalho opta, em termos realistas, por deslocar a chamada incidência ideal, ponteana, para o ato de aplicação. Não obstante haja interconexão íntima entre elas, me parece que efetivamente a lei só ganha sentido objetivo mediante ato de aplicação. É no momento da aplicação do direito que a Administração outorga sentido à própria lei. Disso decorre uma questão relevante. Na verdade, a subsunção não se opera entre a lei e os fatos, idealmente, opera-se na cabeça do intérprete que executa o procedimento administrativo. É na consecução do procedimento administrativo que a lei efetivamente ganha sentido, ou seja, é através do procedimento formal de interpretação da lei, regrado por regras procedimentais específicas, que o direito material ganha sentido. Ou seja, o procedimento administrativo não dá só a forma para interpretar a lei; o procedimento administrativo determina regras de interpretação para se entender a lei, de maneira a propiciar interpretação isonômica.

Veio-me à memória, ao tratar desse tema, uma palestra do Prof. Ferreiro Lapatza, registrada em artigo sobre legalidade e segurança jurídica, na *RDT*,[1] em que o titular da universidade de Barcelona trabalha a relação entre a imprecisão dos conceitos da lei e o ato da aplicação do direito, ou seja, o exercício da função legislativa, que coloca a lei, produz conceitos indeterminados, como o conceito de *renda*, o conceito de *valor venal de um imóvel*, o conceito de *imóvel*, o conceito de *propriedade*. Ocorre que esses vocábulos e expressões são vagos e indeterminados. Circunstância que outorga, no nível do chamado tributário formal, o poder para a Administração interpretar esses termos, transferindo, de certo modo, uma competência material invisível para o intérprete final da lei. Trata-se de grande margem de poder que se inscreve mesmo dentro da legalidade: poder para interpretar a lei, poder para dizer qual o valor venal do imóvel. E, note-se: quanto mais imprecisa for a lei, maior será o poder discricionário do intérprete. E quanto maior for o poder discricionário do intérprete da lei tributária, maior será, proporcionalmente, a insegurança e incerteza do contribuinte. E quanto maior a incerteza e insegurança do contribuinte, maior será, também, a desigualdade na esfera administrativa.

Acho que essa equação revela o poder inexorável que tem todo aplicador do direito. Como reduzir isso? Qual é a forma de solucionar esse problema? Impedir, proibir constitucionalmente que a lei contenha conceitos vagos, indeterminados? Sabemos que é impossível, porque ela decorre de acordos, de atos políticos. Temos aí, até hoje, a discussão sobre as normas gerais de direito tributário, que nasceu em 1946 e que até hoje não temos ainda – nem pela doutrina e de certa forma a jurisprudência sempre retoma esse assunto – uma definição precisa dessa expressão. Qual seria a solução para isso? Parece-me que o foco da questão não é a função legislativa e sim a função administrativa. A Administração não tem só o poder de reduzir a amplitude do sentido da lei no que diz respeito ao procedimento administrativo, como tem o dever de outorgar segurança e certeza aos atos de aplicação, revelando ao contribuinte os critérios que ela utiliza na interpretação da lei. A partir daí desloca-se para a função administrativa o dever de fazer com que a lei seja mais clara, de fazer com que a lei

1. Nota da Redação: "Norma Jurídica y Seguridad Jurídica", *RDT* 61/7

seja aplicada com mais igualdade, com mais isonomia.

Celso Antônio Bandeira de Mello assinala dois princípios fundamentais na compreensão da importância da revelação dos critérios interpretativos: (i) o princípio da impessoalidade – quanto mais objetivo o critério, menos relevantes são os atributos da pessoa destinatária do ato; aplica-se meramente o critério, objetivando-se a igualdade e garantindo-se a isonomia; e (ii) o princípio da moralidade (ou da boa-fé) que determina a vinculação da Administração aos seus próprios critérios de interpretação.

Assim, os procedimentos administrativos devem pautar-se pela impessoalidade (isonomia) e pela vinculação aos seus próprios critérios interpretativos. Obtém-se, desse modo, mais igualdade e precisão na aplicação da lei.

Se a consulta decorre da interpretação da lei e a lei tem um só sentido, a Administração não tem poder nenhum para resolver a consulta: tem de ser aplicada a lei. Ocorre que a lei é feita de palavras. E ao precisar o sentido da lei, nos procedimentos administrativos de aplicação do direito, a Administração Pública imprime segurança jurídica e previsibilidade aos seus atos.

O processo de consulta deve revelar todos os critérios da Administração no que diz respeito à interpretação da lei tributária. Esses critérios são relevantes para compreender os efeitos da consulta para o futuro e para o passado. A Administração, elegendo esses critérios, deve criar mecanismos internos, atos informativos, instruções para difundir esses critérios de interpretação da lei. Nesse sentido, em favor da isonomia, seria possível invalidar ato de consulta anterior em desconformidade com o critério ulteriormente adotado pela Administração, observados os limites da decadência para efetuar tais lançamentos.

E com relação a fatos futuros, pode a Administração mudar ou outorgar novos critérios de interpretação?

Obviamente, se a lei muda, cai a motivação legal que sustenta o ato da consulta, perdendo este seu efeito. Mas, e se a lei e o fato forem os mesmos, poderia a Administração alterar seu critério de interpretação, discricionariamente? Discricionariamente, nunca. Contudo, a Administração pode, motivando outro ato de consulta e refutando a motivação do ato anterior, impor novos critérios interpretativos. Ora, as palavras mudam de sentido em função do tempo. Energia elétrica não era mercadoria há muito tempo e hoje é; imóvel não era mercadoria até ontem e hoje em dia está quase sendo (COFINS sobre incorporadoras de imóveis). As palavras vão mudando de sentido. Não há porque a Administração não modificar também suas posições.

Em suma, a consulta não é mero expediente para se resolverem dúvidas. A consulta é instrumento que decorre, de um lado, do direito de petição do contribuinte e, por outro lado, do poder regulamentar do Fisco. Nesse sentido, ao mesmo tempo em que a consulta precisa a lei, definindo-a na busca da segurança, da isonomia, do direito, ela se vincula aos critérios eleitos.

Quais seriam, então, os efeitos da consulta fiscal em relação a terceiros?

Entendo que o efeito da consulta, como ato administrativo que é, vale somente para o beneficiário da consulta. E a isonomia? Entendo que a isonomia está no direito que todo contribuinte tem de peticionar aos poderes públicos, exigindo a aplicação dos mesmos critérios a circunstâncias fáticas idênticas.

Em suma, e agora efetivamente concluindo, ao mesmo tempo em que o contribuinte tem direito à resposta de sua consulta, obtendo a sua regra individual e concreta, que vale para ele, a Administração, respondendo à consulta, vincula-se aos critérios adotados. Tanto é assim que os órgãos que respondem a consultas encontram-se hierarquicamente em situação privilegiada. Então, parece-me que ao mesmo tempo em que o efeito, segundo a teoria do ato administrativo, beneficia somente à parte específica, o poder regulamentar, que fundamenta o direito de consulta sob a perspectiva da Administração, acaba obrigando o Fisco a adotar os mesmos critérios para consultas de terceiros.

É interessante verificar a conivência que existe entre os vários atuantes do direito perante a obscuridade e imprecisão da lei: diante dela tem mais poder a Administração para manipular o sentido da lei, o juiz se torna mais relevante, oferecendo a justiça pleiteada pelo contribuinte, e os advogados se tornam imprescindíveis.

Esta proposta reduz a importância destes atuantes. Ao restringir seu poder interpretativo, mediante procedimentos administrativos de consultas e vinculando-se à sua própria interpretação, esvazia-se o poder de aplicação da própria Administração, outorga-se segurança e previsibilidade à atuação fiscal, fortalece-se a função igualdade, esvaziam-se as discussões judiciais e administrativas (pois reduz-se o âmbito material do contraditório), tornando menos atuante também o advogado, que tem menos questões para discutir em face da presença marcante da Administração no que diz respeito à precisão da aplicação da lei e da conseqüente segurança que ela oferece aos contribuintes.

Podemos perder num dado sentido, mas acho que ganhamos como cidadãos, ganha o Estado e, em verdade, o Estado é feito por todos nós. É isso. Muito obrigado. (*Palmas*)

COORDENADOR (PROF. ESTEVÃO HORVATH) – Agradeço a participação do Prof. Eurico. Lembro aos colegas congressistas que podem formular questões aos membros da Mesa, que serão recolhidas pelas nossas recepcionistas e respondidas na medida das possibilidades do tempo.

Apesar de a Dra. Lucia ter dito que o Prof. Eurico falou por ele e por ela, eu passo a palavra a ela para fazer o arremate sobre a consulta fiscal.

Doutora Lucia.

PROFA. LUCIA VALLE FIGUEIREDO – Bom dia para todos.

Senhor Presidente da Mesa, Prof. Souto Borges, na pessoa de quem cumprimento os ilustres componentes da Mesa.

1. Introdução

Realmente, o Prof. Eurico disse que iria tocar apenas dois pontos e acabou, na verdade, tocando vários. Como pediu para falar primeiro, creio que já poderia me omitir.

Em todo o caso, como há pontos de eventual discordância, primeiro gostaria de cumprimentar o Prof. Souto Borges e dizer que me deu enorme alento, na medida em que enfatizou a questão do contraditório, da ampla defesa, do devido processo legal. Desde que promulgada a Constituição, tenho trabalhado muito nesses temas e, às vezes, considero meus esforços baldos, em vão. Diria a V. Exa. – e V. Exa. tem esperanças no Judiciário, também tenho –, todavia, não tenho esperança no tocante à mordaça que estão colocando no Judiciário.

Assim, cada um de nós, ao construir doutrinariamente alguma coisa – por exemplo, o Prof. Eurico acabou de fazer uma construção que seria ótima para o contribuinte; o Prof. Souto também fez uma construção –, amanhã é capaz que tenhamos uma medida provisória a fim de atalhar a construção jurídica, doutrinária.

E se for uma decisão judicial, certamente, o que teremos? Teremos um meio de atalhar a possibilidade de o Judiciário efetivamente cumprir a Constituição e a lei que jurou defender. Quer dizer, estamos realmente num *Estado Democrático de Direito formal, mas não estamos num Estado Democrático de Direito substancial.*

Digo isso quase como um desabafo. Peço desculpas de iniciar assim, mas realmente, às vezes, pergunto-me se adianta falar para um público atento, para um público que nos quer ouvir, se o que falamos será derrubado por instrumentos inidôneos.

Se fosse derrubado por instrumentos idôneos, tudo bem, porque estamos aqui para aprender e renovar as nossas idéias, mas por instrumentos inidôneos, realmente torna-se inaceitável. O Prof. Eurico diz que sou inconformada – estou quase perdendo a minha característica de inconformismo e estou ficando neutra, amorfa, porque está difícil de se manter o entusiasmo diante do que vem ocorrendo no ordenamento jurídico deste país.

2. A Consulta Fiscal

Em todo o caso, passemos para a *Consulta Fiscal*, nosso tema, e tentemos, mais uma vez, apelar para os princípios constitucionais.

A consulta fiscal é um procedimento administrativo. Se é procedimento administrativo, primeiramente temos de o examinar, evidentemente, não fazendo um trocadilho de consulta, e consultar, não a legislação, mas, inicialmente, a Constituição, para verificarmos quais os princípios que devo obrigatoriamente aplicar à consulta.

O Prof. Souto já afirmou que, nos procedimentos administrativos, tanto quanto nos judiciais, teremos o contraditório e a ampla defesa. Então, a primeira questão a se colocar é a seguinte: é possível instância única, se temos o contraditório e a ampla defesa, previstos no Texto Constitucional? Esse já seria um ponto para se questionar quando se tratar de instância única, sobretudo na questão da *ineficácia da consulta*.

Por outro lado, se é procedimento administrativo, tenho de ir ao texto constitucional e verificar quais são os princípios da Administração Pública – os princípios expressos, os princípios implícitos – porque esses princípios são de suma importância. Na consulta, esses princípios têm de ser necessariamente respeitados. Pensemos na *legalidade*, na *moralidade administrativa* – tiremos as devidas conseqüências para chegarmos, talvez, à conclusão do Prof. Eurico, por caminhos diversos – ainda, na *publicidade*, na *impessoalidade*, na *eficiência*, no *devido processo legal*, na *razoabilidade* e na *proporcionalidade*.

Em boa hora, a Suprema Corte tem acolhido a *razoabilidade* e a *proporcionalidade*. Então, tenho enfatizado que precisamos utilizar o que se está a fazer uma boa construção. Se aceita a Corte Suprema a *razoabilidade* e a *proporcionalidade* e se estão construindo esta doutrina no direito brasileiro – doutrina antiga no direito alemão e no direito americano –, mas se vêm construindo, agora, no direito brasileiro, acho ótimo: vamos sempre trazer a contexto a razoabilidade e proporcionalidade, porque a doutrina está em franca evolução.

Como se trata de um procedimento administrativo e temos de respeitar esses princípios constitucionais, diria que, evidentemente, temos leis postas: o CTN e a Lei 9.430/96, que modifica, em alguns aspectos, a consulta. Mas, diria, que também não podemos nos esquecer da lei de processo administrativo, quando estivermos diante de consulta federal. Deveras, a lei de processo administrativo diz que para os processos específicos continuam vigentes as leis específicas; todavia, deve-se aplicar subsidiariamente (e subsidiariamente temos, por exemplo, no art. 50 daquela Lei de processos administrativos, a *motivação* altamente detalhada) a lei do processo administrativo (Lei 9.784/99)

Portanto, a *resposta* (que é um ato administrativo) deve espelhar, sem sombra de dúvida, a motivação e tudo o que moveu a Administração ao responder daquela forma.

É importantíssimo que se cobre a motivação, que se repila a instância única, porque, na verdade, quando se declara a *ineficácia da consulta*, por força dessa decisão, voltaria a multa, a moratória etc., que seria reavivada. Não é possível que, da declaração de ineficácia da consulta, não se tenha qualquer recurso administrativo, se o recurso administrativo é inerente a qualquer possibilidade de confronto entre Administração e administrado.

3. Competência e princípios aplicáveis

Minha discordância com o Prof. Eurico é sua colocação de que a consulta se alojaria na competência regulamentar do poder público. Acho que a *consulta* não está alojada no poder regulamentar, mas estaria alojada no direito de petição constitucional e no direito que tem o administrado – aliás, deveria dizer *cidadão*, porque já recebi críticas de um professor espanhol, que afirmou estarmos relembrando os velhos tempos ao falarmos *administrado*, em que a Administração era sobranceira, em que o direito administrativo era o direito do Estado e, não, o direito do particular, o direito do cidadão, mas temos esse vezo de falar administrado e peço perdão – entretanto, é bem melhor que dizer *súdito*, segundo o colega aqui da Mesa – evidentemente de se dirigir à Administração, que, na verdade, deve servi-lo.

Mas, vejam, chego ao mesmo caminho do Prof. Eurico, usando os princípios constitucionais, que entendo aplicáveis: o da *moralidade administrativa* e da *eficiência. Se a resposta à consulta é vinculante para a Administração, no caso concreto*, parece-me que, por efeito do princípio da moralidade administrativa e, também, do princípio da eficiência (colocado no texto constitucional só para satisfazer a Reforma do Estado, para poder satisfazer o contrato de gestão etc., apesar de colocado acidentalmente, ou, por outra, foi colocado propositadamente para justificar o contrato de gestão já criado), a Administração deveria agir de outra forma.

Embora não seja o tema de hoje, está a eficiência no texto constitucional e tenho de sacar do princípio tudo aquilo que puder. Uma das coisas, que já concluí, é a ampliação do controle jurisdicional. Se a Administração tem de ser eficiente, e, ademais disso, os atos administrativos têm de ser legítimos e dotados de economicidade – isso já dizia a Constituição, no art. 70, ao tratar do Tribunal de Contas – temos afunilado o controle jurisdicional, diminuindo, sobremaneira, a célebre discricionariedade administrativa, que custamos vinte anos para acantonar nos devidos termos.

Então, chego, como já afirmado, à mesma conclusão do Prof. Eurico, dizendo que, se a consulta é vinculante para a Administração, seria absurdo, *non sense* jurídico deixar que continue a ser interpretada a lei de maneira diferente daquela que a própria Administração, no caso concreto, respondeu.

Quer dizer, o princípio da moralidade administrativa, isso repeliria, porque estaria a Administração, sabendo ser aquela interpretação, aquele lançamento, porventura feito, passível de ser impugnado em outros casos. Não, evidentemente, naquele caso concreto, que não poderia fazer, estaria coarctada pela resposta, mas, em outros casos, seria impugnável, além de estar contrariando o próprio princípio da eficiência, na medida em que estaria aplicando uma regra diferente da que o órgão competente para responder, teria respondido à consulta. Portanto, o ato administrativo da resposta, se é vinculante para a Administração, deve ter efeitos jurídicos.

Não entendo que esteja na competência regulamentar, porque esta, a competência regulamentar, tem regime jurídico diferenciado, que, diria, *não se adapta ao ato administrativo da resposta,* com as conseqüências da possibilidade recursal, com a conseqüência de suspender a exigibilidade do crédito tributário, a multa de mora – e, diga-se de passagem, entendo que a liminar, no mandado de segurança, também suspende a multa de mora durante o tempo de sua vigência e, se essa liminar foi outorgada antes da exigência do crédito tributário, da mesma forma que a consulta, não poderá provocar posteriormente sanção, como, por exemplo, a multa moratória.

4. Consulta e multa moratória

Se a consulta foi formulada antes de qualquer processo administrativo, é claro que naquele lapso temporal não podem fluir juros moratórios, mesmo que a consulta, no ato administrativo da resposta, seja em sentido contrário ao pretendido pelo contribuinte.

Entendo que o próprio artigo do Código Tributário, o § 2º do art. 61, estaria a excepcionar a multa moratória durante aquele lapso temporal até a decisão definitiva da consulta. Deveras, *multa moratória é uma sanção administrativa*. Se é uma sanção administrativa, de duas uma: ou se deu ao contribuinte a possibilidade de ampla defesa, como assinalou o Prof. Souto, e a inafastabilidade da jurisdição, se estivermos pensando num processo judicial, ou não se deu, porque, na medida em que dou ao contribuinte este direito, não é possível sancioná-lo por ir ao Judiciário.

Sancioná-lo com multa, quando houve decisão judicial que suspendeu aquele eventual crédito, quando essa decisão judicial for absorvida por sentença denegatória ou, pior, às vezes, por recurso extraordinário, que modifica a decisão judicial concessiva em primeira instância, e, se, na apelação não foi dado provimento ao recurso da União e a modificação, apenas, se dá em recurso extraordinário, é um absurdo.

Imagine-se o Fisco cobrar a sanção por ter o contribuinte ido ao Judiciário. Se foi ao Judiciário, se um juiz não extinguiu desde logo a ação, se a processou, é porque havia dúvida, havia controvérsia. Quer dizer, se há o direito à discussão da controvérsia – e, no caso da consulta, se há o direito à consulta –, não posso ter sanção durante esse período. Discordo, talvez, de alguns autores no tocante aos juros moratórios, porque, de certa forma, a correção monetária e/ou juros moratórios podem ser entendidos como atualização do capital, ao passo que a multa, não, *a multa é sanção*, e, se sanção é, não pode ser imputada àquele que se socorreu da Administração ou se socorreu do Judiciário.

5. Responsabilidade pela consulta

Por fim, e para terminar, ficando exatamente no meu exíguo tempo, diria que há responsabilidade da Administração, sim, pelo ato administrativo da resposta. Se esse ato administrativo causar dano ao "administrado" (entre aspas) ou, melhor dizendo, ao cidadão, pelo princípio da responsabilidade do Estado estabelecido no art. 37, § 6º, da Constituição. Basta que haja culpa ou dolo; portanto, resposta malfeita, algo malrespondido, que pode causar dano ao administrado. Se causar dano, a Administração responde, sim, ou pode vir a responder, utilizando-se o critério da responsabilidade objetiva do Estado.

Isso em linhas gerais, porque, para falar num painel, só podemos levantar problemas, e mais nada que isso. Agradecendo e cumprimentando a todos, meu muito obrigada.

COORDENADOR (PROF. ESTEVÃO HORVATH) – Profa. Lucia, muito obrigado por sua intervenção e por ter respeitado o tempo regulamentar. Antes de passar à resposta aos colegas congressistas às indagações formuladas por eles, passo a palavra ao Prof. Souto Maior Borges, que gostaria de fazer uma pequena intervenção.

PROF. JOSÉ SOUTO MAIOR BORGES – Procurarei ser o mais breve possível, Sr. Presidente, meu caro Estevão.

As questões mais dignas de serem questionadas, às vezes permanecem inaperceebidamente em estado de não-questionamento. O Prof. Marcelo falou aqui no "sistema de fundamentos óbvios", expressão que fez fortuna na doutrina brasileira e é devida à clarividência de Alfredo Augusto Becker, que escreveu a respeito nos idos de 1963.

Normas de estrutura "versus" normas de comportamento

Há uma referência, na exposição do Prof. Marcelo, que me chamou a atenção para esse ponto: é um dos fundamentos óbvios, no sentido de que transita inquestionado pela doutrina, mas deve ser questionado, com urgência. Estar atrasado esse questionamento é razão superlativa para ser ele enfrentado. Esse ponto diz respeito à natureza jurídica das isenções. Eu não vou sustentar ponto de vista meu com relação às isenções, em contraposição a ponto de vista alheio. Não tenho essa pretensão. O que quero simplesmente ponderar é o seguinte: cientificamente, uma explicação unitária prepondera sobre qualquer outra quase sempre porque a simplicidade é uma categoria metodológica e epistemológica, ela vale sempre mais, é mais útil, é mais eficaz do que uma explicação pluralista.

Um dualismo que fez fortuna na doutrina é a distinção entre normas de comportamento e normas de estrutura. Que o direito regula comportamento humano é algo indisputável, não sou eu quem vai pô-lo em discussão. Mas que o direito só regule comportamento humano mediante normas de comportamento é algo que soa quase como um truísmo, mas de que não se tem uma clara percepção. Quando se fala em normas de estrutura, usando dualismo que é co-natural ao direito moderno (direito público/direito privado, direito objetivo/direito subjetivo etc.), quando se faz essa referência à norma de estrutura e norma de comportamento – com isso eu homenageio a exposição do Prof. Marcelo – que se pretende dizer? Que ao lado das normas de comportamento, existem normas que instituem determinadas – na indeterminação mesma do que seja conceitualmente uma norma de estrutura – competências. Então, essas competências são exercidas pelos agentes e órgãos investidos da titularidade para exercer determinadas funções em nome e para a consecução das finalidades cometidas a esses órgãos.

São os chamados, pelo Prof. Lourival Villanova, indivíduos-órgãos, agentes que operam ou fazem operar os órgãos de poder que estão por trás deles. A ficção do órgão esconde a conduta real dos seus agentes, essa, sim, juridicamente disciplinada.

Na realidade, toda norma de estrutura é uma norma de competência e toda norma de competência se expressa deonticamente pelo modal (a) "estar autorizado" e ao mesmo tempo (b) no modal "estar proibido", porque a competência é limitada, no tocante à autorização, tanto quanto no tocante à proibição. A norma de competência ou de estrutura é uma norma de comportamento, é redutível à norma de comportamento.

Um reducionismo implícito

Na hora em que eu unifico, não as normas de estrutura mais as normas de comportamento, senão uma só espécie, a norma jurídica, em contraposição a outras ordens de conduta social, como a moral e os usos sociais, então essa norma de estrutura é uma categoria perfeitamente inútil. Toda norma jurídica é norma de comportamento.

Mas vamos manter, em homenagem à oposição teórica, essa categoria e trabalhar com ela. Cai-se noutro vício sério, gravíssimo e do qual a doutrina não se apercebe, que é o do *reducionismo*. Sobretudo em matéria de interpretação das normas de isenção tributária. São colocadas de um lado as categorias que correspondem juridicamente à norma de estrutura e, do outro lado, à norma de comportamento. A isenção ou é havida como norma de estrutura ou excludentemente norma de comportamento. E não pode ser assim, precisamente porque esse maniqueísmo de posições (do lado de cá está o bem, do lado de lá está o mal) é intolerável a um pensamento que se manifeste com maior sensibilidade e ponderação.

E, o que é mais grave, é uma espécie de arrogância diante do legado da tradição. Já Amílcar de Araújo Falcão escreveu, desde 1963, à mesma época de Becker, um livro chamado *O fato gerador da obrigação tributária*, ainda hoje de leitura obrigatória, embora não seja mais citado, sequer reverenciado. Merece porém todas as nossas homenagens. Amílcar Falcão dizia: a isenção pode ter como ponto de partida um preceito constitucional programático ou diretivo. Traduzido para a linguagem atual, é possível que a Constituição Federal estabeleça normas vinculantes para o legislador ordinário na instituição de isenções. Portanto, no plano constitucional, essas normas sobre isenção seriam, a aceitar-se a classificação dualista, normas estruturais ou, com maior precisão conceitual, normas de competência (por exemplo, CF de 1988, art. 155, § 2º, II, "a" e "b").

No plano da legislação imediatamente integrativa do texto constitucional, quem faz as vezes de lei complementar é o Código Tributário Nacional (CTN). A isenção está prevista em diversos dos seus dispositivos. Por exemplo, interpretam-se literalmente as disposições que instituam isenções (art. 111, II). Não quero opinar se são boas ou ruins essas normas gerais. A isenção é causa de exclusão do crédito tributário. São normas de estrutura. Mas não se esgotou ainda a disciplina das isenções, elas são previstas também no campo da lei ordinária, a lei tributária material. Aí, a isenção nada tem de norma sobre competência, porque ela já está pondo em execução (aplicação) uma competência constitucional determinada, que é a competência tributária. Portanto, não tem nada de norma de competência, ou, se se prefirir, não tem nada de norma de estrutura. É norma de comportamento pura e simples.

No plano regulamentar, com todos os condicionamentos e limitações que revestem a função regulamentar (fiel execução da lei), a isenção também pode ser regulada e aí não se está tratando absolutamente de competência, senão de dar aplicabilidade e efetividade a preceitos isentantes supraordenados (legais).

Portanto, a visão maniqueísta mutila o fenômeno na sua riqueza.

Era só o que eu queria observar, apenas para que não se fique com a impressão de que essa questão desse dualismo, norma de estrutura e norma de comportamento é coisa tranqüilamente assentada na doutrina. Foi de Bobbio que se transplantou esse dualismo para o Brasil, na tradução de suas obras; e no fim da vida ele a abandonou – e tem muita gente abandonando, inclusive eu, que, aliás, nunca a adotei. (*risos e palmas*)

COORDENADOR (PROF. ESTEVÃO HORVATH) – Passando às questões feitas pelos Srs. Congressistas, passo a palavra, primeiramente, ao Dr. Marcelo para responder às que lhe foram dirigidas. Peço aos Professores que tentem condensar as respostas porque não dispomos mais de tempo, pois na verdade o tempo já estourou há muito.

Professor Marcelo.

PROF. MARCELO FORTES – Pois não.

Prof. Souto, agradeço a sua colocação. No entanto, sobre a relatividade da classificação das normas em de estrutura e de comportamento, o que tenho a dizer é que não é ela nenhuma novidade. O próprio Bobbio, que foi quem idealizou a classificação já fez essa ressalva; o Prof. Paulo de Barros já a fez, e até eu já assim me manifestei. De fato, ninguém nega que todas as normas jurídicas, inclusive as de estrutura, pelo fato de regularem comportamento de pessoas, são, sob este enfoque, também normas de comportamento. Também normas reconhecidamente de comportamento podem ser vistas como normas de estrutura, como a própria regra-matriz de incidência, pois é ela que dita o conteúdo material da norma tributária individual e concreta veiculada pelo ato administrativo de lançamento ou pelo ato de auto-imposição do particular, que a concretizam. Em suma, não se nega que toda norma tem por finalidade regular comportamentos, que é o objetivo do próprio direito. Agora, toda boa classificação é feita com base numa dada finalidade imediata, e com base nessa finalidade imediata é perfeitamente possível distinguir as normas em de estrutura e de comportamento. O critério classificatório está satisfatoriamente definido: a finalidade imediata buscada pela norma, regular comportamentos intersubjetivos ou regular a produção de outras regras. Assim, entendo que nenhum problema existe com a classificação das normas em de comportamento e de estrutura, e por outro lado visualizo uma grande utilidade no seu emprego para melhor compreender o ordenamento jurídico, visto de uma forma dinâmica, investigando-se o fundamento de validade de todas as normas do sistema. Essas divergências científicas, sobre classificações, decorrem inexoravelmente da posição do intérprete em face do direito, em vislumbrar ou não utilidade numa classificação. São saudáveis, e eu agradeço muito sua homenagem.

Tenho duas questões que me foram formuladas: a primeira é do Dr. Antônio de Sá, do Rio de Janeiro. Esta pergunta irá me possibilitar deixar um pouco mais claros alguns pontos da minha exposição. A pergunta é a seguinte: "Considerando o seu argumento de que o Executivo, ao alterar sem lei aspectos, fatores intrínsecos da obrigação tributária..." Alterar sem lei não é o caso. Não é bem esse o meu entendimento. Eu diria alterar dentro de limites legais. "...e considerando o princípio constitucional do federalismo, o Simples, ao estabelecer, em lei ordinária federal, a alíquota do ISS a ser aplicada, e ao vedar a ação do Fisco Municipal, não seria simplesmente inconstitucional?"

Dr. Antônio, agradeço a sua pergunta. Porém, os regimes especiais os quais procurei tratar são aqueles regimes concedidos no âmbito da Administração. Não são aquelas formas especiais de tributação que alcançam determinadas categorias de contribuintes, como Simples, Befiex etc., que são fixados por lei. Os regimes que eu busquei tratar são aqueles no âmbito administrativo. Aqueles que são concedidos por lei para alcançar classes de contribuintes, como o Simples, incorrem quase sempre nos mesmos vícios que as presunções e ficções também incorrem, ou seja, se utilizam de generalizações, de padronizações e quase sempre em desobediência a normas constitucionais, a princípios constitucionais, muito embora a finalidade seja a mesma, a de dar maior eficiência à legislação tributária. O Simples, em determinados pontos, traz mesmo algumas inconsistências. Na minha opinião, nesses pontos deverá merecer o mesmo rigor que as presunções e as ficções inconstitucionais, porque o mecanismo é o mesmo. Agora, os regimes especiais concedidos pela Administração no exercício de sua competência discricionária, são diferentes. O direito tributário não pode prescindir, em determinados redutos, de uma certa discricionariedade, momentos em que a finalidade da justiça, no caso concreto, é mais importante do que a segurança jurídica. É o que acontece, por exemplo, nos impostos regulatórios. Lá existe uma finalidade maior, finalidade essa que permite que o executivo possa alterar, dentro de determinadas balizas, e aí eu enfatizo: dentro de limites legais, as alíquotas de determinados tributos.

Com o regime especial é a mesma coisa. Em determinadas situações, a aplicação geral da legislação tributária não seria razoável, nem serviria para disciplinar de forma adequada os comportamentos sociais. Imaginem a importação de uma usina termoelétrica. Imaginem essa importação ter de se submeter às normas gerais para importação de mercadorias. Não. É uma situação especial, que reclama um tratamento igualmente especial, sem o que não se conseguirá eficiência, nem será alcançada a adequada aplicação da legislação tributária, que existe para ser aplicada. Então, os regimes especiais, que se dão no exercício de competência discricionária, não se dão fora dos limites legais. É competência discricionária. O fiscal entra com a sua vontade, mas para cumprir a finalidade normativa. Pode ser até que, ao cumprir essa finalidade normativa, ele não tenha muitas opções, mas uma só. Então, é exclusivamente dentro do princípio da legalidade que os regimes especiais podem ser concedidos pela Administração.

Aproveito o gancho para responder à outra pergunta, que tem a ver com essa primeira, formulada nos seguintes termos: "Preenchidos os requisitos essenciais à concessão do regime especial num determinado caso concreto, não estaria a Administração pública obrigada a deferi-la?"

Concordo que, se depois da análise do caso concreto só existir uma alternativa a ser adotada, é essa alternativa e não outra que tem de ser adotada. Seria a única forma de alcançar a finalidade que justifica os regimes especiais, que buscam dar eficiência, razoabilidade e praticabilidade à legislação tributária. Agora, se existirem várias possibilidades igualmente aceitáveis, razoavelmente aceitáveis, prevalecerá a discrição administrativa.

Muito obrigado mais uma vez a todos.

COORDENADOR (PROF. ESTEVÃO HORVATH) – Passo a palavra ao Prof. Eurico, lembrando a S. Exa. que tem 5 minutos para responder às 50 questões que lhe foram dirigidas. (*Risos*)

PROF. EURICO MARCOS DINIZ DE SANTI – Quero agradecer as questões, porque oferecidas por amigos, ou mais ou menos amigos.

A primeira pergunta é do Dr. Jean Paul De Folli, da Consultoria Tributária: "como seria implementada a resposta à consulta formulada por outro contribuinte no tocante aos seus efeitos à terceira pessoa interessada?"

Esse é um problema técnico. Na verdade, é fácil falar aqui que vale para todos. Mas eu sei, e discuti sobre isso com vários amigos da Administração Estadual e Federal e percebi que todos tinham ótima boa vontade, toda intenção de estar implementando essa igualdade, que a Administração quer isso. O problema é saber como fazer isso. São múltiplos fiscais, em locais diversos do território nacional aplicando lançamentos; são várias regionais expedindo consultas para casos concretos específicos. Como uniformizar tudo isso? É uma grande questão. Não há resposta fácil para isso e me parece que a resposta não é simplesmente jurídica, algo que poderíamos chamar de engenharia semântica dessas decisões, ou seja, uma espécie de procedimento que aglutinasse todos os casos específicos e, a partir daí, através de órgãos colegiados, impor pareceres normativos dando soluções concretas a esses grupos de decisões, ou seja, haveria de se incrementar políticas e técnicas administrativas para propiciar a igualdade de critérios em relação aos terceiros. Acho que a Administração ganha com isso, mas isso não é fácil. É um problema de todos nós, exigindo o envolvimento e a participação de juristas, advogados e da Administração Pública.

Uma outra questão muito interessante, que está vinculada a tudo isso que foi dito é se é possível o recurso à resposta de consulta na esfera administrativa ou judicial?

Eu tenho de aceitar que na verdade temos sempre de buscar lastro na legalidade e aceitar, na lei, os critérios legais oferecidos para a consulta. Dentro da lei de consulta hoje posta, na esfera federal, antes era a Decreto n. 70.250, agora a vigente é a Lei n. 9.430, não cabe recurso na esfera administrativa. O que me parece, no que diz respeito a casos concretos, perfeitamente aceitável. Ora, a Administração tem possibilidade de interpretar a lei, dentro da margem legal, da forma que ela quiser, buscando sempre a igualdade e a segurança do contribuinte.

Outra questão: e se houver divergência? Aí, há previsão – ou seja, se há uma consulta num sentido e outra noutro sentido –, há previsão expressa de recurso para esta hipótese. A Lei n. 9.430 foi avançada neste sentido, prevê que os próprios agentes públicos podem encaminhar manifestação, em forma de representação, quando perceberem divergência de critérios na interpretação da lei e na resposta a consultas. Vejam aí a Administração se autovinculando e se preocupando com a homogeneidade dos seus critérios de decidir.

Quanto à esfera judicial parece-me que só haveria cabimento de discutir a consulta no que diz respeito à sua forma: se foi impugnada de forma indevida ou não. Poderia haver impugnação judicial, no meu modo de ver, obviamente, se houvesse, digamos, um descompasso entre o conteúdo material da consulta e o conteúdo da lei. Aí haveria expressa ilegalidade e seria perfeitamente prevista essa cláusula.

Outra questão: no caso de a Administração pública modificar o entendimento da interpretação anteriormente benéfica para o contribuinte? Pode efetuar lançamento para manter o critério adotado?

A priori, tecnicamente, parece-me que não haveria problema, ou seja, poderia retroagir, desde que motivado, no tempo: "olha, mudei em circunstância disso e disso ou em razão da nova lei". Mesmo, reinterpretando-se a mesma lei, creio que os efeitos da consulta poderiam retroagir. Acho tecnicamente impecável ter essa, digamos, eficácia declaratória. Mas há uma disposição expressa da própria legislação, no art. 2º, § 11, que determina que a mudança de critérios da Administração só produz efeitos a partir dessa nova exposição do critério, dada a ciência desse novo critério, o que casa também com os arts. 146 e 147 do CTN que falam sobre a mudança de critérios. Nesse sentido, por expressa disposição legal, entendo que o lançamento efetuado sobre o novo critério, sem que haja manifestação expressa da Administração, motivando essa mudança de critérios, é inválido.

Penúltima questão, da Profa. Cristiane Mendonça: se existe limite ao exercício do processo interpretativo da Administração.

A resposta é: não. *A priori* ela tem poder inexorável. O limite que existiria estaria dentro das raias da legalidade. Aí vem a segunda parte da questão: se ela tem de interpretar a lei ou pode aplicar diretamente a Constituição?

Parece-me difícil aplicar diretamente a Constituição na esfera administrativa. É algo em que estou pensando, por ora entendo que a Administração deve restringir-se à lei. Acho que a lei é forma positiva de manifestação de interpretação da própria Constituição, que vale *a priori*. Se quero derrubar essa interpretação constitucional, e sei que há todo um sentimento de absurdo em relação a isso, tenho de derrubar juridicamente a lei pelos mecanismos eleitos pelo direito, não por mero ato da Administração. Tenho de cumprir o que disciplina a lei e o que regem os regulamentos que disciplinam a atividade administrativa.

A última questão, muito rápida, é do meu amigo o Prof. Vladimir Balico, que, citando Canotillo sobre as palavras viajantes, pergunta: "Desde que as circunstâncias justifiquem, não há de se admitir que a resposta a uma consulta possa ter motivação diversa para o mesmo fato, sem ferir a legalidade e a isonomia?"

Temos de discutir pelo menos duas horas e meia para entendermos, primeiro, o que é *motivação*, o que se entende por *fato*, o que é *legalidade* e o que é *isonomia*. Mas reduzindo as complexidades, eu poderia dizer: ao mesmo fato se aplica a mesma lei. É o que se exige para a isonomia. Eu poderia até admitir uma motivação diversa, em termos legais, como outra interpretação da mesma lei, mas não ao mesmo fato. Se eu tenho o mesmo fato, não vejo margem para dar outra interpretação diversa. Seria ter o mesmo fato e aplicar leis diversas, motivações diversas, o que me parece ser inadmissível.

É isso, obrigado.

COORDENADOR (PROF. ESTEVÃO HORVATH) – Obrigado, Prof. Eurico.

Professora Lucia.

PROFA. LUCIA VALLE FIGUEIREDO – Há uma pergunta de Carmem Patrícia Coelho sobre consulta: "Não seria uma faca de dois gumes, ao haver uma interpretação errônea, prejudicial ao contribuinte, que ficaria sujeito à fiscalização?"

Bom, quem faz a consulta sabe que, faticamente, ficará sujeito à fiscalização. Mas não há solução.

"Em caso de edição de MP ou lei ordinária infraconstitucional, que seja inconstitucional, a Administração, interpretando a lei inconstitucional que prejudica o contribuinte, declarando que a norma deverá ser aplicada, não será a consulta prejudicial, abrindo precedente negativo para outros contribuintes?"

Sim, a consulta sempre abrirá um precedente negativo para outros contribuintes. Agora, não pretendi dizer que a consulta se aplicasse sempre aos contribuintes, mesmo se negativa fosse. Se, pela consulta, verificar-se o direito do contribuinte, a Administração deveria uniformizar o entendimento por meio de um ato normativo, que a Administração poderia proferir, como, por exemplo, uma resolução.

Agora, em se tratando de medida provisória, entendo que a Administração nem deva fazer isso, porque a medida provisória, como o próprio nome diz, *é provisória, pode mudar a qualquer instante – e muda*! Todo dia muda um artigo dentro da medida provisória. Portanto, não dá para trabalhar com conceitos de medida provisória, porque tira todo o alicerce do ordenamento jurídico, a segurança e a certeza. Então, na verdade, é difícil trabalhar com o ordenamento factual em que vivemos.

"Decisão em consulta pode ser usada por terceiro que se encontra em situação idêntica na esfera administrativa?"

Acho que sim. Acho que pode pleitear que a resposta à consulta se estenda a ele, já que não existe previsão. Veja que a característica do procedimento administrativo é o informalismo, o informalismo em favor do administrado, o informalismo sempre que seja em benefício do administrado. Portanto, há sempre a possibilidade de entrar com petição à Administração Pública, requerendo alguma coisa.

"Em relação ao posicionamento de V. Exa. – essa é outra – quanto à multa moratória, como fica na maioria dos casos de litigância de má-fé, que já se tornou corriqueira no Judiciário?"

Bom, se há litigância de má-fé, o Código de Processo Civil dispõe sobre a questão. Claro que, se aplicada a litigância de má-fé, isso se opõe à interpretação que, durante aquele período, em que vigorou a liminar, não incidiria multa moratória. O direito tem de ser entendido na sua extensão. O ordenamento jurídico não é uma norma. O direito é composto sobretudo da Constituição, das leis, dos princípios, dos subprincípios, enfim dos princípios que têm, até mesmo, hierarquia, como entendo. Se existir a litigância de má-fé, há um brocardo latino: a ninguém aproveita a má-fé. Então, não posso mudar de entendimento por causa da má-fé. Para má-fé aplica o Juízo o remédio adequado. Aliás, chegamos a aplicar litigância de má-fé à própria União.

"Em sendo proferida resposta a consulta obscura, contraditória ou, ainda, deixando a Administração de se pronunciar... – aqui a pergunta é sobre a consulta omissa, a resposta contraditória etc. etc., – se caberiam, à semelhança do processo judicial, embargos declaratórios".

A minha resposta é a seguinte: não uso o termo embargos declaratórios, mas acho que cabe, sim, pedir à Administração que aclare ou, se não motivou suficientemente, pedir a motivação, que é um direito da parte.

Há uma pergunta dirigida ao Prof. Eurico, que me pediu para responder: "Pode-se afirmar que o ato administrativo de resposta da consulta veicula norma individual e abstrata?"

No meu entender, não. No meu entender, a resposta é um ato administrativo que veicula norma concreta, tanto que afirmei, em caso de a Administração querer estender, acho que deveria, pelos princípios que expus, deveria fazê-lo por meio de um ato normativo, atos que são emanados com a maior facilidade: ordem interna, resolução, portaria e nem sei o que mais.

"Caso positivo, cabe mandado de segurança contra o ato, repressivo ou preventivo?"

Mandado de segurança sempre cabe, porque se a consulta é improcedente para o contribuinte, o contribuinte pode-se socorrer do Judiciário, mas, até, preventivamente para a hipótese da lei consultada. Quer dizer, não precisa efetivamente da decisão da consulta para se socorrer ao Judiciário. Só se a consulta, em si, contiver uma ilegalidade de tal porte a ensejar mandado de segurança, mas o mandado de segurança é aplicável só para ilegalidade da Administração ou manifesto desvio de poder. Se não, caberia o mandado de segurança contra a lei, preventivamente.

"Levando em consideração a ponderação no sentido de vinculação da Administração às suas decisões, entende possível o ingresso da Administração pública com ação judicial para questionar decisão proferida em processo administrativo que lhe foi adverso?"

Entendo que se, por exemplo, num processo administrativo que lhe tenha sido adverso, posteriormente o Supremo Tribunal Federal declarar a inconstitucionalidade daquela lei, se ainda houver prazo, se não houver preclusão, poderia a Administração ir ao Judiciário para tentar desconstituir aquela decisão, como, por exemplo, na esfera judicial temos a ação rescisória para desconstituir. Por isso digo, se houver prazo ainda suficiente para isso, se não tiver ocorrido a preclusão administrativa, parece-me que isso seria possível.

COORDENADOR (PROF. ESTEVÃO HORVATH) – Obrigado.

Por último, Prof. Souto.

PROF. JOSÉ SOUTO MAIOR BORGES – É o primado da refutação sobre a concordância. O primado da refutação é exigência do conhecimento científico. Todo esforço do conhecimento científico não é para dizer "amém" ao que está preestabelecido em matéria de ciência, mas exatamente o contrário. Não se chega a resultado diferente, em matéria de pensamento, senão pensando em sentido oposto ao preestabelecido. Quem pensa a mesma coisa vai obter o mesmo resultado. Por isso eu diria, com toda a sinceridade, que se tivesse tido apenas um interlocutor nesta sessão, e não foi o caso, evidentemente, bastaria uma objeção como esta que vou colocar aqui, que é uma objeção de princípio, para legitimar a minha presença nesta sessão. Ela é formulada por Vladimir Balico, do TRE da 3ª Região. É uma objeção de princípio: "O protoprincípio, em verdade, professor, não é a dignidade da pessoa humana que informa todos os princípios constitucionais, uma vez que até topograficamente a Constituição Federal, art. 3º, é o núcleo essencial irredutível da Carta Magna?"

Meu caro Vladimir, meus amigos: eu estava tratando, na minha exposição (e é preciso colocar *modus in rebus*) de um segmento, um subconjunto normativo dentro do conjunto geral de normas que integram a Constituição Federal, constituído pelos direitos e garantias individuais, que estão no Título II, art. 5º, do texto constitucional.

Nesse sentido, confirmo e mantenho a minha opinião de que o protoprincípio, o mais originário de todos, dentro deste elenco de direitos e garantias individuais, é a isonomia. Imaginem se se extirpar a isonomia do texto constitucional – a que fica reduzida a legalidade, a que fica reduzido o contraditório, e a universalidade da jurisdição? As maiores e mais inconcebíveis discriminações seriam possíveis, na medida em que não haveria juridicamente a contenção fundamental, que é fornecida pelo princípio de isonomia, um outro nome para a justiça jurídica positiva, ou seja, a justiça constitucionalizada.

No que se refere a este subconjunto de normas (direitos e garantias individuais), eu não tenho dúvida de que é ele o princípio mais originário e esta foi uma lição que aprendi com Francisco Campos – e procurei levar adiante, tanto quanto me fosse possível, as suas lições. Uma federação, que é uma ordem jurídica total e nacional, como ensinava Kelsen, constituída por várias ordens jurídicas parciais. A ordem jurídica parcial central, a União, convive com a ordem jurídica parcial descentralizada das leis estaduais, federais e municipais.

Como normas estruturantes da federação brasileira no plano interno, estão aquelas que se insertam no art. 1º, entre elas a dignidade da pessoa humana (item III), ao lado da soberania (item I), da cidadania (item II), dos valores sociais do trabalho (item IV), e do pluralismo político (item V).

Eu não sei em que sentido eu poderia atribuir, nesse elenco de normas, que manifestam entre si uma irredutibilidade conceitual evidente (as do art. 1º mais as do art. 5º), como o problema da soberania no confronto com a dignidade da pessoa humana, como eu poderia atribuir à dignidade da pessoa humana como princípio estruturador da federação brasileira, o caráter de protoprincípio, deslocando-a para o campo dos direitos e garantias individuais. E eu sei onde se foi buscar essa lição. É na Profa. Carmen Lúcia Antunes Rocha, que honra a doutrina do Direito Público Administrativo. É opinião dela, sustentada com brilho.

A dignidade da pessoa humana é um princípio que estrutura a federação e permeia toda a federação brasileira, não apenas os direitos e garantias individuais. Essa sub-região normativa fica à parte na minha análise. Por outro lado, vocês vão ter aqui (creio que hoje à tarde) uma Mesa de Debates sobre tratados internacionais, convenções internacionais e aí vai surgir campo para um outro princípio, outras relações que não se confundem com a que venho fazendo referência. Refiro-me ao art. 4º do texto constitucional: "A República Federativa do Brasil rege-se, nas suas relações internacionais, pelos seguintes princípios: II – prevalência dos direitos humanos". Ora, quem diz prevalência dos direitos humanos, afirma a dignidade essencial da pessoa humana e diz mais alguma coisa, nas relações internacionais: que ela tem prevalência, ou seja, há implicações, inclusive, com a sua incorporação na ordem interna, assunto delicadíssimo, por força do art. 5º, § 2º, do texto constitucional – mas infelizmente eu não posso me estender sobre o regime jurídico-constitucional dos tratados internacionais.

É outra ordem de relações, a produção de eficácia é diversa e eu não quero confundir os campos.

Portanto, a cada um desses princípios a sua morada. Nesse campo dos direitos e garantias individuais não há outro princípio que seja mais importante que a isonomia, porque a isonomia é Justiça, Direito é Justiça, desde a Antigüidade clássica, sabe-se disso. Na Grécia e em Roma Direito e Justiça, etimologicamente, nomeiam uma coisa só. Hoje é que se fala em segurança, como valor supra-ordenado, como se pudesse haver segurança fora da Justiça. A segurança passa ser valor supremo. Por que é que a CPMF é boa? Por que é segura. Não porque é justa. Contra isso eu protesto. A segurança jurídica não deve expulsar a Justiça das relações entre os homens.

Pergunta: "Sendo o depósito recursal inconstitucional, qual seria a sugestão para o Estado evitar o recurso administrativo exclusivamente protelatório pelo contribuinte?"

Primeiro, eu não posso aceitar o argumento de que sendo o depósito recursal inconstitucional, não resta ao Estado nenhum meio para evitar o recurso administrativo meramente protelatório. Pelo contrario, essa constatação só vai desafiar e instigar a nossa imaginação criadora. Agora, eu sou um advogado, pretendo ser um intérprete da lei na medida das minhas possibilidades. Eu não assumo o papel de político para antecipar o que deve o Estado fazer para resolver problemas que surgem do eventual reconhecimento da inconstitucionalidade de uma exigência fiscal. O que eu posso dizer é o seguinte: conhece-se a medida dos atos humanos pelos seus efeitos. Seguramente, esse depósito recursal tende a descongestionar a pauta dos Conselhos de Contribuintes – e parece que essa seria uma função razoável da medida.

Mas outro efeito indireto e indesejado dos atos humanos, que é inevitável: é que essa inovação vai abarrotar o Judiciário. Cada vez mais o Judiciário fica sujeito ao ingresso de numerosíssimas demandas para discutir os atos administrativos no setor fiscal, precisamente porque se fechou a via na esfera administrativa, onde o processo fiscal estava caminhando admiravelmente no sentido da modernização e deu um passo atrás com essa inovação, a da reintrodução do *solve et repete*.

A última: "Pode a Administração tributária recorrer judicialmente, em suas decisões administrativas contrárias a ela, quando estas decisões apresentem erro ou afrontam as normas tributárias?"

Para mim pelo menos, ela pode tranqüilamente recorrer à esfera judicial. Não existe uma norma proibitiva desse acesso, expressa ou implícita, no sistema. Se a Administração procura o Judiciário para declarar a invalidade de um ato seu, pretende-se que ela não tem competência para tanto. Essa norma não existe. O que há é precisamente uma norma oposta: "a lei não excluirá da apreciação do Poder Judiciário nenhuma lesão de direito individual" (CF, art. 5º, XXXV). Conseqüentemente, parece-me: por que não? A Administração aplica a lei tributária num determinado sentido, uma das alternativas de aplicação, depois surgem dúvidas, ela vai ao Poder Judiciário, digamos, num processo declaratório da existência ou inexistência de uma relação jurídica. Por que lhe negar esse direito? Isso fere a lógica do razoável, que era aquela lógica preconizada por Recaséns Siches, também esquecida. Só isso.

COORDENADOR (PROF. ESTEVÃO HORVATH) – Agradeço a todos os professores que colaboraram com esta Mesa de Debates. Restaram algumas questões e eu me comprometo com seus autores que os professores responderão durante o intervalo.

Dado o adiantado da hora, me foi sugerido que eu propusesse a todos que tomassem um lanche rápido, em vez do almoço, já que devemos recomeçar às 14h30min.

À tarde teremos a Mesa de Debates "B", a conferência da Desembargadora Anna Maria Pimentel, às 17h, e ao final um coquetel no salão "São Paulo", deste hotel.

Está encerrada esta parte dos trabalhos.

MESA DE DEBATES "B"

PROJETO DE CÓDIGO - SIGILO BANCÁRIO

COORDENADORA: PROFESSORA ANNA EMILIA CORDELLI ALVES.
MEMBROS DA MESA: PROFESSORES ROQUE ANTONIO CARRAZZA,
MISABEL DERZI E OSIRIS DE AZEVEDO LOPES FILHO.

COORDENADORA (PROFA. ANNA EMÍLIA CORDELLI ALVES) – Vamos dar início a esta nova Mesa de Debates, com a presença do Prof. Osiris Azevedo Lopes Filho, da Profa. Misabel Derzi e do Prof. Roque Antônio Carrazza que, com certeza, pela qualidade das suas intervenções e conhecimento, dispensam maiores apresentações.

Vamos começar com a abordagem referente ao projeto do código do contribuinte, com as explanações do Prof. Osiris.

PROF. OSIRIS DE AZEVEDO LOPES FILHO – Boa tarde, Profa. Anna Emília, Profa. Misabel, Prof. Roque e senhores participantes deste Congresso.

Há um processo de nominação que se instala no país, cujo objetivo é verticalizar o sistema jurídico, porque na medida em que o sistema jurídico se horizontaliza, as dificuldades de se estabelecer uniformidade são muito grandes. Depois de comemorarmos ter o Brasil existido mais de 500 anos em periferia, subordinado agora ao novo colonialismo financeiro do Fundo Monetário Internacional, temos visto a tendência de o governo federal, utilizando faculdades previstas na Constituição, começar a estabelecer – se fosse ainda ditadura militar, a palavra adequada seria estabelecer uma ordem unida – uma uniformização para facilitar o controle do país.

O exemplo mais típico, ainda que realizada a lei nos melhores propósitos de disciplinar os gastos públicos, é a lei da responsabilidade fiscal, porque qualquer pessoa, com um mínimo de inteligência, sabe que é impossível estabelecer as mesmas regras para a União federal e para 3 mil municípios, cuja população não atinge a 15 mil habitantes e cuja receita própria não chega a 13% da receita disponível – vale dizer, 87% da receita disponível nesses 3 mil municípios advém das transferências previstas na Constituição.

Em face do fracasso da reforma tributária, que é realmente idéia síntese de unanimidade nacional, o oportunismo legislativo estabeleceu que deveria criar o código de defesa do contribuinte. No entanto, quem examinar a Constituição vai ver que o parâmetro mais fundamental para todo o sistema tributário está no art. 3º, inciso I, que fixa, como um dos objetivos da República Brasileira: construir uma sociedade justa, livre e solidária. O que é isso em termos de direito tributário? Entendo ser o fundamento de todo direito tributário, de todo estado de direito em matéria de tributação. Respeitar a liberdade patrimonial das pessoas, realizar a justiça, cobrando tributo de todo mundo – é a solidariedade – na medida da capacidade contributiva. Se a idéia fundamental é a de solidariedade, não é realizável um código de defesa do contribuinte. Se os senhores examinarem a realidade do país, a realidade tributária, hão de ver que em apenas dois tributos o Fisco diz qual é o valor do tributo. O resto é tudo baseado na colaboração do contribuinte. Exceto IPTU e Imposto sobre a Propriedade de Veículos Automotores, em todos os demais a colaboração do contribuinte é fundamental.

A própria idéia de código de defesa do contribuinte já é um absurdo, ainda mais como norma geral ... Quando eu li esse negócio: norma geral, baseada em dois dispositivos da Constituição...

Norma geral para União, para os Estados e para os Municípios, numa Federação? Ataliba já escreveu não sei quantos tratados discutindo o conceito de norma geral num sentido restritivo, porque, dizia ele, na Federação, cada um deve-se autodeterminar. Conseqüentemente, norma geral é limitativa.

Por outro lado, que norma geral haveria no projeto de código em questão?

Lá no Espírito Santo, quando a coisa era muito pequena, havia um sujeito que dizia: isso é cocô de bode. Aquele cocô redondinho, brilhante, pequenino. O que tem de cocô de bode nesse projeto de código de defesa do contribuinte é uma coisa incrível.

Bem, por que discutir isso?

Na minha opinião, é transformar o oportunismo da proposta, porque ela é simpática. Esse governo, sob o meu ponto de vista, é um governo assaltante. Ele concorre, em termos de criminalidade, não digo com o ladrão de galinha – porque isso nem existe mais, os ladrões estão mais sofisticados –, mas com o meliante da rua, com o trombadinha, com o ladrão mais categorizado, os banqueiros, e ele estabelece uma criminalidade legalizada. Realmente, se se examinar toda a legislação baixada via medida provisória, há um assalto legalizado ao bolso do cidadão e ao caixa das empresas nacionais, porque se manipula a lei aumentando o tributo, criando tributo ... contra quem? Contra o bom contribuinte que já paga corretamente. Enquanto isso, o evasor fica cada vez mais feliz, porque fica impune. Usando a terminologia do presidente Fernando Henrique com relação aos aposentados – palavra nem inventada por mim – esse governo em matéria tributária é vagabundo, na política tributária, porque é de má qualidade, está sempre apenando o bom contribuinte e de má qualidade na administração tributária, porque ela é malandra, não gosta de trabalhar, ela faz o assalto, faz a arrecadação em cima do bom contribuinte, deixa o mau contribuinte felicíssimo, porque ele fica impune, ganha concorrência e prospera neste país.

Quem é que esse projeto elege como destinatário da defesa? Além do contribuinte, como definido no código tributário, todos os sujeitos passivos, e esquece fundamentalmente a pessoa que devia proteger. A idéia é a de expandir o conceito de contribuinte, não apenas relativamente àquele que tem relação direta e imediata com o fato gerador – ou, em outros termos, quem tem o proveito do fato gerador –, mas, também, a todas as outras hipóteses de sujeição passiva? Que escolhesse, que amparasse como contribuinte quem realmente suporta a carga tributária neste país, ao seu final, o consumidor de mercadorias e serviços. Até porque, para evitar uma apropriação, na minha opinião, indébita, ainda que consagrada na lei.

Os senhores se lembram que, no caso de impostos indiretos, tendo havido pagamento a maior, portanto, pagamento indevido, a restituição só ocorrerá se o contribuinte do imposto, digamos do IPI, provar que absorveu a carga tributária ou ter ela se transferido para terceiro, com a concordância do terceiro. Ora, se colocado esse terceiro adquirente final da mercadoria no elenco dos contribuintes para efeito dessa lei, evidentemente ele poderia solicitar, requerer, o benefício da restituição, nesses casos, porque na realidade a restituição, no Brasil, torna-se quase impossível para o contribuinte, chamado aí de direito.

Em realidade, se se examinar bem, qual é o contribuinte nessa concepção vasta que está sendo protegido? Sob o meu enfoque, como sempre, as grandes empresas, as multinacionais, neste país. Não é um código de defesa para nós, contribuintes, pessoas físicas, não. Lá está plantada a defesa das grandes empresas daqui, inclusive com a inovação constitucional. Se julgada uma lei aí inconstitucional, principalmente uma lei que deferiu incentivos tributários, os efeitos vão ser só para o futuro. O Fisco não pode lançar adicionalmente em face da declaração de inconstitucionalidade da lei.

Há coisas que realmente é aquilo que eu mencionava, o cocozinho de bode. Por exemplo, proteção para multinacional. A fiscalização só pode realizar o seu trabalho em três meses, prorrogar por mais três meses. Já fui membro de um órgão internacional em matéria tributária. Peguei uma das assembléias gerais dedicada a esse tema de fiscalização de grandes empresas, diga-se multinacionais, e vi que o prazo médio de fiscalização de uma multinacional no mundo inteiro, Estados Unidos, Alemanha etc., é de dois anos. O Roque vai fazer a defesa disso tudo aí, ele é um dos autores do anteprojeto. Pode ser que tenha havido boa-fé: olha, vamos conter aí os exageros, os arbítrios da fiscalização. Mas o que saiu, na realidade, é pôr o criminoso como guarda da prisão e colocar o agente estatal dentro da cadeia. Isso está prosperando. A aprovação no Senado foi rapidérrima, porque tem essa idéia de generosidade: está protegendo o contribuinte contra a ambição estatal.

Entretanto, a regra fundamental de proteção do contribuinte não está no projeto. Qual seria a regra fundamental – hein, Anna? – para proteger o contribuinte, neste país, contra a criminalidade tributária. Qual seria, hein, Misabel? A proibição de edição de medida provisória em matéria tributária, meu Deus do céu! A única regra fundamental que é proibir a manipulação, o assalto no bolso do contribuinte legalizadamente. Esse governo – o Presidente da República – é um governo que fala várias línguas, está toda hora indo para o Exterior ... é um negócio sofisticado. Então, o assalto é sofisticado, com base na lei. A única regra que realmente protegeria o contribuinte neste país, que é a interdição da criação de normas tributárias, instituindo tributos, majorando tributos, em medida provisória, não está lá.

Conversei com um dos coordenadores desse anteprojeto, que agora virou projeto e ele disse: não, o negócio do PFL... O PFL não tem medida radical. Esse é que é o problema. E tem coisas interessantes. Na realidade, o código é contenção da fiscalização. Mas conter a fiscalização num país campeão de evasão é o negócio mais maluco do mundo, ainda que maluco num estado democrático de direito, em que o compromisso da administração tributária fosse cumprir a lei... Mas o compromisso da administração tributária, hoje, não é cumprir a lei, não é potencializar a execução da lei tributária, potencializar a cobrança do imposto devido. Na realidade, como se arrecada sempre nessa manipulação com a complacência do Legislativo, que abdicou da evasão realizada pelo Executivo na sua área e pela terrível complacência dos tribunais, principalmente do Supremo Tribunal Federal, estamos diante dessa realidade: assalto legalizado permanentemente no bolso dos contribuintes, dando cada vez maior poder de competição no mercado para o evasor.

Tem uma coisa interessantíssima. Roque, acho que você trabalhou muito de boa-fé. Diz o seguinte: para realizar diligência no estabelecimento do contribuinte, tem de fazer intimação com cinco dias de antecedência. (*Risos*) A gente vê um descaminho, que vulgarmente se chama de contrabando, e tem de bater na porta: olha aqui, daqui a 5 dias, vamos vir aqui apreender esse contrabando. Quer dizer, são coisas assim que deviam ter passado por exame melhor, porque realmente a relação administração tributária/contribuinte tem de melhorar no Brasil. Tem algumas coisas positivas nesse projeto, não vou negar: a proibição de se estabelecer restrição ao direito de recorrer na órbita administrativa. Mas nessas exceções, no que extravasa a normalidade é que está o defeito dessa concepção, principalmente, pernosticamente, chamar de código. Essa condensação realmente é um código? Está certo um código de defesa do consumidor. Mas código de defesa do contribuinte, deixando um monte de normas que trata da relação Fisco/contribuinte à margem?

Cria-se muita coisa, mas o que se cria é para aprisionar a administração tributária. Eu não posso, ainda que tenha tido origem na administração tributária, conceber que num país campeão da evasão tributária seja uma coisa moralmente correta aprisionar a administração tributária. Que se responsabilize o administrador tributário que exorbite no exercício dos seus deveres, tudo bem. Agora, que se faça uma lei de aprisionamento, de restrição da administração tributária, para mim é demais.

Vamos imaginar o seguinte. Tem uma peça teatral que define o projeto do brasileiro: "brasileiro profissão esperança". O que cumpre realizar é transformar, como disse antes, o oportunismo desse projeto – que, não há dúvida, é um projeto de oportunismo —, em oportunidade para se melhorar o relacionamento entre o Fisco e o contribuinte, principalmente na área da administração tributária, estabelecendo efetivamente os limites, mas sem essa preocupação implícita de proteger as grandes empresas multinacionais. Chega, não é? Que o governo federal baixe as medidas provisórias dele, faça as emendas constitucionais para entregar o país para os estrangeiros, tudo bem. Agora, que saindo da academia passe na mão de um senador e ele apresente um projeto tão deplorável para disciplinar esse tipo de relacionamento, eu acho que não pode ser acatado.

COORDENADORA (PROFA. ANNA EMÍLIA CORDELLI ALVES) – Obrigada, Prof. Osiris pela sua análise crítica. Vou passar agora a palavra à Profa. Misabel Derzi.

PROFA. MISABEL DERZI – É uma honra falar-lhes neste XIV Congresso Brasileiro de Direito Tributário do Instituto Geraldo Ataliba. Quero saudar a todos que compõem esta Mesa e aos caros participantes.

O tema é tributação nas relações de consumo. Gostaria de lhes falar especialmente sobre repercussão jurídica ou transferência, não como a temos enfocado classicamente na doutrina do direito tributário, mas sobre a transferência, que é juridicamente consentida ou pressuposta pela Constituição Federal.

Como o nosso tempo é curto, já vamos enfocar as conseqüências da nossa premissa. Temos, eu acho, no Direito Tributário, criado um tal preconceito contra a transferência, a translação, a repercussão econômica dos impostos, especialmente no imposto sobre produtos industrializados e no imposto sobre operações de circulação de mercadorias e serviços de transporte e comunicação, sabidamente porque, sendo estudiosos de direito não seremos economistas, como de fato não somos, que nós não nos apercebemos de que, por detrás de uma pressuposta repercussão econômica, existe, sim, uma obrigatória e evidente repercussão jurídica, e esta é que está sendo negligenciada pela doutrina do direito tributário. É importante que nós retomemos os estudos sob este ângulo. Se nós não o tivéssemos esquecido, ou seja, da transferência que onera, por pressuposto constitucional, as aquisições do cidadão consumidor, se não nos estivéssemos esquecido dela, nós já teríamos trabalhado, neste país, com muito mais eficiência e correção, o princípio da não cumulatividade que informa o IPI e o ICMS e teríamos identificado, de plano, que não se deve colocar a capacidade econômica de contribuir do contribuinte propriamente nesses impostos, porque por pressuposto constitucional ele não a tem. Esses impostos não devem ser suportados pelo contribuinte mas, à luz da Constituição, são suportados pelo consumidor e é a capacidade econômica do consumidor que a Constituição Federal manda medir, manda mensurar.

Isto não tem sido compreendido corretamente, tanto que descumprimos muitas vezes o princípio da seletividade no ICMS e de forma alguma, nesse mesmo tributo, cumprimos o art. 150, que manda informar ao consumidor os impostos e contribuições que incidem sobre as mercadorias e serviços que adquirem.

Finalmente, e por causa disso mesmo, negligenciamos a importância do consumidor nas relações tributárias. Não estou me referindo à importância do consumidor nas relações de consumo. Estou me referindo exatamente à importância do consumidor nas relações tributárias e é isso que tem sido negligenciado e eu me penitencio especificamente desse problema. A dogmática tem desenvolvido uma lógica material, no direito tributário, que se ressente deste mal, porque ela não retrata, não espelha essa realidade, que é também uma realidade jurídica.

Ora, os códigos de defesa do contribuinte são apenas códigos de defesa que também não espelham esse tripé: Estado, contribuinte e cidadão/consumidor nas relações tributárias. Enfim, há uma confusão tão grande – essa é a nossa conclusão – que temos prejudicado não só o próprio contribuinte, mas ainda o Estado e, evidentemente, o próprio cidadão. Temos de retomar esses estudos, especialmente em relação aos códigos de defesa do contribuinte, que são feitos no âmbito dos Estados. Os senhores sabem que a arrecadação tributária dos Estados se alimenta de um grande imposto de consumo não-cumulativo, que é o ICMS. Então, nesse tipo de tributo, a posição do cidadão consumidor em relação ao direito tributário é importantíssima.

Por isso mesmo, o código de defesa do contribuinte, que foi aprovado no Estado de Minas Gerais, por iniciativa parlamentar, do PFL, naturalmente, foi vetado pelo Sr. Governador do Estado. Ele foi vetado por razões de mérito, como essa que acabei de apontar, e por razões de forma, porque a lei não revestiu a forma de lei complementar, e por vício de iniciativa, porque nele se criam órgãos do Poder Executivo, embora o projeto tenha sido de iniciativa parlamentar.

Enquanto isso, o Poder Executivo passou a elaborar um outro anteprojeto, um outro código, em que, atendendo exatamente às reclamações do nosso Prof. Osiris, o Estado propõe uma consolidação dos direitos e deveres do contribuinte e dos direitos do cidadão consumidor nas relações tributárias. Esse anteprojeto será oferecido na próxima semana às Federações da Indústria e do Comércio, a toda a sociedade, para que seja rediscutido.

Quero colocar logo que não nos insurgimos contra a elaboração de códigos dessa natureza. Aliás essa tendência tem se manifestado na Espanha, nos Estados Unidos, na Itália, todos esses países aprovaram os seus códigos e, é verdade, há muito de bom no projeto de um código de defesa do contribuinte em discussão no Congresso Nacional, que foi elaborado por vários juristas ilustres, professores da nossa área. Não nego isso. Todos devemos reconhecer isso. O de que reclamamos é que essa oportunidade seja aperfeiçoada com a introdução dos direitos do cidadão consumidor, parte que deveria ser a mais importante, a central, no seio desse código. Só assim vamos caminhar na direção de um Estado Democrático de Direito.

Para isso, é importantíssimo que nós, na área de Direito Tributário, comecemos a tratar ou a reconhecer, a identificar na Constituição Federal uma repercussão jurídica, que não é apenas uma repercussão econômica. Na maior parte dos casos, a repercussão jurídica coincide com a repercussão econômica, mas pode não coincidir, e de qualquer modo ela vai prevalecer sobre a econômica, de acordo com a Constituição Federal.

Ora, quando nós afirmamos, por exemplo, que impostos como o Imposto sobre Importação, Serviços de Qualquer Natureza ou contribuições de seguridade social incidentes sobre a receita, independentemente do resultado das empresas, quando afirmamos que esses tributos são tributos que oneram o consumo, que acabam repercutindo nos preços, nós fazemos singelamente a constatação de um fenômeno econômico que, na maior parte dos casos, efetivamente ocorre. Tal transferência é apenas uma especulação econômica, que somente as leis econômicas podem confirmar ou negar e não cabe aos juristas examinar esse fenômeno. A mesma coisa acontece no IPI e no ICMS.

Entretanto, nesses dois últimos tributos, além dessa repercussão econômica há uma evidente repercussão jurídica, aliás, obrigatória, à luz da Constituição Federal, e é este estudo que eu estou a reclamar de mim mesma e de todos os senhores.

A Constituição Federal, evidentemente, optou por grandes impostos plurifásicos e não-cumulativos. Tributos incidem sobre todas as etapas de industrialização, produção e comercialização que conhecemos, mas em alguns deles, como no caso do ICMS e do IPI, a Constituição fez uma opção clara. Ao contrário da maioria dos demais países, este é um princípio jurídico constitucional. Para evitar, portanto, distorção na formação dos preços e seu aumento exagerado, para evitar a verticalização das empresas – e todos nós sabemos que, se uma delas não puder se verticalizar para evitar incidência em uma etapa, haverá uma distorção nos preços – e, portanto, para assegurar a competitividade no mercado e a neutralidade do imposto, de modo que os preços das mercadorias e serviços se formem em igualdade de condições para todos, sem interferências indevidas dos tributos, para se evitar um desestímulo à exportação e um estímulo à importação de bens acabados, por todas essas razões a Constituição consagrou a não cumulatividade.

Segundo tal princípio, o contribuinte tem o dever de transferir ao adquirente o imposto que onera a operação e deve se creditar do imposto que lhe foi transferido pelos seus fornecedores nas suas aquisições. Ou seja, a Constituição diz expressamente que não cabe ao contribuinte do IPI, não cabe ao contribuinte do ICMS, suportar, economicamente, esses tributos e o faz sem exceção nenhuma. A Constituição de 1988 disciplina diretamente a não cumulatividade, deixando à lei complementar apenas regulamentar ou disciplinar o regime de compensação. Mas, materialmente, a Constituição já dá as regras essenciais e já impõe o mecanismo de compensação. Assim o único adquirente que não tem crédito, que não pode repassar a um terceiro, à luz da Constituição, nesta cadeia, é o consumidor final. Então, ignorarmos essa repercussão jurídica é ignorarmos a Constituição. Eu estou dizendo que a Constituição não apenas autoriza essa transferência, ela determina: é vedado a um contribuinte do IPI deixar de cobrar o IPI. Ele tem de emitir nota fiscal de saída e cobrar, e somar lá o preço. É vedado a um contribuinte do ICMS deixar de cobrar ICMS e embuti-lo dentro do preço. Ele não pode fazer isso. Esse sistema não é facultativo.

Vejam bem os senhores que estou falando de uma repercussão jurídica e não de uma repercussão econômica.

Por isso, também ao Fisco é vedado glosar um direito de crédito do contribuinte, ao argumento de que, analisando o mercado e as leis econômicas, decidiu que o contribuinte não teria sofrido aquelas transferências do imposto nas suas compras. Não. Ele, contribuinte, adquiriu as mercadorias. Está em destaque o ICMS na nota fiscal. Ele tem direito ao crédito. Nós estamos falando de repercussão jurídica. Embora economicamente se pudesse provar que o contribuinte comprou as mercadorias pelo custo ou abaixo do custo e que ele não conseguiria adquiri-las pelo mesmo valor hoje, não cabe ao Fisco estornar esse crédito. Por quê? Porque a Constituição pressupõe uma repercussão jurídica. O desejo constitucional é que essa repercussão jurídica reflita uma real repercussão econômica. Mas se isso não ocorrer, prevalece a jurídica. Então, existe para nós uma relevância substancial da posição do cidadão consumidor nas relações tributárias. Em nosso País – e daí a revolta, com toda a razão, do Prof. Osíris – há uma mentira generalizada. O contribuinte, o comerciante, finge que suporta o ICMS. O industrial finge que suporta o IPI. Então, basta aumentar a alíquota e eles começam a gritar desesperadamente. São eles que começam a gritar, em primeiro lugar. O consumidor, que a tudo suporta, ignora que paga imposto. Para ele, imposto só tem a ver com o Imposto de Renda. Só. O cidadão, quanto mais pobre, mais ignora o fato. Ele não sabe que paga ICMS. Pelo menos na minha terra, lá em Minas, se cobra ICMS na cesta básica. Quando ele compra arroz, por mais pobre que seja, quando ele compra feijão, com esse salário mínimo que não é mínimo a uma condição digna de vida, ele paga imposto sobre as operações com a carne, o leite, o feijão e o arroz. Ele não sabe que contribui, efetivamente. Estamos falando de repercussão jurídica. Não estou falando de outros tributos que também incidem sobre essa realidade.

Por sua vez, o Estado se beneficia dessa confusão por um lado, e se prejudica, por outro. Ele se beneficia porque o princípio da não cumulatividade nunca foi bem compreendido por nós e nem vai ser. Ótimo para o Estado. Por quê? Porque toda vez que se faz uma lei complementar: "não, vamos tirar o direito de crédito sobre os bens do ativo fixo ou parcelar em 48 meses sem correção monetária". Afinal de contas isso somente é possível porque não se tem a consciência de que o contribuinte não tem de suportar nada, não deve suportar nada, conforme está escrito na Constituição. Nós nunca conseguimos e nem conseguiremos, se mantivermos tal postura, implementar aqui o princípio da não cumulatividade, plenamente desenvolvido. O contribuinte não se apercebe que, ao fingir, ele perde, por outro lado, de forma substancial. Ao mesmo tempo, o Estado vê aumentar a evasão e não consegue adotar formas de combate à sonegação. Por quê? Porque esse cidadão consumidor, que não sabe que suporta o encargo, é um cúmplice da sonegação. Ele não exige a nota fiscal. Não faz nenhuma questão. Negocia com o contribuinte e o perdoa. Ele não sabe que está pagando e que aquilo que o contribuinte sonega veio diretamente do bolso dele, consumidor. Essa consciência não existe na realidade nacional.

De modo que não conseguimos combater a sonegação porque nós nos esquecemos desse tripé. O contribuinte não vê respeitado integralmente o princípio da não cumulatividade e a produção continua sendo onerada pelo IPI e pelo ICMS. Por outro lado, o cidadão não consegue ver realizado o princípio da seletividade, além de obter serviços públicos mal administrados e ineficazes, aos quais faltam aqueles recursos sonegados, e por ele custeados.

Nós precisamos retomar os princípios constitucionais. Se falarmos a verdade, se esclarecermos essa relação, tanto o Estado quanto o contribuinte e o cidadão vão ganhar, e é isso o que determina a Constituição Federal.

O que queríamos ponderar é que, com a sonegação, de fato, muitas vezes há abuso por parte da fiscalização, que, evidentemente, para superar a evasão ilícita, persegue o setor formal da economia, os contribuintes que já pagam. Evidentemente que um código dos direitos e dos deveres do contribuinte, trazendo a harmonia nessas relações, é correto, deve ser bem-vindo, acho que há muito a ganhar, mas é preciso corrigir essa relação.

O atual projeto de código que está sendo discutido no Congresso Nacional tem uma parte boa, excelente, que não se pode perder, evidentemente. Nessa parte boa, excelente, o que sugerimos e o Estado de Minas Gerais está propondo sair à frente, é inserirmos também o cidadão consumidor em referência às relações tributárias. Aperfeiçoarmos essas relações, tanto para conseguirmos uma consciência de seletividade, como para reeducarmos tributariamente o país, combatermos a sonegação e realizarmos, pelo menos, como manda a Constituição, o direito de informação que deve ter o cidadão-consumidor, em relação aos impostos e contribuições que paga.

Portanto, a própria doutrina, e nós mesmos, devemos nos corrigir ao longo do tempo e começarmos a falar numa repercussão jurídica desses tributos e suas conseqüências. Lutarmos por uma não cumulatividade real, correta. Um princípio da não cumulatividade mais amplo, com críticas à Lei Complementar 102. Um regime de compensação real, efetivo, que possa realizar os créditos excedentes dos contribuintes, por meio da restituição ou de transferências que não sejam obstaculizadas pela Fazenda, como ocorre na prática, ou em dinheiro como fazem os europeus. Hoje, entre nós, esses créditos do contribuinte morrem pela prescrição ou pela depreciação monetária.

Nós nunca vamos ter tributos, como realmente têm os europeus, não cumulativos. Isso é preciso rever. Em segundo lugar, é preciso, portanto, implementarmos entre nós uma seletividade mais consciente, mais real, concreta, e aliarmos o cidadão consumidor ao Estado contra as evasões ilícitas. Por isso mesmo, acho que os nossos códigos de defesa do contribuinte devem ser elaborados e discutidos, nessa linha.

Muito obrigada aos senhores. (*Palmas*)

COORDENADORA (PROFA. ANNA EMÍLIA CORDELLI ALVES) – Eu gostaria de agradecer as sempre argutas ponderações e análise crítica feita pela Profa. Misabel, que coloca a necessidade do esclarecimento do consumidor, como forma, inclusive, de enfrentar um problema levantado pelo Prof. Osiris referente à evasão fiscal. Na verdade, o esclarecimento do contribuinte seria uma forma muito proveitosa de estarmos enfrentando esse problema.

Agora, eu passo a palavra ao Prof. Roque, muito curiosa a respeito da sua posição a respeito de tudo o que foi colocado aqui.

PROF. ROQUE ANTONIO CARRAZZA – Boa tarde a todos. Profa. Anna Emília Cordelli Alves, Prof. Osiris de Azevedo Lopes Filho, Profa. Misabel Machado Derzi, prezados colegas. É com satisfação que estou participando deste XIV Congresso Brasileiro de Direito Tributário, promovido pelo prestigioso Instituto Geraldo Ataliba - IDEPE. Agradeço a gentileza do convite para participar desta Mesa de Debates, o que faço na pessoa do ilustre Prof. Aires Barreto, presidente do Instituto e do não menos ilustre Prof. José Eduardo Soares de Melo, presidente do Congresso.

Eu vim preparado para falar sobre o sigilo bancário e a maneira pela qual o Código de Defesa do Contribuinte pretende protegê-lo. Mas diante das "chibatadas" que me foram desferidas pelo Prof. Osiris, dividirei minha exposição em duas partes. Num primeiro momento, discorrerei sobre o Código de Defesa do Contribuinte e a filosofia que inspirou a redação de seu anteprojeto. Em seguida, falarei um pouco sobre o sigilo bancário, que a Carta Magna garante, procurando demonstrar que, a este respeito, o projeto apenas desdobrou preceitos constitucionais. Por último, se houver tempo, analisarei a recente Medida Provisória n. 2.037/00 (atual MP 2.113) e a esdrúxula fórmula que ela encontrou, em seu art. 46, para quebrar o sigilo bancário dos contribuintes que não concordarem com o "esbulho" previsto em seu art. 45.

Como já sabem – talvez já soubessem, mas, agora, com certeza, já sabem – sou um dos autores do anteprojeto, hoje projeto, do Código de Defesa do Contribuinte. É o Projeto de Lei Complementar n. 646, de 1999, que ora tramita no Senado da República e, muito em breve, estará sendo discutido na Câmara dos Deputados. Os outros autores – para que as "chibatadas" não fiquem concentradas só no meu "lombo" – são os eminentes professores José Souto Maior Borges, Paulo de Barros Carvalho, Eduardo Bottallo e Ricardo Lobo Torres. Os trabalhos foram coordenados pelo igualmente notável Prof. Torquato Lorena Jardim.

O projeto de Código de Defesa do Contribuinte visa, acima de tudo, dar operatividade e plena eficácia aos mandamentos constitucionais que vinculam os direitos e garantias dos contribuintes. Ele, em rigor, nada inova: apenas explicita o que, nesse campo, está implícito na Constituição. É importante frisar que o projeto preocupa-se com a justiça fiscal, que para ser instrumentalizada necessita de regras positivadas. Sua filosofia não é proteger o mau contribuinte, mas, digamos assim, possibilitar uma convivência pacífica e legalitária (nunca um confronto) com o fisco, tudo, evidentemente, sem inviabilizar a tributação e o combate à sonegação fiscal.

A idéia é evitar que o contribuinte, pessoa física ou jurídica, seja esmagado pela máquina fazendária. Realmente, pelo menos dentro da minha óptica, não se pode em sã consciência negar que o contribuinte está, em seus embates com a Fazenda Pública, numa situação de inferioridade. Pois bem, o projeto quer justamente estabelecer uma situação de igualdade entre ambos. Essa idéia, digamos assim "protetiva", não é estranha ao nosso direito. Tanto não, que norteou a edição, dentre outros, do Código de Defesa do Consumidor e da própria Consolidação das Leis do Trabalho, que tanto têm contribuído para o progresso das instituições e para a pacificação das relações sociais.

O Código de Defesa do Contribuinte, acaso aprovado (faço votos que sim), vai contribuir de modo decisivo, não só para o aperfeiçoamento da tributação no Brasil, mas da própria democracia. Será, sem dúvida, um importante instrumento de complementação da cidadania. Eventuais equívocos que o projeto contém (como obra humana que é, claro que padece de alguns equívocos) poderão ser corrigidos no cadinho dos debates parlamentares. Para isso é que existe o processo legislativo. Agora, não me parece que seja o caso de sustentar – e essa também é a opinião da Profa. Misabel Derzi – que o Brasil não precisa de um Código de Defesa do Contribuinte. A Espanha tem o seu, os Estados Unidos têm o seu, a Itália tem o seu e, vejam os colegas congressistas, são países onde a tributação se perfaz de modo incisivo, sem nenhuma conivência ou tolerância com os sonegadores. Dizer que o Brasil não precisa de um Código de Defesa do Contribuinte me faz lembrar uma frase que teria sido dita a Lavoisier, por seus algozes, em plena Revolução Francesa. O sábio Lavoisier, responsável por muitas descobertas, principalmente no campo da Química, que até hoje nos empolgam, acabou caindo nas garras do Terror, sendo injustamente condenado à guilhotina. Percebendo que a execução da sentença era inevitável, pediu a seus julgadores, não clemência, porque sabia que não a teria, mas, sim, prazo. Ele estava em meio a alguns experimentos científicos e pediu algumas semanas ou, quando pouco, alguns dias, para concluir os trabalhos em andamento. A resposta dos juízes revolucionários ficou célebre: "A República não precisa de sábios". Talvez a República francesa, naquela época, não precisasse. A República brasileira, pelo contrário, precisa, sim. E não só de sábios, também de um Código de Defesa do Contribuinte, aperfeiçoado, inclusive com sugestões como as que acabam de ser feitas pela Profa. Misabel Derzi (*Palmas*).

O Prof. Osiris tem razão num ponto. Talvez a comissão devesse ter inserido, com todas as letras, a regra pela qual são vedadas medidas provisórias para criar ou aumentar tributos. É que achamos, depois de acaloradas discussões, que essa regra já existe na Constituição e que se eventualmente entrássemos neste campo estaríamos, de algum modo, repetindo o legislador constituinte, ou, se me for permitido o ousio, "chovendo no molhado". É verdade que muitas vezes é melhor insistir no óbvio do que enveredar pelo obscuro.

Foi o que – diga-se de passagem – fizemos no art. 10 do Projeto, que estabelece uma obviedade; mas uma obviedade necessária no Brasil. Por que? Porque a Constituição, no ponto que ele enfoca, não está sendo cumprida. Vejamos.

Dispõe o art. 10, do Projeto: "Art. 10. Para a cobrança de tributos, no exercício seguinte (art. 150, inciso III , alínea *b* da Constituição Federal), o "Diário Oficial" da União, dos Estados, do Distrito Federal e dos Municípios, ou o periódico que lhe faça as vezes, que publicar a lei de sua instituição ou aumento, deverá ser distribuído aos assinantes, e ser acessível ao público em geral, até 31 de dezembro do exercício anterior".

Ora, qualquer terceiroanista de Direito sabe que um ato normativo só é havido por publicado quando o "Diário Oficial" que o estampa chega às mãos de seus assinantes. Só o Governo parece que não sabe. Ninguém ignora que, de um modo geral, o Governo – e aqui me refiro especificamente ao Governo Federal – se esquece de dar o presente de Natal ao povo, mas nunca se esquece de dar-lhe o presente de fim de ano, sob a forma de um novo tributo ou do aumento de um tributo já existente. Isto é feito, no mais das vezes, por meio de medida provisória (não vamos voltar a este assunto, mas nunca é demais insistir que medida provisória não pode nem criar, nem aumentar tributos). Pois bem, o fato é que, invariavelmente, o "Diário Oficial" do dia 31 de dezembro traz a notícia de um novo tributo ou do aumento de um tributo já existente. Ocorre que o "Diário Oficial" de 31 de dezembro quase nunca circula neste mesmo dia. Afinal, 31 de dezembro é dia de festa, é dia de confraternização universal; as pessoas, mesmo quando há expediente nas repartições públicas, estão se cumprimentando, tomando champanha, jogando papel picado pelas janelas (especialmente na Imprensa Oficial, onde papel é o que não falta). O fato é que o "Diário Oficial" do dia 31 de dezembro acaba circulando lá pelo dia 4 ou 5 de janeiro, com data de 31 de dezembro. Aí surge a seguinte pergunta: o que é que vale, a data que o "Diário Oficial" estampa ou a data em que o "Diário Oficial" efetivamente circulou? Eu não tenho dúvidas em responder que o que vale é a data em que efetivamente o "Diário Oficial" circulou. Então, se o "Diário Oficial" circulou, por exemplo, no dia 4 de janeiro, o novo tributo (ou o tributo majorado), por força do princípio da anterioridade, só poderá ser exigido sobre fatos que vierem a ocorrer no próximo dia 1º de janeiro, vale dizer, quase um ano mais tarde. Mas há quem sustente que o que vale, neste caso, é a data que o "Diário Oficial" estampa.

Tanto é assim que, recentemente, um magistrado me dizia: "não, você me desculpe, Roque, mas eu acho que o que vale é a data que o "Diário Oficial" estampa". Isto me levou a ponderar que, a prevalecer tal entendimento, muitas questões já nasceriam com trânsito em julgado. Procurei ser mais explícito: O "Diário Oficial" de 31 de dezembro não traz em seu bojo apenas a medida provisória que criou ou aumentou o tributo, mas, também, ementas de decisões interlocutórias, sentenças, acórdãos. A partir desta constatação, imaginei o seguinte diálogo entre um jurisdicionado e seu interlocutor: "Puxa, esta sentença é omissa, é lacunosa, mas eu não posso fazer mais nada contra ela; só me cabe cumpri-la". "Como não pode fazer mais nada contra ela? É só entrar com embargos de declaração, no prazo de 5 dias". "É que já houve o trânsito em julgado". "Como já houve o trânsito em julgado?". "Já houve o trânsito em julgado porque fluiu o prazo recursal". "Isto é impossível, porque o "Diário Oficial" circulou hoje". "Circulou hoje, mas veja a data: hoje é 10 de janeiro e a data estampada no "Diário Oficial" é 31 de dezembro". Minha argumentação levou o magistrado a, *venia concessa*, de modo incoerente, admitir: "neste último caso, vale a data em que o "Diário Oficial" efetivamente circulou; no outro, vale a data que ele estampa" (*Risos*). Aí realmente fica pior a emenda que o soneto...

Felizmente, de um modo geral, a jurisprudência tem seguido na trilha desbravada pela melhor doutrina e entendido que o que vale, na hipótese ora em exame, é a data em que o "Diário Oficial" efetivamente circula, pouco importando a data que ele estampa. Menos mal.

Só que, em razão disso, há questão de uns quatro anos, houve uma situação que poderíamos chamar de "surrealista": o "Diário Oficial da União" de 31 de dezembro (aquele que traz sempre um novo tributo ou o aumento de um tributo já existente), circulou – pasmem – no próprio dia. Mas vamos examinar, um pouco mais curiosamente, como circulou. Eram 9 horas da noite, em Brasília. Chovia. Um veículo da Imprensa Oficial parou ao lado de uma banca de jornais. Todo o episódio foi filmado. A Fazenda Nacional, "gato escaldado", providenciou para que tudo fosse documentado. Eu não assisti o filme, mas pessoas que o viram garantiram-me que nele aparece o caminhãozinho da Imprensa Oficial, de cuja carroçaria são descarregados exatos 10 exemplares do "Diário Oficial da União" do dia 31 de dezembro. Logo em seguida, surge um contribuinte. Nove horas da noite! (*Risos*) O contribuinte aproxima-se da banca de jornais e em meio àquela miríade de publicações, inclusive revistas que trazem as fotos das "mulheres do ano", resolve comprar justamente o "Diário Oficial da União". (*Risos*) Compra o "Diário Oficial da União" e, ansioso, começa a folheá-lo, ali mesmo, na banca de jornais. Logo descobre a medida provisória criando o tributo. Lê o ato normativo e... sorri feliz para as câmaras. (*Risos*) De duas, uma: ou era um ator contratado ou era um débil mental. (*Risos*) O Governo garante, de pés juntos, que a publicação da medida provisória deu-se no dia 31 de dezembro. Mas será que houve efetivamente publicação no dia 31 de dezembro? Eu acho que não. Houve um simulacro de publicação, houve um arremedo de publicação, houve, se quisermos, uma "primeira fornada". A verdadeira publicação deu-se lá pelo dia 4 ou 5 de janeiro, quando o "Diário Oficial da União" chegou às mãos dos assinantes, às repartições públicas, aos locais de costume, enfim. Ou será que alguém em sã consciência admitirá que era humanamente possível que 160 milhões de brasileiros estivessem naquela noite, naquela praça, disputando os dez exemplares do "Diário Oficial"? É só fazer uma operação matemática simples: seria um "Diário Oficial" para cada 16 milhões de brasileiros...

Muito bem, depois desta longa digressão, vamos retomar o art. 10 do projeto de Código de Defesa do Contribuinte. Um dispositivo como esse, que na Suíça seria impensável, que despertaria hilaridade, no Brasil é indispensável, justamente para que situações como essa deixem de existir.

Há, no projeto, outros artigos deste tipo. Artigos que, não fosse a contumaz arbitrariedade estatal, seriam de todo em todo ociosos. No Brasil, no entanto, continuo convencido de que são imprescindíveis. Se houver interesse poderemos, depois, durante os debates, voltar ao assunto.

Agora, porém, vamos falar um pouco do sigilo bancário. Afinal, este foi o tema que me foi indicado.

Os incisos X e XII, do art. 5º, da Constituição Federal, garantem, respectivamente, a inviolabilidade da privacidade e a inviolabilidade do sigilo de dados. Esses incisos, conforme as lições dos mais conspícuos constitucionalistas, asseguram, dentre outros, o sigilo das informações bancárias, tanto as constantes nas próprias instituições financeiras, como as que se encontram na posse da Receita. De fato, a divulgação dos dados bancários de uma pessoa pode desnudar-lhe a intimidade, criando-lhe situações embaraçosas. Por meio da análise desses dados, é possível saber qual sua ideologia (basta verificar que "doações de campanha" fez), qual sua religião (é só ver se fez algum donativo a uma Igreja), que lugares freqüenta, com quem se relaciona, quais suas diversões habituais, se está em dificuldades financeiras (digamos que apresente com freqüência "saldo negativo") e assim por diante. Com estes singelos exemplos já vemos que o direito constitucional ao sigilo das informações bancárias (ou, se preferirmos, ao sigilo bancário), apesar das críticas que lhe estão sendo endereçadas, é, em princípio, bom e conveniente.

Ademais, o direito ao sigilo bancário não é absoluto. Não. O sigilo bancário pode ser quebrado mediante autorização judicial ou, em casos excepcionalíssimos, por determinação de Comissão Parlamentar de Inquérito, conforme preceitua o art. 58, §

3º, da Constituição Federal, ou, ainda, por requisição do Ministério Público, agora a teor do art. 129, inciso VI, da mesma Carta Suprema.

Mas a quebra de sigilo só pode ser determinada se houver fundadas suspeitas da prática de delitos, nesta área, por parte de quem está sendo investigado. E, mais do que isso: as informações assim obtidas somente poderão ser utilizadas nas investigações que ensejaram a medida.

O projeto de CDC, em seu art. 36, explicitou estas idéias, ao estabelecer que a ação penal contra o contribuinte, pela eventual prática de crime contra a ordem tributária – e agora vem a parte que nos interessa –, *assim como a ação de quebra de sigilo*, só poderão ser propostas após o encerramento do processo administrativo, que comprove a irregularidade fiscal. E o § 2º desse mesmo artigo, prudentemente, ressalva: "o ajuizamento de ação de quebra de sigilo, antes do encerramento do processo administrativo-tributário será admitido somente quando essencial à comprovação da irregularidade fiscal em apuração".

Observem os colegas que, em rigor, o Projeto nada inovou; apenas detalhou o direito constitucional ao sigilo bancário. Nesse ponto, *data venia*, só merece elogios; não as acerbas críticas que lhe têm sido endereçadas por setores da Administração Fazendária.

Estivesse em vigor o Código de Defesa do Contribuinte e seguramente o governo não teria, na Medida Provisória 2.037 (atual MP 2.113), estabelecido, no art. 45: "O valor correspondente à CPMF não retido e não recolhido pelas instituições financeiras, por força de liminar em mandado de segurança ou em ação cautelar de tutela antecipada em ação de outra natureza ou de decisão de mérito, posteriormente revogadas, deverá ser retido e recolhido pelas referidas instituições, na forma estabelecida nos artigos seguintes".

O art. 46, por seu turno, estatui: "As instituições responsáveis pelas retenções e recolhimento do CPMF deverão apurar e registrar os valores devidos no período de vigência da decisão judicial impeditiva da retenção e do recolhimento da contribuição, efetuar o débito em conta dos seus clientes contribuintes, a menos que haja expressa manifestação em contrário". Seguem-se datas: "Recolher ao Tesouro Nacional, até o terceiro dia útil da semana subseqüente à do débito em conta, o valor da contribuição acrescido de juros de mora e de multa moratória, segundo normas a serem estabelecidas pela Secretaria da Receita Federal".

Agora, a "pérola": "Encaminhar à Secretaria da Receita Federal, no prazo de 30 dias, contados da data estabelecida para o débito em conta, relativamente aos contribuintes que se manifestarem em sentido contrário à retenção, bem assim aqueles que, beneficiados por medida judicial revogada, tenham encerrado suas contas antes das datas referidas nas alíneas do inciso II, conforme o caso, relação contendo as seguintes informações: nome ou razão social do contribuinte e respectivo número de inscrição no CPF ou no CNPJ, valor e data das operações que serviram de base de cálculo e o valor da contribuição devida".

Ora, tudo isso, penso eu, contraria direitos subjetivos elementares dos contribuintes.

Sabemos que o Estado, enquanto titular do direito subjetivo à percepção do tributo, está, em relação ao contribuinte, numa posição de paridade, pela idêntica subordinação de ambos à lei. Assim, ao Estado não é dado fazer justiça pelas próprias mãos, ainda que para satisfazer uma pretensão legítima. Nesse ponto, o Estado ombreia-se com o particular. O particular, que, salvo hipóteses excepcionalíssimas, faz justiça pelas próprias mãos, comete, pelo menos em tese, o crime de exercício arbitrário das próprias razões, previsto no art. 345, do Código Penal. Já o agente fiscal que emprega na cobrança tributária meio que a lei não autoriza perpetra, ainda em tese, o delito de excesso de exação, este definido no art. 316, § 1º, sempre do Código Penal.

Não podendo o Estado agir *manu militari*, vale dizer, à força, ele, para receber seu crédito, ou busca as vias amigáveis (por meio da cobrança administrativa) ou bate às portas do Poder Judiciário, dando início ao processo de execução fiscal, nos estritos termos da lei.

Lembro que a obrigação tributária assenta-se no basilar princípio da legalidade. Da mesma maneira pela qual não pode haver tributo sem lei, este só pode ser cobrado na forma e nos limites da lei. Mais especificamente da Lei 6.830, de 1980, que é a Lei das Execuções Fiscais.

O precitado art. 46, a pretexto de atender aos interesses arrecadatórios, atropela direitos subjetivos dos contribuintes e, nessa medida, desatende ao interesse público. Ao invés da cobrança da CPMF ser feita mediante inscrição da dívida ativa, extração da certidão da dívida ativa, processo de execução fiscal, com a possibilidade de o contribuinte articular sua defesa em sede de embargos, autoriza-se uma verdadeira espoliação: a invasão, pura e simples, da conta-corrente deste mesmo contribuinte. E pior: uma invasão acrescida de multa moratória.

Ora, ou ensinaram-me mal ou multa é punição que decorre do descumprimento de dever jurídico. É sanção decorrente de ato ilícito. É o caso de indagarmos: que ilícito o contribuinte praticou, no caso? O ilícito de ter batido às portas do Poder Judiciário? E mais do que isso, de ter batido às portas do Poder Judiciário, aparentemente com razão? De fato, o juiz entendeu que havia o *fumus boni juris* e o *periculum in mora,* tanto que concedeu a liminar. Em outros casos, chegou a decidir a causa favoravelmente pelo mérito, entendendo, pois, que havia, por parte do contribuinte, direito líquido e certo, amparável por mandado de segurança.

Então, é o caso de voltarmos a indagar: por que o contribuinte está sendo sancionado? Só se for por ter exercitado seu direito de acesso ao Judiciário, que, de resto, lhe é garantido pelo art. 5º, XXXV, da Constituição ("a lei não excluirá da apreciação do Poder Judiciário lesão ou ameaça a direito"). Isto é um absurdo.

E vejam os colegas congressistas que o contribuinte agora vai ser sancionado com multa moratória. E multa a ser fixada pelo Poder Executivo. Outra irremissível violação a princípio constitucional: o princípio da indelegabilidade das funções estatais. Salvo exceções que a própria Constituição contempla (não é o caso) não é dado ao Executivo, ainda que por delegação do Legislativo, fazer as vezes deste Poder. Ora, é ao Legislativo, e só a ele, que cabe fixar multas.

Depois, desde quando medida provisória pode impor penalidades pecuniárias? O próprio Supremo Tribunal Federal já decidiu que não é dado à medida provisória enveredar por este caminho.

Tudo isso teria sido evitado se já estivesse em vigor o Código de Defesa do Contribuinte, que, como que profetizando a arbitrariedade em tela, estabelece, em seu art. 15: "não será admitida a aplicação de multas ou outros encargos de índole sancionatória em decorrência do acesso à via judicial por iniciativa do contribuinte".

Até parece que esse art. 15 foi pensado em função da situação que se instalou com a 22ª reedição da Medida Provisória n. 2.037.

Mas as arbitrariedades não param por aí.

A medida provisória em foco autoriza, por vias indiretas (mas, nem por isso, de modo menos censurável) a quebra do sigilo bancário.

Com efeito, o contribuinte que se indispuser contra o esbulho, manifestando, em tempo hábil, sua insurgência, não verá sua conta-corrente sangrada pelo montante da CPMF, acrescido dos encargos há pouco referidos. Mas, neste caso, a instituição financeira deverá remeter à Receita Federal (volto a ler) "o nome ou razão social do contribuinte respectivo, o número de inscrição no CPF ou no CNPJ e o valor e data das operações que serviram de base de cálculo e o valor da contribuição devido". Isso, sem sombra de dúvida, é uma maneira de quebrar-se o sigilo bancário, sem a observância das cautelas que a própria Constituição garante.

Ademais, as provas que eventualmente vierem a ser obtidas por esse intermédio não poderão ser utilizadas, porque são provas ilícitas e a Constituição, no seu art. 5º, LVI, estabelece com todas as letras que não serão admitidas "as provas obtidas por meios ilícitos". Só para aclararmos o assunto, consideram-se obtidas ilicitamente as provas colhidas com infringência aos direitos e garantias fundamentais, que, sem dúvida, têm *valor maior* que o também respeitável interesse em apurar a verdade. É que esta não pode ser alcançada a qualquer preço. Muito menos num *Estado Democrático de Direito* como o nosso.

Reforcemos estas idéias: em nosso ordenamento jurídico somente podem ser consideradas provas as que o direito admite. Assim, as informações obtidas com a irregular quebra do sigilo bancário, ainda que altamente elucidativas, não podem respaldar nenhum edito condenatório.

Vou além: as provas lícitas que derivarem dessas provas ilícitas também não poderão ser utilizadas, por força da *teoria dos frutos da árvore envenenada*, que, por um voto, a Suprema Corte consagrou no Brasil. (*Palmas*)

Enfim, se a tempo e a hora essa medida provisória não for revogada (porque seus efeitos terão de fazer-se sentir, já na próxima sexta-feira), espero que realmente o Poder Judiciário cumpra o seu dever. Mais do que espero, tenho a certeza de que o Poder Judiciário cumprirá o seu dever e restabelecerá o primado da Constituição. Muito obrigado. (*Palmas Prolongadas*)

COORDENADORA (PROFA. ANNA EMÍLIA CORDELLI ALVES) – Professor Roque, muito obrigada pela sua judiciosa e sempre brilhante intervenção e com certeza estamos extremamente tranqüilos com a sua participação, dentre outros grandes juristas, nesse trabalho.

Vamos passar agora aos debates.

Dou a palavra à Profa. Misabel.

PROFA. MISABEL DERZI – Pergunta-me o Dr. Antônio Sá, Rio de Janeiro: "O código de Portugal positivou um princípio inovador em matéria tributária. Trata-se do princípio da colaboração. Segundo esse princípio, Fisco e contribuinte devem ter em mente que trabalham em colaboração para a garantia de uma sociedade justa. A senhora não acha que deveríamos ter este princípio aqui no Brasil?"

Claro. Evidentemente, temos esse princípio em nosso País e ele está consagrado no próprio Código Tributário Nacional, mas é das tais coisas óbvias de que falamos pouco. Os deveres de informação, o próprio lançamento por homologação tão bem trabalhado entre nós pelo Prof. Estevão Horvath, configuram deveres de colaboração do contribuinte.

Por sua vez, o Fisco também tem limites em sua atuação. Sabemos que, para lá dos deveres de colaboração, existe o dever de transferir aos cofres públicos determinados recursos a título de imposto. Nesse momento surgem naturais resistências. Portanto, é preciso que as normas jurídicas disciplinem essas relações. Além dos deveres de colaboração, é preciso colocar claras garantias e direitos do contribuinte, que estão na Constituição Federal, muitos deles repetidos no Código Tributário Nacional, mas na prática constantemente violados.

Um código, entre nós, de defesa ou de direitos e deveres do contribuinte, ele repete, na verdade, princípios superiores. O projeto de código, no âmbito federal, é nada mais nada menos do que uma repetição dos direitos e garantias postos na Constituição Federal. Não há o que criticar nesse sentido. São direitos e garantias muitas vezes violados e é preciso insistir no óbvio. O que eu apenas coloquei é que além disso nós negligenciamos constantemente os direitos do cidadão, especialmente dos mais pobres, ou seja, daqueles que pagam a conta.

Então, é preciso instalarmos entre nós uma outra mentalidade. Não há nada de econômico neste raciocínio. É preciso que compreendamos que há, especialmente em grandes impostos que incidem sobre o consumo, uma real repercussão jurídica. É preciso resgatarmos essa figura e projetarmos essa relação num código de direitos e deveres do contribuinte e dos direitos do cidadão. Enfim, devemos lutar por uma cidadania tributária. Isso é muito mais amplo do que a relação Fisco contribuinte.

Outra questão do Dr. Fernando Mendonça: "A repercussão jurídica da cobrança de ICMS no regime de substituição tributária teria, como conseqüência, a falta de legitimidade do substituto e do substituído de requerer restituição na situação de preço de venda ao consumidor inferior, na base de cálculo presumida? Não teria somente o consumidor legitimidade para requerer a restituição, haja vista que, conforme a sua afirmação, o contribuinte é obrigado a repassar o valor do tributo ao preço?"

O que há é exatamente um sentido oposto a essa indagação. Quando se cria uma substituição tributária, pressupondo-se um arbitramento de preço no varejo, o que efetivamente não ocorre, o que o legislador está fazendo? Exatamente evitando esta repercussão jurídica a que nos referimos. Então, este argumento, longe de infirmar o direito do próprio contribuinte, seja ele varejista ou não, o questionamento desta substituição tributária, ao contrário, confirma. Por quê? O que se tem de provar perante os tribunais? Tem-se de pressupor que o legislador baseou-se num preço e numa pauta que ao final não se realizou e tributando exatamente por antecipação. Ele se baseou numa pauta, que em princípio pressupunha uma repercussão jurídica, que é obrigatória. E ao final ele vai acabar suportando, jurídica e economicamente, o imposto. Bastaria jurídica. Então, o consumidor está pressuposto na relação final, mas todas as vezes que o contribuinte, o comerciante, de uma forma ou de outra, é onerado pelo imposto, ele se legitima à luz da Constituição às ações. Porque ele não tem de suportar.

É como eu lhes digo. Se me perguntarem qual é a capacidade econômica do contribuinte de suportar o ICMS ou IPI eu lhes respondo: é nula. Esses impostos não são de serem suportados, segundo a Constituição, pelo contribuinte. Por isso mesmo nós, professores de direito tributário, temos uma responsabilidade extraordinária em relação ao cidadão consumidor. Ele não pode ser negligenciado. A relação privada entre o contribuinte e o consumidor final, que não é uma relação tributária, está pressuposta na Constituição e tem reflexos no direito tributário. Uma norma de direito tributário não se interpreta isoladamente, mas se interpreta considerando-se o todo constitucional. Isso é muito importante para todos nós.

Prof. Osiris de Azevedo Lopes Filho – Misabel, quando a Constituição fala na seletividade do IPI e do ICMS, evidente que essa seletividade não é considerando o contribuinte, o industrial, o produtor rural e sim o consumidor. Então, não há nada mais claro de pressuposto da transferência da carga tributária do que o princípio da seletividade.

Misabel Derzi – Exatamente. Isso está dito o tempo todo na Constituição.

Uma pergunta interessante: "O princípio da não cumulatividade está consagrado na Constituição Federal de 88, nos artigos 153 e 155. Ocorre que os supramencionados artigos dispõem que o imposto devido será compensado com o que for devido na operação anterior. Neste sentido, o crédito consagrado constitucionalmente não seria o físico? Não ficaria a cargo da lei complementar regular a compensação dos créditos relativos ao imposto pago na aquisição de bens do ativo fixo? Por fim, nesse caso específico a aquisição de bens para ativo fixo poderia o contribuinte atuar como consumidor final?"

Eu discordo da interpretação que está pressuposta nessa indagação. O que diz a Constituição não é isso. Aliás, a Constituição trata – e esse é o nosso tratamento também – do ICMS como operação de circulação de mercadorias, do ponto de vista do promotor dessas operações, do ponto de vista do comerciante, que é o contribuinte. Para o comerciante-contribuinte, o bem em jogo é sempre uma mercadoria (ou um serviço). Antes da Constituição de 1988, concordo com o sentido da pergunta, a Constituição dispunha sobre um princípio da não cumulatividade nos termos da lei complementar. Era este o sentido do princípio da não cumulatividade. Por isso, tivemos um Decreto-lei 406, que implementou um princípio de acordo com o crédito meramente físico. Mas a partir do advento da Constituição de 88, o que se consagrou foi o princípio da não cumulatividade, já disciplinado por meio de compensação. Diz mais a Constituição: "compensando-se o imposto devido com o que for cobrado nas operações anteriores". É o que diz a Constituição Federal.

Ora, vamos analisar o que é que se converte em crédito à luz da Constituição. Trata-se, na verdade, de um imposto cobrado nas operações promovidas pelo contribuinte-comerciante. Se o adquirente é um comerciante, essas mercadorias podem continuar sendo mercadorias, se forem adquiridas para revenda, ou podem ser transformadas em bens do seu ativo fixo ou de consumo. Entretanto, essas mercadorias continuam sendo mercadoria do ponto de vista do fornecedor, contribuinte-vendedor. A Constituição fala da perspectiva de quem aliena, de quem promove a operação. Na verdade, o contribuinte, quando tem um direito de crédito em relação a suas aquisições, ele está fora da relação tributária. Ele nada deve ao Fisco. Ele nada recolheu ao Fisco. O que houve foi uma repercussão jurídica. Ele nada pagou. Ele tem direito de um crédito relativamente àquilo que não recolheu aos cofres públicos. Ele apenas sofreu a repercussão jurídica do imposto. E a Constituição não abre nenhuma exceção.

Então, ela diz: "compensando-se o que for devido nas operações anteriores", sim, de mercadorias, porque do ponto de vista do fornecedor todas são mercadorias. A aquisição da mercadoria que se transforma em bem de consumo ou se transforma em bem do ativo fixo, desencadeia o direito de crédito ilimitado na Constituição Federal. Não há nenhuma limitação. Ela diz: o contribuinte adquirente tem direito de crédito em relação a imposto que ele não recolheu aos cofres públicos. Não é ele que está nessa relação jurídica. Apenas pelo mecanismo da aquisição, o valor econômico do imposto recolhido aos cofres públicos pelo seu fornecedor é que se converte em crédito. Ele nada recolheu aos cofres públicos.

Eu não vejo como o art. 155, § 2º, possa ter limitado esse crédito a um crédito físico. Mais: vamos sustentar, então, que a Lei Complementar 87 é inconstitucional nessa parte? E mesmo a Lei Complementar 102 continua sendo inconstitucional? Porque de duas, uma: ou a Constituição de 88 instituiu um crédito amplo e neste caso cabe à lei complementar regular o regime de compensação, ou o legislador federal está dando incentivo, está criando benefício de imposto de competência dos Estados, ferindo a própria Constituição. Isso assumiria um caráter incentivatório. E não é isso que está escrito na Constituição. Tal entendimento parece-me ser equivocado, porque o que a Constituição consagra é um princípio de não cumulatividade amplo. O que nós temos de questionar são as limitações, as reduções, as mutilações que o legislador complementar tem, inconstitucionalmente, conferido a um princípio importantíssimo da Constituição Federal. Obrigada.

COORDENADORA (PROFA. ANNA EMÍLIA CORDELLI ALVES) – Tem a palavra o Prof. Osiris, para as suas respostas.

Prof. Osiris de Azevedo Lopes Filho – Está sendo perguntado aqui, em razão de se estabelecer um equilíbrio, uma isonomia entre código de defesa do consumidor e código de defesa do contribuinte. Há uma afirmação de que nos dois há de prevalecer o interesse público. Na minha opinião, o interesse público está pressuposto na relação tributária com obtenção de recurso para que o Estado cumpra a sua finalidade, realize o bem comum, estabeleça as regras para cumprir os serviços públicos essenciais etc. Mas a relação tributária é de equilíbrio no sentido de que não se pode privilegiar em demasia o Fisco em prejuízo da defesa do contribuinte, nos seus instrumentos de defesa em face de um apetite voraz do Estado, que é o típico. E na relação de consumo também não há prevalência do interesse público e sim da defesa do consumidor. De forma que eu acho que o interesse público está pressuposto na finalidade do recurso arrecadado através da relação tributária. E na relação de consumo, o interesse é do consumidor. O Estado a disciplina para proteção do consumidor, em face do desequilíbrio entre o poder industrial, o poder comercial e o desarme do consumidor.

Vou ler a pergunta, porque será difícil sintetizar: "Não obstante a preexistência das normas norteadoras das relações de consumo, o código de defesa do consumidor proporcionou efetividade de aplicação dessas normas, estabelecendo um paralelo entre o código de defesa do consumidor e a criação do código de defesa do contribuinte, não verificaríamos aí uma tendência similar, ou seja, a efetividade da aplicação das normas constitucionais em matéria tributária?"

Suponho que tenha sido formulada pela senhorita Luciana Dantas, pela letra tão bonita.

Olha, já que a pergunta ficou um pouco filosófica, vou ler o art. 2º do projeto de código de defesa do contribuinte: "Art. 2º. A instituição ou majoração de tributos atenderá ao princípio da justiça tributária. Parágrafo único – Considera-se justa a tributação que atenda os princípios da isonomia, da capacidade contributiva, da eqüitativa distribuição da carga tributária, da generalidade, da progressividade e da não confiscatoriedade".

Interessante que esse dispositivo é idêntico ao existente na lei espanhola que trata da mesma matéria. E ele esquece um dos quatro princípios que a moderna teoria da tributação considera fundamentais e que está consagrado na Constituição brasileira, que é o princípio da personalização do tributo. Quer dizer, a projeção da isonomia vertical em cima do contribuinte indica que ainda que ambos tenham primariamente — vamos dizer, quanto ao Imposto de Renda — a mesma renda, tem de haver elementos diferenciadores em tal variedade para que, ao final, paguem imposto diferente. A dicção aqui é mais dirigida ao Imposto de Renda do que para os impostos indiretos. A Profa. Misabel fez aqui uma defesa fantástica da não cumulatividade. Ora, se a idéia é de uma justiça ampla, realmente bem substanciada em termos constitucionais, ter-se-ia de colocar a variação para os impostos indiretos. E a Constituição já dá sinalização: a não cumulatividade e a seletividade, fundamentais à proteção do contribuinte.

Eu sigo a lição do Prof. Geraldo Ataliba: toda vez que lei ordinária ou lei complementar começa a reinterpretar a Constituição, você tem uma diminuição da capacidade da Constituição regular genericamente os casos. Aqui eu acho uma coisa de suprema infelicidade: primeiro, por se inspirar na legislação espanhola, que é um Estado diferente do nosso, é um Estado unitário. O nosso ainda, pelo menos na Constituição, é um Estado Federal.

Estas as observações que acho pertinente fazer.

"O Presidente FHC gosta do Brasil. Tanto gosta, que de vez em quando vem nos visitar." (*Risos*) Não sou eu que estou falando, mas o Vladimir. "Talvez ele tenha uma visão suíça ou alemã do nosso país. Curiosamente, ele não visita Angola, Índia,

Etiópia etc." Talvez porque lá não se fale inglês nem francês. "Um banqueiro disse à TV que aumentaria juros sobre empréstimos concedidos para cobrir os inadimplentes. Ora, quem paga em dia, paga mais porque o inadimplente não paga. É provável que De Gaulle tenha dito mesmo: este não é um país sério".

Sou só o leitor dele. Não tenho o que dizer.

COORDENADORA (PROFA. ANNA EMÍLIA CORDELLI ALVES) – Professor Roque.

PROF. ROQUE ANTONIO CARRAZZA – Eu fui honrado com muitas perguntas. Vou fazer o seguinte: responderei rapidamente a todas elas, colocando-me desde já à disposição dos colegas que as formularam, para discutir melhor alguns assuntos, que são realmente complexos.

E responderei pela ordem. Farei aquilo que o governo não faz: seguirei a "ordem cronológica de apresentação dos precatórios". (*Risos*).

Primeira pergunta: "Se a medida provisória publicada em 31 de dezembro e colocada à disposição na sede do "Diário Oficial' não pode vincular desde então porque dela não houve efetivo conhecimento pela população, como se poderia justificar a presunção de conhecimento da lei, prevista no art. 3º, da Lei de Introdução ao Código Civil?"

Evidentemente, essa presunção existe desde que a lei seja publicada. Não basta que a lei tenha sido votada. É preciso que ela seja levada efetivamente ao conhecimento de seus destinatários. Mal comparando, é como a sentença. Não adianta o juiz lançar uma sentença magnífica aos autos e depois engavetá-los. A sentença só produzirá efeitos junto à partes litigantes quando estas dela forem regularmente intimadas. Uma lei só produzirá efeitos junto à população e – presume-se – será de todos conhecida, depois que for regularmente publicada. Concordo com a presunção de conhecimento da lei, consagrada no art. 3º, da Lei de Introdução ao Código Civil – que, diga-se de passagem, traz como corolário a máxima "a ignorância da lei não escusa o infrator" (*ignorantia legis neminen excusat*) –, mas é imprescindível que essa lei seja levada ao efetivo conhecimento do destinatário, via "Diário Oficial" ou órgão equivalente.

A segunda pergunta é altamente elogiosa e por ela de antemão agradeço: "O projeto do Código de Defesa do Contribuinte, por ter sido elaborado por tão renomados tributaristas, não está na prática constrangendo o Congresso, de modo a impedi-lo de corrigir os equívocos que contém, admitidos inclusive por Vossa Excelência?"

Francamente, não me parece que o Senado (por enquanto o projeto tramita no Senado) estaria, ante a idoneidade intelectual dos autores do anteprojeto, se sentindo desconfortável para fazer as correções que reputa necessárias. Acho pouco provável que um senador Antônio Carlos Magalhães, que um senador Jader Barbalho, que um senador José Sarney se sintam inibidos diante da Academia, por mais brilhante que ela seja. Sinal que o projeto, grosso modo, está agradando. Mas muitas alterações e correções estão sendo feitas. Eu próprio colaborei na redação de alguns substitutivos. Agora também não estamos mais em face do anteprojeto. Agora estamos diante do projeto. O projeto não pertence aos autores do anteprojeto. O projeto tramita no Senado, via senador Jorge Bornhausen. Foi ele que apresentou formalmente esse projeto de lei complementar.

Mais uma indagação: a Profa. Mary Elbe faz uma observação, como sempre inteligente, erudita professora que é, da Universidade Federal de Pernambuco: "No Código de Defesa do Contribuinte, só há direitos do contribuinte e deveres do Fisco. O senhor não acha que a falta de disciplinamento acerca dos deveres dos contribuintes atenta contra a garantia constitucional da livre concorrência, pois os contribuintes que cumprem as suas obrigações não têm assegurado o seu direito de que os seus concorrentes sejam fiscalizados, uma vez que existem várias regras que impedem o exercício da fiscalização, como, por exemplo, a necessidade de intimação prévia, que somente após 5 dias, quando o contribuinte já desapareceu com os bens, exemplo: contrabando ou provas?"

Agradeço a pergunta e gostaria, preliminarmente, de enfatizar que o Código de Defesa do Contribuinte visa defender o bom contribuinte, ou seja, aquele que, ainda que meio a contragosto (como é humano e natural) concorda que deve pagar tributos, para ajudar a manter a máquina estatal em funcionamento. Mas, é claro, desde que venham observados os princípios e regras constitucionais que regem a matéria.

Longe de premiar os maus contribuintes, o Código de Defesa do Contribuinte estabelecerá um efetivo equilíbrio entre os direitos da Fazenda Pública e os direitos das pessoas, físicas ou jurídicas, que pagam tributos. Evitará, ainda, que aquelas que não contam com o concurso de bons advogados, sejam esmagadas pela máquina fiscal. Portanto, com o devido acatamento, não me parece que o Código de Defesa do Contribuinte irá proteger os sonegadores ou, pior ainda, possibilitar que estes façam concorrência desleal com os bons contribuintes.

Mas, indo ao mérito da questão, não tenho nenhuma objeção a fazer quanto à adaptação desse dispositivo. Tanto não, que, colaborando com o Senador Lobão, ajudei a redigir uma emenda, um substitutivo, para o caso justamente de contrabando, descaminho, e também para o contribuinte que está entrando no país com sua bagagem. Não haveria mesmo sentido em intimá-lo para apresentar provas em 5 dias. Assumo que foi uma deficiência redacional dos autores do anteprojeto, em boa hora corrigida.

Nesse ponto, eu me lembro do eminente Ministro Moreira Alves, do Supremo Tribunal Federal. Sua Excelência, quando Procurador-Geral da República, foi incumbido de redigir o anteprojeto da Lei de Direitos Autorais. Homem aberto ao diálogo, solicitou a todos os órgãos ligados ao setor, que lhe fornecessem sugestões, subsídios. Não recebeu nenhuma sugestão, nenhum subsídio. Isso ele contou a mim, mas havia um grupo de pessoas presentes. Portanto não estou aqui fazendo nenhuma inconfidência. Muito bem, como ele tinha um prazo para ultimar seus trabalhos, acabou apresentando o anteprojeto ao Governo, que o remeteu, agora como projeto, ao Congresso Nacional, que, obediente (estávamos em 1971, no apogeu da ditadura militar), o aprovou na íntegra. No dia seguinte à publicação daquela Lei de Direitos Autorais (já há outra em vigor) começaram a chover centenas de críticas. Até livros foram escritos, alguns ressaltando – pasmem – a "ignorância do legislador" (tomara todos os legisladores tivessem o preparo e a inteligência de José Carlos Moreira Alves). Mas, o Ministro, com a sabedoria que lhe é peculiar, logo encontrou a fórmula certa para se defender. Perguntava aos que o criticavam: "já experimentou redigir um projeto de estatuto de clube de futebol? Não? Então, tente. Veja as dificuldades que a redação de um projeto tão modesto encerra. Depois, venha me criticar". De fato, é muito mais fácil apontar os equívocos de uma lei do que redigi-la. Como é muito mais fácil destruir uma catedral do que erigi-la. Para destruí-la bastam poucas horas (às vezes poucos minutos); para construí-la, não raro centenas de anos são insuficientes. Vejam a Catedral da Sagrada Família, na cidade de Barcelona, que não vai terminar nunca de ser construída – pelo menos tudo leva a crer que não. Mas esse...

PROF. OSIRIS DE AZEVEDO LOPES FILHO – Roque, falando em futebol, (*Risos*) você não pensa que o projeto defende menos o goleiro e põe mais o centroavante a chutar no Fisco?

PROF. ROQUE ANTONIO CARRAZZA – Acho que a função é essa mesma. Assim como o Código de Defesa do Consumidor defende o consumidor e não as empresas, cabe ao Código de Defesa do Contribuinte mostrar os pontos em que o contribuinte está em desvantagem, restabelecendo um equilíbrio que deveria existir com o fisco, mas que, na prática, não existe.

PROF. OSIRIS DE AZEVEDO LOPES FILHO – Você não faria objeção em que o código fosse de ataque do contribuinte? (*Palmas*)

PROF. ROQUE ANTONIO CARRAZZA – Não. Não é isso. É, sim, de defesa do contribuinte contra os ataques da Fazenda. Esse é um assunto realmente polêmico. Veja que há até quem concorde com o Prof. Osiris. (*Risos*). Mas, falando sério, o Código de Defesa do Contribuinte quer dar instrumentos jurídicos mais efetivos para que as pessoas que pagam tributos possam acautelar-se contra eventuais arbitrariedades do Estado.

Tenho em mãos mais uma indagação: "Professor Roque, se é tão óbvio assim que medida provisória não pode criar tributos, não seria a oportunidade de lembrar ao Governo esse fato?"

De algum modo já respondi a esta pergunta. Como – pelo menos a meu ver – a Constituição adequadamente interpretada proíbe que medida provisória crie ou aumente tributos, pareceu uma demasia aos autores do anteprojeto explicitar essa idéia que está implícita no Texto Magno. Isso poderia até parecer uma provocação ao Governo, porque a realidade, com a qual nos deparamos é essa: os tributos federais, em sua maciça maioria, se não foram criados, pelo menos foram aumentados por meio de medidas provisórias. Até tramitam no Congresso projetos de emendas constitucionais restringindo a edição de medidas provisórias em matéria tributária. A meu ver essas restrições não seriam necessárias porque já existem no texto do Supremo. E de modo absoluto.

Agora, o projeto explicitou muitas coisas que estão à deriva. Por exemplo, que só lei complementar pode estabelecer os requisitos para que as instituições assistenciais e educacionais sem fins lucrativos, os partidos políticos e suas fundações, e os sindicatos de empregados, fruam da imunidade do art. 150, VI, *c*, da Constituição. A Constituição alude simplesmente à lei. Uma interpretação sistemática revela que essa lei só pode ser uma lei complementar. Aliás, quem colocou o "dedo na ferida" foi o Prof. Sacha Calmon, ao lembrar que, nos termos do art. 146, II, da Constituição, cabe à lei complementar regular as limitações constitucionais ao poder de tributar. Ora, a imunidade é uma limitação constitucional ao poder de tributar. Logo, a lei que dispõe a respeito do assunto só pode ser uma lei complementar. Ah, mas a Constituição alude simplesmente à lei. É verdade, mas ela não fala nem em lei ordinária, nem em lei delegada, nem em lei complementar. Fala simplesmente em lei. Uma interpretação sistemática revela que essa lei só pode ser complementar. O anteprojeto, agora projeto, explicita essa idéia, a meu ver de modo bom e adequado.

Uma outra questão: "Em face do preceito constitucional que assegura o direito ao sigilo bancário, V.Sa. entende inconstitucional a disposição contida na lei que instituiu o REFIS prevendo a quebra do sigilo bancário dos contribuintes que aderirem ao respectivo programa?"

É claro que sim. Direitos constitucionais não podem ser objeto de negociação. Não se pode dizer, como querem alguns, que quem adere ao REFIS implicitamente abre mão do direito ao sigilo bancário, mesmo porque qualquer concordância nesse sentido é inconstitucional. Tão inconstitucional como a concordância de alguém ser reduzido à condição de escravo, simplesmente porque o direito à plena liberdade transcende a vontade da própria pessoa.

Mais uma pergunta: "Qual sua opinião sobre a defesa do contribuinte pelo Ministério Público. Existe essa previsão no projeto?"

Não, não existe, embora o Ministério Público tenha legitimidade para atender aos interesses difusos. Talvez fosse o caso de, por meio de uma emenda ao projeto, ampliar-se a possibilidade de ação do Ministério Público. Eis aí uma contribuição interessante, que pode ainda ser levada em conta. Ainda é tempo para isso.

Esta nova pergunta já foi respondida: "como justificar a notificação prévia ao contribuinte, tendo em vista que a utilização desse expediente redundaria em prejuízo à pretensão legítima da administração". Vimos que o dispositivo carece de aperfeiçoamentos; aperfeiçoamentos que estão sendo feitos.

Há uma outra pergunta, salvo engano meu, incompleta: "A multa cobrada não viola também o princípio da inocência presumida, garantia constitucional?"

O colega refere-se, evidentemente, à multa prevista na Medida Provisória 2.037, que dá por culpado aquele que bateu às portas do Poder Judiciário para discutir direitos seus. Eu acho que dá para sustentar também isso, mas na verdade o que se sanciona não é nenhuma culpa do contribuinte. O contribuinte não tem culpa de, indo ao Judiciário, não estar assistido de razão. O que se está sancionando é a ousadia do contribuinte de, "impatrioticamente", bater às portas do Poder Judiciário. Vejo, aqui, uma violação ao art. 5º, XXXV, da Constituição Federal.

Uma última pergunta: "Gostaria de ouvir a opinião do Prof. sobre a aplicação do sigilo bancário em relação às contas correntes que contêm recursos públicos. Nesse caso, a razão de ser do sigilo, garantia ao direito de privacidade, também se justificaria?"

Não sei se entendi a pergunta. Depois, se a colega Fábia Murse, de Belém do Pará, quiser conversar comigo, estou à disposição. Mas, observem: se for uma conta bancária, digamos de um político, ainda que se presuma que ela esteja engrossada com dinheiro público, o sigilo bancário só poderá ser quebrado nos termos da Constituição e da lei. Não se pode, com base em presunções – que serão *juris tantum* ou *juris et de iure*, dependendo do político (*Risos*) –, quebrar simplesmente o sigilo bancário. Evidentemente, se for uma conta governamental, aí não me parece que o direito ao sigilo exista. Digamos que o Estado tenha uma conta numa instituição financeira. Aí, a norma contida no art. 5º, XII, da Constituição Federal, não me parece que possa incidir.

Prof. Osiris de Azevedo Lopes Filho – Mas, Roque, se, por uma hipótese nefasta, desse uma loucura no povo paulista aqui e elegesse o Maluf (*Risos*), você não acha que seria bom quebrar o sigilo, para transparência e moralidade das contas públicas?

Prof. Roque Antonio Carrazza – Vamos aguardar o resultado das urnas no próximo domingo (*Risos*). Tudo sinaliza que haverá surpresas.

Acaba de chegar às minhas mãos uma questão sobre as medidas provisórias em matéria tributária. Mas é uma questão longa, com vários itens e as próprias doutoras Crislei Feitosa e Carolina Resende abrem a possibilidade de uma resposta por *e-mail*. Como quer que seja, coloco-me à disposição das colegas para um diálogo ainda hoje.

Eram estas as perguntas. Espero havê-las respondido a contento. Muito obrigado. (*Palmas Prolongadas*).

COORDENADORA (Profa. Anna Emília Cordelli Alves) – Obrigada, professor.

Passo agora a palavra à Profa. Misabel para a resposta a uma última questão, antes de encerrarmos.

Profa. Misabel Derzi – A questão é a seguinte: "a repercussão tributária é fenômeno econômico causado por dois fatores: a concentração de mercado, oligopólios etc., e as chamadas elasticidades de oferta e demanda. Portanto, evitar a repercussão seria abolir as leis econômicas. Qual a solução jurídica para o problema?"

Evidentemente que não é interesse, não há como meta jurídica ou constitucional evitar a repercussão em nenhum dos tributos que conhecemos. Isso não se coloca. Ao contrário, atendendo ao fenômeno da repercussão econômica usualmente ocorrente é que a Constituição consagrou, por meio do princípio da não cumulatividade, uma juridicização dessa repercussão econômica, a que chamamos de repercussão jurídica. Mas as soluções possíveis vêm exatamente de projetos de reforma tributária. Alguns tentam ou tentaram reduzir a cumulatividade de algumas contribuições, como é o caso das contribuições incidentes sobre a receita das empresas, de custeio da seguridade social. Isso só nos coloca, terminando a minha fala, a necessidade cada vez maior de, no Direito Tributário, reexaminarmos a questão dessa repercussão jurídica a que estamos nos referindo, pelo menos naqueles tributos como no IPI e no ICMS, em que ela é consagrada na Constituição Federal e incluirmos de fato, agora com a anuência do Prof. Roque Carrazza, no código que sugere e que está em discussão no Congresso Nacional, a importância do consumidor nas relações tributárias.

Somos injustos demais na nossa sociedade, com uma distribuição de renda profundamente ofensiva a qualquer padrão de justiça para ignorarmos esta realidade. Não podemos nos tornar insensíveis. Os senhores sabem que os juristas que participaram da elaboração desse código são juristas profundamente preocupados com os direitos fundamentais. Ricardo Lobo Torres, Roque Carrazza, etc.

Então, é preciso que nós nos unamos neste ponto para retificar as injustiças do sistema. Vejam bem os senhores que esta tendência de ignorarmos o cidadão e de não resgatarmos a cidadania tributária é tão forte que o atual Secretário da Receita Federal propõe transformar o imposto de renda das pessoas jurídicas numa espécie de imposto de renda sobre a receita. Ele propõe mais, e isso foi publicado recentemente na Revista "Dinheiro", transformar o imposto de renda da pessoa física em um imposto de renda sobre os rendimentos brutos com uma alíquota de 7%, acompanhada da proibição de qualquer dedução. Uma espécie de imposto que vai onerar substancialmente as famílias mais pobres, de classe média, e que vai beneficiar, evidentemente, os mais ricos. E não fica aí. Nós tivemos a coragem de aprovar, por meio do Congresso Nacional, uma emenda à Constituição, a de n. 27, que autoriza a União, o governo federal, a desviar os recursos cobrados a título de contribuições e impostos, destinados ao custeio da seguridade social, dos investimentos sociais, para aplicá-los em outras finalidades. Quer dizer, o desrespeito não pára aí, não. A ousadia fica cada vez maior. Então, cabe, é claro, a nós, por meio da doutrina, recolocarmos a discussão, exigindo efetivamente uma revisão dessas regras.

É lamentável, e nesse ponto eu concordo com o Prof. Osiris, e ao mesmo tempo com o Prof. Roque, é lamentável que nós necessitemos de um código de defesa do contribuinte, ou seja, os princípios constitucionais não são cumpridos entre nós. Basta-nos – e Geraldo Ataliba diria isso – a Constituição Federal. Agora, como ela não é cumprida, infelizmente não é, tem razão o Prof. Roque, temos de chover no molhado e insistirmos por meio de um código que se coloquem de novo os direitos e os deveres do contribuinte. E, por favor, insisto, também devem ser realçados os direitos do cidadão – é preciso resgatarmos a cidadania tributária. Muito obrigada. (*Palmas*)

COORDENADORA (PROFA. ANNA EMÍLIA CORDELLI ALVES) – Gostaria de agradecer ao Prof. Osiris, à Profa. Misabel e ao Prof. Roque e dizer que, com certeza, essas últimas palavras da Profa. Misabel resumem o que todos nós pensamos a respeito dessa questão e a importância que ela possui.

Gostaria também de dizer a vocês que vamos a um intervalo, a um café, e às 17h vamos ter uma conferência da Profa. ANNA MARIA PIMENTEL sobre "Medidas provisórias e grave lesão à cidadania e à ordem democrática". Muito obrigada.

MESA DE DEBATES "C"

COMÉRCIO ELETRÔNICO: IMPORTAÇÃO, EXPORTAÇÃO, ESTABELECIMENTO VIRTUAL – ATOS MERCANTIS – CONFLITOS

COORDENADOR: PROFESSOR JOSÉ EDUARDO SOARES DE MELO.
MEMBROS DA MESA: PROFESSORES JOSÉ EDUARDO SOARES DE MELO, ROBERTO QUIROGA, SIDNEY SARAIVA APOCALYPSE.

COORDENADOR (PROF. JOSÉ EDUARDO SOARES DE MELO) – Inicio a sessão, apresentando o Prof. Estevão Horvarth, mestre e doutor em Direito Tributário, professor da USP e da PUC-SP, com título obtido na Universidade Autônoma de Madrid, e Procurador de Justiça do Estado de São Paulo. Também tenho a honra de contar com a participação do Prof. Sidney Saraiva Apocalypse, arguto advogado e exímio presidente das inúmeras comissões de trabalho dos Congressos anteriores E do meu lado direito o nosso talento jurídico Roberto Quiroga Mosquera, que é mestre e professor da PUC e da Getúlio Vargas, também advogado, muito hábil. Fico feliz de estar na companhia de ilustres amigos.

Começo dando a palavra ao Prof. Sidney.

PROF. SIDNEY SARAIVA APOCALYPSE – Bom dia a todos. O José Eduardo é um grande amigo, daí a razão principal das referências à minha pessoa, um advogado amigo dele e amigo, espero, de todos vocês também.

Nós vamos falar sobre alguma coisa que exige certa codificação da linguagem. Se vocês repararem, essa questão de comércio eletrônico e *commerce, business to business, business to consumer* etc., exige que nós utilizemos uma linguagem nova – eu chamaria de uma linguagem-código.

Hoje esses conceitos acabam entrando em nossas vidas e nós os vamos utilizando e imaginando situações novas e tão novas que passam a exigir até mesmo uma legislação diferenciada daquela que nós já conhecemos há algum tempo.

Até para esta apresentação começaria usando meio eletrônico. Vou tentar usar aquele retroprojetor, para, em apoio ao que eu pretendo comentar, fazer um apanhado geral daquilo que ocorre neste mundo virtual. Então, vou ver se consigo ligar e operar aquele meio eletrônico. (*Pausa*)

A tecnologia a favor ou a serviço da ciência.

Isto aqui era para ser apresentado no chamado Power Point, mas o hotel não estava preparado para tanto, então vamos usar a tal da transparência.

(*O orador passa a expor baseado em transparências, o que pode por vezes provocar a indefinição do texto.*)

O que nós vamos ver em relação a este assunto? Nós vamos encontrar no nosso dia-a-dia, doravante, e eu diria que nós já estamos até atrasados porque essa questão de comércio eletrônico, Internet, já está no mundo há algum tempo, e a questão do tempo hoje em dia é um absurdo. Apesar de o dia contar ainda com as famosas 24 horas, o antigamente fica cada vez mais antigamente.

Se vocês se lembrarem do famoso 386 que alimentou os escritórios ditos modernos àquela época – computador 386 –, o tempo que levou para um computador 386 tornar-se obsoleto foi exíguo, para evoluir até um 486. Alguns dos senhores – poucos – lembram-se de quando chegou a televisão no Brasil; Rua 7 de Abril, Tupi, era um indiozinho com anteninha na cabeça; a primeira imagem: Frei Mojica tocando violão – isso foi nos anos 50. Alguns, ou muitos de vocês, sequer nascidos eram. Da televisão dos anos 50 ao foguete, ao Sputnik, cadelinha Laika, o espaço no tempo é enorme.

Se nós compararmos esses dois momentos da vida humana tecnologicamente falando, vamos ver que a distância entre a televisão – e eu estou utilizando o Brasil como exemplo – e o Sputnik é enorme. Já não é tão grande se nós compararmos o momento em que a cadelinha Laika foi ao espaço, com o primeiro homem pisando a lua. E daí para a frente o tempo vai se encurtando, comparando invenções com invenções. Hoje o homem vai ao espaço, pessoas vão ao espaço, ficam lá mais de um mês, quase um ano, e ninguém se dá conta, nem os jornais noticiam.

Muito bem, este cenário é o cenário com o qual nós vamos nos deparar com essa nova economia, como se diz por aí. E nós vamos nos preocupar com aquilo que ocorre no Brasil, o cenário internacional, uma legislação que querem comparar com a legislação estrangeira, para terminar com esta dúvida: legislar ou não legislar sobre o uso da Internet? O direito deve se ocupar ou não do uso da Internet?

Estou utilizando o termo Internet aqui como um rótulo, porque hoje esta comunicação eletrônica se dá das formas mais diversas. Daqui a pouco a Internet também será obsoleta. Sequer precisamos mais de linha telefônica para plugar – desculpem, mas eu vou usar a linguagem-código – o nosso computador ao computador de outra pessoa.

Quais as repercussões legais do uso da Internet?

Eu entendo que há questões de caráter geral, por exemplo, sobre a contratação através da Internet. Questões de técnica jurídica para quem contrata pela Internet. O negócio jurídico que vai se estabelecer mediante o uso de um meio eletrônico gera questões de técnica jurídica para regular, para estabelecer, para dar conforto ao nosso cliente com relação àquilo que ele pretende fazer mediante o uso do meio eletrônico.

Entendemos que há necessidade de se adotar algumas regras de prudência quando se contratar pela Internet. E até agora, por detrás das nossas cabeças, talvez sobreviva o entendimento de que com o direito posto tal como ele está, eu não terei problemas em ajustar este fato da vida moderna ao direito que se encontra posto à nossa disposição.

Qual é o valor legal das técnicas modernas de segurança na Internet? Quais são essas técnicas de segurança? Não estou falando do ponto de vista tecnológico, mas do ponto de vista jurídico. Como podemos ou do que podemos nos socorrer para entender correto, adequado, perfeito e acabado um negócio jurídico que tem utilizado o meio eletrônico para se consumar?

No Brasil há um projeto de lei – é da OAB de São Paulo a proposta. Esse projeto partiu de um estudo da OAB – que pretende regular vários aspectos deste negócio chamado comércio eletrônico. No exterior tem-se como modelo uma lei da Comissão das Nações Unidas para o Comércio Internacional, cuja sigla decorrente do inglês é UNCITRA-United Nations Comission International Trade Law. Esqueçam, não há necessidade.

Mas este modelo é um modelo que tem sido adotado em alguns países. Há um problema sério nisto aqui. Adotar um modelo como este significa introduzir no direito brasileiro normas que eventualmente ou já existem ou não fazem sentido diante do nosso sistema, que diferentemente dos outros países de cultura anglo-saxônica não segue um modelo chamado *Common Law*, o nosso direito é escrito.

Muito bem, que questões jurídicas poderiam aflorar num negócio estabelecido mediante o uso de meio eletrônico? O vendedor e o comprador são quem alegam ser? Hoje nós sabemos que se compra pela Internet mediante um clique, alguém recebe o sinal eletrônico e entende que alguém queira comprar aquele produto ou mercadoria ou receber aquele serviço, e assim o negócio se realiza. Mas o vendedor tem direito, poderes, digamos, de vender aquele item? Ele é produtor? Ele é fabricante? Ele é o agente? Ele é representante? Ele é distribuidor? Por que essas dúvidas?

Porque em cada uma dessas situações e independentemente de lei nova nós poderemos encontrar respostas no direito posto tal como ele está ainda hoje. O fabricante produtor pode vender seu produto pela Internet diretamente ao consumidor? Se o domicílio do consumidor, local de entrega, faz parte do território exclusivo de um representante ou distribuidor, vem esta pergunta: é devida a comissão àquele representante ou distribuidor que tem exclusividade sobre aquela área ou região?

Não estou aqui apenas para falar de direito tributário, até porque a Mesa de Debates, lembrem-se os senhores, também trata dos aspectos mercantis, dos quais decorrem efeitos tributários também.

O comprador tem recursos, quer dizer, tem condições de pagar ou de comprar o item em questão? Como é que eu vou verificar, dar crédito, acreditar naquele que compra, por exemplo, a prazo, ou que comprando mediante o uso do meio eletrônico gera no mínimo a dificuldade de verificar quem efetivamente está comprando?

Os mecanismos de contratação e de pagamento disponíveis são legais e seguros?

Nós sabemos como se extinguem as obrigações de maneira usual e normal, mediante o pagamento, mas estes meios de pagamento que estão disponíveis são legais, são seguros? Posso dizer ter havido a comutatividade do contrato mediante a entrega da coisa e o pagamento do preço? Em que circunstâncias eu terei dúvidas com relação à perfeição ou aperfeiçoamento desse negócio, só para falar da compra e venda, em que alguém se obriga a entregar alguma coisa e receber em contrapartida dinheiro. O preço há que ser pago em dinheiro, senão não estaremos diante de compra e venda.

Bom, para continuar falando da compra e venda, cogitemos da prova da oferta e da aceitação: como fazer esta prova de que houve uma oferta e de que houve a aceitação, como é que as partes vão reconhecer isso na sua vida negocial?

Entendemos já de início, tal como ocorre hoje em circunstâncias e em situações da vida normal, que as partes devem acordar sobre os meios que deverão empregar nessa compra e venda. Houve compra e venda mediante o uso do telex, carta, telegrama, telefone, e o direito dessas situações se ocupou e a Jurisprudência se firmou ao longo dos anos em relação a situações semelhantes, assemelhadas àquelas que poderão ocorrer com a utilização do meio eletrônico.

O que acontece quando o item comprado não corresponde à sua descrição ou especificidade? E quando o item não é entregue?

Estivéssemos ou estando diante de uma situação de uma compra e venda mercantil, que norma jurídica nova, inovadora, precisamos para resolver, solucionar, uma eventual questão decorrente desta pergunta? Uma compra e venda mercantil ou contrato que, sabemos nós, sequer precisa ser escrito, e as condições gerais da compra e venda. Mas hoje outras relações diante do negócio jurídico compra e venda são reguladas por textos específicos. Exemplo: relações de consumo. Numa relação de consumo, o direito já transformou aquela realidade, que se desenvolvia com as regras de contrato: oferta, aceitação, prestação, contraprestação, e diante das mesmas relações de consumo o direito apresenta uma nova norma: diante de uma relação de consumo não ficamos apenas e tão-somente com as velhas regras e boas, por isso velhas e ainda modernas, que tratam e cuidam da compra e venda. Aduziu o legislador novos mecanismos de proteção ao consumidor, mas manteve a mesma linha que norteava o Código Comercial ou o Código Civil, quando cada qual tratou da responsabilidade das partes no contrato.

Bom, nessas questões de técnica jurídica nós temos que ter respostas para o lugar da contratação, porque se eu não definir bem o lugar dessa contratação, ficarei com dificuldades para aplicar o direito. Qual lei será aplicável? Ou no caso de uma disputa, qual será o foro competente para dirimir aquela controvérsia?

Podemos utilizar qualquer uma dessas regras que aí estão, que nada mais são do que aquelas que o direito posto nos oferece, para não repetir o que já está escrito, no momento e no lugar em que aceitação chega, por exemplo, no sistema de informação do proponente ofertante. Aceito o negócio, quando é que se perfaz o contrato, quando é que esta aceitação da oferta se verifica quando se utiliza o meio eletrônico?

E aí nós começamos a definir o lugar, por exemplo, da contratação, e até mesmo o foro competente. Claro que não estaremos falando de um negócio jurídico que envolvesse imóvel, porque aí é a lei do local do imóvel, mas estamos falando de uma relação obrigacional comum. Em que lugar? Ora, no lugar em que estiver o receptor da informação, o lugar daquele que tenha sido o ofertante e que recebe a aceitação daquele que deseja comprar ou tomar aquele serviço.

Não estou evidentemente oferecendo respostas prontas e acabadas, eu estou oferecendo aos senhores as respostas que eu buscaria diante de um conflito, colocando para o debate, para provocar um pouco desta curiosidade que às vezes nos falta, porque até somos chamados muito mais a tratar do tradicional do direito, e muitas vezes não somos provocados, cutucados a avançar naquilo que os nossos filhos, muito jovens, sabem de cor e salteado: como é que funciona Internet, meio eletrônico, *download* etc. Mas em cada um destes fatos decorre um efeito jurídico.

Definição de mercadoria. Não vou querer aqui definir nada. Ontem numa das mesas ouvi um dos nossos companheiros falar que o conceito, por exemplo, de mercadoria mudou no tempo. Ouviram isso? E o exemplo foi energia elétrica. E depois eu vi o professor Condorcet Rezende aqui sentado e lembrei de uma piadinha dele. Ele disse: "Pois é, Sidney, um imposto (se referia ele ao ICM) que foi criado para tributar venda de bacalhau, quiçá sardinha em lata, hoje incide sobre gás, petróleo, transporte e energia elétrica" – energia elétrica que é produto ou pode ser produto de transformação de gás.

E aí nós estamos diante de um fenômeno em que estamos vendo uma industrialização do gás tornando-se energia. E todas as relações que antes eram não digo fáceis, mas mais aceitáveis ao nosso espírito conservador de compra e venda de mercadoria, como é que é saída tributada, não tributada, remessa para industrialização, retorno e tudo o mais. Hoje trabalha com conceitos que não têm mais a ver com o fio de nylon, as bolinhas do colar, que são encaminhadas para aquele que faz o colar e devolve industrializado o colar. Hoje vai gás, que aliás é transportado por um duto, e se torna energia numa termoelétrica que a vende. Cada uma dessas fases submetida à tributação do ICMS.

Bom, para voltar ao nosso ponto que diz respeito também à definição de mercadoria, para fins de ICMS, do que nós estamos falando? Nós estamos falando de bens materiais, as famosas coisas corpóreas que parecem terem sido abolidas do direito, hoje só se fala em tangíveis e intangíveis, as corpóreas e incorpóreas desapareceram da linguagem do dia-a-dia do nosso direito. Essa mercadoria é aquele bem tangível, eu posso apalpar, pegar, ver etc., é a mesma mercadoria de que se ocupou o legislador do Código Comercial, são os mesmos bens que estão nesta categoria – isto para não falar também de serviço.

Curiosamente e contemporaneamente temos uma manifestação do Supremo –

creio que liminar ou alguma coisa assim – modificando aquilo que já estava assentado. O Supremo voltou a dizer que locação de bens móveis não implica prestação de serviço. O Prof. Aires deve estar esfuziante com esta notícia, e as companhias de *leasing* também. Uma liminar ou coisa que o valha do Supremo, provisória, como tantas outras situações modernas do direito brasileiro, está a dizer que locações de bens móveis não são ou não constituem fato tributável pelo Imposto sobre Serviço, quando num passado não tão longínquo, utilizando-se de uma decisão do Tribunal de Justiça ou de Alçada aqui de São Paulo, o Supremo já havia dito que essa questão de identificar serviço significa não mais olhar para o empenho pessoal, o engenho e arte daquele que presta o serviço, mas sim verificar a utilidade colocada à disposição daquele que toma o – aspas – "serviço". Então a empresa locadora de veículo até então locava veículo, prestava o chamado serviço de locação de veículo e recolhia ISS. Esta decisão recente – saiu há questão de uma ou duas semanas, liminar ainda – muda o rumo daquilo que estava assentado e com isso reabre a antiga discussão.

Bom, e a questão do local da prestação do serviço nessa área de Internet? Qual é o local da prestação do serviço para fim de tributação? Aliás tal é o tormento da questão que nem preciso me preocupar em exemplificar com o meio eletrônico; o Superior Tribunal de Justiça já provocou uma balbúrdia nos velhos conceitos do local de prestação de serviços com a famosa decisão, cujo número esqueci e faço questão de não lembrar, para dizer que o ISS é devido no local da prestação. Eu até entendo qual era o fato que estava em julgamento, mas a forma como se redigem ementas cria problemas. Então, hoje você tem uma situação em que a prestação de serviços tradicional aconselha: o local da prestação, o estabelecimento prestador de serviço, lá que você recolhe o seu imposto sobre serviço, exceto no caso de obra civil de engenharia, que aí você recolhe no local da obra.

Na verdade o que o STJ provavelmente quis dizer é aquilo que já está na doutrina e que está no direito há muito tempo: o ISS é devido pelo estabelecimento prestador do serviço. Já aproveitando a próxima transparência, o conceito de estabelecimento de há muito no direito não quer dizer aquele local físico, imobilizado, com endereço, plaquinha na porta, CEP, não. Carrinho de pipoqueiro é um estabelecimento comercial, o carrinho da Kibon é um estabelecimento, enquanto autônomo, com o sujeito lá que vende o sorvete. O comerciante não precisa se valer, do ponto de vista comercial, de uma instalação fixa. Sequer as legislações estaduais se preocupam com esta questão.

Hoje nós temos estabelecimentos – e o Prof. José Eduardo sabe muito bem disto – estabelecidos em grandes galpões. Grandes armazéns alugam espaços ditos virtuais, para lá localizar um estabelecimento comercial de terceiros. E há todo um regime jurídico no âmbito do ICMS a regular quem pode, como faz, como não faz.

De que precisamos, além disto, para examinar situações típicas daquilo que se estabeleça mediante negócio chamado de negócio jurídico firmado por meio eletrônico ou comércio eletrônico? Pode a lei tributária atribuir – esta é uma questão bem específica – ao provedor de acesso a função de agente de fiscalização em relação aos negócios jurídicos celebrados pelos clientes, que usam aquele serviço ou que armazenam as tais *home pages*, pode o legislador atribuir ao provedor deveres tributários de forma a circunscrever o âmbito, o campo de uma eventual ou de uma possível evasão fiscal?

Lembrem-se os senhores que basicamente, a repetir aquilo que no passado só se aplicava ao imposto de renda – e que ocorria com a retenção na fonte –, o legislador vem, cada vez mais, atribuindo mais e mais deveres acessórios a terceiros. Hoje nós temos inúmeras situações e vários dos tributos em que o regime é quase de fonte. Alguém está sempre recolhendo em nome de outros. É substituição tributária, é diferimento, antecipação ... Até o imposto de renda chamado imposto de renda sobre o lucro, não é mais sequer imposto de renda sobre o lucro. Em nome da simplificação até este imposto mudou. Perguntem aos seus clientes pessoas jurídicas, quantos deles calculam e recolhem imposto de renda calculado sobre o famoso lucro real. Verifiquem em seus escritórios quantos clientes dos senhores estão neste regime, e comparem com aqueles que se encontram no chamado lucro presumido, que é uma antecipação, vamos dizer assim, para não falar outra coisa muito mais feia, calculada sobre a receita, etc. Que técnica jurídica é essa que abandonou por completo o clássico conceito de imposto de renda que incidiria sobre o lucro das pessoas jurídicas, para ser um imposto hoje que incide sobre o faturamento das empresas?

Diante destas simulações, ficções que estamos aqui a fazer gratuitamente, não estou preso a nenhum conceito científico, estou apenas aflorando questões ...

Pois é num panorama como esse que se busca, com certa ansiedade, uma lei salvadora, uma lei que regule tudo que na Internet apareça. Mas de que lei nós estamos falando quando se clama aqui e acolá sobre uma legislação que regule a Internet? Nós estamos falando da lei que busque validar o negócio diante de tais ou quais requisitos, ou invalidar o negócio porque tais ou quais requisitos não foram examinados? Ou nós estamos falando aquilo que é impossível ocorrer no Brasil, uma lei de âmbito nacional que trate de todos os aspectos relativos ao chamado comércio eletrônico Internet, por uma razão só: o Brasil é uma federação, com uma característica típica de ter atribuído a cada pessoa política competência, e para voltar ao tema tributário, competência tributária. Não há meio jurídico para que uma lei de âmbito nacional, como uns e outros alardeiam por aí, venha a tratar desses aspectos. Ao município compete tributar serviço onde existir, onde for possível identificar, a despeito de estar aí também a jurisprudência a dizer que só vale aquilo que está na lista. Mas é o município competente para tributar serviço desde que o fato assim se identifique. O ICMS a seu turno está aí para tributar, aquilo que era operação relativa a circulação de mercadoria hoje é operação relativa a circulação de bem do ativo imobilizado, uso e consumo, o diabo a quatro; energia, serviços de transporte intermunicipal e interestadual etc. etc. E daí para a frente.

Identificados tais fatos, incidirá a norma da pessoa política competente... Basta identificar o fato. Se é difícil ou se é fácil eu não sei, podemos examinar caso a caso, podemos discutir horas, mas no meu modo de ver entendo que não há a menor necessidade de nós, advogados, ficarmos a pleitear regras novas para um fato novo. O direito é assim, ele regula os fatos, volta-se para a frente, e aquilo que ocorre no mundo fenomênico na maioria das vezes já está legislado; e quando não está textualmente legislado, nem assim o Estado pode abdicar do direito ou do dever, melhor dizendo, de julgar. O juiz não pode dizer: não, isto aqui não está legislado, sabemos nós. Nas ditas lacunas ou mesmo diante delas o juiz deve utilizar o sistema como um todo para aplicar o direito e dirimir a controvérsia. Não há a menor hipótese de uma controvérsia não ser dirimida diante de um argumento que afirme inexistir lei que regule esta situação.

Bom, acho que é o suficiente. Muito obrigado. (*Palmas*)

COORDENADOR (Prof. José Eduardo Soares de Melo) – Em primeiro lugar quero cumprimentar o Sidney, muito claro, muito profundo. Realmente o tempo é muito curto e nós ficamos fazendo sinal, porque todos nós precisamos nos manifestar. Fico muito feliz de ouvir o Sidney, porque um pouco antes de começar ele me falava do imposto sobre o selo, o imposto sobre transações, IVC, e aprendemos muito. Bem, isto já ocorreu há décadas, na época em que ele ajudava o Rubens Gomes de Souza....

PROF. SIDNEY SARAIVA APOCALYPSE – ... o Amilcar de Araújo Falcão ...

COORDENADOR (PROF. JOSÉ EDUARDO SOARES DE MELO) – É... Até a época do Império.

Vou fazer algumas colocações jurídicas e operacionais a vocês porque relativamente a esse tema de comércio eletrônico, tive a oportunidade de participar de alguns cursos em São Paulo, Paraná, Recife, Salvador, junto com a fiscalização. Perguntava aos fiscais de renda se estavam preparados para exercer essa fiscalização do comércio eletrônico. Eles diziam realmente que era muito difícil o acesso, o conhecimento às técnicas de informatização.

Penso que, assim como é importante conhecermos a teoria e a prática, nessa situação do comércio eletrônico também é fundamental, além de conhecermos o negócio jurídico, os modelos jurídicos, termos algum conhecimento da máquina. Não chego ao exagero de dizer, como vi numa palestra, que a coisa se coloca entre dois discos rígidos, é um pedaço de outro disco rígido que passa para outro pedaço de um disco rígido.

Então, nós não podemos apenas ficar debruçados sobre a tecnologia, porque como bem colocou o Sidney, os negócios jurídicos estão aí dispostos e nós precisamos apenas adaptá-los à realidade.

Vou tecer algumas considerações.

Sobre mercadoria, procurando não ser repetitivo. À mercadoria aplicamos o conceito do art. 191 do Código Comercial, que é aquela coisa móvel que é objeto de uma atividade pelo comerciante, a grosso ou a retalho, com habitualidade e intuito de lucro evidentemente foi objeto de estipulação legal em 1850. Aliás, o Código Comercial falava também do comércio de moeda e até do comércio de ações. Evidentemente, a nossa realidade econômico-jurídica é totalmente outra.

Ficaria aqui com um conceito de ordem constitucional, que é aquele que vai me dar segurança e certeza para aplicar e considerar mercadoria dentro do comércio eletrônico. A Constituição traçou alguns parâmetros em termos de mercadoria. Em primeiro lugar, quando tratou no artigo 155-II do ICMS, usou a palavra mercadoria. Então, aí sim me valho do conceito que está no artigo 191, porque o comércio em termos de bens corpóreos evidentemente não se alterou. Não fico com aquele conceito do Código Comercial que fala do comércio de metais, comércio de moeda, porque a própria Constituição no artigo 153 – e o Quiroga aqui é o *expert* – fala do imposto sobre operações de crédito, o IOF – Imposto sobre Operações Financeiras, sendo que o próprio legislador constitucional direcionou aquela figura da mercadoria que estava no Código Comercial para uma outra competência tributária, a competência da União.

Aliás, a Constituição diz mais, ela dispõe sobre o que não é mercadoria. Quando observo as incidências sobre os imóveis – porque a mercadoria nós estamos acostumados a tratar como bens móveis – encontro competências relativas ao IPTU, ao ITR e ao Imposto de Transmissão, a Sisa. A Constituição também me permite entender o que não é mercadoria, que são aqueles bens, aqueles materiais que são utilizados em atividades mercantis, ou seja, um material que é utilizado na prestação do serviço. O caso típico é a empresa de construção civil, que utiliza todos os materiais – o ferro, a madeira, o cimento, o vidro – e nem por isso o fisco estadual vai pretender tributar pelo ICMS. Como o Prof. Aires coloca muito bem, são atividades-meios, então, são bens materiais, mas que não se confundem com a mercadoria.

Então, me parece que a segurança que eu possa ter para aplicar – e aí já vou entrar na parte do comércio eletrônico – o conceito de mercadoria é um conceito constitucional que começa a balizar aquilo que é objeto de comércio ou não.

Evidentemente – aqui o Sidney colocou bem – a energia elétrica, que não é a coisa corpórea, no artigo 155, § 3º, da Constituição foi – como nós chamamos – alçada à dignidade constitucional, é mercadoria e não se discute, e se paga o ICMS, se credita e se debita, com todas as restrições, como amanhã poderia ser o vapor, poderia ser o frio, como me parece que já se faz na Europa.

Agora, para surpresa nossa, as decisões novas do STJ tratam da incidência da Cofins - Contribuição sobre o Financiamento da Seguridade Social, sobre os bens imóveis. Então, estamos habituados a ver que a Lei 7.091, até com as suas alterações, diz que a incidência daquela contribuição seria sobre faturamento (leia-se venda de mercadorias ou prestação de serviços); imóvel evidentemente jamais entrou nesse conceito, mesmo porque o imóvel não é objeto de fatura, é objeto de uma escritura. E na hora que o STJ coloca essa posição, me parece que subverte um conceito tradicional de mercadoria, passa a falar que o imóvel é objeto da Cofins, então seria característica de uma mercadoria.

Estive, um pouco antes dessa decisão, coincidentemente, com o Ministro José Delgado, em Minas Gerais, e ele até disse o seguinte: se puder entender que o imóvel é uma mercadoria porque assim ele será tributado, e o é pelo Cofins, então, na medida em que o STJ elabore acórdão, expressando que é mercadoria, amanhã os Estados e o Distrito Federal certamente vão poder cobrar ICMS, porque se o próprio Judiciário diz que o bem imóvel é mercadoria, então não restaria mais dúvida nenhuma.

Alguém pode falar: bom, mas isso é um absurdo. Não é, porque nós sabemos que o Judiciário, numa visão kelseniana, é que acabaria dando exatamente o conceito de mercadoria. Agora, a mercadoria no comércio eletrônico envolve realmente situações que todos nós aqui estamos aprendendo; os primeiros estudos, a primeira doutrina que trata do assunto ainda é, não vou dizer incipiente, mas é temerária. Todos nós temos muito cuidado em tratar do comércio eletrônico.

No comércio eletrônico, realmente, muitas negociações são feitas e muitos bens são fornecidos com essa característica de mercadoria sem que haja a parte material. O Quiroga, por exemplo, que é uma pessoa que gosta muito de música, tem músicas clássicas, CDs populares – e é muito chegado a um pagode também, não é, Quiroga? Ele vai à Internet na calada da noite e age: vamos ver se eu faço aqui um *download* (transportar arquivos da Internet ou de um micro para outro computador) do conjunto musical "Só p'ra Contrariar", que é um pagode que ele gosta muito, e recebe a mensagem seguinte: você pode pagar com cartão de crédito, você pode pagar via bancária, boleto; e ele consegue adquirir aquelas músicas pela Internet.

Na hora que ele está realizando um ato mercantil, está feliz. Eu vi que ele chegou feliz aqui, tranqüilo. Ele praticou um negócio jurídico mercantil, ele fez uma compra e venda de mercadoria.

Isto tudo no mundo dos negócios, como bem acentuou o Sidney, estará tranqüilo se eu consigo verificar autenticidade, veracidade, credibilidade nas partes que realizaram o negócio mercantil – isso do ponto de vista eminentemente de direito privado –, não há dúvida nenhuma, nós sabemos que o comércio é muito rápido, ele não depende dos contratos formais, dos pedidos. Se fazem os negócios pelo telefone há muito tempo, alguém está em casa, com fome, pede uma pizza, vem e se paga. Mesmo os negócios financeiros, as comunicações que nós temos com as entidades financeiras. Isso, então, no negócio mercantil o único cuidado que se deve ter é para saber se o negócio é bem-feito.

Eu tive oportunidade de ler no *O Estado de S. Paulo* de domingo uma reportagem de página inteira de um ex-diplomata que resolveu adquirir uns livros, até a um preço razoável, em grandes leilões internacionais. E nessa reportagem se revela que no início a coisa ia indo muito bem, ele fazia o pedido, pagava 80 dólares, 100 dólares, mas depois ele começou a receber cobranças e faturas de mercadorias que não havia adquirido os livros. Ele não conseguia localizar quem tinha vendido. Às vezes fazia um negócio e vinha uma mercadoria da Espanha, uma cobrança de outro país, e não conseguia saber exatamente qual era a outra parte.

Então, este cuidado no comércio eletrônico no âmbito do direito privado realmente é forte. No âmbito tributário eu acho que é muito mais complicado. O Quiroga vai falar isso com profundidade, eu vou apenas dar um *flash*. É a questão da fiscalização. Eu não faço parte da Fazenda Pública, mas pela troca de idéias que temos, quais são os poderes que terá a fiscalização para controlar as atividades, os negócios, os documentos? Se de um lado existe esse princípio que é fundamental no direito tributário, que norteia os impostos, que é o princípio da capacidade contributiva, tem que pagar o ICMS; por outro lado, a privacidade e o sigilo de dados – também só um *flash* aqui – me conferem uma garantia, uma proteção do cidadão.

Então, se isso é possível, a fiscalização ir ao estabelecimento, contar o estoque e verificar entradas e saídas, apurar uma energia elétrica, ver os caminhões que estão entrando e saindo, realizando o transporte, e fazer o levantamento que entender mais adequado – físico, econômico, de produção –, isto, no comércio eletrônico, me parece sobremodo complicado, porque nem se sabe onde está este estabelecimento. Embora as mercadorias sejam fornecidas de algum local, a pessoa pode comprar um bem, uma mercadoria, e essa mercadoria vir de um Estado ou vir de outro (às vezes é dentro do seu próprio Estado que está sendo realizado o negócio), e como é que a fiscalização me parece que deva ter acesso a isso?

Isso tem uma repercussão muito grande não só para caracterizar o momento do nascimento da obrigação tributária, como identificar o sujeito passivo, o contribuinte responsável; e ainda mais, no nosso regime tributário, em que nós lidamos com alíquotas interestaduais em que se reserva para o Estado de destino uma parte dessa alíquota em obediência ao princípio federativo, me parece que a fiscalização passa a ter dificuldades. Não sei se o nosso regime jurídico é suficiente para permitir a arrecadação. Desconheço se essa mobilidade, essa flexibilidade que existem nesses serviços eletrônicos, nesse comércio eletrônico, realmente não devessem ser objeto de uma legislação totalmente nova ou mais adequada.

Aí nós caminhamos também para um outro bem, de difícil precisão para situar onde fica o comércio com a sua incidência do ICMS, ou onde se situa o serviço com a incidência do ISS. É a questão do *software*. O Supremo Tribunal Federal, há um ou dois anos atrás, decidiu uma matéria de fundamental importância, que é a questão do *software*, e sua incidência tributária. Isto vai ter uma grande implicação nessa atividade eletrônica, porque o Supremo disse o seguinte: embora o *software* seja caracterizado como contrato de cessão de uso e tenha toda uma implicação tecnológica, pontificou que quando há uma encomenda direta por parte de um usuário, uma encomenda específica, eu não estaria tratando de mercadoria, e na medida em que houvesse esse *software* de prateleira, que encontro nas lojas, aí sim posso cogitar de mercadoria. E veja, pode também haver não a prateleira numa loja, mas sim uma loja virtual. Embora o Supremo tenha dado uma posição que talvez seja útil, criteriosa e objetive facilitar a vida tanto da fiscalização como dos contribuintes, na hora de se apurar exatamente qual é a atividade, se é o serviço ou se é o comércio, eu não sei se isso será muito fácil.

Também na questão do estabelecimento, há que se examinar o local da venda ou da locação, da prestação de serviços. Então, se pergunta: será que o estabelecimento é o local físico do computador que hospeda a *home page*, é o local físico do responsável por essa *home page*, é o local físico do tomador de serviço, nós podemos ter algumas atividades via Internet em que as partes estejam localizadas em diferentes pontos do território nacional ou do exterior?

Eu posso tratar aqui muito mais de um serviço ou até mesmo de um comércio em que várias pessoas, sejam os prestadores do serviço ou os tomadores do serviço, estão em Estados diferentes, em países diferentes, e nós não sabemos onde começa uma atividade e onde termina a outra atividade. Isto, então, me leva a um ponto desses estabelecimentos virtuais, que também não sei até onde a fiscalização terá condição de alcançar e realizar.

Um outro aspecto que também me parece de fundamental importância é o que diz respeito ao comércio exterior. Até pouco tempo atrás, tradicionalmente nas operações com o comércio exterior, quando alguém procede a uma importação de um bem, de uma mercadoria, esse bem ingressa fisicamente no território nacional e pela legislação, evidentemente, deveria adentrar num porto ou no aeroporto oficial. Agora temos o sistema informatizado que é o Siscomex, canal verde, canal vermelho, aquelas circunstâncias todas, mas deve haver a verificação do *containner*, daquele caminhão, ou até se examina a mala da pessoa para realmente saber se o que está ali ingressando no território nacional, se aquele controle de aduana, de fronteira, efetivamente está adequado àqueles bens, e principalmente saber se a tributação está sendo devidamente observada. Na medida em que sejam realizadas atividades virtuais, exista o comércio eletrônico em que se faz a compra de um bem ou até um serviço, no caso, não se saberá quem está fornecendo, de onde virá e quais são as implicações tributárias.

Penso também que nesse momento eu preciso saber como é que se coloca a questão dos provedores. Não é a natureza ou a tributação, isso será tratado no próximo painel, mas saber se o provedor pode ser fiscalizado ou não. O Código Tributário Nacional, a partir do artigo 128, relaciona uma categoria de pessoas que embora não sejam os contribuintes, e não sejam os que praticam os fatos geradores, têm uma responsabilidade tributária, eles têm uma implicação com os negócios civis e mercantis, e realmente a fiscalização tem competência para examinar as suas atividades. Não é que não encontremos ali a figura do provedor, mas saber até onde (o Quiroga vai explorar isso muito bem) existe essa sigilosidade ou não, se ele deve prestar todas essas informações, ou se devemos colocar isso no campo até de comunicações telefônicas, em que seria necessária uma autorização, ou até transações via banco, em que haveria o sigilo de dados.

O tempo aqui é importante. O Quiroga tem muita coisa boa para falar, depois devemos ter as indagações de vocês, e nesse rápido momento eu acho que eram as considerações que me cabia fazer. Agradeço a atenção e a paciência. (*Palmas*)

Prof. Roberto Quiroga – Bom dia a todos. Prof. José Eduardo Soares de Melo, Presidente do XIV Congresso de Direito Tributário, na pessoa de quem eu agradeço e também saúdo todos os demais professores e coordenadores deste evento. Meu caro amigo Sidney, quando me pediram para falar um pouquinho sobre a questão do comércio eletrônico, que está umbilicalmente ligado à questão da Internet como o tema maior, realmente me senti um pouquinho fora do tema – porque aqueles que me conhecem sabem que eu atuo mais na parte do imposto de renda. No entanto, todas as grandes questões hoje relacionadas ao comércio eletrônico e à Internet estão mais focadas no ISS e no ICMS, em especial quando se fala de provedor de acesso, que será um tema tratado mais a seguir. Realmente é o grande tema, é a grande discussão, é a grande tese.

Mas independentemente disso, então me restou abordar alguns aspectos – e aí eu posso dizer que me sinto um pouquinho mais tranqüilo e menos constrangido – que é justamente abordar questões relacionadas ao procedimento fiscalizatório, hoje tão ou mais importante até do que o processo fiscal, judicial e administrativo, a meu ver. E falar um pouquinho, também, sobre esses direitos e garantias que essa nova tecnologia acaba por interferir, mais especificamente o sigilo bancário, o sigilo de correspondência, o sigilo de dados, e a impossibilidade de interceptação telefônica.

Quando eu comecei a tratar desse assunto – e eu já tive oportunidade também de dizer isso num outro evento e gostaria de repetir aqui, peço desculpas àqueles que já ouviram essa mesma idéia que eu gostaria de colocar –, sem também desmerecer o próprio Congresso, que nos seus dois temas contempla, justamente, a colocação do tema da Internet, do comércio eletrônico como fundamental, eu fiz dois alertas nesse outro evento que acho importante repeti-los, e que me dá muito mais tranqüilidade de falar com todos os senhores.

É o seguinte: acho que não podemos fazer dessa questão do comércio eletrônico e da questão da Internet uma tempestade num copo d'água. Entendo que não podemos nem subestimar o tema, mas também não superestimá-lo. O que eu vejo muitas vezes é uma idéia de que o comércio eletrônico, a Internet e a computação revolucionaram o mundo, de que a Internet e o comércio eletrônico acabaram com todas as outras espécies de comércio, de relacionamento humano, o que, a meu ver, me parece um pouco de exagero. Sempre como exemplo eu digo isso, para explicitar esse caso. Parece-me que a grande comoção em que nós nos encontramos, é porque nós somos os utentes desta tecnologia quando do seu nascimento, nós somos os privilegiados.

A Internet surgiu no mundo quando nós estamos vivendo neste mundo. Provavelmente quando o telefone chegou as pessoas que na época tiveram essa grande riqueza de viver aquele momento inicial, talvez tenham tido a mesma impressão que nós estamos tendo hoje da Internet. E hoje o telefone é uma coisa... Ainda não entendo como eu falo aqui e chego do outro lado – mas tudo bem, é uma coisa que não me choca tanto. Eu me recordo também quando do surgimento do fax, eu também fui um dos utentes do fax. Hoje tudo bem. Agora, no comecinho eu não entendia como passava o papelzinho lá da Espanha e chegava aqui para mim uma conta de livros da Marcial Pons. Eu ainda não entendi, mas já estou acostumado.

Então, a primeira coisa que acho importante falar com vocês, e isso me deixa um pouquinho mais aliviado, é que nós tenhamos um pouco de cuidado de achar que isso mudou e que tudo o mais vai acabar, alguma coisa tão revolucionária assim.

O segundo alerta que eu sempre faço quando vou falar de Internet, até pela minha ignorância mesmo, confesso isso, é o seguinte: quando se vai falar de direito ou se vai estudar um tema de direito, a grande dificuldade que tenho, como advogado e como professor, é que hoje não dá para saber só direito. Cada vez eu me sinto mais incapacitado tecnicamente para abordar questões de direito, porque a grande deficiência, hoje, não é entender as normas de ICMS que regulam, por exemplo, as telecomunicações; é entender como funciona esse diacho de telecomunicação, como funciona esse transporte de dados, a engenharia. Aquela questão técnica de telecomunicações é que me cria a dificuldade de entender o ICMS. Eu até entendo um pouco de ICMS, mas a minha maior ignorância não é no ICMS; a minha maior ignorância é na outra ciência a que eu tenho de recorrer para entender a questão jurídica.

Quando se fala em energia, é uma outra ignorância que eu confesso. Entender ICMS é uma coisa até muito singela, mas o problema é como vou entender que a energia sai de uma torre lá do Rio Grande do Sul, passa por Santa Catarina, Paraná... e chega lá no Pará ... Como funciona essa tecnologia? A dificuldade é justamente a união dessas duas ciências – ou dessas duas culturas – e, a partir daí, extrair o raciocínio adequado e correto, porque isso é bastante real a meu ver. Se eu não entender a tecnologia, acabo aplicando normas de direito erradas.

Então, a segunda questão importante, a meu ver, nesse tema é não dizer que sou incapacitado de analisar as questões jurídicas propriamente ditas, mas são as questões fáticas que me geram essa dificuldade numa análise escorreita em matéria legal.

Esses são os dois pontos para os quais eu gostaria de alertar.

Um terceiro aspecto – fora esses dois primeiros, mas já num segundo bloco de idéias – que a Internet e o comércio eletrônico vêm provocando – e eu me sinto com um pouquinho mais de facilidade para falar com vocês –, é que esse mecanismo gera um sistema de meios de pagamentos bastante não-tradicional. O que eu estou querendo dizer com isso? Todos nós temos as nossas relações comerciais normalmente liquidadas por quais meios de pagamento? Por dinheiro, por cheque, e agora com mais facilidade com cartão de crédito. E justamente o comércio eletrônico e a Internet trazem ao mundo uma nova forma de liquidação das obrigações dessas relações comerciais e relações profissionais. Nós deixamos de ter esses meios de pagamento como meios mais comuns e passamos a ter meios de pagamento diferentes dos tradicionais, tais como uma novidade que ainda no Brasil não pegou muito: o "cartão de débito", e não cartão de crédito. Hoje o dinheiro passa a ser na verdade um cartão.

Uma das coisas que fazem gerar maior dificuldade para nós entendermos o comércio eletrônico não é tanto a tecnologia ou também as normas jurídicas; são os meios de pagamento, as formas de liquidação que essa nova realidade vai nos acarretar. E, em decorrência desses novos meios de pagamento, surgem alguns impostos que até hoje não têm tanto charme ou não têm tanta aplicação, ou – falando de uma outra forma ou em outros termos – são impostos utilizados em outras áreas, talvez menos conhecidas, como é o caso do imposto sobre crédito de câmbio de títulos e valores mobiliários, com o que, até então, não temos tido, talvez, tanta prática, dependendo da nossa atividade profissional.

Acho que, por exemplo, a área de comércio eletrônico vai possibilitar uma amplitude de arrecadação fiscal desses impostos ou desses tributos que mexem com moeda, com crédito, com câmbio, com títulos e valores mobiliários. Por que isso? Porque normalmente eles fogem do tradicional, do suporte físico – uma mercadoria que transita num caminhão –, e passa na verdade a atingir aquele conceito de totalmente, ou às vezes parcialmente, intangíveis, de coisas escriturais, que nós não tocamos, que nós não cheiramos, que nós não conseguimos interceptar.

Então, a segunda grande questão importante é se dar conta de que o comércio eletrônico e a Internet vão fazer com que nós acabemos por tentar apreender e tentar obter alguns conhecimentos que até então não tínhamos, especificamente, a meu ver, nestes impostos a que eu me referi, mais a indigitada CPMF, independentemente de qualquer conotação política, ou aquilo que já se diz no mundo para a Internet, que é a estipulação de um tributo não pelo valor econômico que nós acabamos usufruindo nesse comércio, no *B 2 B*, no *B 2 C*, que, outro dia, eu estava escutando, das várias formas de relacionamento, mas um tributo, por exemplo, que incidiria sobre o número de bits utilizados ou o número de consultas ingressadas. Até porque se vocês pararem para pensar melhor, hoje na Internet praticamente tudo é gratuito, não existe, fora a área de comércio propriamente, grande circulação de riqueza; ela, na verdade, hoje se utiliza muito mais desses serviços e práticas gratuitas do que práticas onerosas.

Eu não estou dizendo que eu apóio isso no Brasil. Como está hoje a nossa Constituição; já digo, não dá para instituir no Brasil esse imposto denominado na competência residual, porque é impossível pelo art. 154, inciso I – além do que estaria seriamente fadado ao insucesso, uma vez que também não denotaria qualquer tipo de capacidade contributiva. Mas, no mundo, já não se pensa mais talvez num tributo dos tradicionais e, sim, num tributo especial como esse.

Bem, todos esses dois aspectos – posso comprovar a vocês – são assim a desmistificação dessa idéia do comércio eletrônico e da Internet como uma coisa revolucionário, porque hoje, numa área em que eu atuo, é muito comum você ter relacionamento humano sem precisar ter esse contato físico de documento e de mercadoria – que é o mercado financeiro. Acho que não existe lugar mais louco do que uma roda de bolsa onde 20 pessoas começam a gritar com ordens de compra e venda – e lá sai negócio jurídico, podem acreditar. Aquela gritaria numa roda de bolsa nada mais representa do que a utilização da voz para relacionamento humano – e grandes e muitos negócios jurídicos. A apregoação a viva voz, por exemplo, hoje, em bolsa, é uma coisa que já existe – não de hoje, de vários anos. Então, é uma coisa comum.

Não sei se vocês sabem, mas todas as operações de bolsa no mundo são feitas por contratos verbais. Quando eu ligo para comprar determinados ativos, faço por telefone, e dou autorização para que tudo isso seja verbal. As corretoras e os bancos, por cautela, gravam a ordem que nós damos, simplesmente para casos de reclamação, mas é tudo virtual. A voz – há coisa mais virtual do que a voz humana? Ou intangível do que a voz humana?

Eu me referia também, nesse outro Congresso: quanta prestação de serviços nós damos de forma verbal, não emitimos um papel, uma letra sequer, e cobramos os nossos honorários? Ou seja, a virtualidade das nossas relações existem em tantas outras áreas, então eu não me arriscaria a dizer – e com certeza, sem querer desprestigiar os temas do Congresso e as opiniões já vistas aqui – só acho e alerto que nós estamos talvez superestimando a tecnologia e devemos simplesmente manter uma questão de neutralidade, nem subestimar e nem supervalorizar.

Bem, tendo em vista esses dois pontos, falando especificamente de fiscalização, o que eu tenho na verdade a dizer sobre os procedimentos fiscalizatórios e os poderes dos auditores fiscais?

Eu entendo que nesse comércio eletrônico, assim como especificamente no caso da tecnologia Internet, os procedimentos fiscalizatórios que hoje há são absolutamente compatíveis com a tecnologia. Não vejo, em vista dos exemplos que eu dei, qualquer dificuldade de fiscalização nesse particular, uma vez que a virtualidade dessa nova tecnologia é idêntica à minha prestação de serviços verbal. Ninguém imagina, por exemplo, ter um fiscal nas suas salas de reunião para saber se você prestou um serviço e se você pagou o seu ISS; ou nas salas de cirurgia, ou nas salas de consulta de um médico.

Então, a pergunta que se faz é a seguinte: e a fiscalização, como vai identificar esse relacionamento humano e, portanto, dentro da sua competência tributária da aptidão que o texto constitucional lhe deu para criar tributos e, conseqüentemente, para fiscalizar aquilo que ela cria, como é que ela pode interferir nessa fiscalização?

A meu ver a regra que hoje está expressa em termos de lei complementar no Código Tributário Nacional e nas leis ordinárias é a mesma, e não requer qualquer maior ou menor dificuldade do que essas outras relações a que me referi.

A primeira coisa que entendo absolutamente necessária dizer é o seguinte: auditor fiscal ou administração tributária deve fiscalizar, e deve fiscalizar com base nos documentos contábeis e documentos comerciais da empresa – como hoje é em qualquer outro tributo. Eu não tenho qualquer medo na afirmação de que um auditor fiscal – e acho que todos aqui concordam – não está autorizado a fiscalizar, por exemplo, os meus relatórios gerenciais ou as minhas apostilas, em que eu tenho a consolidação da minha atividade comercial; ele tem acesso, sem dúvida, aos meus documentos comerciais e aos meus documentos contábeis. E se, porventura, ele quer obter outras informações em vista de suspeita de evasão fiscal, deve ele solicitar a busca e apreensão dessa documentação, desde que essa solicitação esteja juridicamente embasada e que seja indispensável à sua função fiscalizatória. Isso é assim em qualquer outro tributo; por que seria diferente no caso do comércio eletrônico?

Pergunta-se, por exemplo, se haveria possibilidade de a administração tributária instalar um *chip* em meu computador ou no provedor de acesso para fiscalizar as operações. Parece-me que isso seria tão abusivo quanto colocar um auditor na minha sala de reunião para escutar o que eu estou dizendo para o meu cliente. Ou posso utilizar uma coisa que é muito comum hoje na área de ICMS, mas que não ofende em nada a atividade empresarial: é justamente a chamada fiscalização "erva cidreira" – ela coloca um caminhão da fiscalização do lado da fábrica, para saber quantas caixas saem. Ok, isso pode, não há nenhum problema, estou dentro de um meio físico passível de fiscalização.

Eu não consigo identificar uma grande revolução no procedimento fiscalizatório fora dos que hoje já existem. Sei que muitos auditores fiscais podem estar presentes e dizem o seguinte: mas então eu estou impossibilitado de fiscalizar. Na verdade você está dando uma alternativa que inviabiliza o meu processo de fiscalização e, portanto, inviabiliza o meu exercício de competência como último motivo. Eu entendo que não – porque, como eu disse, essa virtualidade existe em várias e inúmeras outras relações comerciais ou outras relações profissionais dentro do Brasil ou em qualquer parte do mundo.

Então, hoje já temos todas as legislações respectivas na área de procedimento fiscalizatório que dão aptidão à administração tributária de identificar uma evasão fiscal. Suspeitando de evasão, de atos ilícitos etc., que a administração tributária busque o meio mais adequado para isso, que é justamente a busca e apreensão – desde que justificada, desde que indispensável à prática da sua atividade.

Atrelada a essa questão da fiscalização, que também vejo com bastante singeleza em termos da legislação brasileira, acopla-se um outro problema, uma outra dificuldade: é que essa nova tecnologia, que é o comércio eletrônico, e que é a Internet, gera a suspeita de que eu possa estar ferindo ou atingindo direitos e garantias que, até então, no meu mundo de hoje não existiria, na velha economia não existiria.

O que eu quero dizer com isso?

Como eu tenho Internet e computador, a primeira idéia que vem é a seguinte: são dados – e "dados" é uma coisa que eu não posso interceptar; eu não posso declarar ou expor dados que estão sujeitos ao ocultamento. Não posso, por exemplo, no caso do *e-mail*, justamente interceptar *e-mails*, uma vez que aí estou diante do sigilo de correspondência. Na área financeira, hoje, vocês têm portais financeiros, que são *sites* de instituições financeiras que vendem produtos financeiros, e aí elas têm um outro direito e garantia muito mais específicos – que é justamente o sigilo bancário, o sigilo da intimidade da vida privada, da coisa íntima em matéria financeira. Então, discute-se: além da fiscalização – segundo o posicionamento que estou expondo, já se detiveram os meios fiscalizatórios iguais a qualquer outro comércio, a qualquer outro *business* – na parte da Internet surgem mais dificuldades: tem o sigilo fiscal, tem o sigilo de correspondência e tem o sigilo de dados. Então, quando eu faço um pedido de compras por Internet, por ser uma correspondência eu não poderia justamente interceptá-la.

A respeito disso eu também tenho uma posição, talvez não tão temerosa ou tão revolucionária em relação aos outros meios de comércio, porque um pedido de compras e até um contrato, desde que remetido por via de correio, sem dúvida goza do sigilo de correspondência. O fax tem sigilo de correspondência, o telex tem sigilo de correspondência. Então, a surpresa na área da Internet ou do correio eletrônico não é tanta quanto se possa supor. Se eu tenho *e-*

mails trocados entre empresas para a compra de determinadas mercadorias, sem dúvida nenhuma estou dentro do sigilo que o art. 5º estipula – impossível a sua transgressão. Com muito mais razão chega-se a uma conclusão de que o provedor de acesso jamais poderá estar fiscalizado para uma evidência do conteúdo dos seus textos, por sigilo de correspondência.

O sigilo bancário, então, é inquestionável. Ainda que alguns queiram dizer que o sigilo bancário hoje está fora de moda. Sem dúvida, ele está fora de moda, mas ele ainda é um sigilo relativo. O que é isso? Em algumas hipóteses eles podem ser quebrados e na grande maioria não. Se o sigilo bancário é o manto protetor de atos criminosos é uma questão que não diz respeito a nós, juristas, quando da análise de uma questão legal. Mas a questão é uma questão sociológica.

Se há necessidade de se mudar a legislação – porque talvez a legislação venha viabilizando práticas ilícitas, danosas à sociedade, ao bem comum e à satisfação das necessidades da coletividade – é uma questão que deve ser tratada pelo legislador e não pelo cientista do direito. Então, a questão do sigilo, a meu ver, é também bastante singela. Tem sigilo; não há como interferir nessas comunicações, e, portanto, totalmente infundadas as idéias no sentido de que tais alternativas, tais possibilidades, por exemplo: apreensão de um computador ou um auditor fiscal querer a sua senha, ou ele querer uma cópia dos seus programas. Vejo como absolutamente impossível essa atividade, se mantidos os direitos que hoje estão resguardados no texto constitucional.

O meu tempo chegou ao fim e, como última mensagem, eu gostaria de expor justamente um item na área de imposto de renda – que muita gente está esquecendo. É o seguinte: nessas grandes questões de Internet a grande maioria está se preocupando com o ICMS e com o ISS. Sem dúvida é de extrema relevância. Mas também temos que nos dar conta de que na área de IR existe uma grande importância. Quando estamos no comércio eletrônico externo, ou seja, de não residentes para residentes, hoje no Brasil nós estamos pagando vários serviços a não residentes, mediante cartão de crédito, e estamos esquecendo que neste caso haveria a retenção na fonte por ganhos e rendimentos de capital auferidos. Na área de IR eu acho que esse é o grande tema, acho que esse é o grande tema, para não dizer o único. E também na área de imposto sobre câmbio, hoje, nós temos justamente na área de cartões de crédito 2% sobre qualquer compra que eu faça por cartão de crédito, desde que haja uma operação de câmbio. São as únicas duas hipóteses que eu acho contestáveis, fora IR e imposto sobre câmbio.

Agradeço ao José Eduardo e fico à disposição para questões a respeito do tema. Obrigado. (*Palmas*)

COORDENADOR (PROF. JOSÉ EDUARDO SOARES DE MELO) – Agora, rapidamente, porque o tempo sempre é muito curto, o Sidney vai responder a algumas questões, eu também, e depois nós vamos ter um intervalo rápido para o café, para voltar para a segunda parte.

PROF. SIDNEY SARAIVA APOCALYPSE – Bom, antes de responder às questões propostas, e porque tem a ver com tudo que estamos discutindo, vou reproduzir as idéias de uma pessoa que reputo genial, de uma pessoa que eu também chamaria de filósofo, Max Gehringer. Ele diz o seguinte (*vou tentar adaptar às circunstâncias do momento*):

"Hoje é 26 de agosto de 2124, quinta feira – que no Brasil agora se chama *thursday*, já que o português foi oficialmente banido quando nos tornamos o 67º Estado dos United States of Ward America em 2095. Teve quem não gostou, principalmente depois que a Floresta Amazônica virou a Tropical Disney World. (*Risos*) Mas a maioria apoiou porque finalmente pôde tirar passaporte americano sem aquela aporrinhação toda, e passou também a receber salário em dólar.

É verdade que muitos brasileiros ainda conservam um ranço xenófobo, o que é o meu caso, por isso estou falando em português e este texto está sendo escrito em nossa antiga língua mãe, que eu só domino porque nasci lá no distante 1980. Fiz 144 anos, trabalho há 126, estou forte e saudável, mas já ouço insinuações de que minha carreira entrou no plano vegetativo. A vida corporativa do século XXII não é justa com o pessoal da sexta idade, como eu. Basta a gente chegar aos 140 e já começa a ser discriminado no trabalho. (*Risos*)

Por falar em discriminação, aquela questão das diferenças entre sexos não são mais limitantes para o preenchimento de um cargo – não porque tenha acabado a discriminação, mas porque acabaram os sexos. (*Risos*) A antiga classificação masculino, feminino e outros caiu em desuso a partir do momento em que os assim chamados homens e mulheres equilibraram os seus níveis de testosterona e estrógeno. A ambivalência chegou a tal ponto que hoje os dicionários só registram a palavra testículo como sinônimo de pequeno teste aplicado a estagiários. (*Risos*)

Os velhos tempos me dão saudade. Uma das poucas palavras que entraram no megadicionário americano como sinônimo para *senseless feeling* Apesar de quase mais nada ser como era, eu, por exemplo, nasci com uma unha, cabelo e dente, últimos resquícios da nossa ascendência selvagem. E na juventude pratiquei zelosamente um ato denominado sexual, para a reprodução da espécie, coisa que hoje a ciência simplificou muito: basta ir a qualquer MacDonalds, comprar um kit de óvulo e espermatozóide – o n. 3 tem sido o preferido pelos consumidores porque acompanha uma coca-cola. (*Risos*) – e inseri-lo num tubo plugado a um sistema embrionário, cujo nome técnico é tamagoshi (*Risos*) Aí, é só redigitar a configuração desejada do genoma e depois ir clicando os comandos para as cargas vitais de proteínas. Simples, em seis semanas aparece a ficha fitoergométrica da criança, os custos de alimentação, de educação e a mensagem: *Are you sure you want to give birth?* Meu filho mais novo, o 365A27H648, vulgo 8, agora deu de ser curioso e me perguntar por que no meu tempo as coisas eram tão complicadas. Eu tentei explicar para ele que o tal ato ia além da simples reprodução, que a gente até sentia prazer em copular. E ele fez aquela cara de nojo típica de um adolescente recém-saído da universidade. Mas tudo bem, ele só tem quatro anos, um dia talvez entenda melhor." (*Risos*)

Max Gehringer era um executivo de algumas multinacionais, o último cargo dele foi de presidente da Pullman, que fazia aquele pão que a gente também comia. Ele abandonou a profissão e começou a escrever textos que têm mais ou menos, todos eles, esta linha.

As perguntas que me são feitas e que me levaram a lembrar do Max, são perguntas que não vão ter respostas, como disse, prontas e acabadas. Talvez estas estejam num futuro próximo. Algumas, talvez, me levem a enveredar por alguns dos velhos conceitos, mas não esperem os senhores que aqui esteja eu ditando cátedra.

O Dr. Antônio Sá, do Rio de Janeiro, faz várias perguntas, todas estas em papel amarelo. "Caso a recente decisão do Supremo Tribunal Federal quanto à não incidência do ISS nas locações de bens móveis vingue, estarão estas atividades sem tributação sobre a circulação, ao contrário do que ocorre com as outras atividades? A fim de se evitar tal privilégio, qual seria a solução? Definir serviço na Constituição? Definir serviço na lei complementar do ISS?" Esta é a pergunta.

Eu começaria dizendo o seguinte: se locação de bens móveis não era – e eu não vejo como possa ser – serviço, é porque a Constituição já definiu este conceito. E nem vou me atrever a enveredar por esse campo enquanto o Prof. Aires está aqui à minha frente, e eu não quero levar nenhum peteleco. Mas não me assusta o fato de uma determinada atividade não ser tributada por um imposto que incida sobre serviços, haja vista, por exemplo, locação de bens imóveis. Ninguém discute.

Não quer dizer, na minha opinião, que uma atividade deva necessariamente ser tributada por um imposto chamado ICMS ou pelo ISS. Não são tributos alternativos em relação a fatos da atividade econômica. Há atividades que não se incluem no conceito de serviço, tal qual essa a que me referi, locação de bens imóveis, e atividades que se incluem no conceito de operação relativa a circulação de mercadorias, que hoje tem um regulamento inteiro na Constituição Federal, tratando de tudo.

Então, desta preocupação eu acho que nos devemos afastar: não é porque uma determinada atividade não é tributada por este imposto chamado ISS ou por ICMS, que há alguma injustiça; ela é tributada, sim, pelo fato jurídico que ela representa. Se for renda, pelo imposto de renda etc. etc.; uma importação pelo imposto de importação, e assim por diante.

A outra pergunta, também baseada no que o Supremo decidiu. O Supremo decidiu que a venda de *software* de prateleira estaria sujeito ao ICMS. Qual a sua opinião quanto a ser ICMS ou ISS? Outra vez esta preocupação de colocar um fato diante de um tributo ou de outro.

Bom, o que o Supremo decidiu também tem a ver com a questão da prestação de serviço ou a venda de mercadoria. Quando alguém, na minha avaliação, encomenda uma determinada utilidade da qual ele vá se utilizar, obviamente, que ele queira para si, um quadro, uma poesia ... Hoje tem poesias na Internet, você baixa a poesia e entrega para a sua namorada, diz que você é o autor. Você encomenda este serviço, este empenho, este gênio que alguém coloca a seu serviço.

Então, o fato de ser *software* ou qualquer outra coisa que eu encomende com esta finalidade, de que aquilo venha a servir a mim, por favor, me desenvolva um mecanismo tal que eu possa controlar os meus advogados, os estagiários, a conta a receber, a conta a pagar, alguém vai lá e desenvolve um sistema, que pode estar escrito num papel, pode ser um mero curso de instrução. Fala: vocês vão fazer assim, a partir de hoje é assim, assim, assim, e pronto, eu acho que prestou o serviço. É diferente de quando eu vou a uma loja, seja virtual ou não, e compro lá o pacotinho da Microsoft, o Windows, vem lá aquela caixinha. Eu estou comprando mercadoria, não vejo grandes dificuldades nesta relação.

A outra pergunta: com a tecnologia *wap* (O que é *wap*? ou vap? Vap para mim era aquela maquininha que limpava cortina; hoje é outra coisa.) vou poder fazer *download* através do meu celular, e com o meu *laptop* também posso fazer *download* de música. Vamos supor que eu esteja em outro município, estado, país, quando fizer a compra. Onde se encontrará o destinatário para efeito tributário?

Bom, a gente pode imaginar que quando alguém baixa de um determinado ambiente uma música para dela se valer, pode comparativamente dizer: é como se estivesse comprando um CD para tocar em casa. É essa a comparação, e a gente tem o hábito de comparar. Mas será? Vamos investigar melhor, será que o sujeito quando põe a música a seu prazer se serve de outrem para receber esta música, ele está comprando mercadoria no sentido do disco de vinil, ou de CD, da fita cassete, ou alguém está prestando a ele um serviço de prover a ele uma utilidade que se manifesta através de uma música que ele poderá tocar no seu computador, ou até mesmo utilizar aquele bem para gravar. Hoje vocês podem gravar CD, tem gravador de CD. Alguém pode gravar para você músicas. Ele está vendendo CD ou ele está prestando serviço para aprimorar ou fazer alguma coisa em prol de você.

Para mim essas questões é que vão ter de ser enfrentadas, não é um problema de existir ou não existir lei que diga que baixar *download* é esta ou aquela atividade. Não, vamos ter que identificar qual é o fato que aqui está. Eu sinceramente ainda não tenho segurança para dizer se aquele sujeito que se serve de um, não sei se é provedor, *web site* ou coisa que o valha, e recebe aquela utilidade chamada música, que fica instalada lá no seu disco rígido, na parte 34 do BTSKJ, comprou mercadoria ou recebeu o serviço de alguém ter provido a ele música. Eu não tenho essa resposta, realmente eu não tenho, mas eu teria estas preocupações antes de firmar o conceito de que quem faça *download* de música pela Internet esteja adquirindo mercadoria.

A minha tendência nessa questão é visualizar nesse fato uma prestação de serviços por outrem, e se o serviço foi prestado no exterior, será uma importação de serviço etc. etc.

Outra pergunta: no mundo inteiro os bens incorpóreos da informática são considerados como serviços e não mercadorias. No entanto, aqui no Brasil alguns juristas, com base no artigo antigo do Código Comercial, estão alegando que os bens incorpóreos também seriam mercadorias.

Mercadoria é o que a lei diz ser mercadoria. O Código Comercial – e o Prof. José Eduardo se referiu a ele com propriedade – define mercadoria sentado na cadeira de 1850 e não na cadeira do dia 26 de agosto de 2124. A Constituição Federal jurisdicizou de tal forma o conceito de energia elétrica, que lhe atribuiu características de mercadoria.

O tempo está se esgotando ... Acho que ainda temos campo para investigar melhor este negócio jurídico ou o que alguém está prestando para mim.

COORDENADOR (PROF. JOSÉ EDUARDO SOARES DE MELO) – Temos só cinco minutos, então, talvez não haja condição de responder a todas as perguntas. As que não forem respondidas, depois, quem perguntou, venha a nós.

A primeira pede uma explicação sobre artigos da Constituição que validam considerar *download* como mercadoria e não serviço, como ocorre em outros países.

Eu diria o seguinte: se eu me valho do artigo 191 do Código Comercial, realmente ele não serviria para ser adotado porque não é uma coisa corpórea. Então, tenho que ter um outro critério, que é o critério tradicional das obrigações de dar e das obrigações de fazer. Tenho que proceder, então, a uma interpretação sistemática que também, como o Sidney diz, nós não temos lá tanta segurança assim. E eu vou por um critério: não é um imóvel, é um bem que pode ser uma mercadoria ou um serviço, se eu estou diante de uma obrigação de dar alguma coisa aí haveria a implicação do ICMS; se é uma obrigação de fazer, a prestação de uma utilidade ou comodidade de alguém, independente do que esteja na lista de serviço, seria então a questão do ISS.

Há uma outra pergunta que diz: tem muita celeuma da identificação do vendedor ou do prestador que opera na Internet. Não poderia ser feita através de dados de nota fiscal que não está dispensada no comércio, em conjunto com o cadastro de contribuintes?

Muito bom, isso seria o ideal. Nós estamos também diante da figura dos sonegadores. Ele pode até ter um estabelecimento, ter inscrição, ter nota, e realizar negócios paralelos, negócios via Internet, em que ele não registre entrada de mercadoria, não registre saída de mercadoria, e sonega. Então, esse é o ponto de equilíbrio, até onde a fiscalização tem condição ou deva ir também apurar as operações.

Aqui também uma pergunta que o Sidney de certa forma já respondeu: A aquisição de um *software* de prateleira, que seria ICMS ao ver do Supremo, por *download* de uma empresa no exterior é uma importação? Como se deve proceder com relação às formalidades aduaneiras e recolhimento do imposto de importação?

É aquilo que eu falei, no comércio exterior o tradicional e o que ainda persiste, tenho uma aduana física, um controle policial ao ingresso físico, e aí só entra em princípio (pode ser que sonegue) pagando os tributos. Se é por via de computador, talvez até a Receita Federal não tenha condição de fiscalizar, e se for evidentemente software de prateleira é ICMS, se serviços não teria tributação na importação.

Também há uma outra pergunta longa que aborda o princípio que norteia as atividades, que é o princípio da boa-fé, mas fala também da fiscalização, até que ponto pode ter acesso às informações eletrônicas sem enveredar na invasão da privacidade. É claro, como bem colocou aqui o Quiroga, os meus negócios, as minhas tratativas e os meus contatos não vão ser objeto de fiscalização, ou um chip no computador, ou um fiscal de plantão. É claro que se um fiscal for a uma empresa e encontrar dados, elementos que presumam, que sejam indícios de uma sonegação fiscal, pode até arrecadar, e aí entra a questão do ônus da prova. Então, a boa-fé se existisse sempre seria uma maravilha, mas eu acho que a fiscalização tem condição. É difícil precisar o equilíbrio entre essa fiscalização e o sigilo de dados.

PROF. ROBERTO QUIROGA – Eu tenho também quatro questões. A primeira é de Dalton: A fiscalização poderia copiar o *hard disk* da empresa e levá-lo para análise?

A minha posição é a seguinte: a fiscalização tem acesso a todos os documentos contábeis e documentos comerciais da empresa. Qualquer outro documento que eventualmente seja solicitado pela fiscalização pode até ser entregue pelo contribuinte, se ele entender que assim possa fazê-lo. Agora, qualquer outra apreensão de documentação ou de bens da companhia eu entendo que deva ser feito mediante busca e apreensão, ou, no mínimo, lacração de um determinado bem, para que posteriormente seja aberto e identificado o conteúdo.

A segunda questão é: a falta de cultura tecnológica no meio jurídico não poderia dar margem à tecnocracia, na medida em que os técnicos detêm os meios de controle, sigilo, privacidade e veiculação das informações?

Bem, hoje é o fenômeno mundial: justamente, assim como nós temos dificuldades de entender a tecnologia, aquele que detém a informação, aquele que detém o conhecimento, detém o mundo. Então, isso é uma coisa irreversível – e tanto os meios estatais quanto a atividade privada vão ter de se socorrer desse conhecimento. Não se empresta mais conhecimento; ou se tem ou não se detém a possibilidade de apreender a matéria que se está vendo. E no caso da Internet e de outros meios é isso mesmo. Ou seja, cada vez mais nós vamos ter entidades que detenham o conhecimento e, portanto, a fiscalização fica sempre mais difícil.

Uma outra questão aqui, do Gustavo, dizendo: O que dizer a respeito da venda de mercadorias pelo sistema *telemarketing*, onde se anuncia determinado produto pela televisão fixando preço, total da operação, e quando o produto é entregue no domicílio do adquirente o preço é dividido em 50% de serviço e 50% de mercadoria, pagando ICMS. Ele pergunta: aqui haveria alguma sonegação?

Veja: se realmente o produto não tem aquele preço e só se faz uma divisão para efeito de pagar menos imposto, sem querer analisar o caso concreto, eu acho que é óbvio que haveria aí um caso de simulação. Obviamente tem que se ver no preço da mercadoria se eu posso dizer que 50% daquilo é serviço. A questão é mais probatória. É legal. Agora... não "cheira bem", efetivamente.

Na questão da tentativa de o Estado, de a Administração trabalhar a intimidade de todos, especialmente no caso das tratativas de negócios eletrônicos, o senhor vê questão ideológica ou de valoração? Um possível governo mais à esquerda do atual como trataria do assunto, tendo em vista que, hoje, setores defendem a privacidade e os direitos humanos?

É uma questão, é claro, que tem valoração, tem ideologia. A norma jurídica, como é um bem criado pelo homem – portanto um bem cultural – está impregnada de valores que o legislador acaba colocando nas leis. Agora, depois de positivados deixam de ser valores e passam a ser normas jurídicas e, portanto, não pode haver qualquer desconsideração nesse sentido.

Obviamente, o Brasil e o mundo passam por uma mudança de legislação, em vista de mudança de valores, da mudança de princípios. Eu até cito, nesse caso, um exemplo muito claro, que é o sigilo bancário. Na Suíça, que é o país que mais o preserva, no ano passado, em vista da questão do confisco de bens dos judeus pelos nazistas, aquela lei que era milenar teve que ser alterada, e passou a ser um sigilo relativo e não um sigilo absoluto. Então, é óbvio que ideologias e valores mudam, mas não num Estado Democrático e de Direito como o nosso.

COORDENADOR (PROF. JOSÉ EDUARDO SOARES DE MELO) – Muito bem. Vamos fazer um rápido intervalo para o café, para que tenhamos tempo para a Mesa de Debates seguinte.

MESA DE DEBATES "D"

SERVIÇOS E SERVIÇOS DE COMUNICAÇÃO – INTERNET – PROVEDORES – "SOFTWARES" – TV A CABO – FIBRA ÓPTICA

COORDENADOR: PROFESSOR JOSÉ EDUARDO SOARES DE MELO
MEMBROS DA MESA: PROFESSORES AIRES BARRETO, ANNA EMÍLIA CORDELLI ALVES E RAQUEL NOVAIS.

COORDENADOR (PROF. JOSÉ EDUARDO SOARES DE MELO) – Vamos iniciar a Mesa de Debates que vai tratar de Serviços e Serviços de Comunicação, Internet, Provedores, *Softwares*, TV a Cabo e Fibra Óptica.

Convido o Prof. Aires Barreto, que vai manifestar-se a respeito do tema. O Prof. Aires Barreto dispensa qualquer apresentação, é o nosso querido Presidente do IDEPE já de longa data, e realmente a quem devemos um grande sucesso. O Prof. Aires, companheiro também de Geraldo Ataliba durante mais de 20 anos nos seus estudos, especialista em direito tributário, foi Diretor de vários departamentos da Prefeitura e realmente é uma das grandes autoridades do ISS. Então, tem a palavra o Prof. Aires.

PROF. AIRES BARRETO – Obrigado, Prof. José Eduardo, pela gentileza, amabilidade e pelas inverdades da apresentação.

Gostaria de falar-lhes, rapidamente, sobre alguns aspectos ligados à Internet e, de modo particular, sobre os provedores de acesso.

Gostaria de consignar, desde logo – antes que isso cause qualquer perplexidade –, que os senhores encontrarão numa *Revista de Direito Tributário*, correspondente ao Congresso havido aqui nesta Casa, há dois anos, manifestação minha concluindo em sentido diverso daquele que será o objeto das minhas conclusões de hoje.

Espero ter modificado meu pensamento para melhor. Popper dizia que é sobre os erros que se constroem os acertos. Eu espero ter errado naquela oportunidade e estar acertando hoje, mas não estou absolutamente seguro disso porque eu sei que a Profa. Anna Emília vai defender posição diametralmente oposta àquela que esposarei.

Gostaria de lembrar-lhes que nós vivemos uma revolução do padrão de civilização. Não é apenas uma revolução tecnológica, uma revolução técnica, mas do próprio padrão de civilização. Diria – valendo-me de uma figura utilizada pelo Prof. Marco Aurélio Greco – que nós saímos da era dos átomos para ingressar na era dos bytes ou, mais precisamente, para a área dos bits e dos bytes.

As revoluções têm marcado as várias eras. Mas, ao que parece, nenhuma surgiu com tanta rapidez e nenhuma significou uma revolução do próprio padrão de civilização como está ocorrendo agora. Evoluções existem em várias áreas, mas a de que se cuida é extraordinária.

De tantas evoluções, tome-se o seguinte exemplo: o da evolução da moeda. Os senhores sabem que até um certo tempo a moeda tinha o seu valor correspondente ao material de que confeccionada, à qualidade dos átomos pela qual era representada: ouro, prata, bronze etc. Mais adiante esse valor da moeda deixou de ter uma correlação com o material, com o átomo de que produzida, para ter pura e simplesmente correspondência com uma mensagem inserida num papel. Essa mensagem dizia que tal ou qual unidade monetária tinha o valor x ou y. Mas isso ainda não interrompeu a evolução do sistema monetário.

Hoje, o normal é que não haja nem mesmo um suporte para essa mensagem. A regra atual é a de um registro eletrônico; o suporte deixou de ser relevante para a própria mensagem que se veicula. Hoje, os bens não estão mais, fundamentalmente, apoiados nos átomos, o *know-how*, os valores financeiros, os *softwares*, várias espécies de serviço e por aí afora.

É no interior desse contexto, é considerando esse panorama, que devemos examinar a questão ligada à Internet e aos provedores de acesso. É necessário mencionar a Internet não porque, para a minha análise, isso tenha grande relevo, mas o registro é devido porque ela é a introdução para a análise das questões relativas aos provedores de acesso.

A Internet, já se disse – e eu quero repetir aqui –, é como um cão sem dono. Ninguém é dono da Internet, ela não pertence a ninguém. Já se disse que ela é como o capim, que cresce assustadoramente e que as inúmeras empresas de todo o mundo e as pessoas físicas, de um modo geral, dariam tudo para serem titulares dessa imensidão que é a Internet.

Há dois anos, disse aqui o Prof. Roque Carrazza que a propaganda da Internet era mais ou menos assim: navegar na Internet é tão simples que você nem vai precisar pedir explicações para o seu filho, você mesmo, por incrível que pareça, vai conseguir fazê-lo.

E, a propósito, lembro-me de uma crônica muito interessante de Lourenço Diaféria, um grande jornalista da *Folha de S. Paulo*, cujo início era mais ou menos o seguinte: "Li em cartaz afixado num poste da cidade: encanador do "DOS", conserta-se config.sis e autoexec.bat. (*Risos*)

Por que sobre a Internet não incide nem ISS, nem ICMS? Porque, como ensinava Geraldo Ataliba, para a existência de tributo é preciso que, no fato, seja possível reconhecer todos os aspectos da hipótese de incidência e do mandamento. Observados esses requisitos inafastáveis, não vejo como cogitar-se da incidência de qualquer tributo sobre a Internet. De fato, como os senhores sabem, a criação de tributo exige a presença, o reconhecimento desses critérios do antecedente e do conseqüente. Alguns desses aspectos terão que figurar objetivamente na lei; outros ainda que não explicitamente, mas implicitamente, deverão poder ser dela extraídos. E só poderão ser submetidos à incidência aqueles fatos que se enquadrem, integral e exatamente, na descrição legal. Dizia Geraldo Ataliba que sem o perfazimento, sem a presença simultânea de todos esses aspectos não é possível criar o tributo.

Ora bem, se a Internet, como visto, não tem dono, se não é propriedade de ninguém, se não pertence a ninguém, não há sujeito passivo possível. Por conseguinte, não se perfaz o chamado critério ou aspecto espacial da hipótese de incidência. Se, além disso, não há preço, essa utilização é graciosa, o que se tem também é a inexistência do critério quantitativo, do aspecto quantitativo, ausência, portanto, de base de cálculo.

Por essas duas razões entendo que não se pode cogitar da incidência de nenhum tributo sobre a Internet propriamente dita.

O mesmo não se pode dizer com relação aos provedores de acesso, aliás, com relação aos provedores em geral, sejam os provedores de acesso, sejam os provedores de informação.

Tenho para mim que dúvida não há no sentido de que as atividades, quer dos provedores de acesso, quer dos provedores de informação, tipificam um esforço humano desenvolvido em favor de terceiros, representam um fazer para terceiros, com conteúdo econômico, sob regime de Direito Privado, posto *in commercium*, tendente a produzir uma utilidade material ou imaterial. É dizer: quer provedores, quer provedores de informação, desenvolvem uma atividade que se subsume integralmente, penso, a esse conceito de serviço tributável que, juntamente com o mestre Geraldo Ataliba, extraí do Texto Constitucional.

A questão é saber de que espécie de serviço se trata. É um serviço de comunicação, de competência dos Estados? Ou é um outro serviço qualquer, que não sendo de comunicação, será fatalmente da competência dos Municípios?

Eu não quero repetir aqui mais alentadamente – porque todos conhecem o posicionamento de Geraldo Ataliba e dos professores que compõem esta Mesa, além dos mestres Roque Carrazza, Paulo Barros Carvalho, Souto Borges e de tantos outros, no sentido de que, em matéria de ISS, não se há falar em lista. Que lista, no máximo, só pode servir como sugestão, como idéia dos possíveis serviços tributáveis. Que todos os serviços são tributáveis pelos Municípios, exceto aqueles expressamente conferidos à competência dos Estados, descritos no art. 155-II, que são os de transporte intermunicipal e interestadual, e os de comunicação.

Há quem defenda, com sólidos argumentos, a posição de que os serviços de comunicação, se estritamente municipais, podem ser alvo da incidência do ISS. O fundamento maior para essa interpretação está no prestígio ao princípio da autonomia municipal, a autorizar o entendimento de que os serviços de comunicação também poderiam ser tributáveis pelo Município, desde que contidos exclusivamente na área de sua competência, na área territorial do Município.

Confesso que não penso na mesma conformidade. Não há ofensa à Constituição, à autonomia municipal, pelo fato de os serviços de comunicação terem sido atribuídos aos Estados e ao Distrito Federal. A Carta Magna, em matéria de serviços, outorgou à competência dos Estados a instituição de imposto sobre todos os serviços de comunicação e, em matéria de transportes, apenas aos serviços que transcendam o território de um Município (os intermunicipais) e os que envolvam mais de um Estado (os interestaduais). Nem mesmo incluiu a tributação dos serviços de transporte internacionais (que não são nem interestaduais e nem intermunicipais).

O outro argumento utilizado é o de que a Constituição não adjetivou comunicação, não restringiu, como fez com relação aos serviços de transporte. Ora bem. Esse argumento atua em favor da minha tese, e não da tese contrária. O fato de a Constituição não ter circunscrito o âmbito dos serviços de comunicação reforma a posição de que todos os serviços de comunicação são tributáveis pelos Estados. Também não há adjetivação em outras outorgas de competência. Nem por isso se pode pretender que os Municípios também possam tributar as operações mercantis (não se adjetivou mercadorias). Ainda que as operações se processem exclusivamente dentro dos respectivos territórios; enfim, que as operações financeiras possam ser tributadas pelos Municípios desde que as respectivas operações financeiras ocorram no interior de seu território e por aí afora. Enfim, *data venia*, acho que isso não é extraível da Constituição.

Então, para mim, serviços de comunicação são exclusivamente tributáveis pelos Estados. Aos Municípios compete a tributação dos demais serviços, tirante, é claro, os de transporte intermunicipal ou interestadual.

Isso posto, posso cuidar, primeiramente, dos provedores de acesso.

E diversamente de um caminho normal, começo pelo fim. Há doutrina afirmando que se o ISS for o tributo incidente sobre a atividade dos provedores de acesso, não poderia haver tributação alguma dos serviços que prestam, porque não existe na lista – considerada taxativa, por caudalosa jurisprudência, especialmente do Supremo Tribunal Federal – mesmo em face de interpretação extensiva – serviços de Internet.

Por ora, não estou defendendo nenhuma posição. Não estou dizendo que há ISS sobre os serviços de provedores de acesso. Estou apenas fazendo uma análise do que diz a doutrina. Todavia, não posso furtar-me a uma crítica. Penso que não se pode chegar ao exagero de dizer: como a lista não fala de serviços de Internet, não pode ser exigido serviço sobre a atividade dos provedores de acesso. Parece-me que há aí um exagero, porque o que nós temos de buscar é a análise do fato, com as suas especificidades, e verificar se ele pode se subsumir a certas categorias gerais. Quem defende, por exemplo, que há ISS sobre a atividade dos provedores de acesso, poderá sustentar que, no caso, há serviço de intermediação ou serviço de agenciamento, não sendo preciso que a lista registre serviços de Internet.

Se amanhã, se por qualquer razão de uma evolução tecnológica – e nós sabemos que isso ocorre no dia-a-dia – os "serviços de Internet" recebessem outro nome, invalidar-se-ia uma nova lista que incluísse serviços de Internet, e por aí afora. Enfim, não é o nome que deve ser relevante, mas sim o conteúdo. O hábito não faz o monge, é dito vetusto.

Pois bem, então o primeiro confronto é esse: que há serviços não há a menor dúvida; resta saber se é serviço de comunicação (de competência dos Estados) ou se é serviço de outra espécie ou natureza, diversa da de comunicação (de competência dos Municípios).

Por comunicação deve entender-se a transmissão de mensagem do emissor para o receptor, com emprego de um canal próprio, utilizando uma linguagem comum a ambos os partícipes dessa comunicação. Mas isso é comunicação, não estou dizendo o que são serviços de comunicação. Há serviços de comunicação quando pessoas físicas ou jurídicas fornecem um suporte, um meio viabilizador da comunicação entre emissor e receptor. Haverá a prestação de serviço de comunicação quando o liame comunicativo for proporcionado por uma terceira pessoa, permitindo, possibilitando, a comunicação, um elo de união entre emissor e receptor da mensagem.

Tenho para mim que o provedor de acesso possibilita a conexão das pessoas com a Internet. Mas dizem alguns: Ah, mas o canal que viabiliza essa comunicação, o canal físico, é proporcionado pelas empresas de telecomunicações (e não pelo provedor de acesso). São elas que possibilitam a ligação entre o emissor da mensagem e o receptor da mensagem. Não se pode admitir que os provedores de acesso sejam prestadores de serviços de comunicação, porque eles usam o meio fornecido pelas empresas de telefonia.

Não me parece que assim seja. Num primeiro momento eu pensei que essa interpretação fosse correta, mas, hoje, estou convencido de que não é. Vejam o seguinte. Vou tomar um exemplo singelo: imaginem os senhores que eu sou prestador de serviços de transporte, não importa em que âmbito, se é transporte municipal, intermunicipal ou interestadual. O fato é que eu presto serviços de transporte. Para isso utilizo-me, valho-me, dos caminhões de que disponho para realizar esse transporte. Mas num certo momento, num certo dia, contrato um serviço de transporte, mas verifico que alguns caminhões estão quebrados e que os demais estão destinados a outros serviços. Aí, então, o que eu faço? Eu me valho de uma terceira empresa de transporte, eu me valho de outro prestador de serviços de transporte para cumprir a obrigação que assumi, consistente em prestar serviços de transporte.

Eu iria mais longe. Para prestar serviços de transporte uma empresa pode até não ter caminhão nenhum, o que importa é analisar os fatos, iluminados pelos contratos: qual foi o objeto do contrato? Eu me comprometi a deslocar bens do local A para o local B? Se a resposta for afirmativa, os serviços que prometi prestar são os de transporte. Se eu tenho caminhão ou se eu não tenho caminhão, isso é irrelevante. E vejam o que acontece, quando eu contrato um terceiro: sou prestador de serviço de transporte que contratei com a pessoa "X" e quando eu escolho uma terceira empresa

(Y) para me auxiliar nessa tarefa, porque os meus caminhões quebraram, vou ser tomador dos serviços dessa empresa de transporte (Y). Em relação a ela sou tomador de serviços e na outra relação sou prestador de serviços.

Portanto, o argumento de que o provedor de acesso não presta serviços de comunicação porque é tomador dos serviços de comunicação, não tem a menor relevância; ele toma o serviço de comunicação de uns e presta para outros, é tomador numa relação jurídica e prestador na outra relação jurídica. São dois serviços distintos.

Não há dúvida de que as empresas de telecomunicação prestam serviços propiciando o suporte fixo para que se dê a comunicação entre A e B. Mas eu pergunto: esse suporte físico, uma linha telefônica, por exemplo, permite que eu acesse a Internet? Não. Não adianta, eu posso ter um mundo de telefones, inclusive os mais sofisticados, mas, nem assim, vou ter acesso à Internet, porque eu preciso de um outro prestador de serviços, também de comunicação – não de valor adicionado –, porque eu só consigo "entrar e navegar" na Internet mediante um endereço lógico fornecido por esse novo prestador de serviços. É inafastável que eu tenha um IP, isto é, um *Internet Protocol*.

Não há como ter acesso à Internet sem um endereço lógico. E esse endereço lógico, esse veículo de comunicação que pode pôr em contato emissor e receptor, só é dado pelo provedor de acesso. Reitere-se: é preciso reconhecer a existência de dois serviços de comunicação distintos: o primeiro, prestado pelas empresas de telefonia; e, em seu interior, um outro serviço de comunicação, este prestado pelos provedores de acesso.

O suporte físico, o canal de comunicação fornecido pelas empresas de telefonia, não permite o acesso à Internet. Para tê-lo preciso contar, obrigatoriamente, com um segundo suporte, atuando dentro do suporte físico, que é o suporte lógico – designado por IP – sem o qual não se pode estabelecer nenhuma comunicação na Internet.

Essas são as razões fundamentais pelas quais entendo que o provedor de acesso presta serviços de comunicação, de competência dos Estados, e não mero serviço de valor adicionado, não alcançável por via de ICMS.

Diferentemente, os provedores de informação atuam de modo similar àqueles que prestam serviços de publicidade. Provedores de informação são aqueles que elaboram *sites*, *home pages*, que idealizam portais. Essas empresas executam planos de propaganda e de publicidade, elaboram textos, imaginam situações, concebem, planejam, enfim, atuam de modo similar àqueles outros prestadores de serviço que, por exemplo, planejam, concebem, editam um *folder*, um folheto de publicidade.

Essa espécie de provedores, presta serviços de propaganda ou de publicidade, serviço sujeito, exclusivamente, ao ISS, de competência dos Municípios.

O tempo não permite outras observações. Tenho que ficar por aqui. Pela paciência, expresso a todos o meu melhor obrigado.com.br. (*Risos e palmas*)

COORDENADOR (PROF. JOSÉ EDUARDO SOARES DE MELO) – Parabéns, Prof. Aires. Só esperávamos esse brilhantismo mesmo. Mas não fique preocupado, porque eu acho que não vou dar a palavra para a Anna Emília. Ela anotou ali, deve ser algum serviço de escritório. (*Risos*)

Vamos ter agora também a honra e a satisfação de ouvir a Profa. Anna Emília Cordelli Alves. Não vou dizer há quanto tempo ela leciona na PUC, porque seria delicado e indelicado também, e também durante muitos anos trabalhou na Prefeitura de São Paulo, chegando a ser Diretora de Departamento Jurídico, e uma profunda conhecedora do ISS.

PROFA. ANNA EMÍLIA CORDELLI ALVES – Gostaria de saudar a todos, na pessoa do

Prof. José Eduardo que está presidindo esta Mesa, e dizer ao Prof. Aires que na verdade as minhas anotações foram feitas não com o intuito de discordar da sua posição, embora eu o farei, mas no intuito de realmente me abeberar nos seus conhecimentos – isso não tem a menor dúvida.

Na verdade eu e o Prof. Aires partimos das mesmas premissas no estudo dessa questão. E na verdade em relação à questão de Internet acho que nós estamos aqui muito mais para levantar problemas do que para trazer alguma solução pronta, na medida em que a nossa legislação ainda não conseguiu captar essa realidade nova.

Na verdade, o que acontece é o seguinte: a nossa legislação não consegue captar os fatos que ocorrem no nosso mundo, no nosso mundo de átomos, digamos assim; quer dizer, ela não acompanha a evolução desse mundo que está aí. Que dirá uma nova era em que na verdade nós vamos deixar aqueles átomos para passar para a era dos bits. Então, a evolução tecnológica é muito mais rápida e isso vai ser um desafio ainda maior para o direito no sentido de conseguir alcançar essa realidade.

O que eu gostaria de colocar é que na verdade nós temos, principalmente na área de direito tributário, escrito e discutido pouco profundamente a questão da tributação de Internet. Nós temos aqui na Mesa o Prof. José Eduardo, que ao escrever o seu livro sobre ICMS dedicou todo um capítulo à análise da incidência ou não do ICMS no serviço de comunicação, e aí realmente ele faz uma análise detalhada da questão da Internet. Igualmente o Prof. Roque Carrazza, que também tem um livro sobre tributação do ICMS e que também faz uma análise específica dos serviços de comunicação. Além dessas duas obras, que são de consulta obrigatória, eu indicaria a vocês também um livro recentíssimo lançado pela Dialética, do Dr. Marco Aurélio Greco, que, aliás, foi mencionado pelo Prof. Aires. Eu diria que é um livro básico para todo aquele que queira, inclusive, conhecer o funcionamento da Internet, e as conseqüências jurídicas que daí brilhantemente o professor tira.

Então, a análise da passagem da era dos átomos para a era dos bytes e dos bits encontramos nesse livro do Prof. Marco Aurélio. E é muito interessante isso, porque quando nós não temos mais o bem tangível, o bem móvel, a tendência é nós imaginarmos que o direito deverá mudar substancialmente para estar acompanhando essa nova era. Quer dizer, se nós não temos mais o suporte físico, se agora nós estamos lidando com os chamados bens que não são nem bens incorpóreos, eles não são corpóreos e não são incorpóreos, porque o incorpóreo na verdade só existe do ponto de vista do direito, ele é uma criação do direito. Então, o Prof. Marco Aurélio vai chamar esse bem de virtual, de bem não corpóreo, ou seja, aquele que não pode ser tocado mas que tem uma conseqüência não no mundo concreto, mas no mundo virtual. E você vê, você presencia aquela mudança. Por exemplo, eu estou no meu computador, entro na Internet e faço um *download* qualquer, por exemplo, de um programa que na verdade me dê fórmulas de gerenciamento da contabilidade da minha empresa. É palpável? É concreto? Não, não é um bem corpóreo. Mas também não é um bem incorpóreo, não é uma mera produção, não é uma mera criação do direito, é um chamado bem não corpóreo, se assim nós poderíamos chamá-lo. Ou seja, é alguma coisa que existe, sim, mas exclusivamente no mundo virtual.

Vejam, quando surgiu no direito a noção de bens incorpóreos, por exemplo, a questão do direito à imagem, a questão do direito autoral, na verdade já teve que haver uma grande adaptação da legislação no sentido de aí proteger alguma coisa não mais tangível, uma coisa intangível. Com a Internet, com a informática, nós chegamos ao auge disso, muito embora ainda tenhamos algum suporte físico hoje. Mas na verdade, provavelmente daqui a muito pouco tempo, nós não vamos ter mais nada tangível. Hoje nós fazemos um contrato, imprimimos esse contrato e passamos a ter aquele elemento tangível, aquele elemento palpável.

O Prof. Marco Aurélio levanta a questão da linguagem do computador, que é a chamada linguagem binária. Exatamente pelo fato dessa linguagem binária ser relativamente simples e poder ser apreendida por qualquer pessoa, na verdade tal significa que qualquer documento, ainda que virtual, pode ser acessado por um terceiro, basta que esse terceiro tenha a combinação, aquele conteúdo binário, para que ele possa extrair o mesmo documento que eu, autor daquele documento, extraí. Este é o grande problema, segundo o Prof. Marco Aurélio, que vai afligir a Internet, que é a questão da autenticidade, seja a autenticidade da informação, seja a autenticidade do agente e do próprio conteúdo. Mas não é nosso tema.

A questão da autenticidade, muito embora seja uma questão muito tormentosa, acredito que até mais tormentosa do que a própria tributação na Internet, não é objeto deste congresso. Então, na verdade o que nós temos que discutir é a tributação. Aqui também nós teríamos muita coisa para tratar, mas eu vou me ater à questão dos provedores de acesso e demais provedores.

Na verdade a atuação dos provedores é passível de tributação? Aqui eu chego realmente à conclusão do Prof. Aires: de que nós estamos diante de um serviço isso não resta a menor dúvida, é o fornecimento de uma utilidade e preenche todo o conceito de prestação de serviço. Agora, como a nossa Constituição atribui a tributação de serviços quer ao Estado quer ao município, ou seja, cabe ao município tributar aqueles serviços que não sejam os serviços de comunicação e de transporte, então nós temos que, por exclusão, verificar: nós estamos diante de um serviço de comunicação? Se não estivermos, aí nós vamos concluir pela possibilidade da competência municipal. Então, partimos sempre para a análise da eventual primeira competência estadual.

E aí a questão do serviço de comunicação passa necessariamente, ainda que nós tenhamos uma certa resistência de sair do jurídico para entender o que está subjacente pelo conhecimento técnico da realidade que nós estamos tentando apreender. De outra forma, nós não poderemos tirar qualquer conclusão sobre o tributo incidente no caso.

A par das suas colocações jurídicas muito próprias, o Prof. Marco Aurélio coloca no seu livro muito bem essa parte técnica que se nós não entendermos, não poderemos concluir sobre o tratamento jurídico que deve ser dado à questão.

Que a Internet é uma rede, isso não há nenhuma dúvida, mas poucos de nós conhecem, pela realidade que é, que na verdade a Internet se caracteriza como camada superposta de comunicação. Então, na verdade o Prof. Marco Aurélio focaliza três camadas básicas, digamos assim.

Nós teríamos uma camada, que é a camada de conexão física. O que é isso? Você precisa de um número telefônico, portanto, você ainda está no mundo concreto, você tem dois endereços concretos telefônicos, que mediante uma prestação de serviço da própria empresa de telefonia, esta primeira camada é viabilizada. Então, a primeira camada configura a prestação de serviço de telefonia.

Uma vez concluída essa ligação concreta, digamos assim, entre dois endereços que efetivamente existem no mundo concreto, nós vamos ter dos dois lados computadores tentando, na verdade, se comunicar. Neste momento nós temos uma camada de superposição, que na verdade é denominada de *layers*, que é, na verdade, não mais a camada de conexão física, que foi propiciada pela telefonia, mas a camada de conexão lógica. Esta sim vai ser colocada, pelo provedor de acesso, sobre a primeira camada.

O provedor de acesso dá a cada usuário o chamado IP, que é um endereço lógico, para propiciar aos usuários ingressarem na rede e se comunicarem com os demais integrantes da rede. Essa seria a segunda camada.

Uma terceira camada é a camada de aplicativos, ou seja, feita a conexão física, a conexão telefônica, feita essa segunda conexão pelo provedor de acesso que me dá o endereço lógico, eu vou ter a possibilidade de utilização de aplicativos. Ou seja, eu vou me utilizar do correio eletrônico, eu vou, por exemplo, ingressar numa loja comercial virtual, eu vou utilizar de "n" serviços colocados à nossa disposição na Internet.

O serviço de telefonia (conexão física) e o serviço de comunicação que é prestado pela telefonia do provedor de acesso (conexão lógica) são, segundo o Prof. Aires, ambos, serviço de comunicação.

Entretanto, vou aqui colocar uma outra posição, até para podermos estar discutindo e tentando chegar a alguma conclusão. Na verdade o serviço de telecomunicação é descrito na Lei Geral de Telecomunicação. Se a Lei Geral de Telecomunicação se ativesse à descrição do que é serviço de telecomunicação, o serviço de provedor de acesso seria também um serviço de telecomunicação, que é uma espécie do serviço de comunicação.

Então, eu não teria dúvida em classificar também os serviços de provedor de acesso como serviço de comunicação, isso eu não teria a menor dúvida.

Ocorre que a lei me dá um outro conceito, que é um conceito de serviço de valor adicionado; ou seja, serviço de valor adicionado é aquele que utiliza a primeira camada, que utiliza o serviço de telefonia, mas acresce utilidades àquele primeiro serviço. Então, na verdade, nós diríamos: tudo bem, mas se o provedor de acesso se utiliza de uma primeira camada e acresce alguma coisa, nem por isto isso deixa de ser ontologicamente, por sua própria natureza, serviço de comunicação.

Sim, eu penso que, ontologicamente, por sua própria natureza, o serviço do provedor de acesso é um serviço de comunicação. Ocorre que a lei prevê uma outra realidade jurídica para esse serviço. Ela descarta esse serviço como serviço de telecomunicação, dizendo que efetivamente não é serviço de comunicação.

Então, nós temos uma classificação legal, uma definição legal para esse serviço prestado pelo provedor, de serviço de valor adicionado, que ainda que por sua própria natureza possa ser considerado também um serviço de comunicação, a lei o considera como serviço de valor adicionado e, portanto, as regras do serviço de comunicação não se aplicariam a ele.

Essa é uma questão.

Agora, o que eu queria dizer é o seguinte: de qualquer maneira, quando nós analisamos o mero serviço de telefonia em comparação com o serviço do provedor de acesso, nós vamos ver o seguinte: o serviço de telefonia é alguma coisa diferente do serviço de provedor de acesso. Por que? A telefonia possibilita, por um circuito dito único, a comunicação entre as duas partes. Se houver qualquer problema neste circuito e não for possível completar a comunicação, não há como; esse serviço de telefonia, digamos assim, é pobre em relação ao segundo serviço, ao serviço de provimento de acesso. Por quê? Porque na verdade o segundo serviço, o serviço de provimento de acesso, é feito por pacotes, ou seja, a mensagem não é remetida de uma maneira única. Pelo contrário, eu diria que é um serviço muito mais inteligente, porque na verdade ele fraciona a mensagem e envia a mensagem por partes, por vários caminhos, os caminhos mais variados. Ou seja, ele foge do trânsito. Ele remete esses pacotes absolutamente numerados com um controle de erro. Quando os pacotes que vão compor a mensagem chegam lá no seu destinatário final, esses pacotes vão ser reunidos por número, como se fosse um quebra-cabeça, no sentido de compor novamente a mesma mensagem.

Então, não podemos comparar o serviço de telefonia, que é alguma coisa mais primitiva, mais primária, com esse segundo tipo de serviço, em que na verdade há um diferencial, sim, há um controle da chegada da mensagem.

Na verdade essa diferença técnica, por si só, não justificaria o problema de ser ou não serviço de comunicação.

No entanto, se a lei diz que aquele serviço do provedor não é serviço de comunicação, eu, na verdade, de pronto, tenho que afastar a incidência do ICMS, e asseverar que tal serviço, em tese, pode ser objeto de tributação pelo município, pelo ISS.

Digo em tese porque, se adotarmos a postura tradicional referente à lista de serviços, nós vamos dizer que tem de ser editada uma lei complementar que altere aquela lista de serviços, para colocar expressamente serviços prestados pelo provedor de acesso.

Isso traria efetivamente um problema, posto que as mudanças hoje são tão rápidas que, na verdade, essa lista, antes mesmo de ser modificada, talvez já estivesse desatualizada. E digo mais, eu acho que apesar dessa revolução da informática ser muito grande, isso não vai implicar grandes modificações no tratamento jurídico. Por quê? Porque na verdade nós vamos ter transações virtuais iguais às transações realizadas num estabelecimento comercial qualquer. A característica de ser virtual não altera a natureza jurídica da mercancia ou da prestação de serviço.

Eu acho que o grande problema não é a configuração do fato gerador. Como assevera o Prof. Aires, se nós temos, por exemplo, no serviço de *e-mail*, um aplicativo qualquer, e que se configura o fornecimento de uma utilidade, então na verdade nós vamos ter a prestação de serviço caracterizada, independentemente de isso ser virtual ou não.

Acho que o grande problema não reside na caracterização do fato gerador do tributo. O grande problema reside na fiscalização, nos poderes de fiscalização. E aí é um outro problema, quer dizer, qual o limite que o fisco vai ter para fiscalizar, porque hoje a fiscalização está baseada em meios físicos, no preenchimento de livros, na emissão de notas fiscais. E se nós estamos saindo da era dos átomos para entrar na era dos bits, o fisco daqui mais um tempo não vai mais contar com esses meios físicos para fazer essa fiscalização. Isto sim será uma revolução, em termos de controle fazendário.

Como diz o Prof. Marco Aurélio, na verdade a tecnologia vai ter que chegar a um tal ponto em que exista, dentre todos aqueles bits, aquele bit carimbado, ou seja, aquele bit que efetivamente me dê a ocorrência de determinado fato gerador, até porque o fisco não pode, aleatoriamente, entrar em todos os meus dados.

Mas essa é uma questão que, eu sei, foi discutida inclusive na Mesa da manhã, a questão do sigilo, que é uma outra problemática muito grande.

Então, na verdade a minha proposta é essa, de que o provedor de acesso presta serviço de natureza comunicativa, porém, juridicamente esse serviço não é entendido, não é tratado como serviço de comunicação pela Lei Geral de Telecomunicações, portanto, não estaria sujeito à tributação pelos Estados via ICMS.

Os demais provedores evidentemente nós vamos ter que verificar. Trata-se de prestação de serviço? Qual o item genérico em que se encontra encartada essa prestação? Estando lá, haverá necessariamente a ocorrência do fato gerador do ISS, portanto, a tributação pelo município.

Muito obrigada. (*Palmas*)

COORDENADOR (PROF. JOSÉ EDUARDO SOARES DE MELO) – Meus parabéns, Profa. Anna Emília, sempre brilhante.

Vou passar a palavra à Profa. Raquel Cristina de Novais, que é nossa Presidente da Comissão Organizadora e sem ela não estaríamos aqui. Ela é Mestre em Direito pela PUC, é Juíza do Tribunal de Impostos e Taxas da Secretaria da Fazenda de São Paulo e profunda conhecedora do assunto.

PROFA. RAQUEL CRISTINA DE NOVAIS – Bom dia a todos. Agradeço as palavras elogiosas do professor, mas o sucesso deste congresso se deve a todos nós, especialmente a vocês que o prestigiaram.

Antes de passar ao assunto que pretendo tratar aqui, gostaria de adicionar à bibliografia citada pela Profa. Anna Emília, o recente trabalho do Prof. Júlio Maria de Oliveira, cuja excelência e novidade o colocam ao lado dos títulos já citados pela Professora. O título defendido para a obtenção do grau de Mestre pela PUC/SP foi: *A Competência Tributária Estadual, Distrital e Municipal para atingir Fatos Jurídicos Aperfeiçoados pela Internet.* Pela sua novidade e excelência eu gostaria também de mencionar aqui, juntamente com as obras já citadas.

O meu tema, como antecipado, foge um pouquinho ao que foi tratado até agora nesta Mesa. Refere-se à tributação de operações envolvendo fibra óptica. Eu venho estudando esse assunto da seguinte maneira: em virtude do desenvolvimento dos projetos de infra-estrutura, de instalação e exploração da fibra óptica, várias modalidades de atos negociais envolvendo a fibra óptica em si têm se mostrado como escolhidos pelos agentes de negócios na sua atividade comercial. A minha análise sobre a tributação e as conseqüências tributárias nessas situações tem primeiro procurado partir da compreensão do que seja esse tal "fio maravilha", a fibra óptica, como objeto de inúmeras relações jurídicas de caráter negocial. Partindo desta compreensão, venho tentando entender a natureza dos atos negociais, em si, que têm tido por objeto a exploração da fibra e a comercialização do seu uso. E a partir dessas conclusões, venho buscando identificar as conseqüências tributárias resultantes dessas relações jurídicas.

Também adianto que não tenho posições fechadas sobre o tema. Eu venho analisando isso há algum tempo e estou pronta para refletir sobre quaisquer idéias que venham ser colocadas sobre o tema. Venho até então estudando a matéria sob um enfoque, cujas repercussões tributárias me pareciam definidas, quando na semana passada fui surpreendida com uma decisão do Supremo Tribunal Federal, sobre a locação de bens móveis. Esta decisão, ao meu ver, revolucionou a jurisprudência com a nova posição que manifestou sobre a matéria.

Esse fato tem uma grande repercussão para o estudo e para as minhas conclusões manifestadas até o momento sobre o assunto.

A fibra óptica é um filamento de vidro, sílica, nylon ou silicone, e uma vez ativada, permite a transmissão de energia, a transmissão de dados, à velocidade da luz.

A caracterização da fibra óptica, como objeto de relações jurídicas, negociais, vem sempre acompanhada de adjetivos que exprimem condições técnicas da fibra óptica com repercussões jurídicas importantes, Nesse contexto, fala-se em fibra "apagada" e fibra "acesa" ou "iluminada".

Apenas para que todos estejamos familiarizados com as expressões, a fibra apagada é a fibra instalada em rede, sem que tenham ainda sido instalados nessa rede os equipamentos que vão permitir seja ela iluminada, ou seja, que passe por ela o fluxo de energia e, portanto, que a transmissão de dados seja concretizada.

Quando se ouve falar sobre a fibra "iluminada", o que se vê é uma certa ambigüidade, e eu observo essa ambigüidade mesmo quando esta expressão é utilizada por técnicos. E eu vou esclarecer esta circunstância pois terá relevância para a nossa análise acerca das conseqüências tributárias que tentaremos extrair das relações jurídicas que tenham a fibra iluminada por objeto. A fibra iluminada pode ser simplesmente: (i) aquela estrutura de fibras instaladas, já com os equipamentos que sejam necessários para que a transmissão de dados seja completada, mas sem que esta transmissão seja efetivamente realizada, ou, ainda: (ii) a mesma infra-estrutura, equipada para promover a transmissão de dados e em efetiva operação.

Vê-se pois que ao falarmos de negócios envolvendo fibras ópticas acesas, estaremos sempre falando de uma infra-estrutura em condições de transmitir dados. Os negócios jurídicos envolvendo a infra-estrutura nestas condições podem, no entanto, assumir duas modalidades distintas: (i) a simples cessão dessa infra-estrutura em condições de operar e (ii) a obrigação assumida pelo detentor da rede de fibras ópticas, quanto à efetiva transmissão de dados

Em resumo, os atos negociais relacionados à fibra óptica podem ser divididos em duas grandes categorias: (i) a cessão do uso, seja da infra-estrutura apagada ou acesa; ou (ii) a obrigação de transmitir dados, utilizando-se, o detentor, da infra-estrutura acesa.

A cessão de uso, seja da infra-estrutura sem condições de operação, seja daquela apta à operação, mas, simplesmente, cessão de uso, dissociada da obrigação de realizar a transmissão de dados, é negócio jurídico distinto daquele em que o agente dela detentor se obriga à transmissão de dados.

Na cessão de uso, primeira preocupação que sempre nos ocorre ter na tentativa de extrair os corretos efeitos tributários é se a coisa objeto de cessão era de natureza móvel ou imóvel.

A caracterização da natureza do bem é feita com auxílio dos artigos 43 a 49 do Código Civil.

Nos artigos 43 e seguintes do Código Civil encontramos a definição de coisa imóvel, contendo a classificação em coisa imóvel por natureza (43, I), por acessão física (43, II) ou por acessão intelectual (art. 43, III).

Não se trata de bem imóvel por natureza, ou seja, não se enquadra em nenhum dos elementos do art. 43, I (solo, semente etc.).

Examinamos ainda o possível enquadramento na definição de bem imóvel por acessão física, e chegamos à conclusão de que não haveria a possibilidade de enquadrá-la nessa modalidade, porque ela pode ser retirada do local onde foi instalada depois de 20 anos, saindo daí intacta.

O que poderia suscitar alguma dúvida é a qualificação dela como bem móvel por acessão intelectual. Para que se desse, no entanto, o enquadramento da infra-estrutura de fibra óptica na modalidade bem imóvel, por acessão intelectual, o detentor da fibra teria de coincidir com o proprietário do bem imóvel ao qual ela é agregada, e na grande maioria das vezes, em grande parte das situações, o proprietário, aquele que detém a fibra e a quer instalada não será dono; terá, na grande maioria dos casos, no máximo direitos de servidão de passagem, ou permissão de uso. Não há coincidência entre a propriedade do bem e a propriedade da fibra, o que impede seja cogitada esta alternativa.

Por essas razões havíamos concluído, então, que a fibra estaria classificada como um bem móvel, e, portanto, a sua cessão, como locação, estaria sujeita à incidência do ISS. Qual não foi a nossa surpresa quando, na semana passada, tivemos um julgamento inédito sobre o ISS sobre a locação e o Supremo Tribunal Federal, voltando atrás em uma posição já dada há muito tempo, acata a tese que é do nosso companheiro de Mesa, o Prof. Aires Fernandino Barreto, que é uma tese sua defendida há muito tempo, com o Prof. Geraldo Ataliba e também com o Prof. Kleber Giardino. Por essa análise feita recentemente, num caso de *leasing*, locação de guindastes, o Supremo Tribunal Federal chegou à conclusão de que efetivamente locação de bem móvel não coincide com prestação de serviços, não havendo como se possa dizer que a locação de bem móvel seja alguma coisa que possa se enquadrar no conceito de prestação de serviço. Portanto, os Municípios ao elegerem a locação de bem móvel como um dos fatos econômicos passíveis de sofrer incidência do ISS estariam extrapolando a sua competência tributária.

O julgamento é inédito. Nós fomos ao Supremo para solicitar ao Ministro Marco Aurélio – que está com voto redigido mas sem revisão – a sua decisão, e ele nos forneceu e permitiu que a usássemos no Congresso, mesmo sem a sua revisão. O voto é simples; pela sua novidade, e me permito aqui ler um pedacinho (Recurso Extraordinário 116.121-3):

"Senhor Presidente, vou pedir vênia ao nobre Ministro Relator, apenas para que todos saibam, o julgamento foi iniciado em 16.9.92, o Ministro Carlos Velloso pediu vista e o Ministro Octávio Gallotti era o relator. A decisão vinha ocorrendo quando após a vista do Ministro Jobim ele proferiu a sua conclusão e se iniciou um debate no plenário com o Ministro Moreira Alves, numa manifestação muito interessante. Isto aqui foi retirado das notas taquigráficas desse julgamento que ocorreu muito recentemente, há poucos dias.

"É forçar um bocado a natureza das coisas considerar que locação de coisa seja prestação de serviço".

E aí o Ministro Moreira Alves ingressa numa discussão com o Ministro Ilmar Galvão sobre o tema, e entra o Ministro Marco Aurélio com seu voto e ousa divergir do relator, porque entende que sejam noções diversas, a relativa à prestação de serviços em si e a inerente à locação de bem móvel.

E aqui manifesta:

"Em face do texto da Constituição Federal e da legislação complementar de regência, não tenho como assentar a incidência do tributo porque falta o núcleo dessa incidência que é a prestação em si do serviço. Observem-se os institutos em vigor, tal como se contêm na legislação de regência.

"As definições de locação de serviços e de locação de bens móveis vem-nos do Código Civil, e aí o legislador complementar tributário, embora de forma desnecessária que somente pode ser tomada como pedagógica, fez constar do Código Tributário o seguinte preceito, que é o 110, conhecido por todos, que o legislador não pode alterar as formas de instituto privado para alterar os limites da competência tributária".

Com isto ele conclui entendendo que locação não pode se caracterizar como uma prestação de serviço, porque na locação há uma obrigação de dar, de fornecer a coisa dada em locação, ao passo que a prestação de serviços envolve uma prestação de uma utilidade, como defendido pelo professor, uma obrigação de fazer, sobretudo, e as duas situações se opõem. E não há que se falar que poderia haver a prestação de serviços por definição legal, porque o legislador estaria limitado na sua competência, estaria extrapolando, adicionando, alargando a sua competência tributária.

Mas o mais interessante aqui que eu gostaria de dizer, é a lição do Prof. Geraldo Ataliba que eu faço gosto de lembrar. O Prof. Geraldo sempre era um incansável defensor de conceitos que a todos nós, os comuns, pareciam superados. O Prof. Geraldo insistia em suas idéias e nós chegávamos até mesmo a cometer o pecado de dizer: "Puxa, lá vem o professor defendendo de novo aquela sua tese tão superada nos Tribunais. Os tribunais já dizem coisas tão diferentes!" Aí vem o Ministro Ilmar Galvão e num momento de perplexidade com o julgamento e diz: "Esse imposto vem sendo cobrado há 32 anos e de repente o STF surpreende a nação dizendo que é inconstitucional". E é.

A lição que se tira desse julgamento é que nós não podemos nos cansar de defender as nossas idéias, se elas estão bem fundamentadas, como esta sempre esteve. A revolução do pensamento se faz com a reflexão. E a reflexão não se faz com a estratificação dos conceitos.

Muito bem. Para concluir a minha fala, que já estou passando do limite de tempo que tenho, eu altero a minha posição que vinha sendo manifestada sobre o assunto para dizer que não estão mais sujeitos à incidência do ISS os negócios envolvendo a cessão de uso de fibra óptica. Para as situações em que o detentor se obriga a operar o seu complexo de fibra ativada, transmitindo dados, venho eu entendendo que, nestas situações em que há transmissão de dados, venho eu entendendo que a sujeição é, em tese, ao ICMS, pois pode ocorrer a prestação de um serviço de comunicação, tal como hoje definido na legislação do ICMS.

Com isso eu concluo. (*Palmas*)

COORDENADOR (PROF. JOSÉ EDUARDO SOARES DE MELO) – Queremos agradecer as precisas palavras e considerações da Prof. Raquel num tema novo, tormentoso, e antes de passar aos professores para responderem às questões, não posso me furtar de comentar em dois minutos – não mais do que dois minutos, porque o tempo já está longo – um tema peculiar, os serviços de comunicação visual. Nós vemos nos postes, nos ônibus, nos táxis, nos prédios, os *outdoors*, as empenas cegas, os *backlights*; andamos pelas avenidas e pelas ruas e deparamos com toda essa propaganda. Essa atividade ficaria sujeita ao ISS, nos itens de propaganda e publicidade, durante muito tempo na Lei Complementar 56/87. Há questão de quatro ou cinco anos atrás o então Secretário de Finanças da Prefeitura de São Paulo entendeu, num despacho muito simples, que não se tratava mais de serviço de competência do município, e que com o advento da Constituição de 88 aquilo seria serviço de comunicação. E não citou, não fundamentou, não apresentou decisão nenhuma, pura e simplesmente com essa portaria extinguiu um código de arrecadação. Os prestadores de serviços ficaram muito felizes porque deixaram de pagar o ISS e não iriam pagar o ICMS.

Nesse meio tempo o Superior Tribunal de Justiça começou a decidir questões, não propriamente sobre o serviço de comunicação do ICMS, mas a respeito daqueles materiais que seriam aplicados na confecção dessas placas, desses painéis, e sob esse enfoque estenderam as suas decisões para dizer que aquelas atividades, embora arroladas na lista, não se subsumiam à hipótese do ISS e sim do ICMS.

A partir de agora alguns Estados começaram a responder consultas, entendendo que há tributação estadual, e aqui em São Paulo até citam essa portaria do Secretário de Finanças. Então, ficou instaurada a balbúrdia.

Vou arriscar uma opinião que é a seguinte: é uma atividade típica, uma obrigação de fazer, e parece que não há essa relação comunicativa de que tanto fala o Prof. Roque, que seria necessária para estabelecer a materialidade do ICMS, e, ademais, na lista de serviço nós temos um critério. Um dos critérios é o seguinte: o serviço que não especifica emprego de materiais só paga ISS, aquele em que se ressalva a aplicação de peças ou materiais ressalva a incidência do ICMS. E nesses dois itens que tratam da publicidade e propaganda, apenas há uma menção a excluir os materiais, sem dizer que paga o ICMS.

Então, a minha posição sobre esse assunto, é que permanece a incidência do ISS, porque eu acho que não estou diante de uma relação comunicativa nesta publicidade visual.

Passo aqui rapidamente a palavra ao Prof. Aires para responder às perguntas, que foram tantas! Foi um sucesso, tem tanta pergunta que eu não sei se vai dar tempo.

PROF. AIRES BARRETO – O número de perguntas efetivamente é muito grande, a demonstrar que o tema é polêmico e ainda pouco estudado.

Uma das perguntas tem o seguinte teor: "Entendendo que os provedores de informação estão sujeitos ao ISS, qual seria o local da prestação do serviço a ser considerado para cobrança e pagamento do referido imposto? Deveríamos considerar o local da sede do referido provedor?"

Essa questão está ligada ao aspecto espacial da hipótese de incidência do ISS (supondo, claro, que os provedores de informação sejam prestadores de serviço sujeitos a esse tributo municipal.

Vamos por partes: primeiro, eu não gosto da expressão "sede", esse vocábulo não é o que melhor expressa o que está disposto em lei. A legislação (refiro-me ao Decreto-lei 406/68) faz referência a "estabelecimento prestador", sem distinguir se é sede, matriz, filial, sucursal, agência, e outros tantos nomes. A expressão utilizada pela lei é estabelecimento prestador. A grande questão é saber: o ISS incide no lugar (Município) em que se localiza o estabelecimento prestador ou ele incide no local em que prestado o serviço?

Na maioria dos casos, há uma simbiose entre o local do estabelecimento prestador e o local da prestação dos serviços. O que as pessoas confundem, muitas vezes – e nesses equívocos tem incorrido, penso eu, o próprio Poder Judiciário –, são atividades preliminares (determinadas tarefas, que possibilitam a prestação dos serviços, certas ações-meio que a viabilizam) com serviço. Vamos exemplificar, visando a clarificar essa distinção: imaginem o seguinte: certo prestador desenvolve em um dado Município (A) uma série de tarefas preparatórias de uma subseqüente e futura prestação de serviços. Esse prestador tem estabelecimento em outro Município (B). Os serviços resultam prestados neste Município (B). O correto é reputar os serviços prestados neste último Município e não naquele em que ocorreram as tarefas-meio.

Eu tenho respondido a questões da espécie, utilizando o exemplo do alfaiate. Um alfaiate estabelecido em Santo André pode ir a Curitiba e mostrar todas as fotografias dos ternos que produz, distribuir cartões, deixar amostras dos tecidos que utiliza, a relação dos seus clientes; enfim, desenvolver uma série de tarefas preliminares, lá no Município de Curitiba. Retornando a Santo André, onde está o seu estabelecimento prestador, recebe ele, dias após, a encomenda de um terno. Vejam, o fato de ele ter desenvolvido essas etapas preliminares, visando a uma eventual e futura prestação de serviços de alfaiate, não significa que nesse local, nesse Município de Curitiba (ou de São Paulo, de Salvador) tenha havido início da prestação do serviço ou que tenha havido fracionamento do serviço prestado pelo alfaiate. Não.

Na grande maioria dos casos, também é irrelevante o local (Município) em que está o tomador dos serviços. Não importa se o alfaiate está trabalhando em Santo André e o tomador do serviço está em São Paulo. Ele vem aqui, experimenta o terno e volta lá, arruma, corta, encurta a manga, ou a alonga, ajusta a ombreira etc. O certo é que lá em Santo André é que o serviço está sendo prestado; e esse local da prestação coincide com o local do estabelecimento prestador. Ou seja, no mais das vezes há essa identidade, essa coincidência entre o local da prestação dos serviços e o local do estabelecimento prestador. Tenho defendido que o ISS é devido no local da prestação. Mas é preciso que isso seja visto com extrema cautela, porque efetivamente na grande generalidade dos casos o serviço é prestado onde está o estabelecimento prestador, porque é ali que o prestador desenvolve o seu mister, aplica o material necessário, utiliza os equipamentos, máquinas, utensílios e instrumentos que possibilitam a prestação do serviço.

Não é possível considerar que certos serviços são prestados no Município (A) porque determinadas etapas são ali realizadas. O serviço do advogado é feito no seu escritório, é feito no estabelecimento em que ele desenvolve as suas atividades (B), ainda que ele tenha de protocolar a ação no Município (A).

Em resumo, como regra, e isso abrange a quase generalidade dos casos, o ISS é devido no local da prestação, sendo que este local coincide com o lugar em que está o estabelecimento prestador. Essas decisões do STJ no sentido de que o ISS é devido no local da prestação do serviço devem ser vistas com essas cautelas. Não é valer-se daquelas decisões e generalizar, porque essas generalizações nos levariam a equívocos seriíssimos.

A próxima pergunta é de Rúbia Floriano: "Durante o acesso à Internet ocorre a incidência de ICMS, enquanto o usuário paga os custos pelo tempo de permanência na rede. Isso confirma o entendimento dos provedores fornecerem um serviço de valor adicionado. Ou seja, toda transmissão de dados já é tributada pelo ICMS. O que acha disso?"

Infelizmente, eu não tenho aqui a legislação, mas tenho 90% de certeza – a

Profa. Anna Emília vai me corrigir se eu estiver errado – esse conceito de valor adicionado foi estabelecido em função do serviço de telecomunicação, não é sobre serviço de comunicação, que é um gênero, e telecomunicação é uma espécie desse gênero. Quando se fala em serviço de valor adicionado está se falando de serviço de valor adicionado de telecomunicação e não de um serviço de comunicação, conceito muito mais amplo do que o de telecomunicação.

De sorte que não aceito o entendimento de que o que não for telecomunicação é serviço de valor adicionado. Essa é uma generalização com a qual eu não posso compartilhar, *data venia* de entendimento diverso. Para mim, serviço de comunicação é conceito amplíssimo, dentro do qual cabem várias espécies, inclusive, é óbvio, os serviços de telecomunicação. É apenas no interior dos serviços de telecomunicação que se encontram os serviços de valor adicionado. Não é correto tomar uma parte para definir o todo. O correto é caminhar no sentido inverso. Conhecer o todo, para então definir as suas espécies.

A próxima pergunta está assim formulada: "Ocorrendo a tributação dos provedores como prestadores de serviços de comunicação, haveria alguma distinção entre provedores que cobram pelo acesso à Internet e os provedores que fornecem o mesmo serviço gratuitamente aos usuários?"

A exigência de tributo está condicionada à plena identidade entre o conceito de um fato e a descrição legal. A descrição legal deve abranger o aspecto material, pessoal, temporal, espacial, o seu critério quantitativo, de sorte que se não houver base de cálculo, se o serviço é gratuito, não há como exigir tributo de um provedor que presta serviço graciosamente. É preciso cuidado, todavia, com a circunstância de que a eventual inexistência expressa de um preço pode esconder uma atividade de conteúdo econômico em que há preço, embora ele não seja diretamente determinado.

Lembro-me de, em outra oportunidade, ter utilizado o exemplo de um grupo que tinha 10 empresas, que se dedicava a múltiplas atividades de prestação de serviços, todas diferentes, todas com fins lucrativos. Esse grupo criou uma décima primeira empresa que, sob a aparência de prestar serviços graciosamente, na verdade passou a ser a fomentadora das atividades das demais. Então, nesse caso nós teríamos um preço, não expresso, não explícito, mas um preço determinável. Por isso que as legislações, de um modo geral, costumam consignar que, na ausência de preço, a base de cálculo será apurada segundo tal ou qual critério, como, por exemplo, o corrente na praça.

Outra pergunta: "O ICMS incide sobre a prestação dos serviços de comunicação. O senhor entende que no caso de habilitação de telefone celular, não o serviço disponibilizado mas tão-somente a habilitação no sentido de possibilidade de uso, incidiria também o referido imposto. Ressalte-se que a habilitação em si mesma não é a prestação de serviço de comunicação".

Na verdade, a colega Giesta Monteiro não faz perguntas, uma vez que elas trazem as respectivas respostas. De toda a sorte, concordo com as suas afirmativas no sentido de que não incide ISS. E lembraria que o Prof. Sidney Apocalypse, aqui presente, quando o tema estava em moda, escreveu um artigo de bela feitura, em que conclui exatamente por essa impossibilidade de incidência de ISS, porque não há aí nenhum serviço de comunicação.

Todavia, registro que, para minha perplexidade, para minha surpresa – certamente para a dele e para a sua também –, li, recentemente, uma decisão, não sei se foi no último Boletim IOB de Jurisprudência, que conclui por tratar-se de uma etapa, um início do próprio serviço de comunicação, e por isso tributável pelos Estados. É desnecessário acentuar que não compartilho de tal entendimento.

Lá se foram quase vinte minutos. E só eu a falar. Sugiro, por isso, senhor presidente, que a palavra seja conferida aos outros componentes da Mesa, para que respondam algumas das tantas perguntas que, como eu, receberam. Se houver tempo, voltaria para responder outras questões. Não seria justo que eu prossiga monopolizando as atenções.

COORDENADOR (PROF. JOSÉ EDUARDO SOARES DE MELO) – Nós poderíamos talvez alternar. Agora a Anna Emília, depois a Raquel.

PROFA. ANNA EMÍLIA CORDELLI ALVES – Tenho uma primeira questão que na verdade não se refere especificamente à nossa questão, mas à questão do *pager*, como serviço de secretaria e expediente sujeito a ISS, já que a operadora não coloca emitente e recipiente da mensagem em contato direto.

Essa é uma questão discutível. Na verdade, nós estaríamos diante de serviço de comunicação, no caso do *pager*, ou estaríamos diante de um mero serviço de secretaria e expediente. Na verdade me parece que o *pager* dá condições, sim, para que a comunicação seja realizada, muito embora não haja esse contato direto. Mas, enfim, me parece que isso ainda não é alguma coisa que esteja muito consolidada.

A questão da lista de serviços, já que a lista de serviços é taxativa segundo o atual entendimento do Supremo Tribunal Federal, em quais serviços estariam caracterizados os serviços dos provedores de acesso, de maneira a autorizar a cobrança atual? Por que a lista não seria taxativa? Poderia, por favor, repetir os títulos de autores indicados?

O Supremo diz que a lista é taxativa, mas que merece uma interpretação extensiva. Eu já tive oportunidade de comentar aqui, que isso parece decisão de PSDB, ou seja, ela nem é taxativa e nem deixa de ser. Então, na verdade, me parece, existe um item da lista de serviços referente à comunicação de dados, a procedimento de dados. Precisaríamos analisar isso um pouco melhor para ver se esse item é suficiente, isso partindo-se da colocação de que essa lista seria taxativa. Eu não concordo com isso, mas vamos partir dessa afirmativa.

A veiculação de propaganda pela Internet caracteriza-se como uma prestação de serviço de comunicação?

Parece que essa questão da comunicação visual da propaganda foi muito bem colocada aqui pelo Prof. José Eduardo, e na verdade a idéia de prestação de serviço me parece, para fins de ISS, é um pouco mais ampla do que a prestação de serviço prevista no próprio Código Civil, porque na verdade além do esforço humano em que consiste a prestação de serviço, temos também o fornecimento de utilidades, em que na verdade nós poderíamos estar enquadrando. Isso também é uma grande discussão para ser feita.

Locação de espaço, essa outra questão também coloca e eu creio que está respondido.

O meio utilizado para se efetuar vendas pela Internet é virtual. Todavia, as mercadorias são reais. Para que tais mercadorias cheguem aos destinatários, elas devem estar acompanhadas por notas fiscais. Na sua opinião, haveria incidência de ISS ou ICMS em tais operações?

É aquela colocação que eu fiz, na verdade me parece que quando você tiver operação relativa à circulação de mercadorias, quer você esteja num ambiente virtual ou num ambiente real, isto não vai mudar a caracterização do fato gerador. O fato de esse fato gerador ocorrer virtualmente, e é bem verdade que a contratação pode ser virtual, porque na verdade você vai ter efetivamente a entrega de uma mercadoria para uma determinada pessoa, num endereço físico, digamos assim. O grande problema que se coloca não é com as operações, que na verdade elas se convertem ou elas se resolvem de forma física, de forma palpável. Eu contrato um serviço de paisagismo e aquele serviço é efetivamente realizado na minha casa, no meu escritório. Agora, o grande problema está naquele serviço que é contratado virtualmente e na verdade é prestado também virtualmente. Mas me parece que ainda que isso dificulte os poderes de fiscalização, quer dizer, a fiscalização vai ter que buscar novos meios que não os meios físicos de fiscalização, isto também não altera o fato gerador que, se consistir num contrato de circulação de mercadorias, numa operação de circulação de mercadorias, nós estaremos diante do ICMS, se consistir numa prestação de serviços, diante do ISS. Isso realmente me parece que não muda muito.

A questão também do endereço. O Antônio de Sá, do Rio de Janeiro (que já é nosso velho companheiro aqui de congresso, como disse o Dr. Aires): a Internet não tem dono; assim sendo, o endereço IP não tem dono também, basta eu ter um computador para que tenha acesso direto. Aí o colega coloca: isso não seria algo semelhante ao caso das antigas locações de linhas telefônicas? Ou será que se pode dizer que aquela locação de telefone transforma o locador em prestador de serviço de comunicação?

Para responder isso eu vou também acabar respondendo algumas outras questões que foram colocadas e que o Prof. Aires também coloca: não podemos confundir serviço de telecomunicação com um serviço de comunicação. Isso eu acho que é correto. Agora, devemos nos lembrar do seguinte: comunicação é o gênero do qual telecomunicação é apenas uma espécie. Mas na verdade, quando eu estou discutindo se o serviço de provimento de serviço é uma prestação de serviço ou é um serviço de comunicação, naturalmente eu estou falando em comunicação como gênero, mas estou me referindo a telecomunicação. Por quê? Segundo o art. 60, serviço de telecomunicação é o conjunto de atividades que possibilitam a oferta de telecomunicação. E o que é telecomunicação? É a transmissão, emissão, recepção por fio, rádio, eletricidade, meios ópticos, ou qualquer outro processo eletromagnético, sons, informações ou de qualquer natureza.

O serviço de valor adicionado é a atividade que acrescenta ao serviço de telecomunicação que lhe dá suporte, novas utilidades relacionadas ao acesso. Portanto, se eu disse que o serviço de valor adicionado, na verdade o serviço de provimento de acesso é ontologicamente um serviço de comunicação, é por sua própria natureza um serviço de comunicação, estou na verdade me restringindo à espécie, porque se concluirmos ... *(interrupção da gravação)*

... Evidentemente que dentro da comunicação, se ele for serviço de comunicação será serviço de telecomunicação. Só que a lei me diz que esse serviço não é considerado legalmente como serviço de telecomunicação e sim como serviço de valor adicionado. E fala em utilidades outras, ou seja, fornecimento de utilidades, passíveis, portanto, de tributação pelo ISS.

COORDENADOR (PROF. JOSÉ EDUARDO SOARES DE MELO) – Profa. Anna Emília, só um detalhe, a Profa. Raquel tem de se ausentar para um outro compromisso. Talvez ela possa responder às questões dela e vamos alternar novamente.

PROFA. ANNA EMÍLIA CORDELLI ALVES – Perfeito.

PROFA. RAQUEL CRISTINA DE NOVAIS – Eu tenho só duas questões aqui.

A rede de infra-estrutura de fibra óptica está contabilizada no ativo permanente imobilizado das concessionárias de telecomunicações. Equipara-se ao caminhão, bem imóvel para as empresas transportadoras. Entendo que os municípios não podem cobrar ISS sobre a rede; podem, sim, cobrar preço público para autorizar o uso do subsolo urbano para instalação dessa rede. Maria Helena, de Niterói.

Maria Helena, a contabilidade a meu ver é um mero reflexo das mutações patrimoniais e da situação patrimonial de uma sociedade; ela espelha, ela não cria situações jurídicas ou altera a natureza. Ela espelha simplesmente, ela é um ente passivo que reflete.

Agora, quanto a essa classificação de imobilizado, o que está no imobilizado é tudo aquilo que está no permanente e que não se caracterize nem como investimento e nem como ativo diferido. Você encontra no imobilizado tanto bens móveis quanto imóveis, desde que esses bens não estejam também nas outras categorias do ativo, ou seja, do ativo circulante e do ativo realizável, porque a empresa no ativo permanente está tudo que não está no circulante nem no realizável, e se caracteriza por ser um bem que a empresa pretenda manter no seu patrimônio por mais de um exercício social.

Agora, os Municípios, ao menos, não podem cobrar ISS sobre a rede, como nós concluímos agora, não por essa circunstância, de ser um imóvel, mas porque nas situações em que o detentor cede o uso, ele não está prestando serviços de telecomunicações, não está se obrigando a transmitir dados, mas, sim, ele detém aquela infra-estrutura que está no ativo dele, ele se obriga a ceder o seu uso sem operá-la, sem assumir qualquer obrigação quanto a transmitir dados. Nessas situações está presente a locação de coisa, passando ora a ser irrelevante, diante da recente decisão do Supremo, a natureza jurídica dessa coisa; por ser uma alocação não é serviço, e por não ser serviço não está sujeito ao ISS.

Quanto ao fato de o município poder ou não cobrar o preço público, eu tenho um entendimento pessoal de que nas situações em que o município tem cobrado pela cessão do espaço, isso não é um preço público, isso é uma taxa, é um tributo, e são raras as situações em que a lei municipal atende aos requisitos constitucionais para a cobrança, como a base de cálculo corretamente estipulada etc.

Concluindo, em princípio, eu acho que o Município pode em tese cobrar uma taxa, não um preço público. Essa é a minha posição.

Na segunda questão, quem faz a pergunta não se identifica: A cessão de segmento espacial em satélite destinada à transmissão de sinais de telecomunicações, caracteriza-se como uma cessão de direito de uso de bem imóvel?

Eu entendo que se há a mera cessão do espaço no satélite sim, não há serviço de telecomunicação. Inclusive, esse é o entendimento que a Anatel já manifestou sobre o tema: quando ocorre a venda de mera capacidade nos satélites não é serviço de telecomunicações

COORDENADOR (PROF. JOSÉ EDUARDO SOARES DE MELO) – Devido ao adiantado da hora, existem outras questões a serem respondidas e os professores aqui se colocam à disposição pessoal de quem as formulou, num outro momento, para responder, e a partir das 14 horas nós iniciaremos as mesas de trabalho com as teses.

MESA DE DEBATES "E"

IMPACTO SOBRE CONSUMO

COORDENADOR: PROFESSOR JOSÉ EDUARDO SOARES DE MELO
MEMBROS DA MESA: PROFESSORES EUGÊNIO DOIN VIEIRA, HERON ARZUA E REGINA HELENA COSTA.

COORDENADOR (PROF. JOSÉ EDUARDO SOARES DE MELO) – Algum tempo atrás, o Tribunal de Impostos e Taxas da Secretaria da Fazenda de São Paulo promoveu um ciclo de palestras, tendo convidado diversos juristas. Dentre esses, o Prof. Heron Arzua foi o que mais cativou o público, não só pela sua inteligência, argúcia, mas pelo conhecimento do direito tributário. O Heron é moço ainda, mas foi um pouco de tudo. Já foi Secretário da Fazenda do Paraná, Procurador-Geral da Fazenda Nacional. Não vou ficar desfilando todo o cartel dele, que iria tomar muito tempo. E vocês, pelo menos os que não o conhecem, realmente também vão ficar encantados com as colocações precisas e brilhantes de Heron Arzua.

PROF. HERON ARZUA – É com grande satisfação que eu volto ao Congresso Brasileiro de Direito Tributário, do qual alguns de nós já participaram e sabem do efeito que esses congressos têm tido na vida prática do direito tributário brasileiro. É evidente que eu registro aqui que a ausência do Prof. Geraldo Ataliba é sempre muito sentida. Desde o falecimento do Prof. Geraldo Ataliba que o direito tributário perdeu um guerreiro, perdeu aquele homem que motivava centenas de advogados estudiosos do país a lutarem em prol da aplicação do Direito Constitucional na área tributária. Aquelas previsões do Prof. Geraldo Ataliba da década de 70 estão começando agora a se verificar. Uma delas: há mais de 30 anos Geraldo Ataliba e Cleber Giardino disseram que locação de bem móvel não era serviço, estando ou não na lista. Os senhores já sabem que o Supremo acabou dizendo agora o que o Prof. Geraldo já escrevia ao tempo da Constituição de 1969.

Da mesma forma, alguns temas que o Prof. Ataliba levantou pioneiramente, advertindo os advogados, os estudiosos do direito tributário, de que se não prestassem atenção e não lutassem, embora inconstitucionais, iriam virar realidade no cenário jurídico brasileiro.

O que ele nos falava há anos a respeito da antecipação dos impostos, do conhecido regime de substituição tributária, veio a receber o referendo do Supremo. Assertou o Mestre que se nós não nos empenhássemos, o axioma de que a obrigação tributária se instaura com a realização da hipótese de incidência, teríamos no Brasil progressivamente a tentativa de se cobrar imposto antes da ocorrência do fato imponível e crescentemente por intermédio de presunções.

O que começou timidamente no IPI e no ICM, agora já passou para as contribuições e nós não temos dúvida de que se nós continuarmos omissos, se nós também não defendermos a independência do Poder Judiciário, que é um Poder muito caro a nós e a última reserva dos direitos e garantias individuais, nós teremos no Brasil uma tributação toda baseada em estimativas e presunções.

Com isso eu saúdo o Prof. José Eduardo Soares de Melo, que é o Presidente do

Congresso, a Dra. Regina Helena Costa, o Prof. Doin Vieira.

A respeito do tema desta Mesa, Impostos sobre o Consumo, eu pretendo fazer rapidamente uma reflexão metajurídica, sobre o que está acontecendo em nosso sistema tributário e confrontar o que diz a Constituição, o que diz a lei, com a realidade dos fatos.

O IPI, começando pelos impostos federais, é um tributo bem estruturado, juridicamente bem disciplinado. A Constituição tem regras claras sobre o IPI, mas somente agora algumas questões, como a de reconhecimento de créditos em operações isentas, estão se encaminhando para uma solução.

O defeito, talvez, desse imposto, é o de ter uma tabela pretendendo tributar praticamente a generalidade dos produtos manufaturados. Mas com um pouco de inteligência, nós poderíamos aperfeiçoar este imposto, que é o grande representante de um imposto incidente sobre o consumo dotado da técnica da não-cumulatividade. Isto é, economicamente falando ele seria um exemplo do imposto sobre o valor agregado, como conhecido no mundo e como praticado na Europa e praticamente em todos os países civilizados, com exceção dos Estados Unidos.

O imposto de renda, pode parecer estranho eu falar em imposto sobre consumo e tratar do imposto sobre renda, mas é que nosso imposto de renda não é mais um legítimo tributo sobre a renda. Isso já foi dito aqui ontem com todas as letras pelo Prof. Sidney. A grande parte das empresas brasileiras hoje está submetida ou ao Simples, portanto, uma tributação sobre o faturamento, ou ao lucro presumido, que também é uma tributação sobre a receita.

Então, aquele imposto de renda das empresas sobre o lucro operacional ficou tremendamente reduzido, e nesse programa de refinanciamento das dívidas federais, até as empresas que estão sujeitas ao lucro real podem optar pelo regime da tributação sobre o lucro presumido. Isso faz com que o imposto de renda no Brasil tenha uma característica especial; ele passou, em rigor de verdade, a ser também um imposto do tipo sobre o consumo.

Então, nós já temos dois impostos sobre o consumo só na área federal, por enquanto: o IPI e o IR; mas tem-se igualmente esses impostos vinculados, que a Constituição, talvez eufemisticamente, denominou de contribuições: o PIS, a Cofins e a CPMF, que hoje são os tributos que gozam da preferência do setor fazendário da Receita Federal, impostos que na classificação dos impostos sobre o consumo, classificação econômica, são impostos plurifásicos, incidentes em todas as etapas da circulação da mercadoria, e que recaem sobre o faturamento, e com o gravame de serem cumulativos.

No trabalho que eu escrevi para este Congresso, fiz um apanhado das razões que levaram o Brasil a substituir o antigo imposto de vendas e consignações, de natureza cumulativa, pelo ICM, sobre o valor agregado, inspirado na teoria francesa, como ideado pelos alemães no início do século XX.

Pois bem, hoje nós temos presentes no Brasil todos aqueles inconvenientes do imposto de venda e consignações, que na época tentou se afastar. Aqueles que são advogados sabem que o PIS, a Cofins e a CPMF estão fazendo com que as nossas empresas se arranjem artificialmente, procurando queimar etapas de produção e de circulação de bens e serviços, para evitar a incidência repetida desses impostos.

A alíquota dos dois incidentes diretamente sobre o faturamento (PIS e Cofins) já chega a 3,65%. Na semana passada ocasionalmente vi uma entrevista longa do Secretário da Receita Federal, em que ele manifestamente se diz entusiasmado com esses impostos. É lógico, e a doutrina mundial aponta: você, com uma alíquota pequena, obtém grandes arrecadações; mas é um imposto grosseiro que traz distorções incríveis na formação dos preços. É um dos causadores, indica a teoria econômica mundial, que incentiva a perda do poder liberatório da moeda. No entanto, são impostos que trazem grandes somas de recursos ao erário, sem fiscalização, sem nenhum serviço, com muito pouco esforço e trabalho, com a vantagem ainda, aqui no Brasil, de a União não ter que dividir com os Estados e Municípios o produto de sua arrecadação.

Nesse campo das ditas contribuições, por igual, já há tentativas de cobrança antecipada, antes da ocorrência do fato jurídico tributário. O § 7º do art. 150 da Constituição Federal, que ironicamente foi colocado junto ao texto das garantias individuais em matéria tributária, quer dizer que, além daqueles direitos expressos, nós temos o direito de ser tributados antecipadamente, antes da verificação do fato imponível. Parece brincadeira, mas não é.

A CPMF, todos viram no jornal o Secretário da Receita declarar que é um imposto indispensável para combater a riqueza auferida informalmente, para aferir capacidades econômicas que não foram manifestadas no imposto de renda. Eu tenho duas empresas como clientes que não tiveram o ano passado movimento operacional algum, simplesmente porque em função da situação econômica do Brasil os seus produtos foram invadidos por produtos estrangeiros e ficaram sem condições de mercado. No entanto, elas pagaram muita CPMF. Por quê? Porque elas têm um patrimônio mobiliário considerável e, com isso, fazem aplicações no mercado financeiro, transferindo da renda fixa para a renda variável e vice-versa. Cada movimentação dessa em volume considerável gerou uma incidência da CPMF. Houve rendimento? Essa empresa não pagou imposto de renda, ela está paralisada do ponto de vista operacional. Ou, bem dizendo, pagou, sim, imposto de renda na fonte, e não fez compensação porque a nossa legislação, incrivelmente, em desacordo com o que dizem os princípios da Constituição, não determina o acerto no fim do ano; é que são tributações autônomas, sem vinculação com a declaração de renda que é apresentada todo o ano.

Isso acontece com pessoas físicas que têm patrimônio grande e que podem, num determinado ano, não ter rendimento. Citando o meu caso pessoal, por exemplo, os anos de 98 e 99 foram anos de muito êxito em matéria de advocacia; já 2000 é um ano pobre. Então, o que vai acontecer? Muitas aplicações, oriundas de rendimentos ganhos em anos anteriores, vão aparecer. E o Secretário da Receita vem e diz que a CPMF é um instrumento de combate à sonegação e não sei quantos milhões de pessoas e de empresas tiveram rendimentos absurdos e não pagaram imposto de renda. Ora, meu Deus do céu, há que se fazer uma reflexão de que isso é possível, isso é muito provável, só que as pessoas vão se incomodar para provar que já tinham patrimônio. As empresas estão na mesma situação.

De qualquer maneira, não se precisa fazer reforma tributária constitucional nenhuma para enquadrar essas contribuições no sistema da não-cumulatividade. Eu aceito o que os economistas dizem – não sou formado em economia –, de que a não-cumulatividade é uma maravilha e a cumulatividade é perversa. Aceito que o sistema montado na Europa imposto contra imposto, que nos inspira o IPI e o ICMS, também é bom. O Secretário da Receita Federal diz que não, que não é bom, que o melhor é não-cumulatividade feita por bases, porque se fizer com bases leva em consideração a folha de salários e o problema no Brasil é de emprego. A argumentação vai ficando bizarra, tudo para justificar um aumento de arrecadação federal, só que na área menos indicada, dos impostos de consumo e na técnica cumulativa.

Claro que o que estou falando não tem nada com o que está escrito na Constituição. O nosso Texto Básico, em matéria tributária, foi muito bem formulado, os princípios que nele se encontram estão consoante a melhor lição dos países democráticos. Só que, no Brasil, eles estão completamente distanciados e divorciados, não só da realidade legislativa, mas principalmente da ação administrativa.

Na área estadual, o ICMS hoje não é mais um imposto sobre o valor agregado, ele é um imposto cumulativo. Por quê? Essa afirmação, é claro, merece algumas ressalvas, mas os Estados em que eu tenho clientes (Paraná, São Paulo) fazem enormes restrições aos créditos dos contribuintes. Inventaram uma série de figuras – substituição tributária, diferimento, antecipação de pagamento – que são contrárias a um imposto da natureza do ICMS. Isso faz com que as autoridades restrinjam o uso dos créditos, não permitam, e os contribuintes ficam sem saber o que fazer com esse dinheiro encalhado.

No Paraná, que é onde eu milito, o Estado tem mais de um bilhão de reais de créditos de contribuintes retidos do processo de diferimento e de substituição tributária, e que não permite ao contribuinte a transferência e uso para qualquer outra finalidade, e ele não tem imposto a pagar porque as suas operações são não-tributadas, são isentas ou diferidas.

Então, as restrições de natureza administrativa são muito grandes e hoje as autoridades perderam a vergonha nessa matéria. E os senhores vêem a reiterada tentativa de coibir a ação do Judiciário. Então ficam falando em indústria de liminares, que os juízes autorizaram a compensação de créditos, mais isso, mais aquilo, sem se lembrar que os responsáveis por isso são as próprias autoridades administrativas.

Também quero registrar em matéria de ICMS: ontem nós falamos aqui de futuro, a tributação de Internet e tal. Eu quero falar do passado, nós já tivemos um ICMS melhor, com reconhecimento dos créditos para tudo. Desde o advento do Convênio 66, do Confaz, e agora da Lei Complementar 102/2000, as restrições ao direito de crédito de ordem legislativa que contrariam a Constituição são enormes – inclusive essa, do crédito dos bens de capital só poder ser feito em 48 meses. Quem for estudar a origem, a história do imposto sobre o valor agregado na França, na Alemanha, na Europa, vai verificar que uma das bandeiras desse imposto era a não-tributação dos investimentos. Pois bem, no Brasil, depois de ter sido reconhecido até em lei complementar, porque na Constituição já era há muito tempo, houve agora novas restrições. Sem falar nos bens de uso e consumo, em que a restrição agora foi total.

Então, nós estamos involuindo em matéria de ICMS, as restrições se agravaram, as empresas estão com crédito sem saber o que fazer, e de repente surgem esses Refis, esses programas em nível federal, estadual e municipal, para possibilitar um acerto com os contribuintes. Isso faz com que nem os postulados de direito sejam observados.

No art. 150 § 7º, diz que isenção, remissão, redução da base de cálculo, anistia, dependem de lei federal, estadual, municipal, e no caso do ICMS observado o acordo no Confaz. Resumidamente é isso que diz. Os senhores viram que os Refis estaduais não têm lei, foram feitos tão-somente por um convênio no Confaz, sem aprovação legislativa, com base na Lei Complementar 24 que já foi revogada pelo advento deste artigo da Constituição Federal? E eu não vejo o Ministério Público responsabilizando os governadores e secretários de Fazenda por medidas dessa natureza, com clara infringência de um princípio que é caro a todos nós, o princípio da legalidade.

Isso que eu quero ressaltar, nessa breve consideração, é o descompasso que está a existir entre o que está escrito na Constituição Federal e entre o que vem escrito nas leis complementares e, por conseguinte, nas leis ordinárias; não vou nem falar dos regulamentos e atos administrativos, que são peças, no Brasil, autônomas, sem qualquer vinculação com a legislação que deveriam obedecer.

Finalmente o último imposto, talvez existam outros, mas de significância, o imposto sobre serviços de qualquer natureza, que é um imposto que tem uma natureza cumulativa porque ele teria uma característica monofásica, ele só incidiria na última relação entre o prestador do serviço e o utente, o usuário desse serviço. Na realidade, tributa alguns serviços intermediários, e o Decreto-lei 406, pelo menos em matéria de construção civil, permite o abatimento de alguns itens dessa natureza. Mas de qualquer maneira é um imposto que também grava pesadamente, principalmente a mão-de-obra, e que deveria ser objeto de alguma reflexão.

Estou convencido, depois de muitos anos de exercício da advocacia e de ter participado, como autoridade jurídica e fazendária, nas esferas municipal, federal e estadual, de que se não houver uma honestidade, uma lisura da parte das autoridades administrativas para com os contribuintes, de nada valerá qualquer legislação. Reforma tributária virou brincadeira. Mas o fato é que nós teríamos muito a fazer no campo infraconstitucional. Os senhores vejam só no ICMS o que poderia ser feito: alíquota por fora, para respeitar o art. 150 § 6º, reconhecimento honesto dos créditos, supressão de substituição, diferimento, não-incidência, isenções, trazer o imposto ao seu leito natural. Então, existe um descompasso muito grande.

Eu só tenho me animado nas minhas questões em matéria de tribunal superior com os votos do Ministro Marco Aurélio. Confesso aos senhores que não esperava isso, mas hoje não vejo outra figura no Brasil, situado em nível de tribunal superior. Tinha muita esperança no Ministro Sepúlveda Pertence, que foi presidente da Ordem dos Advogados e teve uma atuação destacadíssima, como advogado, na era do regime militar. Mas não foi assim a sua carreira como Ministro, pelo menos no meu ponto de vista.

Portanto, a esperança que eu tenho num Congresso como esse é que o espírito do velho guerreiro, o último dos Ataualpas, o Prof. Geraldo Ataliba, volte a baixar nos nossos advogados e nós retornemos àquela fase em que nós contestávamos rigorosamente tudo. O que eu digo hoje, eu vejo os meus clientes empresários e intimamente eu tenho uma pena deles, porque como está difícil trabalhar no Brasil. Como o fisco federal, estadual, municipal, os órgãos de meio ambiente, de saúde, de floresta, têm manietado a nossa atividade normal.

Era isso que eu queria refletir, José Eduardo, aproveitando o tema de impacto sobre o consumo, fazer essa advertência: a Constituição é uma coisa, a lei complementar é outra e a nossa realidade bem diversa.

Portanto, quero encerrar aqui para exatamente relembrar que, embora tudo isso, os advogados não devem desanimar. Essa decisão do Supremo por seis a cinco, do *leasing*, da locação de bem móvel, é uma prova de que 30 anos de Geraldo Ataliba foram muito efetivos e tiveram enorme significado.

Muito obrigado. (*Palmas*)

COORDENADOR (PROF. JOSÉ EDUARDO SOARES DE MELO) – Eu queria agora passar a palavra para o Prof. Eugênio Doin Vieira, que é, não vou dizer o mais velho, mas o mais experiente aqui, o mais antigo da Mesa ... (*interrupção da gravação*)

PROF. EUGÊNIO DOIN VIEIRA – (*interrupção da gravação*) ... dos títulos, rejeito de mais velho e mais experiente.

O tema proposto a esta Mesa de Debates é Impacto sobre o Consumo. O Prof. Heron Arzua, não sei se por habilidade ou por defeito dos óculos leu Impostos sobre o Consumo, e nos deu essa bela aula sobre o que ocorre no país de hoje. Nós também pretendemos, diante da latitude do tema, fazer uma exposição mais pontual, e ele nos permite escolher aquilo que nós bem entendermos, porque tudo se ajusta no conceito de impacto sobre o consumo. Lembramos, inclusive, o evento do aluno da Faculdade de Mineralogia de Ouro Preto, no seu exame oral, em que o professor propôs a ele uma série de minerais de pedras sobre a mesa e lhe disse: apanhe uma dessas pedras. Ele apanhou uma dela e o professor disse: me fale sobre ela. O aluno olhou para a pedra e disse: não é mica, professor. O professor continuou esperando e ele disse: É, professor, não é mica. Por que você disse que não é mica? Ah, professor, porque se fosse mica, e aí deu uma bela aula sobre mica. (*Risos*) Era só o que ele sabia, naturalmente.

Neste ensejo, então, nós queremos, dentro desta orquestração de ressaltar os valores jurídicos da Constituição e a precariedade do sistema fiscalizatório, sobretudo, que vige no Brasil de hoje, conversar um pouco sobre o tributo como instrumento de redução das desigualdades sociais.

Nós sabemos bem que em todas as comunidades jurídicas organizadas o tributo tem como destinação histórica suprir o Estado dos recursos necessários para as suas despesas naturais, realização dos seus encargos, das suas tarefas, cumprir aqueles compromissos que o governo tem perante a comunidade que o escolhe, que o elege.

Mas além dessa função, que é essencial e precípua – a função arrecadatória e supridora de recursos –, o tributo também tem – e especialmente o imposto, no Brasil eu diria e em praticamente todas as comunidades de sistema jurídico evoluído – uma função importantíssima, que ressalto aos colegas: de instrumento redutor das desigualdades sociais. É um conceito principiológico, que nós vamos vê-lo depois desdobrado em normas, em preceitos claros e em caracterizações nos tributos, na definição do perfil constitucional de cada um deles.

Na nossa Constituição são numerosos os pontos, e eu me permito destacá-los aqui, em que se apresenta, expressa ou implicitamente, essa preocupação com a correção dos desníveis sociais, ou seja, com a realização do princípio da igualdade dentro de sua conceituação mais aperfeiçoada, que é aquela de tratar desigualmente aos desiguais, no conceito clássico de Ruy Barbosa, tão reiterado pelo Prof. Celso Antônio.

No preâmbulo da nossa Carta já temos ressaltada a liberdade, a segurança, o bem-estar, o desenvolvimento, a igualdade e a justiça, como valores supremos. No art. 3º, inciso I, "construir uma sociedade livre, justa e solidária". No inciso III: erradicar a pobreza e a marginalização, reduzir as desigualdades sociais. No art. 5º, o clássico: todos são iguais perante a lei. No art. 23, inciso X: competência comum para combater as causas da pobreza e os fatores de marginalização, promovendo a integração social dos setores desfavorecidos. No art. 170: a ordem econômica tem por fim assegurar a todos existência digna, conforme os ditames da justiça social, observados os seguintes princípios: VII – redução das desigualdades regionais e sociais. Isso no contexto geral da Carta.

Especificamente no sistema tributário, que é o que nos interessa diretamente, nós vamos ver presente essa inspiração precipuológica ou principiológica. O art. 145, § 1º, diz (clássico): sempre que possível os impostos terão caráter pessoal e serão graduados segundo a capacidade econômica do contribuinte. Conceituação clássica, princípio consagrado, que todo professor, todo estudante, todo aluno menciona no intróito do seu trabalho: princípio da capacidade contributiva. Art. 151, I: admitida a concessão de incentivos fiscais destinados a promover o equilíbrio do desenvolvimento sócio-econômico entre as diferentes regiões do país. Art. 153, VII: compete à União instituir impostos sobre grandes fortunas. Aqui se vê a inspiração de buscar não suprimir, porque seria utópico, mas reduzir as desigualdades sociais. Art. 153, § 2º, inciso I, para o qual eu peço atenção especial: o imposto sobre renda e proventos de qualquer natureza será informado pelos critérios da generalidade, da universalidade e da progressividade. Ainda no 153, § 3º, inciso I: o imposto sobre produtos industrializados será seletivo, em função da essencialidade do produto. Art. 155, § 2º, inciso III: o imposto sobre operações relativas a circulação de mercadorias sobre prestação de serviços poderá ser seletivo, em função da essencialidade das mercadorias e dos serviços. Finalmente o art. 156, § 1º: o imposto sobre propriedade predial e territorial urbana poderá ser progressivo, de forma a assegurar o cumprimento da função social da propriedade.

Talvez o tópico principal nessa preocupação em reduzir as cruéis diferenças sociais, que fazem com que o Brasil ocupe um desagradável posto de destaque no mundo das nações ditas evoluídas, esteja na evolução que sofreu o capítulo da seguridade social. Aquele antigo conceito restrito de previdência foi substituído por um muito mais generoso, muito mais amplo, a nova concepção de seguridade social fundamentada no princípio da solidariedade e na busca do bem-estar e da justiça sociais, conforme sei, vem traçado, vem esculpido, vem definido nos artigos 193 e seguintes, até o art. 204 da nossa Carta Maior.

Esses princípios todos demonstram um conteúdo valorativo expresso na nossa Carta, e como nos ensinaria Kelsen, que vive na mente, no pensamento do brasileiro, e por isso mesmo foram grafados em forma de norma constitucional, para serem respeitados e prestigiados.

Entre esses tributos, evidentemente o imposto é aquele que mais se presta para esse exercício de retificação dos desníveis sociais – e não apenas como instrumento de arrecadação, mas como instrumento de extrafiscalidade, no sentido de trabalhar na comunidade esta correção de desníveis e esta redistribuição, pelo menos parcial, da riqueza pública, do rendimento público.

É clássica a distinção gerada no mundo financeiro e econômico – de certa maneira acolhida ou pelo menos repetida sistematicamente pelos tributaristas –, a distinção entre os impostos, chamados impostos diretos e os impostos ditos indiretos, considerados como impostos diretos aqueles em que o sujeito passivo na formulação da norma, ou seja, o destinatário legal tributário na expressão de Viegas é o próprio contribuinte; e indiretos, aqueles que por força da transferência, da translação, distinguem o contribuinte de fato do contribuinte de direito. São exemplos de impostos diretos o imposto sobre a renda, o IPTU, o Imposto Territorial Rural e os tributos em geral incidentes sobre o patrimônio. São impostos indiretos, tipicamente, o ICMS e o IPI.

Os impostos diretos, por terem caráter pessoal e serem graduados de acordo com a capacidade econômica, sempre que possível (145, §1º) expressam-se mais eficazmente como instrumento dessa correção que eu busco ressaltar aqui.

Por isso mesmo, porque tributos como o imposto de renda se inspiram no princípio da progressividade, da essencialidade, do caráter pessoal, é que nós ouvimos com certa estupefação manifestações oficiais pretendendo eliminar todas as características de caráter pessoal, de progressividade de um tributo essencialmente importante para essa instrumentação social de correção de diversidades, como é o imposto de renda sobre a pessoa física.

Nós vemos então, de repente – isso é hoje, isso foi ontem, isso é agora – o Secretário da Receita Federal, como vemos, autoridade muito mencionada, a dizer que a solução para o "grave problema" (entre aspas) do aumento dos custos no orçamento federal, resultante de um eventual acréscimo substancial do salário mínimo, poderia vir com a uniformização das alíquotas do imposto de renda da pessoa física e com a supressão dos abatimentos e dos descontos. Uma afirmação dessas, de uma autoridade desse porte, mereceria, quando menos no mundo jurídico, que ela fosse de imediato responsabilizada por agressão verbal a normas constitucionais que merecem o nosso respeito e a nossa consideração, por agressão verbal aos princípios que inspiraram a nossa Carta, construída, nós sabemos, por uma Assembléia Nacional Legislativa que, através de longos meses, buscou representar o que havia de melhor no pensamento social e jurídico brasileiro.

Essa afirmação de que o imposto de renda de pessoa física, a bem de um item orçamentário que estaria deficitário, pode ser transformado, tirando-se dele todo o caráter de personalização, todas as características de progressividade, é, infelizmente, avalizada também em entrevista, em nível internacional, pelo Presidente da República; é acolhida pelos presidentes das Casas Legislativas Federais como uma possibilidade muito plausível para resolver o problema financeiro do país... E nós diríamos, panfletariamente, para permitir ao governo federal que pague rigorosamente em dia os juros das dívidas externas, conforme compromisso assumido com o FMI.

Esta é uma preocupação que nós temos que ter, nós juristas, como disse o Prof. Heron Arzua, porque a nós não cabe ser complacentes, nós precisamos estar eternamente atentos e vigilantes na defesa dos princípios constitucionais. Nós sabemos que hoje o princípio constitucional começa a ganhar característica de legislação transitória, ordinária, facilmente mutável. Se ele não se ajusta a um programa de trabalho, propõe-se uma emenda constitucional e o assunto está resolvido. Nós temos de combater esse espírito, nós juristas, nós estudiosos, precisamos manter vivo aquele sentido de que a Constituição é algo de sagrado, se não é intocável, mas há que ser respeitada, não pode também ser manuseada cotidianamente, como um manual de instruções cujas folhas se trocam conforme a necessidade do momento.

Essa atenção, esse espírito, essa responsabilidade são nossos – e nós temos que tê-los muito em mente, a fim de que possamos defender as qualidades de estrutura que tem o Sistema Jurídico Constitucional Brasileiro. Quando nós sentimos que um tributo, assim transformado e despersonalizado, uma alíquota única, irá, por incrível que pareça, beneficiar-nos a nós, que somos os privilegiados desta sociedade, e prejudicar o trabalhador assalariado de nível mais baixo, porque a proposta pretende suprimir as faixas de isenção e reduzir as alíquotas mais altas... Conseqüentemente, é de uma perversidade, é de uma crueldade, é de uma insensibilidade em relação aos princípios, aos valores da Constituição, que arrepia e deve arrepiar a nós brasileiros. O risco é quando nós não nos sensibilizarmos mais para esse tipo de ação; o risco é quando nós estivermos apatizados pela continuidade das providências. O risco é nós ouvirmos dizer: Medida Provisória 1.974-65, e chegarmos a pensar que ela é do ano de 1965... Mas não é; ela foi emitida 65 vezes! Quando nós nos acomodarmos a isso, aí precisaremos nos preocupar, porque o Sistema Jurídico Constitucional Brasileiro está periclitando. Mas nós advogados, nós estudantes, nós professores, nós magistrados, nós pareceristas, nós fiscais do poder público, que somos também bacharéis e que por isso mesmo somos estudiosos, temos de manter vivo esse pensamento que se consolida num Congresso como este – disse bem o professor –, porque é nesse momento que nós percebemos os caminhos que estamos tomando e temos de ficar atentos a eles.

A luta não é vã nem inglória. Nós sabemos o esforço que o mundo jurídico, em particular o nosso IDEPE, manteve durante tantos anos no combate sistemático à instituição do decreto-lei, até que ele foi suprimido da Carta – lamentavelmente substituído pelo que hoje se chama medida provisória, cujo nome deveria ser, penso eu, medida definitiva, pela sua própria característica.

Nós sabemos da luta dos doutores a respeito de determinados itens bem ressaltados aqui, que afinal frutificam com o tempo. Nós temos que persistir. Nós temos que manter acesa a nossa chama de que acima de todos os valores do cotidiano, de todos os interesses dos orçamentos, de todas as preocupações dos administradores, está um valor maior, que se chama Constituição Federal, e que tem de ser respeitado por nós.

Obrigado aos colegas. (*Palmas*)

COORDENADOR (PROF. JOSÉ EDUARDO SOARES DE MELO) – Passo a palavra agora à Dra. Regina Helena Costa, conhecida de todos, mas vale ressaltar que ela é mestre e doutora em Direito Tributário pela PUC, onde leciona Direito Tributário, é juíza federal por vezes também, atuando como desembargadora federal, professora de diversos cursos, autora de uma monumental obra sobre o princípio da capacidade contributiva e outra no prelo, sobre imunidades – graças a Deus.

Tem a palavra a Dra. Regina.

PROFA. REGINA HELENA COSTA – Bom dia a todos. Queria inicialmente cumprimentar todos os congressistas, cumprimentar meus colegas de Mesa, o Prof. José Eduardo Soares de Melo que está presidindo a nossa Mesa de Debates, o Prof. Heron Arzua, o Prof. Eugênio Doin Vieira. Sempre gosto de salientar que o Congresso Brasileiro de Direito Tributário é um dos eventos mais importantes nessa área, onde fermentam novas idéias, onde surgem novas perspectivas. Debates acerca de temas antigos, que são resgatados, e de temas novos, que nunca foram abordados. Então, é, realmente, a sede da discussão tributária no Brasil e é com muita honra e orgulho que participo uma vez mais deste evento.

A tributação e o consumidor

Antes de tocar no ponto específico da relação entre consumo e tributação, não posso deixar de me manifestar acerca de um ponto que foi levantado pelos expositores que me antecederam, solidarizando-me com a indignação que tem sido partilhada por muitos, acerca dessa proposta de mudança do imposto sobre a renda de pessoa física. Penso que ela contém uma gritante ofensa ao princípio da capacidade contributiva, como o Prof. José Eduardo Soares de Melo acaba de dizer. Sou especialmente interessada nesse assunto e vejo que, de uma única penada, vai se agredir duas vezes o mesmo princípio.

A proposta governamental, ao que se sabe pelos jornais, significa a uniformização da alíquota do imposto de renda de pessoa física e a eliminação das deduções que são permitidas na legislação atual – basicamente, as deduções relativas a dependentes, à instrução e à saúde, dos contribuintes e de seus dependentes.

Creio seja impossível fazê-lo, à vista do que diz o texto constitucional. Ora, se a Constituição diz, no § 1º do art. 145, que "sempre que possível, os impostos terão caráter pessoal e serão graduados segundo a capacidade econômica do contribuinte", não vejo como despersonalizar o imposto, eliminando-se as deduções que são permitidas hoje – e, a meu ver, permitidas timidamente, como, por exemplo, as despesas com instrução do contribuinte e seus dependentes, que são limitadas a mil e setecentos reais para cada pessoa. Já são bastante limitadas essas deduções, mas a idéia proposta, pelo que se sabe, é de eliminá-las totalmente.

Então, como tornar o imposto sobre a renda um imposto sem personalização? O imposto tem que ser personalizado, porque as pessoas são diferentes, e a capacidade contributiva vem apontar essa diferença, densificando um princípio maior que é o princípio da isonomia. Se as pessoas são distintas, estão em situação diferente, têm que ser tratadas diversamente pela legislação tributária. E o imposto sobre a renda, evidentemente, tem que atender a esse princípio. Então, é claro que nós não poderemos ter um imposto de renda que não considere as condições pessoais do contribuinte.

Mais ainda, a alíquota única é inviável porque o mesmo texto constitucional diz que deverá haver graduação consoante a capacidade econômica do sujeito. O que é graduação? Há de ter-se diversas alíquotas, porque são diversas as faixas de renda. Hoje temos um patamar de isenção e duas alíquotas, o que já se revela insuficiente; vamos eliminar isso também? Quer dizer, ao invés de se evoluir na legislação do imposto sobre a renda, vamos involuir, e involuir agredindo a Constituição.

Por isso, eu não poderia deixar de me manifestar, pois esse ponto foi levantado aqui e por ser algo que causa imensa indignação a todos aqueles que são cultores do Direito Constitucional Tributário.

Gostaria agora de passar, efetivamente, ao objeto da minha brevíssima manifestação acerca da questão da relação entre o consumidor e a tributação.

A relação entre esses conceitos vem inicialmente da idéia que todos conhecem, que é muito antiga, de que o consumo, ao lado do patrimônio e da renda, é um signo de riqueza, é uma manifestação de capacidade econômica. Portanto, é claro que a tributação não poderia a ele ficar alheia. O consumo é, assim, um dos índices para se captar a capacidade econômica.

A repercussão econômica dos tributos

Muito bem. Mas a partir daí vamos ter, como uma das conseqüências, aquela questão da repercussão econômica dos tributos, ou translação econômica dos tributos; dos chamados impostos indiretos, enfim.

Por que trago isso à reflexão dos senhores? Porque a mais abalizada doutrina, há muito tempo, vem afirmando, e praticamente sem contestação, que a classificação dos impostos, em diretos e indiretos é uma classificação sedimentada num fenômeno puramente econômico, não havendo relevância jurídica qualquer nisso.

Só para relembrar – isso já foi também suscitado aqui –, quando falo em impostos diretos, refiro-me a impostos que recaem diretamente sobre aquele que figura como sujeito passivo da relação obrigacional tributária. Ou seja, o encargo financeiro, o impacto econômico, quem vai sofrer é o próprio sujeito passivo da obrigação, é o próprio contribuinte. O imposto sobre a renda, por exemplo, ilustra esse tipo de imposto.

Mas, ao lado dos chamados impostos diretos, temos também os chamados impostos indiretos, que são aqueles em que se observa um fenômeno diferente. Ou seja, não obstante ter-se um sujeito que figura no pólo passivo da obrigação tributária, não é ele, afinal, quem vai suportar o impacto financeiro dessa exigência. Ele terá condição de transferir esse ônus para um terceiro, é que vai absorver o impacto financeiro do imposto. É o caso dos impostos que vão recair sobre consumo, são os impostos que vão ser suportados, em última análise, pelo consumidor final.

Estou lembrando justamente do ICMS e do IPI, que são impostos que têm estrutura semelhante, chamados impostos plurifásicos, porque vão incidir sobre uma cadeia de operações, até chegar-se ao consumidor final que vai – não como contribuinte de direito desses impostos, mas como contribuinte de fato – suportar o encargo financeiro de toda essa tributação.

A questão que se põe é: será que realmente esse conceito de impostos indiretos não tem nenhuma relevância jurídica? Eu me pus a pensar nisso há algum tempo, quando estudava o princípio da capacidade contributiva. Já naquela época comecei a notar que essa questão deve ser sobrepensada, porque em alguns aspectos, pelo menos, essa distinção, esse reconhecimento do fenômeno da repercussão econômica do tributo, é relevante, é importante para o direito.

Cabe, primeiramente, lembrar que o Prof. Aliomar Baleeiro há muito afirmou que a repercussão econômica do tributo tinha relevância jurídica. Só para resgatar a memória, lembro que no Supremo Tribunal Federal foram travados intensos debates em torno desse tema, consistindo a repercussão econômica uma das questões mais polêmicas que a Corte enfrentou na sua história, por ocasião do trato das imunidades tributárias.

O Prof. Aliomar Baleeiro, quando cuidou da extensão da imunidade recíproca, que é aquela estabelecida entre as pessoas políticas, defendeu, no que tange aos impostos indiretos, que a pessoa política, na condição de contribuinte de fato, deveria ser exonerada do pagamento de impostos que recaem sobre o consumo. Melhor explicando, a indagação era a seguinte: a imunidade recíproca, abrangente dos impostos diretos, alcança os chamados impostos que podem ter o seu encargo financeiro transferido a terceiros? A resposta era sim – afirmou o mestre. E vou dizer mais, dizia ele, se a pessoa política, Município, Estado-membro, União, adquire um bem para si, então haverá aí uma operação de circulação de mercadorias. Nessa operação, segundo a Constituição, tem que incidir o ICMS, é operação de circulação de mercadorias – na época era só ICM. Como fica a situação da pessoa política? Ela é imune. Mas como fica, se quem é sujeito passivo da obrigação tributária, quem tem relação com o fisco é o comerciante, mas quem vai suportar esse ônus é a própria pessoa política? Mas a Constituição diz que ela é imune!

Então, o Prof. Aliomar Baleeiro, brilhantemente, sustentou, em diversos votos, ainda sob a égide da Constituição de 46, em debates ocorridos entre os anos de 1968, 1970 e 1971, o seguinte pensamento: para efetivar a imunidade recíproca, em toda a sua amplitude, em toda a sua profundidade, será necessário desobrigar o contribuinte de direito, porque o contribuinte de fato, nessa hipótese, é a pessoa política, e ela não pode ser onerada, em hipótese alguma, por impostos, à vista do que declara a Constituição.

Vejam que o Prof. Aliomar Baleeiro leciona que a repercussão econômica, ao menos nesse aspecto da imunidade recíproca, tem relevância jurídica. Ele ensina: não é possível que a pessoa política seja onerada com esse repasse do encargo financeiro, nas operações de circulação de mercadorias, em relação aos bens que adquirir.

Pois bem. Minha proposta é: vamos pensar sobre isto, sobre o que dizia o Prof. Aliomar Baleeiro há mais de 30 anos. Será que, realmente, não vamos poder extrair ainda outras conseqüências, se pensarmos, sob o enfoque jurídico, nesse fenômeno "econômico" da repercussão de certos impostos?

O direito à informação do consumidor

Se nós olharmos a Constituição de 1988, vamos verificar, dentre os vários méritos que possui esse texto, que a par de aperfeiçoar a disciplina da tributação, que tradicionalmente tem sede constitucional – o Brasil, todos sabem, detém a característica peculiar de ter o seu direito tributário praticamente todo ele posto na própria Constituição –, assistimos também a uma evolução extraordinária no trato do direito do consumidor. O direito do consumidor é princípio geral da atividade econômica; então, na exploração do domínio econômico há que se considerar o direito do consumidor. Existem várias regras no texto a tutelar o direito do consumidor, que é a parte hipossuficiente na relação de consumo.

Se a Lei Maior sempre tratou com muito detalhe a matéria tributária, veio também alçar o direito do consumidor a cláusula pétrea (art. 60, § 4º, IV, CF).

Logo, num contexto como esse, é muito mais importante ainda estabelecermos uma relação entre tributação e direito do consumidor, que é o que pretendo, singelamente, fazer.

A primeira coisa que chama a nossa atenção no capítulo do sistema tributário é uma norma que foi introduzida com ineditismo. O § 5º, do art. 150, contempla a seguinte prescrição: "A lei determinará medidas para que os consumidores sejam esclarecidos acerca dos impostos que incidam sobre mercadorias e serviços".

Esse dispositivo contém uma norma constitucional de eficácia limitada, que exige legislação integradora – "a lei determinará" –, mas ela já consagra o direito à informação, pois o consumidor tem direito de saber quais são os impostos que atingem os bens que ele consome. Ele tem que saber a cada produto, a cada mercadoria que adquire, quanto do preço pago corresponde ao ICMS, ao IPI.

Sabemos que esse dispositivo ainda não foi regulamentado, não obstante a Constituição já tenha mais de 12 anos de idade, completados no início deste mês. Mas o que nós já temos nesse sentido? Vou lembrar uma lei do Estado de São Paulo, recentemente aprovada, Lei 10.294, de 20 de abril de 1999. Tenho especial carinho porque participei da comissão que elaborou seu anteprojeto, é a lei que veicula o Código de Defesa do Usuário do Serviço Público. Esse diploma legal, ao disciplinar quais são os direitos dos usuários dos serviços públicos, no Estado de São Paulo, estabelece, em seu art. 5º, inciso VIII, que, dentre eles, há o direito à informação relativa à composição das taxas e tarifas cobradas pela prestação de serviços públicos, recebendo o usuário, em tempo hábil, cobrança por meio de documento contendo os dados necessários à exata compreensão da extensão do serviço prestado.

Notem que o legislador paulista saiu à frente do legislador federal e resolveu, de modo pioneiro, porque vem defender o usuário do serviço público, declarar que este, no Estado de São Paulo possui esse direito à informação, o direito de saber que, naquele serviço que está utilizando, quanto ele vai pagar de taxa, quanto fica para o Estado.

No âmbito federal, o que nós temos? Temos o projeto de lei do Código de Defesa do Contribuinte – muito discutido aqui em painéis anteriores, o Projeto de Lei 646/99, do Senado Federal. E lá também, como não podia deixar de ser, há o dispositivo que vai, se aprovado, regulamentar o que diz o § 5º do art. 150. Nos termos em que está posto hoje o projeto, a administração fazendária informará semestralmente a carga tributária incidente sobre mercadorias e serviços, inclusive bancários. É o que afirma o art. 20, *caput*, do Projeto do Código de Defesa do Contribuinte. E prossegue, § 1º: "Será especialmente informada a carga tributária incidente sobre as mercadorias que compõem a cesta básica". Observem a importância social disso. É preciso que a sociedade saiba o quanto de tributo compõe a cesta básica. Por vezes há divulgação, a cesta básica agora está valendo "x", como parâmetro do custo de vida. Bom, sejamos realistas, quanto da cesta básica fica para o Estado, quanto do valor da cesta básica é tributo? Toda sociedade tem que saber. Por fim, consigna o § 2º desse mesmo art. 20 que, a não edição de pautas que contenham os valores e informações a que alude este artigo, configura infração funcional do responsável.

É claro que essa redação tão didática e tão adequada se deve justamente àqueles que elaboraram o anteprojeto de Código de Defesa do Contribuinte, professores nossos admiráveis como Eduardo Bottallo e Paulo de Barros Carvalho, dentre outros. Então, vamos esperar que o Código de Defesa do Contribuinte seja aprovado e essa disposição integre o texto, que é muito relevante do ponto de vista social.

A não-cumulatividade e a seletividade do ICMS e do IPI

Além desse direito à informação, que parece demonstrar, e muito, esse entrelaçamento entre o direito do consumidor e a tributação, entre a figura do "contribuinte de fato" que é, ainda hoje, desconsiderada como um personagem que interessa ao direito tributário. Mas ele é um personagem que interessa, a começar desse dispositivo que acabamos de ver, e em mais outros dois dispositivos que mencionarei.

Também considera-se a importância desse personagem, o "contribuinte de fato", nas regras que se aplicam justamente a esses impostos de natureza plurifásica, nas regras que se aplicam a esses chamados impostos indiretos. É claro que não se pode afastar a importância do "contribuinte de fato" quando nós falamos, como foi antes levantado, em não-cumulatividade e na seletividade em função da essencialidade dos produtos, mercadorias e serviços.

Essas duas regras, que são regras de quilate constitucional, tradicionais do nosso direito, vão mostrar que o "contribuinte de fato" é uma pessoa importante. Primeiramente, quando se estabelece a regra segundo a qual no IPI e no ICMS tem-se um sistema de compensação de créditos, o que for devido em operação anterior, deverá ser compensado na operação seguinte. Para que será que serve isso? Se isso se aplica a um imposto que vai incidir em várias operações dentro de um mesmo ciclo, até chegar nesse personagem que é o "contribuinte de fato", que é o consumidor, por que será que a Constituição está preocupada em não haver tributação em cascata? Exatamente para que, quando a mercadoria, o serviço, chegue às mãos do consumidor final, que ele não seja extremamente onerado, para que esse bem ou esse serviço possa, efetivamente, chegar às mãos do consumidor, porque, se não houvesse a não-cumulatividade nós teríamos, a cada operação, a incidência de imposto sobre imposto. Evidentemente que o preço dessa mercadoria, desse serviço, a final, chegaria a um nível proibitivo.

Portanto, a meu ver, quando a Constituição fala em não-cumulatividade, está pensando no consumidor.

Quando fala em seletividade, da mesma forma. O que é seletividade? Significa que o sistema vai ter que contemplar várias alíquotas, portanto, alíquotas diferentes, dirigidas a situações diversas. Por óbvio, sobre produtos supérfluos ou nocivos deve incidir uma alíquota mais elevada de IPI. Já produtos que sejam básicos, necessários – esses, por exemplo, que integram a cesta básica –, se não puderem ser contemplados com isenção, que seria o desejável, o que vai acontecer é que a alíquota que deve sobre eles recair, sobre a operação que os tenha por objeto, deve ser mínima. Então, no que pensou o Constituinte quando menciona seletividade de alíquotas? Quando a Constituição diz, por exemplo, que o leite deve ter uma tributação menor sobre a operação que o tenha por objeto, com menos intensidade do que o cigarro, por exemplo, em quem se está pensando? No contribuinte, no "contribuinte de fato", no consumidor. A seletividade, igualmente, está apontando para a relevância jurídica que tem o personagem do "contribuinte de fato".

Enfim, não quero me estender além disto, mas é essa a reflexão que proponho a todos: será que realmente podemos continuar a afirmar, diante do texto constitucional vigente, que a repercussão econômica dos tributos, que os impostos indiretos, constituem uma questão meramente econômica, que isso não tem importância nenhuma para o direito? Eu já estou convencida, há algum tempo, de que isto não mais corresponde à realidade porque a própria Constituição está nos mostrando, em três regras constitucionais pelo menos, pelo menos, que se trata de um fenômeno jurídico também, e, portanto, o "contribuinte de fato", o consumidor, é objeto de preocupação constitucional e é objeto de preocupação também do direito constitucional tributário.

Muito obrigada. (*Palmas*)

COORDENADOR (PROF. JOSÉ EDUARDO SOARES DE MELO) – Antes de passar à resposta dos congressistas, eu não poderia ficar quieto; acho que é muito importante deixar claro que também as contribuições devem implicar no princípio da não-cumulatividade tributária. Embora a Constituição Federal só esclareça ou imponha esse regime da não-cumulatividade para o ICMS e para o IPI, como as contribuições sociais na sua maioria têm a fisionomia e a tipicidade de uma exação não vinculada no caso da Cofins e do PIS, que tem a mesma natureza de um imposto, porque incide sobre operações mercantis e produtos industrializados, a circunstância do legislador constitucional não tratar, de certa forma não invalidaria a aplicação desse princípio, porque segue o mesmo modelo dos impostos dentro desse ciclo, dessa cadeia operacional. Se o objetivo do art. 170 da Constituição Federal, nos princípios diretivos da ordem econômica é a proteção da defesa do consumidor, na medida em que tenho um outro ônus tributário, uma outra espécie que é contribuição com a mesma natureza dos impostos, me parece que poderia o legislador, talvez até o legislador nacional, também possa dispor nesse sentido aplicando a não-cumulatividade a essa espécie de contribuições.

Vou passar a palavra para o Prof. Heron Arzua, depois para os demais, para responderem às perguntas. E aqueles que tiverem alguma outra pergunta a formular, que o façam agora.

PROF. HERON ARZUA – Primeira pergunta: O senhor poderia explicar melhor qual é a parte da Lei 24/75 que está revogada e que inviabiliza as ações do Confaz? Nailton, da Secretaria da Fazenda da Paraíba.

Em primeiro lugar eu quero dizer o que não inviabiliza as ações do Confaz. O Confaz, na área de benefícios fiscais relacionados com o ICMS, teria que preliminarmente aprovar convênio, o qual, para entrar em vigor, dependeria de ratificação por lei de cada Estado, não por decreto do governador, como reza a Lei 24.

Ora, desde o dia que a Lei Complementar veio a lume, os estudiosos de matéria constitucional disseram que essa sistemática não tinha suporte constitucional. Um ato de um agente administrativo, como é o Secretário da Fazenda, representando o Poder Executivo, somente poderia ser ratificado pelo Poder Legislativo. O princípio da legalidade comanda todo o direito tributário e não se pode abrir mão de tributo por ato administrativo. Quem, talvez, primeiro escreveu sobre isso foi o Prof. Geraldo Ataliba, junto com o Prof. Cleber Giardino, em parecer publicado na *Revista de Direito Tributário* entre os números 20 ou 30, mais ou menos. Então, desde aquela época já era consenso da comunidade jurídica que o sistema de ratificação dos convênios na Lei 24 era inconstitucional.

Mas é evidente que o Confaz, que é um órgão que não foi até hoje juridicamente criado, tem a sua validade como gestor de um imposto entregue às federadas, mas de típica feição nacional. Eu penso que o Confaz não é o que a generalidade dos leigos pensa a respeito dele, na realidade é um órgão importante que tem a finalidade de cuidar da gestão de um imposto de típicas características nacionais. Aliás, ele nasceu como cópia do Comitê Europeu do TVA na Europa, criado pelo Tratado de Roma. Só que nessa parte, pela nossa Constituição ter erigido o princípio da legalidade como peça fundamental do sistema tributário, não poderia uma isenção, ou um favor fiscal, ou um benefício fiscal, ser validado numa ação no órgão suprafederal, das federações, e não ser ratificado por lei estadual.

Lembro que o único Estado que sempre mandou os convênios de Confaz para ratificação por intermédio da Assembléia Legislativa foi o Rio Grande do Sul, que sempre teve um cuidado muito grande com a legalidade e os princípios constitucionais. Eu fui Secretário da Fazenda do Paraná, mandei todos os meus convênios para a Assembléia Legislativa, nenhum deles foi aprovado sob o parecer de que, como a lei complementar dizia que não era preciso, então valia o decreto do governador.

Só que no caso da Constituição de 1988, como há emenda constitucional acrescentando um parágrafo ao art. 150, o parágrafo 6.º, há uma referência expressa que diz: isenção, redução de base de cálculo, remissão, anistia, etc. depende de lei federal, estadual, municipal, sem prejuízo da aprovação por intermédio dos representantes do Estado reunidos num colegiado. Não se inviabiliza a ação do Confaz, ao contrário, o Confaz é necessário, essa reunião dos secretários ou de qualquer órgão que representasse os Estados faz-se necessária para dar início à medida.

Mas este convênio tem que ser aprovado pela Assembléia Legislativa de cada Estado, ou vice-versa. A autorização no caso dessa última anistia, dos conhecidos Refis estaduais, eu tenho a impressão de que todos os Estados pura e simplesmente fizeram por decreto, sem observar que agora existe um artigo específico.

Eu respondo que se eu fosse Secretário da Fazenda não teria nenhuma dúvida de mandar isso para a Assembléia, e só colocar essa remissão, esse refinanciamento das dívidas depois de aprovado pela Assembléia, sob pena de responsabilidade funcional. A ação do Confaz continua sendo necessária.

Outra pergunta: se o princípio da não-cumulatividade é regra, o ICMS é tão claro na Constituição, a que o senhor atribui a complacência dos contribuintes e dos tribunais às constantes restrições ao crédito, como a que impede o crédito dos materiais de consumo, ativo permanente, em 48 meses e o caso de São Paulo, que chega ao ponto de vedar o crédito de materiais de construção utilizados na ampliação do parque produtivo, classificados como ativo permanente, sob a alegação de que se trata de aquisição de bem imóvel. Reginaldo Santos, São Paulo.

Eu quero dizer que não há complacência, me parece, dos contribuintes, com relação a essas restrições de crédito. Os senhores se lembram que antes do advento da Lei Complementar 87 a generalidade das empresas no Brasil começou a fazer crédito de bens do ativo fixo e bens de uso e consumo – claro, alguns diretores hoje respondem a processo criminal, por crime contra a ordem tributária, embora o Supremo já tenha dito que matéria de interpretação de lei e Constituição não pode levar a isso.

Então, me parece que não há acomodação das empresas. Essas restrições que vieram depois da Lei 87, de 1996, e de outra lei complementar, e agora da de número 102, são claramente inconstitucionais. O Prof. Roque Carrazza tem estudos explícitos de que nós podemos nos valer para ingressar no Judiciário. É verdade que hoje os juízes estão proibidos de atender prontamente ao pleito dos contribuintes, deferindo medida liminar, especialmente nas hipóteses de compensação de créditos.

PROFA. REGINA HELENA COSTA – Permite? (*Assentimento*) Estamos proibidos por medida provisória, ou seja, não estamos proibidos. (*Palmas*)

PROF. HERON ARZUA – Não. Só que há juiz e juiz. Mas, com o ICMS, nós estamos falando de juízes estaduais. E eu quero dizer o seguinte: no Paraná tem a seguinte medida, a seguinte determinação, velada, mas tem: cada liminar que um juiz der em matéria de compensação de crédito, o seu valor é descontado automaticamente do repasse que a Secretaria da Fazenda faz ao Poder Judiciário.

Portanto, essas restrições são incríveis, mas elas existem. Então, não adianta você primeiro ir a juízo, você tem que fazer o crédito e, se for o caso, ir a juízo, como todas as empresas fizeram, interpretando a Constituição, no caso dos bens do ativo e de uso e consumo.

Além dessas restrições ao Poder Judiciário, há o outro caminho, que é o da repetição de indébito. Ocorre que o Estado do Paraná não paga precatório desde 1995, nós estamos no ano de 2000, e agora saiu uma emenda constitucional parcelando tais requisições em dez anos. Então, não adianta, você pode ganhar no Poder Judiciário, pois a devolução fica para as calendas.

Existe uma outra restrição. A teoria que se formou em torno do IPI e do ICMS é que o crédito – hoje essa teoria está sendo contestada pelo Prof. Sacha Calmon – tem uma natureza financeira, ela não é matéria tributária. Como tal, ela é uma moeda vocacionada, ela só serve para você abater do débito. Agora, se você não tiver débito porque você é exportador, ou porque você está num sistema de diferimento em que você compra as mercadorias, tem crédito, mas vende diferido para que o próximo pague o imposto, sem poder transferir esse imposto, então a única solução que se enxerga é a transferência do crédito.

Até 1994 – eu sei porque fui Secretário da Fazenda – essa transferência de crédito era automática; os contribuintes passavam os créditos para outros contribuintes e comunicavam ao fisco. De lá para cá, com o advento da Lei Kandir em que você tem de requerer, os Estados fizeram esse tipo de restrição. Então, fica esse confronto, quer dizer, há créditos retidos, não se pode usar, e os contribuintes ficam pagando imposto sobre a renda desses créditos.

Então, eu respondo o seguinte: não há acomodação dos contribuintes, o que existe é um confronto permanente entre o fisco e o contribuinte. Isso que eu sempre digo: existe uma diferença muito grande entre a legislação infraconstitucional e a Constituição. Os Estados não respeitam a Constituição. E veja, não é porque eles são maus, não é porque os administradores dos Estados não queiram fazer isso, é que a situação falimentar dos Estados brasileiros obriga a mágicas incríveis. E entre estas mágicas que eles brilhantemente conceberam nos últimos tempos, foi de tornar o ICMS um imposto cumulativo, com o não reconhecimento de crédito.

Eu acho que seria isso, não me alongando muito mais. Obrigado.

COORDENADOR (PROF. JOSÉ EDUARDO SOARES DE MELO) – Doutora Regina Helena Costa.

PROFA. REGINA HELENA COSTA – Vou procurar ser breve. Existem algumas perguntas e alguns elogios. Muito obrigada.

Primeiramente, uma pergunta apócrifa: "levando-se em conta a repercussão econômica do tributo, a senhora considera, então, que é o contribuinte de fato quem tem o direito de reaver valores pagos a maior?" Pergunta capciosa, por isso é apócrifa.

Vou juntar com uma outra de Marcelo Salomão: "Concordo plenamente com sua palestra e gostaria de saber se reconhece a importância jurídica do repasse dos impostos indiretos e se isso implica em aceitar a constitucionalidade do art. 166 do Código Tributário Nacional".

A questão é a seguinte: não mencionei o art. 166 do Código Tributário Nacional na minha fala porque fiquei no plano constitucional, mas devo dizer, a propósito, que esse artigo também, evidentemente, reconhece a relevância jurídica do "contribuinte de fato". Esse dispositivo, todos sabem, foi interpretado pela Súmula 546 do Supremo Tribunal Federal e, tanto ele como a Súmula são muito criticados, na medida em que praticamente inviabilizam a repetição do indébito quando se trata dos chamados impostos indiretos.

A questão é pensar como seria viável fazê-lo. O problema é de prova. Então, o contribuinte de direito do ICMS ou do IPI, pretende postular a repetição do indébito, por entender ter pago a maior ou indevidamente o imposto. Ele vai ter que demonstrar ou que não repassou o encargo, o que é uma coisa muito difícil de acontecer, porque ele sempre repassa o encargo, como é da natureza desses impostos, ou, então, que está expressamente autorizado pelo contribuinte de fato, que é o consumidor, a postular essa devolução.

É preciso reconhecer que, nesse contexto, fica muito difícil, porque, na verdade, o contribuinte de direito não deixa de repassar o encargo. Ele só estaria autorizado a postular a restituição do imposto se provasse que o impacto do ônus financeiro acabou sendo absorvido por ele mesmo. Essa é a questão.

É claro que é uma questão que precisa ser repensada, pois é o mecanismo que está faltando. Quer dizer, a questão da prova, como viabilizar isto.

Não penso que o "contribuinte de fato" possa reaver o imposto pago a maior, até porque hoje essa situação seria inviável, visto que o "contribuinte de fato" nem sabe com quanto imposto ele arcou, afinal. Compramos bens e não sabemos efetivamente quanto exatamente tem de ICMS e IPI embutidos no preço. Agora, isso não significa que ele não tenha relevância no quadro do direito positivo.

E aqui eu vou a outra pergunta bastante extensa, que resumo – "a Profa. Misabel Derzi, com muita propriedade, tratou também do tema da tributação do consumidor, ontem". O autor da pergunta é Dirceu Galvão. Ele diz: "Parece-nos que, no âmbito da relação jurídico-tributária, a questão da imunidade recíproca pode aflorar e ser solucionada mais facilmente. Afinal, seria suprimido o pagamento de um imposto pela pessoa política. Considerando que o produto da arrecadação daquele imposto voltaria pela repartição das receitas tributárias à própria pessoa política, defensável a defesa de sua inexigência". Quanto a isso "OK", só que repartição da receita não mais constitui questão tributária, mas econômica ou financeira mesmo.

A pergunta: "mas em relação ao contribuinte de fato comum, quer dizer, que não seja pessoa política, como seria possível sua inserção naquela relação jurídico-tributária, a ponto de destacar a sua importância e a extensão de benefícios para o sofrido cidadão?"

Eu imagino uma situação seguinte – hoje também dificultada pela Jurisprudência que vem se formando, já em tribunais superiores: que a União altere a alíquota do IPI – porque pode fazê-lo por meio de decreto – de um gênero alimentício, de um produto que integre a cesta básica. Então, digamos que fixe uma alíquota altíssima, vamos imaginar. O produtor daquele gênero resolve não discutir, porque, afinal de contas, ele vai repassar o IPI no preço. Eu não descarto a possibilidade de o Ministério Público ajuizar uma ação civil pública sustentando estar havendo uma ofensa ao direito do "contribuinte de fato", do consumidor da cesta básica e daquele gênero alimentício que vai acabar suportando o impacto financeiro demasiado, quando existe uma regra que aponta para a seletividade em função da essencialidade dos produtos, mercadorias e serviços. Bom, se é essencial, se está na cesta básica, como é que pode ser onerado, como pode ser gravado pelo IPI com uma alíquota tão elevada?

Eu sei que hoje há uma porção de julgados acerca da inviabilidade de se usar a ação civil pública em matéria tributária. Eu defendo a posição contrária, que tive ocasião de expor tanto no exercício da judicatura, quanto em seminários.

Creio também que o "contribuinte de fato", dentro dessa perspectiva que apontei, deve também ser considerado nesse caso. Desse modo, a ação civil pública é instrumento perfeitamente adequado, até porque ela não tutela só o direito do consumidor, ela tutela o direito dos cidadãos, ela é instrumento para tutelar direitos coletivos, não só os do consumidor. O fato de se aplicar disposições do Código de Defesa do Consumidor à ação civil pública justifica-se porque ele traz também regras processuais, não aplicáveis apenas ao direito do consumidor. Lamentavelmente, a Jurisprudência está toda firmada no sentido contrário e, com o máximo respeito, calcada numa visão extremamente equivocada do instituto. Então, acho que o "contribuinte de fato" poderia ser defendido por ação civil pública, por exemplo, numa hipótese como essa.

E, para terminar, uma última pergunta, também relativa a essa questão da repercussão econômica: "Considera o PIS e a Cofins tributos indiretos? Seriam monofásicos ou plurifásicos, sabendo-se não beneficiados pela não-cumulatividade?". A pergunta é de Armando Zurita, da Universidade Federal do Pará, doutorando pela PUC.

Falei em repercussão econômica *stricto sensu*, no instituto como é conhecido tradicionalmente no direito tributário. Aqui ele está lembrando das contribuições sociais do PIS e da Cofins. Bom, posso dizer que o Imposto de Renda também repercute, posso dizer que todos os impostos repercutem, no sentido amplo. Por quê? Sempre vai se ter a possibilidade de repassar o impacto econômico. Sabe-se que as empresas repassam todos os seus custos aos seus preços, todos os tributos que elas têm de pagar. *Lato sensu,* todos os tributos repercutem.

Mas estamos falando aqui no sentido específico, no sentido próprio da repercussão, no qual aquele imposto que incide sobre determinada operação pode ser destacado no preço, e, por isso, a Constituição diz: o consumidor tem que ser informado, porque dá para saber exatamente quanto do preço que o consumidor vai pagar é imposto. Portanto, é a essa repercussão que estou me referindo.

Nesse sentido estrito, PIS e Cofins não seriam tributos indiretos, não obstante se possa entender – como o Prof. Arzua colocou –, *lato sensu,* uma repercussão. *Lato sensu,* sim, perfeitamente é possível.

Muito obrigada. (*Palmas*)

COORDENADOR (PROF. JOSÉ EDUARDO SOARES DE MELO) – Agora para finalizar, como o Prof. Eugênio Doin foi parlamentar, tem dez segundos para responder.

PROF. EUGÊNIO DOIN VIEIRA – Apenas o registro de uma informação jocosa, embora repassada de uma certa tristeza, do colega Antônio Sá, do Rio de Janeiro, que nos informa que a Constituição não mais vai ser vendida nas livrarias e sim nas bancas de jornais, que trabalham com periódicos. (*Risos*)

Peço ao Sr. Presidente que convide a todos para tomarmos um café.

MESA DE DEBATES "F"

TRATADOS – PREÇOS DE TRANSFERÊNCIA

COORDENADOR: PROFESSOR JOSÉ EDUARDO SOARES DE MELO
MEMBROS DA MESA: PROFESSORES BETINA GRUPENMACHER, ESTEVÃO HORVATH, JOSÉ ARTUR LIMA GONÇALVES E PAULO AYRES BARRETO.

COORDENADOR (PROF. JOSÉ EDUARDO SOARES DE MELO) – A nossa Mesa agora vai tratar de Tratados e Preços de Transferência. No tema de tratados em primeiro lugar vai falar a Profa. Betina Grupenmarcher, que é uma *expert* nesse assunto porque tem uma obra primorosa que é dos Tratados Internacionais em Matéria Tributária. A Profa. Betina é mestre e doutora em Direito Tributário, leciona em diversas faculdades e universidades do Paraná, tem ministrado cursos em diversos centros de especialização.

Vou passar então a palavra à Profa. Betina.

PROFA. BETINA GRUPENMACHER – Bom dia a todos. Inicialmente gostaria de agradecer o convite que me foi feito pelo Prof. José Eduardo Soares de Melo, para participar do Congresso de Direito Tributário, que é um congresso muito prestigiado entre nós. É uma honra estar aqui presente.

Fico igualmente satisfeita e honrada por compor uma Mesa de tão ilustres juristas, que tratará do tema: tratados internacionais.

Fui incumbida de lhes falar sobre a questão dos tratados internacionais e a abordagem desse assunto deve necessariamente ser precedida de uma análise do conceito de soberania. É impossível analisarem-se, estudarem-se os tratados internacionais, sem antes adentrar a questão do conceito de soberania, o que, aliás, todos que têm se dedicado a esse assunto, têm procurado fazer. É uma abordagem inicial acerca do conceito atual de soberania.

Soberania originariamente significou o atributo de que são investidos os Estados, cujo sentido expressava a idéia de poder reconhecido internacionalmente. Com o aprimoramento das relações internacionais, o conceito de soberania como um instituto estático, representado pela plenitude de competências, passou a sofrer um abrandamento. Esse abrandamento, na verdade, foi desencadeado pela teoria da primazia da ordem internacional, e por uma forte tendência para a integração dos povos.

Esses dois elementos conjuntamente desencadearam um processo de intensa integração econômica e, em função disso, aquela acepção clássica do conceito de soberania se tornou incompatível com esse processo. Então, o que se passou a observar é que o conceito original de soberania atuava como um empecilho para que os Estados aderissem aos pactos internacionais resultantes do processo de integração econômica.

No âmbito nacional o que me parece é que o termo soberania passou por um processo de mutação. O que significa mutação? A mutação é uma alteração lenta e gradual do texto constitucional, é um processo informal de alteração da Constituição, onde alguns termos que têm, no dizer de Karl Larenz, uma "textura aberta", passam a assumir outros significados, conforme o momento histórico em que estejam sendo interpretados e aplicados.

Hoje, o atributo da soberania possui um conceito mais abrandado em relação ao que era originalmente, tal se deu em função dessa intensificação dos processos de integração econômica a que me referi.

O conceito de soberania, portanto, foi alterado por via do processo de mutação, houve uma alteração gradual, porém informal, do sentido de soberania, e, no entanto, o texto constitucional permaneceu o mesmo.

São inúmeras as normas constitucionais que disciplinam as relações do Brasil no plano internacional. Temos no art. 21 a norma que prevê que a União tem competência para manter relação com Estados estrangeiros. Temos igualmente no art. 84, inciso II, a norma que diz que o Presidente tem a voz externa da Nação. Temos ainda – a qual julgo seja a mais importante norma em matéria de direito internacional – a disposição do art. 49, inciso I da Constituição Federal, que prevê que ao Congresso Nacional compete resolver definitivamente sobre os tratados internacionais.

Então, em matéria de direito internacional me parece que a norma mais relevante que temos no Texto Constitucional é aquela que prevê a necessidade de referendum do Congresso Nacional em relação aos tratados internacionais. Essa é uma norma que sempre existiu nas Constituições brasileiras, desde 1891 – naturalmente exceção feita a 1937 –, e que existe como garantia da implementação do princípio da separação dos poderes e da plena realização do ideal democrático.

Através dessa norma a Constituição previu a necessidade de uma participação conjunta do Executivo e do Legislativo na conclusão dos tratados internacionais. A interpretação que deve ser extraída da Constituição é a seguinte: concluído o tratado internacional, deve necessariamente ser submetido à aprovação do Congresso Nacional.

No que diz respeito à necessidade de referendum do Congresso Nacional entendo que o legislador Constituinte quis, na verdade, que o Congresso Nacional aprovasse ou rejeitasse integralmente os tratados, sem, no entanto, produzir qualquer alteração em seus textos previamente elaborados e aprovados pelos chefes de Estado. Estou ciente de que existem posições em sentido contrário, no entanto, tenho a convicção de que de fato o papel do Congresso Nacional é aprovar ou rejeitar na íntegra os tratados que foram subscritos pelo presidente da República.

Em função de tais divergências de posicionamento, alguns autores entendem que o tratado não é fonte de direito, o que é fonte de direito é o decreto legislativo que o introduz no ordenamento interno. Também com tal entendimento não concordo, acho que o decreto legislativo de fato introduz o texto do tratado do ordenamento interno, mas quem altera a ordem jurídica, quem cria, modifica ou extingue direitos, vamos assim dizer, é o tratado internacional. Por isso entendo ser o tratado internacional fonte de direito.

Mas como dizia, o termo soberania foi alterado por um processo de mutação constitucional, uma alteração gradual do Texto. O Texto Constitucional permanece inalterado, com normas, dentre outras como a do art. 4º, parágrafo único, e a do art. 5º, § 2º, que disciplinam as relações da Nação no plano internacional, no entanto, não houve a adaptação necessária do Texto Constitucional ao novo conceito de soberania, esse conceito mais abrandado, que afastou aquela idéia de instituto estático representado pela plenitude de competências.

Antecipando parte da minha conclusão, entendo que o texto constitucional deveria ter sido formalmente alterado, para que nele fosse incluída uma norma que previsse a supranacionalidade dos tratados, ou seja, uma norma que estabelecesse que os tratados prevalecem sobre a lei, por serem hierarquicamente superiores.

E por que eu entendo que essa modificação deva acontecer?

Em primeiro lugar, para que possamos nos adaptar ao pacto de integração econômica do Mercosul, e apenas para ilustrar eu traria a informação de que a Argentina e o Paraguai, por exemplo, em função do Mercosul já alteraram as suas Constituições para nelas incluírem dispositivos que dizem que os tratados em qualquer situação, exceto em relação ao Texto Constitucional, prevalecem sobre a lei. Também a França, a Grécia, o Peru admitem a prevalência dos Tratados Internacionais sobre suas leis internas. A Constituição da Argentina, por exemplo, previu no art. 75, item 22, o seguinte: "Corresponde ao Congresso aprovar ou reprovar tratados concluídos com as demais nações e com as organizações internacionais e os convênios com a Santa Sé. Os tratados e convênios têm hierarquia superior às leis". Então, a Constituição da Argentina previu expressamente que os tratados e convênios têm hierarquia superior às leis. O mesmo aconteceu no Paraguai, que previu no art. 137 que "A lei suprema da República é a Constituição, esta, ou seja, a Constituição, os tratados, convênios e acordos internacionais aprovados e ratificados, as leis editadas pelo Congresso e outras disposições jurídicas de hierarquia inferior que forem sancionadas integram o direito positivo nacional na ordem de preferência enunciada". Ou seja, antes a Constituição, depois os tratados, depois a lei interna.

No âmbito do Mercosul estamos na mesma situação do Uruguai, que ainda não alterou a sua Constituição. Temos, em verdade, um problema prático que resulta da inadequação do Texto Constitucional ao atual conceito de soberania. E qual é essa inadequação? A ausência de uma norma constitucional que preveja a supranacionalidade dos tratados.

Nesse sentido, o que acontece na prática, como dizia, quando uma lei interna for posterior ao tratado e com ele conflitante, tem entendido o Supremo Tribunal Federal – genericamente falando, são as decisões mais importantes – que a lei interna prevalece sobre o tratado. Ou seja, no entendimento do Supremo Tribunal Federal, como não temos uma norma constitucional que preveja a superioridade hierárquica dos tratados, têm estes a mesma hierarquia que a lei interna e portanto, diante de um conflito normativo ou de uma antinomia, esse conflito se resolve – na visão do Supremo Tribunal Federal – através da aplicação do chamado critério cronológico. Ou seja, qualquer lei que suceda, no tempo, a uma primeira e que com ela seja conflitante, prevalece sobre a primeira.

E qual é a conseqüência concreta de tal entendimento? Se o tratado for posterior à lei, sobre ela prevalece. No entanto, se o tratado for anterior à lei, esta prevalece sobre o tratado. Entendo ser esse raciocínio um tanto temerário para quem dá os primeiros passos em relação à integração econômica, como é a situação do Brasil e de tantos outros países do globo. O Supremo Tribunal Federal chegou a afirmar o seguinte: "nós não temos na Constituição do Brasil aquela norma que existe na Constituição da França, da Alemanha, dos Países Baixos, da Venezuela, do Peru, de tantos outros países, dizendo que o tratado prevalece em qualquer hipótese. E se não a temos na Constituição, o Tribunal não pode inventá-la".

Em função de tal entendimento, diante do conflito normativo entre a norma interna e a internacional tem, a nossa Suprema Corte, aplicado o critério cronológico.

A solução de conflitos de antinomia ou de conflitos normativos, a partir da aplicação dos chamados critérios para solução de antinomia, é na verdade uma opção política do intérprete, depende de um esforço casuístico daquele que está interpretando a norma. Ou seja, diante dos inúmeros critérios de solução de antinomias o intérprete opta por um deles – no caso o Supremo Tribunal Federal optou pelo critério cronológico. Como entendo que ainda que não tenhamos uma norma em nível constitucional que preveja a supranacionalidade dos tratados, devem eles, em qualquer hipótese, prevalecer em relação à lei interna, apresento uma outra alternativa: se os tratados não são superiores à lei há que se optar por um critério que dê aplicação ao tratado ou à lei interna, optemos, então, pelo critério da especialidade.

Entendo que os tratados são especiais em relação à lei interna, porque esta em matéria tributária contém o comando geral de incidência, estabelece as hipóteses em que se dará a incidência do tributo. O tratado em matéria tributária – aqui vamos nos restringir, então, ao tratado que versa matéria tributária – é sempre especial em relação à lei. A lei contém o comando geral e o tratado estabelece uma vedação ou uma limitação à incidência prevista na lei interna.

Tive o cuidado de fazer uma pesquisa em relação a esta questão e apurei que os tratados internacionais em matéria tributária sempre veiculam alguma forma de benefício para o contribuinte, quer seja reduzindo alíquotas ou estabelecendo isenções. Então, é possível concluir-se que os tratados são especiais em relação à lei interna. E nesse sentido eu sugeriria – se é que posso fazê-lo –, ao Supremo Tribunal Federal, que diante do conflito normativo optasse pelo critério da especialidade e não pelo critério cronológico.

E o que acontecerá se acatarmos a posição que o Supremo Tribunal Federal tem seguido, optando pelo critério cronológico e em algumas situações dando preferência à lei interna? Uma desmoralização do Brasil no plano internacional, além de responsabilização pelo descumprimento de cláusula pactícia. E repito: essas duas situações analisadas conjuntamente não são as ideais para quem pretende dar os primeiros passos rumo à integração econômica.

De fato o melhor caminho seria a alteração do texto constitucional, como fizeram o Paraguai e a Argentina, para que nele incluíssemos uma norma que previsse a supranacionalidade dos tratados. Mas enquanto o Congresso Nacional não se animar a fazê-lo, há que se optar pelo critério da especialidade, para em qualquer situação dar preferência aos tratados internacionais, em detrimento da legislação interna.

Qual a segunda conseqüência prática e a importância de atribuir-se aos tratados internacionais a grandiosidade – vamos dizer assim – que eles assumem nos dias de hoje, nessa situação de globalização que é tão presente? Contrariando a lei interna, por exemplo, podem, os tratados, prever isenções de tributos estaduais e municipais, ou até mesmo federais.

A posição tradicional da doutrina tem sido no sentido contrário, ou seja, os tratados internacionais não podem, segundo entende a doutrina majoritária, prever isenções de tributos estaduais e municipais.

E quais os argumentos que são apresentados como fundamento de tal raciocínio?

A concessão de isenção de tributos estaduais e municipais por tratados fere os princípio da vedação da isenção heterônoma e da legalidade, além de ferir o princípio da autonomia dos Estados e municípios.

Data máxima vênia, imaginando qual será a posição do Prof. Estevão, afirmo de antemão que não concordo com nenhum desses argumentos e posso explicar.

Não há infração ao princípio da vedação da isenção heterônoma. E por que faço tal afirmação? O que diz o princípio da vedação da isenção heterônoma é que a União não pode conceder benefícios em relação a tributos estaduais e municipais. A União – e essa distinção me parece muito clara e importante – assume, no dizer do Prof. Souto Maior Borges, na Constituição Brasileira, um caráter bifronte; ou seja, ora temos a Constituição referindo-se à União como Estado Federal, ora referindo-se à pessoa política de direito público, como o são os Estados e os Municípios.

O que a Constituição vedou foi que a União como pessoa política de direito público estabelecesse isenções de tributos estaduais e municipais. A Constituição em nenhum momento proibiu que o Estado Federativo, ou seja, a União como Estado Federal, estabelecesse esse tipo de previsão através de tratados internacionais.

O Prof. Sacha Calmon Navarro Coelho tem uma frase que considero muito boa para explicar essa situação, e que admite esse meu raciocínio – na verdade, eu é que admito o dele. Diz o seguinte: quando o constituinte previu o princípio da vedação da isenção heterônoma, quis estabelecer uma isonomia entre as pessoas políticas de direito público, jamais imobilizar o Estado brasileiro no concerto internacional das nações, impedindo-o de empenhar validamente a sua palavra.

Não há infração ao princípio da vedação da isenção heterônoma. Não há, também – e já estou concluindo – infração ao princípio da legalidade, no sentido de que toda isenção ou benefício fiscal deveria sofrer aprovação do Poder Legislativo. E por que não há tal obstáculo? Porque todos os tratados internacionais, em homenagem ao princípio da separação dos poderes e para a realização plena do ideal democrático, passam pelo Congresso Nacional e sofrem tramitação semelhante àquela que sofre a legislação ordinária. Então, a aprovação do Poder Legislativo, a aprovação do povo brasileiro, é dada no momento em que esse tratado passa pelo Congresso Nacional. Por esta razão também não há infração ao princípio da legalidade.

Não há, ainda, infração ao princípio da autonomia municipal. E por que não há infração aos princípio da autonomia municipal e estadual? Porque quando o Estado brasileiro subscreve ou conclui um tratado internacional, o faz em nome da Nação brasileira. Estados e municípios não têm soberania, têm autonomia. Portanto, se subscrever tratados internacionais é importante para a Nação, ainda que seja concedendo isenção de tributos estaduais e municipais, Estados e municípios não podem se insurgir contra isso porque o interesse da Nação sobreleva aos interesses estaduais e municipais.

Entendo que nesse sentido não se estaria ferindo os princípios da autonomia estadual e municipal, até porque a nossa Constituição é concentracionária, ou seja, concentra nas mãos do Estado Brasileiro a condução das políticas mais importantes no âmbito internacional, e se a Constituição dá os fins à União, tem que dar os meios, ou seja, a possibilidade de subscrever e empenhar validamente a sua palavra no âmbito internacional.

Apenas para concluir o meu raciocínio, entendo que a alteração do Texto se faz premente diante da alteração do sentido do atributo da soberania que já aconteceu por um processo de mutação. Temos que nos adaptar a esse conceito novo de soberania, para que possamos aderir plenamente aos pactos de integração econômica. Nesse sentido traria aqui, para concluir meu raciocínio, algumas idéias que já foram colocadas anteriormente pelo Prof. Francisco Rezek, no sentido de que precisamos aproveitar esse momento tão frutífero, onde se estreitam as relações no plano internacional, onde se avolumam os processos de integração econômica, e definitivamente alterar o Texto Constitucional para incluir essa norma que atribua superior hierarquia aos tratados, porque, como disse, a solução interpretativa é tanto frágil quanto insuficiente para resolver o problema. Se aproveitarmos esse momento tenho certeza absoluta de que as conseqüências serão as melhores para todos nós. Se perdermos a oportunidade de fazê-lo num momento que reclama tanta grandeza, sobrará ao depois um profundo remorso e eu tenho certeza que nós não queremos tê-lo.

Muito obrigada pela atenção. (*Palmas*)

COORDENADOR (PROF. JOSÉ EDUARDO SOARES DE MELO) – Passo a palavra agora ao Prof. Estevão Horvath, que é conhecido de todos nós, mestre, doutor em Direito Tributário pela PUC de São Paulo e pela Universidade Autônoma de Madrid. É também professor de Direito Tributário na PUC e na USP, em São Paulo, e autor de uma primorosa obra sobre o lançamento no Direito Tributário.

PROF. ESTEVÃO HORVATH – Senhor Presidente, bom dia a todos. Em primeiro lugar, ilustres companheiros de Mesa, em especial a Profa. Betina Grupenmacher, é uma honra participar desta Mesa, principalmente tendo a Profa. Betina como contrincante. Eu tive o privilégio e a honra de participar da argüição da sua tese de doutoramento, na qual ela defendeu exatamente alguns dos pontos que foram trazidos aqui sobre tratados internacionais. A satisfação existe até por entender que é muito saudável, muito salutar que haja essa contraposição, para que todos tenham argumentos de todos os lados para poderem fazer a sua opção.

Confesso que a minha posição infelizmente é minoritária – para mim infelizmente, evidentemente – para não dizer quase que unitária. (*Risos*). Mas não consegui por enquanto me convencer do contrário. Eu até chamaria a minha fala aqui, plagiando a Profa. Misabel Derzi, de "Federalismo e Isenções". Vou falar um pouco sobre os tratados, do jeito que a Profa. Betina falou também. Não me limitarei simplesmente a contrapor argumentos aos dela, até porque nós partimos de algumas premissas diferentes: ela entende – pelo que eu deduzi – que o tratado em si seria fonte de direito no Brasil, e eu me filio àquele entendimento segundo o qual o Decreto-Legislativo que o introduz na ordem interna é que tem essa função de fonte no sentido tradicional do termo.

Na verdade acho que eu poderia resumir meu pensamento fazendo um breve comentário sobre o papel do art. 98 do Código Tributário Nacional. Como todos sabem – e eu anotei aqui para relembrar-lhes – o art. 98 do Código Tributário diz: "Os tratados e convenções internacionais revogam ou modificam a legislação tributária interna e serão observados pela legislação que lhe sobrevenha." A pergunta básica que se faz para quem lê esse artigo é a seguinte: "Bom, se o art. 98 diz isso, qual é o problema? Está tudo resolvido". Eu parto do antes: o art. 98 pode dizer isso? Ou o que significa ele ter dito isso? Ele tem legitimidade, ele tem competência para dizer isso? Eu infelizmente acho que não. Isto é uma matéria de distribuição de competência e hierarquia de atos normativos e no meu modo de ver somente a Constituição da República poderia prever.

Não nego – até porque não poderia, tem dicção expressa nesse sentido na Constituição – que a União quando celebra tratados não o faz em seu nome, em nome de pessoa jurídica de direito público interno, ordem parcial do Estado Brasileiro; ela o faz em nome da República Federativa do Brasil, não tenho a menor dúvida. Ela detém a soberania, também não tenho a menor dúvida.

Agora, nessa contraposição entre soberania e autonomia, a soberania é trazida para a União enquanto Estado Brasileiro, do mesmo jeito que existe paralelamente a autonomia dada aos Estados, aos Municípios e ao Distrito Federal. O que eu quero dizer é o seguinte: a contraposição que existe entre esta alegada soberania da União em matéria de tratados internacionais, entre outras, e o princípio federativo. Ou seja, a Federação existente no Brasil é aquela configurada pela Constituição. Pode não ser a ideal, pode ter inúmeros defeitos, mas é aquela que a Constituição desenhou.

Então, por que não se interpretar o inciso I do art. 21 da Constituição que diz que compete à União manter relações com Estados estrangeiros e participar de organizações internacionais, no seguinte sentido: ela pode representar o Estado Brasileiro e evidentemente o faz, mas será que eu posso me esquecer dos outros dispositivos constitucionais que prestigiam a autonomia e a independência, até um certo ponto, dos Estados e dos municípios? E isso evidentemente tem uma repercussão simplesmente fundamental em matéria tributária.

Vou me restringir ao problema das isenções, que é aquilo que a Profa. Betina mencionou, isto é, uma norma isentiva trazida pelo tratado internacional. Bom, aqui já ultrapassamos a história de ele ser introduzido diretamente, por si mesmo, pelo tratado, ou por decreto legislativo. Ele foi, resumindo, validamente introduzido no ordenamento jurídico brasileiro. E dispõe, por exemplo, acerca de isenções de tributos federais, mas também de tributo municipal ou estadual.

Então, a pergunta é exatamente essa: pode o tratado celebrado pelo Brasil conceder uma isenção de tributo estadual ou municipal? Quando a Constituição afirma que as pessoas políticas podem "instituir" os seus tributos, ela quer dizer instituir nos termos que estão nela previstos. Se a pessoa tem competência para instituir, terá também competência para disciplinar aqueles tributos, e entre esse disciplinamento está a concessão de isenções. Então, afora a hipótese já prevista também constitucionalmente do ICMS, com relação a todos os demais tributos a pessoa que tributa é a pessoa competente para isentar.

A única exceção que eu admitiria seria uma exceção trazida pela própria Constituição, e eu não encontro isso. Onde estaria? Quando a Constituição quis dizer, ela já disse, referindo-se, por exemplo, aos serviços exportados, à exportação dos serviços para o exterior, com relação ao ISS no art. 156, § 3º, inciso II: a lei complementar pode conceder isenção de serviços destinados a exportações. O art. 155, quando se refere ao ICMS, § 2º, inciso X,letra "a", e XII letra "e", primeiro diz aquilo dos semi-elaborados (depois anulado pela Lei Complementar 87/96), e depois vem o inciso XII, *e*, para possibilitar à lei complementar excluir da incidência do ICMS, nas exportações para o exterior, serviços e outros produtos além daqueles mencionados *retro*.

Então, no meu modo de ver a Constituição já escolheu as situações em que outro ato normativo, outra pessoa poderia tratar de tributos estaduais e municipais que não os próprios Estados e Municípios, e não trouxe outro tipo de exceção. A exceção genérica seria: encaixar-se no art. 146 da Constituição – que eu costumo dizer que é uma válvula de escape do arcabouço federativo importantíssima. Ou seja, em princípio, a Constituição destinou à União, Estados e Municípios competências rígidas materiais e legislativas, inclusive tributárias. Mas a exceção seria: então nesse caso, como dizia o Prof. Geraldo Ataliba, a União, cada Estado, cada Município deveria ter o seu Código Tributário do jeito que quisesse, independentemente de haver um código tributário central, vamos chamar assim. Mas a Constituição permitiu, por razões políticas e operacionais, que aqui não interessa comentar, que existisse uma legislação que valesse para todo o Brasil, para a União, para os Estados, para o Distrito Federal e Municípios. E aí está o Código Tributário Nacional.

Mas vejam, mesmo isto é limitado! O art. 146, como disse o Prof. Paulo de Barros Carvalho ontem, quando trata das normas gerais, diz que a lei complementar pode estabelecer normas gerais em matéria de legislação tributária, em realidade ... sobre tudo, e ele não conseguia achar um exemplo que quisesse na verdade dizer que tudo poderia ser tratado de normas gerais. De qualquer forma, existe o art. 98 do Código Tributário? Este dispositivo, entretanto, por nenhum ângulo que se aprecie não cuida de matéria de Normas Gerais de Direito Tributário. Essa matéria por ele tratada é eminentemente constitucional, se encaixa dentro do que se costuma designar "regra de estrutura", que teria de ser trazida nesse caso pelo direito constitucional.

Por mais vontade que eu tenha de aceitar a tese oposta que é, por exemplo, a esposada pela Profa. Betina, eu não consigo entender que *de lege lata* haja a competência do tratado para modificar a legislação do direito interno na hipótese aqui versada. Na verdade o meu pensamento é o seguinte: o tratado, quando ingressa no ordenamento jurídico, se houver uma outra norma em contrário ele revoga essa norma porque está cuidando especialmente dessa matéria. Mas se sobrevier uma norma interna que diga o contrário do que disse aquele tratado introduzido, ela vai prevalecer também porque é competência do Município, por exemplo (no caso de tributos municipais, obviamente). Ou seja, será que pela circunstância de um tratado haver estabelecido uma isenção de ISS, *v.g.*, isso significa que o Município estará para sempre engessado, que aquele serviço jamais poderá ser tributado enquanto não for denunciado o tratado? Não me parece que isso seja possível de acontecer, juridicamente.

Eu vou buscar um exemplo fora do direito tributário, no direito administrativo: será que um tratado internacional poderia dispor sobre um serviço público de caráter estritamente municipal? Vou citar este exemplo porque é o único serviço público a que a Constituição se refere expressamente como sendo de competência do Município – o de transporte coletivo urbano. Se por alguma razão o tratado cuidasse – isso é uma hipótese, mas só para raciocinar – do serviço de transporte coletivo, os municípios brasileiros teriam que se sujeitar a essas regras trazidas pelo tratado internacional? Creio que não. É claro que isso provavelmente nunca aconteceria e não teria a mesma repercussão que existiria se se cuidasse de matéria tributária, mas para efeito de raciocínio, acho digna de ser pensada, realmente.

De qualquer forma, alega-se também a contraposição entre lei especial e lei geral. Eu coletei aqui uma passagem de um artigo dos Professores Geraldo Ataliba e Aires Barreto, que é trazido pela Profa. Misabel Derzi na revisão que ela fez do *Limitações Constitucionais do Poder de Tributar*, de Aliomar Baleeiro. Aí eu anotei o que me pareceu mais importante, e me permito ler aqui:

"Os acordos internacionais tributários são leis internas que descrevem as hipóteses de incidência dos tributos diversos. São especiais porque prescrevem regulações diferentes, peculiares e específicas para situações especiais discriminadas para alguns, enquanto que as leis tributárias contêm regras gerais ou específicas para todas as situações gerais ou específicas."

E finalizam no que interessa aqui:

"Assim, a prevalência das normas dos tratados não provém de sua índole internacional, nem de uma superioridade extra-sistemática do direito internacional; essa prevalência decorre direta e simplesmente das regras da ordem jurídica positiva brasileira."

Ou seja, tratado não é nada diferente de uma norma de direito interno. Simplesmente o ato normativo que o veicula, o decreto legislativo, está na mesma posição hierárquica que uma lei, e no caso uma lei de caráter estadual, federal ou municipal. Então, o tratado só se sobreporia à legislação interna segundo aquele princípio de "a lei especial prevalece sobre a lei geral". Mas especial em que sentido? O tratado seria especial? Não me parece que seja assim, *data venia* dos internacionalistas que pensam diversamente. O que é especial ou não é a matéria de que trata. Então, em certas situações ele pode conceder, por exemplo, isenção sobre um determinado produto, enquanto que a lei estadual ou municipal concede genericamente. E daí ele vai prevalecer sobre a lei municipal ou estadual naquele momento. Mas ele pode trazer também isenções gerais, assim como a lei estadual ou municipal pode prever casos concretos, casos específicos. E a contraposição vai se dar como qualquer regra que esteja na mesma hierarquia.

Em outras palavras, eu quero dizer: no Brasil, segundo penso, os tratados devidamente introduzidos na ordem nacional têm a mesma posição hierárquica das normas com força das leis ordinárias. Depois, eu lembraria um princípio básico, fundamental: o da supremacia da Constituição sobre as normas internacionais. Por enquanto nós temos isso ainda em quase todo o mundo. Que eu tenha notícia, parece que só na Holanda a Constituição foi reformada para prever que os tratados prevaleçam, inclusive sobre a Constituição.

Em suma, o que eu quero dizer é o seguinte: a nossa Constituição é rígida, como todos sabemos, e é exaustiva em matéria tributária. Esse dado tem que ser levado sempre em consideração. Ou seja, a proposta de entender que o tratado internacional pode alterar a legislação tributária de entes federativos outros que não a União é, talvez, o que deveria ser. Posso ter minha opinião enquanto cidadão, mas enquanto estudioso do direito não posso me deixar levar pela maioria somente para entender juridicamente viável uma interpretação que só seria válida *de lege ferenda*. Deveria nossa Constituição ser modificada? Provavelmente deveria. A tendência mundial de globalização, de mundialização é evidente, é como a Profa. Betina disse e proclamou, até quase num ato de terrorismo (*Risos*), que tem de ser feita a mudança no texto constitucional, sob pena de nós não acompanharmos o mundo. Eu concordo absolutamente em gênero, número e grau com tudo isso, mas acho o que ela mesma disse: *tem-se de fazer a mudança constitucional*; a nossa Constituição vigente não diz isso.

Para finalizar, eu diria: o art. 98 do Código Tributário Nacional, para obrigar, da forma que se pretende que ele obrigue, tinha de ser uma regra da Constituição e não de uma lei complementar ou de alguma norma infraconstitucional. E tanto não é absurdo esse pensamento, primeiro que eu estou bem acompanhado, porque o Prof. Geraldo Ataliba, o Prof. Aires e a Profa. Misabel Derzi pensam assim – acho que somos os únicos, pelo que tenho notícia, que pensamos assim. Lembro, contudo, que num dos anteprojetos de reforma tributária propõe-se a inclusão no texto constitucional exatamente de um artigo que diz mais ou menos ou a mesma coisa que diz o art. 98. Quer dizer, pretende-se inserir na Constituição o teor do art. 98 do CTN.

Agora, correndo o risco de ser linchado ao sair daqui, pelos opositores desta tese, eu receio que mesmo assim não sei se isso seria possível de se fazer no Brasil. Não sei se a Constituição poderia ser alterada para dizer isso, em face do princípio federativo que é intocável, a Federação do jeito que foi proposta pelo texto constitucional. Mas eu não quero chegar a isso tudo, porque senão realmente eu estaria fazendo terrorismo antecipadamente, sem razão de ser.

Concluindo, sem a menor dúvida eu atribuo toda importância a essa teoria que foi tão brilhantemente exposta aqui e no seu trabalho, pela Profa. Betina. Desejaria, enquanto cidadão, que fosse assim, atribuo a isso enorme relevância e parece que as coisas deveriam ser do modo preconizado pelos meus constrincantes. Mas, infelizmente, enquanto estudioso do direito e examinando o direito positivo, sou forçado a chegar à conclusão, por enquanto, de que não é assim no nosso direito. E eu espero mais argumentos que me ajudem também para mudar de opinião.

Muito obrigado pela atenção. (*Palmas*)

COORDENADOR (PROF. JOSÉ EDUARDO SOARES DE MELO) – Agora eu passo a palavra ao meu querido amigo e colega José Artur Lima Gonçalves, que também é mestre e doutor em Direito Tributário pela PUC, tem duas obras primorosas, uma sobre a Isonomia Tributária e outra sobre Conceito Constitucional de Renda. É professor dos cursos de especialização, bacharelado e mestrado da PUC.

PROF. JOSÉ ARTUR LIMA GONÇALVES – Muito obrigado, meu amigo José Eduardo, demais componentes da Mesa, meus colegas. Estamos aqui para ser linchados, juntamente com o Prof. Estevão, porque nos compete abordar este tema dos chamados Preços de Transferência.

O pano de fundo valorativo, portanto, uma abordagem metajurídica desta questão, envolve a consideração de duas circunstâncias valorativas: de um lado a proteção dos direitos e garantias individuais do contribuinte, toda a amarração constitucional voltada para a proteção do interesse do contribuinte contra o chamado poder de tributar, e de outro lado um outro valor que a Constituição também positiva e prestigia, que é a necessidade de implemento da eficácia da regra de tributação. Se a Constituição dá o instrumental ao Estado para que ele institua o tributo, e na medida em que esta competência tributária é exatamente o instrumento que viabiliza a existência da soberania, da autonomia e do desempenho do poder do Estado na busca da satisfação do interesse coletivo, a Constituição obviamente está incrementando e exigindo que exista eficácia da norma tributária.

Esta questão do preço de transferência, portanto, está a bagunçar este equilíbrio. Até onde o particular pode se organizar, ser criativo etc. nas suas relações internacionais, ou seja, quando você tem mais de uma unidade empresarial e cada uma delas em uma jurisdição distinta, submetida, portanto, a um poder tributário distinto, e até onde pode esta criatividade comprometer aquela eficácia da norma de tributação.

Muito bem, este é o pano de fundo metajurídico desta conversa. Porém, já com toda a tranqüilidade afirmou o meu colega de linchamento Estevão Horvath, nós temos infelizmente que prestigiar uma ordem jurídica vigente em um dado território. Como nós estamos no Brasil, precisamos tentar compreender as questões e as dificuldades e submetê-las ao crivo de apreciação, de admissibilidade e de compatibilidade com o ordenamento jurídico vigente no Brasil.

Esta observação, que parece ser tão óbvia e evidente para qualquer primeiroanista de direito, costuma ser esquecida – as pessoas abandonam essas noções básicas, especialmente em matéria de tributação internacional. Por que se faz isso? Porque o Brasil tem um desenvolvimento ainda muito tímido em relação às chamadas nações civilizadas. Então, há décadas e décadas – os internacionalistas podem confirmar – existe discussão a respeito desta questão de como proteger a arrecadação nacional em face da criatividade dos bem assessorados agentes econômicos.

Os países civilizados, portanto, desenvolveram uma mecânica normativa para tratar desta questão. E o que faz o Brasil mais uma vez nessa matéria, com essa sua subjugação ao poder intelectual estrangeiro, especialmente em matéria tributária? O Brasil vai olhar as proposições prescritivas, as normas de conduta que existem no exterior e vai estudar as proposições descritivas respectivas a essas prescrições, que compõem a doutrina estrangeira. Vai, lê, acha tudo aquilo uma maravilha, e traz para o Brasil aquelas normas de conduta ou aquelas descrições, pretendendo fazer com que estas normas e às vezes até mesmo as descrições se transformem em direito vigente, válido aqui no Brasil.

Existe, portanto, um esquecimento acerca da necessidade de tratar-se este tema, assim como qualquer outro, especialmente em matéria tributária no Brasil, a partir da Constituição Federal Brasileira. O Prof. Estevão já lembrou que esta Constituição Brasileira é exaustiva, ela exaure, ela termina, ela acaba; ela pode ser explicitada, ela pode ser esclarecida, porém ela compõe um todo harmônico que aspira à exaustividade. E, além disso, ela é rígida, portanto, não pode ser alterada por deliberação de órgão infraconstitucional.

Esta premissa não tem sido devidamente adotada por quem estuda a matéria de preço de transferência no Brasil. Há até colegas nossos que fundamentam opiniões e conclusões sobre normas de tratados internacionais aos quais o Brasil sequer aderiu. Então, perde-se completamente a premissa de tratamento mínimo de coerência normativa, para tratar de um aspecto como se ele fosse meramente econômico.

Portanto, a colocação que se faz para meditação dos colegas – a sugestão – é de que é necessário tratar desse tema. Eu tenho que manter o equilíbrio desta necessidade de incrementar a eficácia da regra de tributação, porém, eu não devo fazê-lo, ou, na minha opinião, eu não posso fazê-lo senão a partir do ordenamento jurídico que existe no Brasil.

Então, esta noção descomprometida ou de mínimo compromisso com a coisa normativa no sentido de que o que é moderno, o que é bonito, o que existe nos Estados Unidos, o que existe na Espanha, na França, na Inglaterra e na Itália vai existir aqui do mesmo modo e com a mesma validade jurídica é uma noção que na minha maneira de entender precisa ser remeditada.

Eu não tenho em nenhum desses países uma estrutura constitucional que zele pela coisa tributária com a exaustividade que a Constituição Brasileira o faz. Portanto, esta busca do moderno sem o teste de compatibilidade com o que está previsto na Constituição Brasileira é uma premissa, é um comportamento intelectual muito perigoso.

Esta iniciativa estrangeira a respeito da matéria de como inibir esta criatividade, o escape da carga fiscal pelos particulares, é desenvolvida nos lugares sérios a partir da criação de uma sistemática. Não existe, como se pretendeu fazer no Brasil, a colocação de um elemento isolado, como esta norma que nós temos sobre preço de transferência. Existe nos países civilizados um sistema de normas desenvolvido por todos eles em conjunto, que permite até mesmo que se façam acertos entre eles para calibrar a carga total tributária que recai sobre um grupo. Os *mutual agreement procedure* que existem, e que são passíveis de celebração em alguns países da Europa, por exemplo, permitem que se negocie com as autoridades fiscais de cada um dos países ajustes sobre a carga global internacional de uma dada companhia. E o que o brasileiro faz? O que o brasileiro faz é pegar um elemento desse sistema, que é uma norma que trata de preço de transferência, retira de lá e traz aqui, faz isto virar lei, e pretende que isto funcione de alguma maneira.

O Prof. Tércio Sampaio Ferraz nos ensina que quando eu comprometo a coerência interna de um dado sistema estou transformando aquele sistema em instrumento de arbítrio. Esta iniciativa brasileira de isoladamente pinçar uma norma para pretender a partir dessa norma instituir controle de preço de transferência é um instrumento de arbítrio, porque não está inserido em sistema adequado de controle de escape de carga fiscal compatível com a Constituição Federal Brasileira.

Como é que esta coisa de transferência de cargas se dá? Nas operações de importação ou de exportação o particular pode calibrar – ou aumentando o custo da importação ou reduzindo um custo de exportação. E aí vem a lei brasileira e diz o seguinte: o senhor calibrou para cima o custo de uma importação, eu desprezo o excesso que eu, lei brasileira, acho que o senhor colocou nesse preço de importação. Na exportação o senhor fez o sentido inverso, eu arbitro aquela receita que o senhor está me escondendo.

Normativamente falando – eu acho que a gente deve sempre começar por aí, para depois desenvolver outras considerações – o que é que esta norma tributária que está em vigor hoje no Brasil está fazendo? Ela está aplicando uma técnica que se chama uma técnica de ficção, ela está dizendo que em um dado lugar há uma certa realidade. Ela não está pesquisando a existência de uma certa realidade econômica, ela está afirmando que existe uma certa realidade econômica.

Pontes de Miranda lembra que a ficção é aquele instrumento que enche de artificial o suporte fático, é aquele instrumento a partir do qual o legislador prescinde da busca do real. Essas colocações do Pontes de Miranda no seu tratado são extraordinárias, porque ele ensina que se criam elementos para que se considere, independentemente da realidade, que existe um dado elemento no suporte fático.

Ocorre que quando eu estou falando de tributação no Brasil, e quando eu lembro que a Constituição é exaustiva, e quando eu lembro que a técnica para a repartição constitucional de competência tributária é impositiva, é referência às materialidades das hipóteses de incidência que estão nos artigos 153, 155 e 156, nós estamos lembrando que em matéria de tributo não vinculado, em matéria de imposto, necessariamente tenho de considerar um ato, fato ou estado que manifeste capacidade contributiva. Eu não posso, porque a Constituição não deseja e não permite, supor a existência, por um meio de ficção, de um fato imponível onde capacidade contributiva não houver. Quando a Constituição trata de usar as materialidades para fazer a repartição de competência, ela está tomando ato, fato ou estado que manifestam capacidade contributiva, que, por sua vez, é – essa capacidade – titulada por alguém.

Então, a Constituição não deseja admitir a validade de uma norma que tome por existente algo que sabidamente ou já pressupostamente pela norma não existe. Eu não posso ter um fato imponível onde eu não tiver capacidade contributiva. E é exatamente isto que a norma brasileira está fazendo, ela assume existente uma capacidade contributiva onde não necessariamente exista esta capacidade contributiva.

Esta incompatibilidade é que me parece devesse ser analisada com um pouco mais de calma pela comunidade jurídica brasileira, porque nada impede que eu mantenha o equilíbrio entre direitos e garantias individuais e a necessidade de incrementar a eficácia da regra de tributação, se eu autorizasse – nestas circunstâncias onde a norma tem por ocorrido o fato imponível – a instauração de um processo administrativo que fosse regido por um contraditório, onde se pudesse exercer o direito de ampla defesa com todos os recursos a ela inerentes, para então se verificar se ocorre ou não ocorre aquela suposta transferência de um resultado econômico, porque a Constituição está olhando para isto quando ela fala de capacidade contributiva. Nós temos que correr atrás disso e a administração tributária tem que buscar a verdade material para saber se ocorreu ou não aquela manifestação de capacidade contributiva.

Então, em matéria especialmente de imposto sobre a renda, onde ele é todinho estudado no plano infraconstitucional, com pequenas, poucas e honrosas exceções, onde existe a convicção no Brasil de que a lei vai dizer o que é renda e o que não é renda, que a lei vai dizer o que é operação relativa a circulação de mercadoria ou não, que a lei vai dizer o que é não-cumulatividade de ICMS, e assim por diante, num ambiente desse é perigosíssimo nós deixarmos passar mais uma norma deste quilate sem estar ali verificando atentamente a eventual compatibilidade ou não destas disposições normativas, que partem de ficções para determinar o nascimento automático de uma obrigação jurídico-tributária.

Na nossa opinião, não é possível cogitar-se do nascimento de obrigação jurídico-tributária a partir de mera ficção isoladamente considerada. Garantir-se-ia o interesse fazendário, que não se confunde com interesse público do Estado, garantiria o equilíbrio do interesse fazendário com os direitos do cidadão a instauração de um processo onde, aí sim, fosse identificada ou não a existência daquela capacidade contributiva.

Terminando, esta preocupação fica mais evidenciada esta semana. Toda semana aqui a gente tem uma baixaria; a baixaria da semana é essa história de imposto sobre a renda onde não se considera a saída, imposto sobre a renda com alíquota única. Tem uns dizendo que não precisa ter alíquota progressiva, que a progressividade não é obrigatória, mas sempre que possível. Quer dizer, está na cabeça do brasileiro a convicção de que a lei vai dizer o que é entrada relevante e o que é saída relevante em matéria de imposto sobre a renda. Isto é um descalabro. Nós estamos vivendo aqui o seguinte: o imperador está pedindo para o funcionário dele fazer uma norma, o funcionário está fazendo, e tem gente inclusive dizendo que está correto, onde pode existir imposto, tributo não vinculado (que pressupõe capacidade contributiva) sobre ingresso. Só que ninguém titula ingresso com foros de capacidade contributiva. Ingresso isoladamente considerado não manifesta capacidade contributiva. Eu tenho necessariamente que ver o que acontece depois que esse ingresso ocorre.

Então, nestas circunstâncias eu peço que os colegas meditem mais sobre essas pequenas tecnicalidades, porque a partir delas é que a comunidade jurídica vai se insurgir contra esse estado de coisas, em que os três poderes estão evidentemente funcionando como se não existisse Constituição, estão funcionando como se não existisse princípio da legalidade, estão funcionando como se a coisa não fosse pública. Isso quer dizer que nós estamos comprometendo a própria noção de República e está todo mundo quietinho e preocupado em ir para casa e resolver os seus problemas pessoais.

A comunidade jurídica, nós temos a culpa por ter lá um recurso no Supremo Tribunal Federal, com voto já do relator, dizendo que compensação de prejuízo era favor legal, dizendo que um período do imposto sobre a renda pode ser considerado destacadamente de outro período, porque a lei dava o presente ao particular de considerar uma compensação. Está escrito deste jeito. Então, nós temos que nos rebelar contra isso.

Então, tratar de preço de transferência sem olhar para a Constituição e ver tecnicamente o que está sendo feito não me parece adequado.

Pedindo desculpas pela paciência, agradeço a atenção de todos. Obrigado. (*Palmas*)

COORDENADOR (PROF. JOSÉ EDUARDO SOARES DE MELO) – O Paulo Ayres também é mestre pela PUC de São Paulo, professor dos cursos de graduação da PUC em São Paulo, tem um trabalho rigoroso sobre imunidade constitucional, junto com Aires Barreto. Já participou neste ano do Congresso Brasileiro de Direito Tributário em Goiânia, está aqui, deve ter algum outro Congresso também engatilhado. Tem a palavra o Paulo.

PROF. PAULO AYRES BARRETO – Muito obrigado, Prof. José Eduardo Soares de Melo, a quem eu cumprimento como Presidente deste XIV Congresso Brasileiro de Direito Tributário. Cumprimento os demais colegas da Mesa, Prof. Estevão Horvath, Prof. José Artur Lima Gonçalves, Profa. Betina Grupenmacher. Registro inicialmente a alegria de uma vez mais estar participando desse evento que é, sem nenhum favor, o mais importante encontro de estudiosos do direito tributário realizado no Brasil.

Devo falar sobre preços de transferência e diferentemente do que ocorreu entre as exposições da Profa. Betina e do Prof. Estevão, em relação às quais a divergência se mostrou evidente, não pretendo divergir do Prof. José Artur Lima Gonçalves; registro inclusive que deduzi grande parte dos meus estudos nessa matéria lastreado na sua sólida doutrina.

Crise no conceito de renda

Para bem situar o assunto, cumpre esclarecer, de início, que ao discorrer sobre preços de transferência estamos, na verdade, cuidando de potenciais ajustes na base de cálculo do imposto sobre a renda. Premissa fundamental é, ao nosso ver, o reconhecimento de que esse imposto tem inequívoca radicação constitucional. A este fato, contudo, não se tem dado o devido relevo.

Como corolário temos uma infindável série de distorções na legislação infraconstitucional, por vezes sem a correspondente reação, seja da doutrina seja da jurisprudência.

O Prof. Quiroga já no ano passado, neste mesmo Congresso, trazia uma série de exemplos atuais, existentes na legislação tributária, e que implicam desconsideração da existência de um conceito constitucional de renda. Exemplificativamente, podemos lembrar o problema da limitação da compensação de prejuízos fiscais, abordado pelo Prof. José Artur; o problema da segregação de algumas receitas, como a impossibilidade de se compensar o resultado operacional com o resultado não-operacional; a previsão de alíquotas específicas impedindo uma efetiva progressividade constitucional, exigida para o imposto; um crescimento fortíssimo – também já lembrado aqui neste Congresso – da tributação em bases presumidas, afastando-se do conceito do lucro real, e assim por diante.

No que concerne ao princípio da progressividade é possível afirmar que em relação à pessoa jurídica ela hoje não existe. Uma pessoa jurídica que aufira um lucro anual de 1 milhão de reais estará sujeita a uma alíquota efetiva (somatória dos 15%, com adicional de 10% previsto na legislação) de 24,8%. Se o lucro da pessoa jurídica não for 1 milhão, mas for 100 milhões, a incidência do imposto dar-se-á à razão de 24,9% desse lucro. Que progressividade é essa?

É contra esse estado de coisas que nós temos de nos insurgir. No meu entender o apogeu dessa crise do conceito constitucional de renda encontra-se nesse projeto de lei complementar que acaba equiparando o conceito de renda à noção de receita. E aí nós só temos duas opções: concordar com os professores Roque Carrazza, José Artur Lima Gonçalves, Roberto Quiroga Mosquera, que defendem a existência de um conceito constitucionalmente pressuposto de renda; que a materialidade possível desse imposto já está inserta, cinzelada na Constituição e não é possível equiparar receita a renda de forma alguma no âmbito do Código Tributário Nacional, ou, reversamente, ficar com aqueles que defendem que esse conceito não está pressuposto constitucionalmente. Estamos convictos que a radicação do tema é constitucional e o conceito de renda é pressuposto constitucionalmente. Aqueles que adotam posição contrária vão ter que se contentar com o Código Tributário Nacional dizendo que "receita" é igual a "renda".

Consta desse mesmo projeto aquela cláusula geral antielisiva a que se referiu o Prof. Sacha na conferência de quarta-feira. Dizia ele também que a sistemática dos preços de transferência configuraria uma cláusula geral específica antielisiva. Cumpre a nós examinar essa cláusula específica para verificar se ela se compatibiliza com o nosso ordenamento jurídico.

Preços de transferência

De rigor, examinaremos o cotejo que se faz entre preços praticados entre partes vinculadas em operações internacionais e em relação àqueles que seriam praticados se esse vínculo não existisse. A matéria é de sumo relevo. Estima-se que hoje 60% das transações internacionais ocorram entre partes vinculadas.

A exposição de motivos da Lei 9.430/96, instituidora do tema no Brasil, faz referência às convenções modelo da OCDE. Teria o legislador ordinário se inspirado nessas convenções. Nada obstante, o texto positivado, em verdade, afasta-se radialmente do tratamento recomendado pela OCDE. A Lei 9.430/96, ao positivar o tema, criou uma série de ficções, presunções absolutas e presunções mistas, para usar a classificação do Prof. Alfredo Augusto Becker. E é exatamente isso que nós precisamos analisar. Vale dizer, poderia assim proceder o nosso legislador ordinário?

Se formos analisar os métodos previstos para ajuste dos preços de transferência, existentes na Lei 9.430/96, identificaremos dois grandes grupos: aqueles que predefinem margem de lucro e aqueles que não a predefinem. Em relação aos primeiros a existência de presunção é evidente. Presume-se que a pessoa jurídica ou pessoa física está importando ou exportando com uma margem de lucro de 20, 30, 40 e em alguns casos de até 60%. A questão que se põe é: essa presunção é compatível com nosso ordenamento jurídico?

Entendemos que se a presunção fosse relativa, sim. Estamos diante de uma situação muito delicada na qual o exercício da atividade de fiscalização é difícil, sobremodo complexo. Em geral, tem-se uma empresa situada aqui e outra num paraíso fiscal. O exercício dessa atividade de fiscalização é no mais das vezes extremamente prejudicado. Nessas hipóteses extremas, o recurso às presunções legais relativas nos parece constitucional. Diz o Prof. Souto: o estatuto do contribuinte não é só do contribuinte, é do contribuinte e do ente tributante também. Ao contribuinte o que é do contribuinte e ao ente tributante o que lhe é de direito. Se a Constituição outorga competência para tributar o imposto sobre a renda ela tem que dar os meios para isso. Infelizmente, as presunções constantes da Lei 9.430/96 não são relativas, fazendo-as, em nosso entender, inconstitucionais.

É difícil compatibilizar duas realidades que se opõem, a saber: oferecer os meios para que a União exerça a competência impositiva e, ao mesmo tempo, assegurar ao contribuinte que ele não seja tributado onde renda não houver, afastando o uso de presunções e ficções. Me parece que em casos específicos, onde haja forte possibilidade de elisão ou evasão, o legislador ordinário estaria autorizado a estabelecer presunções. Mas de que tipo? Pura e unicamente as presunções legais relativas, ou seja, aquelas que admitem toda e qualquer prova em contrário. A Lei 9.430/96 apresenta uma série de restrições à apresentação de provas pelo contribuinte que inibam a comprovação de que a sua margem de lucro não é aquela prefixada em lei. Ao fazê-lo, a meu ver, acaba por atingir outras realidades que não "auferir renda", desbordando, portanto, o conceito constitucional.

Existem dois métodos que não prefixam margem alguma – e alguém poderá dizer: "bem, então aí eu não tenho mais uma presunção, e, portanto, a lei é constitucional". No entanto, esses dois métodos apresentam outros vícios que passaremos a examinar.

O primeiro deles é o seguinte: fala-se em preço médio apurado no mercado. O Prof. Souto criticava as estatísticas ontem, afirmando e comprovando que elas podem gerar resultados enganosos. Se eu tenho o preço médio de uma determinada operação significa que necessariamente operações foram pactuadas por valores superiores a esse preço e por valores inferiores ao mesmo. Vale dizer, partes não relacionadas compraram ou venderam mercadoria por valores inferiores à média, sem transferir qualquer lucro. Por que eu tenho que usar a média? Posso ter pactuado um preço sem qualquer interferência, sem qualquer favorecimento, por um valor inferior à média, e ficar sujeito a ajuste quando não transferi nenhum lucro indiretamente. Esse é o primeiro problema.

Há ainda um segundo (e maior) problema. A mesma legislação prescreve: essa média é apurada de acordo com o período de apuração do imposto sobre a renda. E eu vou dar um exemplo atual da distorção que essa nova média produz. O suco de laranja é, atualmente, uma das principais *commodities* brasileiras. O preço desse produto no primeiro semestre deste ano era 1.300 dólares a tonelada, e no segundo semestre caiu drasticamente. Hoje é de 700 dólares a tonelada. Preço médio, mil dólares. Os dados são reais. Pois bem, aplicando a legislação, se eu for analisar a partir do preço médio de mil dólares a tonelada, em relação às exportações realizadas no primeiro semestre não terá ocorrido qualquer transferência indireta de lucro. Ao contrário, houve transferência de prejuízo. Já em relação às operações praticadas no segundo semestre – (700 dólares a tonelada) – a legislação imporia um ajuste à razão de 300 dólares a tonelada. Por quê? Porque a média é superior àquele preço, que é o preço real de mercado. Evidentemente o ajuste é descabido. No caso em tela, nenhuma transferência de lucro terá ocorrido.

Eu tive a oportunidade, certa feita, de acompanhar uma fiscalização nos Estados Unidos, que procurava identificar se teria havido transferência indireta de lucros, de uma empresa americana para uma coligada localizada nas Ilhas Cayman. Naquela oportunidade, lembro-me bem, o agente fiscal passou um ano para definir em que momento se definiu o preço e qual era o preço de mercado naquele exato instante. Após pesquisa diligente definiu-se que, embora a empresa americana tivesse acumulado um prejuízo estrondoso, não houve nenhum tipo de transferência de lucro para o paraíso fiscal em questão. Por quê? Porque os preços pactuados eram exatamente aqueles vigentes no mercado à época da contratação. O prejuízo verificado teve como origem flutuações naquele setor específico não previstas quando da pactuação dos preços. Em suma, não houve transferência indevida dos lucros para o paraíso fiscal.

Em síntese, existem dois caminhos opostos para a regulação dos preços de transferência no Brasil: um é o caminho simples e fácil, porém inconstitucional, do recurso às ficções, presunções absolutas ou presunções mistas; o outro é o caminho da produção da prova ou, em última análise, do recurso à presunção legal relativa, admitindo sempre a produção da prova em contrário pelo contribuinte, no curso do procedimento administrativo – vale dizer, antes da constituição do fato jurídico tributário, por intermédio de ato administrativo de lançamento – como predica Paulo de Barros Carvalho –, tendo o contribuinte nessa oportunidade a opção de demonstrar que não transferiu lucro algum.

Qualquer outro entendimento relativo a essa matéria implica desbordar o conceito constitucional de renda. Importa violar princípios de superior hierarquia que são muito caros à matéria tributária e que fazem o nosso sistema diferente de outros sistemas vigentes mundo afora.

Eram essas as minhas breves considerações. Agradeço a atenção de todos. (*Palmas*)

COORDENADOR (Prof. José Eduardo Soares de Melo) – Meus parabéns. Vamos agora passar às respostas às perguntas. Em primeiro lugar a Profa. Betina.

Profa. Betina Grupenmacher – Três questões me foram encaminhadas, mas quero previamente fazer uma colocação em relação ao que o Prof. Estevão falou sobre a questão da constitucionalidade dos tratados. Talvez eu não tenha tido tempo suficiente para me colocar a respeito de tal questão.

Acho que não obstante os tratados prevaleçam sobre a lei, devem estar em consonância com o Texto Constitucional. Entendo que os tratados internacionais, para que tenham validade no âmbito interno, devem passar por uma aferição de constitucionalidade necessariamente. Se os tratados forem inconstitucionais prevalece a Constituição. Por isso digo que devem ser hierarquicamente superiores às leis, nunca à Constituição. Inclusive as Constituições da Argentina e do Paraguai também contêm previsão nesse sentido, os tratados prevalecem sobre a lei, mas em patamar inferior ao da Constituição.

Em relação às três questões que me foram encaminhadas, uma é da Camila Vergueiro que diz o seguinte: "Após o referendo do Congresso Nacional, com a aprovação do tratado internacional, há necessidade de edição de decreto presidencial. Há regra que preveja a necessidade de sua edição? Qual a função do decreto presidencial no ordenamento jurídico interno?"

Há necessidade de decreto legislativo. Há regra no artigo 84, que impõe essa necessidade e esse decreto tem a função de tornar, vamos assim dizer, públicas no âmbito interno, eficazes no âmbito interno, as disposições de tratados internacionais. Em nosso sistema, após o referendo do Congresso Nacional, há necessidade do decreto presidencial, sim.

Com relação à segunda questão, que foi encaminhada por Cristiane Mendonça, da PUC/SP, e agradeço o elogio, a pergunta foi muito bem colocada, e é muito importante. Quando eu realizava meus estudos para a tese de doutoramento me preocupei bastante com essa questão e achei que poderia ser um empecilho para o meu raciocínio, mas na verdade não é.

A pergunta é a seguinte:

"As competências tributárias, nos termos do texto constitucional, foram atribuídas a quatro pessoas políticas: União, Estados, Municípios e Distrito Federal. Não houve autorização constitucional para que a República Federativa do Brasil instituísse tributos. Na visão esposada por V.Sa., a União, em nome do Estado Brasileiro, poderia majorar ou até mesmo instituir tributos pela via do tratado internacional?"

De fato, como disse, a colocação é muito importante, me causou preocupação porque de fato se eu estava defendendo *a priori* a possibilidade dos tratados veicularem benefícios fiscais, teria de avaliar a situação oposta. Adianto que com extrema cautela fiz um levantamento das disposições dos tratados internacionais que versam matéria tributária e verifiquei que não há esse tipo de situação, onde se cria ou majora tributos. Dr. Heleno Torres, aqui presente, tem uma obra primorosa sobre o assunto e deixa isso muito claro: os tratados, na verdade, disciplinam situações entre Estados, nunca majorando tributos, mas estabelecendo benefícios que tornem compatíveis as relações entre os Estados. Então, na verdade, é uma situação com a qual nós não vamos nos deparar nos tratados internacionais, a criação ou a majoração de tributos. Há, normalmente, supressão de barreiras alfandegárias, como é o caso do Mercosul, redução de alíquotas, tratamentos que beneficiam normalmente o contribuinte em todas as situações. Até por isso, existe uma posição, na doutrina, muito importante, do Prof. Alberto Xavier, que diz que como os tratados internacionais em matéria tributária veiculam benefícios fiscais de ordem patrimonial, esses tratados internacionais veiculam, portanto, direitos humanos, porque patrimônio, na visão dele, muito genericamente falando, faz parte do núcleo dos direitos fundamentais, e como os tratados estabelecem benefícios, os tratados, em matéria tributária, se equipararia àqueles tratados que veiculam direitos humanos. Em função disso, o Prof. Alberto Xavier, quando interpreta o § 2º do artigo 5º, que diz: "os direitos e garantias expressos nesta Constituição não excluem outros decorrentes do regime dos princípios por ela adotados ou dos tratados internacionais em que a República Federativa do Brasil seja parte", ou seja, a nossa Constituição previu que em matéria de direitos humanos os tratados entram automaticamente no ordenamento interno, com hierarquia superior à lei. Também é discutível, mas é a posição que ele adota: não é preciso alterar a Constituição, porque tratado em matéria tributária só estabelece benefícios fiscais e esses benefícios veiculam direitos humanos porque dizem respeito a direitos patrimoniais; portanto, na visão do Prof. Alberto Xavier, aplica-se o dispositivo do § 2º aos tratados em matéria tributária sendo eles superiores às leis.

A terceira questão, pode ser que eu não tenha entendido direito e me coloco à disposição aqui da Cristiane, do Rio de Janeiro, para eventual esclarecimento.

Ela pergunta: "Em sua exposição, a senhora tratou da hipótese de isenção de imposto estabelecida pelo tratado internacional, do qual o Brasil seja parte ou venha a ser signatário. Como a senhora entende a compensação de imposto pago no Exterior com imposto devido no Brasil, e especialmente a visão da regra de 183 dias de permanência do brasileiro no Exterior para efeito de fixação do critério de residência e não residência para fins fiscais. Este ano, a Secretaria da Receita Federal permitiu, pelo Ato Declaratório n. 28/2000 a compensação do imposto pago nos Estados Unidos com o devido no Brasil, fundado na reciprocidade de tratamento entre esses dois países. E com relação à hipótese de reciprocidade se estabelecer a não retenção de imposto pela fonte brasileira em razão daquele critério. Seria possível?"

Acho que seria possível. É o que se espera que seja veiculado e resolvido através de tratados internacionais. Não vejo nenhum óbice. Acho que era isso. Se não respondi integralmente, estou me colocando à disposição para fazer isso posteriormente. Obrigada. (*Palmas*)

COORDENADOR (PROF. JOSÉ EDUARDO SOARES DE MELO) – Doutor Estevão.

PROF. ESTEVÃO HORVATH – Do Dr. Antônio Sá, vamos ver se eu consigo reunir os pedaços aqui, porque eles vieram em três momentos diferentes: "aqueles que defendem a tese de que quem faz o tratado é a República Federativa do Brasil, parágrafo único do art. 4º da Constituição Federal, e não a União, não fazem uma leitura sistemática da Constituição Federal. Lendo o artigo 109, inciso III, percebemos que para o constituinte não existe, em matéria de tratado , diferença entre União e República. Assim sendo, se aplicaria o princípio da vedação da isenção heterônoma aos tratados. Querer nos igualar ao Paraguai e aos Estados unitários em matéria de isenções de tributos estaduais e os Municípios, por tratado, é esquecer a experiência de países federados. Nos Estados Unidos, a União tem de consultar os Estados ou não vinculá-los nas cláusulas de isenção dos seus tratados. Por que devemos seguir o Paraguai e não os Estados Unidos, nesse aspecto?"

Eu acho que por razões óbvias. Não sei se devemos seguir um ou outro. Nós temos o nosso ordenamento jurídico. Só não sei realmente se não existe uma diferença... Existe, sim, diferença entre União e União atuando como Estado federal ou república, mas não é isto que vai justificar que ela possa interferir na competência de Estados e Municípios.

Mas acho que com a continuação fica mais fácil compreender o que ele quer dizer:

"Supondo que os defensores do modelo do Paraguai conseguissem colocar na Constituição Federal um artigo que permita que tratado conceda isenção de tributo municipal, não podemos chegar ao absurdo de, sob o singelo argumento de que o ISS não existe no Paraguai, a União fazer um tratado com aquele país, acabando com o ISS? Sei que a tese é absurda, mas é uma possibilidade que essa mudança constitucional abre."

Não sei se se poderia chegar a tanto. Poder-se-ia, talvez, tentar, mas não acredito que se chegasse a isso do ponto de vista político. Juridicamente, com certeza, não se poderia chegar a isso.

"Os defensores da Constituição do Paraguai, como parâmetro para o Brasil, se esquecem do inciso II do artigo 109 da nossa Constituição, que sinaliza uma autonomia internacional para os municípios. O que o senhor acha disso?"

Não sei se o artigo 109 está dizendo de uma autonomia internacional para os municípios. Na verdade, acho que a regra é mais simples: ela se refere à competência da Justiça Federal para decidir as causas em que Estado estrangeiro e município estejam conflitando. Quero dizer que isso não seria um argumento, infelizmente, talvez, a favor da posição doutrinária que eu propus e adoto.

Da Dra. Ana Clarice Araújo: "Uma das grandes questões levantadas no estudo do direito internacional público é a falta de mecanismos supranacionais que estabeleçam a imposição dos atos internacionais. Todavia, atualmente vemos que a Organização Mundial de Comércio, pelo seu mecanismo de solução de controvérsias, apoiada nos denominados *panels,* impõe sanções altíssimas aos Estados condenados. O Brasil, hoje, está na iminência de sofrer altíssima sanção originada do caso Embraer *versus* Bombardier, do Canadá, devido à sua legislação interna prever mecanismos de financiamento de exportações, Proex, em desacordo com tratados internacionais por eles subscritos. Se mantivermos a posição de prevalência do ordenamento interno sobre o internacional, ficaremos sujeitos às sanções da OMC. Considerando que não se pode cogitar da nossa saída dessa organização internacional,como poderemos coadunar a prevalência da legislação interna com sanções internacionais?"

Eu não saberia responder. Primeiro, porque não tenho detalhes sobre esse caso. Sei, pela imprensa, coisas mínimas, básicas, do que está acontecendo. Por outro lado, não sei o que a legislação nacional prevê em contrário ao que está acontecendo. O que sei é que o Brasil está filiado à Organização Mundial de Comércio e se sujeita às suas regras. Imagino que todas as possibilidades tenham sido examinadas nesse confronto entre Brasil e Canadá, relativamente a esse caso. Se as sanções aplicadas são essas que estão pretendendo que sejam aplicadas é porque isso está autorizado pelo tratado aceito pelo Estado brasileiro. Então, já seria parte do ordenamento jurídico interno.

De qualquer forma, pediria à Dra. Clarice para que depois, se nos encontrarmos, ela pudesse me explicar exatamente, não o que ela quis dizer porque isso eu entendi perfeitamente, mas detalhes, até para eu me inteirar do assunto, porque seria interessante para mim aprender isso.

Tenho uma pergunta não identificada, mas que diz: "A regra do § 6º do artigo 150 da Constituição não é um reforço ao seu entendimento no sentido de que não se podem conceder isenções de tributos estaduais e municipais por meio de tratados, já que parece que tratados não podem ser qualificados como lei específica ou V.Sa. entende que essa regra não se aplica aos tratados. (§ 6º do artigo 150 – Qualquer subsídio ou isenção, redução de base de cálculo, concessão de crédito presumido, anistia ou remissão relativos a impostos, taxas ou contribuições só poderá ser concedido mediante lei específica, federal, estadual ou municipal, que regule exclusivamente as matérias acima enumeradas ou correspondente tributo ou contribuições, sem prejuízo do disposto no artigo 155, § 2º, inciso XII, letra "g")".

Não sei. Gostaria que fosse um argumento a mais em favor do meu modo de pensar, mas eu não acredito que seja por aí, porque me parece que a expressão "lei específica" é simplesmente no sentido vulgar. É específica. Pode ser da União, Estado e Município, mas pode ser a lei trazida por um tratado. É uma lei que verse sobre aquele assunto especificamente. Não sei se isso poderia ser ampliado para pretender reforçar o argumento. Em todo o caso, agradeço a intenção de ajudar-me no meu raciocínio.

Outra questão é do Dr. Marcos Osaki: "Caso a Constituição seja modificada, introduzindo-se norma que assegure que os tratados internacionais estão em hierarquia superior à legislação ordinária, poderíamos dizer que houve uma alteração do pacto federativo? Qual seria o melhor caminho para que os tratados internacionais possam estabelecer isenções de tributos estaduais e municipais? Só o poder constituinte originário poderia fazê-lo?".

Eu vou responder tirando duas interrogações da sua questão: a primeira e a última, ou seja, caso a Constituição seja modificada, introduzindo-se norma que assegure que os tratados internacionais estão em hierarquia superior à legislação ordinária, poderíamos dizer que houve uma alteração do pacto federativo. E só o poder constituinte originário poderia fazê-lo. Ponto. Muito obrigado. (*Palmas*)

COORDENADOR (PROF. JOSÉ EDUARDO SOARES DE MELO) – Encerramos esta segunda parte e lembro que às 13h30min teremos a sessão do Plenário para aprovação das teses.

MESA DE DEBATES "G"

RESPONSABILIDADE DOS ADMINISTRADORES

COORDENADOR: PROFESSOR ESTEVÃO HORVATH
MEMBROS DA MESA: PROFESSORES AMÉRICO LACOMBE, DIVA MALERBI, NATANAEL MARTINS, VALDIR DE OLIVEIRA ROCHA E WAGNER BALERA.

COORDENADOR (PROF. ESTEVÃO HORVATH) Senhores Congressistas, vamos dar início a esta parte do XIV Congresso Brasileiro de Direito Tributário, com a Mesa de Debates que tratará do tema "A responsabilidade dos administradores". Compõem a Mesa, a partir da minha direita, os professores Américo Lacombe, Valdir de Oliveira Rocha ... (*interrupção da gravação*)

PROF. WAGNER BALERA – Boa tarde a todos.

Esse tema do nosso painel "Responsabilidade dos Administradores de Empresas em Matéria Tributária" tem, como muitos outros daqueles que estamos discutindo aqui, alguns aspectos polêmicos. Há pouco, numa preliminar, chegamos a ouvir uma expressão que chamou minha atenção: o art. 135 do CTN tem uma redação "esquisita".

De fato, é assim que olhamos para o preceito e ficamos achando: o que será que o legislador quis dizer com isso? Mas não tem graça também. Se não for esquisito o artigo, não tem graça elocubrarmos sobre ele. Só têm graça os artigos esquisitos. E esse é, de fato, muito esquisito...

Ele fixa uma responsabilidade, mas fixa a natureza dessa responsabilidade. O artigo do CTN define uma responsabilidade, define a responsabilidade por um ato de alguém que não é o contribuinte. É justamente aquela pessoa que entra no lugar do contribuinte. Então, aqui eu já estou começando, portanto, a caminhar na linha da polêmica que existe em uma direção. O preceito fixa uma sujeição passiva de quem não é o contribuinte. Este entra no lugar do contribuinte para pagar, para cumprir a obrigação tributária.

Em razão do quê?

Dois são os motivos que levam a essa substituição do sujeito passivo: o primeiro é o excesso de poderes. O gestor que age com excesso de poderes assume, como se fosse sua, a obrigação *ope legis*. A lei diz que se ele opera com excesso de poderes, ele vai responder pela obrigação. É uma conseqüência da sua atuação excessiva, exorbitante dos poderes que lhe foram outorgados pela pessoa jurídica, da qual ele é o gestor.

Essa é a primeira hipótese: o responsável assume porque se excede.

A segunda é a infração da lei. É claro que o gestor tem, como mandatário, os poderes que lhe são conferidos pela sociedade para cumprir o estatuto e a legislação – o estatuto, a norma interna da entidade, e a legislação, a norma cogente que obriga a todos. Então, quando o sujeito excede – também aí excede por sair da trilha da legalidade –, passa a responder pela obrigação tributária.

Há dois trabalhos que foram publicados nesse caderno que os senhores receberam, aliás, dois trabalhos muito interessantes, muito bons, das doutoras Leila Catiani de Araújo Azevedo e Renata Cristiana Vieira Maia, que fazem um apanhado bem interessante sobre as várias posições que existem na doutrina a respeito do assunto.

Eu lhes diria que, na polêmica, faço parte daquilo que Geraldo Ataliba chamava ironicamente de a doutrina bem-comportada. Eu aqui sou parte da doutrina bem-comportada, que diz que de fato ocorre a transferência do dever jurídico de pagar o tributo para o responsável. Ele é quem vai pagar o tributo. Ele não é solidário com a pessoa jurídica. Ele é o obrigado. E a obrigação deve recair e ser cobrada diretamente dele. Essa é a posição tradicional da doutrina brasileira, à frente Aliomar Baleeiro e seus diversos seguidores.

Ora, para que isto ocorra é que surge então a questão jurídica mais interessante, que não é esquisita. Como apurar a responsabilidade desse administrador? Parece-me que a responsabilidade deve ser apurada no processo administrativo fiscal. No processo administrativo fiscal é que vai aparecer essa questão jurídica da ilicitude: infração à lei ou excesso de poderes. Isso vai aparecer no bojo do levantamento dessa questão. Então, é para o processo fiscal que deve ser chamado o responsável para apresentar as suas razões. É preciso, por conseguinte, que haja o contraditório no processo administrativo fiscal por sobre aquele que vai ser chamado a cumprir, no lugar do contribuinte, a obrigação.

Esta me parece que é uma coisa que podemos avançar um pouco na compreensão do assunto, porque muito se discute: "bom, o responsável não é chamado a participar do processo tributário e depois vai pagar a conta? Isso não está certo! Deveria primeiro ser apurada a responsabilidade dele para que depois ele viesse e pagasse a conta". Não. Parece-me que ele deve ser chamado no próprio processo fiscal, já que ali se define a responsabilidade; deve ser para o processo fiscal que deve ser remetida a figura do responsável, para ali litigar com o Fisco.

Esta é também uma virtualidade do processo administrativo, a partir da Constituição de 1988. A qualidade constitucional do processo administrativo permite que assim seja. É uma hipótese de trabalho sobre a qual eu reflito a partir da realidade constitucional do processo administrativo.

É claro que uma outra questão paralela a essa, e que também impressiona nesse assunto, é saber se o não recolhimento do tributo é uma infração à lei. Ora, me parece que isto é até uma questão bizantina. É evidente que sim. O não recolhimento do tributo é uma infração à lei, porque o tributo é obrigação legal. Quem não paga, infringe a lei e, por conseguinte, é a mesma situação em que se vê enquadrado o responsável. Parece que aí a jurisprudência está encaminhando o seu pensar nessa direção. As duas turmas do Superior Tribunal de Justiça têm julgados nessa linha. A primeira turma, sendo relator o ministro Garcia Vieira, diz que o não recolhimento do tributo constitui infração à lei, o que imputa a responsabilidade ao gerente. E também a segunda turma: é infração à lei o não recolhimento das contribuições sociais.

Então, vejam os senhores que também a jurisprudência das duas turmas do STJ, que são as que se pronunciam nesse assunto, vão seguindo a doutrina bem comportada. Essa é, justamente, a tese nada original que estou defendendo aqui.

Como é que se constitui – e é um outro aspecto que aqui interessa examinar – o crédito tributário? A mim me parece que o crédito tributário se constitui já em cima do responsável. Portanto, o nome do responsável é que deve ser inscrito na dívida ativa, para que seja cobrado dele. Ele não pode aparecer só, como sói acontecer – e um dos trabalhos aqui aponta isso com muita propriedade –, no processo fiscal, somente com a anotação dele na inicial da execução fiscal. Aí, não haveria processo legal, o devido processo administrativo. É preciso que o responsável participe do processo administrativo.

Uma última questão que me parece importante, mas quase nunca acontece: quando se vai atrás do responsável é porque o contribuinte não vai cumprir a obrigação. Esse é um problema prático. É claro que se o contribuinte cumprir a obrigação – ele pode cumprir a obrigação – a responsabilidade do responsável desaparece. Às vezes há discussão como esta: "Ah! então, só ele pode pagar?" Não. Ele sempre é o segundo. O devedor é aquele sobre o qual o fato gerador, a hipótese de incidência fez incidir.

Era esta, senhores, muito simplesmente – dentro da teoria bem comportada –, a posição que eu queria defender, agradecendo a atenção de todos e chamando a atenção para o fato de que eu cumpri os 10 minutos que prometi que ia falar. (*Palmas*)

COORDENADOR (PROF. ESTEVÃO HORVATH) – Muito obrigado, Prof. Wagner.

Passo a palavra agora ao Prof. Américo Lacombe.

PROF. AMÉRICO LACOMBE – Boa tarde a todos. Gostaria, antes tudo, de agradecer o convite que me foi feito. É sempre um prazer dialogar com os participantes deste Congresso.

O art. 135 do CTN

Gostaria, no entanto, de dizer que não vim aqui dar soluções. Vim, ao contrário, criar problemas. Expô-los para que os senhores os solucionem. E o primeiro que me ocorre é a redação do art. 135, do CTN, que se choca com aquela do art. 3º. Reparem que o art. 135 diz: "são pessoalmente responsáveis pelos créditos correspondentes a obrigações tributárias resultantes de atos praticados com excesso de poderes ou infração de lei, contrato social ou estatuto (...)".

No entanto, se a definição do art. 3º do Código Tributário Nacional diz que tributo não é sanção de ato ilícito, como poderá resultar *obrigação tributária* da prática de ato com excesso de poderes e infração da lei, do contrato social ou estatuto? Essa obrigação terá a natureza tributária? Se a obrigação tributária principal (por sinal a única genuinamente tributária) surge com a ocorrência do fato gerador (art. 113, § 1º, do CTN), como poderá ela nascer da prática de ato ilícito?

Obrigação tributária

Dizem alguns que a obrigação tributária é *ex lege*. Eu não gosto de usar esta expressão, porque toda obrigação decorre, em última análise, da lei. Caso contrário, não teria sentido o item II do art. 5º, da Constituição, que diz que "ninguém será obrigado a fazer ou deixar de fazer alguma coisa senão em virtude de lei". Portanto, tanto as obrigações de direito público, quanto as de direito privado, decorrem de lei. O contrato é apenas o fato erigido em hipótese de incidência pela lei civil ou pela lei comercial.

Temos assim três realidades: a norma, o fato e a relação jurídica que surge com a ocorrência do fato subsumido à norma. A diferença é que no direito público focaliza-se preferencialmente a norma, e no direito privado o fato.

Responsabilidade dos sócios

E a responsabilidade dos sócios? É uma responsabilidade solidária ou subsidiária? Isto tem uma grande importância prática, porque, dependendo da resposta, o início da contagem do prazo de prescrição da ação será diferente. Se a responsabilidade dos sócios for solidária, no momento da intimação da pessoa jurídica (por óbvio através de um diretor ou gerente) para cumprimento de uma obrigação, começa a fluir o prazo de prescrição para ação, não só da sociedade, como também dos sócios. No entanto, se essa responsabilidade for subsidiária, o momento da intimação da sociedade só fará começar a fluir o prazo da ação da sociedade.

Este é mais um problema que deixo à meditação dos senhores.

COORDENADOR (PROF. ESTEVÃO HORVATH) – Muito agradecido, Dr. Lacombe.

Antes de passar a palavra ao próximo palestrante, vou ler uma carta dirigida pela Associação dos Juízes Federais de São Paulo e Mato Grosso do Sul, que tem a ver com uma das que seria participante desta Mesa:

"Senhor Presidente, a Associação dos Juízes Federais de São Paulo e Mato Grosso do Sul, AJUFESP, tem a honra de convidar V.Exa. para a sessão pública de desagravo da eminente Desembargadora Federal Diva Malerbi pelas acusações de índole pessoal que lhe foram indevidamente assacadas pelo Advogado-Geral da União, Dr. Gilmar Ferreira Mendes, a propósito de decisão proferida em sede de agravo de instrumento concernente à privatização do Banespa. O evento terá lugar no salão do Fórum Pedro Lessa, situado na avenida Paulista n. 1.684, térreo, dia 27 de outubro de 2000, às 17h30m."

Aproveito para convidar quem quiser disso participar e para justificar a ausência da Profa. Diva Malerbi.

Agora, passo a palavra ao Prof. Valdir de Oliveira Rocha.

PROF. VALDIR DE OLIVEIRA ROCHA – Boa tarde a todos. Saúdo os colegas componentes desta Mesa, na pessoa do Professor Estevão Horvath.

Quero tomar apenas um aspecto relacionado com a responsabilidade dos administradores, aspecto esse que me parece bastante relevante, e que de algum modo já foi tocado pelo Professor Wagner Balera.

O art. 135, inciso III, outrora também provocou muito dissenso, até que a jurisprudência se tranqüilizasse. Com a Constituição de 1988, modificou-se a competência do Supremo Tribunal Federal. Extinto o Tribunal Federal de Recursos e instituído o Superior Tribunal de Justiça, vimos o assunto ser reapresentado a essa Corte. A jurisprudência sobre o assunto, agora, ao que parece, ainda não existe porque o que temos até aqui são decisões isoladas. Permita-me o prezado amigo, Professor Wagner Balera, registrar que, até a bem pouco tempo, tínhamos o uníssono da 1ª e 2ª Turmas do STJ. E, no entanto, como as composições de Turmas do STJ vão sendo modificadas ao longo do tempo, surgem também novas soluções.

É muito interessante constatar certa divisão quanto ao entendimento da 1ª e 2ª Turmas do STJ, relativamente à responsabilidade dos administradores, pelo simples fato de falta de pagamento, ou seja, quanto a saber se quem deixa de recolher tributos devidos pela sociedade comete infração à lei. No âmbito do Superior Tribunal de Justiça, a 2ª Turma acaba de oferecer um alento novo à solução do problema. Com efeito, num acórdão recente, consubstanciado no Recurso Especial 121.021, relatado pela Ministra Nancy Andrighi (portanto, já na sua nova composição), essa Turma do STJ entendeu que os sócios da sociedade por quotas de responsabilidade limitada não respondem objetivamente pela dívida fiscal, apurada em período contemporâneo à sua gestão, pelo simples fato de não haver recolhimento a contento do tributo devido, visto que o não-cumprimento da obrigação principal, sem dolo ou fraude, apenas representa mora da empresa contribuinte e não infração legal deflagradora da responsabilidade pessoal e direta dos sócios da empresa.

Então, temos aqui aberto um caminho para interposição de embargos de divergência e desse modo poderemos ter, sim, uma jurisprudência da Seção de Direito Público do STJ. É certo que isso, vindo a acontecer, não colocará uma pá de cal sobre a discussão, porque daqui a pouco poderemos ter outra decisão da Seção, seguida de outra e mais outra, podendo variar.

Começo com essa notícia apenas para dar um alento novo àquilo que vou colocar, mesmo deixando de reservar o que haveria de bom para o término da história.

Por que se dá essa celeuma acerca da responsabilidade do administrador pela falta de recolhimento do tributo? Essa celeuma resulta do que está posto no artigo 135, inciso III, do CTN: "São pessoalmente responsáveis pelos créditos correspondentes a obrigações tributárias resultantes de atos praticados com excesso de poderes ou infração de lei, contrato social ou estatuto, os diretores, gerentes ou representantes de pessoa jurídica de direito privado".

Temos aqui posta a "infração de lei, contrato social ou estatuto". Será que qualquer infração de lei seria possibilitadora dessa responsabilidade? Esse é o núcleo do problema.

Na realidade, verifica-se que a infração vai numa linha de atentado contra a sociedade. Admita-se que, com alguma freqüência, o administrador ignora o contrato social ou o estatuto e procede de forma indevida. Coloque-se uma situação passível de acontecer, sem se elaborar um exemplo preciosista. Suponha-se que o sócio-gerente de uma sociedade por quotas de responsabilidade limitada proceda de modo a tipificar situação de distribuição disfarçada de lucros. Essa distribuição disfarçada de lucros não poderá, na ordem dos fatos, ser atribuída a qualquer sócio mas sim àquele que realizou negócio com pessoa dele próxima, a quem beneficiou. Tal sócio, se vende um imóvel a parente próximo, por um valor notoriamente inferior ao de mercado, provavelmente estará buscando benefício para si mesmo. Nessa circunstância, o que se tem? Tem-se, sim, atentado contra a lei tributária, mas, antes de mais nada, tem-se atentado contra a própria sociedade. Em casos como esse vislumbro a responsabilidade pessoal.

Mas quando o sócio-gerente atrasa pagamento de tributo, porque a sociedade enfrenta dificuldades e há obrigações sociais que vêm antes e que têm que ser preferencialmente cumpridas, não haveria porque se pretender essa responsabilização. Afinal, por que o Fisco busca ordinariamente a responsabilização do administrador, do diretor, do sócio-gerente da pessoa jurídica de direito privado? Talvez por duas fortes razões: uma, de comodidade do Fisco, que pode encontrar bem identificado como mais fácil de ser penhorado ou, por outra razão, pelo peso psicológico maior que imporá: volta-se contra aquele que mais se esforçará por fazer frente à obrigação.

As posições divergentes da 1ª e 2ª Turmas do Superior Tribunal de Justiça fazem com que se volte um pouco no tempo. Verifica-se que as decisões outrora pacificadas, no âmbito do Supremo Tribunal Federal – quando a Excelsa Corte tinha competência para decidir nessa matéria – iam nessa direção por último apontada, não admitindo responsabilização do administrador de sociedade pelo simples fato de falta de pagamento. Claro que essa simples falta de pagamento, por vezes, poderia levar a se pensar no seguinte: "se a sociedade deixa de pagar e não tem no que ser penhorada, como fica o Fisco?"

O Fisco que não encontra bens excutíveis da sociedade poderá voltar-se contra o administrador, se este se aproveitou de infração à lei, ao estatuto ou ao contrato social. É por essa razão que não refiro a impossibilidade pura e simples de responsabilização do administrador mas, sim, a impossibilidade de responsabilização pelo simples fato de falta de pagamento. Haverá circunstâncias em que, deliberada e orquestradamente, a sociedade, por seus sócios, seguem na direção de não pagar o tributo, mesmo com o cometimento de infração.

No simples fato de falta de pagamento, tem-se coisa diversa: a sociedade não tem efetivamente como fazer frente àquela obrigação, episodicamente ou até mesmo porque se encontra em situação delicada, talvez até em situação falimentar – o que é muito diferente – e deve ser considerado.

... *(interrupção da gravação)* ...

CONFERÊNCIA

MEDIDAS PROVISÓRIAS E GRAVE LESÃO À CIDADANIA E À ORDEM DEMOCRÁTICA

PROFA. ANNA MARIA PIMENTEL

PRESIDENTE DO CONGRESSO (PROF. JOSÉ EDUARDO SOARES DE MELO) – Antes da palestra da desembargadora Anna Maria Pimentel, gostaria de comunicar que teremos ao final um coquetel. Compõem a Mesa o Prof. Estevão Horvath, o Prof. Américo Lacombe e o Prof. Condorcet Rezende.

Quero convidar o Prof. Estevão Horvath para anunciar a palestra da Profa. Anna Maria Pimentel.

PROF. ESTEVÃO HORVATH – Senhor Presidente, prezados colegas presentes à Mesa; Srs. Congressistas. É com grande satisfação que vamos receber aqui para a primeira palestra desta tarde e segunda deste Congresso a Desembargadora federal, Dra. Anna Maria Pimentel, do Tribunal Regional Federal da 3ª Região, Corregedora-Geral da mesma 3ª Região e professora da Universidade Federal de Brasília, que vai nos brindar com o tema "Medidas provisórias e grave lesão à cidadania e à ordem democrática". Como todos poderão perceber, a ilustre professora, apesar da sua modéstia em dizer que não é da sua especialidade o Direito Tributário, todos os que já leram as suas decisões sabem que isso não é verdade e que ela, com a sua brilhante inteligência e arguta percepção das situações que lhe são submetidas a exame, dá sempre conta do recado muito melhor do que muita gente que se diz, às vezes, especialista em determinada matéria (isto sem contar os "especialistas" em todas as matérias).

Para não privá-los do prazer de ouvir a professora, passo imediatamente a palavra a ela.

PROFA. ANNA MARIA PIMENTEL – Eminente Dr. José Eduardo Soares de Melo, Presidente do Congresso, na pessoa de quem saúdo os demais integrantes da Mesa.

Senhores congressistas.

De pronto, agradeço a gentileza do convite para falar neste XIV Congresso de Direito Tributário.

Na verdade, a matéria tributária não se encontra no primeiro plano das minhas cogitações, mas penso que há condição de se examinar a questão da medida provisória sob vários ângulos, em especial quanto ao fato de que elas não se circunscrevem, absolutamente, a uma ou várias matérias. Elas são abrangentes.

O tema já foi declinado: MEDIDAS PROVISÓRIAS E GRAVE LESÃO À CIDADANIA E À ORDEM DEMOCRÁTICA.

"Eu não sabia que existia uma luz como essa, igual ao dia!"

Há pouco mais de dez dias, vi na televisão esta manifestação de deslumbramento, irradiando do rosto de um brasileiro, morador da caatinga nordestina: "eu não sabia que existia uma luz como essa, igual ao dia!"

O motivo do encantamento?

Só agora, às portas do Século XXI, sua comunidade e tantas outras tiveram acesso à energia elétrica, através de captadores solares, improvisados nos casebres dos sitiantes.

A sociedade brasileira é pluralista e, mais do que isso, é desigual.

É pluralista, porque nela convivem diversos grupos étnicos, sociais, econômicos, culturais, ideológicos, muitas vezes com interesses divergentes, contraditórios, ou mesmo antagônicos.

É desigual, porque poucos têm muito e muitos, pouco ou quase nada têm.

Recolhi alguns números destas verdades sobre a nossa sociedade e certamente ao passá-los aos senhores não estarei inovando absolutamente em nada. Somos 163 milhões de brasileiros, com uma população economicamente ativa de 70 milhões. Destes, 41,8% ganham menos que dois salários mínimos. Apesar disso, o Brasil é a nona economia do mundo e em matéria de desigualdade de distribuição de renda está perdendo só para Serra Leoa.

Essa população economicamente ativa vai da idade de 10 anos em diante, mas temos um total de 402.016 crianças, entre 5 e 9 anos, contribuindo para o produto interno bruto.

São 23 milhões, os analfabetos. Desses 23 milhões, 62% estão nas regiões urbanas, onde, na verdade, o acesso à educação poderia ser considerado mais fácil, e os restantes na zona rural.

O Brasil é considerado país de classe média alta e a miséria fica por conta da má distribuição de riqueza, em suma, da desigualdade.

A manutenção do ser humano nesse estado de pobreza, dizem os técnicos, é atribuída, como todos sabem, à falta de acesso à educação. Em matéria de jovens na universidade, temos apenas 1,48% da população.

É bom lembrar, como anotou John Rawls, que "a liberdade de consciência e a igualdade de oportunidade necessitam de um sistema educacional subsidiado pelo Governo".

O Estado, o poder público, seus agentes, são responsáveis pela transformação deste quadro.

O IPEA (Instituto de Pesquisa Econômica Aplicada), ligado ao Ministério do Planejamento, há pouco divulgou pesquisa pela qual 54 milhões de brasileiros estão na linha de pobreza, ou seja, 34% da população brasileira não têm o suficiente para alimentar-se, vestir-se, cuidar da educação e saúde.

Por que estes dados precisam ser lançados? Por que eles têm de ficar sobre a mesa?

Não vejo possibilidade de qualquer tipo de investigação sem se conhecer a realidade, a ambiência do que estamos investigando.

Para a miséria e a ignorância não tem medida provisória.

A frieza e a objetividade dos números realçam, com todas as cores, a profunda desigualdade social, representada por um enorme contingente de brasileiros à margem dos benefícios estatais e da fruição de renda compatível com a dignidade humana, com reflexos incontestes no reconhecimento dos seus direitos e dos meios de reivindicá-los.

Senhores, tudo pode ser resumido numa violência aos direitos individuais e sociais, merecendo referência a fragilidade dos sistemas públicos de educação, de saúde, de assistência, de previdência, de habitação popular e de segurança, a irrealidade do salário mínimo e do salário família, a questão dos sem-terra, o desemprego e a criminalidade nos centros urbanos, o trabalho infantil, já referido, os meninos de rua, a prostituição de menores, as chacinas – todas violências explícitas ou veladas.

No Brasil, a inoperância estatal em responder à demanda social é manifesta, sendo que a mudança dessa situação passa pela priorização e efetivação, pelos poderes constituídos, dos valores sociais consagrados na Constituição.

Em face de sua dura realidade, o povo brasileiro, através dos seus representantes, constituiu, em 1988, um Estado Democrático de Direito destinado a superar as desigualdades sociais e a assegurar o convívio pacífico, harmonioso e tolerante da diversidade.

Um Estado de Direito implica, sobretudo, na prevalência da vontade popular e na transformação social instrumentalizada pelo direito.

A combinação desses pressupostos revela a aspiração da nossa sociedade pela igualização substancial das oportunidades, viabilizada pela universalização da cidadania, em seu conceito amplo, concretizada através da justiça social e da solidariedade.

O Brasil quer constituir-se num Estado Democrático de Direito, e o quer intensamente porque fez inscrever essa disposição no art. 1º da Constituição da República de 1988.

E o que é democracia? Uma forma de governo ou de viver?

Democracia é um exercício, cotidiano, ingente, jamais acabado, de efetiva concretização dos seus valores: liberdade e igualdade, através da soberana participação direta ou indireta do povo no poder.

Na democracia, assim entendida, a cidadania não é apenas conceito restrito e formal, de votar e ser votado. É muito mais do que isso. Cidadania é um conceito amplo e substancial, inerente à idéia de Estado, concernente à responsabilidade deste quanto à dignidade da pessoa humana como ser consciente da sua história, dos seus direitos, participante da construção da sociedade.

Para ampliação e extensão efetiva da cidadania não basta a inscrição de um arcabouço jurídico estampado no papel. É necessário vivificar esse arcabouço pela interpretação concretizadora dos valores ali esculpidos, por meio da mudança de cultura e de mentalidade por parte dos agentes políticos e operadores do direito.

Descortina-se, aí, em verdadeira grandeza, a principal área de atuação do Poder Judiciário na sociedade brasileira atual: a ampliação da cidadania através do efetivo acesso à justiça, alcançado pelo controle dos atos e ações dos agentes públicos, em face dos fundamentos e objetivos constitucionais.

E como incomoda a atuação do Poder Judiciário, neste país!

Os Estados ditos democráticos regem-se por Constituições, nas quais se destaca o princípio da separação dos poderes, independentes e harmônicos entre si.

Todo poder precisa de limites, e sua divisão, em funções específicas, vai ao encontro desse desiderato.

Na distribuição de atribuições dos poderes do Estado, ganha relevo a atividade de elaboração das leis, pelo Congresso, já que todo poder emana do povo e é o Legislativo que deve fazer as opções em seu nome.

Entre nós, a elaboração das leis, pelo Parlamento, com trânsito do projeto pelas duas Casas, em obediência à disciplina regimental, tem resultado em natural alargamento de prazos, para emissão do direito positivo.

Mas, a complexidade dos temas econômicos e sua repercussão social e a aguda ingerência do Estado na maioria das atividades da sociedade ensejou o surgimento de formas especiais de emissão legislativa pelo Poder Executivo, diferentes daquela conhecida, reconhecida e precípua, de gestão dos serviços públicos.

Instalou-se uma atividade secundária do Executivo, a da formação do direito positivo, além da iniciativa de leis, em determinados casos, e participação no processo legislativo, em sua parte final, pela sanção ou veto do projeto já aprovado pelo Congresso, e promulgação, além do poder regulamentar, que detém.

Pelo princípio da legalidade, alicerce da democracia representativa, o cidadão não é obrigado a fazer ou deixar de fazer senão em razão da lei. Já o agente do Estado só pode fazer o que a lei autoriza.

Desde 1891, todas as Constituições brasileiras explicitaram o princípio da legalidade, menos uma, a Carta de 1937, de índole autoritária e que criou fórmula nova de emissão legislativa pelo Presidente da República: o decreto-lei.

Fica descartado o enfado que uma viagem ao passado possa trazer. Apropriar-se do passado, retomar o passado, é um dos métodos de não repeti-lo nos erros.

A Constituição de 1946 não adotou o decreto-lei, que reapareceu na Constituição 1967, também autoritária.

Numa primeira visão, é possível dizer-se que o Presidente da República poderia expedir decretos com força de lei, consideradas duas situações: urgência ou interesse público relevantes, desde que não houvesse aumento de despesas e sobre duas matérias que especificava: segurança nacional e finanças públicas.

Esse decreto-lei iria ao exame do Congresso Nacional, que, com prazo certo, poderia rejeitá-lo, no todo, ou então aprová-lo por decurso de prazo.

Despiciendo dizer que o Congresso Nacional, nos tempos duros do regime de exceção, não se arvorou em rejeitar decretos-leis.

Mas instado a manifestar-se, o Poder Judiciário não deixou de impor limites ao excessivo poder.

A propósito, recolhi da *Ética a Nicômaco*, de Aristóteles, esta preciosa frase: "(...) ir ao juiz é ir à justiça, porque se quer que o juiz seja como se fosse a justiça viva" (tradução de Mário de Gama Kury, 3ª ed., Editora UnB, 1992, p. 98).

Assim, quanto ao controle, pelo Judiciário, da constitucionalidade do decreto-lei, recolho uns poucos exemplos da atuação do Supremo Tribunal Federal.

Em abril de 1967, o Presidente da República expediu o Decreto-lei n. 322, estabelecendo limites ao reajustamento de aluguéis e no art. 5º, dispondo que a purgação da mora, pelo locatário não residencial, seria nos mesmos moldes das locações residenciais, aplicando o dispositivo aos casos *sub judice*.

Esse decreto-lei elenca cinco considerandos, no sentido de confortar sua emissão à matéria de segurança nacional, admitindo que o congelamento dos aluguéis provocava fuga de capitais privados do setor imobiliário e se constituiria numa agravante da crise habitacional, àquela época também presente.

Levada a questão ao Supremo, pela via do RE 62.739, o Plenário, por votação majoritária, declarou a inconstitucionalidade do art. 5º do Decreto-lei 322/67.

Esse julgado é paradigmático, sob dois ângulos: ajustou-se que a apropriação dos requisitos de urgência ou de interesse público relevante ficava ao descortínio do Executivo, só corrigível pelo Legislativo, excluindo o Poder Judiciário dessa incursão.

Disse Aliomar Baleeiro, Relator: "Não me parece duvidoso que a apreciação da urgência ou interesse público relevante assuma caráter político: é urgente ou relevante o que o Presidente entender como tal, ressalvado que o Congresso pode chegar a julgamento de valor contrário, para rejeitar o decreto-lei. Destarte, não pode haver revisão judicial desses dois aspectos entregues ao discricionarismo do Executivo, que sofrerá apenas correção pelo discricionarismo do Congresso".

Mas esse precedente guarda singular importância na história do Judiciário brasileiro, pelo exame da matéria de direito civil, objeto do Decreto-lei 322/67, emitida sob o abrigo da segurança nacional.

Pontificou o Ministro:

"(...) o conceito de segurança nacional, a meu ver, não constitui algo indefinido, vago e plástico, algo que pode ser ou não ser, entregue ao discricionarismo do Presidente e do Congresso. Os direitos e garantias individuais, o federalismo e outros alvos fundamentais da Constituição ficarão abalados nos alicerces e ruirão se admitirmos que representa 'segurança nacional' toda matéria que o Presidente da República declara que o é, sem oposição do Congresso.

"Quero crer que 'segurança nacional' envolve toda a matéria pertinente à defesa da integridade do território, independência, paz e sobrevivência do país, suas instituições e valores materias ou morais, contra ameaças externas e internas. Em duas palavras, contra a guerra externa ou intestina, esteja ela travada e efetiva ou fermente ainda em estado potencial próximo ou remoto. Daí admitir eu que o conceito de 'segurança nacional' abranja medidas preventivas contra os levedos da ação armada ou da desordem, nesta época em que tanto se falou e fala-se em '5ª coluna', 'guerra fria', 'guerra revolucionária', 'guerra psicológica', etc.

"Não emito uma opinião pessoal: infiro do que está nos arts. 89-91, da Constituição (...) Nesses três dispositivos, está dito que as medidas permanentes de estudo e organização se referem à mobilização nacional e às operações militares, concessões de terras de fronteiras e lugares estratégicos, transportes e comunicações, pontes e indústrias direta ou indiretamente vinculados à defesa. (...)

"Se nisso se contém a matéria de segurança nacional, toda ela de ordem pública e de Direito Público, repugna que ali se intrometa assunto miúdo de Direito Civil ...

"Parece-me, pois, que em matéria objetivamente definida na Constituição (arts. 89-91), não é constitucional interpretar-se a cláusula 'segurança nacional' do art. 58, "i", como algo que o Presidente da República faz e o congresso desfaz, ou que ambos podem fazer discricionariamente. (...)

"Segurança nacional, a meus olhos, não é o que o Presidente e o Congresso dizem que é, mas apenas o que se concilia com o que está expresso e implícito nos arts. 89-91 da Constituição sob a epígrafe 'Da Segurança Nacional'. (...)".

O Brasil era comandado pelas Forças Militares e, embora o Supremo tenha se auto-restringido quanto aos requisitos de validade do decreto-lei, investigou a pertinência da matéria de que o mesmo cuidava.

Noutro momento, examinando o Decreto-lei 333/67, que dispunha sobre a majoração do imposto de importação, o Supremo (RE 74.096) reafirmou escapar do controle do Poder Judiciário a análise dos critérios de urgência ou relevância, aduzindo o Relator, Ministro Oswaldo Trigueiro, quanto à matéria tratada, ser cediço, doutrinariamente, a alocação da legislação tributária no campo do direito financeiro.

Se não era assim que a doutrina entendia, a Emenda n. 1/69, vinda a lume a 17 de outubro de 1969, permitia a emissão de decreto-lei em matéria tributária.

Por fim, em outro Recurso Extraordinário (n. 75.935), ainda examinando o Decreto-lei 333/67, o Supremo Tribunal Federal, refluiu de sua posição auto-restritiva de investigação dos requisitos do decreto-lei, para admiti-la quando o discricionarismo do Presidente da República, ao expedi-lo, desbordasse para o arbítrio.

Nesse precedente, o Relator, Ministro Aliomar Baleeiro, afirmou seu entendimento da inadequação do decreto-lei para instituir ou majorar tributo.

Disse:

"A urgência e o interesse público relevante são aspectos políticos entregues ao discricionarismo (não ao arbítrio) do Congresso e do Presidente da República, como o Supremo Tribunal Federal decidiu por unanimidade no RE 62.739 (*RTJ* 44/173), exibido pelas próprias Recorrentes. O controle do Judiciário nesse caso só poderá ocorrer excepcionalmente se o discricionarismo, praticado já no campo do absurdo, tocar ao arbítrio. Com isso, ressalvo meu ponto de vista de que o Decreto-lei, fora dos casos ressalvados pelo art. 153, § 29, da Constituição Federal, não institui nem majora tributo."

Deu-se a ruptura da antiga ordem constitucional, com a promulgação da Constituição da República de 1988.

À época, José Carlos Barbosa Moreira observou, com agudez:

"... toda vez que entra em vigor novo código, ou nova lei ... raramente deixa de manifestar-se, em alguns setores da doutrina e da jurisprudência, certa propensão a interpretar o texto novo de maneira que ele fique tão parecido quanto possível com o antigo. Põe-se ênfase nas semelhanças, corre-se um véu sobre as diferenças e conclui-se que, à luz daquelas, e a despeito destas, a disciplina da matéria, afinal de contas, mudou pouco, se é que na verdade mudou. É um tipo de interpretação a que não ficaria mal chamar "retrospectiva": o olhar do intérprete dirige-se antes ao passado que ao presente, e a imagem que ele capta é menos a representação da realidade que uma sombra fantasmagórica. Pois bem: o que sucede com outros diplomas é passível de suceder igualmente com uma nova Constituição" (*in* "O Poder Judiciário e a efetividade da nova Constituição", *Revista Forense* 304/151, 1988).

Embora cheia de imperfeições e contradições, frutos da negociação desenvolvida num momento histórico peculiar, a Carta de 1988 apresenta virtudes, das quais sobrelevam a identificação das necessidades e anseios da sociedade brasileira e a manifesta opção pela cidadania.

Nesse sentido, o rumo é certo.

É uma Constituição voltada para a sociedade. Se assim é, é hora de ajustar a visão para os novos tempos, repelindo os desmandos que vicejaram na ordem antiga.

A Nova Carta permite a ação normativa do Poder Executivo por meio da edição de medidas provisórias, com força de lei, em caso de relevância e urgência, submetendo-as ao imediato exame do Congresso Nacional (arts. 84, inc. XXVI, e 62).

Certamente que as medidas provisórias diferem dos decretos-leis, quanto aos requisitos de sua emissão. Para as medidas provisórias os pressupostos de relevância e urgência são cumulativos e não está indicado sobre que matérias podem versar.

O que se esperava, na vigência da Constituição de 1988, seria a sensível redução da emissão legislativa pelo Poder Executivo, já que sob a égide da Carta de 1967, com a Emenda n. 1/69, o decreto-lei fora utilizado, abusivamente, pelo Presidente da República.

Não é o que ocorre.

O princípio de que "ninguém se escusa de cumprir a lei, alegando que não a conhece" (art. 3º, da Lei de Introdução ao Código Civil), enfraqueceu-se, diante da volúpia normativa dos Chefes do Executivo.

Nem os operadores do direito conhecem o ordenamento jurídico pátrio, seu instrumento diário de trabalho.

No Supremo Tribunal Federal, as medidas provisórias foram admitidas para serem analisadas em sua constitucionalidade, apesar de temporárias. Imagino que não podia ser de outra forma, porque elas são medidas de natureza excepcional. Então, a análise da sua constitucionalidade, de rigor, será mais exigente do que qualquer outra.

No final do ano de 1989 (24 de novembro), o Presidente da República adotou a Medida Provisória 111, dispondo sobre prisão temporária, incomunicabilidade do preso e criando novo tipo penal de crime de abuso de autoridade, tudo para facilitar a apuração dos crimes chamados "hediondos" e daqueles praticados contra o "sistema financeiro".

A Ordem dos Advogados, insubordinando-se contra a previsão, ingressou com ação direta de inconstitucionalidade contra a MP 111/89 (ADIn 162-1/DF), que teve a liminar indeferida pelo Plenário, por maioria.

Decidiu-se, com respaldo nos precedentes da Corte, que os conceitos de relevância e de urgência, como pressupostos para a edição de medidas provisórias, decorrem, em princípio, do juízo discricionário de oportunidade e de valor do Presidente da República, mas admitem o controle judiciário, quanto ao excesso do poder de legislar, o que, naquele caso, não se evidenciava.

No que respeita à matéria tratada pela via da medida provisória, o Ministro Relator Moreira Alves anteviu relevância, mas não urgência, no argumento de inconstitucionalidade da criação de delito por medida provisória "por suas conseqüências em face até da precariedade da eficácia de medidas dessa natureza, e do relevo que se dá, em matéria penal, ao princípio do *nullum crimen sine lege* (art. 5º, XXXIX, da Constituição)".

O voto vencido do Ministro Celso de Mello, deferindo a medida cautelar, assertou:

"Traduzem, essas medidas, antecipação cautelar, de caráter provisório e necessário, de providências materialmente legislativas. Poderiam, as medidas provisórias, incursionar, tematicamente, em qualquer área sujeita ao domínio normativo da lei? Seria lícito afirmar que onde a lei puder incidir, aí também atuarão, satisfeitos os pressupostos constitucionais, as medidas provisórias? Numa palavra, seria adequado invocar o adágio *ubi lex, ibi cautela*?

"Entendo que não.

"O texto constitucional – é bem verdade – não contém limitações materiais explícitas ao exercício do poder de editar medidas provisórias, diversamente do que ocorria com o decreto-lei no regime constitucional anterior.

"Essa circunstância, porém, não confere ao Presidente da República o poder de emanar regras materialmente legislativas, mediante edição dessa singular espécie cautelar normativa. O conteúdo material das medidas provisórias não abrange qualquer categoria temática, mas, tão-somente, aqueles assuntos cuja disciplina jurídica, por seu intermédio, se revele compatível com o sistema e os princípios adotados por nossa Constituição. (...)

"A normação extraordinária, veiculada mediante medidas provisórias, não pode incidir sobre temas concernentes ao próprio *status libertatis*. A liberdade só pode sofrer condicionamentos normativos quando autorizados, estes, por lei formal e não por mera decisão unilateral emanada do Chefe do Poder Executivo da União. (...)

"A proteção constitucional da liberdade tem, no princípio da reserva absoluta de lei – e de lei formal –, um de seus instrumentos jurídicos mais importantes. Ele afasta a possibilidade de ingerência normativa do Poder Executivo nesse delicado plano de tensão dialética, em que se processam as relações entre o estado e o indivíduo."

De sua parte, o Ministro Sepúlveda Pertence, também voto vencido, disse: "*Data venia*, não posso subscrever a afirmação peremptória de que não há limites materiais à medida provisória, no direito brasileiro. É claro que ela não está mais restrita, como estava o decreto-lei, a rígidos compartimentos do domínio da lei ordinária, compartimentos, aliás, adequados às leis de governo, às *leggi provvidimenti* – pessoal, finanças públicas, segurança nacional –, que são o campo de eleição da prática do decreto-lei, adequado aos regimes democráticos mais desenvolvidos."

O julgamento foi a 4 de dezembro de 1989, mas aí já se delineava a idéia de que a ausência de explicitação, no art. 62 da Constituição da República de 1988, das matérias que poderiam ser versadas por medidas provisórias, não habilitam o Chefe do Executivo a usar essa espécie legislativa excepcional a trato de toda e qualquer matéria.

No que se refere à matéria penal, ao que se sabe, remanesce a criação de um tipo penal, criado por medida provisória, convertida em lei. Foi a Medida Provisória 10, de 21.10.1988 e convertida na Lei 7.679/88, que cuida da proibição da pesca com explosivos e substâncias tóxicas.

Liberdade, matéria penal, temas inacessíveis ao alcance de um legislador solitário.

Sobre liberdade, disse Hanna Arendt:

"Levantar a questão – o que é liberdade? – parece ser uma empresa irrealizável. (...)

"O que normalmente permanece intacto nas épocas de petrificação e de ruína inevitável é a faculdade da própria liberdade, a pura capacidade de começar, que anima e inspira todas as atividades humanas e que constitui a fonte oculta de todas as coisas grandes e belas" (*Entre o passado e o Futuro*, Coleção Debates/Política, v. 64, 1972, Ed. Perspectiva, pp. 188 e 217-218).

A reiteração de práticas, para alguns abusivas, acaba por gerar uma espécie de conformismo, que se alastra como aceitação e tolerância, dominando mesmo as posições antes inabaláveis.

É o que acontece com a instituição e majoração de tributo, por instrumentos outros que não a lei.

Por isso, para dizer que seu pensamento continua vivo entre nós, que trago texto de Geraldo Ataliba, mestre e amigo, a quem dedico essas reflexões.

"Legalidade

Em primeiro lugar: União, Estados e Municípios não podem criar tributos sem lei. Este assunto é tão velho, que nasce por volta de 1215, na Inglaterra, com a Carta Magna do rei João sem-Terra, há sete ou oito séculos, e parece tão cediço que surpreende que hoje, dia 12 de junho de 1992, no Brasil, ainda se questione. Muitas das questões que os Senhores têm em mãos para decidir como magistrados, ainda questionam o conteúdo, sentido e alcance do princípio da legalidade.

Tradicional, é o instituto mais velho de todos, diria não do Direito Tributário, mas do Direito Constitucional. O próprio Direito Constitucional nasceu por causa da exigência da legalidade em matéria tributária. A despeito de sete séculos, da solar clareza que a jurispurdência e a doutrina puseram sobre isso, ainda os executivos se rebelam contra estes princípios. O poder político não o aceita, porque este, realmente, limita o poder político. Só se pode criar tributos fazendo lei e esta, necessariamente, deve ser universal, igual e irretroativa. Isso é muito duro para quem tem o poder político, para quem foi eleito por uma maioria e não gosta das minorias, tem os seus desígnios, os seus interesses, os seus programas, os seus planos, e exatamente foi investido no poder político porque pregou aquele programa, aquele plano. Este preceito constitucional é obstáculo, é empecilho, seja à realização do programa, seja à satisfação das correntes que investiram aquele grupo no exercício do poder político, para um certo período republicano. Aí um dos principais problemas. Esse aparentemente tão inocente, tão claro "princípio da legalidade", que é o primeiro dentre as limitações, ainda questionado como se tivesse nascido ontem e tivesse o seu conteúdo ainda ignorado por muitos, como se ainda fosse possível questionar essas coisas." (Geraldo Ataliba, *Limitações Constitucionais ao Poder de Tributar*, Aula Magna no Superior Tribunal de Justiça, em junho de 1962, *Revista de Direito Tributário* 62/115-116).

Sobre o tema da instituição de tributo, também, por medida provisória, é forte a jurisprudência do Supremo Tribunal Federal, como se colhe das palavras do Ministro Octávio Gallotti: "... tendo força de lei, é meio hábil, a medida provisória, para instituir tributos, e contribuições, a exemplo do que sucedia com os decretos-lei do regime ultrapassado como sempre esta Corte entendeu". O julgado, unânime, é de 1996 (ADIn 1.417-0-DF).

Renovou-se a afirmação da Corte, em 1997, por se encontrar assentado, no Supremo Tribunal Federal, o entendimento de ser legítima a disciplina de matéria tributária por meio de medida provisória, instrumento a que a Constituição confere força de lei (ADIn 1.667-9-DF, Relator Ministro Ilmar Galvão).

Ora, se é aceito que "o poder de tributar envolve o poder de destruir", só o povo pode dizer o que vai pagar e quanto vai pagar de tributo. Quanto a isso, penso, a doutrina é uníssona, mas derrotada pela jurisprudência (Mc. Culloch *vs.* Maryland, citado por Aliomar Baleeiro in *Limitações Constitucionais ao Poder de Tributar*, 7ª ed. revista e complementada, à luz da Constituição de 1988 até a Emenda Constitucional n. 10/1996, por Misabel Abreu Machado Derzi, Forense, Rio de Janeiro, 1978, p. 235).

Muito pouco ou quase nada vi escrito sobre a possibilidade de modificação da ordem jurídico-formal processual por outra via, senão a lei.

Em novembro de 1993, o Presidente da República expediu a Medida Provisória 375, tendo por escopo disciplinar a concessão e efeitos de liminares e de medidas cautelares e as situações de risco de grave lesão ao interesse público e à ordem, à saúde, à segurança e à economia pública, para coartar aquilo que se convencionou chamar de indústria de liminares, muito embora inexista, ainda, remédio eficaz contra a indústria das medidas provisórias.

Aqui sim, na profusão indiscriminada de medidas provisórias, é que vejo lesão ao interesse público, ao interesse público primário e não apenas ao interesse público secundário, da União, como parte litigante, com aniquilamento, de forma eticamente discutível, do primado jurídico-democrático da isonomia.

A referida MP vedava a concessão de medida cautelar ou de liminar contra ato da administração pública, sem a audiência do representante desta, que deveria manifestar-se no prazo de setenta e duas horas (art. 2º).

Nos arts. 3º e 4º, a MP determinava como o juiz deveria agir:

– verificação de pressupostos;

– possibilidade de grave lesão à administração pública, dando exemplos de como isso poderia ocorrer, tais como, interrupção de atos administrativos, execução de serviços ou obras de interesse público, desembolso de importâncias ou liberação de bens.

Não bastasse o que foi dito, a MP ordenava a eficácia da cautelar ou da liminar pelo prazo máximo de 30 (trinta) dias, só renovável pelo Tribunal competente para o recurso, insinuando a exigência de garantia, nos casos que especificou.

Estupefata, a Nação, e em especial a classe jurídica, viu o início da escalada à grave lesão à cidadania e à ordem democrática.

O eminente e respeitado Professor Miguel Reale publicou artigo, no *O Estado de S. Paulo*, afirmando:

"(...) A questão examinada é relevantíssima, mas somente a cegueira jurídica, que parece estar dominando o cenário da República, poderá considerar medida de urgência a reforma de pontos capitais do Código de Processo Civil, da Lei de Mandado de Segurança e da Lei da Ação Civil Pública, instaurando, 'ex abrupto', ritos processuais que apenas mediante *lei* poderiam ser instaurados, desde que acordes com os mandamentos constitucionais.

"O simples fato de se eliminar a hipótese de concessão de liminares e cautelares 'inaudita altera parte', isto é, sem prévia audiência da autoridade coatora, cuja citação *pessoal* maliciosamente se exige, demonstra a violência e o retrocesso do sistema que se quer implantar, como triste prenúncio de até agora irrevelados reajustes econômicos. (...)

"A bem ver, a medida provisória representa uma crítica indiscriminada à atuação do Judiciário, ao conceder liminares e cautelares. Quer-se, em suma, sujeitar o juiz a critérios de exclusivo interesse do Executivo, sob a capa de proteção à ordem, à saúde e à segurança.

"Essa submissão do poder decisório do juiz chega ao ápice quando, no artigo 4º, se declara que 'o juiz cotejará (*sic*) os interesses em confronto, ponderando a prevalência do interesse geral sobre o particular', como se não tivesse existido critério algum no deferimento dos pleitos. Cabe, ademais, salientar que nenhum interesse geral pode se sobrepor a direitos individuais líquidos e certos, máxime no Estado Democrático de Direito, que se distingue pelo primado da sociedade civil sobre o Estado. Se há um valor a ser preservado em nosso Estatuto Político é esse da primazia do individual e do social sobre o estatal, tanto assim que, pela primeira vez em nosso Direito Constitucional, se cuidou antes da declaração dos direitos individuais e sociais para, somente depois, se tratar da organização do Estado. (...)" ("Dupla infração constitucional", *O Estado de S. Paulo* de 25.11.93).

Dessa perplexidade geral, surgiu a ADIn 975-3-DF, proposta pela Ordem dos Advogados, para neutralizar os efeitos da MP 375/93, sob o fundamento, entre outros, de agressão ou negação da ordem jurídica.

O Plenário do STF deferiu a cautelar, em parte, por decisão unânime, suspendendo os efeitos de alguns artigos e, por maioria, outros ou expressões neles contidas, vencidos os Ministros Carlos Velloso, Relator, Marco Aurélio e Celso de Mello, que a deferiam *in totum*.

Resultou, desse julgado, o reconhecimento da Corte que, a pretexto de regular a concessão de medidas liminares inominadas e liminares em mandado de segurança e em ações civis públicas, a MP 375/93 acabava por vedar a concessão de tais medidas, além de obstruir o serviço da Justiça, criando obstáculos à obtenção da prestação jurisdicional e atentando contra a separação dos poderes, porque sujeitava o Judiciário ao Poder Executivo.

Senhores, é preciso refletir sobre isso.

Tem sido assunto dominante, hoje, como ontem, a questão da invasão dos Poderes do Estado, um na seara do outro, típico confronto, onde deveria residir a harmonia, senão por força do dispositivo constitucional, mas até em face da própria sobrevivência do Estado.

O Judiciário, tal como está na Constituição da República, é poder, e não há que se falar em juiz axiologicamente neutro, mas independente e imparcial.

No convívio social, a todo momento valoramos e somos valorados.

O juiz, agente político, cuja função precípua é o sopesamento de valores em conflito, com base na régua valorativa forjada na Constituição, usa a técnica jurídica para fundamentar a opção política feita pela Carta. E o primeiro valor a ser resguardado é a dignidade da pessoa humana.

Não se está a cuidar de política partidária, nem pode o juiz interferir nas diferenças naturais e sociais. Não há possibilidade de decisão nesse sentido, mas a partir daí, sim.

A princípio, o agente político não é responsável pelo fato de alguém ter nascido rei ou pixote. Esses entes são socialmente desiguais.

Mas a miséria não é uma fatalidade que não possa ser afastada ou mitigada.

O processo de transformação e construção de uma sociedade justa necessita de vontade política, ou melhor, de mudança de mentalidade dos diversos agentes políticos.

No caso do Judiciário, essa mudança de atitude passa pelo reconhecimento, pelos órgãos jurisdicionais, do seu novo, difícil e grandioso papel institucional.

Entre as garantias constitucionais, tomemos três princípios como pilares do processo jurisdicional: legalidade, segurança jurídica e acesso à jurisdição.

O processo legislativo, vivido no embate do Parlamento, guarda feição de contraditório, a depurar-lhe os excessos e inadequações e as regras processuais, ali nascidas, conferem às partes a segurança de saber como o procedimento irá se desenrolar, pela atuação da jurisdição.

Expedidas as normas, a sociedade as conhece e por elas determina seu agir.

E essa garantia do conhecimento prévio das regras do jogo é mais do que fundamental, tanto ao indivíduo como à ordem democrática.

Mas, as investidas de medidas provisórias sobre regras processuais continuaram, e continuam.

Em novembro de 1997, o Presidente da República reeditou a Medida Provisória 1.577 (MP 1.577-6), ampliando o prazo de decadência de dois para cinco anos, da ação rescisória proposta pela União, os Estados, o Distrito Federal ou o Município e suas autarquias e fundações públicas (art. 4º) e criando, em favor dessas entidades públicas, uma nova hipótese de rescindibilidade das sentenças, indenizações expropriatórias ou similares flagrantemente superiores ao preço de mercado (art. 4º, parágrafo único).

A Ordem dos Advogados, novamente, insurgindo-se contra a emissão da MP, por ausência de urgência à sua edição, ofensa ao princípio da isonomia e ao devido processo legal, aforou ADIn que tomou o 1.753-2-DF.

O STF, por unanimidade, deferiu o pedido de medida cautelar, suspendendo os efeitos das previsões.

Nesse julgado, o Tribunal reafirmou sua tendência auto-restritiva na investigação da ocorrência dos pressupostos de relevância e de urgência para a edição de medida provisória, mas, na espécie, essa urgência não se fazia presente.

O Relator, Ministro Sepúlveda Pertence, disse:

"(...) Se ainda não há coisa julgada, a presunção há de ser a de possibilidade de reverter a decisão ainda pendente de recurso, cuja absurdez se teme.

"Se, ao contrário, já se formou a coisa julgada – além de casuística, o que lhe pode custar a irrogação de outros vícios –, a medida provisória já não pode alegar urgência, porque terá chegado tarde demais. (...)

"Com relação à regra do *caput* do art. 4º que amplia para cinco anos o prazo da ação rescisória de iniciativa estatal – se se tem em vista a rescisão de decisões já transitadas em julgado – a única hipótese em que a urgência da medida seria cogitável – a aplicabilidade da regra nova aos prazos em curso é no mínimo duvidosa (...)".

Anote-se que a Ordem dos Advogados do Brasil, os Partidos Políticos, Sindicatos, enfim, a sociedade têm se mantido alerta para a emissão de medidas provisórias inconstitucionais, recorrendo ao STF.

Mas a capacidade legiferante do Executivo, pela via da medida provisória, sobre matéria processual, parece inesgotável.

Assim, veio a lume a Medida Provisória 1.984, que acresce e altera dispositivos de oito leis, investindo, no particular, sobre dispositivos processuais e criando o que vem sendo chamado de avocatória disfarçada (É a MP do BANESPA).

A constitucionalidade da MP 1.984, na versão 19, foi impugnada perante o STF (ADIn 2.251-2), em caráter cautelar e apreciada, a 23.8.2000, quanto aos dispositivos que nos interessam (o julgamento tem sido desdobrado em várias sessões), mantendo-se os §§ 2º a 9º, do art. 4º, da Lei 8.437/92, vencidos os Ministros Marco Aurélio, Celso de Mello e Sepúlveda Pertence, que deferiam a suspensão cautelar.

O acórdão ainda não foi publicado.

Os regramentos em questão:

1) o § 2º (do art. 4º, da Lei 8.437/92) reduz de cinco dias para setenta e duas horas o prazo para o autor da ação contra o Poder Público e seus agentes ser ouvido, em face de suspensão de liminar. O Ministério Público também;

2) o § 3º contém adição que compele a apresentação do agravo, contra despacho que conhecer ou negar suspensão liminar, na sessão seguinte a sua interposição;

3) o § 4º cria a possibilidade de novo exame da questão, pelo Presidente do STF ou do STJ, conforme o caso, por via de pedido de suspensão de liminar, se do julgamento do agravo resultar a manutenção ou o restabelecimento da decisão cujos efeitos se quer neutralizar;

4) o § 5º admite o aforamento de pedido de suspensão, se o agravo de instrumento for improvido (mérito – não é falta de conhecimento);

5) o § 6º admite a conjugação de interposição de agravo de instrumento e ajuizamento de pedido de suspensão;

6) o § 8º dá ao presidente do tribunal poderes para suspender os efeitos da decisão atacada, com eficácia retroativa, nulificando os atos dela decorrentes;

7) o § 9º confere ao presidente do tribunal poderes para, em única decisão suspender efeitos de várias liminares, com iden-

tidade de objetos, mesmo supervenientes à sua decisão (suspensão extensiva).

Numa só tacada, ou numa só estocada, o Chefe do Executivo cria competência, reduz prazo em desfavor de seu oponente processual, desorganiza conceitos secularmente estruturados de relação jurídica processual, de partes, de preclusão consumativa, concentrando, de forma antidemocrática, na figura do presidente do tribunal uma competência tão abrangente.

O rumo tomado pelo STF, no exame da constitucionalidade da MP 375/93, repelindo a invasão do Executivo, no campo de atuação do Judiciário, foi sensivelmente alterado, seguindo outras coordenadas, a indicarem que, para o futuro, o Colegiado pode vir a admitir, sem muitas resistências, o uso da medida provisória como via, dita excepcional, para criar ou modificar regras processuais.

Em relação aos regramentos do processo civil, os princípios da legalidade, da estabilidade das relações, da inafastabilidade do controle jurisdicional e seus consectários, não permitem que se inscrevam dispositivos para mudar o que foi posto pelo povo e que ele conhece e sabe como o processo tramitará.

As frestas abertas nos muros das garantias do cidadão vão se transformando em rombos, deixando a sociedade vulnerável, insegura, desamparada.

Para dar um fecho a essas reflexões, consigno, por primeiro, minha deferência ao Supremo Tribunal Federal, partícipe essencial na construção de um Estado Democrático de Direito.

Na vigência da Constituição Federal de 1967, o Supremo Tribunal Federal se autolimitou na sindicabilidade da presença e validade dos pressupostos de urgência ou de interesse público relevante de emissão do decreto-lei, só abrindo espaço para essa aferição quando o discricionarismo do Chefe do Executivo raiasse o arbítrio.

Entretanto, investigou, talvez porque o campo estivesse delimitado, as matérias que poderiam ser veiculadas por decreto-lei, e para que o poder político ficasse confortável no seu agir teve que inserir outras hipóteses na Emenda n. 1/69, como a referente a normas tributárias.

E não se diga que emenda à Constituição não serve mesmo a esse afazer de facilitar a ação do Executivo.

Sob a égide da Constituição de 1988, a Corte só examina os requisitos conjugados de relevância e urgência, conceitos indeterminados, é verdade, mas cuja indeterminação guarda um núcleo de certeza, da medida provisória, herdeira do espaço do decreto-lei, quando há excesso de poder de legislar do órgão emissor.

E como inexiste delimitação expressa de matéria, cuja veiculação possa ser feita por medida provisória, a despeito de se poder tirar essa conclusão do contexto constitucional e da manifestação veemente da doutrina, no Supremo Tribunal Federal não logrou maioria a posição de alguns de seus ministros de que, sobre determinados temas, não se pode admitir a emissão de MP.

Há sim matérias indenes de emissão legislativa por medida provisória.

Do sistema constitucional vigente aflora a incompetência legislativa excepcional do Presidente, para adoção de medidas provisórias em inúmeras matérias: como as contrárias ao Estado Democrático, à efetivação dos direitos e garantias fundamentais, à cidadania, bem assim, as reservadas à lei complementar, as não delegáveis ao Chefe do Executivo, as submetidas ao princípio da legalidade estrita – penal, tributária e processual –, esta com o *plus* de garantia das regras do jogo democrático, entre outras.

Mas, mais uma vez é preciso ser explícito.

E é por isso que já tramita no Congresso Nacional Proposta de Emenda à Constituição n. 472-A, explicitando a proibição de adoção de medidas provisórias sobre esse elenco de matérias (nacionalidade, cidadania, direitos políticos, partidos políticos e direito eleitoral, direito penal, processual penal e processual civil, organização do Poder Judiciário e do Ministério Público, entre outras).

A meu ver, o primeiro passo para se averiguar a constitucionalidade da medida provisória é a competência do Chefe do Executivo para adotá-la. Se do contexto constitucional não se haurir essa possibilidade, acabou. Faltará ao Presidente competência constitucional para tratar da matéria e não impende perquirir se há relevância e urgência na medida.

Sendo possível o trato da matéria pela via excepcional, aí sim indagar-se-á da presença dos requisitos de relevância e urgência, estes também aferíveis em face do sistema constitucional.

Diz-se que estamos diante de confronto dos Poderes Executivo e Judiciário. Na verdade, não percebo confronto entre os Poderes do Estado, mas invasão da atuação do Executivo na esfera de competência do Legislativo.

Quanto ao Judiciário, seu exercício, constitucionalmente disposto e legalmente delimitado, é visto como empecilho à implementação de políticas públicas, agravo aos interesses nacionais e abuso de poder.

Antes de mudar regras, é preciso mudar mentalidades.

Nas conquistas democráticas, não se pode abrir frestas para o autoritarismo.

Assim, a sociedade e os seus intérpretes: os partidos políticos, os advogados, os sindicatos, as entidades de classe, o Ministério Público, juízes, enfim, todos nós, estamos convocados a resistir.

Senhores.

Agora, uma antiga história.

Édipo, rei de Tebas, teve com Jocasta, quatro filhos: Etéocles, Polinices, Antígona e Ismene.

Com a morte de Édipo, Etéocles e Polinices passaram a disputar o trono da cidade, chegando ao acordo de revezarem-se, por um ano, no poder.

Vencido o primeiro período, Etéocles não cedeu o lugar a Polinices, que partiu para Argos, rival da cidade de Tebas, buscando apoio, pelas armas, que obrigasse Etéocles a entregar-lhe o trono, como pactuado.

Vemos que a tentativa de continuidade no poder, pelo golpe de estado, ou por ampliação de mandato, não é nova.

Enfrentando-se, Etéocles e Polinices, tombaram mortos, um pela mão do outro, ensejando a ascensão de Creonte, irmão de Jocasta e tio dos herdeiros do trono.

Creonte, como primeiro ato de poder, proíbe o sepultamento de Polinices, condenando à pena de apedrejamento, até a morte, a quem o fizesse, enquanto ordenava funerais de herói para Etéocles, defensor da cidade.

Transcrevo uns poucos versos dessa tragédia de Sófocles, no diálogo de Antígona e Ismene.

Antígona:

Pois não ditou Creonte que se desse a honra da sepultura a um de nossos irmãos enquanto a nega ao outro? Dizem que mandou proporcionarem justos funerais a Etéocles com a intenção de assegurar-lhe no além-túmulo a reverência da legião dos mortos; dizem, também, que proclamou a todos os tebanos a interdição de sepultarem ou sequer chorarem o desventurado Polinices ... Ajudarás as minhas mãos a erguer o morto?

Ismene:

Vais enterrá-lo contra a interdição geral?

Antígona:

Ainda que não queiras ele é teu irmão e meu; e quanto a mim, jamais o trairei.

Ismene:

Atreves-te a enfrentar as ordens de Creonte?

Antígona:

Ele não pode impor que eu abandone os meus.

Ismene:

(...) Peço indulgência aos nossos mortos enterrados mas obedeço, constrangida, aos governantes; ter pretensões ao impossível é loucura." Na vida, alguns sucumbem, outros se mantém fiéis à sua consciência. Nesse clássico, o autor, pela boca torturada do próprio rei Creonte, mostra que o poder revela o homem:

"**Creonte**:

Não é possível conhecer perfeitamente um homem e o que vai no fundo de sua alma, seus sentimentos e seus pensamentos (sic), antes de o vermos no exercício do poder, senhor das leis. (...)."

Mas afinal, quem é o senhor das leis?

A propósito, na mesma tragédia, Hêmon, filho de Creonte, tenta transmitir ao pai a inquietação e o murmúrio do povo, em face do seu edito:

"**Creonte**:

Devo mandar em Tebas com a vontade alheia?

Hêmon:

Não há cidade que pertença a um homem só.

Creonte:

Não devem as cidades ser de quem as rege?

Hêmon:

Só, mandarias bem, apenas num deserto".

(*A Trilogia Tebana – Sófocles – Édipo Rei – Édipo em Colono – Antígona*, tradução do grego, introdução e notas: Mário da Gama Kury, 8ª ed., Jorge Zahar Editor; 1998, pp. 198-199, 203-204 e 227).

Sófocles, o maior poeta teatrólogo do gênero da tragédia clássica grega, na *Antígona*, traz uma questão de conduta, envolvendo aspectos morais e políticos, que em qualquer tempo e lugar ensejariam discussão e interesse.

Expõe o choque entre o direito natural e o direito positivo e a questão dos limites da autoridade estatal, em face da consciência individual.

Antígona é considerada um dos primeiros gritos de protesto contra a prepotência dos governantes tiranos.

É usual dizer-se que os poetas são desapegados da vivência dos demais mortais, mas Sófocles, há 2.500 anos, participou da vida política da Grécia antiga, eleito duas vezes comandante do exército e serviu como tesoureiro-geral de Atenas, o que, para nós, significaria Ministro da Fazenda.

Mais que nunca, a arte imita a vida.

É tempo de acabar.

Senhores! Não há escuridão que o engenho e a vontade do homem não possam afastar, sendo certo que a Justiça é o último reduto pacífico do cidadão, em face da omissão ou do abuso, afrontosos à ordem democrática.

Agora, unindo o desamparo e a esperança representados na figura do cidadão brasileiro – aquele que se encantou com a luz elétrica –, com o exemplo de insubordinação contra o autoritarismo estatal, da heroína grega, impõe-se a pergunta:

Quem enfrentará Creonte?

PRESIDENTE DO CONGRESSO (PROF. JOSÉ EDUARDO SOARES DE MELO) – Queremos cumprimentar as expressivas palavras e profundas lições da desembargadora Anna Maria Pimentel e também dizer da nossa honra e satisfação de estarmos aqui na mesa com duas juristas, a Profa. Misabel Derzi e a Profa. Anna Maria Pimentel, que são cotadas para integrarem o Supremo Tribunal Federal, como também a Profa. Lucia Figueiredo, que pela manhã esteve aqui.

Antes de encerrar esta primeira etapa do nosso Congresso, quero lembrar a vocês que temos em seguida um coquetel e queremos contar com a presença de todos. Muito obrigado. (*Palmas*)

CONFERÊNCIA

A LEI COMPLEMENTAR E A EXPERIÊNCIA BRASILEIRA

PROF. PAULO DE BARROS CARVALHO

COORDENADOR: PROFESSOR JOSÉ EDUARDO SOARES DE MELO

MEMBROS DA MESA: PROFESSORES ROQUE CARRAZZA, CONDORCET REZENDE, RICARDO LOBO TORRES, ESTEVÃO HORVATH, EUGÊNIO DOIN VIEIRA E EURICO DE SANTI.

COORDENADOR (PROF. JOSÉ EDUARDO SOARES DE MELO) – Vamos dar continuidade ao XIV Congresso Brasileiro de Direito Tributário. Compõem a Mesa o Prof. Roque Carrazza, o Prof. Condorcet Rezende, o Prof. Ricardo Lobo Torres, o Prof. Estevão Horvath, o Prof. Eugênio Doin Vieira, o Prof. Eurico de Santi e o Prof. Paulo de Barros Carvalho. Nós teremos a honra e o prazer de ouvir uma palestra, uma conferência do Prof. Paulo de Barros Carvalho, e que será saudado pelo Dr. Eurico de Santi.

PROF. EURICO DE SANTI – Pensei que a minha fase mais difícil deste Congresso já tinha passado, com minha fala no primeiro dia, mas fui brindado com o prazer e a honra de apresentar o Prof. Paulo de Barros Carvalho.

Gostaria de falar, resumidamente, a respeito da obra, a respeito da pessoa que eu conheço e tive a oportunidade de conviver nesses anos, da doutrina e da metodologia que o Prof. Paulo vem imprimindo no estudo do direito, durante todos esses anos.

Quanto à obra, que eu acho mais fácil de ser comentada, acho interessante ressaltar toda a construção do Prof. Paulo no decorrer desses anos. Em 1973 o livro *Teoria da Norma Jurídica Tributária*, obra que alicerçou a teoria da regra matriz de incidência tributária. É interessante notar que esta obra do Prof. Paulo surgiu antes da publicação do *Normative System*, de Carlos Alchourron e Eugênio Bulygin, e do *Estruturas Lógicas e Sistema do Direito Positivo*, do Prof. Lourival Vilanova, publicado em 1977.

Com a *Teoria da Regra-Matriz* foram recolocadas as discussões sobre a norma jurídica tributária. Não se estuda mais a lei como entidade abstrata e etérea; não, nós discutimos os critérios da norma pertinentes ao sujeito ativo, ao sujeito passivo, à base de cálculo, à alíquota, e dentro da hipótese tributária, o critério material, o critério temporal e o critério espacial. A Teoria da Regra-Matriz, obviamente, não resolve o problema da verdade no interior da Ciência do Direito, mas propicia ao cientista o equacionamento da multiplicidade dos problemas que surgem na prática, enriquecendo o diálogo e o discurso da Dogmática Jurídica.

Um pouco mais sobre a obra do Prof. Paulo: na livre-docência, escreveu sobre a Regra Matriz do ICM, depois o *Curso de Direito Tributário*, que foi um marco, em que trabalhou vários temas de forma inaugural e inovadora, tanto no que diz respeito ao conceito de tributo, ao conceito de validade, vigência e eficácia, ao conceito de fontes do direito (que é revolucionário), a nova visão de imunidades e nova teoria sobre as isenções tributárias.

O que mais eu poderia dizer?

Outra marca do Prof. Paulo é sua seriedade de propósitos, revelada pela coerência interna de toda sua obra. Ao defender sua tese no concurso para Titular da Universidade de São Paulo, entrando para a história como sendo o primeiro Titular por concurso público da PUC e da USP, mesmo com posições anteriores firmadas, revisitou o tema da incidência tributária trazendo novos rumos para o direito tributário. Nesta tese, que se tornou o livro *Fundamentos Jurídicos da Incidência Tributária*, retrata o deslocamento da chamada incidência tributária para o ato administrativo de lançamento tributário: a norma não incide sobre o evento, a norma é incidida sobre o evento, ou seja, a incidência ocorre com o ato de aplicação do direito. E ressalte-se, ainda, que não obstante diversa, esta postura é totalmente coerente com a concepção anterior. Poderíamos dizer que, antes, o Prof. Paulo dizia que o lançamento é declaratório e, hoje, entende que o lançamento constitui a declaração jurídica do fato jurídico tributário e da obrigação tributária.

Concluindo, posso testemunhar como discípulo e assistente do Prof. Paulo nas cadeiras do mestrado/doutorado da PUC/SP, o prazer que é pensar e trabalhar em sala de aula o modelo teórico adotado por esse grande intelectual: é muito confortável poder pensar com segurança.

Enfim, como disse o Prof. Ricardo Guibourg em sua palestra no Congresso do ano passado, há pessoas que sabem fazer e que fazem, e que são importantíssimas no nosso dia-a-dia, são os práticos; mas, também, há pessoas que não só sabem fazer, mas sabem também como se faz. Este é o caso do Prof. Paulo, pois as pessoas que sabem como se faz, além de fazer, sabem ensinar a fazer. E quem sabe ensinar a fazer cria diálogo, cria interação, cria teorias. Teorias que convergem para a prática e possibilitam esse grande avanço que experimentamos hoje em dia nos estudos do Direito Tributário.

Muito obrigado. (*Palmas*)

PROF. PAULO DE BARROS CARVALHO – Boa tarde a todos. É sempre um motivo de grande satisfação, de grande regozijo, quando realizamos este Congresso, que lembra de uma forma decisiva a memória do Prof. Geraldo Ataliba, a sua figura como ser humano, a sua figura como jurista, e temos essa satisfação de nos reunirmos cada vez com um número maior de congressistas.

De início, eu quero cumprimentar o Prof. Aires, Presidente deste Instituto, que hoje tem o nome do Prof. Geraldo Ataliba, quero também cumprimentar todos os diretores, todos aqueles que colaboraram e todos os participantes, que têm uma função importantíssima na realização desse Congresso.

Muito bem. O tema que eu me proponho tratar, eu não queria fazê-lo em tom de conferência, uma vez que, primeiro, não aprendi até hoje a fazer um roteiro adequado das minhas palestras; e também porque, pela própria forma de expor, pela própria forma de desenvolvimento em temas intelectuais, eu acabei entrecortando o discurso e abrindo parênteses etc.

Mas eu proporia aos senhores participantes uns momentos de reflexão sobre este tema, que é "A lei complementar e a experiência brasileira". Num dos primeiros contatos com a obra de Pontes de Miranda, sempre me impressionou muito a importância que ele outorgava à experiência do direito, dizendo que o direito é feito por camadas que vão se sobrepondo, e desse modo vai nascendo aquele corpo de regras que tem como objetivo regular as condutas intersubjetivas.

Quando nós pensamos – e até invejamos – a construção americana em termos constitucionais, é exatamente nesse momento que refletimos sobre a importância da experiência e importância de uma experiência que o Brasil, por uma série de contingências históricas, não sabe aproveitar, não sabe viver. É essa experiência que deveria trazer a cada passo lições novas, proveitosas, essa experiência que nos faria olhar para o passado e aperfeiçoar a nossa conduta. Essa experiência não tem sido observada, levada a sério.

Eu temia sempre, e por enquanto ainda bem que continuo temendo, por uma reforma constitucional radical, exatamente uma reforma constitucional que mexesse fundamentalmente na estrutura constitucional em termos tributários. Por quê?

Os senhores sabem, uma pequena palavra que se mude causa, às vezes, intermináveis discussões. Só para lembrar a todos, o chamado "fato gerador do ICM" foi discutido durante 12 anos, para se saber qual era o fato gerador do ICM. E o ICM já sendo cobrado, praticado, implementado no Brasil todo, já se interligando às legislações estaduais e do Distrito Federal para formar um imposto que hoje tem caráter nacional, aliás, como bem salienta o Prof. Roque Carrazza no seu trabalho. Então, essa experiência foi sendo feita no campo efetivo dos tributos e daquele tributo, daquele imposto, que hoje é a maior fonte de arrecadação em termos globais, do sistema brasileiro.

De modo que uma letra que se mude, uma letra é modo de dizer, mas uma palavra que se mude, uma expressão que se mude, e pronto, nós veremos reabertas as discussões e aquela firmeza, aquela segurança, naturalmente uma firmeza e segurança possíveis. O Prof. Eurico deixou bem claro, insistiu muito nesse tema, de que não há essa verdade absoluta. E se houver, nem assim haveria um juiz, um tribunal credenciado a dizer qual é essa verdade absoluta.

Isso no campo das ciências, das proposições científicas, isso no campo do jurídico, das proposições jurídicas, que gozam de um privilégio, de uma prerrogativa, porque essas proposições não são verdadeiras nem falsas, mas são válidas ou não-válidas. Todavia, quando é que elas são efetivamente válidas? Quando há a manifestação de um órgão e enquanto essa manifestação é mantida, porque nada impede que aquele juiz que sentenciou, veja a sua sentença reformada pelo tribunal. O curioso é que tudo isso é feito em nome do sistema, em nome da justiça.

Vejam, na petição inicial o advogado relaciona uma série de itens, postula em juízo, em nome da justiça. A outra parte responde e no final das contas pede justiça. O juiz decide às vezes de uma forma estranha até, em nome da justiça, e o tribunal muitas vezes reforma essa sentença em nome também da justiça. E o estudioso pergunta: mas onde está a justiça? Está no mesmo lugar onde está a segurança, onde está a verdade. Quer dizer, não há um tribunal que terminantemente diga qual é a justiça, porque muitas vezes a pessoa se curva diante da decisão judicial, mas continua dizendo que é injusta, não vê como modificá-la, mas continua dizendo que o magistrado ou que o tribunal não fez justiça no caso dele. Fala-se em nome da justiça, fala-se em nome da verdade.

Nós temos trabalhado muito esse aspecto, essa busca da verdade – que foi bem frisada pelo Prof. Eurico – que é simplesmente uma busca, porque os jornais noticiam. No campo da medicina, por exemplo, toda semana é uma novidade, aquilo que era verdade deixou de ser verdade, e agora é outra verdade. E chega a hora de perguntar: mas onde está, então, essa verdade?

Pois bem, esta busca é que é importante, nós temos que buscar. Nós falamos em nome da verdade, ainda que a verdade não seja localizada, não seja apontada. Evidentemente não teria sentido que alguém viesse passar informações, transmitir conhecimentos, e não firmasse tudo isso em nome da verdade, mas em nome da verdade somente; até na matemática, está aí o teorema de Godel, que mostra que até na matemática não há possibilidade de sistemas absolutamente fechados, onde a decidibilidade seja final, terminante.

De modo que isso transportado para o direito vai nos levar primeiro a uma posição de grande humildade, uma posição que nos obriga a respeitar a opinião dos outros. E também porque nós, amanhã, poderemos mudar de opinião. Sai um livro, sai um texto de um ator importante, sai – digamos –

um acórdão importante do tribunal que nos abre os olhos para uma nova posição, diferente daquela que adotávamos. Estamos aí mudando de opinião.

Como o sentido é inesgotável, eu acho muito difícil – para não dizer impossível – que alguém desenvolva um pensamento e fique parado no tempo, isto é, mantendo posições antigas. O definitivo ocorre com a morte, com o fim. Enquanto vivermos, enquanto a produção intelectual estiver animada, ela estará tocando em certos pontos, reabrindo outros pontos. Há quantos séculos o homem fala do mar, o homem fala do ser humano, o homem fala do direito? E a cada instante nós vemos surpresas interessantíssimas, e vemos teses reabertas, para não dizer que nunca estiveram fechadas. Mas dizem, esse problema não existe mais.

Por exemplo, quando o Prof. Geraldo Ataliba escreveu sobre lei complementar, logo em seguida o Prof. José Souto Maior Borges escreveu sobre lei complementar. Muitos pensariam: o assunto está decidido, está terminado. Entretanto, cada modificação importante que sai no ICMS com esse aspecto nacional que cada dia mais exibe, nós reabrimos o tema da lei complementar. E é este o momento adequado, porque acaba de sair, em julho saiu a Lei Complementar 102, e trouxe modificações importantes no regime jurídico do ICMS.

Isso nos faz pensar sobre o sentido, o conteúdo, o alcance de lei complementar, para saber se o legislador operou bem dentro da sua faixa de competência, se cometeu inconstitucionalidades – segundo o nosso juízo, porque inconstitucional é a norma como tal declarada pelo sistema. É o que acaba de ocorrer com a Lei Complementar 102. Juristas que sempre tiveram uma posição tolerante, complacente com o sentido de Normas Gerais de Direito Tributário, dizendo simplesmente – e eu admiro muito nesse ponto o Prof. Alcides, porque ele confessa que não saberia dizer o conteúdo preciso de Normas Gerais de Direito Tributário, ele diz: não foi construído ainda esse conceito. Vejam que interessante, alguém que defende uma posição lassa, uma interpretação lassa e, portanto, desenvolvendo uma construção de sentido sobre Normas Gerais de Direito Tributário e que diz: olha, não conseguimos ainda dizer efetivamente o que são Normas Gerais de Direito Tributário.

Mas os senhores sabem, numa pequena síntese histórica, que a Constituição de 1967 – que alguns chamam de 1969, é que em 69 houve uma emenda quantitativamente grande, mas a Constituição é de 1967 –, no art. 18 § 1º, reza que a lei complementar estabelecerá Normas Gerais de Direito Tributário, disporá sobre conflitos de competência e regulará limitações constitucionais ao poder de tributar.

Muito bem, surgiram desde logo duas correntes interpretativas, uma que construía – não que revelava – o sentido, apegado à literalidade textual. Aquilo que estava exatamente demarcado no texto era transformado no autêntico sentido da mensagem. Ora, então viam três funções nessa lei complementar: estabelecer Normas Gerais de Direito Tributário, dispor sobre conflitos e regular limitações.

Nós podemos divisar com mais facilidade o que sejam as regulações constitucionais ao poder de tributar, e também dispor sobre conflitos de competência. Alguns apressadamente falavam até em dirimir conflitos de competência, mas dirimir conflitos de competência é para o Poder Judiciário, a lei vai dispor sobre.

Muito bem, sobravam as Normas Gerais de Direito Tributário. E o que são Normas Gerais de Direito Tributário? Normas Gerais de Direito Tributário são aquelas que tratam genericamente do direito tributário. Essa foi a solução encontrada pela corrente, digamos assim, bem comportada da doutrina brasileira, e que homenageava a letra da lei, como se ela estivesse dizendo tudo, como se pudesse existir uma interpretação literal bastante em si.

Muito bem, em amor à letra da lei, comprometiam o sistema, passando por alto pelo princípio da federação que pressupõe a autonomia dos Estados, e passando por alto da autonomia dos Municípios, que no meu entender não integram a Federação, mas têm autonomia política, são pessoas políticas de direito constitucional interno, ao lado da União, ao lado dos Estados e do Distrito Federal.

Ignorando o princípio da autonomia dos Municípios e da Federação, portanto, da autonomia dos Estados e do Distrito Federal, eles atacavam um outro princípio que é implícito, mas um princípio de extraordinária importância: a isonomia das pessoas políticas de direito constitucional interno: União, Estados, Distrito Federal e Municípios. Tudo isso em homenagem à lei.

Então amanhã um estudioso do direito pode até pensar: o legislador perdeu um tempo tão grande tratando das competências, desenhando cuidadosamente o vulto das competências das pessoas políticas, e agora expede uma autorização como essa em que a União, ainda que as leis complementares tenham na maioria das vezes um caráter nacional e muito forte não deixa de ser o Poder Legislativo da União que – como diria o Prof. Roque – assiste em Brasília, e está naquele meio político, enfim, vamos admitir, num intercâmbio necessário com o Poder Executivo, e é um órgão legislativo da União, como é que daria essa competência à União, permitindo que ela num determinado momento legislasse sobre o ICMS, legislasse sobre o ISS, sobre o IPTU, sobre tributos de competência dos Estados, do Distrito Federal e dos Municípios? Como entender esta dinâmica?

Criticando essa chamada interpretação literal, eu já expressei a minha simpatia, evidentemente, pela chamada interpretação sistemática. Mas eu digo "chamada", entre aspas, porque as palavras falam em nome da justiça, falam em nome da verdade, falam em nome do sistema, dá *status* para uma interpretação dizer que ela é sistemática. E é pejorativo o sentido quando se diz que é uma interpretação meramente literal. Não é preciso gastar muito verbo com essas observações, nós sabemos que falamos: essa é uma interpretação meramente literal; agora, esta não, esta é sistemática, esta advém de uma análise do sistema.

Primeiro, isso requer prova. Como é que eu vou dizer, como é que eu vou confirmar que ela fala em nome do sistema? Ah, porque invoca um princípio ou outro? É por isso que eu sempre brincava com o Prof. Geraldo Ataliba quando ele dizia: "essa é a interpretação sistemática". Eu dizia: "nós atribuímos este caráter, mas será que é mesmo? Nós temos que demonstrar isso". "Não, mas utilizando esse preceito, aquele outro ..." "Sim, mas o sistema lida com uma multiplicidade grande de preceitos de todas as ordens, e essa integração não é fácil".

Muito bem, a verdade é que essas duas correntes se formaram em torno das possibilidades da lei complementar em termos tributários, e começaram a surgir manifestações. O Prof. Geraldo Ataliba escreveu, como eu disse, aquele livro *Lei Complementar em Matéria Tributária*, o Prof. Souto, *Lei Complementar Tributária*, e com isto o assunto aflorou. De tal modo que surgiu desde logo um embate político dentro do direito, qual seria a interpretação que prevaleceria. Confesso que essa que pretende ser sistemática é minoritária, mas ela persiste.

Vamos ver a solução dos juristas que defendiam a interpretação meramente literal, vale dizer, que propugnava por um conteúdo para a expressão "Normas Gerais de Direito Tributário", como podendo dispor sobre conflitos, regular limitações e estabelecer Normas Gerais de Direito Tributário. Quanto às duas primeiras, não há problema; o problema residiria exatamente nessa terceira função das leis complementares.

Fizeram na Constituição de 1988 um *lobby* muito intenso. Então vejam o resultado desse esforço político. Quiseram implantar, dizendo assim: até hoje o art. 18, § 1º, da Constituição de 1967 deixou essas dúvidas, então vamos tirar essas dúvidas, vamos explicitar adequadamente. E chegaram à seguinte redação:

"Cabe à lei complementar:

"I – Dispor sobre conflitos de competência em matéria tributária entre União, Estados, Distrito Federal e Municípios.

"II – Regular as limitações constitucionais ao poder de tributar.

"III – Estabelecer normas gerais em matéria de legislação tributária, especialmente sobre:

"a) definição de tributos e de suas espécies, bem como em relação aos impostos discriminados nesta Constituição, a dos respectivos fatos geradores, base de cálculo e contribuintes;

"b) obrigação, lançamento, crédito, prescrição e decadência tributárias...."

O "c" é o tratamento adequado das cooperativas e eu vou colocar entre parênteses, para ficar com esses dois.

Eles deixaram bem explicitados os pressupostos da corrente que interpretavam. Mas vejam o que acontece quando a pessoa avança mais do que devia: cabe à lei complementar estabelecer Normas Gerais de Direito Tributário, de forma apartada de dispor sobre conflitos e regular limitações. Normas gerais em matéria de legislação tributária, especialmente sobre... – eu também vou passar por alto esse "normas gerais especialmente sobre...", vamos deixar isso de lado, não dar muita importância. Não é uma boa construção.

Agora, vejam, "especialmente" sobre tudo... vejam que absurdo! E eu gostaria que os senhores refletissem para saber se é sobre tudo mesmo. Por quê? Vejam aqui: definição de tributos e de suas espécies, bem como em relação aos impostos discriminados nessa Constituição: a) dos respectivos fatos geradores, bases de cálculo e contribuintes. Aí vem: b) obrigação, lançamento, crédito, prescrição e decadência tributária.

Tenho procurado nesse tempo todo, desde que saiu a Constituição de 1988, um assunto que não se encaixa aqui e que eu pudesse dizer: não, isso não é matéria de Normas Gerais de Direito Tributário. Muito bem, depois de ter feito essa pesquisa eu cheguei à conclusão de que absolutamente tudo. Eu pensei em alíquota, pensei em regime de apuração, regime de créditos, de débitos etc. Não encontrei absolutamente nada que pudesse escapar desta amplitude. Então, passei a ler o art. 146, assim: Cabe à lei complementar dispor sobre conflitos, regular limitações e estabelecer normas gerais, especialmente sobre tudo – o que é um absurdo! Esse é o resultado.

Evidentemente eu tenho procurado, em todos os lugares que vou eu pergunto, peço colaborações. Sempre dei muita importância a essas colaborações, porque é isso que alimenta o nosso pensamento, a nossa reflexão. E não encontrei, ninguém me disse um. É difícil uma situação assim tão geral, tão universal, dentro de um determinado sistema de direito positivo.

Mas nós tendemos a essa universalidade, a essa generalidade. O pensamento humano fica mais confortado quando nós podemos generalizar. Então, todas as pessoas do sexo feminino são barbeiras ao dirigir o carro. Todos os do sexo masculino são agressivos ao dirigir o carro. É uma tendência que nós temos. O Prof. Geraldo Ataliba lidava habilmente com essas generalizações. O que ele dizia, chocava a pessoa, e a pessoa começava a produzir argumentos para demovê-lo daquela idéia. E ele colecionava esses argumentos. Vejam que interessante essa dinâmica do pensamento dele: ele dava posições radicais, aí outra pessoa se sentia chocada e começava a dizer "não por causa disso, não por causa daquilo", e alguns produziam argumentos importantes. E ele colecionava esses argumentos.

Ora, por que há essa tendência à universalização e à generalização? Porque no campo da universalidade das proposições, nós sabemos, elas são atemporais e aespaciais, e portanto não se encontram prisioneiras das contingências de espaço e de tempo. Quando Kant, que foi quem tratou mais adequadamente, chamou de condições, *a priori*, da sensibilidade o primeiro ser humano diante daquele caos, tinha que localizar, criar o objeto. E ele criava localizando no espaço e no tempo. Aí, aquele algo passa a ser objeto, porque ele está delimitado no espaço e no tempo. Sobre esse objeto ele aplicava as categorias do conhecimento, e aí o ser cognoscente passava a conhecer o objeto do seu conhecimento.

Ora, sendo assim as proposições universais –; todo homem é mortal, digamos, é uma proposição tida como universal. Qual é o tempo, qual é o espaço? Vejam que eu me libertei dos condicionantes de tempo e espaço. E Kant disse muito bem e até chocou as pessoas quando sai na *Crítica da Razão Pura* a proposição segundo a qual o tempo e o espaço são limitações intrínsecas do ser humano, efetivamente não existiria o tempo e o espaço, são contingências do ser humano que ele delas não se livra.

Agora, efetivamente existe o espaço e o tempo? Kant disse: ninguém sabe, o conteúdo, a essência é impenetrável ao conhecimento humano e, portanto, é uma limitação que o ser humano tem. Aliás, entre os críticos de Kant existe uma consideração interessante, aquele exemplo de uma lente vermelha. A pessoa nasce com uma lente vermelha e vê o mundo todo avermelhado; agora, será que o mundo é avermelhado mesmo? Aí nos ocorre o problema dos daltônicos. No fim, será um problema quantitativo, quem vê as cores; há um número maior ou menor de pessoas etc. Mas isto conforta o ser humano.

Quando nós podemos dar uma dimensão de universalidade aquilo é uma beleza, porque todos nós ficamos tranqüilos, não há um exemplo e nem pode haver, senão cai a verdade daquela afirmativa universal e pronto, aquilo já nos permite passar para um outro assunto.

A verdade é que também nas construções da ciência os cientistas buscam o quê? A generalidade pela indução, pelo processo indutivo no campo das ciências naturais.

Quando houve a afirmação de que a lei complementar era uma categoria unitária e, portanto, estava, por um problema de posição, na lista dos instrumentos normativos previstos na Constituição, como estava logo abaixo das emendas da Constituição, disseram logo: a lei complementar desfruta de uma supremacia hierárquica com relação às leis ordinárias, por exemplo. E todo mundo aplaudiu.

O Prof. Souto Maior Borges nesse seu livro diz exatamente o oposto, diz que não há uma feição unitária para as Normas Gerais de Direito Tributário, discute o que é hierarquia no direito e conclui dizendo que sempre que a lei complementar dispuser sobre a mesma matéria que uma lei ordinária, nós poderemos então dizer da hierarquia da lei complementar com relação à lei ordinária. Agora, quando uma trata de um assunto e a outra trata de outro, que hierarquia nós poderemos estabelecer se um dos pressupostos da classificação hierárquica é a coincidência de matéria?

Com isto ele abalou efetivamente a doutrina, tanto assim que hoje eu não temeria dizer que a maioria expressiva dos tributaristas brasileiros e dos constitucionalistas também refletem esta idéia, esta posição do Prof. José Souto Maior Borges. O Prof. Geraldo Ataliba chegou a fazer, inclusive, uma retificação para se mostrar sensível a esses argumentos de Souto Maior Borges.

Com isto nós ficamos com a seguinte posição: a lei complementar, sempre que tratar de matéria que coincida com a lei ordinária – e a lei complementar só pode dispor sobre matérias relacionadas no texto supremo –, sempre que isso ocorrer, vamos falar em hierarquia. Por exemplo, no chamado princípio da não-cumulatividade, que foi mexido com a Lei Complementar 102 de 2000.

Quando a lei complementar tratar de uma matéria, por exemplo empréstimo compulsório, a lei ordinária não pode tratar desse assunto, em termos de instituição. Pronto, não há que se falar em hierarquia, a lei ordinária tratando de um determinado tema para o qual ela é competente, e a lei complementar na sua área. Não há choque, portanto, não há disputa de posicionamento na escala do sistema.

Em certos casos existe a hierarquia. Que casos são esses? Coincidência de matéria. Quando a Constituição estabelecer que matérias são da competência do legislador complementar e essa matéria também for da competência do legislador ordinário, nós temos que observar a supremacia hierárquica da lei complementar. Mas surge o problema: como é que se define, como é que se estrutura esta relação hierárquica?

Eu diria em termos sintáticos e em termos semânticos. Não há dúvida, não há linguagem que não reclame também a presença do plano pragmático; mas fiquemos no plano sintático e no plano semântico. Existe uma hierarquia sintática, é a mera hierarquia lógica. Por exemplo, uma proposição subordinante em face de uma proposição subordinada, uma proposição implicante em face de uma proposição implicada. Nisso há uma hierarquia, evidentemente que uma é condição suficiente da outra e a segunda apenas condição necessária da primeira.

Esta é a hierarquia lógica, e paramos por aí porque a lógica não rende espaço a discursos retóricos e que venham reforçar. Dois mais dois é igual a quatro? Não, dois mais dois são quatro. Dois mais dois é igual a quatro e pronto, o que eu disser a mais aí estarei correndo um sério risco de tropeçar, de cometer um erro. Mas a hierarquia sintática seria essa. E a semântica?

A hierarquia semântica, como o termo está dizendo, diz respeito aos sentidos, aos conteúdos de significação que nós vamos desenvolver, para saber da área de competência da lei complementar, da lei ordinária. Enfim, o conteúdo semântico nos leva a esse campo. Entretanto, eu diria que esta hierarquia semântica ficaria subdividida em formal e material. O material é o semântico propriamente dito e o formal tem um conteúdo semântico também. Por exemplo, a Lei Complementar 95/98, que traça os pressupostos, os requisitos que todas as leis devem cumprir. Então, ela não trata da matéria, ela não trata de temas da competência desta ou daquela pessoa política; não, ela trata dos requisitos formais, dos pressupostos formais que as leis devem adotar. Eu diria que há uma hierarquia semântica formal. Agora, esta semântica pode ser material também, que seria a semântica propriamente dita.

Vejam que essas divisões entre sintaxe, semântica, pragmática, são divisões impostas pela racionalidade do pensamento, à procura de meios de expansão das idéias, de meios de produção de novas idéias para ir avançando com as palavras. O Prof. Ricardo Guibourg nos ensina sempre que existiria no campo intra-subjetivo, dentro do sujeito, um conhecimento feito de percepções, de sensações, de pensamentos. Agora, o conhecimento mesmo vai se dar no plano proposicional, e no plano proposicional eu terei sempre a linguagem.

Ora, se eu tenho a linguagem no campo proposicional necessariamente, isso quer dizer que não pode haver conhecimento sem linguagem. É dizer que alguém conhece este livro aqui que é feito pela Constituição e por mais códigos, leis etc.; conhecer é dominar essa linguagem. No momento em que eu leio umas 20, 30, 100 vezes, compreendendo adequadamente – aliás, compreender é a posição adequada em face dos objetos culturais –, compreendendo bem aquilo que eu estou lendo, porque a pessoa pode ler e não compreender direito, eu então direi: agora eu conheço o conteúdo desse livro, agora eu conheço Biologia, eu conheço Sociologia, eu conheço Direito; conhecer, saber emitir proposições sobre alguém, saber, diante de uma pergunta "Conhece fulano?" "Conheço". Aí começa a emitir proposições: "ele é brasileiro, casado, médico, especializado nesta parte da medicina" etc. Eu digo: "Bom, então você conhece". Agora, aquele outro diz: "Eu conheço fulano". "Então, emita proposições sobre", e ele não emite nenhuma. Eu digo: "Não, então você não conhece".

Vem a semiótica e propõe para o conhecimento de uma linguagem qualquer, dividir essa linguagem no plano sintático ou lógico, no plano semântico e no plano pragmático. Agora, essa divisão é meramente instrumental, a linguagem é una. Enquanto eu estou apreendendo a estrutura lógica, ao mesmo tempo eu já estou produzindo as significações, construindo as significações; ao mesmo tempo eu já estou pensando nas regras de uso, o plano pragmático da linguagem, de modo que aquilo é feito numa fração de segundo; ou melhor, não há nem tempo, nem fração de segundo, aquilo é feito, eu diria, que as categorias formais do pensamento humano são atemporais e aespaciais, por isso elas são universais. E é por isso que no campo de indagação da lógica nós não vemos modificações.

Desde Aristóteles, e eu diria anteriormente a Aristóteles, as proposições da lógica continuam de pé, a ponto de Kant dizer que a lógica é uma ciência pronta e acabada, o conhecimento da lógica uma ciência pronta e acabada. Não tinha por onde se expandir mais. Ele não previa a descoberta dos sistemas fechados e, portanto, a descoberta da informática e de tudo isso que advém de construções lógicas, a ponto de o Prof. Roberto José Vernengo, que é um dos líderes da escola analítica argentina, instado por um advogado aqui do nosso grupo, se realmente a lógica jurídica é importante, ele diz: "Mas vocês não lidam no Brasil com computadores, com informática?" "Lidamos, sim, praticamente todos". Aí ele fingiu que não entendeu a pergunta ou que teria sido suficiente aquela construção.

Esse é um modo riquíssimo de se conhecer o direito? Por quê? O direito é uma linguagem. Eu vejo o plano sintático, o plano semântico e o plano pragmático. Com isso eu corto essa linguagem de cima a baixo, apreendendo todos esses aspectos. E está aqui o Prof. Júlio de Oliveira, que escreveu recentemente uma dissertação muito interessante, onde ele envereda pelo campo da comunicação e trata a fundo, dedica não sei quantas páginas ao fato da comunicação, mas tratando do direito.

Quero até fazer notar aos senhores que por uma certa influência kelseniana – que o Eurico já se encarregou de explicar – eu ficava cheio de dedos ao tratar de um assunto, ao fazer uma consideração de história do direito. Eu dizia: "Bem, mas isso não é dogmático, isso não é ciência do direito em sentido estrito, isso é história do direito. E esse argumento? Esse argumento é de sociologia, aquele argumento de antropologia, aquele de psicologia social". E assim eu ficava cercado, de tal modo que era difícil um argumento exclusivamente jurídico.

Hoje, pensando mais no assunto, eu não digo que tenho convicção, porque essa convicção pode ser abalada amanhã, mas eu penso seriamente que isto se explica de uma outra forma. Eu não posso usar o raciocínio histórico, o raciocínio antropológico, o raciocínio de outras ciências, da economia, que são comuns no direito tributário, para fundamentar a conclusão jurídica. Agora, como observação do discurso, como observação marginal estou plenamente autorizado.

Mas quando entrei em contato com esse método que nós trabalhamos, o direito se apresentando como linguagem, ninguém ousa dizer que o direito são as normas e as normas como elas se expressam necessariamente em linguagem ou escrita ou falada, então elas se apresentam sempre como linguagem. Ora, se o direito é uma linguagem e eu tenho um instrumento com esta profundidade, que provocou essa revolução toda na marcha da humanidade, eu não tenho a menor dúvida de que as descobertas nesse campo da informática mexeram com as estruturas em todos os campos do conhecimento. Ora, esse instrumento que provocou esse aprofundamento, será que não seria interessante para o direito, para estudar uma linguagem?

E é claro que o direito – quando eu digo é claro, assim, parece até que não pode deixar de ser claro, mas nós temos que falar em nome da verdade, olhando, o que é isto aqui? É linguagem, eu digo até o idioma em que está, digo regras gramaticais que ele deve observar, regras semânticas, e relato o plano pragmático dessa linguagem. Agora, com isso se corta a linguagem de cima a baixo, com a produção de muitas proposições sobre o direito, aumenta o número de proposições. O que quer dizer? Aumenta o volume do conhecer jurídico.

Ora, fazendo isso e transportando tudo isso para a Lei Complementar 102, é preciso dizer que aqueles juristas que fizeram aquele esforço político muito grande e implantaram uma disposição aparentemente clara, mas que não resiste à análise do primeiro instante, ela se mostra fraca. E eu chegaria a esta conclusão: normas gerais especialmente sobre tudo.

Muito bem, esses mesmos que deram essa amplitude imensa ao conceito de Normas Gerais de Direito Tributário são os primeiros – e aqui não estou condenando, porque acho que a pessoa é livre para construir as suas interpretações, mas temos o direito de discordar, também – a atacar a constitucionalidade da Lei Complementar 102, e não só da Lei Complementar 102, da Lei Complementar 87 e de cada ato normativo que aparece para enriquecer o já volumoso corpo do direito positivo brasileiro.

E dizem "é inconstitucional". "Mas não pode expor sobre tudo?" "É modo de dizer, é que está levando à risca o que foi dito". "Não, eu estou levando à risca o raciocínio que se depreende, o raciocínio que está no subsolo dessa mensagem, não a letra da lei. Eu não estou depositando a minha atenção na letra da lei, eu estou vendo qual é a forma sintática que está ali e depois as possibilidades semânticas que essa forma sintática vai ter que revestir". E digo novamente da experiência, eu acho cada vez mais importante, como disse, a experiência jurídica, e como é que essa experiência tem se comportado diante dessa expressão, desse conteúdo, estaria passando pelo ângulo pragmático da comunicação jurídica.

Quando fazemos uma pesquisa de Jurisprudência, quando fazemos uma pesquisa de direito positivo, quando fazemos uma pesquisa de Doutrina, em todas as petições nós acabamos fazendo isso. Isso é uma pesquisa no campo pragmático. Como é que os autores, os grandes nomes do direito tributário brasileiro estão usando obrigação tributária? Como é que os tribunais estão tratando desse assunto? É um estudo, uma investigação no campo da pragmática, da comunicação jurídica no caso jurídico tributário. Aplicando a semiótica ao direito, tratando o direito como linguagem. E repito: fica difícil dizer que ele não aparece sempre em linguagem, até nos direitos pouco escritos sempre há a linguagem, é assim que o avô conta para o neto os costumes, as tradições, as regras que orientam a conduta social neste país.

Nesse campo eu tenho uma perspectiva de abrangência muito grande. Os juristas que adotam aquela posição que é – eu reconheço o aspecto pejorativo da expressão – meramente literal, são os primeiros por ordem cronológica a dizer da inconstitucionalidade dessas leis. E a Lei 102, reconheçamos aqui, não foi um primor de redação nem de concepção, nem demonstra uma visão segura a respeito do ordenamento positivo brasileiro. Todavia, não me parece que tenha tantas inconstitucionalidades como dizem.

Vou apenas abranger o dispositivo que fala da restrição do crédito no caso dos ativos permanentes, em que nós ficamos aí com 48 prestações. Muito bem, é inconstitucional porque o imposto tem que ser não-cumulativo? Pronto, vamos examinar. E vemos que isso não rouba a não-cumulatividade do ICMS, isso não tira. E se ele dissesse em 100 prestações, em mil prestações, o imposto continuaria sendo do regime daqueles chamados como não-cumulativos.

Em 1970 ou 1971 eu escrevi um artigo sobre o IPI, dizendo a respeito da implantação do princípio da não-cumulatividade. Num recente artigo sobre a Lei

Complementar 102 o Prof. Hugo de Brito Machado diz: "É forçoso distinguir princípio de técnica da não-cumulatividade". Uma coisa é o princípio da não-cumulatividade, consagrado aqui no art. 155 § 2º, inciso I: "Será não-cumulativo, compensando-se o que for devido em cada operação relativa a circulação de mercadorias ou prestação de serviços, com o mesmo montante cobrado nas anteriores".

Não houve, segundo o meu entendimento, ainda que reconheça tratar-se de uma medida dura para aqueles que adquiriram ativos permanentes para as empresas nessas situações. Agora, não vejo como haja um choque semântico que pudesse levar à inconstitucionalidade. O legislador não diz em quantas prestações, se é em uma, duas, dez, mil, não diz. E o legislador da Lei Complementar 102 acabou utilizando, e com uma certa habilidade, estabelecendo em 48 vezes.

Não vamos discutir os anseios da máquina administrativa, se para eles isso vai representar muito, não vai representar muito. Esse é outro problema. Eu diria, não é simpática a medida, ela é contrária aos interesses do contribuinte, e teria uma série de coisas assim. Agora, se eu fosse um órgão que pudesse dizer da constitucionalidade das leis, e fosse solicitado nesse sentido, eu diria: não vejo uma inconstitucionalidade aqui; vejo uma inconstitucionalidade ali, onde por uma série de contingências que advêm de uma interpretação que eu acho ser sistemática, quando isso seja feito sem correção monetária. Sendo feito sem correção monetária, é claro que há um desgaste, uma corrosão do valor aquisitivo da moeda e aquilo que era 100 deixa de ser 100. Então, não é propriamente aquele crédito, é um outro com valores nominais efetivos bem distintos. Nesse sentido, eu acho.

Agora, contanto que o fisco estadual não venha a editar a lei que trate da correção monetária desses créditos, pois há, nesse caso, o entendimento dos nossos tribunais no sentido pragmático da comunicação jurídica, os tribunais têm entendido na sua maioria que depende da lei estadual que regula os créditos, a aplicação da correção monetária, só quando feito por lei estadual.

Nesse ponto eu diria: ainda assim eu estou sendo um pouco injusto, porque estou dizendo que é inconstitucional nesta parte, sem saber sequer se o fisco estadual amanhã vai editar uma lei. Não é de seu interesse, é claro, se puder ele fica assim como está; e os tribunais, como não aceitam a correção fora dessas hipóteses em muitos julgados, em muitas oportunidades, certamente isso tudo vai determinar que o crédito perca as suas dimensões efetivas, reais, e passe a ser um mero valor nominal totalmente desajustado e, portanto, não condizendo com o valor originário, com o vulto originário daquele crédito.

Nesse ponto eu acho que residiria uma inconstitucionalidade, mas apenas nesse ponto. Ora, quando eu me refiro a isso – e já estou encaminhando aí para concluir, eu disse que seria uma mera reflexão –, quando nós chegamos a um determinado ponto e pensamos: mas exatamente aqueles que se propuseram outorgar uma interpretação tão ampla, tão lassa para Normas Gerais de Direito Tributário, a todo momento apontam inconstitucionalidade, isso é constitucional, aquilo é inconstitucional. E me lembro até do Prof. Geraldo Ataliba que diria certamente, hoje, o seguinte: nós teríamos muito direito em apontar inconstitucionalidades porque a faixa das Normas Gerais de Direito Tributário ficariam com conteúdo determinado.

O que são Normas Gerais de Direito Tributário, segundo a corrente sistemática? São aquelas que dispõem sobre conflitos e que regulam limitações. Fora disso não há para que Normas Gerais de Direito Tributário. Os Estados legislam, os Municípios legislam, a União legisla, o Distrito Federal legisla, e alguém certamente dirá: mas vai haver uma confusão muito grande, um estabelece 15 anos para a decadência, outro dois, outro seis meses, outro cinco ... Bom, mas vejam, se isto gerar uma situação tal que ameace o surgimento de um conflito de competências, o legislador se antecipa, como fez, por exemplo, nas operações de recauchutagem de pneus.

Há muitos anos o Município queria cobrar a título de ISS, e a União como operação de industrialização. Quando se viu que aquilo ia gerar um problema mesmo, uma lei complementar dispôs que caberia ao Município. Pronto, está dispondo sobre conflitos e competências – dispondo, não dirimindo como alguns dizem.

Vejam, para que o legislador iria montar aquelas faixas de competência cuidadosamente traçadas, se depois desse a possibilidade de a União legislar Normas Gerais de Direito Tributário. Aí vem a União e legisla sobre tudo do jeito que quer, do jeito que entende. Como?

Então eu diria, nós que tratamos de um conteúdo de Normas Gerais de Direito Tributário bem determinado, dispor sobre conflitos e competências, e regular limitações, tudo isso em respeito à organização federativa do Brasil, e tudo isso em homenagem ao princípio da autonomia dos municípios, nós sim poderíamos dizer: olha, aqui saiu do campo, ali não tem sentido. O Prof. Geraldo Ataliba até exagerava para obter argumentos em contrário. Ele dizia: apenas meia dúzia de preceitos na parte segunda do Código Tributário Nacional são efetivamente Normas Gerais de Direito Tributário, o resto não. Ele dizia: valerão como preceitos da União, vinculando apenas os administrados da União. Mas isso era mais um exagero, uma dinâmica de raciocínio, de pensamento, que lhe dava um instrumental poderoso em termos retóricos.

Mas é estranho que isso ocorra nesse momento. Vejam que sempre que sai uma modificação importante como essa da Lei Complementar 102 – houve várias modificações, essa é uma delas – aí reabre-se o problema da lei complementar. E a lei complementar, como é que é? Qual é a sua hierarquia? Nós vamos então pensando nisso e percorrendo o plano sintático quando se fala numa relação meramente lógica, numa hierarquia lógica, e numa hierarquia semântica, a hierarquia semântica dividida em hierarquia semântica formal, exemplo típico Lei Complementar 95, ou então a semântica em termos materiais, que são aquelas que não seria possível fixar aqui, mas aquelas que delimitam os assuntos – direito penal e outros, com um grau de especificidade crescente.

Nesses termos, nós faríamos uma verificação no plano lógico: será que eu devo inserir valores? Não posso, a lógica não se compadece com valores, a lógica não comporta valores – bom, mau, justo –, a não ser aqueles que são chamados de valores, mas são as referências, são as pautas da lógica menor, da lógica formal, o verdadeiro e o falso. Há lógicas que trabalham com três valores, quatro valores, "n" valores; há uma série de pesquisas lógicas, inclusive na Universidade de São Paulo, que trabalham com muitos valores. Agora, valores não no sentido axiológico, no sentido de pautas de referência. Uma proposição só pode ser verdadeira ou falsa, não há uma terceira, é o princípio do terceiro excluído. Fazemos uma verificação lógica. E aí perguntamos: e no campo semântico? Aí sim, aí entram em cheio os valores. No campo lógico a presença dos valores ainda é admissível que exista no mínimo; agora, nem nesse mínimo os lógicos modernos estão admitindo atualmente, porque esse mínimo diria respeito à lógica, então não é linguagem. Mas ninguém diz que a lógica é linguagem, linguagem é a lógica, a semântica e a pragmática.

No plano semântico nós vamos então ver os valores. É claro que dando essa condição formal à lei complementar o legislador está colocando uma hierarquia, ele está colocando um valor maior. Quando estabelece o quórum de maioria absoluta nas duas Casas do Congresso nós vamos dizer: são pressupostos formais; mas está evidente que esses pressupostos formais interferem no conteúdo axiológico da lei complementar. E quem não ousaria reconhecer que a lei complementar, tirante a disputa – que fica bem clara, segundo a posição de Souto

Maior Borges, quem ousaria dizer que a lei complementar não é tida pelo meio jurídico nacional como uma lei de maior importância? Todos diriam que sim, ainda que em determinados campos prefiram a lei ordinária por tratar de matérias especificamente previstas no texto constitucional.

Como eu disse aos senhores – eu não quero cansá-los também –, isso é uma breve reflexão. Quero lembrar até um filósofo que disse que o momento mais nobre da vida humana é o momento da reflexão. Com aqueles exageros todos, com o radicalismo todo de Nietzsche, ele acaba por dizer o seguinte: o ser humano, para que ele tenha dignidade de ser humano, não importa se ele é um bom patrão, um mau patrão; se ele tiver consciência disso, do que ele está fazendo, do seu papel, da trajetória que ele está cumprindo na sua existência, efetivamente ele não é um alienado e, portanto, merece a dignidade de ser humano. Ele pode ser um explorador de seus empregados, um explorador da espécie humana, mas ele tem a dignidade de ser humano. Agora, aquele que é alienado, que não reflete, mesmo sendo bom, ele é um alienado, ele não merece o respeito e a dignidade do ser humano. É claro que Nietzsche fixava também esses pólos com muita radicalização, mas isso nos leva também à reflexão, é outro momento de reflexão. A radicalização é o instrumento que nos conduz também à reflexão.

Se foi assim, eu até arriscaria dizer que para mim, e creio que para a nossa comunicação, possa ser produtivo esse momento, porque bem ou mal estamos pensando. Não vamos resolver nada definitivamente, mas estamos pensando livremente, ocorrem umas idéias de concordância, de discrepância, de variação etc. E nós vamos conduzindo a nossa existência no campo intelectual, no campo do direito, com liberdade e sem preocupação com aquela verdade que no fundo não existiria.

Com isto eu encerro esta palestra, agradecendo imensamente a atenção de todos os senhores, cumprimentando os promotores deste evento, os ilustres professores aqui presentes, e quero aproveitar para dizer aos senhores que do dia 2 de dezembro em diante teremos as Jornadas Latino-Americanas de Direito Tributário. Está aí o ilustre presidente da ABDF – Associação Brasileira de Direito Financeiro, onde já há mais de 80 professores estrangeiros efetivamente inscritos – argentinos e espanhóis na sua maioria, mas italianos, portugueses, uruguaios ... Enfim, vai ser um acontecimento importantíssimo, em Salvador da Bahia, e nós deixamos até os prospectos ali. Sabem os senhores que nós não fazemos aqui muita promoção, mas efetivamente é um acontecimento importante dentro dos 500 anos da nossa história, e para comemorar os 500 anos exatamente na Bahia.

Muito obrigado a todos. (*Palmas*)

COORDENADOR (PROF. JOSÉ EDUARDO SOARES DE MELO) – Queremos cumprimentar mais uma vez o Prof. Paulo, por sua brilhante palestra, e encerrar os trabalhos de hoje. Amanhã recomeçaremos às 8h30 da manhã.

CONFERÊNCIA

TRANSPARÊNCIA FISCAL*

PROF. RICARDO LOBO TORRES

...na concessão dos empréstimos e mais exigente na prestação de contas e no cumprimento daquelas obrigações. Vimos que há poucos dias o porta-voz do Banco Mundial dizer que o Banco Mundial, agora vai exigir que inclusive os organismos sociais, as ONGs dos Estados pobres se manifestem a respeito da utilização dos empréstimos. Um dos assessores do Malan disse: "não, isso é um absurdo! Como é que a própria sociedade vai se manifestar? O governo é quem toma o dinheiro, o governo é que vai pagar o dinheiro depois, então a sociedade não tem de se manifestar. Quem se manifesta por ela é o governo".

Evidentemente, já não estamos mais nessa situação, hoje, até por força do Estado subsidiário, a sociedade assume certos papéis e passa a desempenhar esse controle.

Outro órgão que também passou a se dedicar à transparência foi o FMI. O FMI baixou – inclusive está na Internet e quem tiver interesse consegue facilmente no *site* do FMI – um código de transparência fiscal. Ele tem recomendações para todos os países para que cheguem a uma transparência fiscal, que vai implicar uma clareza de papéis de responsabilidade, informações claras e constantes para o público, uma preparação aberta do orçamento e uma integridade da informação fiscal.

Outro órgão que também tem uma atitude relevante nos últimos anos é a OCDE, órgão ao qual o nosso país não pertence, mas que pela influência que está exercendo em países mais adiantados acaba se refletindo também no Brasil. A OCDE já tem uma linha de publicações, de congressos e seminários insistindo também na transparência fiscal – e fez um esforço muito grande para divulgação da lei de responsabilidade fiscal e de outros documentos que vêm para o controle dos riscos fiscais.

Alguns tratados internacionais, algumas convenções internacionais, como a Cimeira, do Rio de Janeiro, ocorrido no ano passado, neste ano a reunião dos presidentes das nações latino-americanas, são convenções, são reuniões nas quais se discute também a questão do risco fiscal e que têm proclamado sempre a necessidade do combate à corrupção e do retorno à transparência ou da maior preocupação com a transparência.

Bem, feito este intróito com relação ao problema da transparência, a transparência seria o princípio jurídico de fundamentação ética com o objetivo de minimizar os riscos fiscais, riscos que podem decorrer de uma atitude opaca da sociedade, dos seus contribuintes ou do próprio Estado, vou passar a analisar algumas dessas questões, alguns desses instrumentos jurídicos que, me parece, são importantes e começam a entrar agora no direito brasileiro. Alguns já entraram, outros não sei se entrarão, mas estão muito próximos, já estão nos rondando.

Entre os primeiros, a lei de responsabilidade fiscal, que já está aí, o código de defesa do contribuinte, que já está no Congresso Nacional e, entre os segundos, as normas antielisivas, que já estão no ar, as normas anti-sigilo, que também já estão no ar e já há projetos circulando no Congresso Nacional.

* Por defeito na gravação não reproduzimos o início da conferência do Prof. Ricardo Lobo Torres.

Os riscos fiscais provocados pelo Estado passam a ser controlados através de alguns princípios e algumas leis. A Constituição de 1988 é fértil em estabelecer normas que são emanação do próprio princípio da transparência fiscal. A norma, por exemplo, que determina que as mercadorias devem trazer o preço, o valor do imposto que incide sobre elas, o que está no art. 150, § 5º, da Constituição. As normas relativas ao orçamento – normas do art. 165, por exemplo, §§ 6º, 7º, 8º, que sinalizam no sentido do controle das renúncias de receita, no sentido de que o Estado deve identificar o volume de renúncias de receita, deve fazer o mapeamento dessas renúncias do ano anterior e incluir esse relatório no orçamento para efeito do controle da renúncia fiscal, porque a renúncia fiscal seria um dos caminhos para os riscos fiscais. Um Estado não chega à situação de quase insolvência em que o Brasil está – ou de insolvência, porque sabemos que hoje ele conseguiu um equilíbrio primário, ele está arrecadando mais do que precisa para suas despesas normais, mas não consegue arrecadar para superar o pagamento da dívida e enquanto não resolver isso a nossa situação é praticamente de insolvência. E um dos caminhos para essa insolvência veio pela administração dadivosa que tivemos nos anos 60, 70, 80, concessões indiscriminadas de benefícios fiscais, a ideologia de que qualquer isenção era um benefício necessário, em nome do desenvolvimento do país – e realmente fomos chegando a uma situação de alto risco fiscal e que agora se procura controlar.

A Constituição de 88, na redação originária, já tentou controlar, nesse art. 165. O art. 70, que introduziu no Brasil o conceito de renúncia de receita, que é um conceito extremamente importante para que se consiga estabelecer uma transparência fiscal; portanto, a Constituição de 88 já trouxe. O controle do endividamento por parte dos Municípios também já trouxe diversas medidas que poderiam levar, sem dúvida nenhuma, a um controle, tanto da receita pública, quanto da despesa pública, tanto dos impostos, dos tributos, quanto dos gastos públicos.

Um segundo instrumento, que surge agora, neste ano, é a lei de responsabilidade fiscal. É uma lei estranha, uma lei ambivalente, uma lei extremamente complexa. A meu ver, ela tem aspectos perigosos do ponto de vista macroeconômico. Primeiro, ela foi uma lei copiada servilmente da legislação da Nova Zelândia. Não houve sequer uma instância crítica para selecionar, para modificar um pouco aquela legislação, para fugir daqueles anglicismos, para fugir daquelas palavras utilizadas pela legislação da Nova Zelândia. Mas, seja como for, depois o projeto foi para o Congresso Nacional e lá o deputado Pedro Novaes fez um trabalho admirável, limpou o texto daquelas heresias, daqueles anglicismos. Havia dispositivo que dizia que "a administração financeira será feita a nível prudente". Ora, "a nível" em português já é detestável e o "a nível prudente" ninguém sabia exatamente o que era e o Pedro Novaes passou o lápis vermelho e tirou aquela expressão. Então, melhorou o projeto. Mas essa lei tem duas características macroeconômicas perigosíssimas, que por isso, talvez, tenha levado o governo de Fernando Henrique a optar pelo modelo neozelandês, como nós tínhamos à nossa disposição o modelo americano, a meu ver muito mais eficiente, de corte das despesas no sistema de guilhotina. Chegou num certo nível de despesa, a guilhotina cai e corta a despesa de qualquer lado, seja qual for o deputado interessado na despesa.

Preferimos optar pelo modelo mais palatável da Nova Zelândia, modelo esse que tem duas características muito perigosas: uma, a de ser modelo autoritário, porque a Nova Zelândia é uma democracia, mas é uma democracia parlamentar e sendo uma democracia parlamentar o primeiro ministro tem lá, como o nosso Presidente Fernando Henrique tem aqui, todos os poderes, embora dirija apenas o Poder Executivo. Então, essa facilidade que a Administração passa a ter no Brasil para controlar os outros Poderes – e que já foi objeto de discussão no Supremo Tribunal Federal em torno da possibilidade de haver um controle sobre a verba do Judiciário –, é um aspecto extremamente difícil dessa lei, ao lado do outro, que é o do federalismo. Fomos importar o modelo de uma estrutura de governo não-federativa. A Nova Zelândia é um Estado unitário e, sendo Estado unitário, lá não se colocam os grandes problemas da federação. Transplantada para o Brasil, nós que estamos ainda à procura de um federalismo que possa obter um consenso – nosso federalismo está passando por uma fase de crise também –, então, com a lei de responsabilidade fiscal não encontraremos uma orientação para resolver o problema do federalismo, até porque, repetindo, a Nova Zelândia não é uma federação.

Então, são dois defeitos graves da lei. Mas essa lei tem vantagens do ponto de vista vamos dizer microeconômico, do ponto de vista do controle da Administração. Uma das grandes vantagens é essa abertura para a transparência. A transparência passa a ser o grande princípio da lei de responsabilidade fiscal.

A conduta da Administração tem de ser transparente, tem de ser aberta aos contribuintes, porque o dinheiro que lá entra é dinheiro nosso, é dinheiro da sociedade. Então, o controle se faz de um modo aberto, com uma comunicação social permanente, com o que eles chamaram na lei de anexo de riscos fiscais. A própria lei orçamentária anual e a lei de diretrizes orçamentárias passam a trazer anexo de riscos fiscais. Esses riscos fiscais passam a ser examinados anteriormente, passam a ser controlados. Há, pelo menos, uma convicção ou uma necessidade de se controlar o que possa se caracterizar como risco fiscal. Isso é um avanço, porque há dez anos estávamos vivendo na doce ilusão de que dinheiro público se faz com facilidade – o governo arranja esse dinheiro e arranja, de preferência, rodando a maquininha da inflação – e chegamos a essa situação de hoje.

Portanto, me parece que do ponto de vista da execução do orçamento, do controle do orçamento, do ponto de vista tributário, no que a lei de responsabilidade entende como matéria tributária, foi realmente um avanço para o país, e eu acredito que possa trazer alguns frutos.

Há proibição de transferência de recursos para o setor privado, que sempre foi um dos grandes caminhos para o desaparecimento das verbas públicas. Há uma definição muito bem feita das renúncias fiscais: que são renúncias fiscais? Quais são os incentivos tributários, que concedidos na vertente da receita podem produzir o mesmo efeito de um instrumento de despesa pública, de um gasto tributário?

Parece-me que houve um avanço, sem dúvida nenhuma, na lei de responsabilidade fiscal: o princípio da responsabilidade, o princípio da prudência fiscal, o equilíbrio entre receita e despesa. Então, eu vejo realmente como um avanço essa questão da lei de responsabilidade fiscal, sem embargo de reconhecer que do ponto de vista macroeconômico ela vai trazer inúmeros problemas, que o Supremo Tribunal Federal já está enfrentando, principalmente no campo do federalismo fiscal e no campo do relacionamento entre os Poderes, para evitar a preponderância do Poder Executivo, que a cada dia cresce no Brasil, com as suas medidas provisórias e com as suas leis complementares votadas por acordo de lideranças.

Uma outra norma que está entrando no Brasil, e que me parece extremamente importante também, é o código de defesa do contribuinte. Pode-se criticar o trabalho. Ele tem pontos criticáveis, mas o fato é que ele, a meu ver, representa uma tomada de posição com relação aos direitos do contribuinte. Os direitos do contribuinte já aparecem na Constituição, no art. 150. Lá está a sede dos direitos fundamentais do contribuinte. Mas aqueles direitos, para que possam realmente valer, têm de ser explicitados, têm de aparecer, têm de entrar na nossa vivência cultural, têm de entrar na nossas práxis administrativa – e, infelizmente, o respeito ao interesse do contribuinte não é observado de modo muito rigoroso no país. Então, o código de defesa do contribuinte tem coisas singelas, afirmativas singelas. Por exemplo, o funcionário público deve tratar com urbanidade o contribuinte. Isso não precisava ser dito em lugar nenhum. Claro, quem está pagando o salário dele é a sociedade. Então, ser tratado com urbanidade é o mínimo que se exige em favor do contribuinte. Mas não era tratado, sabemos disso.

O código de defesa do contribuinte, a meu ver, não traz nenhuma medida nova, nenhuma modificação no catálogo dos direitos. Mas traz algumas vantagens, traz realmente alguns dados novos, que são importantes.

Eu lembraria, por exemplo, a questão da consulta fiscal. A consulta fiscal era tratada de uma forma inaceitável no Brasil. Sem prazo para o contribuinte. Sem formalidades. O contribuinte dava entrada no seu pedido, na sua consulta, e não recebia uma resposta. Aquilo ia se prolongando. A Administração fornecia respostas diferentes para o contribuinte. Uma repartição dava uma resposta "A", favorável ao contribuinte, e outra repartição dava uma resposta "B", desfavorável a outro contribuinte. Isso depois, por um voto do ministro Marco Aurélio, começou a se modificar. Mas tem de modificar mais. Esse é o sentido do código de defesa do contribuinte.

Esse código de defesa do contribuinte vem também no bojo de algumas modificações que ocorreram em outras legislações. A lei de responsabilidade fiscal e esse código de defesa do contribuinte são movimentos globalizados. Eles aparecem em vários países. Na década de 90 também apareceram. Em 1996, por exemplo, o presidente Clinton sancionou a declaração de direitos do contribuinte, o *Taxpayer Bill of Rights* n. 12, de 1996, que é também uma mera declaração de direitos e que traz princípios semelhantes ao código de defesa do contribuinte, e que lá não sofreu a contestação que aqui no Brasil o projeto do senador Bornhausen começa a sofrer. É uma lei extensa, que traz diversas modificações, diversos dispositivos de defesa do contribuinte, inclusive institui um advogado do contribuinte, que tem escritório no próprio serviço de rendas internas, a quem incumbe fazer a defesa do contribuinte e elaborar um relatório a ser enviado ao Congresso Nacional duas vezes por ano.

É um momento que encontra paralelo também em outros países.

A Espanha, em 1998, trouxe também uma modificação importante, criou a sua declaração de direitos do contribuinte, a Lei n. 1 de 1998. Expandiu, então, o catálogo de direitos dos contribuintes, mas sempre com medidas dessa natureza, medidas simples, medidas singelas, nenhuma inovação. O nosso catálogo de direitos é um só, é aquele catálogo do art. 5º que se projeta para o art. 150. O § 2º do art. 5º diz que qualquer outro direito constante de tratado internacional também integra o nosso catálogo e, portanto, não há o que inovar na temática dos direitos. Mas o que é importante é descobrir ou explicitar as pequenas medidas que possam vir para defender o contribuinte, para ampliar o quadro ou para melhorar o seu relacionamento com a Administração.

A declaração de direitos da Espanha é muito interessante, tem artigos muito bem feitos e exerceu certa influência também no nosso código de defesa do contribuinte.

Há outras medidas, no plano da transparência fiscal, por parte do Estado, que vão surgindo também. O problema do combate à corrupção – hoje há diversas tentativas de se diminuir a corrupção. Sabemos que a corrupção por parte da Administração Pública é um dos riscos fiscais sérios do Estado. Corrupção por parte de funcionários públicos, corrupção por parte de repartições públicas, corrupção no relacionamento com fornecedores. Tudo isso tem de ser controlado. Infelizmente, o Brasil não brilha pelo combate à corrupção. Nós vimos agora que saiu a última relação dos órgãos internacionais que controlam, que produzem tabelas sobre corrupção, e o Brasil ocupa o 49º lugar, o que realmente é um lugar muito afastado do núcleo dos países que têm uma corrupção mais controlada. Mas esse problema não é só brasileiro. Outros países o estão vivendo. A Alemanha está num momento difícil de combate à corrupção. Outros países vêm passando pelo mesmo problema.

Portanto, nós vemos que no plano do Estado, ou seja, com relação aos riscos fiscais produzidos pelo Estado, já temos uma série de atos, mas outros virão ainda. A lei de responsabilidade fiscal, repetindo, o código de defesa do contribuinte, o Projeto de lei 646, do senador Bornhausen, algumas normas sobre comunicação social, sobre a clareza das comunicações dos atos oficiais e algumas normas que vão surgindo no controle da corrupção.

Outras normas em nome de uma transparência fiscal começam a surgir, também, mas aí já no que concerne à conduta do contribuinte. O contribuinte também é levado a certas práticas que implicam ocasionar risco fiscal para o Estado. O risco fiscal vem não só por parte da corrupção, do descontrole orçamentário da Administração, mas vem também por parte de certa conduta do contribuinte, nomeadamente a questão da elisão fiscal.

Esse é o mais grave problema no campo do direito tributário que enfrentamos atualmente – não tenho dúvida disso. É o mais grave e o mais difícil. O próprio conceito da elisão fiscal. Nós vivemos uma fase no país, a meu ver, extremamente individualista, extremamente formalista, em que se diz que o contribuinte tem toda a liberdade para fazer o seu planejamento fiscal. O contribuinte pode fazer o seu planejamento, desde que não adote instrumentos ilícitos, desde que não recorra a instrumentos ilícitos. Desde que trabalhe com categorias do direito brasileiro, ele seria livre para organizar os seus negócios. Quer dizer, em nome da liberdade de iniciativa, em nome da autonomia da vontade, o contribuinte poderia organizar os seus negócios como bem quisesse – donde se concluía, dizia Sampaio Dória, que toda elisão é sempre lícita, porque toda elisão parte de instrumentos lícitos para chegar a resultados lícitos.

Hoje eu creio que a questão está sendo revirada. Hoje já não se sustenta uma opinião desse tipo, ou seja, os países todos se prepararam e já estão controlando a elisão fiscal através de inúmeros instrumentos, porque verificou-se que há certos casos de abusos. Não basta que o contribuinte parta de instrumentos lícitos, mas toda a vez que ele abusar desses instrumentos, toda vez que ele cometer abuso de direito na tipificação do seu negócio, na categorização da operação que ele pretende praticar, na configuração jurídica da sua sociedade, toda vez que ele proceder com abuso de direito poderá ser responsabilizado porque estará, na realidade, praticando uma elisão que passa a ser ilícita, que passa a ser suscetível de uma requalificação por parte do Estado.

O contribuinte não pode abusar do seu direito, não pode abusar da interpretação. O contribuinte tem de ser transparente no seu relacionamento, na configuração dos seus negócios. Em nome da justiça, em nome dos direitos fundamentais, ele não pode utilizar instrumentos opacos e subterfúgios para fugir da obrigação tributária, que necessariamente repercutirá sobre um terceiro, que é sempre a camada mais pobre da sociedade, é sempre a camada dos assalariados... *(interrupção da gravação)*

...[as normas antielisão] aparecem no código alemão. No código alemão elas já vinham desde 1919, mas é a partir de 1977, com o art. 42 do código tributário alemão, que se proíbe o abuso da forma jurídica, que ganha um significado maior, um relevo maior nesse combate à elisão.

A Espanha, por seu turno, modificou, agora em 1995, um dispositivo muito complicado do seu código tributário, que eram os arts. 24 e 25, também, que permitem o combate à fraude fiscal. Toda vez que o contribuinte recorrer à fraude fiscal, a Fazenda fica autorizada a requalificar aquele ato por ele praticado. A fraude fiscal, a fraude ao direito, com diz o código, é aquela fraude praticada pelo contribuinte, que consiste no recurso a uma norma ou na aplicação de uma norma que, a rigor, não é destinada àquela relação jurídica, ou seja, o contribuinte estabelece uma relação de direito privado, sobre a qual incide o imposto e ele busca, para cobertura do seu negócio, uma outra norma que a rigor não se aplica àquele caso. Então, se caracterizaria como fraude à lei; e havendo fraude à lei aquele ato pode ser objeto da requalificação por parte da Fazenda – evidentemente com controle jurisdicional *a posteriori*. Mas é uma norma que também veio com muita força e que é relativamente recente no direito espanhol.

A França conta, também, com uma norma no seu código de processo tributário que permite o combate da fraude à lei. Países também como o Canadá que recentemente, na década de 70, publicou uma lei que permite essa requalificação. A Argentina ainda segue o sistema da desconsideração da personalidade do contribuinte, o velho dispositivo elaborado ainda ao tempo do Dino Jarac, e que é a norma aplicada na Argentina e que leva a uma possibilidade de desconsideração da personalidade jurídica.

Acredito que em nome da transparência, em nome da superação dos riscos fiscais que são provocados pelo contribuinte, o mundo todo está caminhando para isso. Os Estados Unidos têm normas antielisivas; são, especialmente, de criação pretoriana. O direito americano, pelas suas características, é um direito que se vai basear nas decisões judiciais. Mas as decisões judiciais americanas admitem que sempre que não houver um propósito mercantil na operação, a administração pode exigir o imposto, porque se o contribuinte escolher uma via com o único propósito de pagar menos imposto, nesse caso estaria a administração autorizada a requalificar o ato.

Outros países, de tradição da *common law*, estão seguindo também orientação antielisiva, mas de criação jurisdicional. A Inglaterra está com novas normas, a Austrália, a Nova Zelândia. Então, parece-me que a partir da década de 90 há um crescimento dessa visão de que é necessário, em nome da transparência fiscal, colocar também a atividade do contribuinte de uma forma que possa consonar com princípios de justiça, com princípios fundamentais de direito: não atribuir a terceiros a obrigação de suportar a própria responsabilidade tributária, toda vez que houver realmente um substrato econômico que possa atender àquele dispositivo.

A discussão é difícil. Aqui no Brasil, a discussão, a partir de Sampaio Dória, ficou muito fechada em torno daquele ponto de vista de que qualquer instrumento lícito que o contribuinte escolha produz uma conduta lícita e, portanto, é lícita a elisão. Hoje me parece que há uma tentativa, por enquanto frustrada, do Secretário da Receita Federal, que fez uma proposta, naquele projeto de reforma do Código Tributário Nacional e que foi lamentável: misturou elisão com simulação; então, fez um artigo profundamente confuso, que foi até bom que não tivesse passado.

Mas o assunto começa a ser discutido e há necessidade de se enfrentar o problema e de responder àquela grande pergunta que Xavier coloca: será que o art. 108, do Código Tributário Nacional, que proíbe a analogia, não proibiria também qualquer norma antielisiva? Eu não sei. Eu reconheço que em todas essas normas antielisivas há um elemento de analogia, ou melhor, de contra-analogia, porque o contribuinte é que procura fazer uma analogia ou puxar uma regra de cobertura para o seu relacionamento jurídico e a Administração, através dessas regras, pratica uma contra-analogia, como colocam os espanhóis. Mas, se é uma contra-analogia, poderia outra lei complementar vir e excepcionar o art. 108 do CTN. Para quem entende que o art. 108 é mera emanação do próprio princípio da legalidade da Constituição, evidentemente, a discussão já entraria por outros caminhos: para a necessidade de revisão constitucional ou de modificação do dispositivo constitucional da legalidade, para agasalhar essa situação.

Mas eu não creio que o Brasil, por causa de um artigo, como o art. 108 e aqueles artigos de interpretação do Código Tributário Nacional, que são artigos extremamente equívocos, possa ficar à margem do que está acontecendo numa época de globalização, possa manter o seu entendimento a respeito de elisão, possa permitir realmente o risco fiscal que decorre dessa atividade, que é muito mais importante em termos de dinheiro, em termos de recursos omitidos da Receita estadual, que a sonegação fiscal, que esta tem sempre meios legítimos – se o Estado quiser e se superar os seus problemas de corrupção – para detectar e combater.

A sonegação é crime, já está tipificado juridicamente, não tem problema. O problema é de administração e de fiscalização de rendas. Ao passo que a elisão fiscal, não. A elisão parte de um problema jurídico seriíssimo, dificílimo e sempre aberto à discussão.

No Brasil, já temos algumas normas antielisivas. Apareceram as normas dos preços de transferência. Sem dúvida nenhuma essas normas têm natureza antielisiva. Acredito que têm. Apareceram as normas dos preços de transferência e, sem dúvida nenhuma, essas normas têm natureza antielisiva, acredito que têm. Elas vêm porque qualquer transferência, pela velha doutrina da elisão, seria uma transferência de bens dentro do patrimônio das mesmas empresas; isso não poderia ser fato gerador de tributo ou não poderia constituir a elisão, diriam os defensores da tese formalista. Mas hoje, com o desenvolvimento do comércio, com a globalização, chegou-se à convicção de que não podem as empresas coligadas, as empresas vinculadas, promover aquela circulação de bens, aquela transferência de bens, optando elas próprias pelos preços, determinando elas próprias o preço.

Há uma certa orquestração, por parte dos vários países, sob o comando da OCDE, que foi quem publicou pela primeira vez uma norma, que entrou no seu modelo de convenção, de combate aos preços de transferência.

Vejo esse preço de transferência como realmente normas antielisivas, como normas que vêm evitar esse risco fiscal. Há dificuldade de saberem hoje, alguns companheiros que tocaram, em outros painéis, no assunto, se essas normas de transferência são constitucionais ou não, se elas agridem ou não normas de interpretação do Código Tributário Nacional – o que eu não acredito que ocorra, porque elas surgem em vários países ao mesmo tempo e vêm para suprir uma omissão importante no direito brasileiro no campo de preços de transferência.

Já temos algumas normas no próprio Imposto de Renda, algumas normas antielisivas. Quando surgiu a norma da Lei 7.250, alguns autores saíram a campo a dizer que ali haveria analogia, que era inconstitucional. A Lei 7.250, com o art. 51 que permitia a cobrança do Imposto de Renda em diversas outras oportunidades não tipificadas na lei – alguns autores de importância disseram que era inconstitucional. O próprio Alberto Xavier disse isso. Hoje, no seu livro, ele já reformulou seu pensamento, dizendo que não é bem assim, não é bem uma analogia, ali é muito mais um conceito indeterminado; portanto, abre-se uma interpretação extensiva e não uma analogia. É uma norma que já entrou no Brasil – e estamos agora à espera de um trabalho mais efetivo ou mais paciente da doutrina e dos tribunais para fecharmos essa questão das normas antielisivas.

Finalmente, ainda no campo das medidas de controle dos riscos fiscais do contribuinte, vamos encontrar, na última década, principalmente, o surgimento das normas anti-sigilo bancário. O sigilo bancário, em alguns países, era um tabu. Na Itália, o sigilo era um tabu, porque ele não poderia ser aberto de forma alguma pela Administração. Só o juiz é que poderia determinar, havendo processo instaurado. Aqui no Brasil, o Supremo Tribunal Federal chegou a dizer que o sigilo bancário se apóia na dignidade humana, na intimidade. A intimidade é um dos elementos da dignidade humana. Portanto, o sigilo bancário estaria ancorado na dignidade humana.

Em outros países o tratamento tem sido diferente. A Alemanha está com novas normas. A Corte alemã chegou à conclusão de que não tem nada, não tem nenhuma implicação constitucional a norma anti-sigilo, ou seja, a norma protetora do sigilo não está ligada a qualquer direito fundamental, muito menos ao princípio da dignidade humana, que é um princípio de tanta importância, que aparece no art. 1º da nossa Constituição. A Itália, tão zelosa em conservar o sigilo fiscal, também abriu. Veio abrindo aos poucos. Em 1992 baixou uma norma e em 1994 permitiu uma abertura maior e agora, em 1999, abriu definitivamente, permitindo que as repartições administrativas, desde que haja processo administrativo, que a repartição encarregada da cobrança do IVA, a repartição encarregada da cobrança do imposto predial e outras repartições indicadas na lei, peçam também ou determinem a abertura do sigilo fiscal, independentemente da ida ao Judiciário.

Este é um assunto explosivo no Brasil, sabemos disso. As opiniões vêm se cristalizando, inclusive no Supremo Tribunal Federal, em torno de um fundamento nos direitos humanos, o que transformaria a cláusula de proteção ao sigilo numa cláusula pétrea; nunca mais o Brasil poderia mexer, por ser cláusula pétrea, e ficaríamos cheios de cláusulas pétreas que nada têm a ver com os direitos fundamentais – que são muito mais respeitados nos países que não têm essas tais cláusulas pétreas do que aqui.

Já temos algumas propostas no direito brasileiro para introdução de normas anti-sigilo. Temos um projeto em andamento na Câmara, que já passou pelo Senado, que é o Projeto de Lei Complementar n. 220, e que diz claramente, no art. 6º: "As autoridades e os agentes fiscais tributários da União, dos Estados, do Distrito Federal e dos Municípios somente poderão examinar documentos, livros e registros de instituições financeiras, inclusive dos referentes a contas de depósitos e aplicações financeiras, quando houver processo administrativo instaurado ou procedimento fiscal em curso e tais exames sejam considerados indispensáveis pela autoridade administrativa competente".

Quer dizer, segue o modelo italiano, segue o modelo alemão. A própria autoridade administrativa, independentemente da aprovação judicial, determina o levantamento, o desvendamento do segredo bancário, mas desde que haja processo e que haja autoridade indicada. O que é absurdo é o arrastão fiscal, é a possibilidade de a administração sair abrindo contas para investigar, descobrir fatos, bisbilhotar a vida do contribuinte para iniciar ações fiscais. Mas desde que exista ação fiscal, desde que haja processo instaurado, parece que é a orientação da lei, que não sei se vai passar – o assunto é extremamente discutido entre nós. No último sábado houve congresso do Prof. Yves Gandra Martins, que se reúne anualmente aqui em São Paulo, e um dos itens era o sigilo bancário. Realmente, as opiniões são quase todas no sentido de que é cláusula pétrea, "imexível" – para empregar a palavra do Magri.

Há uma certa parte da doutrina que prefere ancorar o sigilo bancário no sigilo de dados, que aparece no art. 5º da Constituição, no inciso XII. Então, ficamos com isso: ou é sigilo de dados, como está no inciso XII, ou, como diz o Supremo, tem a sua ligação com o princípio da dignidade, da intimidade e aparece no inciso X do art. 5º.

Houve também uma proposta de emenda aglutinativa, da tal PEC 75: é uma proposta de emenda constitucional feita pelo Fernando Henrique em 1995, a da reforma tributária. De tão ruim que era ficou lá até hoje. Nessa proposta, então, apareceu uma emenda aglutinativa, que é uma novidade, e nessa emenda aglutinativa há também dispositivo sobre lei anti-sigilo. Diz: "A lei complementar estabelecerá a forma e os critérios a serem observados e indicará as autoridades tributárias que poderão requisitar, às instituições financeiras, informações sobre as operações dos contribuintes".

Temos, portanto, algumas medidas em andamento, algumas já instituídas no Brasil, que vêm atender a esse comando do princípio da transparência, repetindo, na vertente dos riscos provocados pelo próprio Estado, a Lei de Responsabilidade Fiscal e o Código do Contribuinte, na vertente dos riscos provocados pelo contribuinte às normas anti-sigilo e às normas antielisivas.

Outras, ainda, de menor expressão sobre corrupção, sobre sonegação, são normas que também corresponderiam a esse princípio da transparência.

Aqui, portanto, finalizo a minha exposição, que teve o objetivo, sobretudo, de chamar a atenção para um princípio que está entrando no Brasil. É um princípio já adotado em outros países. É um princípio que, no momento em que o princípio passa realmente a representar o aspecto mais importante da Constituição, temos sobretudo um sistema de princípios na Constituição.

O direito tributário é, antes de mais nada, um sistema de princípios vinculados a valores, é um sistema valorativo. Depois, tem a sua explicitação nas normas, mas esse sistema de princípios é que começa a recuperar a sua importância, que começa a ganhar a sua importância, que antes não tinha. Os princípios eram tratados, dentro de uma visão kelseniana, como emanação das normas. De um conjunto de normas emanam os princípios. Então, os princípios têm uma importância menor no quadro da atividade jurídica.

Os positivistas sociológicos, historicistas, que estão entrando na moda também no Brasil, como Friederich Müller e outros, adotados pelo Prof. Eros Grau e pelo Prof. Paulo Bonavides, esses autores dizem: "esses princípios também não têm muita importância. O que interessa é o fato social, é a realidade bruta que existe. O jurista vai, então, captar aquela realidade e os princípios são emanação dos fatos que existem na sociedade".

Eu não acredito que seja assim. Acredito que os princípios formam um sistema que tem a sua substancialidade porque está ligada a valores, está ligada à dignidade humana, principalmente, decorre dos princípios fundantes do art. 1º da Constituição – e eu vejo o princípio da transparência fiscal dentro desse quadro maior de princípios. Quer dizer: é um princípio formal. A transparência fiscal não tem um conteúdo. Ela, como o princípio da igualdade, que também não tem conteúdo, como o da razoabilidade, o da proporcionalidade, como o da economicidade, são todos princípios constitucionais que não perdem a sua eficácia, embora não tenham conteúdo; mas o objetivo deles é imantar, é passar por todos os outros princípios, é informar todos os outros princípios, principalmente os princípios ligados aos direitos fundamentais e os princípios ligados à justiça, como a capacidade contributiva.

Aqui eu termino a minha exposição e agradeço a atenção dos senhores e agradeço a atenção e o convite dos meus colegas do IDEPE. Obrigado. (*Palmas*)

SESSÃO DE ENCERRAMENTO

PRESIDENTE DO CONGRESSO (PROF. JOSÉ EDUARDO SOARES DE MELO) – Eu devolvo a palavra rapidamente ao Prof. Condorcet Rezende, que tem um importante comunicado.

PROF. CONDORCET REZENDE - Ontem, o Prof. Paulo de Barros Carvalho já fez o convite para que compareçam às XX Jornadas de Direito Tributário do ILADT, que é o Instituto Latinoamericano de Derecho Tributário, que tem sede no Uruguai e que realiza, bienalmente, essas jornadas nos diversos países que o integram. São dezesseis países, sendo três europeus – Portugal, Espanha e Itália – e treze países latino-americanos. As vigésimas jornadas serão no Brasil, em Salvador, do dia 3, que é um domingo, a 8, sexta-feira, de dezembro. Como é na Bahia, as sessões serão baianas, começando às 9h00 da manhã e acabando às 14h00. Depois, o problema é do Olodum. (*Risos*). Para todas as informações, vocês poderão abrir o *site* da ABDF, que é "www.abdf.com.br". Lá estão todas as informações, inclusive trabalhos e relatórios apresentados. Os dois temas principais: o tema 1 é: "direitos humanos de tributação", tem como relator geral o Prof. Ricardo Lobo Torres, que acabou de fazer essa belíssima palestra; o tema 2 é um confronto entre os projetos de código tributário apresentados pela OEA e a SIAT, e terá como relator geral o professor espanhol José Ferrero Lapatza. Teremos dois seminários: um sobre o problema da adoção no Brasil da lei antielisiva e outro sobre a tributação do comércio eletrônico, sendo que o seminário será presidido pelo nosso Prof. Paulo de Barros Carvalho.

Comunico a todos que os acadêmicos de direito têm uma inscrição especial reduzida a 100 dólares apenas, pelos seis dias de congresso.

De maneira que esperamos vê-los em Salvador e a partir das 2 horas da tarde fica por conta de cada um. Muito obrigado a vocês. (*Palmas*)

PRESIDENTE DO CONGRESSO (PROF. JOSÉ EDUARDO SOARES DE MELO) – Para a saudação aos congressistas, com a palavra o Prof. Eugênio Doin Vieira.

PROF. EUGÊNIO DOIN VIEIRA – "*Porque o gado a gente laça, marca, ferra, engorda e mata, mas com gente é diferente*".

Senhor Presidente do XIV Congresso Brasileiro de Direito Tributário realizado pelo IDEPE. Vossa Excelência pode imaginar a minha surpresa aos ser convidado para o encerramento deste Congresso. Essa surpresa se renova por dez anos. (*Risos*) Nos anos iniciais eu me surpreendia por haver sido convidado. Nos últimos anos me surpreendo por ainda haver sido convidado. (*Risos*) De qualquer forma, aproveitando os dez anos eu solicito ao V. Exa. que me efetive no cargo (*Risos*) e em seguida conceda, contando o tempo em dobro, a minha aposentadoria proporcional por tempo de serviço, antes que se modifiquem as leis da previdência e a fim de que possa permitir, em eventos futuros, a presença de outros colegas nesta tribuna e neste momento.

Aceitei o convite, Sr. Presidente, porque não pretendo falar aos congressistas. Pretendo falar pelos congressistas, ou seja, falo pela planície, principalmente pelos provincianos como eu, que vêm de longe trazer a pequena pedra na construção deste grande edifício e que, modestos e laboriosos, são indispensáveis para o êxito de um Congresso como este. Sem dúvida o mais importante evento de direito tributário em terras do Brasil. O IDEPE é hoje uma instituição respeitabilíssima e através deste Congresso ela se prestigia, se consolida e leva a sua voz, o seu pensamento a todos os lindes do território nacional.

Quero falar não como jurista, não como técnico. Como uma criatura humana que pretende dar, neste momento que é de despedida, um toque de vibração, de alegria, de gana de viver, de desejo de progredir.

Muitos foram os que daqui, exigindo sabedoria invejável, ditaram normas e conhecimentos sobre o direito e especialmente sobre o direito tributário. Não pedimos permissão para mostrar sabedoria da ciência, mas para discutir com os colegas um pouco da sabedoria da vida, muito mais fundamental porque ela é ampla, é plena, e só ela realiza a felicidade humana.

Diz o grande Emmanuel que o homem voa com duas asas, a do conhecimento e a do sentimento. A do saber e a do sentir. A da cultura e a da emoção. Que me faltem dotes para ajudá-los na asa da cultura, permitam-me que possamos juntos realizar um pouco em favor desta asa da emoção, que consideramos tão fundamental e tão necessária quanto a outra.

Não basta conhecer. É preciso sentir. Não é o aprofundamento dos estudos que nos leva a distinguir uma imunidade de uma isenção ou mesmo, em nível mais profundo, uma norma de estrutura de uma norma de comportamento, que nos ajuda a ser felizes. Mas é a capacidade de colocar esses conhecimentos a serviço do homem integral, daquele homem como um todo que não ignora a sua posição e a sua presença na sociedade e que sabe que assim como dela tem o direito de tomar vantagens, favores e serviços, a ela deve também a retribuição do seu trabalho, da sua competência, do seu zelo.

Com este propósito, eu saúdo os congressistas e permito-me fazê-lo plagiando de certa forma o orador de encerramento dos congressos anteriores. (*Risos*) Como fizemos aqui, algumas vezes em prosa, outras vezes em verso, como este é o momento que pretendemos de despedida desta tarefa tão agradável, tão árdua, mas tão feliz, dizemos aos colegas de Congresso:

Saúdo agora, do Congresso, a gente dedicada fiel e competente do Rio, do Sul e das Minas Gerais, do Ceará e do Brasil inteiro.

Vejo aqui as cabeças mais geniais do elenco tributário brasileiro.

Eis a prata da Casa: os incansáveis Aires e Ayres, o nosso mestre Paulo, Marrey e Roque, Diva e Leonor, Luciano, Misabel, Zé Augusto Gonçalves, Natanel, Américo Lacombe, o douto Ricardo Torres, Quiroga e Raquel Novais, Zé Carlos, Sacha Calmon, Betina, José Eduardo, Bottallo, Paulo Bonilha, Wagner, Lucia, Anna Emília, Valdir Dialética Rocha, Sidney, o Apocalypse, via láctea interminável, estrelas de intenso brilho, Osiris Neto, Osiris Filho.

Já falei do Heron Arzua? Cadê o Tércio Ferraz?

Tantos mais, mas tantos mais!

Eurico, Heleno, Marcelo Wanderley e Anna Emília e o papai Condorcet, gente ilustre, já se vê! Antônio Corrêa Meyer, Malvina Corujo Lopes e Regina Helena Costa e o douto Souto Maior, neste conjunto preclaro, os nomes destes doutores, na ordem do abecedário, dão cor e grandeza e brilho ao congresso tributário.

Quisera citar a todos nesta listagem sem fim: Adelmo, cadê Sartim? Schoueri, Helga, Cassoni, Bottallo e Beth e Eduardo, Edgard e Rosoléa e outros mais de igual valia, saudando, saúdo a todos dessa distinta Platéia.

Aos Senhores Conferencistas, Sacha Calmon Navarro Coelho – com seu fecundo conhecimento e experiência, de jurista e de julgador; Anna Maria Pimentel – da mesma forma, trazendo o seu depoimento, inclusive, eivado de emoção e de valores; Paulo de Barros Carvalho – que pretende fingir de velho para parecer mais sábio, coisa que no caso dele é absolutamente desnecessária; Ricardo Lobo Torres – cuja erudição, veemência e competência, acabamos de apreciar.

A nossa palavra à equipe de apoio, que realiza este Congresso sempre com tanta discrição e eficiência, que saímos daqui sempre encantados e ansiosos para retornar.

Mas preferimos sempre uma palavra de maior estímulo aos que vêm de longe, dos pequenos burgos, das cidadezinhas desconhecidas, dos escritórios modestos, que se deslocam, vêm até aqui e que trazem o contributo valiosíssimo da sua presença, porque esta união de pensamentos e de idéias é que dá força, dá vida, dá valor, dá eficácia e dá brilho ao nosso congresso tributário.

Há sempre e necessariamente que dizer uma palavra aos que já partiram. Ainda uma vez buscamos reminiscências anteriores. Seja-me permitido, neste instante, iniciar a canção da despedida e prestar homenagem bem tocante aos que, da nossa grei, gente querida, transportados na barca de Caronte, deixaram a vida e vivem na outra vida.

Juristas de expressão, mestres queridos, que reverenciamos com carinho e que hoje, no panteão da eternidade, reúnem-se em tertúlias tributárias, deixando-nos a bênção da saudade: Alfredo Becker, genial; Baleeiro, nobre baiano e Rubens Gomes de Souza, Fábio Fannuchi, um irmão, o teuto Amilcar Falcão, o nosso Sampaio Dória e Pérsio Oliveira Lima, credores de nossa estima e de nossa admiração.

O bom Kleber, lembro tanto; Gilberto de Ulhôa Canto, não nos saem da memória; há pouco, Franco Montoro, mestre de todos nós, partiu e o mundo fez coro, levantando sua voz ao professor venerando, filósofo genial, que uniu o mundo latino em torno do memorial.

A Geraldo Ataliba cai uma gota de pranto. Faz cinco anos – bem me lembro –, pois a 15 de novembro, data em que se comemora a República de agora, se foi Geraldo Ataliba, levado em clarões de aurora. Ficou um vazio profundo no mundo universitário. Ficou mais quieto este mundo jurídico tributário. Ficou mais desprotegida a nossa Carta Maior, depois que ele foi embora... (*interrupção da gravação*)

... é um líder e como líder deve se comportar.

Enfrentamos um país que cresce, com todos os problemas da adolescência, em todas as acnes e os desajeitamentos de quem ganha estatura rapidamente, sem ainda consolidar sua estrutura.

Ouvimos a palavra do Prof. Torres nos falando sobre esse fenômeno atualíssimo da globalização. Esse cruel fenômeno que com toda a certeza beneficia os países do quarto e do quinto mundo, onde a liberdade e a igualdade são conceitos sem sentido, porque são superados pela necessidade de sobrevivência, de permanência da vida, e resgatar a fome, de evitar a mutilação dos membros. Mas quando nós ingressamos em terras que buscam o progresso e a civilização, que buscam afirmar-se como países em desenvolvimento, nós percebemos a perversidade desse sistema, que é incontenível no momento, que o mundo todo enfrenta, e que precisamos, por isso mesmo, a ele estar muito atentos. Sabemos, e é verdade, que alguns dos nossos escritórios de advocacia fazem festa em função dele, porque há sempre as soluções a serem apresentadas, sobretudo quando entramos no momento da multinacionalização, da privatização, da desnacionalização, da transformação das pequenas, médias e grandes empresas nacionais, que começaram no fundo do terreno, na genialidade dos velhos patriarcas, que se transformaram em potências e que hoje, pressionadas e oprimidas pelo sistema financeiro internacional, se entregam àqueles que, de outras terras e de outros povos, buscam montar esquemas que alcancem todo o mundo, dentro da lei, dentro da perversidade da lei, gerando o desemprego, o agravamento da má distribuição da renda e outros males que inclusive foram aqui ressaltados.

Nós, como juristas, como estudiosos, como professores, como magistrados, como parceristas, como advogados, como estudantes, precisamos acompanhar com atenção e com personalidade toda essa problemática, prontos para agir, porque, quem sabe faz a hora, não espera acontecer.

O nosso propósito, queridos amigos, é trazer a este momento final, com a permissão dos nobres doutores – e porque o direito não é necessariamente sisudez ou tristeza, ao contrário, e disse bem o mestre, o direito se inspira em valores, em ideais, em ideologias, em conceitos, em princípios –, nós nos permitimos vibrar um pouco, falando não apenas de ciência jurídica, mas falando de esperança.

Ninguém melhor para falar de vida e de esperança por nós, do que um homem chamado Gabriel García Márquez: oitenta e tantos anos, prestes a partir desta vida para aquela onde a eternidade continua.

Alguma coisa do que ele diz:

Se por um instante Deus me desse um pedaço mais de vida, eu daria valor maior às coisas, não pelo que valem, mas pelo que significam; dormiria pouco, sonharia mais, pois sei que a cada minuto que fechamos os olhos perdemos 60 segundos de luz.

Deus meu, se eu tivesse um coração, escreveria meu ódio sobre o gelo e esperaria que o sol saísse. Convenceria as mulheres e os homens que são os meus favoritos, e viveria enamorado de amor. Aos homens, lhes provaria como estão enganados ao pensar que deixam de se apaixonar quando envelhecem, sem saber que envelhecem quando deixam de se apaixonar. A uma criança, lhe daria asas, mas deixaria que ela aprendesse a voar sozinha. Aos velhos, ensinaria que a morte não chega com a velhice, mas com o esquecimento.

Tantas coisas aprendi com os homens! Aprendi que todo mundo quer viver no cimo da montanha, sem saber que a verdadeira felicidade está na forma de subir a escarpa. Aprendi que quando um recém-nascido aperta com sua pequena mão, pela primeira vez, o dedo do seu pai, o tem prisioneiro para sempre. Aprendi que um homem só tem o direito de olhar um outro homem de cima para baixo para ajudá-lo a levantar-se.

Olhai os lírios do campo. Precisamos aprender com os lírios do campo. Na nossa cidade, nas nossas cidades, saber ver as ruas atapetadas do dourado das flores dos ipês, que estão caindo nesta época, ou do violeta, do roxo dos jacarandás floridos, avenidas inteiras alcatifadas de pétalas coloridas. É preciso saber apreciar a natureza do que ela tem de belo e de bom e ao examinarmos uma rosa, na sua haste, no seu cálice, na sua corola, na sépala verde de seiva, na pétala rubra – contendo o estame, que é o órgão masculino, o androceu, e o pistilo, o órgão feminino, o gineceu, onde se apresenta o seu culto na maravilha do fenômeno da reprodução –, o néctar, o pólen e o perfume, e então, com ajuda das himenópteras, das abelhas obreiras, se processa o maravilhoso fenômeno da reprodução.

Neste instante, esta rosa, uma rosa não é apenas uma rosa; esta rosa é a captação das energias, das vibrações, dos fluidos e dos pensamentos, destes 500 da Galiléia que aqui se reúnem. E pedimos ao Sr. Presidente que, ao término dos trabalhos, acolha delicadamente e a leve a Ana Maria, esposa de Geraldo Ataliba, como uma manifestação do nosso carinho, do nosso pensamento, da nossa homenagem àquele que fundou o IDEPE e estabeleceu o início de um novo período na história do direito tributário brasileiro.

Caríssimos congressistas, fecham-se as cortinas do segundo milênio, mas já se entreabrem as do ano 2001. Temos um compromisso marcado, aqui, para o próximo ano, para o próximo novembro.

Estarão todos, daqui a pouco, no seu reduto de trabalho. Não serão estrelas perdidas na imensidão do país. Serão partes de uma constelação. Há um compromisso mútuo de coordenação que gera uma força nova.

Desafiados e convidados na tranqüilidade do seu reduto de trabalho, quando produzem na solidão, naquele solepsismo de que nos fala Witgeinstein, os seus textos, os seus temas, as suas idéias, as suas teses, lembrem-se de que estaremos novamente reunidos aqui, nesta festa do direito tributário brasileiro.

Navegar é preciso. Viver não é preciso. Vamos navegar! Muito obrigado. (*Palmas prolongadas*)

PRESIDENTE DO CONGRESSO (PROF. JOSÉ EDUARDO SOARES DE MELO) – Para encerrar os trabalhos, o nosso presidente Prof. Aires Fernandino Barreto.

PRESIDENTE DO IDEPE (PROF. AIRES F. BARRETO) – Ao encerrar este evento, reitero agradecimentos, em nome do Instituto Geraldo Ataliba, Instituto Internacional de Direito Público e Empresarial, dos seus dirigentes, a todos, por sua presença, colaboração e participação. Aproveito para convidá-los a honrar-nos com sua participação no XV Congresso Brasileiro de Direito Tributário, a ser realizado em outubro do ano que vem, nesta mesma Casa, se Deus assim o permitir. Muito obrigado a todos. (*Palmas*)

INSTITUTO GERALDO ATALIBA - IDEPE

(Instituto Internacional de Direito Público e Empresarial)

Presidente: Aires Barreto

XV CONGRESSO BRASILEIRO DE DIREITO TRIBUTÁRIO

outubro de 2001

Presidente do Congresso: ***Prof. José Artur Lima Gonçalves***

COMISSÃO CIENTÍFICA

Presidente: ***Prof. Paulo de Barros Carvalho***

Aires Barreto, Alcides Jorge Costa, Américo Lacombe, Anna Emília Cordelli Alves, Carlos Mário Velloso, Célio Batalha, Celso Antônio Bandeira de Mello, Diva Malerbi, Eduardo Bottallo, Elizabeth Nazar Carrazza, Estêvão Horvath, Eugênio Doin Vieira, Heron Arzua, José Artur Lima Gonçalves, José Eduardo Soares de Melo, Lucia Valle Figueiredo, Luciano da Silva Amaro, Marcelo Figueiredo, Maria Leonor Leite Vieira, Misabel Derzi, Natanael Martins, Ormezindo Paiva, Osiris de Azevedo Lopes Filho, Paulo de Barros Carvalho, Pedro Luciano Marrey Júnior, Regina Helena Costa, Roque Carrazza, Sacha Calmon, Sidney Saraiva Apocalypse, Souto Maior Borges, Tércio Sampaio Ferraz Júnior, Valdir de Oliveira Rocha, Wagner Balera, Yoshiaki Ichihara.

COMISSÃO DE TRABALHOS

Presidente: ***Prof. Eurico M. Diniz de Santi***

Márcio Severo Marques, Octávio Bulcão, Paulo Ayres Barreto, Susy Gomes Hoffmann.

COMISSÃO ORGANIZADORA

Presidente: ***Sidney Saraiva Apocalypse***

Angela Motta Pacheco, Antonia Aparecida Pereira, Cristiano Carvalho, Dejalma de Campos, Edgar Neves da Silva, Eliana Barbieri Bertachini, Eurico M. Diniz de Santi, Fugimi Yamashita, José Antonio Balieiro Lima, José Roberto Pernomian Rodrigues, Malvina Corujo A. Lopes, Marcelo Fortes, Maria Rita Ferragut, Octávio Bulcão, Osiris de Azevedo Lopes Neto, Paulo Ayres Barreto, Paulo Conrado, Pedro Lunardelli, Raquel Novais, Roberto Quiroga Mosquera, Rosoléa Folgosi, Susy Gomes Hoffmann, Wanderley Federighi.

CONFERENCISTAS

Desembargador Andrade Martins
Des. Federal do Tribunal Regional Federal da 3ª Região

Professor Eduardo Domingos Bottallo
Prof. do Depto. de Filosofia e Teoria Geral de Direito da USP

Ministro Franciulli Netto
Ministro do Superior Tribunal de Justiça

Professor Roque Antonio Carrazza
Professor Titular de Direito Tributário da PUC/SP

TEMÁRIO

— IPTU – Imposto Sobre Doações, "Causa Mortis" e "Inter Vivos". Progressividade, Imunidade e outras questões

— IR – Conceito de Renda; alteração do art. 43 do CTN

— Serviços de Comunicação – Internet – Tributação

— Planejamento Tributário e a Norma Antielisiva – LC 104/2001

— Constitucionalidade de Novas Contribuições (SEBRAE, Intervenção no Domínio Econômico, CPMF etc.)

— Uso do Subsolo e do Espaço Aéreo em Áreas Públicas. Taxa ou Preço Público?

— ISS: Questões Atuais

— Sigilo Bancário e a LC 105/2001

— Eficácia das Novas Alterações do CTN (Imunidade, Compensação, Suspensão da Exigibilidade do Crédito, Dação em Pagamento etc.)

— ICMS – Caráter Nacional

— Guerra Fiscal e seus Mecanismos de Atuação

ICMS E ISS: SERVIÇOS DE COMUNICAÇÃO E DE "VALOR ADICIONADO"

AIRES F. BARRETO

Professor no Curso de Especialização em Direito Tributário da PUC/SP – Professor no Curso de Especialização em Direito Tributário do IBET/IBDT, na USP – Professor no Curso de Especialização em Direito Tributário no Centro de Extensão Universitária-SP – Presidente do Instituto Geraldo Ataliba - Instituto Internacional de Direito Público e Empresarial

1. Considerações iniciais. 2. Conceito constitucional de serviços tributáveis. 3. Arquétipo constitucional do ICMS – Advertência necessária – 4. Comunicação humana. 5. Serviços de comunicação. 6. Televisão e serviços de comunicação. 7. Arquétipo constitucional do ISS. 8. O ISS e o ICMS incidem sobre fatos e não sobre contratos. 9. O ISS e o ICMS não incidem sobre comodato. 10. Conclusões.

1. Considerações iniciais

A Constituição Federal de 1988, como é sabido, outorgou aos Estados-membros e ao Distrito Federal competência para instituir imposto "(...) sobre prestações de serviços de transporte interestadual e intermunicipal e de comunicação (...)" (art. 155, II).

E, prosseguindo com a repartição, atribuiu aos Municípios competência para criar imposto sobre: "(...) serviços de qualquer natureza, não compreendidos no art. 155, II, definidos em lei complementar" (art. 156, III).

Em matéria de impostos, a Constituição Federal, para demarcar os respectivos âmbitos atribuídos a cada um deles, adota o critério material: designa certa matéria, cuja consistência delimita a área da competência outorgada. Assim fazendo, a Constituição Federal já traz, ela própria, a prefinição da hipótese de incidência de cada um deles; em outras palavras, a norma constitucional descreve um arquétipo de sua hipótese de incidência. No caso de impostos estaduais, distritais e municipais concorre, também, um critério territorial, uma vez que o âmbito de validade de suas leis esgota-se nos limites dos respectivos territórios.

Dado que nossa Constituição é rígida – e quer isso significar, essencialmente, que sua alteração somente será juridicamente válida se feita mediante emenda constitucional, obedecido o processo nela mesma indicado – segue-se que nenhuma lei pode inová-la, para agregar-lhe prescrições que não contém ou para subtrair-lhe comandos que veicula.

Como incansavelmente ensinava Geraldo Ataliba, bem porque nenhuma lei pode alterar a Constituição, o estudo dos temas nela disciplinados independe da consideração da legislação infraconstitucional. Esta observação, nunca é demais repetir, tem capital importância, prevenindo despiciendas incursões a questões irrelevantes, que só confundem e prejudicam a compreensão dos temas constitucionais sob exame.

Visível, portanto, que a análise (para a obtenção de corretas conclusões) acerca do tema em questão só pode ser feita a partir da Constituição Federal. Para tanto, é de mister sejam repassadas as noções relativas aos arquétipos constitucionais, assim do ICM*S* como do ISS, que têm por fulcro os conceitos de "serviço", de "comunicação" e, também, de "serviço de comunicação", utilizados pelo constituinte para repartir as competências tributárias, relativamente a impostos.

2. *Conceito constitucional de serviços tributáveis*

Análise sistemática da Constituição leva à conclusão de que o conceito constitucional de serviço tributável por via de impostos *não* coincide com o emergente da acepção comum, ordinária, desse vocábulo. Sempre lembramos ter sido A. A. Becker – apoiado em Pontes de Miranda – quem, visando a extrair conseqüências no campo do direito tributário, demonstrou que a norma jurídica como que "deturpa" ou "deforma" os fatos do mundo, ao erigi-los em fatos jurídicos (v. *Teoria Geral do Direito Tributário*, 2ª ed., Saraiva, São Paulo, 1963, p. 78).

É para delimitar e circunscrever – num contexto rígido – o campo de competência, relativamente a serviços, que a Constituição utiliza, expressamente, esse vocábulo. Pressupõe, portanto, um conceito de certos fatos, que poderão ser adotados como hipótese de incidência pelo legislador ordinário. Este poderá usar total ou parcialmente a competência recebida. Não poderá, porém, extrapassá-la. Quer dizer: o legislador não pode ir além dos lindes do conceito constitucional de serviço. Daí a importância do esforço exegético, no sentido de desvendar o conteúdo, sentido e alcance do conceito de serviço tributável, a que se refere o texto constitucional.

Atentos à Constituição, sistematicamente interpretada, temos que, no conceito de serviço tributável, *não* se inclui o serviço público, porque (a) subsumível a regime de direito público; e (b) excluído por força do estatuído na alínea "a", do inciso IV, do artigo 150 da CF, que estabelece a imunidade tributária dos serviços públicos (cf. Paulo de Barros Carvalho, *Curso de Direito Tributário*, Saraiva, 2ª ed., São Paulo, 1985; e Souto Maior Borges, *RDT* 4/51).

No conceito também não se contém o trabalho realizado para "si próprio", desprovido que é de conteúdo econômico. Deveras (cf. Aires Barreto, *Supl. LTr*, n. 19/81), as exigências do princípio da isonomia e da capacidade contributiva impedem que se possa cogitar de gravar-se com impostos "a prestação de serviços" despida de conteúdo econômico (cf., também, Célio Batalha, *RDT* 13/145).

Pelas mesmas razões jurídicas, não se contêm no conceito constitucional de serviços os prestados em regime familiar, os altruísticos, desinteressados e filantrópicos, por lhes faltar conteúdo econômico (conforme art. 145, § 1º, da CF). Desde as magistrais lições de Sainz de Bujanda e Dino Jarach, reconhece-se, universalmente, que o princípio constitucional da isonomia exige tenham os fatos imponíveis conteúdo econômico (o mais atualizado estudo a respeito o devemos ao professor Carlos Palao Taboada, *RDT* 4/125).

Fica fora do conceito também – por não estar *in commercio* – o trabalho efetuado em relação de subordinação, seja a empregador privado, seja ao poder público (cujo conteúdo econômico é excluído, em razão de seu cunho alimentar). Com estas exclusões constitucionalmente exigidas, fica delimitado o conceito de serviço tributável.

Dessa série de considerações resulta forçoso concluir que "serviço tributável é o desempenho de atividade economicamente apreciável, produtiva, de utilidade para outrem, porém sem subordinação, sob regime de direito privado, com fito de remuneração" (cf. Aires Barreto, *RDT* 15/200).

Vimos de ver, relativamente à competência tributária dos Estados, do Distrito Federal e dos Municípios, que "serviços", tal como pressupostos pela CF, submetem-se, em regra, a imposto municipal (art. 156, III, da CF) e, excepcionalmente, a imposto estadual (art. 155, II, da CF). O que importa reter, agora, é que, sejam os tributáveis pelos Estados e pelo Distrito Federal, sejam os de competência dos Municípios, o fato-tipo que pode ser adotado pelo legislador ordinário, como materialidade de sua hipótese de incidência, haverá de corresponder a esse conceito, pena de incorrer em inconstitucionalidade.

Isto posto, cuidemos de examinar, em rápida passada, o arquétipo constitucional do ISS e do ICMS – este apenas quanto aos serviços – para bem delinear seus contornos.

3. *Arquétipo constitucional do ICMS*

Como bem o demonstra Roque Carrazza, o inciso II, do art. 155, da Constituição atribui aos Estados e ao Distrito Federal "pelo menos *cinco* impostos diferentes", a saber: "I – o imposto sobre operações mercantis (operações relativas à circulação de mercadorias); II – o imposto sobre serviços de transporte interestadual e intermunicipal; III – o imposto sobre serviços de comunicação; IV – o imposto sobre produção, importação, circulação, distribuição ou consumo de energia elétrica; e V – o imposto sobre extração, circulação, distribuição ou consumo de minerais" (*Curso de Direito Tributário*, Malheiros Editores, 16ª ed., São Paulo, 2001, p. 789)

No campo dos serviços, aos Estados e ao Distrito Federal foi outorgada competência para a instituição de imposto sobre "prestações de serviços de transporte interestadual e intermunicipal e de comunicação" (art. 155, II).

Para os fins deste estudo importa examinar apenas uma dessas modalidades: a descrita no inciso III acima, qual seja, o imposto sobre serviços de comunicação (embora, às vezes, tenhamos que referir, ao longo da exposição, também os serviços de transporte interestadual e intermunicipal).

A criação e a exigência desse imposto, pelos Estados e pelo Distrito Federal, estão delimitadas pelo arquétipo constitucional de sua respectiva hipótese de incidência, ante a qual impõe-se concluir que esses entes político-constitucionais só poderão instituir imposto sobre serviços que efetivamente sejam de comunicação.

Conseqüentemente, para bem visualizar o traçado do âmbito de competência estadual, relativamente a esse fato econômico, é preciso considerar, preliminarmente, o conceito constitucional de serviços tributáveis, para depois passar à análise do termo "comunicação", empregado pela Constituição, na delimitação da competência estadual quanto a essa específica espécie de serviço.

O conceito constitucional de serviços tributáveis, anteriormente desenvolvido, vale também para o ICMS, se devidamente observada a circunscrição imposta pela locução adjetiva, "de comunicação". Por conseguinte, a primeira conclusão a ser assinalada, com ênfase, é a de que *não* há competência estadual para tributar, por via de imposto, senão os "serviços de comunicação" (ou os de "transporte interestadual e intermunicipal", que não são objeto de nossas considerações).

Os serviços de comunicação, conquanto sujeitos à competência tributária estadual, têm sua regulação administrativa a cargo da União Federal, *ex vi* do art. 21, incisos XI e XII, e do art. 22, IV, da Constituição. Daí porque, existindo lei federal definidora do que sejam os serviços de comunicação, materialmente considerados – e, sob esse aspecto, não havendo, no conceito da lei federal, nenhum desbordamento do conceito constitucional desses serviços, para fins de tributação –, não se pode, em princípio, desconsiderar os termos das suas definições.

A comunicação é gênero do qual faz parte a espécie telecomunicação, tendo a telecomunicação sido conceituada em legislação pela União, competente para regular a matéria.

Tal lei, federal (Lei n. 9.472/97, chamada de "Lei Geral de Telecomunicações"), dispõe sobre telecomunicações, definindo esses serviços como se segue:

"Art. 60. Serviço de telecomunicações é o conjunto de atividades que possibilita a oferta de telecomunicação.

"§ 1º. Telecomunicação é a transmissão, emissão ou recepção por fio, radioeletricidade, meios ópticos ou qualquer outro processo eletromagnético, de símbolos, caracteres, sinais, escritos, imagens, sons ou informações de qualquer natureza."

Do conceito legal dos serviços de telecomunicações, já se verifica que compreende o ato de *transmitir* ou de *emitir* ou de *recepcionar* "símbolos, caracteres, sinais, escritos, imagens, sons ou informações de qualquer natureza". Sua materialidade consiste nos fatos concretos de *transmissão, emissão* ou *recepção* de *símbolos, caracteres, sinais, escritos, imagens, sons ou informações de qualquer natureza*, vale dizer, implica um tráfego de mensagens, *lato sensu*, por qualquer dos meios descritos na referida norma administrativa.

Estão submetidos à incidência do ICMS os serviços de comunicação (gênero), isto é, a utilidade material, onerosamente prestada a terceiros que, concretamente, implique o tráfego de informações, sinais e mensagens de qualquer natureza ou conteúdo, por quaisquer dos meios tecnológicos para tanto aptos.

Não poderá ser tributada pelos Estados ou pelo Distrito Federal, portanto, nenhuma prestação de utilidade que não importe, que não concretize, que não implique o fato concreto do tráfego comunicativo, que não consubstancie a prestação do serviço de comunicação (gênero).

Se Estados e Distrito Federal não podem tributar o que não é comunicação (gênero), também não podem, por óbvio, gravar o que não for telecomunicação (espécie).

Atuou, portanto, com acerto o legislador, ao estremar, na Lei n. 9.472/97, que o "serviço de valor adicionado não constitui serviço de telecomunicações (...)" (§ 1º do art. 61).

O "serviço de valor adicionado" – que, retenha-se bem, *não* configura serviço de comunicação, não está subsumido ao conceito constitucional de serviço tributável, por via do ICMS – consiste, sempre, segundo a lei administrativa que o regula, naquela "atividade que acrescenta a um serviço de telecomunicações que lhe dá suporte e com o qual não se confunde, novas utilidades relacionadas ao acesso, armazenamento, apresentação, movimentação ou recuperação de informações" (art. 61 da Lei n. 9.472/97).

A competência estadual e distrital, relativamente a serviços, exaure-se, pois, na faculdade de tributar, exclusivamente, as prestações de serviços de comunicação (e de transporte transmunicipais). Vale dizer, não podem os Estados, nem o Distrito Federal, alcançar, com esse imposto, *nenhum outro* fato econômico ocorrido no mundo fenomênico. Não lhes cabe, por conseguinte, jamais, a tributação de serviços outros (salvo os expressamente mencionados pela Constituição), como já assentado, explícita e categoricamente, pelo STF, apreciando o RE 86.993 (*RTJ* 88/295) (v. sobre a matéria, Souto Borges, *Rev. Secr. Ass. Jur. da PM do Recife*, v. II).

As competências tributárias são exclusivas e privativas. A competência estadual e distrital é, rígida e exaustivamente, definida no art. 155 da Constituição, assim como a faculdade municipal para instituição de impostos esgota-se no seu artigo 156. Deste asserto não discrepam os mais autorizados estudiosos do sistema constitucional tributário. A tal propósito não se registra nenhuma dissensão doutrinária ou jurisprudencial digna de menção.

Ipso facto, não podem os Estados, nem o Distrito Federal, tributar *serviços* – salvo, tão-só, os de transporte transmunicipal e os de comunicação, sob pena, inclusive, de "invasão de competência", como denunciou Amílcar Falcão (*Fato gerador da obrigação tributária*, 4ª ed., Ed. RT, São Paulo, 1977, p. 136), com o apoio autorizado de Baleeiro. A Constituição Federal faculta-lhes tributar somente os fatos prefinidos nos preceitos contidos no seu artigo 155.

E, como esses preceitos são exaustivos, nenhum outro imposto pode ser instituído pelas unidades federadas fora do campo material desse art. 155. A tributação, pelos Estados e pelo Distrito Federal, de serviços – que não sejam aqueles dois, únicos, incluídos na sua competência – importaria flagrante invasão da competência municipal, em manifesta afronta à Constituição (Cléber Giardino, *RDT* 13).

Advertência necessária

Nesta altura, cabe dissipar preconceito, disseminado por desavisados, sobre os contornos do arquétipo constitucional do ICMS. Alguns entendem que os Estados e o Distrito Federal poderiam – por força da alínea "b", do inciso IX, do § 2º, do mesmo art. 155 – tributar outros serviços, que não os de comunicação e de transporte interestadual e intermunicipal, "quando mercadorias forem fornecidas com serviços não compreendidos na competência tributária dos Municípios".

Essa visão é cabalmente equivocada.

Antes de tudo, importa não esquecer que aos Municípios compete tributar serviços *de qualquer natureza* (art. 156, III, da CF), exceto os do artigo 155, II, da Constituição. Em outras palavras, todos os serviços foram cometidos à competência dos Municípios, tirante *apenas* os de comunicação e de transporte transmunicipal. Os Estados ficaram apenas e tão-só com esses dois serviços. São dos Municípios todos os demais (Souto Borges, Roque Carrazza, Paulo B. Carvalho e Pedro Luciano Marrey Jr.).

Além disso, a alínea "b", do inciso IX, do § 2º, do art. 155, não é – obviamente – regra bastante em si mesma (como aliás, não o é nenhum outro preceito isolado), devendo ser harmônica e sistematicamente considerada. Ela não contém senão a explicitação da competência contida no *caput* do mencionado artigo 155, sendo impossível, juridicamente, dissociá-la da prescrição ali contida, quanto mais admitir que possa ultrapassar os seus limites. A competência dos Estados, em matéria de impostos, relativa a serviços, é a descrita no art. 155, II, da Constituição. Todos os demais preceitos relativos ao ICMS devem ser vistos e interpretados em consonância com essa norma. *Não* há outras competências estaduais, para a criação de impostos referentes a serviços, além daquelas versadas no artigo 155, II, da CF. É, aliás, elementar que os parágrafos, incisos e alíneas subordinam-se ao *caput* dos preceitos respectivos (cf. Aires Barreto, *RJ-IOB*, 13/90, p. 205, ementa 1/3.266).

É curial, pois, a conclusão de que a alínea "b", do inciso IX, do § 2º, do art. 155, limita-se a prescrever que, se mercadorias forem fornecidas com (*a*) serviços de comunicação ou (*b*) com serviços de transporte intermunicipal ou interestadual, o ICMS incidirá sobre o valor total da operação. É dizer, o regime jurídico aplicável será o mesmo das operações mercantis, com suas especificidades: alíquotas, base de cálculo, crédito, estorno etc. Com isso, a Constituição visa a impedir que – mesmo diante de fixação de alíquotas (ou bases de cálculo, regimes de crédito, momentos de ocorrência do fato imponível etc.) diferentes para operações relativas à circulação de mercadorias e para os serviços referidos – se possa considerá-los de per si (como, por exemplo, aplicar uma alíquota, ou base, para a operação mercantil e outra para a prestação dos serviços de transportes transmunicipais ou para os de comunicação).

Em síntese, *exceto* quanto aos de comunicação e os de transporte transmunicipal, *nenhuma* competência têm os Estados para tributar serviços. Logo, a letra "b" do inciso IX, do § 2º, do artigo 155, da Constituição não ampara a exigência de ICMS sobre outros serviços (que se traduzem sempre em obrigação de fazer e não em obrigação de dar).

Por conseguinte, só os Municípios – aos quais compete a tributação dos serviços de qualquer natureza – têm competência para exigir imposto sobre as atividades incluídas no conceito constitucional de serviço – exceto as que constituam serviços de transportes transmunicipais e de comunicações –, inclusive nas prestações em que haja fornecimento de materiais. Não se pode, sem ofensa à Constituição, subsumir outros serviços ao imposto estadual. A letra "b" do inciso IX, § 2º, do art. 155, da Constituição Federal não ampara nenhuma pretensão nesse sentido. Exigir ICMS, nesses casos, implica inconstitucionalidade, por invasão da competência tributária reservada aos Municípios.

Feita essa advertência cumpre melhor discorrer sobre o conceito de "comunicação", para, depois, expor o conceito de "serviço de comunicação", antes esboçado, a fim de bem visualizar os limites da competência estadual e distrital para tributá-lo, por via de ICMS.

4. Comunicação humana

Em princípio, comunicação é cada gesto, cada exteriorização do indivíduo posta à visão ou audição de outrem. Também a página do livro, a folha do jornal, cada sinal de receptor de rádio, cada imagem de televisão.

Vivemos num imenso rol de comunicação. Praticamente, tudo é comunicação. Não há uma só atividade humana que não seja afetada ou que não possa ser promovida, através da comunicação. A própria ausência de comunicação é comunicação. J. R. Whitaker Penteado lembra que o silêncio está entre os mais notáveis instrumentos de comunicação humana. E acrescenta que a expressão comum "quem cala, consente" pode ser substituída por outra, mais precisa: "quem cala, comunica-se" (*A técnica da comunicação humana*, 2ª ed., Pioneira, São Paulo, 1969, Introdução, p. XII).

"Comunicar" é palavra que vem do latim *communicare* e significa tornar comum, participar, transmitir, fazer saber, pôr em comum, pôr em contato, ligar, unir. Comunicação é convivência, baseada no consenso espontâneo dos indivíduos. O termo consenso, no caso, é empregado com o significado de acordo, de consentimento. Nessa acepção, o vocábulo pressupõe a existência de um fator inarredável para a existência de comunicação humana: a compreensão que ela exige, para que se possa pôr, em comum, palavras, gestos, idéias, imagens, experiências.

Pela compreensão, a comunicação humana põe idéias "em comum", uma vez que o seu desiderato é, precisamente, o de proporcionar o entendimento entre os homens.

As pessoas não se comunicam com elas mesmas. Sem transmissor e receptor não há comunicação. De fato, se, por exemplo, alguém fala e ninguém ouve, não há comunicação. Nesse caso, falta o essencial, a transmissão, que pressupõe sempre as figuras do transmissor e do receptor.

Imaginemos que alguém se depare com um texto, como tantos que circulam por aí, em que se diga: "Tu és o sildo da kircácia lira, que no fomélio de imbraim merbácio, em subtólios de pastânia pyra, carduz os tempos de peró gargácio". Embora tenha certa rima, esse texto nada diz. A maioria dos vocábulos não existe em português. Para ser considerada como mensagem, exige-se que tenha significação. O texto acima não pode ser considerado como mensagem, porque é incompreensível, não pode ser percebido pela inteligência. Não se tem comunicação humana, porque com ela nada se consegue comunicar ao receptor. Para a existência de comunicação humana é vital que haja a compreensão da mensagem.

Não se há falar em comunicação humana, quando a mensagem veiculada pelo transmissor não é compreendida pelo receptor. Com efeito, de nada adiantaria alguém receber belíssima mensagem, em código morse, se essa pessoa nada conhecesse desse sistema de comunicação. A comunicação não pode existir se o destinatário desconhece os códigos emitidos pelo transmissor.

Há comunicação humana quando se tem intercâmbio de significações. Alguém transmite símbolos, que terceiro recebe e compreende, porque ambos têm o mesmo conhecimento sobre os símbolos emitidos. Pressuposto da existência de comunicação é, pois, a significação comum dos símbolos, para as pessoas envolvidas no processo. É inafastável que transmissor e receptor se manifestem utilizando símbolos de conhecimento comum.

A mensagem deve dar-se mediante a utilização de símbolos comuns a transmissor e receptor. Não pode ser considerada como tal mensagem em que essa identidade não ocorra. De fato, se, *v.g.*, alguém dirigir-se a outro em língua estranha ao receptor, essa fala será inútil, nada obstante a transmissão seja claríssima.

Assim, em resumo, comunicação humana é o intercâmbio de significados, cujos símbolos são de mútua compreensão. E aqui utilizamos o vocábulo "símbolo", porquanto a comunicação humana é mais ampla do que o mundo das palavras, abrangendo o universo da linguagem. Por "linguagem" devemos entender todas as formas que servem à comunicação humana, sejam elas provenientes de sons, sinais, símbolos, palavras, gestos (cf. Whitaker Penteado, ob. cit., p. 12).

Em resumo, para que haja comunicação humana é necessária a presença dos seguintes elementos:

a) o transmissor;

b) o receptor;

c) a mensagem;

d) a compreensão da mensagem; e

e) o meio.

5. *Serviços de comunicação*

Sobre a comunicação humana, em si mesma considerada, não cabe nenhum imposto. Alvo da incidência não é a comunicação, mas sim o serviço de comunicação. E, para que se tenha serviço de comunicação, são inafastáveis, dentre outros, os seguintes elementos:

a) que se trate de fazer para terceiro, isto é, para usuário, tomador, utente, diverso do prestador;

b) que se trate de prestação, com conteúdo econômico e que, ademais disso, se dê em caráter oneroso.

Sem terceiro a quem o serviço seja prestado ou sem o timbre da onerosidade, não há nenhum serviço tributável, inclusive, por óbvio, o de comunicação.

Só pode haver prestação de serviços de comunicação quando o meio que possibilita a transmissão da mensagem pertencer a terceiros, isto é, quando o aparato (a rede, o aparelhamento, o sistema) for de terceiros, posto à disposição do usuário, viabilizando a comunicação.

Em outras palavras, é imprescindível que o serviço seja prestado por ***A*** em favor (proveito) de ***B***. Se a atividade (aqui seria impróprio falar em serviço) for desenvolvida em favor do próprio titular do meio que proporcionará a comunicação, não se há falar em serviço. Não há serviço para si mesmo. Ninguém presta serviço em seu próprio favor. Para haver serviço de comunicação tem que haver um prestador (o dono do meio, rede ou aparelhamento) e um tomador (o usuário, utente ou beneficiário dessa prestação).

Quando alguém, em sua própria casa, instala e opera um sistema de *baby-sitter* ou de *walkie-talkie* não há serviços de comunicação, à míngua de terceiro (tomador dos serviços). Não se tem aí a base de cálculo "preço do serviço", pela razão antecedente de que serviço não há.

O segundo requisito, sem cuja presença não se tem serviço, é o de que a prestação seja onerosa. Sem o requisito da onerosidade, não se pode cogitar de nenhum serviço tributável, inclusive, obviamente, o de comunicação.

Para haver serviço de comunicação, reitere-se, é imprescindível que o meio seja fornecido por terceiros, em relação comunicativa onerosa, e que o receptor compreenda a mensagem transmitida. Presentes esses pressupostos, já se têm serviços de comunicação tributáveis.

Há quem defenda que a existência de serviços de comunicação pressupõe a participação ativa do destinatário. Pensamos diferentemente.

Se, para haver comunicação, basta que a mensagem seja compreendida pelo receptor e se, para haver serviço de comunicação, o que se faz necessário é que o meio pertença a terceiros, parece que a participação ativa é desnecessária.

Estamos convencidos de que, para haver serviços de comunicação, reitere-se, basta que o meio seja fornecido por terceiros, em relação comunicativa onerosa, e que o receptor compreenda a mensagem transmitida. Presentes esses pressupostos, já se têm serviços de comunicação tributáveis.

6. Televisão e serviços de comunicação

A cogitação da existência de serviços tributáveis de comunicação da espécie televisão pressupõe seja onerosa a relação entre ouvinte-telespectador e a empresa transmissora dos sinais.

Em face da chamada televisão aberta, falta um dos requisitos fundamentais para o cabimento de ICMS: não há onerosidade na relação entre telespectador e empresa de televisão (a transmissora do sinal).

Diversamente, no caso das designadas TVs por assinatura, que compreendem a TV a cabo, estão presentes todos os requisitos para a identificação do fato com os pressupostos constitucionais e com as normas legais.

Só em alguns casos, há serviços de comunicação. Comumente, os serviços são de propaganda e publicidade, em relação jurídica que se esgota entre a pessoa, física ou jurídica, que produz a publicidade e a empresa de televisão.

Para que os serviços sejam de comunicação é necessária a existência de relação comunicativa entre a transmissora e o telespectador, o que, como regra, não ocorre, salvo no caso de TVs por assinatura. Neste último caso, e só neste, cabe ICMS.

Perante o Código Brasileiro de Telecomunicações, veiculado pela Lei n. 4.117, de 27 de agosto de 1962, rádiodifusão – compreendendo a rádiodifusão sonora e a televisão – é tipo de telecomunicação, esta, espécie do gênero *comunicação*.

Deveras, o art. 6º, letra "d", desse diploma legal, prescreve:

"Art. 6º. Quanto aos fins que se destinam, as telecomunicações assim se classificam: (...)

"d) serviço de radiodifusão, destinado a ser recebido direta e livremente pelo público em geral, compreendendo radiodifusão sonora e televisão."

A União, ao regulamentar essas normas, pelo Decreto n. 52.026, de 20 de maio de 1963, com a redação que lhe foi dada pelo Decreto n. 97.057, de 10 de novembro de 1988, estabeleceu:

"Art. 6º. Para os efeitos deste Regulamento Geral, dos regulamentos específicos e das normas complementares, os termos adiante enumerados têm o seguinte significado: (...)

"83 – Serviço de Radiodifusão: modalidade de serviço de telecomunicações destinado à transmissão, de sons (radiodifusão de sons, radiofonia, ou radiodifusão sonora) ou de sons e imagens (radiodifusão de sons e imagens, radiotelevisão, ou radiodifusão de televisão), por ondas radioelétricas, para serem direta e livremente recebidos pelo público em geral."

Mais adiante, a Lei Complementar n. 87/96, em seu art. 2º, III, previu a incidência do ICMS sobre as "prestações onerosas de comunicação, por qualquer meio, inclusive geração, emissão, recepção, transmissão, retransmissão, repetição e a ampliação de comunicação de qualquer natureza".

A seu turno, a Lei 9472, de 16/07/1997, dispôs, *in verbis*:

"Art. 60. Serviço de telecomunicações é o conjunto de atividades que possibilita a oferta de telecomunicação.

"§ 1º. Telecomunicação é a transmissão, emissão ou recepção, por fio, radioeletricidade, meios ópticos ou qualquer outro processo eletromagnético, de símbolos, caracteres, sinais, escritos, imagens, sons ou informações de qualquer natureza.

"§ 2º. Estação de telecomunicações é o conjunto de equipamentos ou aparelhos, dispositivos e demais meios necessários à realização de telecomunicação, seus acessórios e periféricos, e, quando for o caso, as instalações que os abrigam e complementam, inclusive terminais portáteis.

"Art. 61. Serviço de valor adicionado é a atividade que acrescenta, a um serviço de telecomunicações que lhe dá suporte e com o qual não se confunde, novas utilidades relacionadas ao acesso, armazenamento, apresentação, movimentação ou recuperação de informações.

"§ 1º. Serviço de valor adicionado não constitui serviço de telecomunicações, classificando-se seu provedor como usuário do serviço de telecomunicações que lhe dá suporte, com os direitos e deveres inerentes a essa condição."

Eis, no que interessa ao presente estudo, os delineamentos do conceito de comunicação humana e de serviços de comunicação, de competência dos Estados e do Distrito Federal, *ex vi* do disposto no art. 155, II, da Constituição Federal.

A competência dos Estados-membros e do Distrito Federal, reitere-se, é para criar imposto sobre serviços de comunicação. Ou o serviço é de comunicação e, em tese, é tributável por esses entes políticos-constitucionais ou o serviço é de outra natureza (eventualmente nem serviço é) e, como tal, intributável pelo imposto estadual ou distrital, embora possa sê-lo, em princípio, pelo ISS, caso figure na lista de serviços tributáveis que, segundo o STF, é taxativa.

Não se pode confundir serviços de comunicação com serviços que antecedem à comunicação, nem mesmo com serviços conexos aos de comunicação.

A competência dos Estados esgota-se na prestação de serviços de comunicação. Não inclui outros, diversos dos de comunicação, ainda que a ela inerentes, relativos ou conexos.

É evidente que as empresas de comunicação prestam outros serviços, alguns ligados, relativos ou conexos à comunicação. Mas esses serviços não podem ser tributados pelos Estados ou pelo Distrito Federal porque não são serviços de comunicação. São ligados, inerentes ou conexos, mas não são os próprios. Exemplo são os serviços de habilitação. Embora conexos, não são serviços de comunicação, propriamente ditos e, por conseguinte, não são tributáveis por via do ICMS.

Pouco importa, pois, se os serviços são designados como de valor adicionado, de complementação, de acesso, de facilitação, habilitação, ou auxiliares. Não sendo de comunicação propriamente dita, não podem ficar submetidos ao ICMS. Embora auxiliares dos de comunicação, não se submetem ao imposto porque a competência conferida aos Estados-membros e ao DF só alcança, só abrange, os serviços de comunicação estrito senso. Esses serviços adicionais, preliminares, auxiliares ou complementares aos de comunicação (a própria exposição já o demonstra) não são de comunicação. Assemelham-se ou ligam-se a estes, mas não são os próprios.

Por obediência ao princípio da estrita legalidade tributária (CF, art. 150, I), a competência para a instituição e exigência do ICMS não pode ser dilargada, ampliada, para incluir serviços que, embora conexos, não são de comunicação (únicos serviços que, ao lado dos de transporte transmunicipal, a CF, art. 155, II permite a tributação pelos Estados ou pelo Distrito Federal). Inconstitucional, portanto, o Convênio Confaz n. 69/98, quanto à pretensão de definir serviços a serem tributados pelo ICMS, eis que nem mesmo lei (complementar ou ordinária) poderia reputar onerável por aquele imposto serviço que de comunicação não seja, sem incorrer na mesma censura.

A Constituição outorgou aos Estados-membros e ao Distrito Federal competência para tributar, além dos acima referidos serviços de transporte, tão-só os serviços de comunicação; não para quaisquer outros serviços. Não cabe ICMS sobre os vários serviços que podem ser prestados por empresas de comunicação, mas, tão-só, sobre aqueles de comunicação propriamente dita. Pouco importa se a empresa também presta outros serviços conexos, auxiliares ou complementares à comunicação. O ICMS alcança os primeiros, nunca os últimos.

Refoge aos propósitos do estudo, o exame de outros serviços que, com os de comunicação, podem coexistir, como os de veiculação e divulgação de textos, desenhos e outros materiais de publicidade, por qualquer meio. Esses serviços, de um lado, não são alcançáveis pelo ISS na lista veiculada pela Lei Complementar n. 56/87, que veda a incidência do ISS quando se trata de televisão ou rádio.

7. Arquétipo constitucional do ISS

Relembrando que a CF outorgou competência aos Municípios para tributar, por meio de impostos, os "serviços de qualquer natureza, não compreendidos no art. 155, II", cabe enfatizar que, em princípio, atendido o conceito constitucional de serviço tributável, antes exposto, *todo* e *qualquer* serviço – *exceto* os de transportes intermunicipal ou interestadual e os de comunicação (cf. art. 155, II, da CF) – pode ser eleito pelo legislador ordinário como hipótese de incidência do ISS.

Nada obstante, também é preciso relembrar que a CF prevê que os serviços tributáveis pelo ISS sejam definidos em lei complementar. É de todos sabido que a lei complementar, a pretexto de dizer os serviços tributáveis pelo ISS, adotou sistema de listar as diferentes espécies ou tipos de serviços que poderiam ser erigidos em hipótese de incidência do ISS.

Isso, evidentemente, circunscreveu o espectro dos serviços tributáveis por esse imposto municipal, daí terem os estudiosos desse tema escrito muitas laudas para demonstrar a incompatibilidade de tal sistema com o Texto Constitucional, sobretudo em face das características do sistema tributário por ele delineado.

Porém, independentemente dessa posição doutrinária sobre os limites da lei complementar e de sua compatibilidade com os princípios da rigidez constitucional, o certo é que o Poder Judiciário consagrou a interpretação que conclui, não só, ser a lista de serviços harmônica com a Constituição Federal, como, também, ser ela exaustiva, taxativa. Portanto, segundo a sólida e firme jurisprudência sobre a matéria, somente podem ser tributados, por via de ISS, os serviços que constarem da lista editada pela lei complementar (atualmente vigem as Leis Complementares ns. 56/87 e 100/99).

A tese da taxatividade da lista é, hoje, a orientação consagrada pela jurisprudência, que já decidiu, reiteradamente, nesse sentido. Basta, *brevitatis causae*, referir duas decisões do Pleno do Supremo Tribunal Federal (RE 71.177-SP, ac. de 18.4.74, Tribunal Pleno, Rel. Ministro Rodrigues Alckmin, *RTJ* 70/121; RE 77.183-SP, ac. de 19.4.74, Tribunal Pleno, Rel. Ministro Aliomar Baleeiro, *RTJ* 73/490).

Respeitando a posição da Suprema Corte, o Superior Tribunal de Justiça também tem decidido pela circunscrição da incidência aos serviços listados, recusando o alcance a outros que dela não constem, conforme se vê dos seguintes arestos:

"RE n. 89.356-MG (96.0012241-5)

"Tributário. ISS. Incidência sobre Serviços Bancários. Taxatividade da Lista Prevista no Decreto-lei n. 406/68, alterado pelo Decreto-lei n. 834/69. Precedentes do STF e do STJ. A jurisprudência do Supremo Tribunal Federal e desta Corte têm firmado escólio no sentido de que a lista prevista no Decreto-lei n. 406/68, alterado pelo Decreto-lei n. 834/69, é de caráter taxativo, cabendo à lei municipal ater-se ao rol nela previsto. Tendo em vista a taxatividade da referida lista, não é de incidir ISS nas operações bancárias que dela não constem" (Relator Ministro Demócrito Reinaldo, *DJU* 1 de 4.5.1998, p. 78).

"REsp 228793-BA; Recurso Especial (1999/0079335-8)

"Tributário – ISS – Dec.-lei n. 406/68 – Lista de Serviços. Interpretação Taxativa. Não incidência sobre administração de poupança premiada. A lista anexa ao Decreto-Lei n. 406/69 é taxativa e não exemplificativa, não incidindo o ISS sobre operações bancárias nela previstas" (Relatora Ministra Nancy Andrighi, *DJU* 1 de 12.4.2000, p. 156).

Em suma, à luz da jurisprudência, a lista de serviços, aprovada pela Lei Complementar n. 56, de 15.12.1987, com a inclusão constante da Lei Complementar n. 100/99, é taxativa, encerra *numerus clausus:* os serviços que não venham descritos na lista da legislação complementar não podem ser tributados pelos Municípios.

8. *O ISS e o ICMS incidem sobre fatos e não sobre contratos*

O ISS, assim como o ICMS (quanto ao S), incidem sobre a efetiva prestação de serviço. *Não* são impostos sobre contratos, mas impostos sobre fatos. Não são tributos sobre negócio jurídico — na classificação clássica de Amílcar Falcão. A incidência de norma de ISS (e a do ICMS) dá-se sobre o fato "prestar serviço" e *não* sobre o ato de contratar. A consideração sempre relevante do contrato ilumina a compreensão do fato, ensejando sua melhor qualificação; mas não o substitui, nem o supera.

Só há serviço, da perspectiva jurídica, se e quando instaurada uma relação jurídica, de conteúdo econômico, pela qual uma pessoa promete um fazer para outra, mediante remuneração e esse fazer se concretiza. Sem o prévio (lógico e cronológico) enlace ou relação jurídica entre diferentes partícipes, serviço não há. E sem o concreto fazer, também não se pode cogitar de serviço.

O eminente ministro Xavier de Albuquerque bem esclarece essa questão: "Não é, porém, o obrigar-se a fazer, mas o fazer concreto e efetivo que dá ensejo à incidência do ISS" (parecer, não publicado, ao que nos consta).

Em resumo, ambos os impostos só podem incidir sobre a prestação efetiva de serviços, previstos constitucionalmente.

9. *O ISS e o ICMS não incidem sobre comodato*

Inexplicavelmente, os Fiscos têm pretendido incidir ICMS (ou ISS) sobre o empréstimo gratuito de decodificadores que as empresas de televisão por assinatura fazem a seus clientes (usuários). Ora, da exposição anterior, já é possível firmar que sobre comodato não pode caber nenhum ICMS e nenhum ISS. Não se tem, no comodato, nenhum serviço, *ergo*, não se tem também serviço de transporte interestadual ou intermunicipal, muito menos serviço de comunicação.

De acordo com o art. 1248, do Código Civil: "Comodato é o empréstimo gratuito de coisas não fungíveis. Perfaz-se com a tradição do objeto".

Pontes de Miranda adverte, porém, que: "Na definição ressalta a alusão à infungibilidade, mas o sistema jurídico não pode acolher a afirmação de só se referir o comodato à tradição de bens não fungíveis por sua natureza. Afastado estaria que, diante da fungibilidade do objeto, se pudesse pensar em comodato. Bens fungíveis e bens infungíveis podem ser comodados. O que importa é que a restituição seja in individuo. O comodatário tem de restituir o que lhe foi entregue; portanto, não pode consumi-lo. Se o comodatário se vinculou a não o consumir, o bem fundível pode ser objeto de comodato. Fora daí, sim; com o comodato é incompatível a fungibilidade" (Pontes de Miranda, *Tratado de Direito Privado*, 2ª ed., t. XLVI, Borsói, Rio de Janeiro, 1964, pp. 133-134).

O comodato é empréstimo gratuito. E contrato cujo traço característico é a gratuidade. No comodato não se transfere o direito de propriedade, nem direito real limitado. Concede-se tão-só o direito pessoal ao uso.

Se vantagem alguma houver, em favor do comodante, que permita se vislumbre onerosidade, não há falar em comodato.

Também não se há equipará-lo à doação, apesar de entre a doação e o comodato haver elemento comum: a gratuidade. É que, no comodato, o objeto, que se dá, não sai do patrimônio do comodante. O que se outorga é apenas o uso, sem limitar o direito de propriedade ou excluir a posse do comodante, que continua com a posse mediata.

É flagrante a diferença entre comodato e locação de coisas, da locação de serviço. Com efeito, o comodato, a locação de coisa e a locação de serviço são juridicamente inconfundíveis, configurando a última, em relação às primeiras, um tipo distinto de obrigação: "o conteúdo da obrigação não se confunde; na obrigação de dar, a prestação consiste na entrega de uma coisa; na de fazer, o objeto da prestação é um ato do devedor" (Clóvis Bevilacqua, *Direito das Obrigações*, 9ª ed., Livraria Francisco Alves, 1957, pp. 18-19).

Também gizando a noção de que são juridicamente inconfundíveis as obrigações de dar e as obrigações de fazer, Orozimbo Nonato salienta que as primeiras "têm por objeto a entrega de uma coisa ao credor, para que este adquira sobre a coisa um direito, enquanto as obrigações de fazer têm por objeto um ou mais atos do devedor, quaisquer atos, de fora parte a entrega de uma coisa" (*Curso de Obrigações*, v. I, Forense, Rio, p. 287).

Pois bem. Comodato (assim como a locação de coisa) dá origem a uma obrigação de dar, enquanto a prestação de serviços configura obrigação de fazer. E se as duas espécies são inconfundíveis, já se vê não ser possível pretender a incidência de ISS nem de ICMS sobre obrigação de dar, porque a prestação de serviços tem por traço indelével "um fazer para terceiros".

O comodato, de um lado, não é serviço de comunicação; de outro, não foi "definido" pela lei complementar como serviço tributável pelo Município, atendendo ao previsto no art. 156, III, da Constituição (e nem poderia sê-lo, porque não é serviço). A nossa Constituição é rígida, não podendo ser modificada por lei complementar. Esta não pode "definir" como serviço o que serviço não é. A lei complementar "completa" a Constituição; não a modifica.

É evidente a inconstitucionalidade quando o que se "define" não é serviço, mas outro fato-tipo. O Supremo Tribunal Federal, sobre essa questão, estabeleceu: "Para a incidência do tributo torna-se necessário o exercício de uma atividade que represente serviço (...)" (2ª Turma, RE 100.178-0, *DJ* 31.8.1984).

E, em decisão recentíssima, no RE 116.121-3-SP – versando a locação de bens, outro protótipo de obrigação de dar – assentou a seguinte orientação sobre a matéria, nos termos do voto do Relator, o Ministro Marco Aurélio, *verbis:*

"Na espécie, o imposto, conforme a própria nomenclatura revela e, portanto, considerado o figurino constitucional, pressupõe a prestação de serviços e não o contrato de locação.

"Indago se, no caso, o proprietário do guindaste coloca à disposição daquele que o loca também algum serviço. Penso que não. Creio que aí se trata de locação pura e simples, desacompanhada, destarte, da prestação de serviços. Se houvesse o contrato para essa prestação, concluiria pela incidência do tributo.

"Em face do texto da Constituição Federal e da legislação complementar de regência, não tenho como assentar a incidência do tributo, porque falta o núcleo dessa incidência, que são os serviços. Observem-se os institutos em vigor tal como se contêm na legislação de regência. As definições de locação de serviços e locação de móveis vêm-nos do Código Civil e, aí, o legislador complementar, embora de forma desnecessária e que somente pode ser tomada como pedagógica, fez constar no Código Tributário o seguinte preceito:

"'Art. 110 – A lei tributária não pode alterar a definição, o conteúdo e o alcance de institutos, conceitos e formas de direito privado, utilizados, expressa e implicitamente, pela Constituição Federal, pelas Constituições dos Estados, ou pelas Leis Orgânicas do Distrito Federal ou dos Municípios, para definir ou limitar competências tributárias'.

"Em síntese, há de prevalecer a definição de cada instituto, e somente a prestação de serviços, envolvido na via direta o esforço humano, é fato gerador do tributo em comento. Prevalece a ordem natural das coisas cuja força surge insuplantável; prevalecem as balizas constitucionais e legais, a conferirem segurança às relações Estado-contribuinte; prevalece, alfim, a organicidade do próprio Direito, sem a qual tudo será possível no agasalho de interesses do Estado, embora não enquadráveis como primários."

E, também recentemente (21.11.2000), agora já relativamente a comodato, a Primeira Turma do Superior Tribunal de Justiça, na Medida Cautelar 2761-RJ, acolhendo a tese de empresa, decidiu que: "a natureza jurídica do comodato torna certo que se trata de operação na qual não incide ICMS, pela simples razão de que não há transmissão de propriedade, o que leva à ausência de circulação jurídica, requisito essencial para a incidência do tributo" (in *Tribuna do Direito*, ano 8, n. 93, janeiro de 2001, p. 21)

Assim, em síntese, sobre comodato, nítida obrigação de dar, não pode caber nem ICMS, nem ISS. Não há no comodato nenhum "fazer", nota típica da prestação de serviços.

10. Conclusões

10.1. Comunicação humana é o intercâmbio de significados, cujos símbolos são de mútua compreensão. O emprego do vocábulo "símbolos" justifica-se porquanto a comunicação humana é mais ampla do que o mundo das palavras, abrangendo o universo da linguagem. Por "linguagem" devemos entender todas as formas que servem à comunicação humana, sejam elas provenientes, entre outras, de sons, sinais, símbolos, palavras, gestos.

10.2. Sobre a comunicação humana, em si mesma considerada, não cabe nenhum imposto. Alvo da incidência não é a comunicação, mas sim o serviço de comunicação. E, para que se tenha serviço de comunicação é necessário que se trate "de fazer para terceiro", de cunho oneroso.

10.3. "Serviço tributável é o desempenho de atividade economicamente apreciável, produtiva, de utilidade para outrem, porém sem subordinação, sob regime de direito privado, com fito de remuneração " (cf. Aires Barreto, *RDT* 15/200).

10.4. A Constituição Federal outorgou competência aos Estados e Distrito Federal para instituir imposto sobre serviços de comunicação (art. 155, II). A criação e a exigência desse imposto por esses entes político-constitucionais estão delimitadas pelo arquétipo constitucional de sua respectiva hipótese de incidência, ante a qual impõe-se concluir que só poderão instituir imposto sobre serviços que, efetivamente, sejam de comunicação (além de serviços de transporte interestadual e intermunicipal).

10.5. A tributação das demais modalidades de serviço foram conferidas pela Constituição à competência tributária dos Municípios (art. 156, III).

10.6. Submete-se à incidência do ICMS o serviço de comunicação, isto é, a utilidade material, onerosamente prestada a terceiros que, concretamente, implique o tráfego de informações, sinais e mensagens de qualquer natureza ou conteúdo, por quaisquer dos meios tecnológicos para tanto aptos.

10.7. Não incide ICMS sobre serviços auxiliares, ligados, relativos, conexos ou complementares à comunicação. Esses serviços não podem ser tributados pelos Estados ou pelo Distrito Federal porque não são serviços de comunicação. São ligados, inerentes ou conexos, mas não são os próprios.

10.7.1. Pouco importa a designação dada a esses serviços: de valor adicionado, de complementação, de acesso, de facilitação, habilitação, auxiliares ou complementares. Não sendo de comunicação propriamente dita, não podem ficar submetidos ao ICM<u>S</u>. Embora relacionados aos de comunicação, não podem ser submetidos ao imposto porque a competência conferida aos Estados-membros e ao DF só alcança, só abrange, os serviços de comunicação.

10.7.2. O chamado serviço de valor adicionado não constitui serviço de comunicação (gênero), nem de telecomunicação (espécie). Tais misteres podem ser definidos como toda atividade que acrescenta a um serviço de comunicação, que lhe dá suporte e com o qual não se confunde, novas utilidades relacionadas a adesão, habilitação, acesso, armazenamento, apresentação, aceleração, movimentação, recuperação de informações ou a outras facilidades auxiliares ou complementares.

10.8. O ISS, assim como o ICM<u>S</u> (quanto ao <u>S</u>), incidem sobre a efetiva prestação de serviço. *Não* são impostos sobre contratos, mas impostos sobre fatos. Não são tributos sobre negócio jurídico — na classificação clássica de Amílcar Falcão. A incidência de norma de ISS (e a do ICM<u>S</u>) dá-se sobre o fato "prestar serviço" e *não* sobre o ato de contratar. A consideração sempre relevante do contrato ilumina a compreensão do fato, ensejando sua melhor qualificação; mas não o substitui, nem o supera.

10.9. A lista de serviços, aprovada pela Lei Complementar n. 56, de 15.12.1987, com a inclusão constante da Lei Complementar n. 100/99, é taxativa, encerra *numerus clausus*: os serviços que não venham nelas descritos não podem ser tributados pelos Municípios.

10.10. Designa-se comodato ao empréstimo que tenha por traço característico a gratuidade. Sobre comodato não pode caber nenhum ICM<u>S</u> e nenhum ISS, porque não configura serviço.

IMPOSTO SOBRE TRANSMISSÃO "CAUSA MORTIS" E DOAÇÃO E PROGRESSIVIDADE

EDUARDO BOTTALLO

Professor do Departamento de Filosofia e Teoria Geral do Direito da Faculdade de Direito da USP. Professor de Direito Constitucional da Faculdade de Direito de São Bernardo do Campo. Juiz-Jurista do TRE-SP

1. A competência dos Estados para instituir imposto sobre a transmissão "causa mortis" e doação (ITCMD). 2. A implantação do ITCMD no Estado de São Paulo. 3. Doutrina e jurisprudência sobre a progressividade. Sua aplicabilidade ao ITCMD. 4. Conclusão.

1. A competência dos Estados para instituir imposto sobre a transmissão "causa mortis" e doação (ITCMD)

1.1 A Constituição Federal outorgou aos Estados competência para instituir imposto sobre a "transmissão *causa mortis* e doação, de quaisquer bens ou direitos" (art. 155, I).

As regras adicionais que condicionam o exercício desta competência visam dirimir conflitos entre as legislações estaduais. São as seguintes: a) relativamente a bens imóveis e respectivos direitos, é competente para instituir o imposto, o Estado da situação do bem ou o Distrito Federal (art. 155, § 1º, I); b) relativamente aos bens móveis, títulos e créditos, é competente para instituir o imposto, o Estado onde se processar o arrolamento ou o inventário, ou onde tiver domicílio o doador, ou ao Distrito Federal (art. 155, § 1º, II); c) a competência para sua instituição deve ser regulada por lei complementar se o doador tiver domicílio ou residência no exterior, ou se o *de cujus* possuía bens, era residente ou domiciliado ou teve seu inventário processado no exterior (art. 155, § 1º).

1.2 A propósito do imposto, cabe, também, fazer referência ao art. 35 do Código Tributário Nacional, em que pese a correta observação de Sacha Calmon Navarro Coêlho, segundo a qual o tributo, tal qual ideado por este diploma "não mais existe".[1]

A assertiva se justifica porque o art. 35 citado trata de um imposto, da competência dos Estados, sobre a *transmissão de bens imóveis* e de direitos a eles relativos.

Ora, a Constituição de 1988, de um lado, restringiu o campo de incidência do tributo, pelo fato de haver transferido aos Municípios a aptidão para criar o imposto sobre a transmissão, por ato *inter vivos*, de bens imóveis e de direitos a eles relativos, compensando, de outro, esta perda, ao possibilitar a incidência da exação estadual sobre transmissão *causa mortis* ou por doação, de bens ou direitos de qualquer natureza e não apenas imóveis.

Releva notar, ainda, que, a exemplo do que já previa a Constituição anterior (art. 23, § 2º), a atual manteve a competência do Senado para fixar as alíquotas máximas do tributo em exame.[2]

Estes são, pois, em linhas gerais, os principais traços que cercam, no plano da Constituição e das normas gerais, a competência para instituição do imposto.

1. *Curso de Direito Tributário Brasileiro*, 4ª ed., Forense, Rio de Janeiro, p. 476.

2. Cf. art. 155, § 1º, IV. Esta fixação foi feita pela Resolução n. 9 do Senado Federal, de 5.5.1992.

2. *A implantação do ITCMD no Estado de São Paulo*

2.1 O Estado de São Paulo exerceu a competência que recebeu da Constituição para instituir o ITCMD pela Lei n. 10.705, de 28 de dezembro de 2000, vigente a partir de 1º de janeiro de 2001.

Deste diploma, cabe destacar o artigo 16, que, tratando da alíquota de incidência da exação, assim dispôs:

"Art. 16. O cálculo do imposto é efetuado mediante a aplicação dos porcentuais, a seguir especificados, sobre a correspondente parcela do valor da base de cálculo, esta convertida em UFESPs, na seguinte progressão: até o montante de 12.000 (doze mil) UFESPs, 2,5% (dois inteiros e cinco décimos por cento) e acima desse limite, 4% (quatro por cento).

"Parágrafo único. O imposto devido é resultante da soma total da quantia apurada na respectiva operação de aplicação de porcentuais sobre cada uma das parcelas em que vier a ser decomposta a base de cálculo."

Observa-se que, na determinação da alíquota, o legislador ordinário adotou o critério da progressividade, expediente que, em relação aos impostos sobre a propriedade predial e territorial urbana (IPTU) e sobre a transmissão de bens imóveis (ITBI), deu causa a intensas polêmicas, dirimidas apenas pela definitiva tomada de posição do Supremo Tribunal Federal, em ambos os casos, como se verá, contrária à pretensão fazendária.

Como traço diferenciador, contudo, tem-se que, no caso do ITCMD, a progressividade está contemplada na própria resolução senatorial que fixou sua alíquota máxima.[3]

Pairam sérias dúvidas sobre a possibilidade de a matéria receber tratamento neste nível.

Deveras, a competência dada ao Senado pelo art. 155, § 1º, IV, da Constituição, dada a sua excepcionalidade em face do princípio da legalidade estrita (art. 150, I), deve ser interpretada restritivamente, ou seja, há de confinar-se ao interior das linhas demarcatórias do campo que lhe foi reservado (fixar as "alíquotas máximas" do imposto). Ora, na parte em que trata da progressividade do tributo "em função do quinhão que cada herdeiro receber", parece claro que a Resolução n. 9/92 foi além desses limites, penetrando em área que não lhe é autorizada, nisto residindo a sua invalidade.

De qualquer forma, mostra-se oportuno investigar se o art. 16 da lei paulista pode reacender a discussão em torno da juridicidade desse mecanismo.

3. *Doutrina e jurisprudência sobre a progressividade. Sua aplicabilidade ao ITCMD*

3.1 Segundo Mirabel Derzi, "A progressividade nos tributos é a melhor técnica de personalização dos impostos, como determina expressamente o art. 145, § 1º, da Constituição de 1988. É que, na medida em que o legislador considera as necessidades pessoais e familiares dos contribuintes, passa também a conceder isenções e reduções. Tais renúncias de receitas, ocorrentes em favor do princípio da igualdade, são compensadas por meio da elevação das alíquotas incidentes sobre os bens de maior valor (progressividade), a fim de que o montante de arrecadação se mantenha o mesmo no total".[4]

Como se percebe, a ilustre jurista, fazendo coro, aliás, com autorizada doutrina,[5]

3. A Resolução n. 3/92 tem a seguinte redação:
"Art. 1º. A alíquota máxima do Imposto de que trata a alínea 'a' do inciso I, do art. 155 da Constituição Federal será de oito por cento, a partir de 1º de janeiro de 1992.
"Art. 2º. As alíquotas dos Impostos, fixadas em lei estadual, poderão ser progressivas em função do quinhão que cada herdeiro efetivamente receber, nos termos da Constituição Federal."

4. Nota n. 8 aos comentários de Aliomar Baleeiro ao art. 35 do CTN, in *Direito Tributário Brasileiro*, 11ª ed., Forense, Rio de Janeiro, p. 262.

5. Por todos, cite-se Roque Antonio Carrazza, *Curso de Direito Constitucional Tributário*, 16ª ed., Malheiros, São Paulo, pp. 90 e ss..

tem na progressividade atributo ou decorrência do próprio princípio da capacidade contributiva.

Dentro desta visão, a adoção, pelo legislador ordinário, da técnica em exame, prescinde da existência de autorização constitucional explícita, relacionada, nominalmente, aos impostos discriminados. Vale dizer, o emprego da progressividade impõe-se como imperativo do sistema tributário. Para usarmos expressão da própria autora aqui citada, "a Constituição de 1988 obriga à personalização e à progressividade".[6]

Nota-se, entretanto, que a Lei Maior, sem associá-la ao ITCMD, alude à progressividade, expressamente, em quatro preceitos: a) quando a erige em "critério informador" do imposto sobre a renda (art. 153, § 2º, I); b) quando determina sua utilização como "sanção" ao proprietário do solo urbano não edificado, subutilizado ou não utilizado (art. 182, § 4º, II); c) quando preconiza sua fixação de forma a desestimular a manutenção de propriedades rurais improdutivas (art. 153, § 4º); e d) quando faculta aos Municípios instituir o IPTU "progressivo em razão do valor do imóvel" (art. 156, § 1º, I, com a redação da Emenda Constitucional n. 29, de 13.9.2000).

Esta última previsão, inclusive, veio atender, politicamente, reivindicação dos Municípios que, antes de seu advento, viram barrada sua pretensão de adotar a técnica, em face da oposição do Supremo Tribunal Federal bem revelada na seguinte ementa:

"IPTU. Progressividade. No sistema tributário nacional é o IPTU inequivocamente um imposto real.

"Sob o império da atual Constituição, não é admitida a progressividade fiscal do IPTU, quer com base exclusivamente no seu artigo 145, § 1º, porque esse imposto tem caráter real que é incompatível com a progressividade decorrente da capacidade econômica do contribuinte, quer com arrimo na conjugação desse dispositivo constitucional (genérico) com o art. 156, § 1º (específico)."[7]

Mais tarde, julgando a progressividade do imposto sobre transmissão de bens imóveis (ITBI), instituída pela Lei n. 11.154/91 do Município de São Paulo, a Suprema Corte reafirmou o mesmo entendimento; *verbis*: "Constitucional. Tributário. Imposto de Transmissão de Imóveis. *Inter vivos* – ITBI. Alíquotas progressivas: a Constituição Federal não autoriza a progressividade das alíquotas, realizando-se o princípio da capacidade contributiva, proporcionalmente ao preço de venda".[8]

A respeito desta decisão, alguns comentários são pertinentes.

Embora ela tenha alcançado unanimidade na conclusão, não o foi na fundamentação, já que a maioria dos Julgadores proclamou a inconstitucionalidade por razões distintas daquelas expostas no voto Ministro Relator Carlos Velloso, que foi integralmente acompanhado apenas pelo do Ministro Marco Aurélio.

Estes dois Magistrados entenderam que a inexistência, na Constituição, de autorização para instituição de um ITBI progressivo impede que tal se dê.[9]

Já os demais Ministros seguiram rumo distinto, asseverando que, sendo o ITBI imposto "real", a ele não se aplica a progressividade, por mostrar-se infensa à regra do art. 145, § 1º, da Lei Maior. Reiteraram, portanto, ponto de vista idêntico ao que, antes, os levara a rejeitar a progressividade do IPTU, acolhendo o critério de classificação dos tributos em "reais" e "pessoais".[10]

6. Ob. e loc. cits.

7. RE 153.771-MG, Pleno, m.v., rel. Min. Moreira Alves, *RTJ* 162/726.

8. RE 234.135-3-SP, Pleno, v.u., *Revista Dialética de Direito Tributário* 57/160.

9. O voto do Relator, Ministro Carlos Velloso acolheu esta categórica afirmação de Aires Barreto: "A nosso ver *também o ITBI não comporta a progressividade das alíquotas, à míngua de autorização constitucional*" (grifamos).

10. O ponto de vista da corrente majoritária que, então, se formou é bem ilustrado na seguinte passagem constante do voto proferido pelo Ministro

O saudoso Mestre Geraldo Ataliba destacava a "enorme importância" desta classificação à luz da Constituição de 1988. São suas palavras: "A técnica geralmente adotada – no caso dos impostos pessoais – consiste em estabelecer diferenças na alíquota ou na base imponível, em função de características pessoais do sujeito passivo, juridicamente qualificadas".

Já no tocante aos impostos reais,"a h.i. é um fato objetivamente considerado com abstração feita das condições jurídicas do eventual sujeito passivo, estas condições são desprezadas, não são consideradas na descrição do aspecto material da h.i. (o que não significa que a h.i. não tenha aspecto pessoal; tem, porém, este é indiferente à estrutura do aspecto material do próprio imposto)".[11]

Ora, entendendo o Supremo Tribunal Federal, tanto no caso do IPTU como no do ITBI, que a impossibilidade de aplicação da progressividade decorre, entre outras razões, da que se assenta na circunstância destes impostos serem "reais", cabe agora verificar como tal ponto de vista, de elevada autoridade, se confronta com a solução adotada para instituição do ITCMD no Estado de São Paulo.

3.2 O artigo 9º da Lei n. 10.705/00 determina que a base de cálculo do imposto é o "valor venal do bem ou direito transmitido, expresso em moeda nacional ou em UFESPs".

A seu turno, o seu § 1º declara que valor venal é "o valor de mercado do bem ou direito na data de abertura da sucessão ou da realização do ato ou contrato de doação".

Nelson Jobim: "o imposto de transmissão *inter vivos*, respeitadas evidentemente as suas peculiaridades, corresponde à circulação de bens imóveis, ou seja, importa que a circulação é tal qual se passa no ICMS, que é uma questão de circulação de mercadorias. *Creio, então, ser o caso de acompanhar V. Exa., mas pela razão de estarmos diante de um imposto de natureza real, portanto, insuscetível da verificação da condição pessoal*" (grifamos).

11. *Hipótese de Incidência Tributária*, 6ª ed., 2ª tir., Malheiros Editores, São Paulo, 2001, n. 56.2, p. 141.

Finalmente, o art. 12 não permite o "abatimento de quaisquer dívidas que onerem o bem transmitido nem os do espólio".

Cabe evocar aqui, mais uma vez, o magistério de Geraldo Ataliba, para quem "tão importante, central e decisiva é a base imponível que se pode dizer que – conforme o legislador escolha uma ou outra – poderemos reconhecer configurada esta ou aquela espécie e subespécie tributária".[12]

Pois bem. O exame conjugado dos dispositivos a que fizemos referência, centrados que estão, na definição da base de cálculo do ITCMD, nos leva à conclusão de estarmos diante de um imposto cujas características em nada diferem das do IPTU e do ITBI. Um imposto "real", portanto, já que gera obrigações, para o sujeito passivo, assentadas, exclusivamente, no valor objetivo do bem transmitido por herança ou doação, sem consideração das circunstâncias pessoais de capacidade econômica que ele possa apresentar.

É válido alvitrar-se, portanto, que, na hipótese de contestação judicial, o mecanismo da progressividade do tributo instituído pela lei paulista sujeita-se a ser declarado inconstitucional, pelos mesmos fundamentos consagrados em manifestações anteriores da Suprema Corte.

3.3 Autores, como Sacha Calmon Navarro Coêlho, sustentam que não se tributa, por meio do ITCMD, a transferência patrimonial, mas sim "os acréscimos patrimoniais obtidos pelos donatários, herdeiros (inclusive meeiros, sendo o caso) e legatários".[13]

Para os que assim pensam, o ITCMD apresentar-se-ia como imposto "pessoal", tal qual o imposto sobre a renda. O próprio jurista aqui citado expressa este ponto de vista, asseverando que "se inexistisse esse imposto, a tributação desses acréscimos certamente se daria na área do imposto de renda".[14]

12. Ob. cit., n. 43.16, p. 113.
13. Ob. e loc. cits.
14. Ob. e loc. cits.

Ocorre, entretanto, que a dicção constitucional não deixa dúvidas quanto à circunstância de estar-se diante de um imposto assentado na "transmissão" da propriedade de bens e não nos *possíveis efeitos* dela decorrentes. Um imposto sobre a "transferência patrimonial", portanto.

É certo que, por força desta transferência, herdeiros ou donatários acrescem seus patrimônios. Aliás, esta percepção apresenta-se como conseqüência natural, própria do processo de transmissão de propriedade de bens por herança ou doação.

Todavia, *tal acréscimo dá-se posteriormente à ocorrência do fato gerador do ITCMD* erigido pela Constituição (a "transmissão"), e, por isso mesmo, não pode, segundo entendemos, interferir na determinação da natureza ou características deste imposto.

4. Conclusão

4.1 O filósofo H. L. A. Hart associava, com maestria, o conceito de Direito à atuação concreta dos Tribunais, sustentando que as normas jurídicas se afirmam na medida em que são "mostradas" pelas decisões judiciais.[15]

Aceitando-se a óptica do grande mestre de Oxford, podemos, então, fixar, com base nos precedentes do Supremo Tribunal Federal retro examinados, que o sistema de alíquotas adotado pela lei paulista não se compatibiliza com o desenho constitucional do ITCMD. As razões que levam a esta conclusão são, em síntese, as seguintes:

a) o ITCMD é imposto "real", enquanto que a técnica da progressividade, como meio de realização do princípio da capacidade contributiva, aplica-se apenas aos impostos "pessoais";

b) ao contrário do que ocorre com a tributação da renda, da propriedade territorial rural e da propriedade predial e territorial urbana, a Constituição não contém dispositivo expresso autorizando o emprego desta técnica pelo ITCMD.

15. *El Concepto de Derecho*, tradução para o castelhano de Genaro R. Carrió, Abeledo-Perrot Editores, Buenos Aires, 1968, p. 127.

ICMS – CARÁTER NACIONAL – GUERRA FISCAL E SEUS MECANISMOS DE ATUAÇÃO

O regime dos incentivos fiscais no ICMS

HERON ARZUA

Introdução. 1. Histórico e notas relevantes: 1.1 A Lei Complementar 24/75; 1.2 A CF/88 e a recepção da Lei Complementar 24; 1.3 A Lei 24 e os princípios cardeais; 1.4 Cortes ao crédito do ICMS (o art. 8º da Lei 24/75). 2. Desrespeito à norma de incentivos. 3. Os incentivos e o Supremo. 4. Noção dos incentivos: 4.1 Redução da base de cálculo; 4.2 Crédito integral; 4.3 Regime da redução da base de cálculo; 4.4 Exceção ao princípio do crédito integral. 5. O quesito das alíquotas internas. Epílogo.

Introdução

O uso do instrumental tributário para atrair novos investimentos geradores de riqueza sempre foi mote dos estamentos estatais, desde o início da era industrial. Pode-se afirmar tratar-se de vocação natural e inequívoca dos governos em formularem políticas de atração fabril para seus territórios.

E o fenômeno, antes de ser brasileiro, é mundial. Veja-se o exemplo do Estado de Alberta, no Canadá, que aboliu a cobrança do imposto estadual sobre o valor agregado, tendo, como resultante direto desse magno estímulo, incremento significativo no seu produto interno bruto.

Embora essa iniciativa venha sofrendo vigorosos protestos da parte das demais províncias, naquele País inexistem normas obstaculizadoras de utilização do imposto como meio de impulsionar o desenvolvimento econômico.

Aqui, com a atribuição do imposto sobre operações relativas à circulação de mercadorias (ICM) às Federadas, tributo que, pelos seus contornos constitucionais (em que avulta o princípio da não-cumulatividade), apresenta feição nacional, desde sua introdução no quadro tributário pátrio, por intermédio da Emenda Constitucional n. 18, de 1965, evidenciou-se a preocupação de mitigar a autonomia constitucional dos Estados, no particular aspecto da concessão de isenções e toda gama de incentivos fiscais que podem envolver essa exação.

1. Histórico e notas relevantes

Nem na Emenda Constitucional n. 18, de 1965, nem na Constituição de 1967 existiu qualquer regulação no tocante aos incentivos fiscais no então ICM, imposto hoje acrescido da rubrica de alguns serviços (ICMS).

E os Estados, acostumados no regime do antigo imposto de vendas e consignações, continuaram na política de chamamento de indústrias, utilizando o novel tributo mercantil. Os próprios Municípios passaram a conceder favores a empresas com assento na sua participação no imposto estadual de circulação.

A situação não se modificou nem quando veio a lume a Emenda Constitucional n. 1, de 1969, que, dando nova redação à Constituição de 1967, trouxe dispositivo que regrou os estímulos fiscais no imposto federado, atribuindo à lei complementar a disciplina das isenções.

Rezava o texto de 1969, *ipsis*: "As isenções do imposto sobre operações relativas à circulação de mercadorias serão concedidas ou revogadas nos termos fixados em convênios, celebrados e ratificados pelos Estados, segundo o disposto em lei complementar" (art. 23, § 6º).

1.1 A Lei Complementar 24/75

Daí o surgimento da Lei Complementar n. 24, de 7 de janeiro de 1975, que repetiu, no seu primeiro artigo, a regra constitucional, ampliando o conceito de isenção para abranger também toda espécie de prática com a mesma finalidade.

É a razão de a lei se aplicar igualmente à redução da base de cálculo, à devolução total ou parcial, direta ou indireta, condicionada ou não, do imposto, ao contribuinte ou terceiros, à concessão de créditos presumidos, e a quaisquer outros incentivos ou favores fiscais ou financeiro-fiscais com base no ICM, dos quais resulte redução ou eliminação, direta ou indireta, do respectivo ônus (parágrafo único do art. 1º).

E o instrumento trazido pela Lei Complementar foi o do convênio interfederado. Figurando os convênios entre as normas complementares (art. 101, IV, do CTN), aqueles firmados para a concessão de incentivos fiscais relacionados com o ICMS, regulados pela Lei Complementar n. 24, de 1975, têm uma sistemática de aprovação e vigência toda especial (*apud* arts. 2º a 6º do aludido diploma complementar).

Em resumo, depois de os convênios serem obfirmados pelo Poder Executivo de cada Estado, mediante decreto, referendando, assim, ato assinado pelo seu representante no Conselho de Política Fazendária-Confaz, haverá a publicação de sua ratificação geral (até 10 dias após findo o prazo da confirmação pelas Federadas) no *Diário Oficial da União*. Daí os convênios passam a viger no trigésimo dia após a referida publicação.

É praxe também, em seguida do ritual prescrito na Lei Complementar 24/75, as Unidades Federativas baixarem decreto incorporando o convênio à sua legislação tributária, quando é fixada a data de sua vigência no plano interno da cada qual.[1]

Na sistemática albergada pela Lei Complementar 24/75, a oferenda de benefícios resta, pois, na dependência de decisão unânime dos Estados e a sua revogação de quatro quintos, pelo menos, dos representantes presentes à reunião (art. 2º, § 2º). E a inobservância dos preceitos da lei traz, numa palavra, a conseqüência da nulidade do ato (art. 8º).

1.2 A CF/88 e a recepção da Lei Complementar 24

A Constituição de 1988 renovou a necessidade de os incentivos fiscais serem concedidos e revogados mediante decisão das Federadas, sem, contudo, se referir a forma "convênio".[2]

1. Nessa matéria, uma notação não pode passar em branco. Tem pertinência com a estranheza de o Chefe do Poder Executivo poder ratificar ato de seu Secretário sem a prévia aprovação da Assembléia Legislativa. Aqui, antecipando exposição a ser cuidada adiante, a unanimidade da doutrina entende que a Lei Complementar 24, nesse capítulo, infringe a Constituição, especificamente o princípio da separação de Poderes e o da legalidade. A lição de Geraldo Ataliba ainda permanece viva: "À semelhança dos tratados internacionais que se convertem em direito interno pela ratificação do Congresso, os convênios – sinônimo absoluto de tratado, segundo o acatado internacionalista Marotta Rangel – só podem preencher a exigências do princípio da legalidade se ratificados pelo Poder Legislativo Estadual. Isto é, aliás, imediata decorrência do princípio da relação de administração – magistralmente exposto por Cirne Lima – que não consente que o Executivo possa deliberar nem realizar receita tributária, senão imperativamente criada por lei" ("Convênios Interestaduais e ICM", 1972).

2. O inciso XII, letra "g", do art. 155, assim está redigido: "cabe à lei complementar: (...) regular a forma como, mediante deliberação dos Estados e do Distrito Federal, isenções, incentivos fiscais e benefícios fiscais serão concedidos e revogados".

A doutrina não discrepou quanto à Lei Complementar 24/75, com as ressalvas indicadas, ter sido recebida pela Constituição de 1988, até por que o § 8º do art. 34 do Ato das Disposições Constitucionais Transitórias (junto da CF de 1988) a ela fez referência expressamente.[3]

Mais tarde, a Emenda n. 3, de 1993, acrescentou um parágrafo – o 6º – ao art. 150 da Constituição, exigindo por igual, nas hipóteses de incentivos fiscais e outras figuras afins (anistia e remissão), lei específica do poder estatal respectivo – federal, estadual ou municipal.[4]

1.3 A Lei Complementar 24 e os princípios cardeais

No particular aspecto deste tópico da aludida LC 24, a doutrina do direito tributário brasileiro (Geraldo Ataliba, Paulo de Barros Carvalho, Aires Barreto, Souto Maior Borges, Sacha Calmon Navarro e tantos outros) sempre entendeu que havia clara e insofismável infringência do princípio da legalidade e do postulado da separação de Poderes.

O argumento central é que o então § 6º do art. 23 da CF de 1969, ao dizer que os Estados concederão isenção nos termos de convênios, está se referindo às pessoas jurídicas de direito público de que cuida a Constituição Federal, dirigindo-se o preceito citado a elas (Federadas), que são os sujeitos e destinatários dos convênios.

Geraldo Ataliba, com a argúcia de sempre, anotou:

"Ora Estado não é Executivo. Executivo não é Estado. O Estado se representa pelo chefe do Executivo, mas manifesta a sua vontade, em matéria reservada à lei, mediante ação conjugada do Executivo e do Legislativo. Como insistem Alfredo Becker, Souto Borges, Pontes de Miranda, Seabra Fagundes, Sampaio Dória e toda a jurisprudência, só *lei* cria tributo e só lei dispensa (total ou parcialmente) tributo.

"De acordo com a própria literalidade do § 6º do art. 23 da CF, os convênios serão *celebrados e ratificados*. Quer dizer, celebrados pelo Poder Executivo – à semelhança do que se passa, no regime da Constituição Federal, para os tratados internacionais – e ratificados por outra autoridade, evidentemente, no caso, o Poder Legislativo."[5]

E adiante, o ilustre Professor da PUC-SP complementou seu pensamento, desta feita com o apoio de Sacha Calmon: "Caso isto fosse possível (o Poder Executivo celebrar e ratificar o convênio), derrogado estaria o princípio da legalidade da tributação e vulnerado o arquiprincípio da separação dos Poderes, pressupostos da República e do Estado de Direito. Não, o Secretário do Estado, e seus assessores, tecnocratas, são meros funcionários subalternos, posto que especializados. A primeira rodada dos convênios – em assembléia dos Estados – é com eles que se realiza. Juridicamente, o principal vem depois, com a ratificação do que eles combinaram. A juridicidade sobrevém quando a decisão tomada em convênio é aprovada pelas Assembléias Legislativas estaduais, pressuposto indeclinável de eficácia".[6]

Numa palavra, a eficácia dos convênios que outorgam isenções e/ou benefícios fiscais depende de ratificação pelas respectivas Assembléias Legislativas dos Estados,

3. "§ 8º. Se, no prazo de sessenta dias contados da data da promulgação da Constituição, não for editada a lei complementar necessária à instituição do imposto de que trata o art. 155, I, 'b', os Estados e o Distrito Federal, mediante convênio celebrado nos termos da Lei Complementar n. 24, de 7 de janeiro de 1975, fixarão normas para regular provisoriamente a matéria."

4. Como se frisou antes, Geraldo Ataliba, mesmo sem a existência da Emenda n. 3, já insistia que, inobstante o convênio, este não poderia ser ratificado por meio de decreto – como autoriza a Lei Complementar 24/75, no seu art. 4º –, mas somente por lei, em decorrência de magnos princípios constitucionais.

5. "Eficácia dos Convênios para Isenção do ICM", *RDT* 11-12/109.

6. Ob. cit., p. 110.

o que se dá por via do decreto legislativo ("lei que independe de sanção", no afirmar de Pontes de Miranda). Ou, anotando de outro modo, a ausência do decreto legislativo infirma o convênio celebrado pelo Executivo e acarreta a ineficácia de seus dispositivos.[7]

No caso do imposto federado, então, somam-se duas providências na oferta de incentivos: 1º) lei estadual da Unidade concedente; e 2º) convênio autorizativo dos Estados, em decisão unânime.[8-9]

Como dantes enfatizado, não há divergência quanto ao aspecto de a Lei Complementar n. 24/75 ter sido recepcionada pela Constituição, salvo um ou outro dispositivo, como – já visto – o que faculta a edição de decreto para ratificar o convênio (art. 4º), e aqueloutro – a ser examinado adiante –, que traz amesquinhamentos ao uso do crédito do imposto da parte do adquirente da mercadoria (art. 8º).

Esses preceitos, efetivamente, não guardam conformidade com o Texto Maior; a hipótese do art. 4º rui, como se viu, diante do marco da legalidade e da separação dos Poderes, e a do art. 8º soçobra sob o fundamento de que a Constituição chamou para si os casos de constrição de crédito (art. 155, § 2º, inc. II), não sendo permitida à lei infraconstitucional acrescê-los.

Portanto, no que concerne ao imposto de circulação, a Constituição se encarregou de conferir aos Estados uma competência impositiva delimitada, ou seja, no episódio, as Federadas receberam a atribuição de tributar com censuras no campo de isentar e dispor sobre incentivos fiscais.

1.4 Cortes ao crédito do ICMS (o art. 8º da Lei 24/75)

Por fim, sobra o tema, antes levantado, do art. 8º da Lei Complementar n. 24, de 1975, de que o mesmo não teria sido recebido pela Constituição de 1988, em função de tratar-se de assunto alheio à competência constitucional deferida à lei complementar e infringir o postulado da não-cumulatividade.

O texto vem assim disposto:

"Art. 8º. A inobservância dos dispositivos desta Lei acarretará, cumulativamente:

"I – a nulidade do ato e a ineficácia do crédito fiscal atribuído ao estabelecimento recebedor da mercadoria;

"II – a exigibilidade do imposto não pago ou devolvido e a ineficácia da lei ou ato que cancela remissão do débito correspondente.

"Parágrafo único. Às sanções previstas neste artigo poder-se-ão acrescer a presunção de irregularidade das contas correspondentes ao exercício, a juízo do Tribunal de Contas da União, e a suspensão do pagamento das quotas referentes ao Fundo de Participação, ao Fundo Especial e aos impostos referidos nos itens VIII e IX da Constituição Federal." (A Constituição é a de 1969, observo).

O primeiro ponto, já referido, diz respeito à competência da lei complementar em trazer limitação ao crédito do contri-

7. O Supremo não discrepa de Ataliba e dos juristas citados na inteligência do Texto Magno: "Matéria Tributária e Delegação Legislativa: A outorga de qualquer subsídio, isenção ou crédito presumido, a redução da base de cálculo e a concessão de anistia e remissão em matéria tributária só podem ser deferidas mediante lei específica, sendo vedado ao Poder Legislativo conferir ao Chefe do Executivo a prerrogativa de dispor, normativamente, sobre tais categorias temáticas, sob pena de ofensa ao postulado nuclear da separação de poderes e de transgressão ao princípio da reserva constitucional de competência legislativa" (*DJU* de 8.9.1995, p. 28.354, ADIn 1.247, medida liminar, Rel. Min. Celso Mello).

8. Inobstante o entendimento da doutrina e a firme jurisprudência do Supremo, os Estados continuam ratificando os convênios interfederados por meio de decreto. Quando muito, invocam lei genérica que delega, também inconstitucionalmente, como se viu, ao Poder Executivo a minudenciação dos incentivos. No particular, infringe-se o princípio da separação de poderes e o da legalidade.

9. No Brasil de hoje, em corolário, com o surto das medidas provisórias no plano federal, pode-se dizer que o Governo não governa, legisla; e o Legislativo não legisla, mas quer ser polícia. O Judiciário é o único Poder que desempenha, com regularidade, seu papel constitucional.

buinte comprador, à vista de que a Constituição consagrou como princípio o da não-cumulatividade do ICMS, abrindo apenas exceção para a operação isenta ou não incidente. E, no passo, a Constituição deu à lei faculdade somente para dilatar o direito ao crédito, inclusive na hipótese de isenção ou não-incidência (v. inc. II, do § 2º, do art. 155, parte final). Nunca diminuí-lo ou achatá-lo!

É óbvio que se a invalidez do ato sair de sentença do Poder Judiciário não há que invocar direito ao gozo do imposto, pois o próprio fundamento jurídico do crédito foi retirado. Mas aqui certamente a nulidade frui de decretação de inconstitucionalidade da lei ou do decreto que ofertou estímulo sem observância da regra constitucional.

Porém, o que se pensa é na conjetura que o Estado recebedor da mercadoria borra o crédito do contribuinte – o qual adquiriu mercadorias daquele em que houve a concessão de favor fiscal ausente o convênio interestadual – sem amparo em aresto judicial.

Até onde sei, o Estado de São Paulo, assim como o do Paraná, tem prescrições legais no rumo de coibir o crédito do contribuinte, ao pressuposto de que o mesmo derivou de diploma inidôneo, porquanto fulcrado em estímulo fiscal não amparado por convênio interfederado. E essas cláusulas teriam por supedâneo o art. 8º da Lei Complementar n. 24, de 1975.

Acontece que, como se apontou, o art. 8º não tem sede na Constituição, à vista de que a imputação dada à lei complementar pela letra "g", do inc. XII, do § 2º, do art. 155 é para regular a forma, o modo, a maneira, o jeito como as Federadas oferecem estímulos na área do ICMS.

É mandamento dirigido tão-só às pessoas jurídicas de direito público, únicos destinatários da norma constitucional, sem permissão para cuidar de outra causa, principalmente de questões de crédito do imposto, as quais se vinculam, apertada e intimamente, à máxima da não-cumulatividade.

Daí por que tenho para mim não ter sido o art. 8º da Lei Complementar n. 24/75 aceito pela Constituição de 1988. É dispositivo revogado pelo advento da nova ordem constitucional (como assimila o Supremo), ou que perdeu sua eficácia (no ver de Pontes de Miranda) ou, simplesmente, seu fundamento de validade (no magistério de Hans Kelsen).

Assim, o constrangimento ao crédito do ICMS só pode ser formalizado ao depois de ser declarada a nulidade do ato concessivo e essa declaração é da estrita competência do Poder Judiciário. Antes disso, viola-se o princípio cardeal da não-cumulatividade do ICMS.

Isso sem considerar que a anulação administrativa do crédito interestadual do ICMS equivaleria, da parte da Federada emissora do ato, em última análise, a considerar inválida legislação doutro Estado. E não parece que a Constituição tenha deferido competência aos Estados para dispor sobre situações tais, ainda que se possa argumentar que o estorvo ao crédito atingiria somente o contribuinte estabelecido em seu território.

À sua vez, da ótica do administrado, imposição desse jaez ao crédito do imposto configura-se afronta ao princípio da segurança jurídica, o qual, na lição dos doutos, está por trás de todos os vetores constitucionais.

2. Desrespeito à norma de incentivos

A prática dos Estados brasileiros foi, na esteira do que já acontecia antes da lei complementar, de inteira desobediência aos padrões da Constituição e da Lei Complementar n. 24/75, inexistindo, até onde se sabe, Unidade Federativa que não tenha dotado o ICM (e agora o ICMS) de forte extrafiscalidade, com o intuito de buscar novas empresas manufatureiras para suas regiões.

Não cabe aqui analisar as causas – que certamente não são jurídicas, pelo menos a maior parte delas – dessa maciça inconformidade dos Estados para com a regras da Constituição e de seu ordenamento infraconstitucional, nada obstante o art. 15 da Lei Complementar 24 tenha contribuído sobremaneira para isso. O preceito denota que a lei não se aplica à Zona Franca de Manaus, proibindo aos Estados determinar a exclusão de incentivo fiscal concedido pelo Estado do Amazonas.

Aberto esse flanco, ofereceu-se ao Amazonas a possibilidade de, no fórum criado pela Lei Complementar 24 – o denominado Conselho de Política Fazendária (Confaz) –, vetar todo e qualquer estímulo de industrialização proposto por outro Estado, o que enfraqueceu o esquema delimitador dos incentivos no setor do imposto sobre circulação de mercadorias.

3. *Os incentivos e o Supremo*

No mais, o País teve inscrito no seu regime tributário constitucional um freio jurídico efetivo à concessão de isenções e incentivos unilaterais. E, sempre que o mesmo foi acionado, o Supremo Tribunal Federal deu à norma constitucional toda a eficácia esperada, não sendo responsabilidade, de conseguinte, do Judiciário que os efeitos não tenham sido totalmente inibidores da continuidade da intensa escaramuça tributária interfederada.

Dessarte, se os próprios Estados-membros foram complacentes com os estímulos dados por seus pares, não se pode atribuir ao sistema constitucional tributário o defeito pelo seu precário funcionamento. Nessa seara, nem o Ministério Público, federal ou dos Estados, nem os contribuintes e seus órgãos de classe se interessaram em obstar a contínua e incessante violação do Texto Constitucional. Sem embargo, ressalve-se a ação do Poder Judiciário. Há inúmeros arestos da Suprema Corte – antigos e recentes – que mostram que, provocado, o mecanismo de atuação da Constituição e da Lei Complementar 24/75 se fez presente e eficaz em todas as circunstâncias.

Na ADIn 1.247-9, por exemplo, em medida liminar, Relator o Ministro Celso de Mello, sumariou o Areópago, na parte pertinente: "***ICMS e repulsa constitucional à guerra tributária entre os Estados-membros***: O legislador constituinte republicano, com o propósito de impedir *guerra tributária* entre os Estados-membros, enunciou postulados e prescreveu diretrizes gerais de caráter subordinante destinados a compor o estatuto constitucional do ICMS. Os princípios fundamentais consagrados pela Constituição da República, em tema de ICMS, (a) realçam o perfil nacional de que se reveste esse tributo, (b) legitimam a instituição, pelo poder central, de regramento normativo unitário destinado a disciplinar, de modo uniforme, essa espécie tributária, notadamente em face de seu caráter não-cumulativo, (c) justificam a edição de lei complementar nacional vocacionada a regular o modo e a forma como os Estados-membros e o Distrito Federal, sempre após deliberação conjunta, poderão, por ato próprio, conceder e/ou revogar isenções, incentivos e benefícios fiscais. ***Convênios e concessão de isenção, incentivo e benefício fiscal em tema de ICMS***: A celebração dos convênios interestaduais constitui pressuposto essencial à válida concessão, pelos Estados-membros ou Distrito Federal, de isenções, incentivos ou benefícios fiscais em tema de ICMS. Esses convênios – enquanto instrumento de exteriorização formal do prévio consenso constitucional entre as Unidades Federadas investidas de competência tributária em matéria de ICMS – destinam-se a compor os conflitos de interesses que necessariamente resultariam, uma vez ausente essa deliberação intergovernamental, da concessão, pelos Estados-membros ou Distrito Federal, de isenções, incentivos e benefícios fiscais pertinentes ao imposto em questão. O pacto federativo, sustentando-se na harmonia que deve presidir as relações institucionais entre as comunidades políticas que compõem o Estado Federal, legitima as restrições de ordem constitucional que afetam o exercício, pelos Estados-Membros e Distrito Federal, de sua competência normativa em tema de exoneração tributária pertinente ao ICMS (*DJU* 1, de 8.9.1995, p. 28.354).

Nessa linha, são iterativas e uniformes as manifestações do Supremo, ceifando toda espécie de incentivos fiscais que não observa a existência de convênio interfederado anterior, no qual fique expresso a concordância das demais Unidades na licença ao benefício.

Ainda há pouco, a Corte Constitucional, por unanimidade, sendo Relator o Ministro Sepúlveda Pertence, deferiu medida cautelar de suspensão dos efeitos de decreto do Espírito Santo, reiterando cediços argumentos no tocante ao tema: "***ICMS – Concessão unilateral de benefícios fiscais (incluída a outorga de crédito presumido) por Estado Federado – guerra fiscal repelida pelo STF – Liminar deferida.*** 1. A orientação do Tribunal é particularmente severa na repressão à *guerra fiscal* entre as unidades federadas, mediante a prodigalização de isenções e benefícios fiscais atinentes ao ICMS, com afronta da norma constitucional do art. 155, § 2º, II, 'g' – que submete sua concessão à decisão consensual dos Estados, na forma de lei complementar (ADIn 84-MG, 15.2.96, Galvão, *DJ* 19.4.96; ADInMC 128-AL, Pertence, *RTJ* 145/707; ADInMC 902, 3.3.94, Marco Aurélio, *RTJ* 151/444; ADInMC 1.296-PI, 14.6.95, Celso; ADInMC 1.247-PA, 17.8.95, Celso, *RTJ* 168/754; ADInMC 1.179-RJ, 29.2.96, Marco Aurélio, *RTJ* 164/881; ADInMC 2.021-SP, 25.8.99, Corrêa; ADIn 1.587, 19.10.00, Gallotti, Informativo 207, *DJ* 15.8.97; ADInMC 1.999, 30.6.99, Gallotti, *DJ* 31.3.00). 2. As normas constitucionais, que impõem disciplina nacional ao ICMS, são preceitos contra os quais não se pode opor a autonomia do Estado, na medida em que são explícitas limitações dela. 3. A invocada exigência constitucional de convênio interestadual (CF, art. 155, 2º, II, 'g') alcança a concessão de lei estadual de crédito presumido de ICMS, como afirmado pelo Tribunal" (*DJU* 1-E, de 9.3.2001, p. 102).[10]

4. Noção dos incentivos

E a interpretação que a Suprema Corte tem formulado relativamente à noção dos incentivos fiscais é a mais ampla possível, no sentido de abarcar não só a figura da isenção, mas a redução da base imponível, créditos presumidos, prazos dilatados de pagamento do imposto, e outras modalidades fiscais e financeiras, cujo objetivo é a anulação, total ou parcial, do débito tributário.

Nessa passagem, pode-se dizer que o Judiciário tomou por completo o conceito de incentivos que veio formulado no corpo do art. 1º da Lei Complementar n. 24/75.

4.1 Redução da base de cálculo

Na ordem constitucional anterior – sob cuja égide foi editada a Lei Complementar 24/75 – as alíquotas do ICM eram uniformes em razão do destino (operações internas ou interestaduais). Para minorar a carga tributária de certas mercadorias, tinha-se a figura da redução da base de cálculo ou do crédito presumido, ambos institutos regrados pela aludida Lei Complementar 24.

Com a Constituição de 1988, a incidência sobre as operações de circulação de mercadorias e prestações de serviços pode ser modulada mediante a aplicação de alíquota seletiva, em razão da essencialidade do objeto final (mercadorias ou serviços).

Como a fixação de alíquotas seletivas deve vir aprovada pelo Poder Legislativo, os Executivos estaduais continuam utilizando o instituto da redução da base de cálculo para alcançar objetivo em tudo parecido com o da determinação da alíquota seletiva.

10. No plano fático, dificilmente o Supremo chega a declarar, em decisão final da ação, a inconstitucionalidade das normas estaduais de incentivos unilaterais. É que os Estados, após o deferimento da liminar na ação própria, suspendendo a eficácia dos artigos guerreados, tomam providências legislativas no sentido de revogar os dispositivos assim inquinados. Com isso, visam a evitar os efeitos *ex tunc* que uma declaração de inconstitucionalidade do Supremo traria, com repercussões indesejáveis junto aos seus contribuintes e à própria Administração Fazendária.

É que esta redução está normalmente fulcrada em convênio interestadual (incorporado na legislação interna dos Estados sem o crivo do Legislativo), submetendo, contudo, os contribuintes à insegurança de terem os créditos do ICMS borrados na proporção do débito que se tenha reduzido, como sói acontecer com as mercadorias da cesta básica.

Advirta-se que só existe o mandamento legislativo de estorno proporcional se a matéria for tratada como se fora redução da base imponível. Aí não só o Convênio 66, do Confaz (que pretendeu regulamentar o ICMS com base na delegação dada pelo § 8º do art. 34 do Ato das Disposições Constitucionais Transitórias), como também as próprias leis estaduais mandam seja feito o estorno proporcional.

4.2 Crédito integral

As coisas, no plano jurídico, não se passam, todavia, assim. Com a CF de 1988, a cláusula da não-cumulatividade passou a ter natureza estritamente constitucional para o ICMS e para o imposto federal sobre produtos industrializados, não podendo ser restringida por lei, seja complementar ou ordinária.

O conteúdo do princípio da não-cumulatividade foi posto, rigidamente, na Constituição. Esta incumbiu, entrementes, à lei complementar tão-só a fixação do mecanismo, do método, da forma pela qual se implementa o regime da compensação (*v.g.*, período considerado, soma algébrica dos fatos geradores ocorridos num período).

Enquanto conteúdo do princípio da não-cumulatividade, a CF esgotou os elementos essenciais e indispensáveis à sua configuração. Restou à lei complementar e ordinária, em derradeiro, disciplinar a forma de execução do regime de compensação.

No sistema da Constituição Federal de 1988, de conseguinte, o princípio da incumulatividade do ICMS é amplo e a compensação do imposto cobrado, relativamente a operações anteriores, faz-se integralmente com o que for devido em cada operação posterior (art. 155, § 2º, I).

Só há duas hipóteses (ou uma, se se entender, com Ataliba, que a não-incidência não deixa de ser isenção) em que não ocorre a compensação irrestrita e ainda assim se a legislação não dispuser em contrário: a isenção ou a não-incidência (v. art. 155, § 2º, II).

Quando se trata de alíquotas diferenciadas, o crédito é sempre integral e não há que se falar em estorno.

4.3 Regime da redução da base de cálculo

No sistema da Constituição de 1967, com redação trazida pela Emenda n. 1, de 1969, a alíquota do então ICM era uniforme para todas as operações (v. art. 23, § 5º). E as isenções haveriam de ser concedidas ou revogadas nos termos fixados em convênios, celebrados e ratificados pelos Estados, segundo o disposto em lei complementar.

E a Lei Complementar n. 24, de 7 de janeiro de 1975, dispôs, como se anotou, minuciosamente sobre o regime jurídico da concessão das isenções e, numa extensão da delegação recebida da Constituição, sobre os incentivos fiscais.

Em efeito, para todas as hipóteses enumeradas, a LC 24 exigiu reunião dos Secretários da Fazenda dos Estados e do Distrito Federal, juntamente com o Ministro da Fazenda, seguida de convênio aprovado por unanimidade e após ratificados, por decreto, pelas Federadas signatárias (arts. 2º a 7º).

Portanto, quando se cogita de redução de base de cálculo na esfera do imposto estadual, não há necessidade, nos estritos termos da Lei Complementar 24, de lei estadual (embora a afronta à Constituição). Basta o convênio unânime do Confaz e decreto estadual.

Torna-se evidente que a "redução da base de cálculo" era usada no sistema da

CF de 69 porque a alíquota do ICM era uniforme. Agora, com o advento do princípio da seletividade, em que é a alíquota que se reduz, não há por que se usar dessa sistemática.

4.4 Exceção ao princípio do crédito integral

Como se averbou anteriormente, do Texto Constitucional decorre que o crédito do ICMS é amplo *e só sofre limitação em função de isenção ou não-incidência*. E como se trata de exceção ao sistema, a Constituição permite a edição de legislação no sentido da regra geral, isto é, na direção de se confirmar o crédito integral mesmo nessas hipóteses (art. 155, §§ 1º e 2º).

Cabe pôr aqui que o fenômeno da isenção ou não-incidência, no sistema da CF de 88, em que se permite alíquotas diferenciadas em função da essencialidade das mercadorias e serviços (art. 155, § 2º, inc. III), não é assimilável à redução da base de cálculo. A diminuição da carga tributária até o limite da menor alíquota interestadual faz-se sempre por lei tributária estadual e não por convênios.

Mas, mesmo que se tenha a minoração da carga fiscal como redução da base de cálculo, ainda assim o crédito é integral. É que o Supremo, interpretando a Constituição, dessa maneira sentenciou:

"***ICMS. Princípio da não-cumulatividade. Mercadoria usada. Base de incidência menor. Proibição de crédito. Inconstitucionalidade.*** Conflita com o princípio da não-cumulatividade norma vedadora da compensação do valor recolhido na operação anterior. O fato de ter-se a diminuição valorativa da base de incidência não autoriza, sob o ângulo constitucional, tal proibição. Os preceitos das alíneas "a" e "b" do inciso II do § 2º do artigo 155 da Constituição Federal somente têm pertinência em caso de isenção ou não-incidência, no que voltadas à totalidade do tributo. Institutos inconfundíveis com o benefício fiscal em questão" (RE 161031-0-MG, Plenário de 24.3.97, Rel. Min. Marco Aurélio, *DJU* de 6.6.97, pp. 24.881-2).

Quer dizer: sob o aspecto estritamente constitucional, a minoração da incidência, seja por meio de alíquota ou de base de cálculo, não autoriza a legislação infraconstitucional a expedir regra eliminando o crédito da operação anterior, para efeitos de compensação com o imposto devido nas operações posteriores.

Isso só é possível diante das figuras da isenção e da não-incidência, que, no dizer da Corte Suprema, não se confunde com a redução da base de cálculo.

É que a Constituição faz em texto expresso (§ 6º do art. 150) a distinção entre as duas figuras. Assim: "Qualquer subsídio ou *isenção, redução de base de cálculo*, concessão de crédito presumido, anistia ou remissão (...)".

Conclui-se, logicamente, que se a Constituição quisesse mutilar o crédito na redução de base imponível, teria dito explicitamente. Como só aludiu à isenção e à não-incidência, na redução mantém-se o crédito integral.

Aliás, que isenção e redução de base de cálculo não são a mesma coisa, diz-nos a Lei Complementar n. 24, de 1975, quando sentiu a necessidade de, expressamente, estender as normas daquela para esta (art. 1º, e seu parágrafo único, inc. I).

Se redução da base de cálculo fora assimilada ao instituto da isenção, então inexistiria indispensabilidade de a lei estender, de forma categórica, o regime de um para outro. As regras de um aplicar-se-iam automaticamente ao outro.

5. O quesito das alíquotas internas

No que se refere às alíquotas do ICMS, nada obstante não sejam objeto de regulação da LC 24/75, elas também são utilizadas como modalidade de estímulo. Nessa figura, os Estados devem observar a regra do inc. VI, do § 2º, do art. 155, da CF, a qual determina que, salvo deliberação dos Estados, as alíquotas internas, nas operações de circulação de mercadorias e prestações de serviços, não poderão ser inferiores às previstas para as operações interestaduais.

Resolução do Senado, expedida com fulcro na letra "b", do inc. V, do § 2º, do art. 155, da CF, estabeleceu duas alíquotas genéricas para as operações interestaduais: uma de doze por cento (12%) e outra de sete (7%) nas operações realizadas nas Regiões Sul e Sudeste, destinadas às Regiões Norte, Nordeste e Centro-Oeste e ao Estado do Espírito Santo (Res. 22, de 1989).

Em função da existência dessas duas alíquotas, a Procuradoria da Fazenda Nacional, em parecer oferecido em 1992 ao colegiado de Secretários da Fazenda ou de Finanças dos Estados, entendeu que a lei estadual poderia fixar como mínima a alíquota interna de sete por cento (7%).

Todavia, recentemente, o Supremo, pelo voto do Ministro Maurício Corrêa, na ADin 2.021-SP, em acórdão ainda não publicado, mas citado em despacho do Ministro Carlos Velloso (*DJ* de 1.2.00, p. 107), decidiu que a alíquota mínima permitida para as operações e prestações internas deve ser a de doze por cento (12%), já que a de sete por cento (7%) configura exceção.[11]

Esse quesito, contudo, não sofreu maiores estudos doutrinários e a deliberação da Turma do STF é isolada, não apresentando, a meu ver, argumentos sólidos e consistentes.

Pessoalmente, inclino-me a aceitar a hermenêutica da Procuradoria da Fazenda Nacional, à vista de que o texto do inc. VI, do § 2º, do art. 155, da CF, atesta, no plural, que as alíquotas internas não poderão ser inferiores às previstas para as operações interestaduais. Como, na quadro da Resolução do Senado, há duas alíquotas diferentes para as operações interestaduais, soa legítimo a percepção de que o Estado pode fixar, como alíquota interna, a menor existente para as operações realizadas entre Estados-Membros.

Visão dessa natureza não só é mais condizente com o princípio da autonomia federativa, já que aflições a esse signo devem vir expressas e claras, como também tem adequação ao sinal da seletividade da alíquota, que deve ser ajustada em função da essencialidade das mercadorias e dos serviços, como apoda a Constituição (art. 155, § 2º, III).

É de se dizer, no entanto, que a maioria dos Estados consigna em seus escritos legislativos a alíquota de doze por cento (12%) como mínima para as operações e prestações internas.

Dissente dessa orientação, o Governo do Paraná, como decorrência de mandamento de Lei n. 9.870, de 1991 – que autorizou a redução da alíquota para as operações internas com mercadorias da cesta básica, desde que ela (alíquota) não fosse inferior à menor prevista para as operações interestaduais – expediu decreto assentando a carga tributária dos alimentos essenciais em sete por cento (7%).

Mas, como se argüiu acima, é tese ainda aberta e posta à reflexão dos expertos.

Epílogo

O regime jurídico constitucional e que se espraia na lei complementar encerra, como todo o capítulo do Texto Magno sobre o sistema tributário, mecanismo de atua-

11. É ementa do julgado: "1. As alíquotas mínimas internas do ICMS, fixadas pelos Estados e pelo Distrito Federal, não podem ser inferiores às previstas para as operações interestaduais, salvo deliberação de todos eles em sentido contrário (CF, art. 155, § 2º, VI). 2. A alíquota do ICMS deve ser fixada por resolução do Senado Federal (CF, art. 155, § 2º, IV). A Resolução 22, de 19.5.89, do Senado Federal, fixou a alíquota de 12% para as operações interestaduais sujeitas ao ICMS (artigo 1º, *caput*); ressalvou, entretanto, a aplicação da alíquota de 7% para as operações nas Regiões Sul e Sudeste, destinadas às Regiões Norte, Nordeste e Centro-Oeste e ao Estado do Espírito Santo (art. 1º, parágrafo único). 3. Existindo duas alíquotas para operações interestaduais deve prevalecer, para efeito de limite mínimo nas operações internas, a mais geral (12%), e não a especial (7%), tendo em vista os seus fins e a inexistência de deliberação em sentido contrário".

ção que serve integralmente aos propósitos para os quais foi ideado.

As discussões estritamente jurídicas dele resultante são inatas a todo e qualquer sistema normativo, que depende do esforço exegético da doutrina e da jurisprudência para a sua melhor compreensão.

Se o seu funcionamento no mundo fenomênico deixou a desejar, não foi por insuficiência de suas normas, mas em razão de os principais interessados – os Estados-membros – não se utilizarem dele com a veemência necessária.

Terceiros legitimados na propositura de ação de inconstitucionalidade, como o Presidente da República, o Procurador-Geral da República, o Legislativo nacional e os estaduais, os órgãos nacionais dos contribuintes, os partidos políticos, a Ordem dos Advogados (cf. art. 103, da CF) igualmente não manifestaram interesse em preservar a incolumidade do Texto Básico.

O certo é que, no passado, houve acerto silencioso das Federadas, com cumplicidade geral, na formulação de políticas unilaterais de benevolências fiscais, à margem do sistema constitucional.

Maio de 2001

A LEI COMPLEMENTAR 104, DE 2001
E O ART. 116 DO CTN

JOSÉ ARTUR LIMA GONÇALVES
Doutor em Direito Tributário – Professor dos Cursos de Graduação e Pós-Graduação da PUC de São Paulo – Advogado de empresas em São Paulo

O dispositivo legal

A Lei Complementar n. 104/01, introduziu parágrafo único ao artigo 116 do Código Tributário Nacional, que passou a ter a seguinte redação:

"Salvo disposição de lei em contrário, considera-se ocorrido o fato gerador e existentes os seus efeitos:

"I – tratando-se de situação de fato, desde o momento em que se verifiquem as circunstâncias materiais necessárias a que produza os efeitos que normalmente lhe são próprios;

"II – tratando-se de situação jurídica, desde o momento em que esteja definitivamente constituída, nos termos do direito aplicável.

"Parágrafo único. A autoridade administrativa poderá desconsiderar atos ou negócios jurídicos praticados com a finalidade de dissimular a ocorrência do fato gerador do tributo ou a natureza dos elementos constitutivos da obrigação tributária, observados os procedimentos a serem estabelecidos em lei ordinária."

Alcance do dispositivo legal, literal e isoladamente considerado

Literalmente considerado, este novo parágrafo pretende outorgar à autoridade administrativa competência para prática de ato administrativo que tenha por conteúdo um comando que acarrete a desconsideração dos efeitos de atos ou negócios jurídicos "praticados com a finalidade de dissimular a ocorrência do fato gerador do tributo ou a natureza dos elementos constitutivos da obrigação tributária".

O texto deste dispositivo utiliza, basicamente, três elementos essenciais, que devem ser considerados, a saber: (a) *ato administrativo*; (b) *desconsiderar*; e (c) *atos ou negócios dissimulados*.

Antes de mais nada, registre-se que a eficácia desta norma está sujeita à edição de lei ordinária que estipule os procedimentos a serem observados para que esta competência administrativa possa vir a ser exercida.

A questão que se coloca, todavia, independe desta estipulação por lei ordinária, pois procedimento nenhum será capaz de alterar a natureza "administrativa" da competência outorgada, o que gera conseqüências importantes, como veremos a seu tempo.

Analisemos cada um dos elementos essenciais utilizados pela norma em questão.

a) Ato administrativo

Falar de ato administrativo pressupõe a compreensão da noção de função administrativa, que dele se serve.

No Brasil, norma capaz de obrigar, nos termos do artigo 5º, II da Constituição, é o preceito editado pelo legislador, contendo norma inaugural, suprema (abaixo da Constituição), genérica e abstrata, criando, modificando ou extinguindo direito. Só a lei inova o sistema normativo infraconstitucional. É isso que significa afirmar que a lei é fonte primária do direito.

A Constituição outorgou, com exclusividade, ao Legislativo, em toda e qualquer matéria, competência para criar, modificar e extinguir direitos. Conseqüentemente, nenhum outro órgão estatal pode fazê-lo. Se o ato inaugural não provém do Legislativo, não é lei e não obriga. Norma inaugural editada pelo Executivo, fora das exceções constitucionalmente previstas, é inválida.

A doutrina coloca com a necessária clareza o conteúdo da função administrativa, conforme veremos adiante.

b) Desconsiderar

No contexto do novel parágrafo único do artigo 116 do Código Tributário Nacional, o termo "desconsiderar" significa a possibilidade do ato administrativo determinar que os efeitos de um dado negócio jurídico não serão oponíveis ao Estado.

Quer isto dizer que, de acordo com esta norma, a autoridade administrativa teria a atribuição de produzir norma (por meio do ato jurídico administrativo) cujo conteúdo consistisse em tornar inexistentes, em relação ao próprio Estado, os efeitos de certo negócio jurídico, tornando-o imune a estes efeitos do negócio considerado.

Obviamente, este "tornar sem efeito" ou "anular os efeitos" de um dado negócio jurídico implica a criação – para o Estado – de direitos, e, reversamente, a extinção ou modificação de direitos – agora para o particular, partícipe do negócio cujos efeitos pretende-se, por conta de interesse fazendário, desconsiderar.

Estamos, portanto, diante de uma competência para modificar ou extinguir direitos do particular, por meio de ato administrativo.

c) Atos ou negócios dissimulados

A referida "finalidade de dissimular", embora não esteja revestida de linguagem técnico-jurídica, posto que inexistente na tipologia legal dos vícios dos negócios jurídicos, parece estar sendo interpretada como que se referindo à prática de negócio jurídico simulado – na esteira dos estudos doutrinários desenvolvidos acerca dos vícios dos atos jurídicos.

O vício da simulação – que compreende a dissimulação – é figura típica na disciplina dos negócios jurídicos, estando perfeitamente delimitado no ordenamento brasileiro. Sobre seu conteúdo não se disputa – ainda que o uso leigo da expressão pretenda emprestar-lhe alcance mais abrangente do que a tipificação legal que recebeu –, Caio Mário da Silva Pereira[1] diz que a simulação consiste em "celebrar-se um ato, que tem aparência normal, mas que, na verdade, não visa ao efeito que juridicamente deveria produzir". E, em seguida, define: "a simulação se diz relativa, também chamada dissimulação, quando o ato tem por objeto encobrir outro, de natureza diversa". J. M. Carvalho Santos[2] também define o negócio dissimulado como espécie de negócio simulado, nos seguintes termos: "... aquele que oculta o que na realidade se quis constituir, apresentando-se com um aspecto que não é real e verdadeiro".

A seu turno, Pontes de Miranda ensina,[3] "A simulação é absoluta quando não se quis outro ato jurídico nem aquele que se simula. Relativa, quando se simula ato jurídico para dissimular, ou simplesmente dissimulando-se outro ato jurídico". E esclarece:[4] "Se a simulação não é absoluta, há ato jurídico que se quis, surgido do suporte fáctico em que se inseriu a contravontade, ou se quis o ato jurídico e o suporte fáctico foi insuficiente ou deficiente. (...) o ato dissimulado talvez satisfaça os pressupostos de existência e de validade. De modo que a vinda à tona depende poder ser e valer o ato jurídico dissimulado: não basta que seja; é preciso que valha".

1. *Instituições de Direito Civil*, Forense, v. I, p. 454.
2. *Código Civil Brasileiro Interpretado*, v. II, p. 377.
3. Pontes de Miranda, *Tratado de Direito Privado*, v. IV, p. 377.
4. Idem, ibidem, p. 401.

Dada a compreensão do que venha a ser dissimulação, uma afirmação já é aqui possível, concluindo-se que o pressuposto de direito para a prática do ato administrativo de "desconsiderar o negócio jurídico" só teria lugar na hipótese de existência do vício da simulação, que não se confunde com outros possíveis vícios que podem vir a contaminar o negócio jurídico.[5]

Repita-se, portanto, que a simulação não se confunde com outros vícios, tais como os negócios indiretos, os oblíquos e os fiduciários, como já anunciava Pontes de Miranda, em 1954.[6]

Veremos adiante as conseqüências impostas pelo regime jurídico deste vício dos negócios jurídicos.

O dispositivo no contexto sistemático do ordenamento constitucional

Visto o teor literal do dispositivo, relembremos que norma nenhuma pode ser considerada fora do contexto sistemático em que se insere. Como elemento que é de um conjunto, toda norma deve ser considerada dentro, e a partir do, seu contexto sistemático.[7]

A partir desta premissa metodológica – tão óbvia quanto desprezada, no nosso pobre país – a análise deste preceito normativo passa a enfrentar problemas de inserção sistemática de difícil superação.

De acordo com a coerência interna de sentido do sistema constitucional brasileiro, a ação de tributar deve submeter-se a rígidos limites constitucionais, dentre os quais encontra-se o respeito às cláusulas fundamentais da legalidade e da tipicidade da tributação, assim como a que protege o ato jurídico perfeito. Como veremos adiante, estas diretrizes básicas impedem, peremptoriamente, a existência de norma geral antielisiva, bem como a prática de ato administrativo que comprometa a plena eficácia de ato jurídico perfeito.

A insatisfação com a existência destas exigências constitucionais coloca ao estudioso apenas uma alternativa, a saber: o desenvolvimento de trabalho político – que não tem nenhuma relação com trabalho científico – visando à alteração do direito positivo brasileiro.

Passemos à análise de aspectos substanciais de nosso direito positivo, tal como vigente hoje no Brasil.

Função Administrativa

É sempre útil relembrar as lições dos mestres mais abalizados em matéria de contextualização da função administrativa.

Francis-Paul Benoit[8] identifica na atuação do Estado, por um lado, missões insubordinadas e tendentes a incrementar a emissão de normas primárias (inaugurais), e, por outro lado, missões *subordinadas*, tendentes a incrementar a prestação de serviços, a política e a gestão. Nesta última categoria aloca a função administrativa, naquela, a legislativa.

Renato Alessi,[9] relembrando, sempre, que os chamados *poderes* do Estado devem

5. Marco Aurelio Greco (*O Planejamento Tributário e a Lei Complementar 104*, Dialética, p. 194) acha que o termo "dissimulação" não se limita a significar espécie do gênero simulação, englobando também o abuso de direito, a fraude à lei e o negócio indireto. Sustenta essa sua afirmação em dois fundamentos: (i) o de que o CTN refere a simulação em outros artigos, o que significaria que esta utilização de "dissimulação" deveria ter outra e diferente finalidade, e (ii) o de que o vernáculo, segundo o dicionário Aurélio, empresta ao termo significado mais amplo. Preferimos adotar o sentido técnico do regime jurídico dos vícios do negócio jurídico, relegando a finalidade do legislador ou o uso comum da linguagem para outras tarefas.

6. V. *Tratado de Direito Privado*, v. IV, p. 377; J. M. Carvalho Santos, *Código Civil Brasileiro Interpretado*, v. II, p. 385; Wilson S. C. Batalha, *Defeitos dos Negócios Jurídicos*, Forense, 1985, p. 165.

7. V., a respeito, nosso *Imposto sobre a Renda – Pressupostos Constitucionais*, Malheiros Editores, 1997, p. 40 e ss.

8. "La Fonction Administrative", in *Le Droit Administratif Français*, Dalloz, Paris, 1968, p. 27 e ss.

9. *Sistema Istituzionale di Diritto Amministrativo*.

.ser considerados *deveres* para o agente deles investido – e que só existem para viabilizar a realização dos interesses coletivos –, descreve a função administrativa como sendo aquela que tem por objeto os atos de produção jurídica complementares e auxiliares aos primários (atos de edição jurídica primária, fundamentados diretamente na soberania estatal – característicos da função legislativa). E arremata referindo à subordinação da função administrativa à função legislativa, em face do princípio (da legalidade) que submete a atividade administrativa à lei.

Otto Mayer[10] também enfatiza o caráter de submissão da função administrativa à ordem jurídica posta, servindo-se do critério de exclusão (atividade estatal não compreendida pelas atividades de legislar e julgar) para defini-la como a atividade estatal que visa à concreção dos interesses do povo que forma o Estado para a consecução dos seus fins. De suas lições depreende-se que a função – e respectiva atividade – : (i) legislativa dá-se *sobre* a ordem jurídica; (ii) judiciária, *para* a ordem jurídica; e (iii) administrativa, *debaixo* da ordem jurídica.

Agustín Gordillo[11] adjetiva: Legislativo é sinônimo de representatividade; Judiciário, de independência; e Executivo, enfática e peremptoriamente, é sinônimo de *subordinação*.

Celso Antônio Bandeira de Mello[12] ressalta o caráter indissociavelmente *subordinado* do próprio termo "função", o que ajuda a alocar, com adequação, a função administrativa no sistema constitucional brasileiro como sendo a atividade que só existe debaixo e depois da lei.

Lucia Valle Figueiredo[13] enfatiza que a função administrativa consiste no dever de o Estado dar cumprimento fiel, no caso concreto, aos comandos normativos de hierarquia legal, submetendo-se ao controle do Legislativo (com o auxílio dos Tribunais de Contas), e ao poder de revisão do Judiciário.

Discorrendo sobre atos do Poder Executivo, M. Seabra Fagundes[14] sustenta: "Se estes atos revestem os caracteres de *generalidade* e *coatividade*, falece-lhes, no entanto, o de *novidade*. Não acarretam, não podem acarretar qualquer modificação à ordem jurídica vigorante. Hão de restrin-

10. *Derecho Administrativo Alemán*.

11. *Tratado de Derecho Administrativo*, v. I, cap. VII.

12. *Curso de Direito Administrativo*, Malheiros Editores, 13ª ed., 2001, pp. 69-70. É a seguinte sua lição: "*Onde há função*, pelo contrário, *não há autonomia* da vontade, nem a liberdade em que se expressa, nem a autodeterminação da finalidade a ser buscada, nem a procura de interesses próprios, pessoais. Há adscrição a uma finalidade previamente estabelecida e, no caso de função pública, *há submissão da vontade ao escopo pré-traçado na Constituição ou na lei* e há o dever de bem curar um interesse alheio que, no caso, é o interesse público; vale dizer, da coletividade como um todo e não da entidade governamental em si mesma considerada. Aliás, exatamente porque são discerníveis o interesse público e o interesse meramente das pessoas estatais (ora coincidentes, ora antagônicos), os autores italianos fazem acepção entre interesse público propriamente dito, também denominado interesse primário, e interesse secundário" (grifo nosso). "Com efeito, por exercerem função, os sujeitos de Administração Pública têm que buscar o atendimento do interesse alheio, qual seja, o da coletividade, e não o interesse de seu próprio organismo, *qua tale* considerado e muito menos o dos agentes estatais. Visto que na idéia de função o dever é que é predominante; visto que o poder a ele ligado cumpre papel *instrumental, ancilar*, percebe-se também que os "poderes" administrativos, em cada caso, não têm por que comparecer além da medida necessária para o suprimento da finalidade que os justifica". (...) "Em suma: os "poderes" administrativos — na realidade deveres-poderes — só existirão e portanto só poderão ser validamente exercidos na extensão e intensidade *proporcionais* ao que seja irrecusavelmente requerido para o atendimento do escopo legal a que estão vinculados. Todo excesso, em qualquer sentido, é extravasamento de sua configuração jurídica. É, a final, extralimitação da competência (nome que se dá, na esfera pública, aos "poderes" de quem titulariza função). É abuso, ou seja, uso além do permitido, e como tal, comportamento inválido que o Judiciário deve fulminar a requerimento do interessado".

13. *Curso de Direito Administrativo*, 5ª ed., Malheiros Editores, 2001, p. 34.

14. *O Controle dos Atos Administrativos pelo Poder Judiciário*, Forense, Rio de Janeiro, 4ª ed., 1967.

gir-se a interpretá-la com finalidade executiva" (p. 32). (...) "Entre os italianos, Ranelleti, além de outros, entende que o caráter específico da lei, no sentido material, está na *novidade* ou *modificação* (*novità*), (...)" (p. 33). (...) "Sob a vigente EC n. 1., como sob as Constituições de 1891, 1934, 1946 e 1967, o regulamento não apresenta o feitio de lei no sentido material. Prende-se em essência ao texto legal" (p. 35). (...) "Não lhe cabe alterar situação jurídica anterior, mas, apenas, pormenorizar as condições de modificação originária doutro ato (lei). Se o fizer, exorbitará, significando uma invasão pelo Poder Executivo da competência legislativa do Congresso. É o que resulta do sistema de divisão dos poderes, traduzido genericamente no artigo 6º, que somente comporta as exceções constitucionalmente previstas, e, de modo específico, do artigo 81, II, onde se define o âmbito do poder regulamentar" (p. 35). (...) "Por outro lado, sendo a função administrativa, que constitui o objeto das atividades da Administração Pública, essencialmente realizadora do direito, não se pode compreender seja exercida, sem que haja texto legal autorizando-a ou além dos limites deste" (p. 101).

No mesmo sentido, veja-se Alberto Xavier:[15] "O princípio da reserva de lei, na acepção mais ampla que comporta, exprime – já o vimos – a necessidade de que toda a conduta da Administração tenha o seu fundamento positivo na lei, ou, por outras palavras, que a lei seja o pressuposto necessário e indispensável de toda a atividade administrativa" (p. 17). (...) "Todavia, em matéria de limitações à liberdade, a reserva de lei do Direito brasileiro é mais apertada do que a que vigora em muitos outros ordenamentos" (p. 30).

Importa, portanto, enfatizar claramente que não há estudo sério que não submeta rigidamente a função administrativa ao disposto *em lei*. A administração pública, nos termos da lei, cuida do que não é seu; não tem vontade própria, senão aquela contida em lei. A administração pública aplica a lei de ofício; não inova inauguralmente a ordem jurídica; implementa, dá praticidade, esclarece comando legal prévio. Está, enfim, para usar a figura de linguagem proposta por Otto Mayer, *debaixo da lei*. E não há matéria jurídica na qual esta singela premissa seja tão esquecida quanto na tributária.

Em matéria tributária, e no Brasil, os órgãos administrativos têm atribuições de fiscalizar e controlar o cumprimento das normas tributárias. Fiscalizar e controlar; só isso e nada além disso. Daí o despropósito de qualquer pretensão de inferir que "fiscalizar e controlar" implicam dar ao Executivo competência para legislar. O que o sistema normativo prescreve é, simplesmente, que *fiscalizar* e *controlar* sejam atividades de órgão do Poder Executivo.

Fiscalizar é típica atividade de averiguar se certas situações, fatos ou comportamentos estão conformes a um padrão. Controlar indica o confronto entre um rol e uma situação de fato, para averiguar da adequação desta ao critério normativo em que o rol se consubstancia. Controlar é, também, verificar a conformidade de uma situação com um critério normativo anterior. Mais uma vez, nada nestes termos pode, ainda que remotamente, denotar criação, extinção ou modificação de direitos.[16]

A legalidade, o princípio republicano e o consentimento ao tributo

No Brasil vigoram os princípios constitucionais da legalidade e da tipicidade da tributação. O artigo 5º da Constituição Federal, tratando dos direitos e garantias individuais, dispõe que: "Ninguém será obrigado a fazer ou deixar de fazer alguma coisa senão em virtude de lei".

15. *Os Princípios da Legalidade e da Tipicidade da Tributação*, Ed. RT, 1978.

16. Para maior detalhamento do conteúdo possível das atribuições de fiscalizar e controlar, veja-se nosso *Imposto sobre a Renda – Pressupostos Constitucionais*, Malheiros Editores, 1997, p. 63 e ss.

Atento à importância do princípio da legalidade o legislador constituinte ainda fez questão de enfatizá-lo no artigo 150, que dispõe: "Sem prejuízo de outras garantias asseguradas ao contribuinte, é vedado à União, aos Estados, ao Distrito Federal e aos Municípios: I.- Exigir ou aumentar tributo sem lei que o estabeleça". Explicitando a disposição constitucional, o Código Tributário Nacional, no artigo 97, esclarece que: "Somente a lei pode estabelecer: I – a instituição de tributos ou a sua extinção (...); III – a definição do fato gerador da obrigação principal ... e do seu sujeito passivo; IV – a fixação de alíquota do tributo e da sua base de cálculo (...)".

Vemos, pois, que a criação e, portanto, a cobrança de tributo deve *sempre* estar *calcada em lei*. Por outro lado, a lei em questão deve tipificar *taxativamente* o tributo criado, vale dizer, deve descrever a materialidade da sua hipótese de incidência, a definição do sujeito passivo, a fixação de sua alíquota e base de cálculo etc. Isso significa que, para que se possa falar em tributação no Brasil, é necessária a presença desses dois requisitos inafastáveis, quais sejam, a legalidade e a tipicidade tributária.

Daí porque, como veremos a seu tempo, a fiscalização só pode reclamar tributo criado por lei que contenha todos os seus elementos essenciais, devendo procurar nesta mesma lei a medida e o alcance de sua pretensão arrecadatória.

Adverte A. R. Sampaio Dória:[17] "O princípio da legalidade dos tributos, inscrito pela primeira vez na Magna Carta inglesa de 1215, é postulado cardeal dos sistemas fiscais modernos, e já hoje não se poderia negar o caráter jurídico da norma tributária, pela objetividade que ganhou com a supressão do arbítrio real, e sua substituição por um poder executivo balizado pela lei".

Oportuna, também, pela extraordinária autoridade, a citação de Renato Alessi:[18] "Le Costituzioni moderne contegono di solito la ennunciazione di principi fondamentali in materia de imposizione tributaria, diretti alla salvaguardia dei cittadini: non fossáltro che il fondamentale principio della riserva di legge formale in materia tributaria, conquista e reazione contro la possibilità di una inposizione libera al arbitrio dell'Esecutivo, caratteristica di pregresse forme di Governo".

Albert Hensel[19] ensinou: "In ogni collettività ordinata 'come Stato di diritto' esso viene integrato col 'seguente principio giuridico fondamentale: ogni prelevamento d'imposta può essere effecttuato soltanto in base ad una legge'. ... il legislatore deve giudicare quali fatti della vita siano passibile d'imposta e deve esprimere la sua voluntà d'imposizione attraverso la 'creazione di norme'. Un sistema tributario ordinato sul concetto dello stato di dirritto, dovrebbe realizzare in modo assoluto e da ogni punto di vista il principio: 'nessuna imposizione senza legge', ove si voglia seguire stretamente il concetto tradizionale dello stato di diritto".

Também nesse sentido, Alberto Xavier[20] ensina que no direito tributário: "O princípio da legalidade revestiu sempre um conteúdo bem mais restrito. Com vista a proteger a esfera de direitos subjetivos dos particulares do arbítrio e do subjetivismo do órgão de aplicação do direito – juiz ou administrador – e, portanto, a prevenir a aplicação de 'tributos arbitrários', optou-se neste ramo do Direito por uma formulação mais restrita do princípio da legalidade, convertendo-o numa reserva absoluta de lei, no sentido de que a lei, mesmo em sentido material, deve conter não só o fundamento da conduta da Administração, mas também o próprio critério da decisão no caso concreto. Se o princípio da reserva de lei formal contém em si a exigência da *lex scripta*, o princípio da reserva absoluta coloca-nos perante a necessidade de uma *lex stricta*: a lei deve conter em si mesma to-

17. *Princípios Constitucionais Tributários e a Cláusula "Due Process of Law"*, p. 12.

18. *Istituzioni di Diritto Tributario*, UTET, Torino, p. 10.

19. *Diritto Tributario*, Dott. A. Giuffrè Editore, Milano, 1956, p. 50.

20. *Os Princípios da Legalidade e da Tipicidade da Tributação*, Ed. RT, p. 37.

dos os elementos da decisão no caso concreto, de tal modo que não apenas o fim, mas também o conteúdo daquela decisão sejam por ela diretamente fornecidos".

Daí porque Roque Carrazza[21] censura "os que sustentam que o Chefe do Executivo, no que tange à tributação, pode terminar a obra do legislador, regulamentando tudo o que ele apenas descreveu com traços largos. Na verdade, a faculdade regulamentar serve *para ressaltar alguns conceitos menos claros contidos na lei*, mas não para agregar-lhes novos componentes ou o que é pior, para defini-los do nada".

Essas exigências e restrições, decorrentes da adoção, pelo constituinte de 1988, dos princípios da legalidade e tipicidade, encontram como pano de fundo o chamado princípio do consentimento.[22]

Esse princípio – do consentimento – é aquele que exige que o particular *consinta* (i) em concorrer para os gastos públicos, e (ii) em que medida o fará.[23] E esse consentimento é expressado por intermédio dos representantes do povo no Legislativo. Ao aprovar a lei que institui ou majora tributo, o parlamentar está expressando o consentimento do eleitor em contribuir, nos termos da lei aprovada, para o custeio dos gastos públicos.[24]

Sobre o necessário consentimento, Giuliani Fonrouge[25] assim se manifesta: "Ar-

21. *Curso de Direito Tributário*, 16ª ed., Malheiros Editores, 2001, p. 219.

22. Cuidadoso relato histórico sobre as origens do princípio do consentimento, desde a Carta Magna de 1215, foi feito por José Osvaldo Casás sob o título "Estudio Preliminar sobre los Aspectos Introductorios al Principio de Reserva de Ley en Materia Tributária", *in Estudios de Derecho Constitucional Tributário en homenaje al Prof. Dr. Juan Carlos Luqui*, Depalma, Buenos Aires, 1994, p. 111 e ss.

23. "(...) el Estado no puede penetrar a su arbitrio en los patrimonios particulares para sacar de ellos una tajada a su placer" diz Dino Jarach, *Corso Superior de Derecho Tributario*, t. I, p. 94.

24. Ferreiro Lapatza escreveu ("El Principio de Legalidad y La Reserva de Ley", in *RDT*. 50): "El rango de la Ley, la fuerza de la Ley, en nuestro ordenamiento, como en todos aquellos que tratan de organizar una democracia pluralista de acuerdo con el principio de la división de poderes, deriva, insistimos, de que ella es la expresión más genuina y representativa de la voluntad popular. La Ley representa la voluntad de autonormación de una colectividad que no reconoce otros poderes que los que emanan del conjunto de los ciudadanos que forma parte de ella. Refleja las normas que la comunidad se da a si misma a través de sus representantes y debe contener, por tanto, el entramado básico del sistema jurídico, aquel en que se basa y encuentra apoyo el resto de la normativa que configura el ordenamiento. Pues sólo reservando a la ley tal entramado básico el sistema garantiza la primacía de la voluntad popular. El principio de legalidad, según el cual la Ley y sólo la Ley ha de regular ciertas materias, precisamente aquellas que garantizan una organización social basada en la libertad individual, incorpora, esencialmente, la idea de que en una sociedad libre sólo la comunidad puede darse a sí misma, a través de sus representantes, normas sobre tales materias. La idea de autonormación se incorpora así a la Ley y le atribuye una de sus características esenciales, nucleares, sustantivas: la que mejor permite diferenciarla del resto de las fuentes del Derecho. Pues si la Ley sirve también a otros valores (igualdad, unidad del ordenamiento, seguridad jurídica, etc.) tal función puede ser desempeñada también por otras normas (por ejemplo, reglamentarias) que no son la expresión directa de la voluntad del pueblo manifestada a través de sus representantes. Por ello el principio de legalidad surge en la historia ligado, básicamente, a dos materias en las que se revela, mejor que en cualquier otra, la condición de súbditos e ciudadanos libres de los miembros de una comunidad: la definición de delitos y penas (principio de legalidad penal) y el establecimiento de tributos (principio de legalidad tributaria). En una sociedad libre sólo la comunidad puede imponerse a sí misma las normas que definen delitos y penas y *sólo la comunidad puede imponerse a sí misma las normas que determinan los tributos*, es decir, *la cantidad con que cada uno de sus miembros ha de sostener los gastos de la colectividad*. Este es, a nuestro juicio, el significado último, sustantivo y esencial del principio de legalidad. Principio que si bien en ciertas épocas apareció exageradamente ligado a la defensa de la propiedad privada, como garantía de que ésta no se limitaría en forma alguna (por ejemplo, por medio del tributo) sino a través de la Ley, debe ser entendido hoy como garantia esencial de la libertad en todos sus aspectos, también en su aspecto de libertad de creación y disposición de un patrimonio propio" (grifo nosso) (pp. 1 e 2). (...) "El principio de legalidad, ya lo hemos dicho, trata de garantizar esencialmente la exigencia de autonormación. En el campo tributario trata de garantizar esencialmente la exigencia de autoimposición, es decir, el que sean los propios ciudadanos a través de sus representantes quienes determinen el reparto de la carga tributaria y, en consecuencia, los tributos que a cada uno de ellos se le pueden exigir" (p. 10).

25. *Derecho Financiero*, 2ª ed., v. I, pp. 312 e 313.

ranca desde épocas lejanas por la exigencia de que las contribuciones sean consentidas por los representantes del pueblo (...)". "(...) pues en la organización democrática refirma el concepto de que sólo el parlamento, como representante del pueblo, pueda crear contribuciones".

Recorra-se, também, à autoridade de Baleeiro[26]: "Depois que os Estados passaram a adotar Constituições escritas, algumas regras de tributação figuram nos próprios textos da lei suprema. A legalidade dos impostos é uma delas, porque assegura *princípio político fundamental nos países de organização democrática* – a votação de impostos pelos representantes dos contribuintes" (grifo nosso).

O necessário consentimento, em face do regime republicano, é tão óbvia e inafastavelmente posto pela sistemática constitucional (republicana), que Antonio Berliri,[27] com ironia, sugere que se vá logo à questão de saber qual é o órgão mais qualificado para implementar o consentimento popular; diz ele: "In regime republicano *l'unico problema che può sussistere* è quello di sapere quale sia l'organo meglio qualificato affinchè il popolo possa consentire l'istituzione e la riscossione delle imposte (...)" (grifo nosso, p. 149). E, obviamente, no Brasil, quem tem mandato para tanto é o Legislativo. O mandato que é outorgado ao Executivo, pelo povo, no Brasil, limita-se ao quanto a respeito dispõe a Constituição brasileira, ou seja, prover a fiel execução da lei.

Daí porque não se pode admitir o descumprimento dos princípios da legalidade e da tipicidade. A omissão do legislador e a indevida ação do Executivo podem comprometer este tão básico postulado.[28] É que à margem do Legislativo – foro próprio da representação popular – não há como satisfazer as exigências do princípio do necessário consentimento, assegurado que é pelos princípios da legalidade e tipicidade taxativa. A república é a coisa do povo. O gasto público tem que ser (i) feito para atender o interesse do povo, conforme esse venha a indicar, e (ii) custeado pelo povo, quando, e na medida em que, este consentir.

Admitir a intromissão do ato administrativo no desenho de um dos âmbitos de validade do antecedente ou do conseqüente da norma de tributação compromete visceralmente os princípios do consentimento ao tributo e da legalidade, exigências estas que impõem, no nosso ordenamento, o princípio da tipicidade.[29]

A tipicidade exclui a manifestação de vontade do agente administrativo

Aqui, uma advertência é desde logo necessária. O só fato de a Lei Complementar 104 existir não supre o requisito da legalidade para a prática de ato administrativo, não servindo de fundamento de validade para a sua prática, pois o comando contido nesta lei é, na verdade, uma competência em branco. Assim, não será possível argumentar que o ato administrativo estará calcado na lei, implementando-lhe fielmente a execução. É que não há no novo parágrafo único do artigo 116 nada a ser implementado pelo ato administrativo.

26. *Uma Introdução à Ciência das Finanças*, 12ª ed., p. 199.

27. "Appunti sul Fondamento e il Contenuto dell'art. 23 della Costituzione", in *Studi in Onore di Achille Donato Giannini*, Dott. A. Giuffrè Editore, Milano, 1961.

28. Para exemplos diversos de desvios veja-se: Geraldo Ataliba e J. A. Lima Gonçalves, "Carga Tributária e Prazo de Recolhimento de Tributos", in *RDT* 45/24; Roque Carrazza, *Curso de Direito Constitucional Tributário*, 16ª ed., 2001, p. 193 e ss..

29. Discordamos, portanto, de Alberto Xavier (*Tipicidade da Tributação, Simulação e Norma Antielisiva*, Dialética, 2001, p. 23), que, a pretexto de responder aos que não conseguem enxergar a necessidade de tipicidade da norma tributária no direito brasileiro, lança mão do artigo 146, III da Constituição para tentar convencê-los (como se as exigências sistemáticas da Constituição dependessem de articulação lingüística expressa em seu texto), opção esta que o obrigará a enfrentar os terríveis problemas e dificuldades sistemáticas – a nosso ver insolúveis – da adoção de concepção ampla para o papel da lei complementar no nosso sistema constitucional tributário.

E, por esta mesma razão, não se poderá sustentar que a Administração não pode deixar de cumprir comando legal. Neste caso, não há comando a ser cumprido; não há opção legislativa inaugural que deva ser implementada pelo ato administrativo. Estamos, na verdade, diante de uma competência em branco, para que a Administração interfira inauguralmente na ordem jurídica.

Destarte, como este novo parágrafo único não contém comando legal inaugural (proibido, permitido, obrigado), nada há para ser implementado ou observado por ato administrativo. O que existe é uma outorga de competência (permite obrigar) para que o próprio ato administrativo inaugure a ordem jurídica, o que não é possível sob a Constituição brasileira.

Como vimos, a função administrativa só tem lugar debaixo da lei; e, em matéria tributária, debaixo de lei que tenha exaurido os processos decisórios inerentes à definição de toda a compostura da norma de tributação. Em face de uma tal norma, poderá a Administração atuar. Se, todavia, não houver definição legal prévia qualificando o comportamento do particular, não será possível à Administração atuar, por falta de requisito mínimo para tanto, que é exatamente a circunstância de que a Administração só funciona debaixo da norma legal.

O conteúdo deste novo parágrafo único do artigo 116 equipara-se à inexistência de comando normativo legal suficiente para a atuação da Administração pública em matéria tributária, na medida em que simplesmente não contém nenhum comando que tenha que ser implementado por meio de ato administrativo, limitando-se a atribuir competência para que a administração inove a ordem jurídica.

Daí não servir, esta norma do parágrafo único do artigo 116, de fundamento de validade para a prática de ato administrativo, que, a pretexto de estar cumprindo norma legal, na verdade estaria inaugurando a ordem jurídica, interferindo no fenômeno de incidência da norma tributária (matéria esta que está submetida inauguralmente à legalidade e à tipicidade tributárias).

Assim, nem sequer seria necessário desenvolver argumentação relacionada ao fato de poder, ou não, a administração deixar de cumprir preceito legal. A questão aqui não se coloca. O que está em jogo é, isto sim, perceber que a norma legal analisada não possui comando (mas sim delegação aberta de competência) a ser perseguido e fielmente implementado por eventual ato administrativo.

Voltemos, então, às peculiaridades que revestem a função administrativa, que é regida pela total submissão à lei. Daí dizer-se que administrar é aplicar a lei de ofício. A autoridade administrativa não detém nenhuma parcela de competência que não encontre fundamento de validade na lei, sendo certo que deve exercê-la nos limites definidos pela lei. Ela – autoridade administrativa – não tem competência para a prática de nenhum ato que extrapole ou modifique a prescrição contida em lei, devendo – pela própria natureza de sua atividade – submeter-se rigorosamente aos preceitos legais que lhe compete aplicar. E não se cogite da hipótese de delegação. É que, da análise científica da sistemática do texto constitucional brasileiro, não se pode deixar de concluir pela absoluta impossibilidade de ocorrer delegação ou usurpação de competência entre os chamados Poderes da República – ao menos em matéria tributária. Não há, pois, a menor possibilidade de sustentar a constitucionalidade de nenhuma delegação de competência impositiva – função legislativa – ao menos, repita-se, a partir da análise de nosso texto constitucional e no que se refere a matéria tributária.

Em face da independência e harmonia das funções dos chamados três poderes, tal como delineadas pela Constituição Federal, não se pode admitir a existência de norma tributária aberta, de norma tributária em branco, pois a função consistente em descrever legislativamente a regra matriz de incidência tributária coube, por expressa opção constitucional, única e tão-somente ao Legislativo, não podendo o Executivo alterar o produto de sua tarefa ou suprir-lhe as eventuais faltas e omissões.

Temos, destarte, que o administrador recebe a regra matriz de incidência tributária elaborada pelo Legislativo e deve aplicá-la, consistindo nisto a sua atividade. Se, por hipótese, a norma assim recebida, do legislador pelo Executivo, não está apta a produzir efeitos jurídicos, compete a este deixar de aplicá-la. Jamais procurar integrá-la visando a suprir sua eventual deficiência estrutural, para posterior aplicação. A integração da norma tributária pelo aplicador implicaria interferência de sua vontade na dinâmica do processo de criação de norma jurídica inaugural, e isso é defeso no nosso ordenamento jurídico.

O poder constituinte originário exercitou sua vontade ao definir soberanamente que deveria vigorar a repartição das funções entre os chamados Poderes da República. A partir do instante em que a Constituição está posta, o que era vontade, o que era opção valorativa, passa a ser norma jurídica, configuradora, no caso, de princípio constitucional geral e vetor de todo o sistema.

O legislador ordinário, por sua vez, exerce sua atividade e seleciona certa atividade ou estado para convertê-lo em critério material de regra matriz de incidência tributária, definindo, também, todos os demais critérios da norma de tributação. Deste momento em diante não há, no Direito Tributário brasileiro, oportunidade para qualquer outra manifestação de vontade. Não pode o Executivo, portanto, "completar" regra matriz de incidência tributária, nem tampouco presumir a prática de certos atos, e muito menos recorrer à analogia para reputar ocorrido fato imponível e nascida a obrigação tributária correspondente.

E, pelas mesmas razões, não será válida norma tributária geral, que deixe à vontade do aplicador a delimitação do antecedente ou do conseqüente da norma de tributação, pois isso compromete o consentimento ao tributo e a legalidade que o garante e viabiliza.

A valoração definitiva em matéria tributária, sempre assegurando o consentimento ao tributo, é feita por meio do Legislativo, que possui o mandato do cidadão para fazê-lo. Por meio de lei define-se (i) o que é o interesse público e (ii) a parcela do patrimônio particular que se sujeitará à percussão da norma tributária, para viabilizar a satisfação do interesse público. A partir daí, a administração somente vai cumprir norma legal já estabelecida, pois no Brasil a administração não titulariza definição de interesse público, nem competência para instituição de tributo.[30]

Tipicidade e capacidade contributiva constitucionalmente considerada

Muito se fala sobre capacidade contributiva *in abstrato*. Pouco se conclui acerca da sua consideração pela Constituição brasileira, em face da sua extraordinária e internacionalmente peculiar exaustividade.

Quando a Constituição Federal põe a capacidade contributiva como algo necessário para que validamente se adote a materialidade da regra matriz de incidência dos impostos, exigindo que essa indicação – da materialidade – seja feita por lei, exige-se, a um só tempo, que, no conseqüente da norma tributária, o critério pessoal descreva um determinado destinatário constitucional do tributo – aquele que titula a capaci-

30. Relembra Celso Antônio Bandeira de Mello "(...) que a Administração não titulariza interesses públicos. O titular deles é o Estado, que, em certa esfera, os protege e exercita através da função administrativa, mediante o conjunto de órgãos (...) veículos da vontade estatal consagrada em lei" (*Curso de Direito Administrativo*, 13ª ed., Malheiros Editores, 2001, p. 34). E arremata M. Seabra Fagundes (in *Controle dos Atos Administrativos pelo Poder Judiciário*, p. 207): "No Estado, tudo se vincula à ordem jurídica. Nenhuma atividade que a exceda ou contrarie é lícita". Por isto tudo é que Tércio Sampaio Ferraz Jr. definiu: "A permissão jurídica da ação do Estado é, via de regra, vinculada a fatos-tipos já definidos na sua generalidade" (in "Relação meio-fim na Teoria Geral do Direito Administrativo", *RDP* 61/29).

dade contributiva – e, simultaneamente, exige que a descrição (i) do antecedente, não deixe espaço para atuação da vontade do aplicador no ato de verificar a eventual subsunção do fato tributário à hipótese, e (ii) do conseqüente, não deixe espaço para atuação da vontade do aplicador no ato de quantificar o objeto da relação jurídico-tributária nascida da "ocorrência" do fato.[31]

Quem assegura, portanto, que o titular da capacidade contributiva seja o cidadão cujo patrimônio será alcançado pela incidência da norma tributária é a própria lei. Jamais o ato administrativo de aplicação. Sustentar o contrário implica deslocar a definição do patrimônio a ser atingido (i) da vontade legal, (ii) para a vontade do aplicador. E não é muito difícil de compreender que, por meio deste tipo de expediente, uma vez mais, estar-se-iam comprometendo os princípios da legalidade e do consentimento ao tributo.[32]

Veja-se Alberto Xavier:[33] "(...) não é, ao contrário do que já uns sustentaram, um princípio autônomo do da legalidade: antes 'é a expressão mesma deste princípio quando se manifesta na forma de uma reserva absoluta de lei', ou seja, sempre que se encontra construído por estritas considerações de segurança jurídica". (...) "O órgão de aplicação do direito encontra-se, deste modo, submetido, quer aos tipos legais de fatos tributários, quer aos tipos de efeitos jurídicos decorrentes da verificação dos fatos, abrangendo a medida do tributo. No Direito Tributário a técnica da tipicidade atua, não só sobre a hipótese de norma tributária material, como também sobre o seu mandamento. Objeto da tipificação são, portanto, os fatos e os efeitos, as situações jurídicas iniciais e as situações jurídicas finais."

A lei, portanto, faz a *seleção* de fato manifestador de capacidade contributiva e, a partir daí, sua tipificação. Sem a tipificação específica – singularizadora de um dado fato – não é feita a seleção e cria-se uma cláusula geral – o que deixaria ao aplicador o exercício da vontade para: (i) identificação do "fato imponível" (sem hipótese à qual pudesse submeter-se), e (ii) definição do objeto da relação jurídico-tributária.

Esta é a demonstração cabal da inviabilidade dos que sustentam a possibilidade de norma ou cláusula geral de tributo. Para assegurar-se o consentimento e a legalidade, é necessária a tipicidade, de modo tal que a valoração esgote-se no plano da produção normativa – de hierarquia legal – do tipo tributário; garantindo-se a irrelevância da vontade do aplicador da norma tributária. E tudo sob pena de entregar ao aplicador da lei – repita-se, uma vez mais, comprometendo-se o consentimento e a legalidade – a definição de (a) quem será tributado, e (b) em que medida ocorrerá a tributação.

Por isso mesmo, Alberto Xavier[34] já sustentava, há muitos anos, que "(...) cada tipo tributário contém uma 'valoração definitiva' das situações jurídicas que são sem objeto (...)". E, coerentemente, agora, conclui:[35] "Bem vistas as coisas, a doutrina da interpretação econômica não passa de um artifício para, de modo oblíquo, trazer o raciocínio analógico para dentro das fronteiras do tipo legal tributário e, assim, para o domínio da interpretação. ... A questão referente às chamadas cláusulas gerais antielisivas respeita precisamente à tentativa de tributação analógica de fatos extratípi-

31. Para não confundir os planos, o que "ocorre" é o evento e não o fato jurídico-tributário; este é produzido, normativamente, pela tradução lingüística do evento em norma, postulado de significação ou fragmento normativo.

32. O pano de fundo desta discussão é o papel da "vontade" no ato de aplicação da norma jurídica tributária. E todo o sistema de direito positivo brasileiro foi concebido para viabilizar a delimitação e a contenção do elemento "volitivo" na atividade do aplicador da lei: aquele que exerce função administrativa e aqueloutro que exerce função jurisdicional.

33. *Princípios da Legalidade e da Tipicidade da Tributação*, p. 90 e 73.

34. Ob. cit., p. 89.

35. *Tipicidade da Tributação. Simulação e Norma Antielesiva*, Dialética, 2001, p. 43.

cos". E arremata sua indignação em face da tentativa de fazer valer cláusula geral de tributo:[36] "Não se trata, como é evidente (como não poderia tratar-se, dada a sua inconstitucionalidade, como adiante se demonstrará) de uma 'cláusula geral antielisiva', pois esta atua, não no domínio dos atos simulados ou dissimulados (*sham transactions, scheingeschaft*), mas no dos atos verdadeiros não previstos na norma tributária, mas produtores de efeitos econômicos equivalentes (*avoidance transactions*), preconizando a tributação de tais atos verdadeiros por analogia".

Vejamos mais detidamente esta questão da cláusula geral de tributo.

Norma geral antielisiva

É oportuna a referência à veemente opinião de Alberto Xavier, sustentando a impossibilidade de existência de cláusula antielisiva no Brasil:[37]

"Terminando este estudo das chamadas normas antielisivas no plano estritamente jurídico-dogmático é chegado o momento de proceder, à guisa de conclusão, a algumas reflexões sobre a verdadeira essência desta figura e sobre as razões extra-jurídicas que militam em favor da sua defesa ou da sua rejeição.

"Se olharmos de frente e às claras, sem preconceitos e com o realismo da criança que, na fábula, constata que o rei está nu, constatamos que, na sua essência mais funda, a norma antielisiva preconiza a tributação pelo Poder Executivo de um fato hipotético com base na vontade conjetural do cidadão.

"Pretende tributar-se não um fato efetivamente ocorrido, não um ato, negócio ou contrato efetivamente celebrado, mas um fato hipotético, um fato por ficção legal, um fato não ocorrido, um negócio que não se celebrou nem nunca se quis celebrar, mas que poderia ter ocorrido ou sido celebrado caso o particular tivesse optado pelo caminho fiscalmente mais oneroso que o Direito Privado lhe faculta.

"Tributa-se com base na vontade conjetural do cidadão, pois a norma antielisiva só se aplica, de acordo com as doutrinas que a defendem, se a vontade conjetural do cidadão foi animada por motivos ou fins exclusivos ou preponderantemente fiscais, consistentes na escolha do caminho menos oneroso que alei privada aparentava facultar-lhe.

"Quem tributa, ao abrigo das normas antielisivas, não é a lei, Poder Legislativo, mas um funcionário do Poder Executivo ou um juiz, com base na convicção de que o caso concreto apresenta analogia com uma situação tributável, pela qual o particular, em seu entender, deveria ter optado.

"A doutrina da norma antielisiva significa, por outro lado, a introdução insidiosa de uma cláusula geral ordenatória da tributação de todos os atos, típicos ou extratípicos reveladores de igual manifestação de capacidade contributiva, inserindo no Direito Tributário uma 'norma geral inclusiva' favorável à aplicação analógica da lei fiscal." ...

"A tributação pelo Poder Executivo daquilo que 'não se fez', com fundamento no motivo 'por que não se fez', é um fenômeno aberrante e malsão, incompatível na sua substância com a própria idéia de Estado de Direito.

"É incompatível com o Estado de Direito a tributação pelo Poder Executivo fundada em analogia; é incompatível com o Estado de Direito a tributação de fatos inexistentes arvorando um fantasma, um espectro, uma sombra (o ato fictício que não se realizou) à dignidade do fato gerador; é incompatível com o Estado de Direito a restrição à propriedade privada com fundamento no estado de espírito dos cidadãos.

"Bem vistas as coisas, a tributação com base em cláusula antielisiva é, em suma, uma 'tributação psicanalítica' pela frustração de um desejo – o desejo do Fisco de

36. *Tipicidade* ..., cit., p. 52.
37. *Tipicidade* ..., p. 151.

que tivesse sido escolhido o caminho alternativo mais oneroso, mas que o particular não escolheu, por na sua autonomia da vontade ter preferido um caminho menos oneroso.

"As cláusulas antielisão, por serem incompatíveis com o Estado de Direito são, elas sim, cláusulas em fraude à Constituição, com cláusulas legitimadoras de abuso do poder de tributar."

Neste sentido, entendemos que seria mais útil à discussão deste tipo de assunto se as pessoas que se dispõem a dialogar aceitassem como premissa básica a necessidade de lidar com o direito positivo brasileiro, tal como vigente hoje no Brasil. De nada vale os analistas desenvolverem proposições baseadas naquilo que "gostariam que o direito positivo brasileiro fosse"; pensamos que o adequado – para formulação de proposições descritivas, próprias da atividade científica – seja a formulação de descrição do direito posto no Brasil, hoje em vigor.

Respeitando esta premissa – de tratar a questão jurídica a partir do direito posto hoje, no país, e não em um ordenamento que talvez pudesse ser, por alguns, "desejável" –, mesmo que se pretendesse interpretar este parágrafo único do artigo 116 do Código Tributário Nacional como norma geral antielisiva, tal não seria possível em face das exigências impostas pela coerência interna de sentido do sistema constitucional tributário brasileiro.

Deveras, uma norma geral antielisiva não atende, por suas próprias e peculiares características, o princípio da tipicidade, que, como visto, exige a predefinição, já no plano da norma legal, de todos os aspectos do antecedente e do conseqüente da norma de tributação.[38]

E reiteramos, hoje, nossa convicção de que não é possível a validade de norma geral antielisiva sob a Constituição brasileira.

Universalidade da jurisdição e função administrativa

Vejamos, agora, a questão de ser ou não possível a desconsideração do negócio ou de seus efeitos, por meio de ato administrativo.

Presente o vício da simulação (que, como vimos, é gênero que compreende a espécie chamada dissimulação), o ato é legalmente qualificado como "anulável", categoria esta que também não é objeto de acerbas disputas doutrinárias. A anulabilidade do ato consiste, nos termos da lei, em vício que pode, mediante provocação do interessado, sujeitá-lo ao procedimento judicial próprio para obtenção de decisão constitutiva negativa do ato. Se negócio não houvesse, a decisão judicial deveria ser declarativa negativa; o que não ocorre.[39]

Deveras, a respeito da disciplina dos vícios do negócio jurídico Pontes de Miranda[40] ensina: "As regras jurídicas a este respeito são de interpretação estrita. No direito brasileiro, só a incapacidade absoluta pode fazer nulo o ato jurídico, no que concerne à vontade (...). Todas as outras espécies são de anulabilidade, inclusive a incapacidade relativa".

É que, quando se cogita de anulabilidade, trata-se de fulminar ato que já existe (*plano da existência*), que está no mundo jurídico, apesar de viciado (*plano da validade*). E este "fulminar" o ato adminis-

38. Quanto à impossibilidade de utilização, sob o ordenamento constitucional brasileiro, de norma geral antielisiva, já manifestamos nossa opinião há mais de 15 (quinze) anos – ressaltando-se que nada mudou na estrutura de nosso sistema constitucional desde então (confira-se "O artigo 51 da Lei Federal 7.450/85 e o Sistema Constitucional Tributário Brasileiro", in *RDT* 35/245), nos seguintes termos: "Somos, pois, pela evidente e cristalina inaplicabilidade do artigo 51 da Lei Federal 7.450/85, por vício de inconstitucionalidade consistente na descrição incompleta da regra matriz de incidência tributária que pretendeu veicular". No mesmo sentido, veja-se J. E. Soares de Mello, in *Cadernos de Pesquisa Tributária* 13/522.

39. V. Pontes de Miranda, *Tratado de Direito Privado*, v. IV, p. 374.

40. *Tratado de Direito Privado*, v. IV, p. 216.

trativo não pode fazer. Prosseguе o insuperável Mestre: "Nulos e anuláveis são os ato jurídicos, em cujo suporte fáctico estão estas manifestações de vontade, de conhecimento ou de sentimento, deficientes ou viciadas. (...) "A anulação lança no não-ser o ato jurídico, que era, embora anulável. Tal o *efeito constitutivo negativo da sentença; e somente, no direito brasileiro, da sentença*"[41] (grifo nosso).

E o que se depreende da leitura textual do parágrafo único do artigo 116 do Código Tributário Nacional é que estar-se-ia atribuindo ao agente administrativo a competência para "desconsiderar" os efeitos do negócio jurídico que ela própria, autoridade administrativa, julgasse ser portador do vício da simulação.

E a indagação volta: *é possível lei prever a edição de ato administrativo que "desconsidere" negócio jurídico sob o argumento da existência – detectada pela própria administração – de vício de simulação*?

"A raiz de toda esta confusão está – como insistentemente temos denunciado – na colonial admiração pela cultura européia e na compreensão simplista e acrítica de doutrina jurídica, importada às toneladas e mal digerida. Esta imposição leiga – para não dizer ingênua – das questões capitulares do nosso direito público não poderia tardar em vir à tona e mostrar suas conseqüências."

"Bastou a emergência de um regime discricionário – próprio à imposição da vontade de restrito número de olímpicos tecnocratas e donos da verdade – para que se criasse o ambiente propício a estas e outras impropriedades. Aquela consciência ponderada – formada ao longo de árduas e terríveis lutas da humanidade, desde a superação das concepções autoritárias medievais – segundo a qual o laboratório das ciências sociais está na história (filosofia profundamente informada de respeito verdadeiramente cristão pela natureza e liberdade humana), vão o fascismo, o nazismo, o comunismo ateu e outras formais mais ou menos dissimuladas de discricionarismo substituindo uma visão contabilística, simetrista, fria, desumana e primitiva, de fazer, de tentar e experimentar (...) para ver o que acontece."

Como se pode ver, é sempre bem atual e adequada a lição de Geraldo Ataliba, contida nos dois parágrafos transcritos acima. Parece até que a lição do Mestre foi proferida, em 2001, a pretexto de se analisar este novo parágrafo agregado ao artigo 116 do Código Tributário Nacional. No entanto, esta lição já data de mais de 30 anos atrás.[42] Mas continua a refletir adequadamente a balbúrdia institucional que estamos vivendo.

Alguns estudiosos procuraram acolher a validade desta iniciativa legal, a exemplo da opinião de Alberto Xavier,[43] sustentando que o ato administrativo, muito embora não pudesse desconstituir o negócio jurídico praticado, aos olhos da administração, com a intenção de "dissimular a ocorrência do fato gerador do tributo ou a natureza dos elementos constitutivos da obrigação tributária", poderia tornar inoponíveis ao Estado os efeitos deste negócio que pretende desconsiderar.

A possibilidade do ato administrativo desconsiderar os efeitos de negócio jurídico, ao mesmo tempo em que não o desconstitui, é sustentada por Xavier a partir de uma proposta segundo a qual haveria diferença entre (i) dizer a primeira palavra e (ii) dizer a última palavra, em relação à validade de um dado negócio jurídico. De acordo com esta proposta, a última palavra acerca da validade do negócio jurídico seria exclusiva do Judiciário. Já uma primeira palavra, capaz de afetar a produção de efeitos do negócio jurídico, poderia ser efetuada pela própria administração, na medida

41. Idem, ibidem, p. 222.

42. Geraldo Ataliba, *Sistema Constitucional Tributário Brasileiro*, Ed. RT, 1968, p. XIV.

43. *Tipicidade da Tributação. Simulação e Norma Antielesiva*, Dialética, 2001.

em que não se estaria cogitando de declaração de invalidade do negócio, mas "somente" da inoponibilidade dos seus efeitos – dele, negócio jurídico – ao Estado.

Impedir a produção de efeitos jurídicos – oponíveis ao Estado – corresponde a "fazer de conta" que o ato jurídico perfeito não existe (matéria que se situa no plano da existência). E pensamos que não é possível considerar sem efeito negócio jurídico que existe, e cuja validade ainda não foi objeto de manifestação jurisdicional. Caso contrário, não haveria proteção a ato jurídico perfeito; cujos efeitos passariam a estar à disposição da Administração, o que parece não estar conforme com o que determina a Constituição.

Se o negócio está viciado (plano da validade), a sua anulabilidade pode ser judicialmente decretada, resultando na expulsão do negócio do ordenamento jurídico (plano da existência) e, subseqüentemente, impedindo que produza seus efeitos próprios. Antes de tal decretação, todavia, o negócio está (plano da existência) no ordenamento jurídico, e produz seus efeitos próprios. Admitir a anulação de seus efeitos – por ato administrativo – implica equiparar a função administrativa à função jurisdicional, na medida em que os efeitos jurídicos decorrentes da "desconsideração" do negócio jurídico pelo ato administrativo já seriam, desde logo, equivalentes (no plano da validade/produção de efeitos) à eventual decretação judicial de nulidade do negócio jurídico (plano da existência).

Entendemos, assim, que não é possível, por força do princípio da reserva jurisdicional para a expulsão de elemento jurídico do ordenamento, a tentativa de sustentar a possibilidade do ato administrativo tornar sem efeito negócio jurídico, sem manifestação prévia do Judiciário. No plano eficacial, o pretendido "tornar sem efeito" está se equiparando a tornar inexistente, o que no Brasil, sem manifestação prévia do judiciário, não é juridicamente possível. Sacha Calmon Coelho sustenta que, em face de ato considerado dissimulado, a Administração só pode tomar dois caminhos: (i) aplicar norma legal válida que já trate de desqualificar os efeitos do ato, ou, na sua inexistência, (ii) pleitear ao judiciário a sua nulidade. E afirma: "Lei que lhe permita 'juízo administrativo', sem o concurso do poder judiciário, desqualificar os atos ou negócios celebrados pelos particulares, independentemente de haver objetivamente 'dissimulação' (...) caracteriza tirania fiscal, incerteza e insegurança jurídicas, incompatíveis com o Estado Democrático de Direito, como é o caso do Brasil, às luzes da Constituição".[44]

Deveras, na presença de simulação, o direito determina que existe uma anulabilidade. Pois bem: o que isto significa? Ainda nos termos do que prescreve o direito positivo brasileiro, um tal defeito – de anulabilidade – enseja a sua decretação, só que por meio de ato judicial. Trata-se da proteção ao ato jurídico perfeito, que nem mesmo a lei nova pode alcançar.

Sobre a questão, ensina Clóvis Bevilaqua:[45] "O direito quer que o ato jurídico perfeito seja respeitado pelo legislador e pelo intérprete na aplicação da lei, precisamente porque o ato jurídico perfeito é gerador, modificador ou extintivo de direitos".

Parece que estamos, portanto, diante de iniciativa legislativa que não suporta o exame de validade sob a Constituição brasileira. Cremos que a boa-fé dos que sustentam o contrário está provocando confusão entre o que a Administração *quer* fazer e aquilo que a Administração, sob a Constituição vigente, *pode* fazer.

Nem se argumente que, à luz do artigo 149, VII do CTN, a Administração já podia tornar ineficaz ato que considerasse simulado. A referência à existência de norma infra-constitucional anterior não serve para validar a norma em exame.[46] A tenta-

44. *O Planejamento Tributário e a Lei Complementar 104*, Dialética, p. 300.

45. *Direito Civil*, v. 1, p. 95.

46. Em sentido contrário, veja-se César Guimarães Pereira, in *O Planejamento Tributário e a Lei Complementar 104*, Dialética, p. 44.

tiva foi feita por Ricardo Mariz de Oliveira,[47] que diz que já se "praticava" a "desconsideração" do ato que a Administração considerasse simulado, sem desconstituição prévia pelo judiciário. E arremata que: "abstraindo-se aqui de apreciar a validade deste modo de agir, mormente face ao artigo 37 da Constituição (...) o fato é que ele sempre foi largamente praticado com o beneplácito da jurisprudência". Em seguida, sustenta que este problema da invalidade do ato administrativo teria sido contornado pelo novo parágrafo único do artigo 116, desde que promulgada a lei ordinária nele prevista, quando, então, o ato administrativo encontrará fundamento de validade nesta lei que está por vir. Pretende, portanto, alocar no plano da legislação infraconstitucional, o alcance da proteção constitucional ao ato jurídico perfeito, ainda que maculado de anulabilidade. Com isto não concordamos. O tema de proteção ao ato jurídico perfeito e sua intocabilidade, até mesmo por lei posterior, concentrando-se a competência para reconhecimento do eventual vício no Poder Judiciário, é matéria constitucional; e não deixa de sê-lo por força de prática administrativa ou de norma infraconstitucional.

Confusão entre Administração Fazendária e Direito Constitucional

Identificando e enquadrando metodologicamente a confusão entre noções metajurídicas e noções jurídicas, André Gonçalves Pereira[48] desnuda a questão, nos seguintes termos: "É que o problema do princípio da legalidade na administração é simultaneamente um problema da Ciência da Administração e do Direito Administrativo. Mas neste último campo é um problema estritamente jurídico, que só pode ser resolvido mediante a análise dos diversos regimes jurídicos a que estão submetidos os atos da Administração".

Relembre-se, uma vez mais, a necessidade de denunciar-se o equivocado pressuposto que é diuturnamente invocado para a prática de abusos de autoridade. Trata-se da confusão entre *interesse público* e *interesse fazendário*.

Perante o texto constitucional, o interesse fazendário é subordinado e inferior ao interesse público.

Doutrinariamente, esse necessário discernimento foi feito por Celso Antônio Bandeira de Mello, que propôs distinção entre interesse público primário e secundário: "Interesse público ou primário, repita-se, é o pertinente à sociedade como um todo, e só ele pode ser validamente objetivado, pois este é o interesse que a *lei* consagra e entrega à compita do Estado como representante do corpo social. Interesse secundário é aquele que atina tão-só ao aparelho estatal enquanto entidade personalizada, e que por isso mesmo pode lhe ser referido e nele encarnar-se pelo simples fato de ser pessoa".[49] (...) "Para exemplificar o importante discrímen entre um e outro, comparem-se as seguintes hipóteses. Se o Estado causar danos a terceiros e indenizá-los das lesões infligidas estará revelando-se obsequioso ao *interesse público*, pois é isto o que determina o artigo 37, § 6º da Constituição. Se tentar evadir-se a este dever de indenizar (mesmo consciente de haver produzido os danos) estará *contrariando o interesse público*, no afã de buscar um interesse secundário, concernente apenas ao aparelho estatal: interesse de subtrair-se a despesas (conquanto devidas) para permanecer mais 'rico', menos onerado patrimonialmente, lançando, dessarte, sobre ombros alheios os ônus que o Direito pretende sejam suportados por todos. Tal conduta não é de interesse público, pois interesses secundários só podem ser satisfeitos quando coincidirem com interesses primários".[50]

47. In *O Planejamento Tributário e a Lei Complementar 104*, Dialética, p. 268.

48. *Erro e Ilegalidade no Ato Administrativo*, Atica, p. 28.

49. *Curso de Direito Administrativo*, Malheiros Editores, 13ª ed., 2001, p.70.

50. *Curso de Direito Administrativo*, Malheiros Editores, 6ª ed., 1995; v., também, *Curso*..., cit., 13ª ed., p. 53.

Daí nossa convicção em afirmar que o mero interesse arrecadatório, como interesse secundário, não pode sobrepor-se ao consentimento ao tributo, à legalidade, à tipicidade, à isonomia e aos direitos e garantias individuais.[51]

E nenhuma justificativa do plano extrajurídico – que varia de intensidade ao sabor das necessidades de caixa do Executivo – serve de fundamento válido para a subversão dos princípios mais básicos do sistema constitucional brasileiro, organizados a partir da noção republicana, que exige o consentimento e a legalidade. Não se pode invocar interesse fazendário para justificar iniciativa que não se contenha estritamente dentro das bitolas rigidamente fixadas pelo texto constitucional brasileiro.

A discussão não é nova e já havia sido identificada como geradora de confusão entre "voluntarismo" administrativo e respeito às instituições constitucionais. Veja-se, a propósito, Alberto Xavier,[52] identificando os argumentos que pretendem sustentar desejável alargar o campo de atuação dos agentes do Executivo: "Com efeito, num sistema econômico que tenha como princípios ordenadores a livre iniciativa, a concorrência e a propriedade privada torna-se indispensável eliminar, no maior grau possível, todos os fatores que possam traduzir-se em *incertezas econômicas* susceptíveis de prejudicar a expansão livre da empresa, designadamente a *insegurança jurídica*. E isto era o que *inevitavelmente sucederia se ao domínio claro da lei se sucedesse o 'voluntarismo' da Administração*". (...) "Ora, os referidos objetivos de política econômica requereriam que os responsáveis pela sua consecução tivessem ampla liberdade de movimentos, que lhes permitisse adaptarem-se às contínuas alterações que sofrem os mercados. A agilidade e a comodidade na manipulação dos instrumentos jurídicos da política econômica ... dificilmente se harmonizaria com a sua rígida previsão em diplomas dotados de força de lei e que ... retiram à Administração a flexibilidade imposta pelas rápidas variações da conjuntura. Uma ampla margem de livre apreciação e decisão, ou seja, um alargamento dos poderes discricionários em matéria fiscal, seria assim exigido pelos princípios em que assentam a *fiscal policy* e as 'finanças funcionais': sacrifica-se, certo, a segurança jurídica e a certeza do direito, mas obter-se-iam, em contrapartida, resultados como o acréscimo do rendimento nacional, o pleno emprego e a estabilização das flutuações econômicas – que compensam largamente tal sacrifício" (grifo nosso).

Este tipo de argumento, todavia, muito embora possa ser desenvolvido em debates acerca de pretendidas alterações constitucionais – o que no Brasil nem seria possível, em face da proibição de Emenda tendente a abolir direitos e garantias individuais –, não pode ser utilizado para sustentar a validade de norma sob a Constituição brasileira, que já tratou de delimitar o âmbito possível de atuação da Administração em matéria de tributação.

O que a Administração tributária sempre pôde, e continua podendo, e diríamos

51. Ferreiro Lapatza confere, didaticamente, a noção de Fazenda Pública nos seguintes termos: "Tal actividad se caracteriza por el sujeto que la realiza (el Estado y demás entes públicos); por el objeto sobre el que recae (los ingresos y gastos públicos o, si se quiere, los medios dinerarios en que estes se materializan) y por su carácter instrumental. La actividad financiera no constituye, en efecto, un fin en si misma" (p. 17), (...) "En sentido subjetivo hace referencia a Estado y los demás entes públicos en cuanto desarrollan la actividad financiera. A los sujetos de la actividad financiera. La Hacienda pública, en este sentido, es el Estado y los demás entes públicos en cuanto obtienen ingresos y realizan gastos". (...) "En sentido objetivo la expresión Hacienda pública se refiere a la actividad financiera en sí misma considerada. La Hacienda pública se identifica en este sentido con la actividad de los entes públicos dirigida a obtener ingresos y a realizar gastos". (...) "También en sentido objetivo, estático y patrimonial, la expresión Hacienda pública puede y suele referirse al conjunto de bienes, derechos y obligaciones de titularidad estatal. Se alude así a la Hacienda del Estado del mismo modo en que vulgarmente se habla de la 'hacienda' de un particular" (p. 18) (*Curso de Derecho Financiero Español*, 13ª ed., Marcial Pons, Madrid, 1991).

52. *Os Princípios da Legalidade e da Tipicidade da Tributação*, Ed. RT, 1978, p. 50 e 51.

mais enfaticamente, *devendo* fazer, é a desconsideração de atos ou fatos que, no curso de processo administrativo regular (com garantia do direito à ampla defesa, com todos os recursos a ela inerentes), caracterizem-se – eles, atos – como não correspondendo à verdade material, ou seja, não traduzindo adequadamente os eventos econômicos que lhes são subjacentes. Exemplo deste tipo de circunstância é a inadequação de lançamentos contábeis em relação às movimentações econômicas que visam a registrar. Em tais hipóteses, o ato administrativo desconsiderará o ato jurídico consistente no lançamento contábil e viabilizará a prática do ato de lançamento do tributo. Perceba-se, todavia, que hipóteses desta natureza não se confundem com o instituto da simulação e seu regime jurídico de vício de vontade.

Do mesmo modo, quando estivermos na presença de uma prévia determinação legal válida, que já desqualifique, no plano legal, efeito de negócio jurídico que venha a ser praticado, o ato administrativo poderá implementar concretamente esta previsão legal de desqualificação, validamente. Note-se, todavia, que o juízo valorativo da desqualificação, nestas hipóteses, terá sido efetuado pela própria lei prévia e válida, e não pelo ato administrativo. É o que ocorre, por exemplo, quando da celebração de negócio pelo qual pessoa jurídica obrigue-se perante o seu controlador ao pagamento de obrigações em valor superior ao seu correspondente no específico mercado considerado. Observadas todas as cautelas necessárias à utilização deste tipo de disposição normativa, a Administração estaria habilitada a desconsiderar os efeitos jurídicos dos pagamentos excessivos, atribuindo-lhes os efeitos que a lei autorizativa em questão já tivesse previamente estabelecido. Novamente, aqui, não estaríamos diante da possibilidade da Administração, por vontade própria, desconsiderar efeitos de negócio que julgue simulado, mas sim de aplicação concreta de prescrição legal prévia, que esgotou o processo decisório e as circunstâncias valorativas que lhe são inerentes, deixando ao ato administrativo a função que lhe é peculiar, no direito positivo brasileiro, que é a fiel execução da lei, sem nenhuma discricionariedade.

Consideração final

Admitir discrição em matéria tão rigidamente protegida pela Constituição é negar os fundamentos mais relevantes do Estado Democrático de Direito delineado por nossa norma fundamental. Levado o argumento às últimas conseqüências, as idéias de norma geral antielisiva, ato administrativo desconsiderando efeito de ato jurídico perfeito, interpretação econômica etc., implicam entregar o cidadão à disposição da eventual boa-fé do agente público, que hoje pode ser o Adolfo, ou o Augusto, amanhã o Francisco, ou o Benito, não importa. Perceba-se que os nomes próprios não são aleatórios, a eles podendo ser agregados certos sobrenomes, tais como Hitler, Pinochet, Franco e Mussolini.

Enfim, tudo que o sistema tem de mais caro, de mais rígido, de mais solene e importante para a sua estrutura, seria comprometido, se aceitássemos as propostas de flexibilização dos princípios da legalidade e da tipicidade. A própria noção de República se esvai. O consentimento ao tributo desaparece. O arbítrio se instaura. Evidentemente, não é isto que a Constituição deseja e determina. Se não bastarem todos os argumentos e demonstrações técnicas desenvolvidas anteriormente, no mínimo deveremos reverenciar as lições históricas que nos demonstram ser indesejável admitir o instrumento de arbítrio consistente no reconhecimento da validade de ato administrativo sem causa em lei prévia e válida. A questão envolvida com este parágrafo único do artigo 116 do Código Tributário Nacional não pode, portanto, ser tratada com condescendência, ingenuidade histórica e pouco senso crítico jurídico. Não; trata-se de importante e descarada tentativa de comprometimento de fundamentos constitucionais arduamente conquistados, e que não podem ser amesquinhados assim tão dissimuladamente.[53]

Esquecem-se muitos que há algo muito mais relevante – interesse público na estabilidade e prestígio da sistemática constitucional e suas instituições – a ser perseguido e atingido, do que a infalibilidade do sistema de combate à evasão tributária – interesse fazendário. A necessidade de coibir a evasão tributária – interesse fazendário, legítimo, diga-se de passagem – não pode toldar a visão a ponto de admitirem-se sacrifícios e reduções à imperiosa necessidade de manter-se íntegra a sistemática constitucional – interesse público – consagradora de conquistas seculares dos povos civilizados. Pontes de Miranda já ensinou que a análise da árvore não pode toldar a visão da floresta; e é exatamente isto que estamos testemunhando: a pretexto de resolver certos problemas imediatos – cujas causas não estão colocadas para conhecimento e discussão pelo titular da coisa pública, que é o cidadão – todas as instituições constitucionais estão sendo atropeladas e destruídas. Com isso não concordamos.

53. Outro aspecto de alta relevância, argutamente observado pela Prof. Lucia Valle Figueiredo durante debates informais sobre esta matéria, é o resultado devastador que a aplicação de uma norma como esta teria sobre inúmeras outras, de atribuição de competência a outros órgãos. Quando se sustenta a possibilidade de ato administrativo que, por vontade do próprio agente administrativo, desconsidere os efeitos de um dado negócio jurídico, o que é feito de competência de outros órgãos que tenham nele interferido? Estas outras competências e os respectivos efeitos de seus atos não estariam sendo atropelados por esta nova norma? É o caso da competência dos tabeliães, dos órgãos de registro do comércio, dos órgãos de registro civil etc. Os administrativistas deverão incumbir-se deste estudo, com a devida competência.

ISS – INCIDÊNCIAS CONTROVERTIDAS

JOSÉ EDUARDO SOARES DE MELO
Professor Doutor da Faculdade de Direito da Universidade Católica de São Paulo
– Consultor Tributário

1. Locação. 2. Arrendamento mercantil. 3. "Franchising". 4. Internet – Provedores. 5. Propaganda e publicidade visual. 6. Local da prestação de serviço. 7. Serviço gratuito.

1. Locação

A Lei Complementar n. 56 de 15.12. 1987 (complementando o Decreto-lei n. 406 de 31.12.1968) relaciona os serviços tributáveis pelo ISS (Imposto sobre Serviços de Qualquer Natureza), abrangendo (item 79) a "*locação de bens móveis*, inclusive arrendamento mercantil".

O enquadramento da *locação* no âmbito do ISS sempre foi questionável pela circunstância de não representar um *fazer* (típico da prestação de serviços), mas traduzir um *dar*, permitindo a utilização de um determinado bem (corpóreo ou imateral).

A pretendida caracterização da locação como serviço pode resultar do fato de que o Código Civil procurou disciplinar esse instituto no mesmo capítulo da locação da coisa; que, entretanto, apresenta nítidas distinções, colhendo a ponderação seguinte:

"Exame detido dessa modalidade de contrato permitirá sejam detectadas as seguintes manifestações de conteúdo econômico: a) uma despesa (a ser suportada pelo arrendatário); b) um aluguel (a ser auferido pelo arrendador). (...)

"O fato *A* (subseqüente) é: 'haver uma despesa do arrendatário'. Esta é um fato integrativo da composição da base de cálculo do imposto de renda e só dele (e, nem por isso, fato tributável). Logo, não tem jamais o condão de gerar o ISS. Ao contrário, em sendo despesa, admitir tal possibilidade, é afrontar manifestamente aquele que tem sido reconhecido, sem dissenções, como o fulcro inafastável do ISS: 'prestar serviços'. Ora, prestar serviço não significa ter despesa, embora possa ocasioná-las. Prestar serviço é, essencialmente, despender esforço pessoal, para outrem, *visando remuneração.*

"Pôs-se em evidência *B*, ainda, 'o aluguel auferido pelo arrendador'. A natureza dessa renda (aluguel) só pode dar origem ao imposto sobre a renda, de competência da União (art. 21, IV), ou de outro imposto federal, por força da competência residual a ela deferida" (Geraldo Ataliba e Aires Barreto, "ISS – Não incide sobre locação (inconstitucionalidade das leis que prevêem serviços 'por definição legal')", *RDT* 23-24/ 268).

A jurisprudência encontrava-se vacilante a respeito da correta incidência tributária, tendo o Supremo Tribunal Federal firmado a diretriz seguinte:

"Tributo – Figurino constitucional. A supremacia da Carta Federal é conducente a glosar-se a cobrança de tributo discrepante daqueles nela previstos.

"Imposto Sobre Serviços – Contrato de locação. A terminologia constitucional do Imposto sobre Serviços revela o objeto da tributação. Conflita com a Lei Maior dispositivo que imponha o tributo considerado contrato de locação de bem móvel. Em Direito, os institutos, as expressões e os vocábulos têm sentido próprio, descabendo confundir a locação de serviço com a de móveis, práticas diversas regidas pelo Código Civil, cujas definições são de observância inafastável – artigo 110 do Código Tributário Nacional" (RE 116.121-3-SP, Pleno, Rel. Min. Octavio Gallotti, Redator para o acórdão Min. Marco Aurélio, j. 11.10.2000, *DJU* 1 de 25.5.2001).

A postura jurídica firmada pelo STF decorreu dos fundamentos seguintes:

a) o figurino constitucional pressupõe a prestação de serviços e não o contrato de locação pura e simples;

b) as definições de locação de serviços e locação de móveis estão previstas no Código Civil, tendo o CTN (art. 110) determinado que sejam observados a definição, o conteúdo e o alcance de institutos, bem como os conceitos e formas de direito privado, para definir ou limitar competências tributárias – sob pena de prestigiar a interpretação econômica do direito tributário, em detrimento do postulado da tipicidade;

c) o conteúdo político de uma Constituição não é conducente ao desprezo do sentido vernacular das palavras, muito menos ao do técnico, considerados institutos consagrados pelo Direito (RE 166.772-9-RS).

d) somente a prestação de serviços, envolvida na via direta o esforço humano, é fato gerador do ISS, prevalecendo a organicidade do próprio Direito;

e) a qualificação da "locação de bens móveis", como serviço, para efeito de tributação municipal, nada mais significa do que a inadmissível e arbitrária manipulação, por lei complementar, da repartição constitucional de competências impositivas, eis que o ISS somente pode incidir sobre obrigações de fazer, cuja matriz não se ajusta à figura contratual da locação de bens móveis;

f) a locação de bens móveis configura verdadeira obrigação de dar (art. 1.188 do Código Civil), fundada na cessão de coisa não fungível, não contendo uma obrigação de fazer.

Repeliu o entendimento de que a locação de coisa móvel constitui venda de bem material, e que pudesse incidir o ISS sobre a entrega de bem a terceiro, levando-se em conta a realidade econômica, e a circunstância de manter a coisa (no caso, guindaste) no estado e a garantir o uso pacífico, mediante assistência permanente.

O acórdão "declarou incidentalmente a inconstitucionalidade da expressão 'locação de bens móveis', constante do item 79 da Lista de Serviços a que se refere o Decreto-lei n. 406 de 31.12.68, na redação dada pela LC 56/87", e a legislação municipal que fora objeto da lide.

2. *Arrendamento mercantil*

O arrendamento mercantil – *leasing* – possui natureza atípica em razão de conter peculiaridades pertinentes a distintas figuras jurídicas (compra e venda, locação e financiamento), de conformidade com as normas regradoras desse negócio (Leis federais n. 6.099, de 12.9.1974, n. 7.132, de 26.10.1983, e Resolução n. 2.309, de 28.8.1996, do Banco Central do Brasil).

Este negócio é privativo de pessoas jurídicas que tenham estipulado como objeto social básico a realização do arrendamento mercantil, pelos bancos múltiplos com carteira específica, e pelas instituições financeiras autorizadas a contratar as operações com o próprio alienante do bem, ou com pessoas jurídicas a ele coligadas ou interdependentes.

As modalidades previstas são as seguintes:

a) *financeiro* (*financial lease*), em que as contraprestações e demais pagamentos previstos no contrato, devidos pela arrendatária, serão normalmente suficientes para que a arrendadora recupere o custo do bem arrendado durante o prazo contratual e, adicionalmente, obtenha um retorno sobre os recursos investidos. As despesas de manutenção, assistência técnica e serviços correlatos à operacionalidade do bem arrendado serão de responsabilidade da arrendatária, sendo que o preço para o exercício da opção de aquisição será livremente pactuado, podendo ser o valor de mercado do bem arrendado.

b) *operacional* (*renting*), em que as contraprestações a serem pagas pela arrendatária devem contemplar o custo de arrendamento do bem e os serviços inerentes à sua colocação à disposição da arrendatária, não podendo o total dos pagamentos da espécie ultrapassar 75% (setenta e cinco por cento) do custo do bem arrendado.

As despesas de manutenção, assistência e serviços correlatos à operacionalidade do bem arrendado serão de responsabilidade da arrendadora ou da arrendatária, sendo que o preço para o exercício da opção de aquisição será o valor de mercado do bem arrendado.

Enquanto a modalidade *operacional* guarda similitude com a locação, com pagamento de aluguéis por um período predeterminado, preço correspondente ao valor de mercado, e pagamento ao final do contrato no caso de aquisição, com limite de 75% do custo do bem; a *financeira* constitui uma alternativa de investimento de longo prazo, com preço livremente acertado pelos contratantes, pago de forma antecipada, diluída, ou ao final, e contraprestações de valor integral.

Os contratos devem conter a especificação dos bens; o prazo de arrendamento; o valor das contraprestações ou fórmula de cálculo, bem como o critério de reajuste; a forma de pagamento, as condições para o exercício do direito de opção pela renovação, devolução ou aquisição do bem; o direito à concessão da opção de compra pela arrendatária; a obrigação de ser pago o valor residual garantido; os prazos mínimos (dois e três anos para o *financeiro*, e 90 dias para o *operacional*); a responsabilidade pelas despesas e encargos adicionais (seguro, danos, ônus por vícios do bem etc.), e as condições para eventual substituição do bem.

Embora esse negócio não constitua autêntico serviço – pelo fato de não implicar um "*fazer*", mediante o oferecimento de comodidade ou utilidade a alguém – fora caracterizado como sujeito à incidência do ISS (LC 56/87), a saber: "item 79. Locação de bens móveis, inclusive *arrendamento mercantil*".

Ademais, a Lei Complementar n. 87 de 13.9.1996, sutilmente, passou a gravar o *leasing* com o ICMS:

"Art. 3º. O imposto não incide sobre: (...)

"VIII – operações de arrendamento mercantil, não compreendida a venda do bem arrendado ao arrendatário."

Questionável a constitucionalidade da exigência do ISS, não só pelo fato de que o negócio jurídico não consubstancia um "*fazer*", mas compreender distintas figuras jurídicas, mas também pela circunstância de que a lista anexa à legislação complementar somente poderia ter por objetivo definir (ou melhor, relacionar) os serviços efetivamente alcançados pelo ISS, outorgando competência aos Municípios para instituir o tributo, e possibilitar-lhes condições financeiras para atingir suas finalidades públicas.

Nessa injuridicidade também se enquadra o ICMS diante da inexistência de operação mercantil, sendo ponderável que o fato dessa nova incidência em operações de *leasing* decorrer da lei complementar (n. 87/96), por si só, não significa revogação (parcial) de anterior lei complementar (n. 56/87), escudada na simples assertiva de tratarem-se de normas situadas no mesmo plano hierárquico.

Realmente, além da pretendida segregação de atividades do *leasing* já constituir deformação jurídica, por se tratar de um negócio complexo em que não se pode cogitar de desmembramento das diversas atividades jurídicas que a integram, a recente LC 87/96 somente poderia dispor sobre atividades comerciais e serviços de transporte interestadual e intermunicipal e de comunicação (art. 155, II, e XII, CF), o que, realmente, não ocorre.

Embora o *leasing* apresente distinções com a "locação", especialmente porque pode vir a implicar na transmissão da propriedade do bem (no caso de opção de aquisição pelo arrendatário), podem ser considerados os fundamentos jurídicos expendidos pelo STJ para afastar a incidência do ISS.

3. *"Franchising"*

O item 48 da lista de serviços (LC 56/87) relaciona as atividades de "agenciamento, corretagem ou intermediação de contratos de franquia (*franchise*), e de faturação (*factoring*), como sujeitas ao ISS, salvo no caso dos serviços serem executados por instituições financeiras autorizadas a funcionar pelo Banco Central.

A Lei federal n. 8.955 de 15.12.1994 dispôs sobre o contrato de franquia empresarial (*franchising*), da forma seguinte: "Art. 2º. Franquia empresarial é o sistema pelo qual um franqueador cede ao franqueado o direito de uso de marca ou patente, associado ao direito de distribuição exclusiva ou semi-exclusiva de produtos ou serviços, e, eventualmente, também ao direito de uso de tecnologia de implantação e administração de negócio ou sistema operacional desenvolvidos ou detidos pelo franqueador, mediante remuneração direta ou indireta, sem que, no entanto, fique caracterizado vínculo empregatício".

As notas conceituais do negócio jurídico podem assim ser consideradas:

"l) contrato bilateral, consensual, comutativo, oneroso, de duração;

"2) entre empresas (dado o caráter de autonomia das partes, uma em relação à outra);

"3) tendo como objeto a cessão do uso de marca (conjuntamente ou não com o produto, podendo este ser fabricado pelo franqueador), ou o título de estabelecimento ou nome comercial, com assistência técnica, mediante o pagamento de um preço (geralmente, uma porcentagem sobre o volume dos negócios, preço que se pode designar pelo termo *royalty*);

"4) com exclusividade ou delimitação territorial" (Waldirio Bulgarelli, *Contratos Mercantis*, 12ª ed., São Paulo, Atlas, 1998, p. 523)

Não se trata de uma mera prestação de serviço (*fazer*), uma vez que a participação na distribuição de bens (mercadorias e intangíveis), entre franqueador e franqueado, envolve uma ampla atividade (transferência de tecnologia, imposição de condutas, cessão de direitos, obrigação de aquisição de quantidades mínimas etc.), evidenciando um objetivo participativo entre os contratantes, tratando-se de um contrato de sociedade.

Em razão da complexidade negocial (natureza distinta de contrato coligado) observou-se o seguinte: "Não é possível concentrar o enfoque do contrato de franquia no ângulo da cessão de marca ou na questão da transferência de tecnologia ou na promessa de futuros contratos. A franquia se constrói pela soma desses diversos ângulos. Não se trata de mera soma ou justaposição de uma série de contratos – cada qual com existência jurídica autônoma e independente -, mas do entrelaçamento de distintos deveres, para um contrato uno, ainda que não simples" (Marçal Justen Filho, "ISS – Não incidência sobre a franquia", *RDT* 64/250).

Em razão de se entender que a cessão de direitos não é serviço, e que o fim da franquia é possibilitar que terceiros explorem um produto ou marca, e que a assistência técnica que o franqueador possa dar ao franqueado é mera atividade-meio, firmou-se a conclusão seguinte: "(...) o 'franchising' não se subsume ao conceito de serviço. Muito menos ao conceito de serviços tributáveis pelo ISS. Por conseguinte, não têm os Municípios competência para criar impostos sobre o exercício dessa atividade" (Aires Barreto, "Não incidência sobre a franquia", *RDT* 64/223 e 224).

O Superior Tribunal de Justiça houve por bem decidir o seguinte:

"Ementa – Tributário. ISS. 'Franchising'.

"1. Franquia empresarial está conceituada no art. 2º, da Lei n. 8.955/94.

"2. O referido contrato é formado pelos seguintes elementos: distribuição, colaboração recíproca, preço, concessão de autorizações e licenças, independência, métodos e assistência técnica permanente, exclusividade e contrato mercantil (Adalberto Simão Filho, 'Franchising', SP, 3ª ed., Atlas, 1988, pp. 33-55).

"3. Compreende-se dos elementos supra que o referido contrato é formado por três tipos de relações jurídicas: licença para uso da marca do franqueador pelo franqueado; assistência técnica a ser prestada pelo franqueador ao franqueado; a promessa e as condições de fornecimento dos bens que serão comercializados, assim como, se feitas pelo franqueador a terceiros indicados ou credenciados por este (Glória Cardoso de Almeida Cruz, em 'Franchising', Forense, 2ª ed.).

"4. É, portanto, contrato de natureza complexa, afastando-se da caracterização de prestação de serviço.

"5. ISS não devido em contrato de franquia. Ausência de previsão legal.

"6. Recurso da empresa provido por maioria" (RE 221557-MG, 1ª Turma, Rel. para o Acórdão Min. José Delgado, j. 23.11.1999, *DJU* 1-E de 3.4.2000, p. 117)

Portanto, embora haja expressa referência legal ao negócio jurídico "*franchising*" (item 48, LC 56/87), há fundamento jurídico (e amparo jurisprudencial) para ser desconsiderada a incidência do ISS.

4. Internet – Provedores

Internet é o nome genérico que designa o conjunto de redes, os meios de transmissão e comutação, roteadores, equipamentos e protocolos necessários à comunicação entre computadores, bem como o *software* e os dados contidos nestes computadores (Portaria n. 148 de 31.5.1995, do Ministro das Comunicações).

A demanda da Internet é a mais ampla possível (fins de segurança, educação, pesquisa, e comerciais – estes denominados *internet service providers*), mencionando diversas espécies de trocas de informações:

a) *eletronic mail* – mensagem de texto, digitada de um teclado de computador e enviada a outro usuário, através da rede. O *e-mail* possibilita a participação em lista de debates (*mailing-lists*), que constituem locais de discussões, sem interação (participação comutativa);

b) *new groups* – mensagens enviadas a um grupo de pessoas ao mesmo tempo, por intermédio de um sistema denominado *Usenet*;

c) *FTP* – transferência de arquivos;

d) *chat* (bate-papo) – intercâmbio de informações entre duas ou mais pessoas.

O acesso à Internet normalmente implica na utilização de um computador, um *modem*, uma linha telefônica e um provedor de serviços, por meio de um programa instalado no computador de qualquer pessoa, procedendo-se ao roteamento da ligação por canais contratados pela Embratel, que se conecta a uma empresa estrangeira, além de oferecer diversas outras comodidades (disposição de aparelhos, equipamentos, senhas etc.).

A conexão telefônica apenas estabelece um vínculo jurídico entre o usuário e a atividade de telefonia, de natureza pública (com incidência do ICMS); o mesmo ocorrendo com a utilização dos mencionados canais.

Na realização das apontadas atividades podem participar os *provedores de acesso*, possibilitando a ligação; e os *provedores de informação*, alimentando a rede com dados, cujas atividades é que serão (ou não) caracterizadas como prestação de serviços (ISS).

Os provedores realizam *serviço de valor adicionado*, isto é, "atividade que acrescenta a uma rede preexistente de um serviço de telecomunicações, meios ou recursos que criam novas utilidades específicas, ou novas atividades produtivas, relacionadas com o acesso, armazenamento, movimentação e recuperação de informações" (Portaria n. 148/95 do Ministro das Comunicações, e Lei federal n. 9.472/97, art. 61).

O exame dessas atividades tem implicado diversidade de incidências tributárias, a saber:

– "O provedor de *informações* desenvolve atividades assemelhadas às do publicitário, na medida em que planeja campanhas com o objetivo de introduzi-las no sistema Internet. Este é que constitui o serviço de comunicação, ao propiciar a transmissão a distância do pensamento humano, em razão do que não pode incidir o ICMS sobre o planejamento (introdução de informações no circuito da Internet), nem a própria inserção de dados.

– "O provedor de *acesso* realiza uma liberação do espaço virtual, para possibilitar, então, a comunicação entre duas pessoas. Embora seja a chave que destranca a porta da Internet, não é a realidade virtual, sendo incabível a incidência do ICMS" (José Wilson Ferreira Sobrinho, "Perfil tributário do provedor da Internet", *6º Simpósio Nacional IOB de Direito Tributário*, São Paulo, 20 e 21.11.1997, pp. 21-24).

– "O provedor de informações não se sujeitará ao ICMS no tocante aos serviços consistentes no planejamento da *home page* ou veículo publicitário, consistentes na criação, preparação e programação de divulgação (atividade típica de prestação de serviços). Entretanto, a divulgação da mensagem, da distribuição, da informação e da sua comunicação ao público fazem parte do campo tributável pelo ICMS" (Secretaria da Fazenda do Estado do Paraná, "Consulta 168/98", publicada no *6º Simpósio Nacional IOB de Direito Tributário*, pp. 24-26).

– "ICMS e Internet. Incidência do Imposto sobre Operações relativas à Circulação de Mercadorias e sobre Prestações de Serviços de Transporte Interestadual e Intermunicipal e de Comunicação-ICMS sobre o serviço de comunicação prestado pelo provedor de acesso/informações em redes internet. (...)

"... sem estrutura que só provedor possui, não é possível a realização da comunicação via internet. O fato tributável não é simplesmente estar à disposição do cliente mas tornar possível a ocorrência da relação comunicativa. O provedor cria uma estrutura adicional ao serviço de telecomunicações aperfeiçoando-o no sentido de promover a ligação entre dois pontos.

"21. Toda a estrutura que o provedor possui é voltada unicamente à finalidade de realização de comunicação via Internet. O fato de alguém ter acesso a um terminal telefônico comum, e, através dele, à rede pública de telecomunicações, não constitui, por si só, a possibilidade de interligação à internet. O serviço oferecido pelo provedor é absolutamente necessário para que a comunicação ocorra por intermédio desse meio. (...)

"23. Diante do exposto é forçoso concluir que os serviços prestados pelos provedores de acesso ou informações, desde que tenham caráter oneroso (negocial/comercial), estão incluídos na hipótese descrita no inciso III do art. 2º da Lei Complementar n. 87, de 13 de setembro de 1996, na modalidade de serviço de comunicação" (Procuradoria-Geral da Fazenda Nacional, Parecer PGFN/CT n. 2.042, aprovado em 5.11.1997).

A premissa fundamental para tipificar as atividades desempenhadas pelos provedores como sujeito ao ICMS (indiretamente excluindo a possível incidência do ICMS), estaria radicada na necessidade (ou não) dos referidos serviços, para se tornar viável a conexão com a Internet.

Para tanto, cabe atentar para a elucidação de aspectos importantes do assunto em foco:

"... os usuários podem prescindir dos Provedores Nacionais de Serviços Internet, conectando os seus computadores diretamente a uma empresa estrangeira e arcando com os elevados custos de uma ligação internacional ou, então, valendo-se do uso dos serviços de *call back* ou de numeros 0800 (discagem gratuita) para acessarem as redes de telecomunicações (*backbones*) de empresas estrangeiras.

"As atividades dos provedores também não são suficientes uma vez que, sem a prestação dos serviços de telecomunicações pelas concessionárias, parte deles contratados diretamente pelos clientes, os provedores de serviços Internet não conseguem possibilitar e realizar qualquer comunicação" (João Vicente Lavieri, "Internet: incidência do ICMS ou ISS?", *Revista Jurídica Consulex* 1/54, n. 3, de 31.1.1998).

Considerando que "é assegurado aos interessados o uso das redes de serviços de telecomunicações para a prestação de serviço de valor adicionado, cabendo à Agência, para assegurar esse direito, regular os condicionamentos, assim como o relacionamento entre aqueles e os prestadores de serviço de telecomunicações" (Lei n. 9.427/97, art. 61, § 2º), segue-se que os serviços de comunicação são prestados pelas concessionárias, não podendo haver sujeição ao ICMS relativamente às atividades dos provedores.

Especificamente, observou-se o seguinte: "os serviços prestados pelos provedores de acesso à Internet caracterizam-se como serviços de monitoramento do acesso do usuário à rede, colocando à disposição do cliente equipamentos e *softwares* que irão facilitar sua navegação pelo sistema, além de outros serviços, tais como armazenamento de informações, contagem do tempo de uso; porém nenhum deles consiste em dar condições para que a comunicação se efetive, pois ambos, tanto o usuário quanto o provedor, são tomadores do serviço de comunicação, que é prestado pelas concessionárias dos serviços de telecomunicações" (Clélio Chiesa, "A tributação dos serviços de 'internet' prestados pelos provedores: ICMS ou ISS?", *RDT* 74/203).

O *provedor de acesso* nada comunica, mas apenas possibilita ao usuário o conhecimento das inúmeras informações existentes no mundo cibernético. Não prestando serviço de comunicação não se sujeita à incidência do ICMS. Também não incide o ISS porque esse específico serviço não se encontra expressamente previsto (relação anexa à LC 56/87), não podendo ser utilizada a genérica atividade de intermediação (entre o usuário e a Embratel), pertinente a fornecimento de facilidade de acesso, assessoria e informações relacionadas com as atividades virtuais.

O *provedor de informações* não promove efetiva comunicação, mas realiza atividades concernentes à elaboração de materiais de publicidade, sujeitando-se ao ISS.

5. Propaganda e publicidade visual

A Lei Complementar n. 56/87, relacionando os serviços tributáveis pelo ISS, contemplou os seguintes itens:

"85. Propaganda e publicidade, inclusive promoção de vendas, planejamento de campanhas ou sistemas de publicidade, elaboração de desenhos, textos e demais materiais publicitários (exceto sua impressão, reprodução ou fabricação).

"86. Veiculação e divulgação de textos, desenhos e outros materiais de publicidade, por qualquer meio (exceto em jornais, periódicos, rádios e televisão)."

A *publicidade exterior* é aquela realizada fora da residência (ou estabelecimento), compreendendo a "identificativa" (praticada em determinado local), e a "publicitária" (existente nos espaços locados por empresas a terceiros, para veicular anúncios), em diversas modalidades (painéis e mobiliários urbanos, e painéis publicitários aplicados em veículos e semoventes).

Os *painéis urbanos* são todas as manifestações que podem ser vistas dos logradouros públicos e constantes em *back lights* (caixas iluminadas por dentro com anúncios nas faces externas), *front lights* (telas de vinil com iluminação frontal), *painel trifásico* (telas de vinil fatiadas que giram no eixo de um suporte triangular ao mudar imagens), além de *busdor*, e até decoração de pontos de táxi.

Em geral, as empresas exibidoras obtêm a cessão de espaço de terrenos ou coberturas de edifício, ou empenas cegas – com a utilização de tubulões em pequenos espaços livres de imóveis edificados. Tendo o direito de uso desses espaços, as empresas constroem seus engenhos (desde tabuletas para colocação de *outdoors*, até imensas estruturas metálicas em topo de edifícios para instalação de luminosos), onde são exibidas as publicidades comerciais, promocionais ou institucionais.

O *imobiliário urbano* é cedido pelas autoridades municipais em troca de benefícios para a comunidade, para que também possa ser explorado (conjunto de vias e logradouros públicos, abrigo de ônibus, relógios digitais, mostradores de temperatura, informativos de poluição de ar, protetores de árvores, cestos de lixo, bancos de praça, cabines telefônicas etc.).

Além das empresas doarem os equipamentos às municipalidades, usualmente são obrigadas a fazer sua manutenção preventiva e de emergência, pagando taxas de veiculação de publicidades, e, em alguns casos, parcela do seu faturamento a título de uso do espaço público.

Mediante a celebração de contratos de concessão, ou permissão, as empresas iniciam a colocação e buscam anunciantes, diretamente ou via agências de publicidade. É elaborado contrato de veiculação, e – em alguns casos – a cessão (ou locação) de espaço para veiculação publicitária.

Os *painéis publicitários aplicados em veículos* compreendem a realização de contratos com empresas de transporte coletivo, metrôs, taxistas, autônomos, e mesmo carretinha (*trailer*) puxada por automóveis estacionados próximos a locais onde estejam ocorrendo eventos com concentração de público.

Embora estas atividades somente se encontrassem sujeitas à incidência do ISS, o STJ passou a entender que as exceções previstas nos mencionados itens da lista não seriam alcançadas pelo imposto municipal, mas sim pelo ICMS na forma seguinte:

– "ICMS – Placas de painéis – Comunicação visual.

"A nova redação da lista de serviços anexa ao Decreto-lei n. 406/68, pelo Decreto-lei n. 834/69, e pela Lei Complementar n. 56, de 15 de dezembro de 1987, item 35, passou a ser de material publicitário, restringindo a incidência do ISS" (Emb. Decl. no REsp 30.296-5-SP, Rel. Min. Garcia Vieira, 1ª T., j. 5.5.1993, *DJU* de 7.6. 1993)

– "Tributário. ICMS. Incidência. Confecção de Placas, Faixas, Painéis e Letreiros Luminosos. Precedentes.

"Com a alteração trazida pela Lei Complementar n. 56/87 à lista de serviços anexa ao Decreto-lei n. 406/68, excetuou-se, de forma expressa a impressão, reprodução e fabricação de material publicitário do ISS.

"*In casu*, o fornecimento das mercadorias fabricadas pela empresa recorrida está sujeito à incidência do ICMS.

"Recurso improvido, por unanimidade" (REsp 81.881-SP, 1ª T., j. 10.9.1996).

Entendo que ocorre a exclusiva incidência do ISS. A LC 56/87 relaciona os serviços sujeitos ao tributo municipal, sendo que, em diversos itens (32, 34, 38, 42, 68, 69 e 70) dispõe expressamente que o fornecimento de peças, materiais etc., fica sujeito ao ICMS. Entretanto, no que tange ao item 85 (propaganda e publicidade) – ao estabelecer que não se incluem na incidência do ISS, a *impressão*, *reprodução* ou *fabricação* – não faz referência expressa à incidência do ICMS.

Além disso, os aludidos materiais não se qualificam como mercadorias (atividade mercantil), mas apenas constituem meros elementos (ou meios) para a execução da atividade-fim (serviço de publicidade).

O STJ também examinou a questão sob o enfoque da *comunicação* (negócio pertinente ao ICMS, após o advento da CF/88) visual, tendo decidido o seguinte:

"Tributário – ICMS – Placas de painéis – Serviços de propaganda – Comunicação visual.

"Na prestação de serviços de propaganda e publicidade incide o ICMS, e não o ISS" (REsp 114.171-SP, 1ª T., Rel. Min. Humberto Gomes de Barros, j. 17.6.1997, *DJU* 1 de 25.8.1997).

Ora, o significado jurídico de "comunicação" – para fins tributários – mantém prévia implicação com a realização do serviço, que só tem condição de ser configurado mediante a participação de duas (ou mais) pessoas, nas qualidades de prestador e tomador (usuário). É questionável supor que o fato gerador do ICMS ocorra pelo simples ato que torna possível a comunicação (disponibilidade de informações), sendo necessária a participação dos contratantes (processo de interação).

6. Local da prestação de serviço

Os fatos tributários naturalmente ocorrem em específicos lugares, cumprindo ao legislador estabelecer o local em que – uma vez acontecida a materialidade tributária – se repute devida a obrigação.

Dentre as gamas de elementos pertinentes à realização da espacialidade material – tais como o domicílio, estabelecimento, fonte, território, origem ou destinação de bens, e negócios envolvendo as partes da relação jurídica implicadora do tributo –, hão que ser perquiridas as diretrizes plasmadas na Constituição Federal, de conformidade com as competências tributárias.

Compreende tanto o âmbito territorial de validade da lei – circunscrevendo-se aos limites geográficos da pessoa de direito público – como o local da específica realização do fato gerador.

No âmbito do ISS, o Decreto-lei n. 406/68 estabelecera o seguinte:

"Art. 12. Considera-se local da prestação de serviço:

"a) o do estabelecimento prestador ou, na falta de estabelecimento, o do domicílio prestador;

"b) no caso de construção civil, o local onde se efetuar a prestação."

Considerando o princípio da territorialidade – que deflui do texto constitucional, pelo fato de que o tributo somente poderia ser exigido no espaço geográfico onde a riqueza fora gerada – não haveria que se polemizar a respeito da legitimidade da norma no que concerne aos serviços de construção civil.

Assim, a empresa construtora com sede no Município *A*, e com estabelecimentos em diversos Municípios (*B*, *C*), deve recolher o ISS no local onde executa a respectiva obra. Se esta execução ocorrer em outro Município (*D*), é neste local que deverá ser cumprida a obrigação tributária, não tendo nenhuma importância o lugar onde centraliza suas atividades, ou onde se encontra estabelecida.

Entretanto, a territorialidade não é prestigiada relativamente a todas as outras espécies de serviços, sendo o caso de se indagar o seguinte: o comando inserto na parte final da alínea "a" poderia padecer de vício de constitucionalidade sob o fundamento de que estaria restringindo a competência dos Municípios, tendo em vista a autonomia que lhes é conferida para legislar sobre assuntos de interesse local, inclusive tributo que lhe é exclusivo (art. 30, I e II, da CF)?

É o caso típico de prestação de serviço (limpeza de prédio) no Município *A*, por empresa que tenha estabelecimento localizado em Município diverso (*B*), tema que vem sendo analisado atentamente, a saber:

"O imposto sobre Serviços de Qualquer Natureza (ISS) é sempre devido (e não é só o caso de construção civil) no Município onde o serviço é positivamente prestado. É nesse Município, também, que devem ser cumpridos, pelo contribuinte, ou por terceiros a ela relacionados, os deveres instrumentais tributários" (Roque Carrazza,

"Breves Considerações sobre o art. 12 do Decreto-lei n. 406/68", *RDT* 6/158).

"(...) cada Município, pelo seu Legislativo, dirá livremente o que é de seu peculiar interesse. Esta matéria, conforme já o demonstramos, não pode ser prefixada, porque os Municípios diferem entre si, o que é de peculiar interesse de um poderá não ser de outro; e vice-versa" (Roque Carrazza, "Autonomia Municipal e Tributação", *X Curso de Aperfeiçoamento em Direito Constitucional Tributário*, Resenha Tributária, 1985, p. 160).

A previsão legal do local de incidência do ISS constitui ficção, desprezando os postulados da legalidade e da tipicidade cerrada, devendo ser tomada com cautela, em razão da habitualidade da prática de determinados negócios.

O artificialismo não pode comprometer as regras contidas na Constituição, de modo a alterar os elementos estruturadores da figura tributária, muito menos invalidar o seu regime jurídico, e os diversos princípios esparramados ao longo do seu texto, nem implicar invasão de competência.

Ainda que só se aceite o princípio da *lex loci actus* – com assento constitucional – em oposição ao postulado da *lex domicilii* – fruto de ficção jurídica –, não se pode ignorar a realidade do mundo circundante, as diversificadas situações como a ausência, ou a existência de um ou mais estabelecimentos; e a participação de duas (ou mais) unidades empresariais localizadas em municípios distintos.

O "estabelecimento" deve compreender todos os bens (máquinas, equipamentos, mobiliário, veículos, etc.), e pessoal suficiente para possibilitar a prestação de serviços. A existência efetiva dos referidos elementos é que permite caracterizar um verdadeiro estabelecimento prestador de serviços, na forma moldada na legislação nacional (alínea "a", art. 12, do Decreto-lei 406/68).

Embora o contribuinte tenha liberdade para instalar sua sede, e o estabelecimento prestador de serviços, nos locais que sejam de seu exclusivo interesse (autonomia da vontade que regra os negócios particulares), a atividade somente poderá ficar sujeita à alíquota menos gravosa, se efetivamente possuir de modo concreto (e não apenas formal), um estabelecimento no Município ***B***. Um simples local que nada possui (pessoas, bens, instalações), representará simulação, permitindo a desconsideração da falsa situação jurídica, com os decorrentes efeitos tributários.

O Judiciário de longa data já pontificara que "a forma ou modalidade de atuação da empresa, por conveniência de sua organização, por si só, não poderá afastar a ocorrência do fato gerador (...)" (RE 92.883-RS, 1ª T., j. 9.9.1980, *RTJ* 96/912).

Entretanto, o significativo impulso dado à prestação de serviços por informática torna dificultoso precisar o efetivo local de sua realização, uma vez que vários Municípios podem ficar envolvidos nestas atividades, sendo coerente a colocação relativa à figura do estabelecimento permanente, em transmissões que envolvam satélites.

A pluralidade de estabelecimentos que realizam prestação dos serviços, a diversidade de etapas pertinentes a essas atividades, ou até mesmo a sua execução sem a participação de estabelecimento, é que torna difícil tipificar o sujeito ativo (município credor do ISS), como se extrai dos exemplos seguintes:

"Empresa com estabelecimento em São Bernardo do Campo que presta serviços médicos. Resgata em Campinas seu cliente, e mediante até a eventual atuação de médicos, enfermeiros, transporta-o para São Paulo, onde, em seu hospital, continua o atendimento médico.

"Perito que, possuindo escritório no Município ***A*** realiza sua perícia no Município ***B***, concluindo seu serviço (elaboração de laudo) no Município ***A***. – Empresa organizadora de eventos (feiras) com sede no Município de Santos realiza serviços de montagem de *stands* ou pavilhões no Município de São Paulo, e, concomitantemente, arregimenta expositores no Município de São Paulo, onde também possui estabelecimento" (Anna Emília Cordeli Alves, "Imposto Municipal sobre Serviços – Lei Complementar – Aspecto Espacial", *RDT* 71/113).

A fixação do Município competente implica o critério jurídico estipulado para a configuração do fato gerador, tendo em vista circunstâncias especiais da prestação envolvendo uma complexidade de atividades (fracionadas ou não). Na medida em que só se considere como efetivo serviço prestado aquele objeto de conclusão – entendendo irrelevantes todos os anteriores – somente poderá ser considerado como local da prestação (obrigação do ISS) aquele em que ocorrer o término dos serviços.

O Superior Tribunal de Justiça firmou a posição seguinte:

"Ementa – Embargos de Divergência. ISS. Competência. Local da Prestação de Serviço. Precedentes.

"I – Para fins de incidência do ISS-Imposto sobre Serviços, importa o local onde foi concretizado o fato gerador, como critério de fixação de competência do Município arrecadador e exigibilidade do crédito tributário, ainda que se releve o teor do art. 12, alínea 'a' do Decreto-lei n. 406/68.

"II – Embargos rejeitados" (Embargos de Divergência no REsp n. 130.792-Ceará, 1ª Seção, Rel. Min. Ari Pargendler, j. 7.4.2000, *DJU* 1-E de 12.6.2000, p. 66).

Tendo em vista que o STJ acolheu o princípio da territorialidade, afastando o princípio da legalidade, aguarda-se pronunciamento definitivo do STF para que os contribuintes não sejam compelidos a recolher ISS em duplicidade, ou seja, (*a*) no local da efetiva prestação; e (*b*) no Município onde possuem sede.

7. *Serviço gratuito*

A base de cálculo constitui o aspecto fundamental da estrutura de qualquer tipo tributário, tendo a virtude de quantificar o objeto da imposição fiscal, como seu elemento nuclear, o verdadeiro cerne da hipótese de incidência normativa.

Apesar dos demais critérios normativos também serem importantes na fixação dos componentes da relação jurídica (figuras do credor e devedor, as coordenadas de tempo, de espaço, e as materialidades), a grandeza contida no tributo, transformada em expressão numérica, só é factível pelo conhecimento preciso da base imponível, caracterizadora do *quantum* devido pelo contribuinte.

Deve ater-se aos parâmetros constitucionais e ao fato imponível, sendo que a circunstância de a Constituição não ter indicado os elementos quantificadores dos tributos não significa que o legislador ordinário esteja livre para instituí-lo livremente.

A materialidade de cada espécie tributária é suficiente para medir normativamente o *quantum* a ser devido pelo sujeito passivo da obrigação. Os atos, fatos, operações, serviços, situações e estados – constituidores das materialidades – contêm ínsitas grandezas econômicas que passam a ser reveladas pelo editor da norma impositiva.

No ISS, o Decreto-lei n. 406/68 (art. 9º) estabelece que "a base de cálculo do imposto é o preço do serviço", que também deve ser integrado pelos eventuais reajustes contratuais, sendo irrelevante o fato de a Constituição nada ter disposto a respeito da remuneração, uma vez que, além dos tributos deverem ser avaliados economicamente (o que implica em natural onerosidade), a gratuidade impossibilitaria a aferição do postulado da capacidade contributiva, que constitui princípio fundante dos impostos (art. 145, § 1º).

Assim, a inexistência de remuneração – serviços filantrópicos, gratuitos, cortesia, familiar – implica a ausência de base de cálculo, e a decorrente impossibilidade de ser exigido o ISS

O STJ examinou peculiar situação relativa à prestação de serviços de empresa à sua controladora (comércio varejista de loja de departamentos), sem fixação de preço, consistentes na intermediação em veiculação de propaganda e publicidade, na forma específica seguinte:

1. Angaria fornecedoras da controladora que queiram reembolsar parte do custo de folhetos promocionais em que esta aparece ofertando vários produtos por eles fabricados ou produzidos, com o objetivo comum de promover as respectivas vendas. Esses folhetos (produzidos pela controladora) destinam-se a encartes em jornais diversos, através dos quais as mensagens atingem o público.

2. Distribui esse material publicitário aos citados veículos, operação essa faturada contra a controladora;

3. Intermedeia a veiculação de anúncios de matéria legal das empresas do grupo da controladora, faturando cada uma delas, respectivamente.

O acórdão assinalara tratar-se de sociedade pertencente a um grupo empresarial, possuindo sua própria identidade e relacionamento jurídicos, incluindo direitos e obrigações. Suas atividades envolvem desde a concepção, produção, redação de propaganda e publicidade até a intermediação na veiculação das respectivas mensagens. Os clientes arcavam com o custeio para a reposição pura dos valores despedidos na confecção do material publicitário, destinado à remuneração de terceiros subcontratados (produção externa), atuando como repassadora.

Asseverara que o fato de prestar serviço gratuito sem *animus lucrandi* seria alcançado pelo ISS (preço obtido por estimativa ou arbitramento), visto que o Fisco não poderia admitir que a empresa ou o profissional autônomo, preparados para o exercício de uma atividade lucrativa, passasse a nada lucrar com suas vendas. Enfatizou que a liberalidade nascida da empresa controlada para com a empresa controladora (pessoas jurídicas absolutamente distintas, ambas sociedade por ações), no que tange a uma operação de prestação de serviços, não poderia atingir a parcela do tributo, pois esta não lhe pertenceria. O preço, para fins de tributação do ISS, seria tudo o que fosse cobrado em virtude da prestação de serviço e não só sob a forma financeira.

Entendo que, diante das peculiaridades constantes do aresto examinado, tem cabimento a cobrança do ISS, uma vez que a prestadora de serviços recebera valores monetários para fazer face aos seus dispêndios, a título de reembolso. Houve remuneração pelos referidos serviços, que se caracterizam como efetivo preço, não se cogitando de atividade gratuita. A circunstância dos valores pagos pelo tomador dos serviços não terem o rótulo de "preço", ou não serem suficientes para possibilitar um ganho para o prestador, é irrelevante para fins de incidência tributária.

O STJ não tratou de situação em que estivesse caracterizado o serviço gratuito (integral ausência de recebimento de valores) – tipificando a inexistência de preço – para que, aí então, pudesse ser afastada a incidência do ISS, por ausência de base de cálculo estipulada legalmente.

REFLEXÕES SOBRE A INTERVENÇÃO DO ESTADO NO DOMÍNIO ECONÔMICO E AS CONTRIBUIÇÕES INTERVENTIVAS

LUCIA VALLE FIGUEIREDO

Professora Titular de Direito Administrativo da PUC-SP – Advogada e consultora jurídica em São Paulo – Juíza aposentada do Tribunal Regional Federal da 3ª Região

1. Considerações primeiras: 1.1 A Ordem Econômica e Social na Constituição; 1.2 Possibilidade de intervenção estatal; 1.3 Formas de intervenção; 1.4 Limites da intervenção; 1.5 A protagonização pelo Estado da atividade econômica. 2. Contribuições interventivas: 2.1 O domínio econômico. 3. Breve análise da Lei 10.168/2000.

1. Considerações primeiras

1.1 A Ordem Econômica e Social na Constituição

Não podemos tratar do tema "Ordem Econômica" e, menos ainda, das *contribuições interventivas* sem nos fixarmos inicialmente sobre qual seja a intelecção do texto constitucional no que se refere à intervenção estatal na economia e às formas possíveis dessa intervenção.

O art. 170 da Constituição da República prescreve:

"Art. 170. A ordem econômica, fundada na valorização do trabalho humano e na livre iniciativa, tem por fim assegurar a todos existência digna, conforme os ditames da justiça social, observados os seguintes princípios:

"I – soberania nacional;

"II – propriedade privada;

"III – função social da propriedade;

"IV – livre concorrência;

"V – defesa do consumidor;

"VI – defesa do meio ambiente;

"VII – redução das desigualdades regionais e sociais;

"VIII – busca do pleno emprego;

"IX – tratamento favorecido para as empresas de pequeno porte constituídas sob as leis brasileiras e que tenham sede e administração no País.

"Parágrafo único. *É assegurado a todos o livre exercício de qualquer atividade econômica, independentemente de autorização dos órgãos públicos, salvo nos casos previstos em lei*" (grifamos).

1.2 Possibilidade de intervenção estatal

Verifica-se, pois, que a intervenção do Estado na ordem econômica justifica-se *se e na medida* da consagração dos valores assinalados no texto constitucional e pertinentes, sobretudo, à ordem econômica.

Isso porque o artigo 173 sublinha que a exploração direta da atividade econômica somente será permitida ao Estado *quando necessária aos imperativos de segurança nacional ou a relevante interesse coletivo, conforme definidos em lei.*

Intervir é *interferir, intrometer-se.* A intromissão será devida ou indevida, dependendo do respeito ou desrespeito às balizas constitucionais.

Portanto, é imperioso assinalar que, se a Constituição assinalou áreas de atuação do Estado, também demarcou áreas referentes à iniciativa privada.

Assim, como, sempre temos dito, há impossibilidade de se trazer para o regime privado aquilo que a Constituição outorgou ao setor público, para desempenho direto ou mediante *concessão, permissão ou autorização*; de outra parte, não se poderá "publicizar", ao alvedrio do legislador ordinário, o que for destinado à iniciativa privada nos termos constitucionais.

1.3 Formas de intervenção

1.3.1 A intervenção estatal pode-se dar pela *normatização* (artigo 174 do texto constitucional, abaixo transcrito),[1] *fiscalização* (mesmo artigo), pelo *incentivo* e *planejamento* (cogente para o setor público e indicativo para o setor privado).

O *controle de preços* também é uma das formas interventivas (fiscalização).

Demais disso, a *normalização do abastecimento*, por meio de *requisição*, é uma das maneiras interventivas, e, às vezes, repressiva.

A União ainda intervém na atividade econômica quando, por disposição constitucional, assume o *monopólio* (artigo 177 da Constituição Federal), ou quando atua por meio de *empresas estatais* (artigo 173), quando isso for necessário para implementar relevante interesse coletivo ou preservar a segurança nacional.

A *repressão ao abuso do poder econômico* (artigo 173, § 4º da Constituição) é da competência da União e dos Estados.

A *defesa do consumidor* (artigo 5º, inciso XXXII do texto constitucional) compete ao Estado, na forma da lei.

A *desapropriação*, sobretudo no concernente ao artigo 182, § 4º, inciso III da Constituição, chamada de *desapropriação-sanção,* é forma interventiva para assegurar o cumprimento da reforma urbana, preconizada no artigo 182 do mesmo texto constitucional.

O *planejamento*, como já assinalado, é, também, uma das formas interventivas. Os incentivos poderão ser dados *se e na medida*, de justificativa para tanto.

1.3.2 O § 1º do artigo 177 da Constituição Federal, com a redação da Emenda Constitucional 9, de 9.11.1995, permitiu que a União contratasse com empresas estatais ou privadas para a realização das atividades previstas nos seus incisos I a IV, "observadas as condições estabelecidas em lei".[2]

Em contrapartida, no § 2º do mesmo artigo, assentam-se os requisitos.[3]

1.4 Limites da intervenção

1.4.1 Já afirmamos, quer em nosso *Curso de Direito Administrativo*, quer em

1. "Art. 174. Como agente normativo e regulador da atividade econômica, o Estado exercerá, na forma da lei, as funções de fiscalização, incentivo e planejamento, sendo este determinante para o setor público e indicativo para o setor privado.

"§ 1º. A lei estabelecerá as diretrizes e bases do planejamento do desenvolvimento nacional equilibrado, o qual incorporará e compatibilizará os planos nacionais e regionais de desenvolvimento.

"§ 2º. A lei apoiará e estimulará o cooperativismo e outras formas de associativismo.

"§ 3º. O Estado favorecerá a organização da atividade garimpeira em cooperativas, levando em conta a proteção do meio ambiente e a promoção econômico-social dos garimpeiros.

"§ 4º. As cooperativas a que se refere o parágrafo anterior terão prioridade na autorização ou concessão para pesquisa e lavra dos recursos e jazidas de minerais garimpáveis, nas áreas onde estejam atuando, e naquelas fixadas de acordo com o art. 21, XXV, na forma da lei."

2. Cite-se o *caput* do art. 177 e os incisos aludidos:

"Art. 177. Constituem monopólio da União:

"I – a pesquisa e a lavra das jazidas de petróleo e gás natural e outros hidrocarbonetos fluidos;

"II – a refinação do petróleo nacional ou estrangeiro;

"III – a importação e exportação dos produtos e derivados básicos resultantes das atividades previstas nos incisos anteriores;

"IV – o transporte marítimo do petróleo bruto de origem nacional ou de derivados básicos de petróleo produzidos no país, bem assim o transporte, por meio de conduto, de petróleo bruto, seus derivados e gás natural de qualquer origem; (...)."

3. "Art. 177. (...).

"§ 2º. A lei a que se refere o § 1º disporá sobre:

outros trabalhos, que a grande questão é o limite da intervenção e se seria justificável à luz do desenvolvimento, da idéia de livre mercado.

É bem de ver que o Estado liberal, ou neoliberal, não pode ser o mesmo em todo o mundo, independentemente das ideologias de cada um de nós. Não pode ser o mesmo, dependendo obviamente do estado social, da chamada dívida social, dos traços de educação e cultura do povo, do nível de desenvolvimento, da renda (notadamente, da excessiva concentração de renda em nosso país e, infelizmente, nos países da América Latina) – enfim, do efetivo estágio de desenvolvimento da democracia e da cidadania.

Temos entendido que as livres forças do mercado não podem ficar sem peias ou amarras. Deveras, não podemos ambicionar desregulamentação total (tampouco propugnamos por engessamento da economia) em país de tamanhas desigualdades sociais.

Deveras, hoje – já com o respaldo do que os países em desenvolvimento começam a sentir e a se questionar, tal seja os enormes custos da globalização, sem ter, ainda, sacado o conseqüente proveito, tal é o desequilíbrio havido – repetimos, pode ser justificável a intervenção.

1.4.2 O texto constitucional permite a intervenção do Estado em situações como já apontadas e, até mesmo, a própria *protagonização* na atividade econômica, nos estritos limites do seu artigo 173.

As balizas da intervenção deverão ser, sempre e sempre, ditadas pela principiologia constitucional, pela declaração expressa dos fundamentos do Estado Democrático de Direito, dentre eles a *cidadania*, a *dignidade da pessoa humana*, os *valores sociais do trabalho e da livre iniciativa*.

"I – a garantia do fornecimento dos derivados de petróleo em todo o território nacional;

"II – as condições de contratação;

"III – a estrutura e atribuições do órgão regulador do monopólio da União."

Se é verdade, pois, que assegurada foi a *livre iniciativa*, em contrapartida garantiu a Constituição a *valorização do trabalho* e a *dignidade da pessoa humana*.

Não bastasse, fosse pouco, no artigo 3º considerou a Constituição expressamente, como objetivos fundamentais da República Federativa do Brasil, a *constituição de uma sociedade livre, justa e solidária*; a *erradicação da pobreza e da marginalização* e a *redução das desigualdades sociais*.

1.5 A protagonização pelo Estado da atividade econômica

1.5.1 Qualquer interpretação sobre a devida ou indevida intervenção estatal deverá ser tirada a lume desses princípios e dos próprios fundamentos do Estado Democrático de Direito, o que não nos cansamos de proclamar.

Com relação à criação de empresas estatais, portanto da *protagonização* pelo Estado da atividade econômica, cabe afirmar o argumento de que os termos *relevante interesse público* ou *segurança nacional* não podem traduzir conceitos vazios, despidos de significado.

Claro está que existe conteúdo, e, diríamos, conteúdo preenchível pelas prioridades que, ao longo do texto constitucional, foram alinhavadas.

Portanto, não se pense, não se suponha, que a expressão consagrada no texto constitucional, quer referente à *segurança nacional*, quer ao *relevante interesse coletivo*, possa ser um "abre-te sésamo" para o Estado, como, aliás, foi, e durante longo tempo, indevidamente.

1.5.2 Não obstante a antiga Constituição (Constituição de 1967 com a Emenda 1/69) já privilegiasse a iniciativa privada, o que vimos foi o Estado cada vez mais assumindo a atividade econômica, em detrimento da iniciativa privada, e – pior – assumindo-a por meio das estatais, com nenhuma ou escassa rentabilidade, exceto raras exceções.

Não se quer com essas afirmações fazer a apologia da privatização, sem as cautelas devidas, como vem sendo feita. De outra parte, é bem verdade que a escassa rentabilidade, a que aludimos, está diretamente referida à atuação do Estado, interferindo nas empresas, fazendo delas "cabides-de-empregos".

Enfim, utilizando-as como se fossem, essas empresas, parte da Administração Central, e não como pessoas jurídicas independentes.

Colocadas essas premissas, cabe-nos, agora, tratar do nosso objetivo precípuo neste estudo, das contribuições interventivas, arroladas no texto constitucional, no artigo 149.

2. *Contribuições interventivas*

2.1 O texto constitucional, em seu artigo 149, permite *exclusivamente* à União instituir *contribuições de intervenção no domínio econômico.* Evidentemente, tais contribuições devem se ajustar ao texto constitucional, ao regime constitucional tributário e destinarem-se efetivamente à intervenção da União.

Cite-se a íntegra do artigo 149:

"Art. 149. Compete exclusivamente à União instituir contribuições sociais, de intervenção no domínio econômico e de interesse das categorias profissionais ou econômicas, como instrumento de sua atuação nas respectivas áreas, observado o disposto nos artigos 146, III, e 150, I e III, e sem prejuízo do previsto no art. 195, § 6º, relativamente às contribuições a que alude o dispositivo.

"Parágrafo único. Os Estados, o Distrito Federal e os Municípios poderão instituir contribuição, cobrada de seus servidores, para o custeio, em benefício destes, de sistemas de previdência e assistência social."

2.2 Devemos inicialmente lembrar como se deve interpretar a Constituição. Ou, por outro giro, qual deve ser a maneira mais adequada de se fazer a exegese constitucional.

Trazemos à colação Friedrich Müller: "4. Princípio da unidade da constituição. Esse princípio ordena interpretar normas constitucionais de modo a evitar contradições com outras normas constitucionais e especialmente com decisões sobre princípios do direito constitucional. A "unidade da constituição" enquanto visão orientadora (*Leitbild*) da metódica do direito constitucional deve antepor aos olhos do intérprete, enquanto ponto de partida, bem como, sobretudo, enquanto representação do objetivo, a totalidade da constituição como um arcabouço de normas. Este, por um lado, não é destituído de tensões nem está centrado em si (*in sich ruhend*), mas forma, por outro lado, provavelmente um todo integrado como sentido. No quadro do que deve ser argumentativamente defendido e fundamentado em termos de método, o intérprete deve procurar ajustar eventuais contradições que apareçam como resultados parciais no processo da concretização de modo a harmonizá-las umas com as outras no resultado".[4]

Procuremos, pois, segundo as lições do mestre, interpretar, dessa forma, a Constituição, que "não se interpreta em tiras, aos pedaços".[5]

2.3 Márcio Severo Marques,[6] em sua magnífica dissertação de mestrado, acerca das contribuições, que coloca como espécie diferenciada dos impostos e das taxas averba:

"Observa-se que esse dispositivo constitucional, ao outorgar competência impositiva para a instituição de contribuições, estabelece a finalidade pela qual autoriza sua

4. Friedrich Muller, *Métodos de Trabalho no Direito Constitucional*, 2ª ed., São Paulo, Max Limonad, 2000, p. 84.

5. Eros Grau, *A Ordem Econômica na Constituição de 1988*, 6ª ed., São Paulo, Malheiros Editores, 2001, p. 189.

6. Márcio Severo Marques, *Classificação Constitucional dos Tributos*, São Paulo, Max Limonad, 2000, pp. 193, 194, 211.

instituição (especificando, assim, a destinação do produto de sua arrecadação), embora não indique as materialidades a serem utilizadas pela legislação ordinária.

"A contribuição de intervenção no domínio econômico é instrumento legal para gerar recursos destinados a cobrir despesas incorridas, ou a serem incorridas, pelo Estado em virtude de sua ingerência na economia (essa é a razão de sua instituição). Daí a necessidade de previsão legal de destinação específica para o produto de sua arrecadação, que deve ser aplicado no custeio dessa atividade, concernente à sua intervenção na economia, para implementação e efetivação de gastos e/ou investimentos pertinentes a setores específicos do mercado. (...)

"Não há, pois, no que tange ao aspecto material da hipótese tributária desta contribuição, nenhuma exigência constitucional relativa ao exercício de uma atividade estatal referida ao contribuinte. Em compensação, exige-se do Estado o emprego da verba arrecadada no custeio de sua intervenção em determinado setor da economia, intervenção esta que autorizou a instituição da contribuição.

"Daí a necessidade de que, além da norma de tributação (que veicula a contribuição de intervenção no domínio econômico), seja editada outra norma jurídica (ou outras), que prescreva ao Estado o dever de destinar o produto de arrecadação deste tributo ao custeio de sua intervenção na atividade econômica (em determinado setor da economia), finalidade da imposição do gravame. E a edição dessa norma jurídica (ou dessas normas) será condição de validade da norma tributária que veicular a contribuição de intervenção no domínio econômico. (...)

"Eis porque entendemos que, nas contribuições, não há qualquer medida de dimensão da grandeza econômica que corresponda ao especial benefício auferido pelo contribuinte ou a especial despesa que sua atividade provoca ao Estado, para efeito de determinação da base de cálculo do tributo. As materialidades indicadas pelo texto constitucional são absolutamente estranhas a qualquer atuação estatal, direta ou indiretamente referida ao contribuinte. E assim também serão as respectivas bases de cálculo (porque dimensionam aquelas materialidades), autorizando a conclusão de que as contribuições são tributos não vinculados, do ponto de vista da consistência material do antecedente normativo."

Conceituada o que é intervenção, torna-se claro que o Estado somente poderá intervir para assegurar os valores assinalados no texto constitucional como merecedores de custódia especial.

As contribuições interventivas no domínio econômico estão previstas no artigo 149 da Constituição da República, já citado, juntamente com as contribuições para seguridade social e no interesse de categorias profissionais ou econômicas. Tais contribuições serão instrumento de ação do Estado nas respectivas áreas.

Ser instrumento quer dizer meio da atuação estatal, atuação essa que, naquelas circunstâncias peculiares, deve ocorrer.

2.1 O domínio econômico

2.1.1 Impende, pois, fixar o conceito de domínio econômico para verificar em que hipóteses pode e deve a União criar tais contribuições interventivas.

Domínio econômico, ao que se nos afigura, compreende o conjunto de atividades desenvolvidas pela livre iniciativa. Portanto, constitui-se no centro de onde gravita a possibilidade de fazer riqueza, ou seja, a atividade econômica.

Domínio é a área de abrangência, portanto, *domínio econômico* é a extensão, na qual se compreendem as ações que envolvam a atividade privada no seu mister de fazer riquezas.

Domínio econômico opõe-se a *domínio público*, área de abrangência da atividade estatal.

2.1.2 Infere-se, pois, a primeira conseqüência: a União somente poderá instituir contribuição *sobre quem esteja a atuar em determinada área econômica, pois tais contribuições somente podem ser setoriais.*[7]

Não pode haver *contribuições interventivas gerais*, que atinjam todos, mesmo que, *mediatamente*, se beneficiem da atividade econômica.

2.1.3 Como segunda característica do regime jurídico desta exação temos que sua *finalidade,* ao contrário do que dispõe o artigo 164, IV da Constituição da República (que veda a vinculação dos impostos), lhe é absolutamente inerente. Não pode, pois, haver *contribuição interventiva sem destinação específica*, exatamente para cumprir a finalidade da dita intervenção, uma vez que o Estado *não deve intervir* (ordinariamente).

A intervenção, o imiscuir-se na atividade privada, somente se justifica, como vimos dizendo reiteradamente, em função dos valores constitucionais, que devam ser privilegiados. Em conseqüência, a intervenção estatal somente será constitucional, *quando, se, e como,* necessária.

2.1.4 A terceira característica da contribuição interventiva é *a falta da materialidade da hipótese de incidência,*[8] bem como dos *sujeitos passivos*. Todavia, certo é que os sujeitos passivos somente poderão ser os diretamente referidos à dita intervenção.

2.1.5 De outra parte, *a base de cálculo e a alíquota* devem respeitar a proporcionalidade, a razoabilidade, serem dispostas em lei e estarem atreladas diretamente aos limites da intervenção estatal. Em outro falar, o Estado não pode e nem deve criar contribuições excedentes ao que aportou e ao que deverá *efetivamente* aportar.

2.1.6 Outro traço característico das contribuições interventivas por força do artigo 149 da Constituição, é a necessidade de respeito aos gizamentos da lei complementar (artigo 146, III), e, também, ao artigo 150, I (princípio da legalidade) e 150, III (princípio da anterioridade).

2.1.7 E, por evidente, essas contribuições não podem invadir as competências impositivas dos outros entes constitucionais.

Luciano Amaro, ao abordar as contribuições interventivas no domínio econômico averba:

"(...) O que importa sublinhar é que a Constituição caracteriza as contribuições sociais pela sua destinação, vale dizer, são ingressos necessariamente direcionados a instrumentar (ou financiar) a atuação da União (ou dos demais entes políticos, na específica situação prevista no parágrafo único do art. 149) no setor da ordem social. (...)

"A segunda modalidade de exações previstas no art. 149 são as contribuições para intervenção no domínio econômico, que não receberam da Constituição atual um tratamento mais específico (ao contrário do que ocorria na anterior, art. 163, parágrafo único). Trata-se de contribuições que, à vista do próprio art. 149, só podem destinar-se a instrumentar a atuação da União no domínio econômico, financiando os custos e encargos pertinentes. A atuação do Poder Público nesse campo foi, porém, afetada pela disciplina que a atual Constituição conferiu à matéria; nos termos do art. 174, o planejamento do Estado, em relação ao setor privado, é meramente indicativo."[9]

Essas as breves reflexões sobre as contribuições interventivas. Passemos, agora, a uma breve análise casuística de determinada contribuição chamada de interventiva.

3. *Breve análise da Lei 10.168/2000*

A Lei 10.168/2000 está ementada da seguinte maneira: "Institui cobrança de intervenção de domínio econômico destinada

7. Ver, por todos, Misabel de Abreu Derzi, "Contribuições", *RDT* pp. 220-252.

8. Ver Márcio Marques, ob. cit. p. 211, e Roque Antonio Carrazza, *Curso de Direito Constitucional Tributário*, 16ª ed., São Paulo, Malheiros Editores, 2001, pp. 498-499.

9. Luciano Amaro, *Direito Tributário Brasileiro*, São Paulo, Saraiva, 1997, pp. 53-54.

a financiar o Programa de Estímulo de Interação Universidade-Empresa para o Apoio à Inovação e dá outras providências".

De fora a parte a terrível redação da ementa, começamos por dizer quão vaga é essa disposição, a descaracterizar, já de início, uma verdadeira contribuição.

Fosse pouco, a redação do artigo 1º é, ainda, mais primorosa, como se poderá observar: "Art. 1º - Fica instituído o Programa de Estímulo à Interação Universidade-Empresa para o Apoio à Inovação, cujo objetivo principal é estimular o desenvolvimento tecnológico brasileiro, mediante programas de pesquisa científica e tecnológica cooperativa entre universidades, centros de pesquisa e o setor produtivo."

Destaca-se, todavia, a finalidade de estimular *o desenvolvimento tecnológico brasileiro.*

Falando-se de "desenvolvimento tecnológico", vamos imediatamente à Constituição para averiguar qual o vetor dado no Capítulo IV da Constituição, cujo título é "*Da Ciência e Tecnologia*".[10]

Concluímos da leitura atenta dos artigos 218 e 219, transcritos em nota de rodapé, a impossibilidade de serem sujeitos passivos da exação quem não utilize tecnologia, quer importando-a, quer exportando-a.

Entretanto, verificamos que, por força do artigo 2º da Lei n. 10.168/2000,[11] qualquer pessoa a utilizar "licença de uso" também é sujeito passivo.

Ora, os franqueados detém licença de uso dos franqueadores. E, obviamente, nem todas as franquias utilizam-se da tecnologia, como concebida pelo texto constitucional, porém utilizam-se de marcas.

Não se pode conceber que a Constituição, ao falar de tecnologia, esteja a pensar em restaurantes (franqueados), em casas de modas (*griffes* estrangeiras que se instalam, sobretudo em São Paulo) franqueadas e tantas outras franquias, que não envolvem tecnologia.

A alíquota de contribuição estabelecida no artigo da mencionada lei é de 10% sobre os valores pagos, administráveis pela Receita Federal e destinados ao Fundo Na-

10. "Art. 218. O Estado promoverá e incentivará o desenvolvimento científico, a pesquisa e a capacitação tecnológicas.

"§ 1º. A pesquisa científica básica receberá tratamento prioritário do Estado, tendo em vista o bem público e o progresso das ciências.

"§ 2º. A pesquisa tecnológica voltar-se-á preponderantemente para a solução dos problemas brasileiros e para o desenvolvimento do sistema produtivo nacional e regional.

"§ 3º. O Estado apoiará a formação de recursos humanos nas áreas de ciência, pesquisa e tecnologia, e concederá aos que delas se ocupem meios e condições especiais de trabalho.

"§ 4º. A lei apoiará e estimulará as empresas que invistam em pesquisa, criação de tecnologia adequada ao País, formação e aperfeiçoamento de seus recursos humanos e que pratiquem sistemas de remuneração que assegurem ao empregado, desvinculada do salário, participação nos ganhos econômicos resultantes da produtividade de seu trabalho.

"§ 5º. É facultado aos Estados e ao Distrito Federal vincular parcela de sua receita orçamentária a entidades públicas de fomento ao ensino e à pesquisa científica e tecnológica."

"Art. 219. O mercado interno integra o patrimônio nacional e será incentivado de modo a viabilizar o desenvolvimento cultural e sócio-econômico, o bem-estar da população e a autonomia tecnológica do País, nos termos de lei federal."

11. "Art. 2º. Para fins de atendimento ao Programa de que trata o artigo anterior, fica instituída contribuição de intervenção no domínio econômico, devida pela pessoa jurídica detentora de licença de uso ou adquirente de conhecimentos tecnológicos, bem como aquela signatária de contratos que impliquem transferência de tecnologia, firmados com residentes ou domiciliados no exterior.

"§ 1º. Consideram-se, para fins desta Lei, contratos de transferência de tecnologia os relativos à exploração de patentes ou de uso de marcas e os de fornecimento de tecnologia e prestação de assistência técnica.

"§ 2º. A contribuição incidirá sobre os valores pagos, creditados, entregues, empregados ou remetidos, a cada mês, a residentes ou domiciliados no exterior, a título de remuneração decorrente das obrigações indicadas no *caput* deste artigo.

"§ 3º. A alíquota da contribuição será de dez por cento.

"§ 4º. O pagamento da contribuição será efetuado até o último dia útil da quinzena subseqüente ao mês de ocorrência do fato gerador."

cional de Desenvolvimento Científico e Tecnológico-FNDCT.

Consoante o artigo 4º, caberá ao Comitê Gestor definir o plano anual de investimento.

Portanto, o Estado resolve incrementar a tecnologia do país, e com essa *finalidade geral* cria uma contribuição para um investimento a ser buscado.

Em nosso entendimento infringiram-se abertamente os artigos 218 e 219 da Constituição, porque o que era obrigação do Estado (O Estado promoverá...) passou a ser inteiramente da iniciativa privada, onerando não apenas os que utilizam ou transferem tecnologia, mas, também, os que, pura e simplesmente, atendendo aos apelos estatais de abrir a economia, globalizá-la, utilizam-se de marcas, que nada têm de tecnologia.

Não, pelo menos, da tecnologia concebida pelos constituintes.

Evidentemente, o que se fez, foi, novamente, com a avidez do Fisco, infligir maus-tratos à Constituição.

O SIGILO BANCÁRIO E A GUERRA PELO CAPITAL

MISABEL ABREU MACHADO DERZI
Professora dos Cursos de Graduação e Pós-Graduação da Faculdade de Direito da UFMG
– Professora Titular das Faculdades Milton Campos

1. Introdução. 2. Fundamentos do direito ao sigilo bancário: 2.1. Fundamentos do sigilo em nosso País, antes do advento da Constituição de 1988; 2.2. O sigilo bancário na Constituição Federal de 1988. Princípios de regência à luz do entendimento do Supremo Tribunal Federal; 2.3. Breves considerações sobre o sigilo bancário na legislação comparada. 3. A Lei 9.613/98 e a Lei Complementar 105/01. 4. A aplicação retroativa da Lei Complementar 105/01 – Causas e efeitos (vão-se os dólares, ficam-nos os bandidos e os crimes). 5. Conclusões.

1. Introdução

O sujeito passivo e mesmo terceiros, de alguma forma relacionados com a obrigação tributária, têm o dever de colaborar com a Administração na investigação e apuração do fato imponível. Esse dever, que está estabelecido de forma difusa na Constituição, depende, não obstante, de expressa regulação legal, como estatui o art. 5º, inc. II da mesma Constituição: "ninguém será obrigado a fazer ou deixar de fazer alguma coisa senão em virtude de lei". Em princípio, respeitados os demais dispositivos da Carta, o legislador tem liberdade relativamente ampla para disciplinar e impor tais deveres. Em regra (exceções à parte), inexiste um direito de recusa do contribuinte ao cumprimento do dever.

A preocupação nuclear, nessa questão dos deveres de colaboração, deve enfocar então os limites dos poderes de fiscalização e investigação da Fazenda Pública, que encontram também claras fronteiras nos direitos e garantias constitucionais dos contribuintes em geral. Enfim, resta saber se existe um direito de recusa do contribuinte ou de terceiro (que não é parte naquela relação tributária) oponível à regra, pois a regra é o dever de colaboração com a Administração. Em princípio, quer esteja envolvido (ou não) o sigilo bancário, quer haja suspeita (ou não) de crime contra a ordem tributária, esse dever somente pode ser afastado:

- se ele não se baseia em lei, posta pela pessoa competente, sendo portanto despido de fundamento legal;
- se ele não é pertinente, seu cumprimento provocando desvantagens para o atingido sem esclarecer ou demonstrar o fato jurídico essencial;
- se ele é excessivo ou oneroso para a parte, quando outros meios mais fáceis e baratos são igualmente eficazes;
- se o cumprimento da exigência administrativa importa violação de outro direito fundamental, em especial a proteção da intimidade (de que o sigilo bancário é uma manifestação);
- finalmente, se a exigência não é cumprível pela parte ou terceiro, pois a informação não pode ser dada de conhecimento próprio, dependendo de documentos originais aos quais o colaborador não tem acesso (*ad impossibilia nemo tenetur*).

Enfim, o que a doutrina e a jurisprudência estabelecem, nos países ocidentais em geral, é a *razoabilidade* das exigências administrativas (v. na Alemanha, Klaus Tipke, *Steuerrecht. Ein systematischer Grundriss.* 9 V, Köln, Otto Schmidt KG., 1983, pp. 559-560).

Segundo a nossa ordem jurídica, no caso de terceiros, obrigados a informar ou a fornecer dados próprios do contribuinte úteis ao lançamento, a recusa pode estar legal ou constitucionalmente fundamentada na proteção da intimidade e no segredo profissional – inclusive bancário. A matéria encontra regência no art. 5º, X e XII, da Constituição de 1988; no Código Comercial, arts. 17 a 19; no Código Civil, art. 144; no Código de Processo Penal, art. 207; no Código Penal, arts. 325 e 154; na Lei 4.595, de 1964, que regula o dever legal de observância do segredo bancário – arts. 37 e 38 – com graves penas à infringência do sigilo; na Lei 4.728, de 1965, que disciplina o mercado de capitais; no Código Tributário Nacional, arts. 195 e 197; na Lei 7.492, de 1982, que define os crimes contra a ordem financeira, impondo penalidades à violação do sigilo bancário e na Lei Complementar n. 75, de 20 de maio de 1993.

Pelo menos esse sempre foi o entendimento da jurisprudência dominante de nossos tribunais superiores, diversas vezes reconfirmado e reforçado à luz da Constituição de 1988, ou seja, o sigilo bancário configura direito fundamental do contribuinte à privacidade (art. 5º, X e XII).

Não obstante, desde a Lei 9.613, de 3 de março de 1998, que dispõe sobre os crimes de "lavagem" de dinheiro, já se flexibilizara, para fins penais, o direito ao sigilo bancário. Finalmente, a Lei Complementar 105, de 10 de janeiro de 2001, inconstitucionalmente franqueou o acesso das autoridades e dos agentes fiscais tributários da União, dos Estados, do Distrito Federal e dos Municípios às informações bancárias, inclusive às contas de depósitos e aplicações financeiras dos contribuintes.

Os países-membros da OCDE (Organização de Cooperação e Desenvolvimento Econômicos), cerca de vinte e nove países, os mais ricos do mundo, reconhecem a importância da proteção do sigilo bancário, a necessidade de respeito à vida privada e aos interesses financeiros e comerciais do titular da conta, mas combatem o sigilo absoluto, pelos seguintes motivos:

a) crescimento constante da evasão fiscal, desaparecimento dos contribuintes que dissimulam seus ativos através de contas em bancos, provocando sensível queda da arrecadação;

b) injusta repartição da carga tributária entre os contribuintes (pois enquanto os assalariados pagam seus impostos, aqueles que vivem do capital se evadem ilicitamente) ou entre certas categorias de rendas (capital móvel, em relação ao imóvel);

c) elevação dos custos da administração do imposto;

d) do ponto de vista internacional: obstáculo à cooperação internacional; falseamento dos fluxos financeiros e de capital, orientando-se para os países que impedem o acesso das autoridades fiscais aos dados e informações bancárias (cf. Relatório da OCDE, intitulado "Melhorar o acesso às informações bancárias para fins fiscais", 2000).

É evidente que o fenômeno da globalização, da integração de mercados, acarretou o aumento considerável das transações internacionais. A evasão de capitais de um para outro país tem também recrudescido. A nova realidade leva os países interessados, exportadores de capital, a pressionarem os demais, importadores de capital, a adotarem as mesmas normas, a fim de se criarem condições objetivas que garantam a livre concorrência e a necessária segurança jurídica aos agentes econômicos envolvidos. A meta é reduzir aquilo que se convencionou chamar de efeito *Delaware* (busca incessante do Estado que ofereça maiores vantagens fiscais, menores exigências e sigilo mais forte) por meio de uma aproximação das diferentes ordens jurídicas partícipes.

Trava-se, na verdade, uma verdadeira guerra pelo capital, assim como pela conquista de mercados consumidores. Utilizam-se os organismos internacionais de fortes argumentos de convencimento (combate à sonegação e ao crime organizado na "lavagem de dinheiro"), que apenas escondem, muitas vezes, o real motivo da pressão: a luta pelo capital.

Mas, em nenhum momento, concluíram, os países-membros da OCDE ou da Comunidade Européia, que devem as Fazendas Públicas ter acesso direto (sem a intervenção de uma autoridade judicial, p. ex.) aos dados e informações bancárias do contribuinte, mas contentam-se em demonstrar a necessidade de uma flexibilização do direito ao sigilo. Em decorrência, muitos dos países-membros da OCDE obrigam a Administração a cientificar o contribuinte da pretensão de examinar-lhe as contas bancárias e lhe asseguram o direito de ser ouvido em juízo ou de agir judicialmente para impedir o desvelamento do segredo.

Portanto, mesmo considerando as pressões internacionais, é inexplicável que a Lei Complementar 105/2001, afrontando a nossa Constituição, tenha determinado a ruptura do sigilo bancário em face da Administração tributária, sem a intervenção judicial.

Em Seminário promovido pela Associação Brasileira de Direito Tributário, em Ihéus, Comandatuba, nos dias 24 e 25 de maio do corrente ano, Gustavo Loyola, ex-presidente do Banco Central do Brasil, ao examinar, do ponto de vista econômico, as conseqüências da Lei Complementar 105/2001, alertou para o risco do estímulo à fuga de capital, assim como para o possível incremento dos negócios paralelos, que não utilizam o sistema financeiro como intermediário (dolarização).

A ruptura do sigilo bancário, que a citada Lei Complementar desencadeia, ofende a segurança jurídica, fragiliza um direito constitucionalmente consagrado por razões de interesse público e, com isso, coloca o Brasil em posição desvantajosa na luta que se trava, em todas as nações, pela conquista de mercado consumidor e pela conquista do capital.

Nessas circunstâncias, é altamente relevante rever os fundamentos que nortearam as decisões do Supremo Tribunal Federal a respeito do tema e reconsiderar as tendências atuais, vigorantes nos países desenvolvidos, especialmente confrontados com o fenômeno da globalização e da intensidade crescente das transações internacionais.

2. Fundamentos do direito ao sigilo bancário

O sigilo bancário é aceito, implementado e necessário em todos os países desenvolvidos. É reconhecido como essencial ao sistema financeiro, baluarte do crédito e das relações comerciais em todo o mundo. Quanto a esse ponto não há dúvida, mesmo considerando os Relatórios mais recentes, elaborados na Comunidade Européia ou na OCDE (Organização de Cooperação para o Desenvolvimento Econômico). Discute-se apenas se tal sigilo deve ou não deve se sustentar, total ou parcialmente, em face das pretensões dos Fiscos e nas hipóteses de possível prática de ilícitos ou de crimes.

Os fundamentos do direito ao sigilo bancário têm raiz constitucional em vários sistemas jurídicos, sendo compreendido como direito fundamental do contribuinte à privacidade, à resistência à comunicação de dados que configuram desdobramento da personalidade da pessoa, direito à oposição e à negação de comunicação. Neles se incluem, entre outros, Brasil, Canadá, EE.UU., México, Áustria, Suíça, Portugal, Luxemburgo etc. Nesse caso, sempre será possível, em algum momento, uma resistência do contribuinte, em face de solicitações abusivas ou excessivas das Fazendas Públicas. Em outros países, o sigilo bancário não é um direito individual extraído da Constituição, tendo as Fazendas respectivas acesso direto às contas e registros dos contribuintes, embora tais dados sejam protegidos pelo segredo profissional e fiscal contra terceiros ou contra divulgação externa. Analisemos esses fundamentos e as justificações para sua ruptura ou flexibilização.

2.1 *Fundamentos do sigilo em nosso País, antes do advento da Constituição de 1988*

No Brasil, antes da Constituição de 1988, o tema foi tratado na doutrina, salvo raras exceções, como questão infraconstitucional. O segredo bancário, no Brasil, decorria principalmente de textos legais, como o Código Comercial, arts. 17 a 19; Código Civil, art. 144; Código de Processo Civil, art. 347; Código de Processo Penal, art. 207; Código Penal, arts. 325 e 154; Lei 4.595, de 1964, que regula o dever legal de observância do segredo bancário – arts. 37 e 38 – com graves penas à infringência do sigilo; Lei 4.728, de 1965, que disciplina o mercado de capitais; Código Tributário Nacional, arts. 195 e 197; e Lei 7.492, de 1982, que define os crimes contra a ordem financeira, impondo penalidades à violação do sigilo bancário.

Antes da Constituição de 1988, sobre a interpretação conjugada desses distintos diplomas legais surgiram controvérsias ardentes. As instituições financeiras defenderam o sigilo bancário com vigor, entendendo não ter o Código Tributário Nacional derrogado parcialmente a Lei 4.595/64, nem autorizado exceções, perante o Fisco, ao dever de reserva. O Banco Central não se pronunciou sobre as relações entre as Fazendas Públicas e as instituições financeiras, mas recusou-se a servir de instrumento para sujeitá-las às requisições feitas pelo Fisco. Por sua vez, as Fazendas Públicas, escoimadas na redação obscura e contraditória do art. 197 do Código Tributário Nacional, pugnaram pela inexistência do segredo profissional bancário perante o Fisco.

Merece destaque a excelente pesquisa sobre o assunto, da lavra do então Consultor Geral Carlos Alberto Hagstrom, redator do Parecer DEJUR 453/88 do Banco Central, que consolida o pensamento jurídico daquela Entidade. Citando os melhores autores da época (Robert Henrion, *Le Secret Professionnel du Banquier*, ed. Institut de Sociologie et l'Université Libre de Bruxelles, 1968; G. Ruta, "Le Secret Bancaire en Droit Italien"; J. Barmann, "Le Secret Bancaire em Allemagne Fedérale"; C. Gavalda e J. Stouffet, "Le Secret Bancaire en France"; M. Muller, "Le Secret Bancaire aux Pays-Bas", todos in *Rapport National du Colloque Organizé par le Centre d'Économie Bancaire Internationale et le Centre Universitaire d'Études des Communautés Européennes de l'Université de Paris I*, les 15 et 16 Octobre 1971, PUF, 1973), o Parecer 453/88 referido traz uma resenha do Direito Comparado, examina o tema à luz do Direito Penal e sobretudo a posição do Banco Central em face da matéria. No aludido Parecer do Departamento Jurídico do Banco Central, o sigilo bancário é posto como prática, nascida para proteger interesses privados (dos comerciantes, banqueiros e seus clientes), mas prática que ganhou foros de universalidade por atender, simultaneamente, ao interesse público, social e coletivo. Consolidando-se como variante do segredo profissional, o sigilo bancário foi disciplinado pelas leis comerciais, civis e penais dos mais diferentes países e sua infringência punida severamente como crime.

"A concepção moderna da atividade bancária como especialização técnica, captação de poupança, investimentos, distribuição ordenada do crédito, financiamento contínuo e adequado sistema de pagamentos, a coloca como serviço de interesse geral, onde se dá o entrelaçamento do público e do privado" (cf. Hagstrom, ob. cit., p. 6).

E, citando J. Barmann, esclarece o citado Parecer que, estando a economia bancária assentada na confiança, o "segredo bancário é considerado, a título justo, como um dos pilares do crédito e a garantia de uma economia sã" (cf. ob. cit., p. 8).

De fato, nos escritos estrangeiros ou nacionais mais fundamentados, o sigilo bancário assenta-se em um tripé, configurando, ao mesmo tempo:

• um direito individual do cliente, que não quer divulgar fatos comerciais, financeiros ou familiares, reconhecidos como uma projeção de sua personalidade (direito à privacidade e à intimidade);

• dever do profissional (banqueiro) à discrição e, ao mesmo tempo, um direito à reserva quanto aos nomes dos clientes, segredo comercial que integra o seu fundo de comércio;

• garantia de interesse público, em favor do sistema bancário e de crédito, assim como de segurança do Estado ou da sociedade.

Como um desdobramento do direito à privacidade, à inviolabilidade do domicílio e da correspondência, no dizer de Pontes de Miranda, o bem protegido no direito ao sigilo é "a liberdade de negação", de resistência e oposição à divulgação.

Assim, mesmo antes da Constituição de 1988, a estrutura essencial desse direito ao segredo residia na faculdade de manter o sigilo e de resistir à revelação. Assim também o definiam e analisavam penalistas brasileiros como Nelson Hungria (*Comentários ao Código Penal*, Forense, 1958, v. VI, p. 257) e Magalhães Noronha (*Direito Penal*, Saraiva, 1981, v. 2, pp. 208-210). Vendo incluído no crime de violação do segredo profissional, o segredo bancário, admitiam como *justa causa*, capaz de afastar a ilicitude, apenas as excludentes gerais – estado de necessidade, legítima defesa, estrito cumprimento do dever legal, exercício regular do direito e o prévio assentimento do cliente. (V. Nelson Hungria, ob. cit., p. 272).

Mas vários debates se travaram, ardorosamente, na abordagem do sigilo bancário em relação ao Fisco. É que a Lei 4.595/64, além de incluir tal espécie de segredo, como dever profissional das instituições financeiras em geral, impôs penas elevadas à sua infringência. São exceções permitidas, impostas sob as condições e as cautelas da lei, as informações prestadas ao Poder Judiciário; ao Poder Legislativo Federal e às suas Comissões Parlamentares de Inquérito; às autoridades e agentes fiscais. Segundo o § 5º do art. 38, da Lei 4.595/64, os agentes tributários federais e estaduais poderão examinar "documentos, livros e registros de contas de depósitos", cumpridas as seguintes condições: haver "processo instaurado"; haver declaração de "indispensabilidade" do exame da documentação solicitada pela "autoridade competente".

Cedo o núcleo dos conflitos em torno do dispositivo centrou-se na interpretação dos limites e extensão da expressão "processo instaurado". As autoridades fazendárias pleitearam a inexistência de distinção entre procedimento fiscal e processo. Entretanto as instituições financeiras sempre defenderam a tese de que o processo somente se instaura em juízo, com a "definição de seu objeto e a intimação regular do sujeito passivo". (V. Camargo Vidigal, "O Sigilo Bancário e o Fisco", Parecer publicado pelo Instituto Brasileiro de Capacitação Bancária, Separata, *Cadernos IBCB* n. 3).

Com o advento do Código Tributário Nacional, lei complementar de normas gerais, no sentido material (Lei 5.172/66), surgem novas dissensões em torno do tema. A primeira no sentido de se saber se estariam derrogados os §§ 5º e 6º do art. 38 da Lei 4.595/64; a segunda em torno das aparentes contradições entre os dispositivos do art. 195 e incs. II e VII do art. 197 e seu parágrafo único, todos do próprio CTN. É que o art. 195 estabelece não valer, perante os poderes de investigação e fiscalização da Administração Fazendária, qualquer dispositivo legal excludente ou limitativo do direito ao exame dos livros, documentos e arquivos dos comerciantes, industriais ou produtores. O art. 197, por sua vez, no inciso II, proclama que "os bancos, casas bancárias, Caixas Econômicas e demais instituições financeiras" estão obrigados a prestar, mediante intimação escrita, todas as informações à autoridade administrativa em relação aos bens, negócios ou atividades de terceiros. Entretanto, o parágrafo único do mesmo artigo 197 *exclui da obrigação de informar*, nele disciplinada, os fatos "sobre os quais o informante esteja legalmente obrigado a observar segredo em razão de cargo, ofício, função, ministério, atividade ou profissão".

À luz do citado parágrafo único do art. 197 do CTN, portanto, nenhuma lei especial reguladora do segredo profissional ou funcional estará revogada ou derrogada em face das prerrogativas da Administração fazendária. O sigilo bancário mantém-se, assim, inteiramente disciplinado pela Lei 4.595/64, cujos requisitos e condicionamentos *não* seriam incompatíveis com os deveres impostos pelo CTN. Nesse sentido, pela integração harmônica entre os distintos diplomas legais, há também jurisprudência dos tribunais superiores como na Ap. Cível 47875-MG do antigo Tribunal Federal de Recursos e no RE 71640-BA do Supremo Tribunal Federal.

Apontando na mesma direção pela vigência do art. 38 (§§ 5º e 6º) da Lei 4.595/64, o brilhante Parecer DEJUR 453/88 do Banco Central conclui: "Eventuais pedidos de informações e de documentos, formulados por agentes fiscais e por autoridades tributárias ao Banco Central, podem ser atendidos, desde que observem o disposto nos §§ 5º e 6º do art. 38, da Lei 4.595 (processo instaurado e declaração de indispensabilidade), devendo entender-se que aqueles dispositivos não foram revogados pelo Código Tributário Nacional" (cf. Carlos A. Hagstrom, ob. cit., p. 60).

Seja como for, tais polêmicas ficaram em grande parte amainadas com o advento da Constituição de 1988. Ao contrário do que dizem os mais incautos, especialmente textos e documentos emanados da Receita Federal, o tema do sigilo bancário convergiu, a partir dos anos noventa, na legislação diversificada dos países ocidentais, para alguns pontos comuns, cujos reflexos se fazem sentir em nossos tribunais, em especial na interpretação dada pelo Supremo Tribunal Federal à Constituição de 1988.

2.2 *O sigilo bancário na Constituição Federal de 1988. Princípios de regência à luz do entendimento do Supremo Tribunal Federal*

"Art. 5º. (...)

"X – são invioláveis a intimidade, a vida privada, a honra e a imagem das pessoas, assegurado o direito à indenização pelo dano material ou moral decorrente de sua violação;

"XII – é inviolável o sigilo da *correspondência* e das comunicações telegráficas, *de dados* e das comunicações telefônicas, salvo no último caso, por ordem judicial, nas hipóteses e forma que a lei estabelecer para fins de investigação criminal ou instrução processual."

O sigilo de dados, pela primeira vez, veio integrar o rol dos direitos e garantias individuais, na Constituição de 1988 (art. 5º, XII). Configura, segundo a doutrina, desdobramento do direito fundamental à privacidade (art. 5º, X), o qual integra a Declaração Universal dos Direitos do Homem, de 1948 – art. 12. Opõe-se, de certa forma, ao público-político, que é dominado pelos princípios da transparência, da publicidade e da igualdade; o social-privado, na acepção atual, rege-se pelo princípio da diferenciação, da exclusividade e da faculdade de resistir ao devassamento, de negação de comunicação.

Tércio Sampaio Ferraz Jr., citando Pontes de Miranda, explica que o objeto, o bem protegido no direito à privacidade e no sigilo de dados é "a liberdade de 'negação' de comunicação de pensamento. O conteúdo, a faculdade específica atribuída ao sujeito é a faculdade de resistir ao devassamento, isto é, manter o sigilo (da informação materializada na correspondência, na telegrafia, na comunicação de dados, na telefonia). A distinção é importante. Sigilo não é o bem protegido, não é o objeto do direito fundamental. Diz respeito à faculdade de agir (manter sigilo, resistir ao devassamento), conteúdo estrutural do direito" (cf. "Sigilo de dados: O Direito à Privacidade e os Limites à Função Fiscalizadora do Estado", in *Cadernos de Direito Tributário e Finanças Públicas*, Ed. RT, n. 1, pp. 141-154).

Com propriedade, observa Arnoldo Wald:

"O sigilo bancário se enquadra no conceito mais amplo do segredo profissional, que tem merecido uma proteção muito ampla, ensejando sua violação caracterização como crime (art. 154 do Código Penal). (...)

"O cliente não quer divulgar determinados fatos que, hoje, são reconhecidos como constituindo um reflexo e uma projeção de sua personalidade;

"o profissional, por sua vez, considera a discrição como elemento do seu fundo de comércio e, por outro lado, os nomes dos clientes constituem um verdadeiro segredo comercial e integram o seu fundo de comércio.

"Chegou-se até a afirmar que o sigilo bancário constitui as pilastras do crédito e a garantia de uma economia sadia" (cf. Arnoldo Wald, "O Sigilo Bancário no Projeto de Lei Complementar de Reforma do Sistema Financeiro e na Lei Complementar n. 70", in *Cadernos de Direito Tributário e Finanças Públicas*, Ed. RT, n. 1, pp. 196-209).

O indivíduo e as instituições podem decidir por si, quando, como e até que ponto uma informação sobre eles pode ser comunicada a outrem. Assim, o direito à privacidade "abrange atualmente o de impedir que terceiros, inclusive o Estado e o Fisco tenham acesso a informações sobre o que se denominou 'área de manifestação existencial do ser humano'" (cf. Celso Ribeiro Bastos, *Comentários à Constituição de 1988*, v. 2, p. 63).

E complementa Arnoldo Wald: "Na realidade, a grande distinção entre o Estado de Direito e o Estado totalitário consiste na garantia das liberdades e dos direitos individuais, ou seja, no direito de fazer tudo que a lei não proíbe e de só ter que fazer aquilo ao qual está obrigado em virtude de lei" (cf. ob. cit., p. 202).

Mas o direito ao sigilo serve também à sociedade, ao Estado e à segurança coletiva. A afirmação se torna evidente quando a Constituição concede ao indivíduo o instrumento do *habeas data,* por meio do qual todos podem receber dos órgãos públicos, informações de seu interesse particular ou de interesse coletivo ou geral, "ressalvadas aquelas cujo sigilo seja imprescindível à segurança da sociedade e do Estado" (art. 5º, inciso XXXIII).

Apesar da clareza das normas constitucionais, as Fazendas Públicas, ainda hoje, insistem na inexistência de um sigilo bancário como direito fundamental. Ou mesmo admitindo o direito, opinam pela ausência do direito de oposição à comunicação de dados pessoais frente as pretensões fazendárias, ora aderindo a uma interpretação do Código Tributário Nacional já superada, ora invocando a derrogação da Lei 4.595/64. Errôneos são os conceitos expendidos a respeito do direito estrangeiro sobre o assunto, uma vez que vários trabalhos desenvolvidos pelo Fisco desconhecem a posição dos tribunais de cada país invocado e desatualizados são os autores citados para falar sobre a Constituição de 1988 e o direito à privacidade. (É o caso de se invocar Aliomar Baleeiro, sem dúvida um dos maiores mestres do Direito Tributário em todos os tempos, mas que, infelizmente, não tendo sobrevivido à Constituição de 1988, não formulou juízos que necessariamente dependem da nova Carta brasileira (v. Luiz Marcello Costa de Brito, "Sigilo Bancário, aspectos fiscais e jurídicos", in *Tributação em Revista,* n. 12, abr.-jun. de 1995, pp. 55-63).

Entretanto, o Supremo Tribunal Federal já se pronunciou sobre essas questões em tema de suma relevância, ou seja, em matéria penal. O *leading case* está materializado na petição que lhe foi formulada pelo Delegado da Polícia Federal, atinente ao inquérito policial n. 01.073/92-SR/DPFDF, solicitando autorização judicial para que os gerentes das agências do Bamerindus informassem a conta corrente e os extratos de contas bancárias em nome do ex-Ministro Antonio Rogério Magri e de sua esposa. Baseava-se o pedido em notícia de jornal, segundo a qual "duas cintas das usadas pelos bancos para prender dinheiro – nos valores de Cr$ 5 milhões e Cr$ 1 milhão – foram encontradas no lixo da mansão (...)"

É sempre citado o teor da ementa do acórdão, relativo à petição n. 00005775/170 do STF:

"Ementa: Constitucional. Penal. Processual penal. Sigilo bancário: quebra. Lei n. 4.595, de 1964, art. 38.

"I – Inexistentes os elementos de prova mínimos de autoria de delito, em inquérito regularmente instaurado, indefere-se o pedido de requisição de informações que implica quebra do sigilo bancário. Lei 4.595, de 1964, art. 38.

"II – Pedido indeferido, sem prejuízo de sua reiteração" (Rel. Min. Carlos Velloso, sessão plenária, maioria, vencido o Min. Marco Aurélio Mello, março de 1992).

Dos votos exarados pelos membros da Corte Constitucional brasileira, podemos extrair as seguintes conclusões:

• o sigilo bancário decorre do direito à privacidade inerente à personalidade das pessoas, consagrado na Constituição Federal em seu art. 5º, inc. X, *e protege tanto interesses privados como finalidades de ordem pública, a saber, o sistema de crédito* (v. voto do Min. Carlos Velloso);

• o sigilo bancário não é um princípio absoluto (v.voto Min.Carlos Velloso);

• as exceções ao sigilo bancário estão previstas na Lei 4.595/64, que continua em vigor (v. voto Min. Carlos Velloso);

• o Poder Judiciário pode requisitar relativamente a pessoas e instituições, informações que implicam quebra do sigilo (Lei 45.95/64, art. 38, § 1º); entretanto, mesmo havendo inquérito policial instaurado, deverá proceder com a cautela, prudência e moderação inerentes à magistratura (v. voto Min. Carlos Velloso);

• são requisitos essenciais para a quebra do sigilo que o pedido venha fundamentado com o indiciamento do acusado; com "os elementos de prova mínimos de autoria de delito" ou "de sua materialidade" (v. voto Min. Carlos Velloso) ou "elementos fundados de suspeita, com a existência concreta de indícios e reveladores de possível autoria de prática delituosa" (v. voto Min. Celso de Mello);

• não é bastante para a quebra do sigilo o mero *"status suspicionis,* sem outros dados mais consistentes" (v. voto Min. Celso de Mello);

• mas deve haver uma "relação de pertinência entre a prova pretendida, com as informações bancárias, e o objeto das investigações em curso" (v. voto Min. Sepúlveda Pertence), pois é necessário "que se demonstre ao Supremo Tribunal Federal que a providência requerida é indispensável ao êxito das investigações" (v. voto Min. Célio Borja).

E ainda se ressalte do voto do Min. Carlos Velloso: "O sigilo bancário pode, pois ser afastado. Mas afastado como? Tenho, tal como entende o Sr. Ministro Marco Aurélio, que a Lei 4.595/64 foi recepcionada, em termos gerais, pela Constituição de 1988. Vou além, apesar de não ser hora de debatermos a questão: parece-me, até, que a Lei 4.595/64 foi recepcionada como lei complementar, tendo em vista o disposto no art. 192, da Constituição, a estabelecer que 'o sistema financeiro nacional, estruturado de forma a promover o desenvolvimento equilibrado do País e a servir aos interesses da coletividade, será regulado em lei complementar (...)'. Registrei que há quem afirme que as novas leis originárias, que cuidam do sigilo dos bancos e das entidades financeiras, ultimamente promulgadas, seriam inconstitucionais, por isso que estariam alterando lei complementar, na medida em que alteram e modificam as regras inscritas no art. 38 da Lei 4.595/64. Repito, entretanto, que estou de acordo em que a Lei 4.595/64 foi recepcionada pela Constituição de 1988. Estou plenamente de acordo no sentido de que tem vigência o art. 38, § 1º, da Lei 4.595/64, que autoriza o Poder Judiciário a requisitar informações que implicam quebra do sigilo bancário. Agora, aí é que reside a minha divergência com o Sr. Ministro Marco Aurélio: *é que sustento que o segredo somente pode ser afastado diante, por exemplo, de um pro-*

cedimento criminal ou de um inquérito policial formalmente instaurado, em que haja indiciamento do acusado, com a indicação do delito praticado, com, pelo menos, um início de prova relativamente à autoria e à materialidade."

Constatamos, então, que o entendimento do Supremo Tribunal Federal converge para o mesmo sentido dado por outros sistemas jurídicos, ao sigilo bancário. Extraído diretamente do Texto Constitucional, não basta para excepcioná-lo nem mesmo a edição de uma lei complementar – pois a Lei 4.595/64 assim foi recepcionada pela Constituição, segundo a visão do Relator do acórdão, Min. Carlos Velloso. Mesmo o Poder Judiciário, que indubitavelmente pode afastar o sigilo bancário, mormente em matéria penal, à luz da própria Lei 4.595/64, não é livre para fazê-lo, sem o cumprimento de determinados requisitos materiais. O Supremo Tribunal Federal não se satisfaz, portanto, para rompimento do sigilo bancário, um direito fundamental constitucionalmente consagrado, com a edição de uma lei complementar autorizativa, se essa lei complementar, em seu conteúdo, não contiver requisitos mínimos – existindo investigação em inquérito penal formalmente instaurado – tais como:

• existência de início de prova quanto à ocorrência do delito, da autoria do delito e sua materialidade (princípio da objetividade material);

• existência de pertinência ou relação necessária entre a documentação cuja revelação se pede e o objeto criminalmente investigado (princípio da pertinência e adequação);

• imprescindibilidade da quebra do sigilo para o êxito das investigações (princípio da proibição de excesso).

A decisão do Superior Tribunal de Justiça (RE 37.566-5-RS), posterior àquela do Supremo Tribunal Federal, datada de 2 de fevereiro de 1994, nega o livre acesso da "autoridade administrativa fiscal" às informações e registros entregues à guarda bancária, interpretando a expressão contida na Lei 4.595/64 – *processo instaurado* – como processo judicial e negando valia ao art. 8º da Lei 8.021/90. E nem poderia ser de outra maneira.

Se, de acordo com o Supremo Tribunal Federal, o Poder Judiciário, expressamente autorizado pela Lei 4.595/64 a requisitar informações às instituições financeiras, está limitado e condicionado, em suas decisões, à observância de certos requisitos mínimos, acautelatórios e moderadores, assecuratórios da garantia constitucional do sigilo bancário, expressão do direito à privacidade, os demais Poderes, quer se trate do Legislativo, quer do Ministério Público em investigação penal ou da Administração Fazendária no lançamento e fiscalização dos tributos, não gozam, nem poderiam gozar, de livre acesso, incontrastável, às informações bancárias. A possibilidade de oposição e resistência do contribuinte – essência e núcleo do direito à privacidade – seria nulificada se não fosse ouvido em juízo, ou se não pudesse opor à pretensão fazendária ou a eventuais abusos em inquérito penal, defesa oportuna.

A Lei Complementar 75, de 20 de maio de 1993, que dispõe sobre a organização, as atribuições e o estatuto do Ministério Público da União, dispõe:

"Art. 6º. Compete ao Ministério Público da União: (...)

"XVIII – representar:

"a) ao órgão judicial competente para quebra de sigilo da correspondência e das comunicações telegráficas, de dados e das comunicações telefônicas, para fins de investigação criminal ou instrução processual penal, bem como manifestar-se sobre representação a ele dirigida para os mesmos fins; (...)."

E no art. 8º:

"Para o exercício de suas atribuições, o Ministério Público da União poderá, nos procedimentos de sua competência: (...)

"IV – requisitar informações e documentos a entidades privadas; (...)".

É claro que o Ministério Público tem poderes para requisitar diretamente informações ou documentos, cuja cessão não implique quebra do sigilo bancário e somente dentro dessas limitações deve ser compreendido o art. 8º, IV acima transcrito. Todas as vezes, e a citada Lei Complementar 75/93 nesse ponto é clara, que uma providência, requisição ou medida a ser tomada pelo Ministério Público implicar a perda ou redução de uma garantia constitucional, caberá tão-somente representar ao órgão judicial competente, para obtenção expressa do mandado (art. 6º, XVIII, "a" da Lei comentada). E a decisão judicial pressupõe necessariamente, ainda à luz da Constituição, processo regular, *devido processo legal e direito à defesa.*

Outra inteligência da Lei Complementar 75/93 é incompatível com o Texto da Constituição Federal e não será aceita pelo Supremo Tribunal Federal, o qual, como já foi visto, impõe ao próprio Poder Judiciário restrições mínimas a serem obrigatoriamente observadas nas hipóteses de exceção ao direito à privacidade (sigilo bancário). Caberia tal rigor limitativo apenas para o Poder Judiciário e não para o Ministério Público, o qual, pairando acima do Supremo Tribunal Federal e da Constituição, decidiria quando, onde, como e de quem requisitaria informações às instituições financeiras? Evidentemente que não. Esse o entendimento proclamado no RECR-215301/CE, sendo Relator o Min. Carlos Velloso:

"Ementa: Constitucional. Ministério público. Sigilo bancário: Quebra. CF, art. 129, VIII.

"A norma inscrita no inc. VIII, do art. 129, da CF, não autoriza ao Ministério Público, sem a interferência da autoridade judiciária, quebrar o sigilo bancário de alguém. Se se tem presente que o sigilo bancário é espécie de direito à *privacidade*, que a CF consagra, art. 5º, X, somente autorização expressa da Constituição legitimaria o Ministério Público a promover, diretamente e sem a intervenção da autoridade judiciária, a quebra do sigilo bancário de qualquer pessoa. RE não conhecido" (2ª T., v.u., julgamento em 13.4.1999, *DJ* 28.5.1999, pp 24; *Ement.* v. 1.952, p. 1.303).

Aliás, ao contrário do que se supõe, a inteligência da Lei 4.595/64 e da Lei Complementar 75/93 somente pode ser feita às luzes da Constituição de 1988, e assim pressupõe representação encaminhada ao Poder Judiciário e obriga ao processo judicial. E, conclusão lógica, as referidas leis não poderiam afastar, como de fato não o fazem, outros princípios constitucionais fundamentais que complementam o direito à privacidade, constantes de nossa atual Carta Magna, como o *devido processo legal* (art. 5º, LV: "aos litigantes, em processo judicial ou administrativo, e aos acusados em geral são assegurados o contraditório e ampla defesa, com os meios e recursos a ela inerentes").

É de suma relevância destacar que o Supremo Tribunal Federal deixou assentados os seguintes pontos:

1) o sigilo bancário é um direito individual do contribuinte à privacidade e à intimidade, constitucionalmente garantido, que o protege da divulgação de fatos comerciais, financeiros e familiares, reconhecidos como uma projeção de sua personalidade;

2) trata-se de um direito relativo, jamais absoluto, que pode ser quebrado todas as vezes que se materializarem aqueles requisitos mínimos, indicativos da existência do delito (inclusive sonegação) e da imprescindibilidade da prova;

3) o contribuinte e o banco podem opor resistência judicial ao desvelamento, quer em face da Fazenda Pública, quer em face do Ministério Público, quando a pretensão das autoridades públicas for abusiva ou ilegal;

4) o sigilo bancário, a par de configurar um direito individual à privacidade, corresponde ainda a uma importante garantia de interesse público, consagrado em favor do sistema bancário e financeiro, da segurança coletiva e do crédito;

5) lei complementar não pode abrir exceções, reduzindo, modificando ou anulando direito consagrado na Constituição, para franquear o acesso direto, sem intervenção judicial, quer das Fazendas, quer do Ministério Público.

O advento da Lei Complementar 105, de 10 de janeiro de 2001, na parte em que autoriza a ruptura do sigilo em face das autoridades e dos agentes fiscais tributários da União, dos Estados, do Distrito Federal e dos Municípios, fere fundamente a Constituição Federal.

É preciso, não obstante, saber se a Constituição nesse aspecto se mostra retrógrada, desatualizada, pois se diz que, nas legislações dos mais diversificados países, prevalece hoje a tendência de se garantir o livre acesso dos Fiscos às informações bancárias e aos registros dos contribuintes. Resta saber, enfim, se o princípio da proteção da privacidade e do sigilo bancário continua sendo um princípio universal.

2.3 Breves considerações sobre o sigilo bancário na legislação comparada

Após examinar o tratamento da matéria no Direito Comparado, concluiu Hagstrom: "Esta resenha demonstra que, apesar das peculiaridades legislativas de cada país, há uma uniformidade de princípios. Primeiro: a regra é a observância escrupulosa do segredo bancário; segundo: o segredo não é absoluto; terceiro: as derrogações do segredo decorrem de previsões legais expressas e, muitas vezes, minuciosas" (cf. Parecer cit., p. 16).

Atualizando os estudos feitos por Hagstrom para a década de noventa, já dissemos, em outra oportunidade, que os mesmos princípios se mantiveram firmes. Baseamos nossas sínteses nos *Cahiers de Droit Fiscal International,* v. LXXVIb, editados pela *International Fiscal Association (IFA),* de 1991, que contém os relatórios de trinta países diferentes sobre a proteção da informação confidencial no Direito Tributário. Dados mais recentes recolhemos do Relatório da OCDE (Organização de Cooperação e de Desenvolvimento Econômicos), intitulado *Melhorar o acesso às informações bancárias para fins fiscais,* 2000.

Tanto os países desenvolvidos – a exemplo dos Estados Unidos, Canadá, Japão e os membros da Unidade Européia – ou em desenvolvimento, consideram importante o sigilo bancário, embora nenhum deles admita que o segredo comercial e financeiro possa ser erigido em abrigo ao crime de sonegação ou à "lavagem" de dinheiro proveniente da prática do ilícito. Em toda a parte, procura-se oferecer segurança aos clientes de bancos e aos aplicadores financeiros, com o fito de atrair o capital, ou pelo menos, de não afugentá-lo para outras praças, onde haja uma longa e estável política de proteção ao sigilo bancário frente as requisições das autoridades fiscais, como aquela existente no Luxemburgo, na Áustria, na Suíça ou nos chamados paraísos fiscais.

Para os vinte e nove países que integram a OCDE (v. Relatório *Melhorar o acesso...*), é importante proteger a confidencialidade dos negócios financeiros das pessoas físicas e jurídicas, e a flexibilização do sigilo, para fins fiscais, deve ser feita cuidadosamente, sob pena de desestabilização do sistema financeiro. Assim, se todos reconhecem a necessidade do sigilo, todos também têm consciência de que tal sigilo pode ensejar fraude fiscal, dissimulação e sonegação. Em conseqüência os governos de todos os países-membros dão às autoridades fiscais acesso às contas e informações bancárias, de forma direta ou indireta (por meio da intervenção de uma autoridade judicial, p. ex.). Uma minoria limita o acesso às questões penais extrafiscais (Suíça).

Portanto no tratamento jurídico do sigilo bancário, na atualidade, pesam questões opostas, conflitos ou pesos contrapostos, todos de profundo interesse social, público e coletivo. De um lado, não são raras as constituições que o enxergam como direito fundamental do cidadão, que se opõe ao devassamento de sua privacidade por meio da divulgação de dados pessoais, direito socialmente apoiado na perspectiva de crescimento do sistema financeiro, dos créditos e dos investimentos; de outro lado, aparece a necessidade de se combater a prática de crimes de todo o gênero, inclusive a sonegação fiscal, levando o legislador a prever exceções, quebra e ruptura do sigilo.

Variando as soluções dadas, conforme o peso atribuído a tais marcos, os países em geral oscilam dentro dessas bitolas opostas, que lhes delimitam a política legislativa e mesmo constitucional. Constatamos que, mesmo nos anos noventa, se propõem a combater o ilícito fiscal:

• muitos países desenvolvidos *mantêm a observância do sigilo bancário em relação ao Fisco;*

• entretanto, o sistema de proteção é sempre relativo, *jamais absoluto,* mesmo naqueles países de longa tradição de reserva em face das requisições das autoridades fazendárias;

• a quebra do princípio de proteção ao segredo, como toda exceção, *está condicionada às cautelas e formalidades exigidas pela lei ou pela Constituição.*

A essência do sigilo bancário, como princípio fundamental, já vimos, revela-se no direito à *negação* da divulgação de informações, dados e registros pessoais do contribuinte.

Segundo o citado Relatório da OCDE-2000, que vem acompanhado de um questionário preenchido por seus países-membros, o acesso às informações bancárias e aos registros das movimentações financeiras dos contribuintes está regulado, de forma diferenciada, nas legislações respectivas, a saber:

a) autorizam acesso apenas indireto da Fazenda, todos aqueles países que exigem a intervenção-autorização judicial prévia (Portugal, Áustria, Suíça, Luxemburgo); ou aqueles que possibilitam a intervenção judicial em algum momento, pois impõem a notificação obrigatória do interessado sobre a pretensão fazendária, possibilitando assim recurso a um Tribunal ou ação do contribuinte ou do banco, com o fito de impedir o desvelamento (Canadá, Alemanha, México, Países-Baixos, Áustria, Dinamarca, Finlândia, Suécia, Espanha e EE.UU.). Na última hipótese, em regra, a posição da Fazenda é mais confortável, pois se transfere ao contribuinte o ônus de demonstrar que a sua recusa é legítima, em face da ausência dos requisitos mínimos necessários à revelação dos dados.

Nos Estados Unidos, no plano federal, tanto na hipótese em que o fisco solicita os dados diretamente ao contribuinte, como a terceiros, um tribunal pode ser chamado a decidir sobre a recusa do interessado. Contam Dianne K. Kanabis e Edward C. Osterberg Jr. que, se uma notificação foi expedida a um terceiro (banco ou instituição financeira), responsável por registros ou informações relevantes do contribuinte, o IRS ("Internal Revenue Service") é obrigado a cientificá-lo de que tal notificação foi expedida em prazo nunca menor do que vinte e três dias antes da data fixada para exibição dos documentos. Desejando o contribuinte se opor (direito à negação da informação) ao cumprimento da notificação pelo terceiro, poderá propor ação civil para sua anulação, na corte federal do distrito, até o vigésimo dia contado a partir da ciência do ato. Nesse caso, o contribuinte está obrigado a enviar cópia, por correio registrado, de sua petição inicial ao IRS e ao terceiro responsável pela guarda dos documentos. Defesas, sustentadas contra o cumprimento de uma notificação, baseiam-se nas relações privilegiadas ou confidenciais ou em fundamentos constitucionais. O IRS é obrigado a prestar informações relativas à petição de anulação do contribuinte, ficando suspensa a execução da notificação durante o período em que é ela revista no Judiciário (cf. "Sigilo Bancário nos EE.UU.", in *Cahiers...*, ob. cit., pp. 274-278).

Na Finlândia, segundo o testemunho de Erkki Kontkanen, em conexão com o exame das operações de uma sociedade ou companhia, p. ex., um banco, somente é permitido às autoridades fazendárias obter ou requisitar dados sobre o próprio banco, mas não sobre os clientes de um banco (cf. "Sigilo Bancário na Finlândia", in *Cahiers...*, ob. cit., p. 297).

Em Portugal, lembra Maria Mesquita Palha que somente haverá obrigatoriedade na prestação de informações ou entrega de dados à Administração fiscal se um tribunal competente assim o determinar, ou, em circunstâncias excepcionais, havendo um procedimento penal contra o contribuinte (cf. "Sigilo Bancário em Portugal", in *Cahiers...*, ob. cit. p., 527).

Na Áustria, a proteção dispensada às informações confidenciais radica no § 3º. do art. 20 da Lei Constitucional Federal. Informa Geiserich Tichy que certas categorias profissionais, entre as quais se inclui a do banqueiro, estão obrigadas ao segredo profissional em matéria fiscal, tendo o direito de se recusarem a servir de testemunhas, conforme o § 171 das normas federais sobre tributos (cf. "Sigilo Bancário na Áustria", in *Cahiers...*, ob. cit., p. 191).

Na Alemanha, conta Stephan Eilers, a proteção da vida privada do contribuinte é um princípio fundamental e remonta ao Código prussiano do imposto sobre a renda de 1851. Igualmente a Corte Constitucional alemã, recentemente, destacou as normas constitucionais aplicáveis ao recolhimento, à exploração e à comunicação de dados pessoais. Os terceiros (advogados, bancos etc.) têm o direito de recusar a comunicação de informações confidenciais às autoridades fiscais se elas lhes foram fornecidas no exercício e na alçada de sua profissão. Esse direito à recusa é suscetível de recurso judiciário, decidido pelos tribunais (cf. "Sigilo Bancário na Alemanha", in *Cahiers...*, ob. cit., p. 147).

Em países como Suíça e Uruguai, o segredo profissional é dever, que não pode ser violado e as informações confiadas a um consultor, advogado ou banqueiro não podem ser transmitidas a terceiros. Na Suíça, conta Peter Altenburger, os bancos não estão obrigados a fornecer informações confidenciais ou documentos ao Fisco, exceto em hipóteses penais (cf. "Sigilo Bancário na Suíça", in *Cahiers...*, ob. cit., p. 624). Segundo José Carlos Bardolli, no Uruguai, não há exceções ao segredo bancário como direito da pessoa humana em relação a sua privacidade. O segredo profissional é mantido incólume no caso dos bancos e demais instituições financeiras (cf. "Sigilo Bancário no Uruguai", in *Cahiers...*, ob. cit., p. 643).

Mesmo após o decurso dos anos noventa, em que houve pressão internacional para a flexibilização do sigilo bancário, na luta pela redução da fuga do capital, em busca daquelas praças que oferecem maior segurança e mais vantagens tributárias, ainda são numerosos aqueles sistemas jurídicos que, como o nosso, enfocam o sigilo bancário como direito do contribuinte à privacidade, à resistência à comunicação de dados, sendo a resistência a própria essência do direito. Nesse caso, pode o contribuinte:

1) ser ouvido em juízo, ou opor-se em juízo, por meio de ações próprias, à pretensão fazendária de quebrar o sigilo;

2) obter, em qualquer hipótese, uma decisão judicial acerca de tal pretensão do Fisco;

3) decisão, que somente a acolherá se demonstrada a convicção razoável da existência de uma infração à lei, a recusa indevida do contribuinte, ou a imprescindibilidade e probabilidade de a revelação ser eficaz, levando provavelmente à constatação da infração;

b) Outros países autorizam acesso direto das Fazendas Públicas. A Itália e a França encontram-se nesse bloco. Na França, p. ex., depois de alguns anos de ascensão da esquerda ao poder, assegura-nos Patrick Dibout que os serviços de administração de impostos podem obter livremente dos bancos e estabelecimentos de crédito, comunicação de todos os documentos contábeis e contas privadas dos clientes, pessoas físicas ou jurídicas, tenham elas ou não a qualidade de comerciantes. O único limite ao dever de comunicação refere-se às compras anônimas de ouro ou à subscrição anônima de bônus de caixa. Com referência a tais operações, atua o segredo bancário não podendo a Administração fiscal exigir a comunicação de dados nominativos (cf. "Sigilo Bancário na França", in *Cahiers...*, ob. cit., pp. 310-311).

Nesse segundo grupo, o sigilo não é posto como direito fundamental do cidadão mas é mitigado ou mesmo *aparentemente negado,* embora se criem "respiradouros" ou mecanismos de alívio, que visam a evitar a evasão de capital para os paraísos fiscais, a ruptura na confiança no sistema bancário interno e de crédito. A França cria o próprio mecanismo de escape, porque permite as aquisições anônimas de ouro e de bônus de caixa, com manutenção assegurada, perante a Fazenda Pública, do referido anonimato. Países como a Argentina, que, em nome do combate à sonegação, não souberam entender a cautela (ou uma certa hipocrisia) existente nessas soluções legislativas de outros povos, e assim romperam de forma ampla o segredo bancário e de bolsa perante a Direção Geral dos Impostos (cf. Horácio Garcia Pietro, "Segredo Bancário na Argentina", in *Cahiers...*, ob. cit., p. 157*)* não reduziram a evasão fiscal, mas estimularam a fuga do capital para a praça uruguaia vizinha e fragilizaram o próprio sistema financeiro.

3. A Lei 9.613/98 e a Lei Complementar 105/01

A Lei 9.613, de 3 de março de 1998, dispõe sobre os crimes de "lavagem" ou ocultação de bens, direitos e valores, conceituando-os em tipos próprios, apartados da figura clássica da receptação, impõe regras sobre o perdimento daqueles bens, direitos e valores, produtos de infrações penais, assim como cria uma série de medidas destinadas a prevenir e reprimir aqueles delitos, entre as quais se incluem a quebra indireta do sigilo bancário e a criação de órgão administrativo próprio, denominado Conselho de Controle de Atividade Financeira-COAF.

A Lei 9.613/98 determina a bancos, instituições financeiras em geral, seguradoras, bolsas de valores e de mercadorias, administradoras de valores, cartões de crédito, empresas de arrendamento mercantil e outras (mediante ameaça de graves sanções) que comuniquem às autoridades competentes todas as operações que possam configurar a prática do delito nela previsto. Veremos que tais operações serão todas que se enquadrarem dentro de certo valor ou teto. Em princípio serão previamente elencadas pelas mesmas autoridades, segundo suas características formais e materiais, partes envolvidas e valores (art. 11, II, "b"). Mas a lei estende ainda o dever de comunicação para abranger qualquer transação, mesmo aquelas despidas das características formais e materiais elencadas, desde que ultrapassem certo limite fixado pela mesma autoridade (art. 11, II, "a"). Em resumo, deve-se comunicar qualquer operação ou transação acima de certo valor ou teto fixado pela autoridade competente. Dessa forma, a autoridade competente elaborará instruções para a identificação das operações suspeitas a serem denunciadas, por suas características (partes envolvidas, valores, forma de realização, instrumentos utilizados, falta de fundamento econômico ou legal). E mais, *é vedado dar aos clientes ciência de tal fato* (art. 11, II, *caput*).

O Banco Central do Brasil é a autoridade competente ou órgão fiscalizador das instituições financeiras e bancárias (Lei 4.595/64); a Comissão de Valores Mobiliários fiscaliza as pessoas que operam com valores mobiliários em bolsa (Lei 6.385/1976 e Decreto-lei 2.298/86); a Superintendência de Seguros Privados (Decreto-lei 73/96 e Lei 6.435/77) responde pela ordem das operações das entidades que operam no sistema de seguro e capitalização. As demais pessoas informarão diretamente ao Conselho de Controle de Atividade Financeira – COAF – instituído pela referida Lei 9.613/98. A tais autoridades competentes, deverão ser feitas as comunicações de todas as operações suspeitas, no prazo de vinte e quatro horas.

Entretanto, as funções do COAF não estão adstritas à fiscalização e colheita de informações advindas das pessoas para as quais não exista órgão fiscalizador próprio ou regulador. Cabem-lhe sobretudo as importantes tarefas de "disciplinar, aplicar penas administrativas, *receber, examinar e identificar* as ocorrências suspeitas de atividades ilícitas previstas nesta Lei" (art. 14, *caput),* assim como "*coordenar* e *propor mecanismos* de cooperação e de *troca de informações* que viabilizem ações rápidas e eficientes no combate à ocultação ou dissimulação de bens, direitos e valores" (art. 14, § 2º). Além disso o COAF será órgão composto de representantes de cada uma das autoridades competentes (Banco Central do Brasil, Comissão de Valores Mobiliários, Superintendência de Seguros Privados) além da Procuradoria Geral da Fazenda Nacional, da Secretaria da Receita Federal, de órgão da inteligência do Poder Executivo, do Departamento da Polícia Federal e do Ministério das Relações Exteriores.

Parece-nos, assim, que, discretamente, eliminou-se o direito ao sigilo bancário e financeiro, embora a exposição de motivos (692/96), que acompanhou o projeto de que se originou a Lei 9.613 ora comentada, tenha afirmado o contrário, que não se feriria o direito fundamental ao segredo e embora o art. 10 daquela lei proclame que as pessoas obrigadas a informar devam atender, "*no prazo fixado pelo órgão judicial competente*, às requisições formuladas pelo Conselho, criado pelo art. 14 (...)".

Basta considerar que:

• bancos, instituições financeiras, seguradoras, bolsas de valores e mercadorias, administradoras e demais pessoas arroladas no art. 9º são obrigadas a comunicar à autoridade competente, no prazo de vinte e quatro horas, independentemente de ordem judicial e abstendo-se de cientificar seus clientes, todas as operações financeiras suspeitas;

• as operações financeiras suspeitas serão aquelas relacionadas pela autoridade competente, conforme suas características, quanto às partes envolvidas, valores, formas de realização, instrumentos utilizados, etc. (art. 10, I e art.11, I, "b" e §1º), assim como o registro de toda transação em moeda nacional ou estrangeira, títulos e valores mobiliários, títulos de crédito, metais ou qualquer ativo passível de ser convertido em dinheiro que ultrapassar certo limite fixado pela autoridade competente e nos termos de instruções por esta expedidas (art. 10, II e art. 11, II, "a");

• as autoridades competentes deverão repassar ao COAF todas as operações financeiras suspeitas, porque a tal órgão, criado naquela Lei, cabe a função de "*receber, examinar e identificar* as ocorrências suspeitas de atividades ilícitas previstas (...)" (art. 14, *caput*) e porque nenhuma autoridade competente fiscalizadora pode condescender com a criminalidade, sendo obrigada a comunicar, denunciar e noticiar toda operação suspeita ao órgão competente, sob as penas da lei.

Somente se houver alguma requisição especial feita diretamente pelo Conselho às pessoas obrigadas a informar (e que, aliás, já repassaram todas as informações) é que se prevê necessidade de autorização judicial. Necessidade que dificilmente se manifestará. Afinal o COAF, tendo recebido, examinado e identificado as ocorrências suspeitas, com valores e nomes dos envolvidos, em informações cruzadas, poderá completar de forma mais eficiente todas elas, pois será dotado de aparato e meios operacionais muito mais amplos e eficientes, integrado que estará com a Receita Federal, a Procuradoria e a Polícia Federal.

Entretanto, ficou evidenciado que jurídica, ética e moralmente, são radicalmente diferentes uns dos outros, os delitos contra a ordem tributária e os crimes de "lavagem" de dinheiro, distanciando-se uns dos outros. O chamado delito contra a ordem tributária nem tampouco configura *crime antecedente* (como seria o crime contra a administração pública), nem tampouco o *crime em si de "lavagem", ocultação de bens, direitos e valores.*

Por tal razão, a exposição de motivos 692/96, que acompanhou o projeto de lei 2.688/97, de que se originou a Lei 9.613 ora comentada, assim expôs: "Observe-se que a lavagem de dinheiro tem como característica a introdução, na economia, de bens, direitos ou valores oriundos de atividade ilícita e que representaram, no momento de seu resultado, um aumento de patrimônio do agente. Por isso que o projeto não inclui, nos crimes antecedentes, aqueles delitos que não representam agregação, ao patrimônio do agente, de novos bens, direitos ou valores, como é o caso da sonegação fiscal. Nesta, o núcleo do tipo constitui-se na conduta de deixar de satisfazer obrigação fiscal. Não há, em decorrência de sua prática, aumento de patrimônio com agregação de valores novos. Há, isto sim, manutenção de patrimônio existente em decorrência do não pagamento de obrigação fiscal. Seria desarrazoado se o projeto viesse a incluir no novo tipo penal – lavagem de dinheiro – a compra, por quem não cumpriu obrigação fiscal, de títulos no mercado financeiro. É evidente que essa transação se constitui na utilização de recursos próprios que não têm origem em um ilícito" (item 34).

Os crimes de "lavagem" ou ocultação de bens, direitos e valores configuram, assim, um *delito de sobreposição sobre outro delito*, um *sobredelito*, pois pressupõem:

• o crime antecedente ou anterior, do qual se originam os bens, direitos ou valores;

• atos de receptação, ocultação, dissimulação daqueles bens e valores, capazes de injetá-los no circuito econômico ou no patrimônio do agente criminoso, com aparência de legitimidade.

O delito contra a ordem tributária repousa na resistência (dolosa e fraudulenta) do agente ao pagamento do tributo devido, incidente sobre a renda licitamente auferida, o capital ou patrimônio legitimamente obtidos. Em nossa ordem jurídica, a evidência da proveniência ilícita dos bens deve desencadear o seqüestro ou a apreensão dos mesmos bens, nunca a incidência do imposto, que legitimaria a propriedade usurpadora, o Estado associando-se ao agente criminoso. Ao contrário, a possível incidência do tributo pressupõe (presunção *iuris tantum*) a licitude da renda ou do patrimônio imponível. Inconfundíveis, pois, os crimes contra a ordem tributária e o crime de "lavagem" de dinheiro, pois enquanto o primeiro assenta-se na licitude dos meios de obtenção dos recursos, não repousando sobre um delito anterior (uma vez que a ilicitude originária dos bens deve, ao contrário, acarretar o perdimento daqueles bens, nunca a incidência de tributos), o segundo tem como pressuposto a prática de um crime antecedente.

A Lei 9.613/98 é ofensiva à Constituição de 1988. Mas tal ofensa, segundo o teor da própria lei, restringe-se às investigações penais relativas ao crime de "lavagem" de dinheiro. Enquanto não declarada inconstitucional na parte em que rompe o sigilo, portanto, os procedimentos nela criados não são aplicáveis à investigação e apuração dos crimes contra a ordem tributária e outros que lhe são estranhos. É que, como vimos, o crime de "lavagem" e ocultação de bens, direitos e valores, e os delitos antecedentes, que lhe servem de suporte, são coisa diversa de sonegação fiscal. Assim, informações, cruzamento de informações, dados e documentos obtidos, na forma da Lei 9.613/98, não poderão ser utilizados para lançar e cobrar tributos, ou punir infrações penais de fundo tributário.

Coisa diferente pretende a Lei Complementar 105/2001. Essa lei procura dar efetividade à Lei 9.613/98 e estende aqueles procedimentos então restritos aos crimes de "lavagem" de dinheiro, para os crimes de sonegação fiscal, ofensivos à ordem tributária. A rigor, consagra o livre acesso das autoridades fazendárias aos dados e informações financeiras dos contribuintes.

Após disciplinar o dever de informar das instituições financeiras (no art. 5º), parecendo restringir as informações à "identificação dos titulares das operações e os montantes globais mensalmente movimentados, vedada a inserção de qualquer elemento que permita identificar sua origem ou a natureza dos gastos a partir deles efetuados (...)" (§2º), em seguida, no § 4º, autoriza a complementação daquelas informações. Confira-se: "§ 4º. Recebidas as informações de que trata este artigo, se detectados indícios de falhas, incorreções ou omissões, ou *de cometimento de ilícito fiscal*, a autoridade interessada poderá requisitar as informações e os documentos de que necessitar, bem como realizar a fiscalização ou auditoria para a adequada apuração dos fatos".

E a citada Lei Complementar 105, ao liberar às autoridades e aos agentes fiscais tributários da União, dos Estados, do Distrito Federal e dos Municípios, o exame dos documentos, livros e registros das instituições financeiras, inclusive os referentes a contas de depósitos e aplicações financeiras, exige tão-somente:

• que tenha sido instaurado processo administrativo ou exista procedimento fiscal em curso; e

• que tal exame seja considerado indispensável pela autoridade administrativa competente (art. 6º).

Infelizmente, apesar da Constituição e da jurisprudência do Supremo Tribunal Federal, a Lei Complementar 105/01:

1) concede o livre acesso às informações e às contas bancárias dos contribuintes, às Administrações tributárias, *sem a necessária intervenção judicial e sem notificação obrigatória ao contribuinte interessado*;

2) ofende, com isso, o direito à privacidade, consagrado no art. 5º, X, da Constituição Federal;

3) fere, também, o direito ao *devido processo legal*. (Art. 5º, LV: "aos litigantes, em processo judicial ou administrativo, e aos acusados em geral são assegurados o contraditório e ampla defesa, com os meios e recursos a ela inerentes";

4) fragiliza o sistema financeiro nacional, por meio do possível incremento dos negócios paralelos e da dolarização;

5) estimula a fuga de capitais para outras praças que ofereçam mais segurança e, o que é mais grave, dificulta duramente a recuperação de bens, recursos e valores, que sejam fruto da ilicitude.

Bem se vê que o sigilo bancário, inserido em nossa Constituição Federal como direito individual à privacidade e à intimidade, não responde apenas por interesses individuais, mas liga-se de perto a interesses gerais de resguardo do capital na praça nacional e de fortalecimento do crédito. Sobre esse último aspecto, negligenciado por doutrinadores e juristas que se dedicam ao tema, veremos que, em muitos casos, a disseminação da insegurança no campo financeiro, onde deveria prevalecer o sigilo, não assegura nenhum aumento de arrecadação para o futuro e pode *acirrar*, em lugar de *atenuar* a consolidação de patrimônios ilicitamente obtidos.

4. A aplicação retroativa da Lei Complementar 105/01 – Causas e efeitos (vão-se os dólares, ficam-nos os bandidos e os crimes)

A comunicação genérica à autoridade competente de toda transação acima de certo valor (independentemente de ser a operação criminosa ou suspeita) abala a segurança e a discrição em que deve repousar a atividade financeira em geral. Parte substancial dos recursos depositados nas praças brasileiras poderão deslocar-se para portos mais seguros e mais sigilosos. Vão-se os dólares, ficam-nos os bandidos e os crimes...

O rompimento do sigilo bancário, por meio da comunicação obrigatória de certas transações e operações à autoridade competente, vem sendo imposto aos países da América Latina. Na Comunidade Européia a sua adoção, sem autorização judicial, é controvertida mesmo em questões penais. Em razão de tais dificuldades, ou seja, de se criarem normas eficazes disciplinadoras da renda, do capital e da evasão, nenhuma diretiva foi aprovada, existindo apenas recomendações.

O Brasil, que diz estar satisfazendo a pressões internacionais, vem desconhecendo a Constituição que tem, afrontando-a. Legisla repetindo normas de outras ordens jurídicas diferentes, sem entretanto atender às peculiaridades de nosso ordenamento. Além disso, fragiliza seu sistema financeiro, sem com isso obter real eficácia punitiva. Se seguir o rastro do dinheiro "sujo" é o único caminho para coibir certos crimes, então por que apagá-lo? Por que dizer que haverá comunicação obrigatória de transações e operações, ou seja, quebra do sigilo? Não seria melhor garanti-lo, para depois, caso a caso, mediante autorização judicial revelar dados e informações?

A tendência, evidentemente, em relação a sonegadores, ou a criminosos que pretendem "lavar" o dinheiro, será a fuga das instituições financeiras. Para o futuro, enquanto não se restabelecer a confiança, não se poderá esperar grandes resultados do levantamento do sigilo. A Lei Complementar 105/01 somente poderá ter efeito positivo sobre a arrecadação se a sua aplicação for retroativa, ou seja, se for ofendido outro princípio constitucional, aquele que assegura a irretroatividade do Direito.

A análise de nossos juristas não pode ser superficial, nem tampouco ingênua. O direito ao sigilo é *aparentemente negado,* embora se criem "respiradouros" ou mecanismos de alívio, que visam a evitar a evasão de capital para os paraísos fiscais, ou viabilizar a repatriação de seu retorno, ou ainda a preservar a confiança no sistema bancário interno e de crédito. Entre outros exemplos, lembremos que:

- a França cria o próprio mecanismo de escape, porque permite as aquisições anônimas de ouro e de bônus de caixa, com manutenção assegurada, perante a Fazenda Pública, do referido anonimato;
- como os bancos e empresas nacionais detêm sempre filiais ou sucursais em paraísos fiscais, países existem em que os contribuintes não estão obrigados a declarar todo ano a movimentação das contas que detêm no exterior, a saber, Austrália, Áustria, República Tcheca, Alemanha, Grécia, Hungria, Irlanda, Itália, Japão, Coréia, Holanda, Nova Zelândia, Polônia, Portugal e Reino Unido (a exigência legal restringe-se ao comunicado inicial da abertura de conta).

É duvidosa, por essa via, a eficácia do combate ao crime organizado. Ao contrário, apagadas as pistas do dinheiro ilícito, por meio da abolição do direito ao sigilo bancário (para isso basta a notícia de um projeto de lei em discussão...), tornar-se-ão irrecuperáveis aqueles valores, fruto do crime, depositados em contas no exterior ou guardados em dólares.

Ora, de longa data, entre nós, as leis prevêem o destino dos bens de origem criminosa. O Código Penal disciplina a matéria, o Decreto-lei 9.760, de 5 de setembro de 1946, diz incluírem-se entre os bens da União, "os bens perdidos pelo criminoso condenado por sentença proferida em processo judiciário federal" (art. 1º, "k"). O Código de Processo Penal (Decreto-lei 3.689/41) determina o seqüestro de bens imóveis ou móveis (sendo o caso, busca e apreensão) adquiridos pelo indiciado com os proventos do crime. O perdimento daqueles bens, produto da infração, é assim a regra. Antes e depois da Lei 9.613/98, o correto é concluir que, estando comprovado o crime do qual se originaram os recursos ou o acréscimo patrimonial, seguir-se-á a apreensão ou o seqüestro dos bens, fruto da infração. Coerentemente, a Lei 9.613/98 disciplinou, renovando em alguns aspectos, as normas processuais pertinentes e determinou, como efeitos da condenação, a perda dos bens, direitos e valores, objeto do crime, assim como a interdição do exercício de cargo ou função pública de qualquer natureza (art. 7º, I e II).

Ao contrário do que supõem alguns, é absolutamente incabível a exigência de tributos sobre bens, valores ou direitos que se confiscaram, retornando às vítimas ou à administração pública lesada. Pois o tributo, que não é sanção de ato ilícito, repousa exatamente na presunção de riqueza, em fato signo presuntivo de renda, capital ou patrimônio.

Imposto poderá incidir sobre a ostentação de riqueza ou o crescimento patrimonial incompatíveis com a renda declarada, no pressuposto de ter havido anterior omissão de receita. Receita, em tese, de origem lícita, porém nunca comprovadamente criminosa. Não seria ético, conhecendo o Estado a origem criminosa dos bens e direitos, que legitimasse a ilicitude, associando-se ao delinqüente e dele cobrando uma quota, a título de tributo.

Portanto, põem-se alternativas excludentes, ou a origem dos recursos é lícita, cobrando-se em conseqüência o tributo devido e sonegado, por meio da execução fiscal, ou é ilícita, sendo cabível o perdimento dos bens e recursos, fruto da infração.

Não obstante, com a total quebra do sigilo perante as autoridades públicas, inclusive fazendárias, dificulta-se a recuperação dos bens e valores envolvidos e desmancha-se para o futuro a possibilidade de se identificar a fonte ilícita dos recursos. Patrimônios, muitas vezes oriundos da ilicitude, deverão ser tributados (equiparada a sua origem criminosa à singela omissão anterior de receita), sendo dessa forma legitimados e consolidados.

5. Conclusões

Os requisitos, já esboçados pelo Supremo Tribunal Federal, imprescindíveis à quebra do sigilo bancário como direito fundamental à privacidade e à intimidade são, como já observado: *o princípio da objetividade material* (que exige início de prova quanto à existência de um delito e de sua autoria); *o princípio da pertinente adequação* (que supõe relação lógica entre o objeto penal investigado e os documentos pretendidos); *o princípio da proibição de excesso* (que exige a demonstração da imprescindibilidade da prova para o êxito da investigação e a inexistência de outros meios menos danosos ou limitativos).

Se não existem provas mínimas ou indícios da ocorrência de um delito, muito menos de sua autoria, não se pode pedir o levantamento do sigilo para *a descoberta* de um delito que ainda não se conhece, mas se imagina possa ter ocorrido. Meras acusações, assentadas naquilo que *seria possível*, não são fundamentação adequada à luz da jurisprudência do Supremo Tribunal Federal para justificar a quebra do sigilo bancário, pois a "possibilidade" levantada em si mesma, como mera possibilidade é um "absoluto" tão vazio, inespecífico e genérico que poderia ser aplicado a qualquer cidadão, por mais honesto que fosse.

A Lei 9.613/98 é ofensiva à Constituição de 1988. Mas tal ofensa, segundo o teor da própria lei, restringe-se às investigações penais relativas ao crime de "lavagem" de dinheiro. A Lei Complementar 105/01, que se aplica à matéria tributária, consagra também clara ofensa aos ditames constitucionais.

Parece duvidoso que tais leis tenham vindo atender a uma pressão internacional ou a um imperativo ético, moral ou de justiça. Basta considerar que vários países-membros da OCDE ainda mantêm a intervenção judicial no procedimento de quebra de sigilo bancário, impondo-se, apenas, a relatividade do direito, sua flexibilização (o que já ocorre em nosso País). Acresce ainda que a ruptura da proteção da confidencialidade bancária não traz, necessariamente, a redução da criminalidade (apenas a criação de outras alternativas financeiras), nem garante, para o futuro, o aumento da arrecadação (talvez num primeiro momento, se a aplicação da lei se der retroativamente).

Apesar de os argumentos levantados, em prol da extinção do sigilo, estarem todos calcados na moralidade, na eqüidade e na justiça, parece-nos que a preocupação nuclear dos países desenvolvidos está radicada na formação dos mercados de capitais e no seu controle. A guerra pelo capital é a questão central.

IMPOSTO SOBRE DOAÇÃO – ENTIDADES FILANTRÓPICAS – IMUNIDADE DO ART. 150, VI, "C", DA CONSTITUIÇÃO FEDERAL – INCONSTITUCIONALIDADES DA LEI PAULISTA N. 10.085/00 – QUESTÕES CONEXAS

ROQUE ANTONIO CARRAZZA

Professor Titular da Cadeira de Direito Tributário da Faculdade de Direito da Pontifícia Universidade Católica de São Paulo – Consultor Tributário

1. Introdução. PRIMEIRA PARTE: CONSIDERAÇÕES GERAIS. *2. A competência tributária. 3. As imunidades tributárias. 4. Fundamentos constitucionais da imunidade das instituições assistenciais sem fins lucrativos – 4.1. Ainda as instituições de assistência social sem fins lucrativos.* SEGUNDA PARTE: O IMPOSTO SOBRE DOAÇÃO DE QUAISQUER BENS OU DIREITOS. *5. O perfil constitucional do imposto sobre doação de quaisquer bens ou direitos – 5.1. Generalidades – 5.2. O imposto sobre doação de quaisquer bens ou direitos, na Lei paulista n. 10.705/00 – 5.3. A questão das imunidades ao imposto sobre doação de quaisquer bens ou direitos, no Decreto paulista n. 45.387/01: 5.3.1. A lei: fundamento da faculdade regulamentar.* TERCEIRA PARTE: O ASSUNTO CENTRAL. *6. A incontendível imunidade das entidades filantrópicas ao ITCMD, no Estado de São Paulo. 7. O interesse fazendário e sua submissão ao interesse público. 8. Conclusões.*

1. Introdução

Verificaremos, neste artigo, se as doações de quaisquer bens ou direitos, recebidas por entidades filantrópicas (instituições de assistência social, sem fins lucrativos), no Estado de São Paulo, são imunes à incidência do imposto específico (ITCMD), tal como estruturado pela Lei Estadual n. 10.705, de 28 de dezembro de 2000.

Para tanto, dividiremos nosso estudo em três partes. Na primeira, teceremos algumas considerações gerais sobre a competência tributária e as imunidades tributárias (máxime a contemplada no art. 150, VI, "c", da CF). Em seguida, trataremos de discorrer acerca do imposto sobre doações, regulado, no Estado de São Paulo, pela Lei n. 10.705/00. Por fim, com base nas premissas lançadas, cuidaremos de dar resposta científica à questão acima suscitada.

PRIMEIRA PARTE: CONSIDERAÇÕES GERAIS

2. A competência tributária

Nossa Carta Constitucional contém grande número de princípios e normas tributárias: não só aponta os fatos que podem ser alcançados pela tributação, como estabelece os limites e condições de seu exercício, deixando pouca liberdade ao legislador das várias pessoas políticas.

Neste particular, o Constituinte adotou a técnica de traçar, de modo cuidadoso, as áreas dentro das quais elas podem exercitar a tributação. Forjou, portanto, um sistema rígido de distribuição de competências tributárias.

Só para registro, *competência tributária* é a aptidão jurídica para criar, *in abstracto*, tributos, descrevendo, legislativamente, suas *hipóteses de incidência*, seus *sujeitos ativos*, seus *sujeitos passivos*, suas *bases de cálculo* e suas *alíquotas*.

Têm competência tributária, pois, as pessoas políticas. De fato, a União, os Estados, os Municípios e o Distrito Federal receberam, do Diploma Máximo, a faculdade de instituir, em caráter privativo, todas as modalidades de tributos (impostos, taxas e contribuições).

Desdobrando a idéia, a Constituição disciplinou, rigorosa e exaustivamente, o exercício das competências tributárias, retirando do legislador a faculdade de definir, de modo livre, o alcance das *normas jurídicas* que criam *in abstracto* tributos (*normas jurídicas tributárias*).

A propósito, assim já nos pronunciamos: "... o legislador de cada pessoa política (União, Estados, Municípios ou Distrito Federal), ao tributar, isto é, ao criar *in abstracto* tributos, vê-se a braços com o seguinte dilema: ou praticamente reproduz o que consta da Constituição – e, ao fazê-lo, apenas recria, num grau de concreção maior, o que nela já se encontra previsto – ou, na ânsia de ser original, acaba ultrapassando as barreiras que ela lhe levantou e resvala para o campo da inconstitucionalidade".[1]

Logo, ao mesmo tempo em que distribuiu competências tributárias, a Constituição indicou os padrões que o legislador ordinário de cada pessoa política deverá obedecer, enquanto institui tributos.

Sublinhamos que a competência tributária, no Brasil, é tema exclusivamente constitucional. O assunto foi esgotado pelo próprio constituinte. Em vão, pois, buscaremos em normas infraconstitucionais (que Massimo Severo Giannini chama de *normas subprimárias*) diretrizes a seguir para a criação, *in abstracto*, de tributos. Nesse particular, elas podem, quando muito, *explicitar* o que, porventura, estiver implícito na Constituição. Nada de substancialmente novo podem, porém, agregar-lhe ou subtrair-lhe.

Aliás, convém sempre termos presente que, para as pessoas políticas, a Constituição é a *Carta das Competências*: indica o que podem, o que não podem e o que devem fazer, máxime em matéria tributária.

Importante assinalar, ainda, que as competências tributárias foram desenhadas, com retoques à perfeição, por grande messe de normas constitucionais, que operam como balizas intransponíveis, guiando o legislador (federal, estadual, municipal ou distrital) na criação, *in abstracto*, das várias exações.

Dito de outra maneira, a Carta Magna traçou a *regra-matriz* (a *norma padrão de incidência*, o *arquétipo*) de cada exação, apontando, direta ou indiretamente, a *hipótese de incidência possível*, o *sujeito ativo possível*, o *sujeito passivo possível*, a *base de cálculo possível* e a *alíquota possível* das várias espécies e subespécies de tributos. Logo, o legislador, ao exercitar a competência tributária de *sua* pessoa política, há de ser fiel, em tudo e por tudo, à *regra-matriz constitucional* do tributo com o qual está se ocupando.

Já estamos percebendo que as pessoas políticas não podem desvirtuar, por mínimo que seja, as *regras-matrizes* dos tributos que lhes foram constitucionalmente deferidos.

Em resumo, a Constituição reduziu todo e qualquer tributo a um *arquétipo normativo* ou *regra-matriz*, que o legislador é obrigado a levar em conta, quando cria *in abstracto*, a exação.[2]

Posto isto, vamos discorrer um pouco sobre as imunidades tributárias.

3. As imunidades tributárias

Como já acenamos, competência tributária é a faculdade que as pessoas políticas têm de criar, *in abstracto*, tributos. Para

1. *Curso de Direito Constitucional Tributário*, 16ª ed., Malheiros Editores, São Paulo, 2001, pp. 334-335.

2. As pessoas políticas não podem eleger, a seu talante, a *regras-matrizes* dos tributos. Pelo contrário, ao instituí-los, devem observá-las rigorosamente.

tanto, devem descrever, legislativamente, suas hipóteses de incidência, seus sujeitos ativos, seus sujeitos passivos, suas bases de cálculo e suas alíquotas.

A competência tributária tem suas fronteiras perfeitamente traçadas pela Constituição Federal, que, inclusive, apontou, direta ou indiretamente, as *regras-matrizes* de todos os tributos.

Pois bem, a *imunidade tributária* ajuda a delimitar o campo tributário. De fato, as regras de imunidade também demarcam (no sentido negativo) as competências tributárias das pessoas políticas.

Noutras palavras, a competência tributária é desenhada também por normas negativas, que veiculam o que se convencionou chamar de *imunidades tributárias*.

A imunidade tributária é um fenômeno de natureza constitucional. As normas constitucionais que, direta ou indiretamente, tratam do assunto fixam, por assim dizer, a *não-competência* (*"incompetência"*) das entidades tributantes para onerarem, com exações, certas pessoas, seja em função de sua natureza jurídica, seja porque coligadas a determinados fatos, bens ou situações.

Queremos deixar consignado que a imunidade tributária – ao contrário da isenção[3] – não trata da fenomenologia da incidência, porquanto ocorre antes deste momento.

As imunidades tributárias beneficiam, sempre, pessoas.

É certo que a doutrina mais tradicional[4] classifica as imunidades em *subjetivas*, *objetivas* e *mistas*, conforme alcancem *pessoas*, *coisas* ou *ambas*.

Pensamos que esta classificação é útil. Parece-nos, todavia, que, em termos técnicos, *a imunidade é sempre subjetiva*, já que invariavelmente beneficia pessoas, quer por sua natureza jurídica, quer pela relação que guardam com determinados fatos, bens ou situações.

O que estamos querendo expressar é que mesmo a chamada *imunidade objetiva* alcança pessoas, só que não por suas qualidades, características ou tipo de atividade que desempenham, mas porque relacionadas com determinados fatos, bens ou situações (*v.g.*, a imunidade do art. 150, VI, "d", da CF). Já, a denominada *imunidade subjetiva* alcança pessoas pela sua própria natureza jurídica (p. ex., a imunidade do art. 150, VI, "a", da CF). E, finalmente, a *imunidade mista* alcança pessoas por sua natureza jurídica *e* porque relacionadas com determinados fatos, bens ou situações (*e.g.*, a imunidade do art. 153, § 4º, da CF).

De qualquer modo, as normas constitucionais que veiculam imunidades contribuem para traçar o perfil das competências tributárias.

Corroborando a idéia, Paulo de Barros Carvalho expôs: "(...) a regra que imuniza é uma das múltiplas formas de demarcação de competência. Congrega-se às demais para produzir o campo dentro do qual as pessoas políticas poderão operar, legislando sobre matéria tributária. Ora, (...) a norma que firma a hipótese de imunidade colabora no desenho constitucional da faixa de competência adjudicada às entidades tributantes. Dirige-se ao legislador ordinário para formar, juntamente com outros mandamentos constitucionais, o feixe de atribuições entregue às pessoas investidas de poder político. Aparentemente, difere dos outros meios empregados por mera questão sintática".[5]

3. Em nosso *Curso* conceituamos a isenção como sendo "uma limitação legal do âmbito de validade da norma jurídica tributária, que impede que o tributo nasça ou faz com que ele surja de modo mitigado ('isenção parcial')" (p. 716). E acrescentamos: "... é a nova configuração que a lei dá à norma jurídica tributária, que passa a ter seu âmbito de abrangência restringido, impedindo, assim, que o tributo surja 'in concreto' (naquela hipótese descrita na lei isentiva)" (idem).

4. P. ex., Aliomar Baleeiro, *Direito Tributário Brasileiro*, 7ª ed., Forense, Rio de Janeiro, 1975, p. 87.

5. *Imunidades Tributárias*, trabalho inédito, 1984, pp. 5 e 6.

Portanto, como quer este autor, as normas constitucionais que tratam das *imunidades tributárias* fixam a *incompetência* das pessoas políticas para fazerem incidir a tributação sobre determinadas pessoas, seja pela natureza jurídica que estas têm, seja porque realizam certos fatos, seja, ainda, por estarem relacionadas com dados bens ou situações.

Em função disso, a lei, ao descrever a norma jurídica tributária não pode, sob pena de inconstitucionalidade, colocar tais pessoas na contingência de pagar *aqueles* tributos indicados na Carta Suprema. Por muito maior razão, não o pode fazer a Administração Fazendária, que, ao interpretar e aplicar a lei, deve levar em conta os ditames constitucionais.

Estamos percebendo que, por *efeito reflexo*, as regras imunizantes conferem aos beneficiários, direito público subjetivo de não serem tributados. Realmente, se a situação *N* é, nos termos da Lei Maior, insuscetível de ser alcançada pela tributação, o contribuinte tem o direito de, enquanto a realiza, não ser molestado por nenhuma pessoa política tributante. Por outro lado, se só a pessoa política *A* pode tributar o fato *X*, o contribuinte que pratica este fato *X* também tem o direito de, em razão dele, não ser tributado pelas pessoas políticas *B*, *C*, *D* etc.

É o que, com propriedade, assinala José Wilson Ferreira Sobrinho: "A norma imunizante não tem apenas a função de delinear a competência tributária, senão que também outorga ao imune o direito público subjetivo de não sofrer a ação tributária do Estado. A norma imunizante, portanto, tem o duplo papel de fixar a competência tributária e de conferir ao seu destinatário um direito público subjetivo, razão que permite sua caracterização, no que diz com a outorga de um direito subjetivo, como norma jurídica atributiva por conferir ao imune o direito referido".[6]

6. *Imunidade Tributária*, Sergio Antonio Fabris Editor, Porto Alegre, 1996, p. 102.

De fato, a Constituição não quer que certas pessoas venham a ser alvo de tributação. Em razão disso, estende sobre elas o manto da *imunidade tributária.*

Logo, as imunidades são explicitadas no Texto Magno, por meio de normas jurídicas que tolhem o legislador, na tarefa de criar, *in abstracto*, tributos. Tanto que – conforme vimos – há quem diga que as normas de imunidade criam um campo de *incompetência tributária.*

É o caso de Misabel Derzi para quem a imunidade não passa de "regra expressa da Constituição (ou implicitamente necessária), que estabelece a não-competência das pessoas políticas da Federação para tributarem certos fatos ou situações, de forma amplamente determinada, delimitando negativamente, por meio de redução parcial, a norma de atribuição de poder tributário".[7]

As normas imunizantes dispõem sobre matéria de ordem pública, que Vicente Ráo, com muita propriedade, chamava, em seu clássico *O Direito e a Vida dos Direitos*, de *matéria de interesse social predominante.*

Com efeito, as regras de imunidade ajudam a gizar as fronteiras do campo competencial tributário das pessoas políticas. Apontam os limites materiais e formais da atividade legiferante.

A imunidade é ampla e indivisível, não admitindo, nem por parte do legislador (complementar ou ordinário), nem do aplicador (juiz ou agente fiscal), "restrições ou meios termos",[8] a não ser, é claro, aqueles que já estão autorizados na própria Lei Maior.

É imune a pessoa que, por sua natureza, pela atividade que desempenha ou por estar relacionada com determinados fatos,

7. "Notas" ao livro *Limitações Constitucionais ao Poder de Tributar*, de Aliomar Baleeiro, 7ª ed., Forense, Rio de Janeiro, 1997, p. 16.

8. Edgard Neves da Silva, "Imunidade e Isenção", in *Curso de Direito Tributário*, 4ª ed., Editora CEJUP, Belém, p. 247.

bens ou situações, prestigiados pela Carta Magna, encontra-se fora do alcance da lei tributante. Esta, em função da regra constitucional imunizante, é *incompetente* para tributá-la.[9]

Em suma, a imunidade, por assim dizer, reduz as dimensões do campo tributário das pessoas políticas.

É o que também assinala José Souto Maior Borges: "A regra jurídica de imunidade insere-se no plano das regras de competência ou mais precisamente das regras *negativas de competência*. O setor social abrangido pela imunidade está *fora* do âmbito da tributação. Previamente excluído, como vimos, não poderá ser objeto de exploração pelos entes públicos".[10]

Voltando à idéia central, reiteramos que os casos de imunidade estão todos definidos na própria Constituição Federal. Em vão, portanto, buscaremos em normas infraconstitucionais as diretrizes a seguir, acerca desta matéria. Elas, quando muito, podem aclarar o assunto que, repetimos, já foi esgotado pelo legislador constituinte.

Daí podermos tranqüilamente dizer que as normas constitucionais que tratam das imunidades tributárias são de *eficácia plena e aplicabilidade imediata*, não sendo dado, nem ao legislador, nem, muito menos, ao Executivo, reduzir-lhes o significado, o conteúdo e o alcance. De fato, se nem os atos normativos de nível legal podem ilidir situações de imunidade tributária, por muito maior razão não poderão fazê-lo o regulamento, a portaria, a instrução etc., aos quais incumbe, tão-somente, explicitar a lei; nunca restringir ditames constitucionais.

Neste sentido, temos por indisputável que desobedecer a uma regra de imunidade equivale a incidir em inconstitucionalidade. Ou, como diz, expressivamente, Aliomar Baleeiro, "imunidades tornam inconstitucionais as leis ordinárias que as desafiam".[11]

Aproveitando o mote, podemos acrescentar: "imunidades tornam duplamente inconstitucionais as manifestações interpretativas e os atos administrativos que as desafiam".

De fato, se nem a emenda constitucional e a lei podem anular ou restringir as situações de imunidade contempladas na Constituição, por muito maior razão não poderá fazê-lo o aplicador das leis tributárias ou o administrador público.

Em termos mais precisos, o direito à imunidade é uma garantia fundamental constitucionalmente assegurada ao contribuinte, que nenhuma lei, nenhum poder ou nenhuma autoridade, podem anular.

Portanto, criar tributos, só a lei pode; violar imunidades tributárias, nem a lei pode. É que, no sistema constitucional tributário brasileiro, a materialidade das normas ordinárias instituidoras das *regras-matrizes de incidência* já se encontram pré-qualificadas no próprio Texto Supremo.

Em decorrência das regras imunizantes, a pessoa política não tem aptidão jurídica para tributar, por meio de imposto, determinados fatos, pessoas ou situações. Nesta medida, a imunidade é uma incontornável garantia constitucional do contribuinte, que ilide a própria ação legislativa das pessoas políticas e, por muito maior razão, a ação administrativa (aplicativa da lei) e o labor exegético.

Convém termos presente que as imunidades tributárias decorrem naturalmente dos grandes princípios constitucionais, que limitam a ação fiscal (igualdade, capacidade contributiva, federação, autonomia municipal, livre difusão da cultura e do pensamento, proteção à educação, à assistência social etc.). Se preferirmos, garantem que

9. As normas imunizantes, porque de *eficácia plena e aplicabilidade imediata*, atuam *de pronto*, assim que postas no sistema jurídico. Independem da edição de normas infraconstitucionais, para produzirem todos os seus efeitos.

10. *Isenções Tributárias*, 3ª ed., Malheiros Editores, S. Paulo, 2001, p. 219 (os grifos são do autor).

11. *Direito Tributário Brasileiro*, 1ª ed., Forense, Rio de Janeiro, 1970, p. 87.

certos valores, fundamentais à República Federativa do Brasil – tanto que foram mencionados já no Preâmbulo da Carta Magna –, não serão perturbados pela tributação.

Por isso mesmo, a interpretação dos preceitos imunizantes há de ser sempre *generosa*, como ensinava o pranteado mestre Geraldo Ataliba.

Destacamos, por fim, que as imunidades tributárias, no Brasil, dizem respeito apenas aos impostos[12] (tributos não-vinculados a uma atuação estatal).[13]

Estendido este pano de fundo, é o momento de cuidarmos da imunidade das instituições assistenciais sem fins lucrativos (art. 150, VI, "c", da CF).

4. *Fundamentos constitucionais da imunidade das instituições assistenciais sem fins lucrativos*

I – Tendo presente que a Nação brasileira só se desenvolverá quando o povo tiver real acesso à assistência social, o Constituinte inseriu, no art. 203, da Carta Magna, a seguinte proclamação:

"Art. 203. A assistência social será prestada a quem dela necessitar, independentemente de contribuição à seguridade social, e tem por objetivos:

"I – a proteção à família, à maternidade, à infância, à adolescência e à velhice;

"II – o amparo às crianças e adolescentes carentes;

"III – a promoção da integração ao mercado de trabalho;

"IV – a habilitação e reabilitação das pessoas portadoras de deficiência e a promoção de sua integração à vida comunitária;

"V – a garantia de um salário mínimo de benefício mensal à pessoa portadora de deficiência e ao idoso que comprovem não possuir meios de prover à própria manutenção ou de tê-la provida por sua família, conforme dispuser a lei".

Portanto, nos termos da Constituição Federal, a assistência social abrange a proteção e o amparo à família, à maternidade, à infância, à adolescência e à velhice, máxime quando estas medidas favorecem aos economicamente mais fracos. Compreende, por igual modo, a promoção da integração ao mercado de trabalho, bem como a habitação e reabilitação das pessoas portadoras de deficiência física.

12. Juridicamente falando, imposto é modalidade de tributo que tem por *hipótese de incidência* um fato qualquer, não consistente numa atuação estatal. Não é por outra razão que Geraldo Ataliba chamava o imposto de *tributo não-vinculado*. Não vinculado a quê? Não vinculado a uma atuação estatal.

Deveras, o imposto encontra seu *fundamento de validade*, única e exclusivamente, na competência tributária da pessoa política que o exige, não havendo necessidade, para que venha instituído e cobrado, que o Poder Público desenvolva, em relação ao contribuinte, uma atividade específica. É nesse sentido que muitos juristas chamam o imposto de *tributo sem causa*. *Sem causa*, não porque não tenha *hipótese de incidência*, mas porque não há necessidade de a entidade tributante oferecer, a quem o paga, uma contraprestação direta.

O imposto – se quisermos fugir da definição pela negativa – sempre se origina ou de um comportamento do contribuinte (*v.g.*, o comportamento de alguém vender uma mercadoria) ou de uma situação jurídica na qual ele se encontra (p.ex., a situação jurídica de proprietário de imóvel localizado na zona urbana de um dado Município).

Os impostos são, pois, prestações pecuniárias desvinculadas de qualquer relação de troca ou utilidade. Encontram *fundamento de validade*, única e exclusivamente, na competência tributária da pessoa política, não havendo necessidade, para que venham instituídos e cobrados, que o Poder Público desenvolva, em relação aos contribuintes, qualquer atividade específica.

Enfim, o imposto nunca surge de uma atuação estatal referida ao contribuinte (obra pública, serviço público, ato de polícia etc.), mas, sempre, de um fato qualquer, que não envolva uma contraprestação estatal. Esta idéia foi muito bem explicitada no art. 16, do CTN: "Imposto é o tributo cuja obrigação tem por fato gerador uma situação independente de qualquer atividade estatal específica, relativa ao contribuinte".

13. Quando aludimos aos impostos, estamos nos referindo, igualmente, às *contribuições sociais* que revestem esta natureza, isto é, que são impostos qualificados pela finalidade (*v.g.*, *as contribuições sociais patronais para a seguridade social*). Também elas são, a nosso ver, alcançadas pela imunidade.

Como podemos notar, a assistência social tem um sentido sobremodo amplo, que vai muito além da *previdência social*, tal como definida nos arts. 149 e 194, da Carta Magna. Pelo contrário, abarca todas as medidas protetivas dos hipossuficientes, pouco importando se estes são indivíduos, grupos, classes, categorias profissionais etc. A idéia é que ela deve estar voltada para a redução – quando não a eliminação – de desigualdades, carências (inclusive físicas e mentais) e injustiças.

Convém que se registre que a assistência social vai além da *oficial*, isto é, daquela que é prestada pelo Poder Público. Pelo contrário, engloba a caridade, a beneficência, a filantropia e outros valores do mesmo tope, que, por sua nobreza, podem perfeitamente ser buscados por particulares.

Logo, a assistência social tanto pode ser prestada pelo Estado, como por intermédio de outras pessoas jurídicas de Direito Público, ou, até, de pessoas jurídicas de Direito Privado.

Estas, quando realmente cumprem seus objetivos institucionais, vale dizer, provêm, sem finalidade de lucro, o atendimento às necessidades básicas dos seres humanos (saúde, educação, reabilitação física etc.), devem de todas as formas ser amparadas e incentivadas.

Pois bem, é dentro deste espírito que o art. 150, VI, "c", da Constituição Federal, declara *imunes* a impostos as instituições assistenciais sem fins lucrativos (desde que, evidentemente, preencham, como veremos, os requisitos do art. 14, do CTN, que faz as vezes da lei complementar a que alude o art. 146, II, da CF).

Tais pessoas secundam o Estado na realização do bem comum. Melhor dizendo, avocam atribuições que são típicas do Estado. Nascem, como quer Aliomar Baleeiro, do "espírito de cooperação com os poderes públicos, em suas atividades específicas".[14]

14. *Direito...*, p. 177.

Temos, pois, que é instituição assistencial sem fins lucrativos, para os propósitos do art. 150, VI, "c", da Constituição Federal, aquela que, sem "espírito de ganho", auxilia o Estado no atingimento de pelo menos um dos objetivos apontados no art. 203, do mesmo Diploma Magno. Há pois uma noção constitucional de *instituição assistencial sem fins lucrativos*: é a que, sem *animus lucrandi*, atende a uma ou mais necessidades do ser humano (*v.g.*, a habilitação e reabilitação das pessoas portadoras de deficiência e a promoção de sua integração à vida comunitária), arroladas especialmente – mas, não de modo taxativo – no art. 203, da Constituição Federal.

A instituição assistencial não perde suas características (e, portanto, o direito à imunidade), mesmo que se dedique a atividades lucrativas, capazes de torná-la, sempre mais, patrimonialmente próspera. Portanto, suas receitas não precisam ser negativas; tampouco limitar-se aos *custos operacionais*. Pode, perfeitamente, ter sobras financeiras, até para evitar que, a médio ou longo prazo, feneça.

E nem se diga que o § 4º, do art. 150, da Constituição Federal impede tal entendimento, ao estabelecer que "as vedações expressas no inciso VI, alíneas 'b' e 'c', compreendem somente o patrimônio, a renda e os serviços, relacionados com as finalidades essenciais das entidades nelas mencionadas".

Segundo estamos convencidos, não decorre deste dispositivo que as instituições assistenciais sem fins lucrativos perdem o direito à imunidade se exercerem atividades econômicas. Mais: a imunidade não cai por terra, ainda que, das atividades econômicas venha a resultar *lucro*. Basta que "o patrimônio, a renda e os serviços" sejam relacionados com "as finalidades essenciais" destas pessoas.

O benefício alcança, ainda, tudo quanto for de caráter instrumental ou funcional da instituição de assistência social, sem fins lucrativos. São imunes, pois, de *imposto sobre a renda*, os rendimentos (*v.g.*, os alugueres) que a entidade emprega na realização de suas finalidades essenciais. Refogem igualmente a tal tributação, os resultados positivos advindos de aplicações financeiras e de investimentos correlatos, todos imprescindíveis ao pleno atingimento destas mesmas finalidades essenciais, pois, sem eles, não haveria como formar as *reservas* capazes de manter seu *equilíbrio financeiro e atuarial*. Também a imunidade alcança seus edifícios de direção e, mesmo, os hospitais, ambulatórios, ambulâncias etc., desde que utilizados na assistência das pessoas para os quais foi criada. A idéia, em todos estes casos, é a *vinculação a suas finalidades essenciais*.

O que não pode haver – agora sim – é a distribuição do lucro aos fundadores, dirigentes ou administradores. Noutros termos, não pode haver a *apropriação particular* dos resultados positivos ou, se preferirmos, o *animus distribuendi*.

O direito à imunidade remanescerá, portanto, se as preditas atividades econômicas forem exploradas apenas como *meio* para a consecução dos objetivos públicos da instituição, assegurando-lhe, assim, a sobrevivência.

Portanto, são também abrangidas pela imunidade, as *atividades-meio* da instituição assistencial, vale dizer, as medidas, inclusive financeiras, que tenham por escopo carrear-lhe novos recursos, para a melhor consecução de seus fins institucionais. Afinal, graças a elas, a entidade não se estiolará. Com efeito, é temerário depender, para sobreviver, da sempre incerta caridade (oficial ou particular). Por isso, cabe ao bom administrador tomar as medidas necessárias para que os eventuais resultados positivos venham reinvestidos e, portanto, multiplicados. E – segundo pensamos – tais reinvestimentos, justamente por estarem preordenados ao atendimento das *finalidades* das instituições assistenciais, estão a salvo de IOF, IR, COFINS e outros tributos que nascem de aplicações financeiras.

A nosso sentir, pois, mesmo as instituições assistenciais que obtém lucro (sobras financeiras), desde que os reinvistam no atingimento de seus fins, são abrangidas pela imunidade. Basta – repetimos – que se associem, sem fins lucrativos, ao Poder Público, suprindo suas deficiências, na consecução dos valores contemplados especialmente no art. 203, da Lei Maior (e, é claro que cumpram os requisitos do art. 14, do CTN).

Para favorecer esta cooperação com o Estado, auxiliando-o a promover o pleno desenvolvimento das pessoas, dando-lhes os meios materiais e intelectuais para o exercício da cidadania, é que o art. 150, VI, "c", da Constituição, estabelece serem imunes a impostos (e a tributos que revistam esta qualidade) "as instituições[15] assistenciais, sem fins lucrativos, atendidos os requisitos de lei".

II – Entendemos que a referida *lei* só pode ser *complementar* (nunca *ordinária*), justamente porque vai regular uma *imunidade tributária*, que é uma "limitação constitucional ao poder de tributar". Ora, as limitações constitucionais ao poder de tributar, nos termos do art. 146, II, da Constituição Federal, só podem ser reguladas por meio de lei complementar.

Ao argumento de que a Carta Suprema não empregou, em seu art. 150, VI, *in fine*, a expressão "lei complementar", pode ser contraposto o de que ela também não utilizou a expressão "lei ordinária". Antes, limitou-se a fazer uma referência genérica à lei, deixando aos doutrinadores a tarefa de dilucidar que tipo de lei é esta. Em suma, a Hermenêutica Jurídica revela que tal lei *só pode ser* uma *lei complementar nacional* (editada, pois, pelo Congresso Nacional).

Acrescentamos que a lei complementar deve, no caso, cuidar apenas de *aspectos formais*, isto é, limitar-se a apontar medi-

15. O termo "instituições", a nosso ver, foi utilizado, nesta passagem constitucional, na acepção técnica de pessoas jurídicas criadas com o fito de servir ao bem comum, perseguindo finalidades públicas.

das aptas a assegurar a eficácia do mandamento constitucional em discussão. Não lhe é dado restringi-lo, deturpá-lo ou anulá-lo.

O próprio legislador constituinte já indicou o requisito básico para o desfrute da imunidade: a ausência de fins lucrativos. Sobremais, o benefício está restrito às *finalidades essenciais* da instituição assistencial (art. 150, § 4º, da CF).

Queremos com isso deixar assentado que a Constituição absolutamente não atribuiu, ao legislador complementar, competência para abrir ou fechar as portas da tributação das instituições assistenciais sem fins lucrativos. Pelo contrário, apenas permitiu *detalhe* os requisitos e limites pertinentes e adequados à fruição da imunidade em estudo, sem, no entanto, frustrá-la.

Ademais, a lei complementar em questão apenas especificará as *condições* para o gozo da imunidade. Não lhe é dado alterar o conceito de *instituição de assistência social sem fins lucrativos*, que se encontra traçado na própria Constituição Federal.

Com sua proverbial didática, Geraldo Ataliba auxilia-nos em nosso estudo:

"A Constituição não pôs requisitos outros, além de tratar-se de instituição que cuide de matéria de educação ou assistência social e não ter fins lucrativos. Só poderá o Congresso Nacional cuidar de algumas outras características essenciais que decorram de outros princípios constitucionais, ou desse mesmo preceito deduzir explicitamente desdobramentos ou implicações que nele já se contenham.

"Parece visível que esta lei complementar específica está para a Constituição, assim como o regulamento está para a lei. O que, além, é da teoria da lei complementar, dispensando, pelo menos por enquanto, a necessidade de maior esforço de demonstração (J. Afonso, Souto Maior, Manoel Gonçalves).

"Parece evidentemente ser melhor interpretação a que não dá à lei complementar o poder de alterar substancialmente a materialidade da norma contida na Constituição. Se se admitir essa possibilidade, corre-se o risco seja de anulação do desígnio máximo, por obra do Congresso, seja de ampliação desmedida do mesmo, contra o objetivo constitucional.

"O que o art. 150, VI, 'c', quer é a colaboração destas entidades – particulares por natureza – com o Estado. Quer a Constituição não só incentivar pessoas privadas a que criem instituições de educação e assistência suprindo as deficiências da ação estatal, aperfeiçoando-a ou melhorando-a, como ainda visa assegurar que essas entidades existam desembaraçadamente, inclusive quanto a encargos tributários".[16]

E, mais adiante, o mesmo mestre: "Daí que, se a Constituição menciona, como o faz, lei complementar, só pode ser para cuidar de aspectos formais, porque os aspectos substanciais da normatividade já estão esgotados no próprio texto constitucional, sem necessidade de maiores esforços de demonstração, dado que se trata de preceito negativo ou proibitivo. Admitir o contrário (admitir que a lei complementar pode tratar desse conteúdo, ampliando-o ou reduzindo-o) é consentir que o legislador complementar possa anular, reduzir ou mesmo aniquilar o preceito constitucional".[17]

Portanto, a própria Constituição estabelece as condições da imunidade. Não pode a lei complementar, sob pena de irremissível inconstitucionalidade, erigir outras. É que ela tem *caráter estritamente regulamentar* (*explicitante*) e, nesta medida, deve, apenas, dar execução ao preceito do art. 150, VI, "c", do Diploma Magno.

III – Muito bem: estamos plenamente convencidos de que faz as vezes de tal lei complementar o art. 14 do Código Tributário Nacional,[18] que prescreve:

16. "Imunidade de Instituições de Educação e Assistência", in *RDT* 55/139.

17. Idem, ibidem, pp. 141-142.

18. A doutrina em geral entende que o art. 14, do CTN, é uma lei complementar em sentido material e, nesta medida, aponta as condições, necessárias e suficientes, à fruição da imunidade que o art. 150, VI, "c", da CF, concedeu às instituições educacionais.

"Art. 14. O disposto na alínea 'c' do inciso IV do art. 9º[19] é subordinado à observância dos seguintes requisitos pelas entidades nele referidas:

"I – não distribuírem qualquer parcela de seu patrimônio ou de suas rendas, a qualquer título;[20]

"II – aplicarem integralmente, no País, os seus recursos na manutenção dos seus objetivos institucionais.

"III – manterem escrituração de suas receitas e despesas em livros revestidos de formalidades capazes de assegurar sua exatidão."

Indo ao ponto, este artigo prevê, em síntese, que as instituições de assistência social, para terem jus ao benefício da imunidade do art. 150, VI, "c", da CF, devem: *a)* aplicar integralmente no País seus rendimentos, *na manutenção dos seus objetivos institucionais* (isto é, não efetuar, sob nenhum pretexto, remessa de lucros para o exterior); *b)* remunerar seus quadros de acordo com as condições usuais de mercado (ou seja, não fazer, por meio de uma remuneração excessiva dos próprios dirigentes e funcionários, uma "distribuição disfarçada de lucros"); e, *c)* manter a escrituração de suas receitas e despesas.

19. O art. 9º, IV, *c*, do Código Tributário Nacional estabelece: "Art. 9º. É vedado à União, aos Estados, ao Distrito Federal e aos Municípios: (...) IV – cobrar imposto sobre: (...) c) o patrimônio, a renda ou os serviços de partidos políticos e de instituições de educação ou de assistência social, observados os requisitos fixados na Seção II deste Capítulo".

20. Redação dada pela Lei Complementar n. 104, de 10.1.2001. A redação original era: "I – não distribuírem qualquer parcela de seu patrimônio ou de suas rendas, a título de lucro ou participação no seu resultado". Segundo pensamos, houve, no caso, apenas um aperfeiçoamento redacional. Este inciso não cuida de aspecto substancial novo. E nem o poderia fazer, sob pena de reduzir o alcance do preceito constitucional em tela, que, implicitamente, já estabelece as condições da imunidade, dentre as quais figura a ausência de fins lucrativos, ou seja, o não-favorecimento a interesses privados. Será inconstitucional qualquer interpretação deste dispositivo do CTN que consagre nova restrição.

III.a – Melhor elucidando, uma instituição de assistência social, para continuar tributariamente imune, não deve ter fins lucrativos. A ausência de fins lucrativos exige tanto a não-distribuição de seu patrimônio ou de suas rendas, como o investimento, na própria entidade, dos eventuais resultados econômicos positivos.

Nada impede, portanto, obtenha receitas positivas (sobras financeiras), mas para reinvesti-las em prédios, aparelhos, laboratórios, enfermarias, bibliotecas, aprimoramento de seus quadros etc. Afinal, auferindo receitas e, em razão disso, fazendo crescer seu patrimônio, a entidade disporá de maiores e melhores *meios materiais* para atingir os elevados fins que nortearam sua criação.

Não há necessidade, pois, de a instituição nada cobrar por seus serviços (até porque, quando isto acontece, nenhum tributo haverá, por ausência de base de cálculo). Nem mesmo que esta cobrança seja apenas suficiente para afastar o *déficit*, vale dizer, para manter o equilíbrio de suas contas. Basta, sim, que seus administradores, membros ou gestores não participem dos resultados econômicos positivos.

Depois, o próprio art. 14, I, do Código Tributário Nacional, acima citado, expressamente admite a possibilidade de resultados econômicos positivos (sobras financeiras). Apenas veda sejam distribuídos, a qualquer título, aí compreendido o de lucro.[21]

21. A Constituição Federal não nos fornece nenhuma definição de *lucro*. O termo *lucro*, porém, não é um simples "rótulo". Tampouco, *venia concessa*, é uma "caixa vazia", dentro da qual o legislador, o intérprete ou o aplicador pode colocar o que melhor lhe aprouver. Pelo contrário, *lucro* tem uma acepção técnica, revelada pelo Direito Societário.

O diploma normativo que define o lucro é a *Lei das Sociedades Anônimas* (Lei n. 6.404, de 15.12.1976), cujo art. 191 estabelece: "Art. 191. Lucro líquido do exercício é o resultado do exercício que remanescer depois de deduzidas as participações de que trata o art. 190".

Prescreve este art. 190: "Art. 190. As participações estatutárias de empregados, administradores e partes beneficiárias serão determinadas, sucessi-

Em suma, continua a ser *sem fins lucrativos*, a instituição assistencial que utiliza seus resultados econômicos positivos, para, com a ampliação do patrimônio, melhor alcançar seus nobres objetivos.

É interessante notar que, para uma instituição assistencial, seu patrimônio é fundamental.[22] Por isso, haverá de ser conservado e – por que não? – multiplicado por meio de aplicações financeiras e investimentos de toda ordem. Sem ele – ou com sua redução – fica mais difícil (ou até impossível) alcançar os fins sociais da entidade.

Vai daí que, afastando-se da instituição assistencial sem fins lucrativos, os impostos que a Economia rotula de "sobre o patrimônio" (ITR, ITBI, IPVA, IPTU, *ITCMS* etc.), estar-se-á inequivocamente protegendo a própria entidade.

Também não podem ser lanhados, pela tributação por meio de impostos, "a renda e os serviços, relacionados com as finalidades essenciais" (art. 150, § 4º, da CF) da instituição assistencial sem fins lucrativos. Dentro deste quadro fica afastada, pois, a incidência de *imposto sobre a renda*, de *impostos sobre operações de crédito, câmbio e seguro, ou relativas a títulos ou valores mobiliários*, de *impostos sobre serviços* etc., e de *contribuições sociais* que tenham as características destes mesmos impostos. Todas estas exações, acaso exigidas, acabariam, por suas repercussões econômicas, desfalcando o patrimônio da entidade, afastando-a, assim, de seus fins institucionais.

III.b – Por outro lado, não ilide a imunidade a remuneração dos funcionários. O que faz desaparecer o benefício constitucional é a remuneração exorbitante ou sem causa, que mal consegue esconder a distribuição do patrimônio ou das rendas da instituição.

III.c – Finalmente, a exigência de escrituração, em livros próprios, das receitas da instituição de assistência social, fornece ao Fisco instrumentos aptos à averiguação do cumprimento dos demais requisitos. Não implica, conforme já reconheceu o próprio Primeiro Conselho de Contribuintes do Ministério da Fazenda, "a adoção de escrituração comercial, segundo a boa técnica contábil, e com observância das normas constantes da legislação tributária, nos moldes em que é exigida das demais empresas submetidas ao regime de tributação, com base no lucro real ou presumido. A escrituração exigida objetiva, tão-somente, a verificação pela Fiscalização do cumprimento dos requisitos contidos nos incisos I e II do art. 14 da Lei n. 5.172, de 1966".[23]

vamente e nessa ordem, com base nos lucros que remanescerem depois de deduzida a participação anteriormente calculada".

Também há de ser considerado, para o correto entendimento do assunto, o art. 186, da mesma Lei n. 6.404/76; *verbis*: "Art. 186. A demonstração dos lucros ou prejuízos acumulados discriminará: I – o saldo do início do período, os ajustes de exercícios anteriores e a correção monetária do saldo inicial; II – as reversões de reservas e o lucro líquido do exercício; III – as transferências para reservas, os dividendos, a parcela dos lucros incorporada ao capital e o saldo ao fim do período. § 1º. Como ajustes de exercícios anteriores serão considerados apenas os decorrentes de efeitos da mudança de critério contábil, ou da retificação de erro imputável a determinado exercício anterior, e que não possam ser atribuídos a fatos subseqüentes. § 2º. A demonstração de lucros ou prejuízos acumulados deverá indicar o montante do dividendo por ação do capital social e poderá ser incluída na demonstração das mutações do patrimônio líquido, se elaborada e publicada pela companhia".

Deixando de lado detalhes, que não vêm para aqui, o fato é que, da análise destes artigos ressai nitidamente que *lucro* é o *resultado positivo* experimentado pela pessoa jurídica, num dado período de apuração, abatidos os valores empregados para obtê-lo. O lucro enseja um acréscimo na capacidade econômica do contribuinte ou, se preferirmos, revela disponibilidade de riqueza nova. E esta é fruto de um *resultado final*, que deve levar em conta não apenas as receitas da pessoa jurídica, mas as despesas necessárias à sua obtenção (custos, prejuízos, provisões, participações etc.).

22. O termo "patrimônio", *in casu*, está sendo por nós tomado no sentido de "conjunto de direitos de conteúdo econômico", abrangendo, pois, a propriedade, a posse, os direitos obrigacionais, os direitos a prestações pecuniárias; enfim, todos os direitos cujo objeto tenha *valor de uso* ou *de troca*.

23. Processo n. 10283.001362/96-68, Acórdão n. 103-19.567, de 20 de agosto de 1998, Rel. Cons. Edson Vianna de Brito.

IV – Em suma, o art. 14, I a III, do Código Tributário Nacional dá plena eficácia e total aplicabilidade ao art. 150, VI, "c", da Constituição Federal. A instituição de assistência social que atender aos requisitos destes incisos I a III, tem, *só por isso*, o inafastável direito de não ser alcançada por meio de tributos que revistam as características de imposto.

Aos atos fiscalizatórios é dado, apenas e tão-somente, aferir a existência dos requisitos aqui analisados.

Neste sentido, diga-se de passagem, vale mais uma vez colacionar a posição do Primeiro Conselho de Contribuintes do Ministério da Fazenda, que deixou assentado: "(...) a imunidade, por ser de ordem constitucional está vinculada tão-somente aos requisitos previstos em lei complementar, independendo, portanto, de qualquer ato de reconhecimento por parte da administração tributária".[24]

Tornamos a insistir que faz as vezes da lei complementar, no caso em estudo, o art. 14, I a III, do Código Tributário Nacional.

Aliás, este preceito apenas explicita os requisitos, postos na Constituição, para que as instituições de assistência social usufruam da imunidade tributária em estudo: ausência de fins lucrativos e perseguição de suas finalidades essenciais.

O mesmo é o entendimento de Misabel Abreu Machado Derzi: "Note-se que os requisitos alinhados pelo CTN praticamente reproduzem os fundamentos essenciais dessa imunidade: não aproveitar a interesses privados (distribuição de lucros); aplicar as rendas no País; manter os meios adequados à comprovação do cumprimento desses requisitos (escrituração regular). A Constituição de 1988 refere-se expressamente à inexistência de fins lucrativos como 'ratio essendi' da imunidade dessas atividades. Limita também a imunidade a suas finalidades essenciais, ou seja, ... das instituições... de assistência social, incorporando uma restrição, apenas implícita no Texto Magno anterior, mas já determinada expressamente pelo Código Tributário Nacional (art. 14)".[25]

Julgamos imperioso asseverar, ainda, que a lei ordinária não pode – sob pena de irremissível inconstitucionalidade – criar outros requisitos, que não os apontados na lei complementar, para o pleno desfrute desta imunidade. De fato, ela não é o instrumento próprio para veicular regras que condicionem a fruição da imunidade em tela.[26]

Não é por outro motivo que padece de manifesta inconstitucionalidade o art. 12, da Lei n. 9.532, de 10 de dezembro de 1997,[27] quando aponta novos requisitos

24. Idem, ibidem.

25. "A Imunidade das Instituições de Educação ou de Assistência Social", in *Imposto de Renda – Alterações Fundamentais*, 2º v., São Paulo, Dialética, 1998, pp. 146 e 147.

26. Por muito maior razão (argumento *a fortiori*), também não se prestam para isso, o regulamento, a portaria, o parecer normativo, a ordem de serviço etc. Tampouco o labor exegético, se por mais não fosse, em razão do que estipula o art. 108, § 1º, do Código Tributário Nacional.

27. Lei n. 9.532/97 (lei ordinária federal):

"Art. 12. Para efeito do disposto no art. 150, inciso VI, alínea 'c', da Constituição, considera-se imune a instituição de educação ou de assistência social que preste os serviços para os quais houver sido instituída e os coloque à disposição da população em geral, em caráter complementar às atividades do Estado, sem fins lucrativos.

"§ 1º. Não estão abrangidos pela imunidade os rendimentos e ganhos de capital auferidos em aplicações financeiras de renda fixa ou de renda variável.

"§ 2º. Para o gozo da imunidade, as instituições a que se refere este artigo, estão obrigadas a atender aos seguintes requisitos:

"a) não remunerar, por qualquer forma, seus dirigentes pelos serviços prestados;

"b) aplicar integralmente seus recursos na manutenção e desenvolvimento dos seus objetivos sociais;

"c) manter escrituração completa de suas receitas e despesas em livros revestidos das formalidades que assegurem a respectiva exatidão;

"d) conservar em boa ordem, pelo prazo de cinco anos, contado da data da emissão, os documentos que comprovem a origem de suas receitas e a efetivação de suas despesas, bem assim a realização de quaisquer outros atos ou operações que venham a modificar sua situação patrimonial;

"e) apresentar, anualmente, Declaração de Rendimentos, em conformidade com o disposto em ato da Secretaria da Receita Federal;

para que as instituições de assistência social gozem da imunidade em estudo. É que – de fora a parte outras teratologias – sendo a Lei n. 9.532/97 uma *lei ordinária federal*, não podia ter cuidado, como o fez, de matéria *sob reserva de lei complementar*.

Novamente Misabel Derzi vem em abono de nossas idéias: "Não cabe ao... legislador ordinário criar outros requisitos não previstos em lei complementar, tais como a declaração legal de utilidade pública; a exigência da constituição de fundação como único veículo formal ao desenvolvimento das atividades educacionais e assistenciais; a gratuidade dos serviços prestados por seus diretores e administradores, etc.".[28]

Reiteramos que os requisitos para a fruição da imunidade em estudo são apenas os apontados no art. 14, I a III, do Código Tributário Nacional. Temos, aí, um verdadeiro *numerus clausus*, que o legislador ordinário não pode ampliar.

Mas, esmiucemos, um pouco mais, o tema *instituições de assistência social sem fins lucrativos*.

4.1 Ainda as instituições de assistência social sem fins lucrativos

A Constituição concede imunidade tributária às instituições de assistência social *sem fins lucrativos*. A lei complementar, no caso, apenas pode regulamentar este benefício. E, ao fazê-lo, deve limitar-se a apontar os requisitos estruturais que estas entidades devem atender, vale dizer, aqueles que se referem diretamente à ausência de fins lucrativos.

Apenas o descumprimento destes requisitos é que pode acarretar a perda ou a suspensão da imunidade. Outros requisitos, isto é, que não se refiram à demonstração da ausência de fins lucrativos, como a retenção do imposto sobre a renda na fonte, podem, acaso inadimplidos, ensejar sanções de natureza diversa (pagamento de multas, assunção do dever de recolher montante equivalente ao que deixou de ser retido etc.), mas, nunca, acarretar a perda ou a suspensão da imunidade.

I – Portanto, os requisitos do art. 9º, § 1º, do CTN (*v.g.*, a retenção, na fonte, do imposto sobre a renda devido por pagamentos feitos a terceiros), justamente por não se referirem à demonstração da ausência de fins lucrativos, não têm força jurídica para ensejar a perda ou a suspensão da imunidade das instituições de assistência social.

Jamais percamos de vista, que as instituições de assistência social sem fins lucrativos foram declaradas imunes à tributação por meio de impostos, justamente pelo relevantíssimo papel que cumprem, ou seja, pela colaboração que emprestam ao Estado, no atendimento ao chamado "interesse público primário" (Renato Alessi), consistente, no caso, no resguardo de valores muito caros a todos (proteção à família, à maternidade, à infância, à velhice, aos deficientes físicos e mentais etc.).

II – Sempre em face do exposto, não é necessário, para a mantença do benefício da imunidade, que a instituição assistencial sem fins lucrativos esteja aberta a qualquer pessoa que dela queira beneficiar-se. Em linguagem mais técnica, é dispensável, para os fins do art. 150, VI, "c", da CF, o atributo da *generalidade* do acesso dos beneficiários.

Basta que tal acesso seja marcado pela *impessoalidade*, é dizer, que todas as pes-

"f) recolher os tributos retidos sobre os rendimentos por eles pagos ou creditados e a contribuição para a seguridade social relativa aos empregados, bem assim cumprir as obrigações acessórias daí decorrente;

"g) assegurar a destinação de seu patrimônio a outra instituição que atenda às condições para gozo da imunidade, no caso de incorporação, fusão, cisão ou de encerramento de suas atividades, ou a órgão público;

"h) outros requisitos, estabelecidos em lei específica, relacionados com o funcionamento das entidades a que se refere este artigo.

"§ 3º. Considera-se entidade sem fins lucrativos a que não apresente 'superávit' em suas contas ou, caso o apresente em determinado exercício, destine referido resultado integralmente ao incremento de seu ativo imobilizado."

28. Idem, ibidem.

soas que preencham determinados requisitos ou pressupostos (como, por exemplo, que sejam servidores públicos de uma dada pessoa política) possam colocar-se sob o pálio da instituição assistencial. Nada impede, porém, que seu raio de atuação seja restrito a uma comunidade, a uma classe de pessoas, de empregados, de servidores públicos etc.

O que não pode haver é *particularidade*, isto é, que os favorecidos estejam de antemão individualizados, sendo vedado o ingresso de outras pessoas na instituição, ainda que preencham idênticos requisitos (*v.g.*, também sejam servidores da mesma pessoa política ou empregados da mesma empresa patrocinadora).

O ideal, diga-se de passagem, é que as entidades filantrópicas se multipliquem, já que notórias as deficiências do Poder Público no setor.

Mais uma razão para que se afastem interpretações restritivas, que conflitam com a *intentio constitucionis*.

Dando curso à nossa análise, vamos tratar agora – o que faremos com as devidas simplificações – do imposto sobre doação de quaisquer bens ou direitos, máxime diante da Lei paulista n. 10.705, de 28 de dezembro de 2000.

Segunda parte: O Imposto sobre doação de quaisquer bens ou direitos

5. O perfil constitucional do imposto sobre doação de quaisquer bens ou direitos

5.1 Generalidades

A Constituição Federal, em seu art. 155, I, outorgou, aos Estados-membros e ao Distrito Federal, competência para criar impostos sobre "transmissão 'causa mortis' e *doação, de quaisquer bens ou direitos*" (ITCMD).[29]

29. Grifamos.

Desdobrando esta disposição constitucional, os Estados e o Distrito Federal estão credenciados a instituir impostos: I – sobre transmissão *causa mortis* de quaisquer bens ou direitos; e, II – sobre doação de quaisquer bens ou direitos. Em verdade, ambos os impostos incidem sobre transmissões não-onerosas.

Tais exações podem incidir, em tese, sobre todo e qualquer bem (móvel ou imóvel) ou direito. Basta que o bem ou direito seja transmitido em razão da morte do titular ou mediante doação.

Os impostos competem, em princípio, "em relação aos bens imóveis e seus respectivos direitos", "ao Estado da situação do bem" (ou ao Distrito Federal, se o bem nele se encontrar) (CF, art. 155, § 1º, I) e, "relativamente a bens móveis, títulos e créditos", "ao Estado onde se processar o inventário ou arrolamento, ou tiver domicílio o doador" (ou ao Distrito Federal, se nele se processar o inventário ou arrolamento, ou tiver domicílio o doador) (CF, art. 155, § 1º, II).

Todavia, se o doador tiver domicílio ou residência no exterior ou se o *de cujus* possuía bens, era residente ou domiciliado ou teve o seu inventário processado no exterior, é a lei complementar que, desempenhando a função que lhe foi atribuída pelo art. 146, I, da Carta Magna ("dispor sobre conflitos de competência, em matéria tributária", entre as pessoas políticas), vai disciplinar o assunto, dando critérios para que se saiba, com exatidão, a qual unidade federativa competem os impostos em tela. Observamos que "regular a competência para a instituição do imposto", como consta do art. 155, § 1º, III, da Constituição Federal, não é modificá-la ou transferi-la para outras pessoas políticas, mas, simplesmente, declará-la.

Assim, pensamos que tal lei complementar não pode fugir do critério básico dos incisos I e II, do § 1º, do art. 155, da Constituição Federal: os impostos competem ao Estado (ou ao Distrito Federal) relacionado, de algum modo, à doação ou à transmissão *causa mortis*. Estando os bens no exterior ou tendo o inventário nele sido processado, o melhor critério, salvo engano, é a lei complementar atribuir esta competência à unidade federativa onde tem domicílio ou reside o donatário ou o herdeiro. Do contrário, restarão feridos os princípios federativo e da autonomia do Distrito Federal, abrindo espaço à "guerra fiscal", cujos efeitos deletérios são por todos conhecidos.

I – No que se refere ao imposto sobre doação (transmissão não-onerosa, por ato *inter-vivos*)[30] de quaisquer bens ou direitos, cabe à lei ordinária de cada Estado (ou do Distrito Federal) instituí-lo, observados, é claro, os ditames constitucionais, especialmente os que acabam de ser destacados.

Permitimo-nos lembrar que, na medida em que a Constituição aludiu à *doação*, ela encampou conceito já perfeitamente desenhado pela lei civil, de caráter nacional.

Evidentemente, é interdito aos Estados ao Distrito Federal dilargar, para fins de ITCMD, o conceito de doação, consagrado em nosso Direito Privado. E isto até em função do disposto no art. 110, do Código Tributário Nacional.[31]

Valem, a propósito, as seguintes ponderações de Misabel Derzi, que parecem ter sido escritas para este estudo: "Quando a Constituição usa um conceito, um instituto ou forma do Direito Privado, o nome empregado denota certo objeto, segundo a conotação que ele tem na ciência jurídica particular, da qual se origina. A conotação completa que advém da ciência do Direito Privado é condição prévia de inteligibilidade e univocidade do discurso constitucional. E se a Constituição se utiliza nesse sentido, extraído de certo ramo jurídico, para assegurar a discriminação e delimitação de competência, enfim o pacto federativo, não é dado ao legislador infraconstitucional alterá-lo. Permitir ao intérprete ou ao legislador ordinário que alterasse o sentido e alcance desses institutos e conceitos constitucionalmente empregados seria permitir que firmasse, sem licença da Constituição, novo pacto federativo, nova discriminação de competência. Sendo assim, o art. 110 do CTN determina a cristalização da denotação e da conotação jurídica daqueles institutos, conceitos e formas, vedando-se ao legislador tributário a alteração de sentido que é própria do Direito Privado".[32]

Enfim, os conceitos que a Constituição encampa do Direito Privado, ao tratar das competências tributárias, não podem ser alterados pelo legislador infraconstitucional.

Do contrário, a própria rigidez das competências tributárias ficaria seriamente comprometida, quando não anulada. Bastaria, para tanto, que o legislador infraconstitucional redefinisse os conceitos de Direito Privado, usados pela Constituição Federal, para discriminar e demarcar as competências tributárias, entre as pessoas políticas.

Portanto, *doação* não é um simples "rótulo". Tampouco, *venia concessa*, uma "caixa vazia", dentro da qual o legislador ordinário pode colocar o que melhor lhe aprouver.

Pelo contrário, doação, no contexto do art. 155, I, da Constituição Federal, tem uma acepção científica, que o Direito Tributário não pode desconsiderar.

Que acepção científica? A revelada pelo art. 1.165, do Código Civil: "conside-

30. Compete aos Municípios (e, em seu território, ao Distrito Federal), por força do disposto no art. 156, II, da Constituição Federal, tributar, por meio de imposto, a "*transmissão 'inter-vivos'*, a qualquer título, *por ato oneroso, de bens imóveis*, por natureza ou acessão física, e de direitos reais sobre imóveis, exceto os de garantia, bem como cessão de direitos a sua aquisição" (grifamos).

31. Código Tributário Nacional: "Art. 110. A lei tributária não pode alterar a definição, o conteúdo e o alcance de institutos, conceitos e formas de direito privado, utilizados, expressa ou implicitamente, pela Constituição Federal, pelas Constituições dos Estados, ou pelas Leis Orgânicas do Distrito Federal ou dos Municípios, para definir ou limitar competências tributárias".

32. "Notas" de atualização ao livro *Direito Tributário Brasileiro*, de Aliomar Baleeiro, 11ª ed., Forense, Rio de Janeiro, 1999, p. 492.

ra-se doação o contrato em que uma pessoa, por liberalidade, transfere do seu patrimônio bens ou vantagens para o de outra, que os aceita".

Em suma, o imposto em exame somente pode incidir sobre a doação, tal como definida no art. 1.165, do Código Civil.

Como corolário disso, não pode o legislador (dos Estados ou do Distrito Federal) – tornamos a insistir – ampliar o conceito de doação, para fins de ITCMD.

Caem como uma luva, a respeito, as seguintes ponderações do Ministro Luiz Gallotti, contidas no brilhante voto que proferiu no Recurso Extraordinário n. 71.758: "Se a lei pudesse chamar de compra o que não é compra, de importação o que não é importação, de exportação o que não é exportação, de renda o que não é renda, ruiria todo o sistema tributário inscrito na Constituição".[33]

Seguindo na esteira do douto Ministro: se a lei pudesse chamar de *doação* o que *doação* não é, também "ruiria todo o sistema tributário inscrito na Constituição".

II – Retornando à idéia central, admissível, pois, tanto a doação de bens ou de direitos. Sobre ambas poderá incidir o imposto em discussão.

De fato, a doação de direitos enquadra-se na idéia de *vantagens*, acenada no precitado art. 1.165. É necessário, porém, que tais vantagens tenham natureza patrimonial, é dizer, possam ser reduzidas ao denominador comum da moeda (ou, se preferirmos, possam ser aferidas em pecúnia) e que o patrimônio do donatário experimente um aumento.[34]

Feito este breve sumário, importa-nos, agora, analisar o imposto sobre doações de quaisquer bens ou direitos, tal como disciplinado pela Lei paulista n. 10.705, de 28 de dezembro de 2000.

33. *RTJ* 66/165.

34. Cf. Agostinho Alvim, *Da Doação*, 3ª ed., Saraiva, São Paulo, 1980, p. 11.

5.2 *O imposto sobre doação de quaisquer bens ou direitos, na Lei paulista n. 10.705/00*

O ITCMD, como vimos, também pode alcançar as *doações de quaisquer bens ou direitos*. É o que depreendemos dos seguintes tópicos do art. 155, I, da Constituição Federal: "Compete aos Estados e ao Distrito Federal instituir impostos sobre... doação de quaisquer bens ou direitos ".

Portanto, os Estados e o Distrito Federal receberam da Constituição competência para criar o imposto sobre doação de quaisquer bens ou direitos.

Ocorre que isto só não basta para que o tributo nasça *in concreto*. É mister, para tanto, que a pessoa política exercite sua competência, criando o imposto *in abstracto*, isto é, descrevendo, por meio de lei, sua *hipótese de incidência*, seu *sujeito ativo*, seu *sujeito passivo*, sua *base de cálculo* e sua *alíquota*.

I – Lembramos que o exercício das competências tributárias é facultativo.

Deveras, as pessoas políticas, conquanto não possam delegar suas competências tributárias, por força da própria rigidez de nosso sistema constitucional, são livres para delas se utilizarem, ou não. Tudo vai depender de uma opção, a ser feita por seus Poderes Executivo e Legislativo, sempre, é claro, por meio de lei (no caso do ITCMD, *lei ordinária*[35]).

35. Engana-se quem supõe que a lei ordinária que cria *in abstracto* o tributo brota da ação exclusiva do Poder Legislativo da pessoa política competente. Na verdade, o Poder Executivo também participa de sua feitura. Realmente, a lei ordinária (federal, estadual, municipal ou distrital) é um ato complexo, que envolve "várias vontades homogêneas, tendentes a um mesmo fim, que se unem numa só vontade declarada, idônea a produzir certos efeitos jurídicos que não poderiam de modo algum ser alcançados, não fosse tal concurso de vontades" (Roberto Lucifredi, "Atti Complessi", in *Novissimo Digesto Italiano*, 3ª ed., v. I, t. II, Turim, 1957, pp. 1500/1). Seu processo de elaboração compreende uma etapa *introdutória* (a *iniciativa*), outra, *constitutiva* (a *deliberação* e a *sanção*) e, finalmente, outra, *complementar* ou *integrativa da eficácia* (a *pro-*

Daí concluirmos que, podendo o mais (não criar o tributo), as pessoas políticas podem o menos, isto é, utilizar, apenas em parte, suas competências tributárias (criando parcialmente o tributo).[36]

Neste ponto, tudo gravita em torno da *decisão política* da entidade tributante, a ser tomada por meio de lei.[37]

Transparece, pois, com hialina clareza, que nada impede que a pessoa política deixe de exercitar, no todo ou em parte, sua competência tributária.[38]

Quando a pessoa política exercita apenas em parte sua competência tributária, a Administração Fazendária deve conformar-se com isso. Absolutamente não pode fazer o que o legislador não fez, isto é, aumentar, via interpretação analógica ou extensiva, o âmbito de incidência da norma jurídica tributária, fazendo com que alcance fatos não contemplados, *in abstracto*, na lei instituidora da exação.

II – Até recentemente, ou seja, até o advento da Lei n. 10.705/00, vigorava, no Estado de São Paulo, a Lei n. 9.591/66 (com as alterações da Lei n. 9.591/81), que mandava incidir o ITCMD apenas sobre as transmissões não onerosas (por ato *inter-vivos* ou *causa-mortis*), de ***bens imóveis***.

Oportuníssimas, a respeito, as seguintes observações do renomado jurista Euclides de Oliveira: "Nos termos desta legislação, escapavam à tributação grandes fortunas constituídas por outras espécies de bens, tais como veículos, alimárias, depósitos bancários, cotas societárias, ações, títulos de crédito etc. Ora, cediço é que a riqueza mobiliária própria do mundo capitalista muitas vezes sobrepuja o vulto do valor das terras e edificações. Não se compreende porque demorou tanto o Estado de São Paulo a acordar da inércia legislativa que lhe causava considerável perda financeira, com relação ao tributo que poderia incidir sobre tais bens".[39]

Em boa hora, pois, o legislador paulista exercitou mais amplamente sua competência tributária, determinando a incidência do imposto em tela, também sobre as doações de bens móveis ou de direitos.

Com efeito, o art. 2º, II, da Lei paulista n. 10.705/00, dispõe:

"Art. 2º. O imposto incide sobre a transmissão de qualquer bem ou direito havido: (...)

"II – por doação".

III – Ficando apenas com os pontos que interessam ao caso em exame, temos que, no Estado de São Paulo, está isenta,

mulgação e a *publicação*). O Executivo participa ativamente de tal processo, já que ele tem a *iniciativa* (embora não mais privativa) de tal lei, de fora a parte caber-lhe, em princípio, sancioná-la (ou *vetá-la), promulgá-la* e *publicá-la*.

36. Isto se dá quando, por exemplo, o Município faz incidir o IPTU apenas sobre os proprietários dos imóveis comerciais e industriais urbanos, deixando de lado os proprietários de imóveis residenciais urbanos.

37. *Decisão política* é aquela cuja tomada depende, única e exclusivamente, da discrição dos Poderes Executivo e/ou Legislativo. Cuidando do tema, Rui Barbosa aponta extenso rol de casos em que se manifesta o poder estritamente político do Estado; dentre eles, inscreve a criação (ou a não criação) de tributos (*O Direito do Amazonas ao Acre Septentrional*, v. I, p. 163).

Inspiram a chamada *decisão política* a conveniência, a vantagem e a utilidade, aferíveis pelo Poder Legislativo e pelo Chefe do Executivo, enquanto participa da elaboração da lei. Eles é que têm a faculdade discricionária de agir, não estando sujeitos a limitações acerca do mérito da orientação que irão seguir. Só ficam subordinados, como enfatizava o grande *Águia de Haia*, "...à sanção da moral e à censura da opinião pública" (*op. cit.*, p. 164).

38. Em nosso *Curso* procuramos demonstrar que a única exceção a esta facultatividade é a que toca ao *ICMS*, que os Estados e o Distrito Federal estão obrigados a instituir e a arrecadar, em decorrência do que dispõe o art. 155, § 2º, XII, *g*, da Constituição ("Cabe à lei complementar: (...) regular a forma como, mediante deliberação dos Estados e do Distrito Federal, isenções, incentivos e benefícios fiscais serão concedidos ou revogados"). Segundo nos parece, os Estados e o Distrito Federal só poderão deixar de instituir (no todo ou em parte) o ICMS se deliberarem, em conjunto, neste sentido, por meio de *convênios*.

39. "Mudanças na lei do imposto *causa mortis* e doação", in *Tribuna do Direito*, março de 2001, p. 10.

do imposto sobre doação, a transmissão de qualquer bem ou direito cujo valor não ultrapassar 2.500 (duas mil e quinhentas) UFESPs (unidades fiscais do Estado de São Paulo) (art. 6º, II, *a*). Quando o valor superar esta marca, "o imposto será calculado apenas sobre a parte excedente" (parágrafo único, do art. 6º).

É contribuinte do imposto, o donatário (art. 7º, III). Sendo impossível exigir o tributo do donatário, respondem solidariamente pelo débito fiscal o doador e o cedente de bem ou direito (art. 8º, III).

A base de cálculo da exação "é o valor venal do bem ou direito transmitido, expresso em moeda nacional ou em UFESPs" (art. 9º).

As alíquotas do imposto sobre doação são de 2,5% (dois inteiros e cinco décimos por cento) e 4% (quatro por cento), conforme os critérios apontados no art. 16 e seu parágrafo único; *verbis*:

"Art. 16. O cálculo do imposto é efetuado mediante a aplicação dos porcentuais, a seguir especificados, sobre a correspondente parcela do valor da base de cálculo, esta convertida em UFESPs, na seguinte progressão: até o montante de 12.000 (doze mil) UFESPs, 2,5% (dois inteiros e cinco décimos por cento) e acima deste limite, 4% (quatro por cento).

"Parágrafo único. O imposto devido é resultante da soma total da quantia apurada na respectiva operação de aplicação dos porcentuais sobre cada uma das parcelas em que vier a ser decomposta a base de cálculo."

Consoante estipula o art. 18, "o imposto será recolhido antes da celebração do ato ou contrato correspondente". A norma, como bem observou Heloisa Barroso Uelze,[40] é de constitucionalidade duvidosa, já que se o tributo, nos termos da Lei Maior, é sobre doação, não poderia a lei antecipar sua incidência para momento anterior à efetiva transmissão do bem ou direito.[41]

Nos termos do art. 33, "o Coordenador da Administração Tributária poderá conceder parcelamento do imposto até o limite de 12 (doze) prestações mensais, observadas as prescrições contidas nos parágrafos do artigo anterior",[42] sendo o contribuinte dispensado do recolhimento, se o valor devido for inferior a uma *UFESP* (art. 34).

IV – Sobre as imunidades ao ITCMD a Lei paulista n. 10.705/00 nada estipula, circunstância que sinaliza no sentido, adequado e correto, de que as instituições de assistência social, sem fins lucrativos, desde que atendam aos requisitos do art. 14, do Código Tributário Nacional,[43] escapam à incidência deste gravame, quando recebem doações, ou seja, quando lhes são transmitidos, a título gratuito, bens ou direitos.

Todavia, em nota oficial, o Secretário da Fazenda do Estado de São Paulo, informou que técnicos estariam estudando os requisitos necessários para que tais instituições fruíssem da imunidade em pauta.[44] Acrescentou que tais requisitos constariam

40. "Problemas do imposto sobre doações e herança", in *Gazeta Mercantil* de 8 de junho de 2001, p. 2 (em co-autoria com Fabiana Sgarbiaro).

41. Neste particular, os interesses meramente arrecadatórios acabaram falando mais alto, na Lei paulista n. 10.705/00. Só que é o caso de lembrarmos a velha lição, segundo a qual os interesses meramente arrecadatórios não se sobrepõem aos direitos fundamentais dos contribuintes, dentre os quais se inscreve o de só serem tributados após a efetiva ocorrência do *fato imponível* (*fato gerador "in concreto"*). No caso em análise, após a transmissão do bem ou direito.

42. Lei n. 10.705/00, do Estado de São Paulo: "Art. 32 (...). § 1º. O imposto a ser parcelado deve ter o seu valor atualizado no mês em que for deferido o pedido e consolidado com o valor dos juros de mora e multa acaso devidos. § 2º. As prestações mensais serão calculadas, na data do vencimento, com o acréscimo dos juros de mora previsto nos parágrafos do artigo 20. § 3º. A primeira prestação será paga na data da assinatura do acordo, vencendo-se as seguintes no mesmo dia dos meses subseqüentes".

43. V. *supra*, item 4.

44. A *nota* aludiu, impropriamente, à *isenção*, quando, à toda evidência, estava se referindo à *imunidade*.

de decreto, a ser oportunamente baixado, regulamentando a predita Lei 10.705/00.

Isto foi o suficiente para que se especulasse que, enquanto o aludido decreto não fosse editado, as instituições de assistência social sem fins lucrativos (como a Consulente) teriam que recolher, no Estado de São Paulo, o imposto sobre doação. E isto independentemente de preencherem os requisitos do art. 14, do Código Tributário Nacional.

Esta colocação por óbvio não colhe, já que o art. 150, VI, "c", da Carta Magna, sendo – como já vimos – de *eficácia plena e aplicabilidade imediata*, independe da edição de normas inferiores (menos ainda de decretos regulamentares), para irradiar todos os seus efeitos.

As coisas estavam neste pé, quando, no dia 04 de junho, foi editado o Decreto n. 45.837/01 (*DOE* de 5.6.2001), aprovando o regulamento do imposto sobre transmissão *causa mortis* e doação de quaisquer bens ou direitos, instituído pela Lei paulista n. 10.705/00.

5.3 A questão das imunidades ao imposto sobre doação de quaisquer bens ou direitos, no Decreto paulista n. 45.387/01

O Decreto n. 45.837, de 4 de junho de 2001, regulamentou a Lei paulista n. 10.705/00.

Indo logo ao ponto que nos interessa, este ato normativo ocupou-se com as *imunidades tributárias*, inclusive das instituições de assistência social, sem fins lucrativos, em seus arts. 4º, IV e §§ 1º e 2º; 7º; e 39; *verbis*:

"Art. 4º. O imposto não incide na transmissão de bens ou direitos ao patrimônio (Constituição Federal, art. 150, VI, e §§ 2º ao 4º; Código Tributário Nacional, arts. 9º, IV e 14, I, na redação da Lei Complementar n. 104/2001): (...)

"IV – dos partidos políticos, inclusive suas fundações, das entidades sindicais dos trabalhadores, *das instituições* de educação e *de assistência social, sem fins lucrativos*.

"§ 1º. A não-incidência prevista nos incisos II a IV deste artigo somente se refere aos bens vinculados às finalidades essenciais das entidades nelas relacionadas, não alcançando bens destinados a utilização como fonte de renda ou com exploração de atividade econômica.

"§ 2º. A não-incidência prevista no inciso IV condiciona-se à comprovação, pelas entidades, de:

"1 – não distribuir qualquer parcela de seu patrimônio ou de suas rendas, a qualquer título;

"2 – aplicar seus recursos integralmente no País, exclusivamente na manutenção de seus objetivos institucionais;

"3 – manter escrituração de suas receitas e despesas em livros revestidos de formalidades capazes de assegurar sua exatidão. (...)"

"Art. 7º. As hipóteses de não-incidência ou de isenção previstas nos incisos II a IV do artigo 4º e na alínea 'b' do inciso II do artigo 6º, ficam condicionadas ao reconhecimento pela Secretaria da Fazenda, que expedirá instruções relativas às obrigações a serem cumpridas pelo interessado para este fim. (...)

"Art. 39. Em harmonia com o disposto no artigo anterior, cabe aos Agentes Fiscais de Rendas investigar a existência de heranças e doações sujeitas ao imposto, podendo, para esse fim, solicitar o exame de livros e informações dos cartórios de demais repartições, das pessoas naturais ou jurídicas, contribuintes ou não, inclusive às que gozem de imunidade tributária ou de isenção (Lei 10.705/00, art. 29)".[45]

A só leitura destes dispositivos infralegais revela que neles houve *não apenas* a repetição do que já figura na Constituição Federal e no art. 14, do Código Tributário Nacional, *como* a adição de novos requisi-

45. Grifamos.

tos e a autorização de providências fiscalizatórias.

Mais especificamente, no Decreto 45.837/01:

a) foram reiterados o art. 150, VI, "c", da Constituição Federal ("o imposto não incide" sobre "instituições... de assistência social, sem fins lucrativos" – art. 4º, IV) e, com ligeiras alterações redacionais, o § 4º, deste mesmo art. 150 ("a não-incidência... somente se refere aos bens vinculados às finalidades essenciais das entidades nelas relacionadas" – art. 4º, § 1º, 1ª parte);

b) viram-se encampados, com pequenas modificações redacionais, o art. 14 e seus incisos I a III, do Código Tributário Nacional ("a não-incidência prevista no inciso IV condiciona-se à comprovação, pelas entidades, de: 1 – não distribuir qualquer parcela de seu patrimônio ou de suas rendas, a qualquer título; 2 – aplicar seus recursos integralmente no País, exclusivamente na manutenção de seus objetivos institucionais; 3 – manter escrituração de suas receitas e despesas em livros revestidos de formalidades capazes de assegurar sua exatidão" – art. 4º, § 2º, 1 a 3);

c) surgiu um requisito adicional, à fruição da imunidade, não previsto, nem na Constituição Federal, nem no Código Tributário Nacional ("não alcançando – *a não-incidência* – bens destinados a utilização como fonte de renda ou com exploração de atividade econômica" – art. 4º, § 1º, 2ª parte);

d) condicionou-se o reconhecimento da imunidade à comprovação do cumprimento de novos encargos, apontados em instruções, a serem expedidas pela Secretaria da Fazenda ("as hipóteses de não-incidência (...) previstas nos incisos II a IV do artigo 4º (...) ficam condicionadas ao reconhecimento pela Secretaria da Fazenda, que expedirá instruções relativas às obrigações a serem cumpridas pelo interessado para este fim" – art. 7º); e,

e) abriu-se a possibilidade de os agentes fiscais do Estado virem a fiscalizar o cumprimento dos requisitos necessários à fruição da imunidade em tela ("cabe aos Agentes Fiscais de Rendas investigar a existência de... doações sujeitas ao imposto, podendo, para esse fim, solicitar o exame de livros e informações dos cartórios e demais repartições, das pessoas naturais ou jurídicas, contribuintes ou não, inclusive às que gozem de imunidade tributária" – art. 39).

Muito bem, enquanto o decreto em análise limitou-se a reproduzir, ainda que com pequenas variações, a Constituição Federal e o Código Tributário Nacional, ele é inócuo. Está, se nos for permitido encampar a sabedoria popular, "chovendo no molhado". Nada acrescentou ou retirou, em matéria de imunidade das instituições de assistência social sem fins lucrativos. Também não causa mossa, enquanto abre espaço à tomada, contra elas, de providências meramente fiscalizatórias.

Já, quando o Decreto paulista n. 45.837/01 acrescentou, *num evidente abuso do poder regulamentar*, novos requisitos à fruição da imunidade em tela (bens não destinados a utilização como fonte de renda ou sem exploração de atividade econômica), é imediatamente ilegal e mediatamente inconstitucional.

E as injuridicidades mais se avolumam quando o mesmo decreto permite que meras *instruções* (atos normativos infra-regulamentares) criem novos encargos, para que as instituições de assistência social, sem fins lucrativos, venham a fruir da imunidade tributária ora em estudo.

Estes pontos merecem atenção especial.

5.3.1 A lei: fundamento da faculdade regulamentar

I – A lei é o fundamento da faculdade regulamentar, levada a efeito por meio de decreto (por isso mesmo, *decreto regulamentar*). De fato, os decretos regulamentares, no Brasil, sujeitam-se ao princípio da legalidade, só lhes sendo permitido dar execução às leis (*regulamentos executivos*), conforme, diga-se de passagem, determina o art. 84, IV, da Constituição Federal ("compete privativamente ao Presidente da República[46] sancionar, promulgar e fazer publicar as leis, bem como *expedir decretos e regulamentos para sua fiel execução*").

Os *regulamentos executivos* são igualmente chamados de *subordinados*, para pôr em destaque o princípio formal da hierarquia normativa existente entre o regulamento e a lei. Com verdade, esta (a lei) precede ao regulamento, de tal sorte que seus aplicadores devem desconsiderá-lo, se estiver em desacordo com os ditames legais. A lei – desde que, é claro, não fira a Constituição – é o ato inicial, incondicionado e incontestável; o regulamento, o ato subseqüente, condicionado e contestável (Vedel).

O regulamento executivo, esclarece luminosamente Celso Antônio Bandeira de Mello, especifica "os comandos já abrigados virtualmente na lei, isto é, compreendidos na abrangência de seus preceptivos".[47]

Acerca deste assunto, assim nos pronunciamos: "O regulamento, dentro da 'pirâmide jurídica', está abaixo da lei. Logo, não a pode nem ab-rogar, nem modificar. Deve, sim, submeter-se às disposições legais, inspirando-se em suas diretivas, sem as contrariar. Se infringir ou extrapolar a lei, será *nulo*".[48]

É sempre bom termos presente que o regulamento, em nosso sistema jurídico, não pode ser nem *contra-legem*, nem *praeter-legem*, nem *ultra-legem*, nem, é óbvio, *extra-legem*, ***mas***, *apenas e tão somente*, ***intra-legem*** e ***secundum-legem*** (Michel Stassinoupolos). Por muito maior razão, não lhe é dado afrontar a Constituição Federal, deixando sem efeito ou contradizendo seus preceitos.

II – Também em matéria tributária, como não poderia deixar de ser, o único regulamento aceito por nossa Constituição é o *executivo*, que, subordinando-se inteiramente à lei, limita-se a prover sua fiel execução, ou seja, dá-lhe condições de plena eficácia, sem, porém, impor deveres novos (não contemplados na lei) aos contribuintes.

Por força do princípio da legalidade (que o sobrepaira e o informa) não pode criar ou aumentar tributos, impor deveres instrumentais tributários (obrigações acessórias), nem prever quaisquer ônus ou encargos que possam repercutir na liberdade ou no patrimônio dos contribuintes.

Falta igualmente titulação jurídica, ao decreto regulamentar (regulamento executivo), para estabelecer novos requisitos à plena fruição das imunidades tributárias.

III – Muito bem, se o decreto regulamentar, que é a fonte secundária por excelência do Direito Tributário, está tolhido por tão formidáveis peias, por muito maior razão as portarias, as instruções, os pareceres normativos, os comunicados etc., que, dentro da "pirâmide jurídica" ocupam posição a ele inferior.

Tais atos são interorgânicos e, assim, não atinam ao administrado. Pelo contrário, envolvem comandos ou orientações de administrador a administrador, isto é, de funcionário superior a funcionário subalterno, dando-lhes esclarecimentos. Por autoridade própria, não criam nem tolhem direitos de contribuintes. Só os obrigam, se e enquanto se limitam a explicitar a lei e, ainda assim, de conformidade com a Constituição.

Destarte, não vemos maiores dificuldades em afirmar que nenhum destes atos pode impor aos contribuintes deveres tributários novos, isto é, não contemplados

46. Por simetria, a faculdade regulamentar alcança aos demais chefes do Poder Executivo (Governadores e Prefeitos), nas esferas de suas atribuições. Dito de outro modo, o Presidente, o Governador e o Prefeito devem regulamentar as leis que lhes dizem respeito. Farão isso, por meio de decreto, que vai estabelecer os pormenores normativos que viabilizarão o bom cumprimento das leis.

47. *Atos Administrativos e Direitos dos Administrados*, 1ª ed., S. Paulo, Ed. RT, 1981, p. 90.

48. *Curso...*, p. 314.

em lei ou não previstos na Constituição. É que seus comandos têm muito menos força jurídica que os contidos nos regulamentos, que, afinal, dentro dos limites da lei, voltam-se para os cidadãos em geral.

Posto isto, podemos, finalmente, passar a tratar do nosso assunto central: imunidade das entidades filantrópicas, sobre doações de bens ou direitos recebidos, no Estado de São Paulo.

Terceira parte: O assunto central

6. A incontendível imunidade das entidades filantrópicas ao ITCMD, no Estado de São Paulo

Conforme vimos, a Lei paulista n. 10.705, de 28 de dezembro de 2000, deu novo tratamento jurídico ao imposto sobre doação de quaisquer bens ou direitos. Atualmente este tributo incide sobre as transmissões *inter vivos*, por ato gratuito, de quaisquer bens (móveis ou imóveis) ou direitos.

O sujeito passivo (contribuinte) do imposto em exame é, salvo algumas poucas exceções, o donatário do bem ou direito.

Muito bem, como é sabido e ressabido, as instituições de assistência social sem fins lucrativos,[49] recebem, amiúde, doações de bens (móveis ou imóveis) e de direitos.

A grande pergunta que se nos coloca é se, ao serem assim aquinhoadas, são tributáveis, no Estado de São Paulo, por meio de ITCMD.

O mesmo é propor a questão que lhe dar resposta negativa.

Todavia, para que nossa asserção não fique no plano das simples alegações, vamos tratar de demonstrá-la.

I – No item 3, *supra*, fizemos ver que a imunidade contemplada no art. 150, VI, "c", da Constituição Federal, demarca a competência que os Estados-membros receberam para criar impostos, aí compreendido, evidentemente, o que incide sobre doações de quaisquer bens ou direitos.

Aproximando-nos do ponto central deste trabalho jurídico, a Carta Magna veda que os Estados-membros onerem, com imposto, as doações recebidas por instituições de assistência social, sem fins lucrativos, bastando, para tanto, que observem os requisitos apontados no art. 14, do Código Tributário Nacional.[50]

Tais requisitos são apenas três: *1º)* aplicar integralmente no País seus rendimentos, na manutenção de seus objetivos institucionais; *2º)* remunerar seus quadros de acordo com as condições usuais de mercado; e, *3º)* manter a escrituração de suas receitas e despesas.

Novos requisitos, sob pena de irremissível inconstitucionalidade, não podem ser apontados nem em lei ordinária, nem, muito menos, em decretos, portarias, instruções etc.

II – As instituições de assistência social não perdem o direito à imunidade ao ITCMD, ainda que se dediquem a atividades capazes de propiciar-lhes *sobras financeiras* (aluguel de seus imóveis, aplicações financeiras e outros investimentos correlatos), tornando-as, assim, economicamente prósperas. Basta que não exista *animus distribuendi*, vale dizer, *apropriação particular* (pelos fundadores, dirigentes ou administradores) destes resultados econômicos positivos.

O que estamos querendo significar é que são abrangidas pela imunidade em foco, ainda quando reinvestem seus eventuais resultados econômicos positivos, no atingi-

49. É o caso da Associação de Pais e Amigos dos Excepcionais de São Paulo-APAE-SP, uma das instituições de assistência social mais sérias, que tem por lema "prevenir a deficiência, facilitar o bem-estar e a inclusão social da pessoa deficiente mental" e, como é público e notório, não possui nenhuma finalidade lucrativa. "Sem espírito de ganho", auxilia o Poder Público na "habilitação e reabilitação das pessoas portadoras de deficiência", promovendo sua "integração à vida comunitária", em perfeita sintonia com o que prescreve o art. 203, IV, da Constituição Federal. Deve, pois, ser amparada de todas as formas em direito admitidas, inclusive tributárias.

50. V. *supra*, item 4.

mento de seus fins institucionais, que se coadunam, como vimos, com os valores contemplados no art. 203, IV, da Lei Maior.

Basta – tornamos a insistir – que cumpram os requisitos do art. 14, I a III, do Código Tributário Nacional, não carecendo de nenhum ato de reconhecimento formal, por parte da administração estadual, para terem jus à imunidade ao ITCMD. Eventuais atos fiscalizatórios devem limitar-se a aferir o preenchimento destes requisitos.

III – Nenhuma lei ordinária estadual poderia criar outros requisitos para o pleno desfrute da imunidade ao ITCMD, por parte das instituições de assistência social, sem fins lucrativos.

E a Lei paulista n. 10.705/00 corretamente não o fez, circunstância que confirma a idéia de que, atendendo aos requisitos do art. 14, do CTN, estão a salvo da incidência do ITCMD, quando recebem doações de bens ou direitos.

IV – Infelizmente, o Decreto n. 45.837, de 04 de junho de 2001, a pretexto de regulamentar a Lei paulista n. 10.705/00, foi além da marca, criando requisitos adicionais (não contemplados no art. 14, do CTN) à fruição do direito à imunidade ao ITCMD, por parte das instituições de assistência social, sem fins lucrativos.

Nos pontos em que incidiu em abuso do poder regulamentar não deve ser considerado.

IV.a – Assim, há de ser havida por *letra morta* a parte do § 1º, do seu art. 4º, que pretende impedir que a imunidade em tela alcance "bens destinados a utilização como fonte de renda ou com exploração de atividade econômica".

Sendo mais específicos, as filantrópicas têm direito à imunidade, ainda quando recebem, em doação, bens ou direitos que vão utilizar como fonte de renda, ou com exploração de atividade econômica, bastando, apenas, que empreguem os resultados econômicos positivos daí advindos, em prol das pessoas deficientes que delas recebem assistência social, como, por exemplo, reabilitação e integração à vida comunitária.

IV.b – Também não há de ser considerado o art. 7º, do decreto em análise, que condiciona o reconhecimento da imunidade à comprovação do cumprimento de novos encargos, apontados em *instruções*, a serem expedidas pela Secretaria da Fazenda do Estado de São Paulo.

Admitir o contrário, importaria reconhecer – contra tudo o que até aqui sustentamos – que as atividades assistenciais das filantrópicas somente se revestiriam de relevância institucional capaz de torná-las insuscetíveis ao ITCMD, se contassem com o beneplácito da Secretaria da Fazenda do Estado de São Paulo.

Ora, nada disso juridicamente se sustenta.

Em primeiro lugar, não podia um decreto regulamentar "delegar" atribuições que ele próprio não possui, quais sejam, as de criar novos requisitos à fruição da imunidade contemplada no art. 150, VI, "c", da Constituição Federal.

Como se isto não bastasse, as *instruções* são atos interorgânicos, não tendo força jurídica ou autoridade bastante para tolher direitos constitucionais das filantrópicas, impondo-lhe deveres novos, não contemplados no art. 14, do Código Tributário Nacional.

7. O interesse fazendário e sua submissão ao interesse público

No caso em estudo, observa-se um nítido conflito entre o interesse fazendário (meramente arrecadatório) e o interesse público.

Não resta dúvida que o interesse fazendário é importante. Só que não sobrepaira o interesse público. Pelo contrário, a ele se subordina e, por isso mesmo, só prevalecerá se e enquanto houver perfeita sintonia entre ambos.

Ora, o interesse público absolutamente não admite que se faça *tabula rasa* do direito do contribuinte, de apenas ser tributado nos estritos termos da Constituição.

As garantias constitucionais limitam a ação de exigir tributos. O propósito de carrear dinheiro para os cofres públicos não pode, num *Estado Democrático de Direito* como o nosso, chegar ao ponto de lesar direitos subjetivos das pessoas (como este de verem observadas as imunidades constitucionais).

Poder-se-ia talvez dizer – o que é correto e verdadeiro – que há uma predominância do interesse público sobre o interesse privado. Só que predominância do interesse público não é sinônimo de lesão de direitos.

Com supedâneo nestas idéias, fica claro que a pretensão do Estado de São Paulo, consubstanciada no Decreto n. 45.837/01 (e, em eventuais *instruções*, que, com base em seu art. 7º, vierem a ser baixadas), de aumentar sua arrecadação, por meio de ITCMD, às custas das instituições de assistência social, sem fins lucrativos, desrespeita as mais elementares exigências de nossa ordem jurídica.

Além – o que é a todas as luzes lastimável – de desestimular as doações às filantrópicas. Tradicionais doadores poderão preferir praticar seus atos de benemerência em outras unidades federativas, seja por saberem que tudo o que doarem ficará com os donatários, seja por temerem arcar com os ônus financeiros do ITCMD por estes "devido".

Em suma, estamos amplamente convencidos da existência do direito constitucional das filantrópicas, de continuarem a desfrutar, no Estado de São Paulo, da imunidade ao ITCMD, apesar do advento da Lei paulista n. 10.705, de 28 de dezembro de 2000 e do Decreto n. 45.837, de 4 de junho de 2001, que a regulamentou.

8. Conclusões

Concluímos, pois, que as doações de quaisquer bens ou direitos, recebidas por entidades filantrópicas (instituições de assistência social, sem fins lucrativos), no Estado de São Paulo, são imunes ao imposto específico (ITCMD), apesar do advento da Lei Estadual n. 10.705/00 e do Decreto n. 45.387/01, que a regulamentou.

Para o pleno desfrute do benefício do art. 150, VI, "c", da Constituição Federal, basta que continuem observando os requisitos apontados no art. 14, do Código Tributário Nacional, vale dizer: *a)* apliquem integralmente no País seus rendimentos, na manutenção de seus objetivos institucionais; *b)* remunerem seus quadros de acordo com as condições usuais de mercado; e, *c)* mantenham escrituração regular de suas receitas e despesas.

É inconstitucional a *parte final*, do § 1º, do art. 4º, do Decreto paulista n. 45.387/01, que "impede" que a imunidade em tela alcance "bens destinados à utilização como fonte de renda ou com exploração de atividade econômica".

Também não passa pelo teste da constitucionalidade o art. 7º, do decreto em análise, que condiciona o reconhecimento da imunidade à comprovação do cumprimento de novos encargos, apontados em *instruções*, a serem expedidas pela Secretaria da Fazenda do Estado de São Paulo. De fato, não podia um decreto regulamentar "delegar" atribuições que ele próprio não possui, quais sejam, as de criar novos requisitos à fruição da imunidade contemplada no art. 150, VI, "c", da Constituição Federal. Ademais, as *instruções* são atos interorgânicos, não tendo força jurídica ou autoridade bastante para tolher direitos constitucionais da Consulente, impondo-lhe deveres novos, não contemplados no art. 14, do Código Tributário Nacional.

A CPMF E SUAS INOVAÇÕES

WAGNER BALERA
Livre-Docente da Faculdade de Direito da PUC-SP – Membro do Conselho Consultivo do IGA-IDEPE

1. Introdução. 2. O devido processo legislativo. 3. A contribuição em seu conteúdo normativo constitucional. 4. A destinação do produto da arrecadação da CPMF. 5. O sigilo de dados.

1. Introdução

Como é de comum sabença, no esquema idealizado pelo constituinte de 1988 há contribuições sociais que se destinam, exclusivamente, ao financiamento da seguridade social.

Delas tratam os artigos 149 e 195 da Superlei. Este último preceito, aliás, distingue as contribuições segundo o contribuinte e segundo a base de cálculo. Também prevê, tal comando, que outras contribuições sociais poderão ser criadas em ordem a buscarem recursos para a manutenção ou expansão da seguridade social, que compreende a prestação de benefícios e serviços de saúde, de previdência social e de assistência social.

Como já deixei assinalado em outros escritos,[1] a saúde se destaca como o mais importante dos direitos constitucionais de seguridade. As ações e serviços prestados por esse setor, aliás, mereceram o qualificativo da relevância pública (art. 197, da Lei Maior).

Estas últimas considerações justificaram, a seu tempo, a edição de Emenda Constitucional cujos preceitos, de certo modo, criaram outra distinção no ambiente do financiamento das atividades compreendidas na ordem social que, desde então, também comportam aquelas que cuidam de proporcionar recursos para uma única das três áreas da seguridade social.

Com efeito, o art. 74, § 3º, do Ato das Disposições Constitucionais Transitórias, conforme a redação que lhe deu a Emenda Constitucional n. 12, de agosto de 1996, definiu o destino dos recursos arrecadados com a CPMF: o Fundo Nacional de Saúde.

Advertíamos, em outra oportunidade, que a destinação da receita de uma das contribuições sociais para fundo específico acabava descaracterizando o Plano de Custeio da Seguridade Social que, conforme exigência da Norma Fundamental, é o pressuposto específico do orçamento social.

Cumpre recordar que o Plano de Custeio ganhou referência específica no art. 58 do Ato das Disposições Constitucionais Transitórias, e seu modo intrínseco de formalização é expressamente previsto no art. 96 da Lei n. 8.212, de julho de 1991. Essa Lei, conquanto contenha em sua ementa a errada anotação segundo a qual institui o plano de custeio, na verdade apenas, e tão-somente, cuida de arrolar algumas das fontes de financiamento da seguridade social que, à época, vinham sendo cobradas. De todo modo, é como um anexo da Proposta Orçamentária que o Plano de Custeio será apresentado anualmente ao Congresso Nacional (art. 96 da Lei 8.212/91).

Tal peça técnica, cumpre recordar, se reveste de conteúdo específico, conforme bem definia o art. 273 do antigo Regulamento do Regime de Previdência Social

1. Cf. o meu *A Seguridade Social na Constituição de 1988*, Ed. RT, São Paulo, 1989, e, também, "Introdução à Seguridade Social", in *Introdução ao Direito Previdenciário*, coordenação de Meire Lúcia Monteiro, Ed. LTr, São Paulo, 1999.

veiculado pelo Decreto n. 72.771, de 1973, ao dispor: "Art. 273. O Plano de Custeio consistirá em um conteúdo de normas e previsões de despesas e receitas estabelecidas com base em avaliações atuariais e destinadas à planificação econômica do regime e seu conseqüente equilíbrio técnico-financeiro".

Convém situar a notícia histórica da seguridade social, para quem não lhe conhece a origem.

Fruto das primeiras leis alemãs do final do Século XIX, a proteção social moderna se baseia nas técnicas do seguro, das quais se destacam aquelas que são do domínio das ciências atuariais, estatísticas e demográficas.

Pode-se dizer, de maneira extremamente simplificada, que a seguridade social é um conjunto de relações jurídicas cujo suporte financeiro obedece, em linhas gerais, às técnicas do vetusto contrato de seguro do direito privado.

O Plano de Custeio, pois, prevê as receitas necessárias e suficientes para que o sistema de seguridade social possa fazer face às despesas com as prestações que lhe cumpre, nos termos constitucionais, fornecer a toda a sociedade, trazendo para o moderno direito público do orçamento as antigas técnicas do antigo contrato privado de seguro.

Tão importante ao cabal desenvolvimento das tarefas da seguridade social é a observância do Plano de Custeio que, em preceito expresso, a Emenda Constitucional n. 20, de 15 de dezembro de 1998, determina a observância de critérios que observem o equilíbrio financeiro e atuarial da seguridade (art. 2º, que deu nova redação ao art. 201 da Constituição).

Ora, só é possível a observância de tais critérios mediante a adequada elaboração e implementação, sob controle dos colégios gestores das três áreas da seguridade social, do precitado Plano de Custeio.

Desde logo duvidei da nota de provisoriedade que fora atribuída, pela Emenda n. 12, de 1996, à contribuição social em comento, considerada essa previsão temporal com o limitado prazo de três anos.

É verdade que aos redatores da emenda pareceu que, em tal prazo, teria sido possível ao Congresso Nacional discutir e aprovar a tão esperada Reforma Tributária na qual, como se supunha, o modelo de financiamento da seguridade social, como de resto todo o sistema tributário nacional, passaria por significativas transformações.

Como se sabe, a reforma tributária não foi implementada até este instante (escrevo no outono de 2001) e, modificando novamente o modo de financiamento da seguridade social idealizado pelo constituinte originário, e redefinido posteriormente pela Emenda n. 12, de 1996, o Congresso Nacional editou a Emenda Constitucional n. 21, de 19 de março de 1999, que assim dispõe, acrescentando o art. 75 ao Ato das Disposições Constitucionais Transitórias:

"Art. 75. É prorrogada, por trinta e seis meses, a cobrança da contribuição provisória sobre movimentação e transmissão de valores e de créditos de natureza financeira de que trata o art. 74, instituída pela Lei n. 9.311, de 24 de dezembro de 1996, modificada pela Lei n. 9.539, de 12 de dezembro de 1997, cuja vigência é também prorrogada por idêntico prazo.

"§ 1º. Observado o disposto no § 6º do art. 195 da Constituição Federal, a alíquota da contribuição será de trinta e oito centésimos, nos primeiros doze meses, e de trinta centésimos nos meses subseqüentes, facultado ao Poder Executivo reduzi-la total ou parcialmente, nos limites aqui definidos.

"§ 2º. O resultado do aumento da arrecadação, decorrente da alteração da alíquota, nos exercícios financeiros de 1999, 2000 e 2001, será destinado ao custeio da previdência social.

"§ 3º. É a União autorizada a emitir títulos da dívida pública interna, cujos recursos serão destinados ao custeio da saúde e da previdência social, em montante equivalente ao produto da arrecadação da contribuição prevista e não realizada em 1999."

Verifica-se que não cuidou a Emenda tão-somente de prorrogar a incidência da CPMF! Fez mais, pois distribuiu parcela dos recursos a serem arrecadados, como decorrência do aumento da alíquota do tributo, ao custeio da previdência social.

Ao instituir a contribuição em referência, insistimos, o constituinte derivado ignorou o necessário vínculo jurídico entre contribuição e prestação.

De fato, o direito à saúde já foi conferido em caráter universal e igualitário.

No entanto, para a previdência social, consoante comanda o *caput* do art. 201 da Lei Suprema, o beneficiário está obrigado a demonstrar que verteu contribuição.

Quando uma só receita serve para custear assim as prestações de saúde como as de previdência social – que passam promiscuamente a depender da mesma fonte de financiamento – a possibilidade de construção do Plano de Custeio, exigência constitucional e legal, se torna mais remota.

Do mesmo modo, outra diretriz do financiamento da seguridade social – o postulado constitucional da equidade no custeio – é afetada pelo modo de ser da Contribuição Provisória sobre Movimentação Financeira.

É verdade que há um confronto entre princípios, no particular.

A idéia da solidariedade social, mediante a qual todos os sujeitos potenciais de direitos contribuem, em igualdade de condições, com a mesma alíquota, ainda que os dispêndios que o sistema venha a ter com cada qual sejam potencialmente distintos, é melhor expressa nesse tipo de contribuição que, de modo direto, a cada movimentação financeira que se concretiza, ressalta em cores vivas, deixando em segundo plano as exigências da equidade.

Cremos que, com estas considerações preliminares, já podemos tratar das inovações que o tributo em exame aportou ao ordenamento jurídico-fiscal brasileiro.

2. O devido processo legislativo

Há como que um consenso na doutrina a respeito da amplitude da cláusula do devido processo legal.

Hoje em dia é aceito, pacificamente, que tal cláusula compreende, ou melhor, traz em seu bojo, a garantia do devido processo legislativo.

Assim, não se trata, apenas, de um princípio que assegura a regularidade do rito procedimental no processo administrativo ou no processo judiciário.

Também se pode falar em devido processo legislativo para significar que ao Poder Legislativo compete cumprir, com rigor, o modelo de elaboração normativa que vigora no ordenamento jurídico.

No Direito Positivo Pátrio esse modelo – que estamos denominando "devido processo legislativo" –, em suas linhas mais gerais, se encontra delineado na Norma Fundamental que, em inúmeros dispositivos cuida do itinerário do processo legislativo.

Formam parte integrante de tal modelo as regras que exigem, exemplificativamente, que a proposta de emenda constitucional deverá ser discutida e votada em cada Casa do Congresso Nacional, em dois turnos, sendo considerada aprovada quando obtiver, nos dois turnos, três quintos dos votos dos parlamentares que integram cada Câmara.[2]

Outro preceito que conforma o *due process* quanto ao itinerário de produção normativa é o art. 65 da Superlei, que exige o retorno do projeto à Câmara iniciadora sempre que tenha sido emendado pela Câmara revisora.

Se esse preceito não fosse cumprido, com a promulgação da emenda pela segunda Casa do Congresso, a matéria da emenda não teria passado pelos diversos turnos de votação que o devido processo determina.

2. É o que comanda o art. 60, § 2º, da Constituição.

É esse o preceito que, desenganadamente, foi violado quando da tramitação da Emenda em comento.

De fato, a Proposta de Emenda Constitucional que deu origem à Emenda em comento foi apresentada ao Senado Federal, que a aprovou, após observância do ritual constitucional já antes mencionado, em janeiro de 1999. Funcionou o Senado, *in casu*, como Câmara iniciadora.

Ato contínuo, a PEC foi encaminhada à Câmara dos Deputados que, cumprindo no processo legislativo a função de Câmara Revisora, houve por bem lhe alterar o conteúdo.

É evidente que o projeto deveria ter retornado à casa de origem para a estrita observância do comando do já citado art. 65, cujo parágrafo único determina: "Parágrafo único. Sendo o projeto emendado, voltará à casa iniciadora".

Ocorre que tal fase do devido processo legislativo não foi observada. A Câmara dos Deputados modificou a PEC aprovada pelo Senado e, em seguida, a Emenda foi promulgada, sem volver à Casa de origem, em manifesta violação ao preceito estampado no já transcrito parágrafo do art. 65.

Pontes de Miranda, em síntese admirável, assevera que: "A regra jurídica em cuja elaboração não foi observado o processo de feitura das leis é nula (...)".[3]

Alguém poderia afirmar que a alteração operada pela Câmara não teria sido substancial e que, por esse fato, não estaria sendo modificada a manifestação de vontade política exarada pelo Senado da República.

Embora o argumento não mereça considerado, pois estamos tratando de formação da vontade legislativa por intermédio de um procedimento de manifestação dessa mesma vontade, que só ganha validade quando se configura com o ritual e a solenidade exigidas pela Lei das Leis – ritual e solenidade que fazem parte do aqui chamado devido processo legislativo –, cumpre anotar, entre parênteses, que nem essa defesa da estranhável posição da Câmara se poderia apresentar.

É que a alteração unilateralmente operada atingiu o ponto que, nas contribuições sociais, integra o regime jurídico do tributo: a destinação do produto da arrecadação.

A proposta aprovada pelo Senado previa que o resultado da arrecadação verificado no exercício financeiro de 2002 seria integralmente destinado ao resgate da dívida pública federal (redação do § 3º conforme o texto aprovado em janeiro de 1999) enquanto que a Emenda promulgada dispôs: "§ 3º. É a União autorizada a emitir títulos da dívida pública interna, cujos recursos serão destinados ao custeio da saúde e da previdência social, em montante equivalente ao produto da arrecadação da contribuição prevista e não realizada em 1999".

É dizer: a Câmara instituiu nova fonte de custeio cujo montante equivale à estimativa da receita de 1999.

Isso significa que, sem qualquer cerimônia, a Câmara ampliou a base de financiamento da seguridade social em volume considerável de recursos sem fixar o destino específico dessa nova fonte de custeio.

Já afirmávamos antes: há um necessário vínculo jurídico entre contribuição e prestação.

Se for ampliada a contribuição – fonte de custeio – cumpre definir a destinação do produto da arrecadação ampliado com essa nova receita.

O raciocínio só se aplica às contribuições sociais de seguridade social mediante a exata compreensão daquele preceito que temos denominado "regra da contrapartida".

A regra da contrapartida, estampada no § 5º do art. 195 da Constituição, é uma

3. Francisco Cavalcanti Pontes de Miranda, *Comentários à Constituição de 1967*, 2ª ed., Ed. RT, São Paulo, t. II, p. 574.

via de duas mãos: não pode haver prestação sem contribuição e não pode haver contribuição sem prestação.[4]

A nova fonte de custeio foi genericamente destinada ao financiamento da saúde e da previdência social, sem qualquer especificação.

Beira a irresponsabilidade o modo como os autores da Emenda trataram do assunto.

Operando no escuro, sem qualquer estimativa de receita ou despesa – sem um Plano de Custeio, insistimos – reinstituíram uma base de financiamento da seguridade social (fase de deliberação no Senado) e ampliaram o seu potencial de arrecadação (fase de deliberação – nula – na Câmara) sem considerarem as reais necessidades financeiras do sistema de proteção social.

Aqui fechamos o parêntese.

De outra parte, não consideramos relevante o argumento daqueles que não aceitam a instituição da CPMF pela via excepcional da Emenda Constitucional.

Parece-nos que o perfil constitucional do financiamento da seguridade social foi definido em 1988, e a instituição da contribuição em comento alterou tal perfil.

Deveras, em 1988 foram definidas duas bases de financiamento dos programas de proteção social: a) a base direta, representada pelas diversas contribuições sociais e; b) a base indireta, que consiste na dotação orçamentária devida por todas as pessoas políticas.

Esse esquema foi modificado pela Emenda Constitucional em estudo que, a um só tempo, cria nova base direta de custeio e institui terceira modalidade de financiamento, a do título da divida pública interna federal.

4. Não cabe desenvolver o raciocínio nos limites estreitos deste estudo. Remeto, pois, às considerações que expendi sobre o assunto no texto "Introdução à Seguridade Social", in *Introdução ao Direito Previdenciário*, coordenação de Meire Lúcia Monteiro, Ed. LTr, São Paulo, 1999.

O rígido esquema tracejado pelo constituinte, em 1988, sofreu significativa alteração.

A via comum, mediante a qual outras fontes de custeio seriam instituídas, é a da lei complementar, conforme previsão expressa do art. 195, § 4º, combinado com o art. 154 da Lei Magna.

A via excepcional – devido processo legislativo –, e única, é a emenda constitucional.

O requisito formal, da lei complementar, que alguns supuseram exigível para essa espécie de tributo, não vem ao caso quando a ampliação do campo de incidência de contribuições sociais foi operada por intermédio da via excepcional da emenda constitucional que, obviamente, é sobranceira e vincula as fontes de direito situadas em estádio inferior na hierarquia normativa pátria.

Naturalmente, não é a emenda constitucional o veículo apto a descrever a hipótese de incidência do tributo. Essa tarefa incumbe à lei (ordinária ou complementar, conforme o caso).

Entraremos nesse ponto – o da lei que instituiu a CPMF – no tópico seguinte.

Fica registrada, aqui, a nulidade da Emenda Constitucional n. 21, de março de 1999, por descumprimento do devido processo legislativo.

3. A contribuição em seu conteúdo normativo constitucional

A contribuição social está fundamentada nos artigos 146, III, 149, 150, I e III e 195, da Lei Suprema.

A Contribuição Provisória sobre Movimentação Financeira foi criada por intermédio da Emenda Constitucional n. 12, de agosto de 1996, e faz parte do rol das bases de financiamento da seguridade social.

Do mesmo modo que as contribuições sobre a folha de salários, o faturamento, o lucro e a receita dos concursos de prognósticos, a contribuição sobre movimentação financeira está, desde a edição da Emenda

Constitucional em comento, catalogada como fonte ordinária de custeio da seguridade social.

Seu único pressuposto, conforme tenho sustentado, é a edição do Plano de Custeio, que sendo norma específica exigida pela Constituição, desencadeia a plena eficácia da norma de incidência.

As leis complementares, exigíveis quando da criação de outras fontes de custeio que garantam a manutenção e expansão da seguridade social, não são os veículos comuns da tributação. Eis o comando expresso do § 4º do art. 195 da Constituição de 1988: "§ 4º. A lei poderá instituir outras fontes destinadas a garantir a manutenção ou expansão da seguridade social obedecido o disposto no art. 154, I".

Os recursos ordinários para o setor de saúde serão auferidos com a arrecadação da CPMF que, de certo modo, foi identificada como fonte de custeio distinta daquelas já antes criadas pelo texto primitivo da Norma Fundamental.

Digo "de certo modo", pois um dos requisitos para o exercício da competência residual – é disso que cuida o preceito acima reproduzido – é o de que a novel exigência fiscal não tenha fato gerador ou base de cálculo idêntica à dos tributos já existentes. Mas essa regra do *non bis in idem* fica superada quando – e, se – é da Lei das Leis que decorre o tributo social de que se cuida.

Também me parece descabido invocar a violação ao princípio da não cumulatividade no que tange à contribuição social em estudo.

De novo estou plantado no argumento básico da fonte formal: a contribuição sobre movimentação financeira foi instituída por intermédio de Emenda Constitucional que, em razão de sua eminente posição no catálogo das fontes formais do direito tributário, não se restringe aos angustos limites dentro nos quais pode ser exercida a competência tributária residual.

A Contribuição sobre Movimentação Financeira fora inserida, mediante procedimento de Emenda, no corpo do Ato das Disposições Transitórias da Constituição que assim se encontrava grafado:

"Artigo único. Fica incluído o art. 74 no Ato das Disposições Constitucionais Transitórias, com a seguinte redação:

"'Art. 74. A União poderá instituir contribuição provisória sobre movimentação ou transmissão de valores e de créditos e direitos de natureza financeira.

"'§ 1º. A alíquota da contribuição de que trata este artigo não excederá a vinte e cinco centésimos por cento, facultado ao Poder Executivo reduzi-la ou restabelecê-la, total ou parcialmente, nas condições e limites fixados em lei.

"'§ 2º. À contribuição de que trata este artigo não se aplica o disposto nos arts. 153, § 5º, e 154, I, da Constituição.

"'§ 3º. O produto da arrecadação da contribuição de que trata este artigo será destinado integralmente ao Fundo Nacional de Saúde, para financiamento das ações e serviços de saúde.

"'§ 4º. A contribuição de que trata este artigo terá sua exigibilidade subordinada ao disposto no art. 195, § 6º, da Constituição e não poderá ser cobrada por prazo superior a dois anos'".

Eis a redação primitiva do artigo único da Emenda Constitucional n. 12, de 15 de agosto de 1996.

Dando cumprimento ao comando constitucional, a Lei n. 9.311, de outubro de 1996, instituiu a CPMF.

Tratava-se, ao tempo, de espécie de contribuição social que se destinava ao financiamento de um só dos setores da seguridade social.

Enquanto contribuição social, a CPMF deveria servir para o financiamento da área de saúde, durante o prazo de dois anos.

São de relevância pública as ações e serviços de saúde, que compreendem amplo espectro de atuação estatal, concretizado mediante políticas que visem à redução do risco de doença e outros agravos, além do tratamento e de recuperação dos doentes.

Mesmo assim, o legislador não cuidou de, no prazo assinalado pela Superlei, providenciar a fonte permanente de financiamento desse setor que deve, comanda o constituinte, proporcionar atendimento integral aos necessitados da proteção social.

Fica demonstrada, de modo cabal, a reincidente omissão do legislador no trato do setor da saúde.

Omissão que se estende ao setor da previdência social, cujas prestações são dispêndios diferentes, pré-fixados e continuados, e que, agora, também contará com precária e provisória modalidade de custeio.

Mas, com a especialização da fonte – que custeará os setores da saúde e da previdência social –, a omissão do legislador se apresenta com um duplo sublinhado.

De fato, mesmo designando a contribuição como *provisória*, a norma está conferindo recursos a dispêndios de longuíssima duração, como são as aposentadorias e pensões da previdência social, e essa circunstância parece apontar para a *mens legislatoris*: a mutação do tributo provisório em definitivo.

Eis a razão oculta da equivocada terminologia de que se valeram os autores da Emenda n. 21, ao pretenderem prorrogar a vigência do preceituário contido na Lei n. 9.311, de 1996.

Tal fenômeno não poderia se dar, uma vez que à altura em que foi promulgada a Emenda Constitucional em comento o prazo de vigência da anterior CPMF já tinha expirado. A Emenda é de março e a anterior CPMF só poderia ter sido cobrada até janeiro, do ano de 1999.

Entendo, porém, que o equívoco terminológico não pode ser barreira à interpretação sistemática da Lei Suprema.

A Constituição é um documento de maior densidade política do que as demais espécies legislativas. A Constituição é a carta do povo, e sua linguagem deve ser tanto quanto possível de comum entendimento pelos populares que quiserem ter acesso ao seu texto.

É bem claro, pois, o propósito dos autores da Emenda, ainda que não se tenham expressado em correto linguajar: a mesma fonte de financiamento do setor de saúde deve prosseguir cumprindo o seu papel por mais trinta e seis meses.

Entendo, por conseguinte, que a Emenda Constitucional n. 21 mais não fez do que recriar a CPMF, aproveitando-se de quase todos os elementos do tipo tributário da contribuição antes instituída, com duas alterações importantes: a da alíquota e a da destinação.

A Emenda estabeleceu a alíquota máxima de trinta e oito centésimos por cento, a ser reduzida para trinta centésimos após doze meses, contados do início da vigência da nova contribuição social e, ainda, destinou a quantia correspondente ao aumento para o custeio da previdência social.

Nisso se resumem as inovações, no Texto Fundamental.

Em tudo o mais, o constituinte resolveu apropriar-se dos termos da Lei n. 9.311, de 24 de outubro de 1996, com as alterações introduzidas pela Lei n. 9.539, de dezembro de 1997.

Pode-se dizer, pois, que a estrutura normativa da Contribuição Provisória sobre Movimentação Financeira – a hipótese tributária, nos seus critérios material, espacial e temporal, e a conseqüência, quanto aos critérios pessoal e quantitativo – se encontra definida em termos constitucionais.

4. A destinação do produto da arrecadação da CPMF

A destinação do produto da arrecadação da contribuição em estudo, como a de todas as demais devidas ao sistema de seguridade social, é um dado fundamental para a configuração constitucional da espécie tributária de que se cuida.

Daí o cuidado que teve a Emenda Constitucional ao especificar as partes que serão destinadas ao setor da saúde e aquelas outras que financiarão o setor de previdência social.

Combinados o § 3º do art. 74 com o § 2º do art. 75 verifica-se que o constituinte adjudicou a primeira parcela da receita da CPMF para o Fundo Nacional de Saúde e a segunda (resultante da majoração da alíquota da contribuição pela própria Emenda n. 21) para o custeio da previdência social.

Ocorre que, com essa sistematização do assunto, a Lei Maior acabou sublinhando que, sem Plano de Custeio, não é possível a cobrança da contribuição social em exame.

O Fundo Nacional de Saúde é chamado a gerenciar os recursos destinados ao custeio da prevenção do risco de doença e de outros agravos e a proporcionar o acesso universal às medidas de tratamento e recuperação dos doentes.

Mas os recursos destinados à previdência social, que irão pagar benefícios e serviços devidos nos termos da Lei n. 8.213, de 1991, deverão ser vertidos a outro fundo social, o Fundo de Previdência e Assistência Social.

Para que haja operacionalização do procedimento de apropriação dos recursos devidos a cada setor é necessária a específica previsão no Plano de Custeio.

Anoto, ainda, um dado fundamental.

Tanto para o setor de saúde quanto para o setor de previdência, será a Lei Orçamentária anual, à qual estará adossado o Plano de Custeio (art. 96 da Lei n. 8.212, de 1991), quem definirá a destinação específica dos recursos que, no orçamento, se verão alojados em lugares distintos.

De fato, o § 2º do art. 195 estabelece: "§ 2º. A proposta de orçamento da seguridade social será integrada pelos órgãos responsáveis pela saúde, previdência social e assistência social, tendo em vista as metas e prioridades estabelecidas na lei de diretrizes orçamentárias, assegurada a cada área a gestão de seus recursos".

A parte final do preceito sublinha e enfatiza a necessidade de que cada área receba, diretamente, os recursos que irá gerir, devidamente orçados nos termos da proposta que, uma vez aprovada, se concretiza em Lei Orçamentária.

Ora, há um devido processo orçamentário que, na área da seguridade social se inicia, conforme mais de uma vez tenho sublinhado, com a elaboração do Plano de Custeio; que prossegue com a elaboração da proposta orçamentária; que continua com a discussão dessa proposta pelo Poder Legislativo que, ao aprová-la, a converte na lei.

Só depois de percorrido esse procedimento os recursos podem ser cobrados e, conseqüentemente, aplicados nas finalidades específicas da proteção social.

Tão minudente e rigoroso é o processo legislativo do orçamento que o Ato das Disposições Constitucionais Transitórias estabelece que o Projeto de lei orçamentária da União será encaminhado até quatro meses antes do encerramento do exercício financeiro e devolvido para sanção até o encerramento da sessão legislativa (art. 35, § 3º, III).

Tendo sido reinstituída em 18 de março de 1999, a CPMF não estava prevista na lei orçamentária daquele ano, no que concerne aos recursos destinados ao setor da previdência social. E, obviamente, também não se cogitaria dessa matéria na elaboração do Plano de Custeio.

Assim, não tinha previsão orçamentária a receita a ser auferida pelo sistema de seguridade social com a contribuição social sobre movimentação financeira.

Assinala José Cretella Júnior: "(...) o gasto público tem de estar, *a priori*, fixado no plano conjunto, ou orçamento, não podendo o administrador aplicar mais do que faculta a lei orçamentária".[5]

Falto de previsão orçamentária, o administrador público não pode utilizar recursos arrecadados para pagamento de determinada despesa.

5. José Cretella Júnior, *Comentários à Constituição de 1988*, Forense Universitária, Rio de Janeiro, 1993, v. VIII, p. 3.777.

A cobrança da CPMF no exercício de 1999, pois, não teve qualquer base de sustentação legal.

Seria bem o caso de investigar-se, o que escaparia dos limites deste estudo, qual o destino dos imensos recursos carreados aos cofres da União com a receita da CPMF no ano de 1999.

5. *O sigilo de dados*

A CPMF incide sobre lançamentos bancários efetivados nas contas e demais operações desenvolvidas pelo contribuinte.

Para mim, tais negócios podem ser examinados pela autoridade fiscal, uma vez que constituem o próprio campo de incidência.

Aliás, conforme o volume da movimentação financeira apresentada pelas contas do sujeito passivo da obrigação tributária, o mesmo pode identificado como sendo daqueles que não cumprem com exatidão os deveres fiscais.

Os dados bancários deixam de ser sigilosos quando apresentam indícios de ilicitude manifesta. Isso ocorre tanto com a lavagem de dinheiro quanto com a corrupção.

Mas, também, para que os princípios do Estado de Direito sejam integralmente respeitados, é necessário o devido processo administrativo de apuração dos eventuais comportamentos ilícitos.

Dispõe o preceito estampado no art. 11, da Lei n. 9.311, de 1996, com a redação dada pela Lei n. 10.174, de 9 de janeiro de 2001, o seguinte: "Art. 11. (...). § 3º. A Secretaria da Receita Federal resguardará, na forma da legislação aplicável à matéria, o sigilo das informações prestadas, facultada sua utilização para instaurar procedimento administrativo tendente a verificar a existência de crédito tributário relativo a impostos e contribuições e para lançamento, no âmbito do procedimento fiscal, do crédito tributário porventura existente, observado o disposto no art. 42 da Lei n. 9.430, de 27 de dezembro de 1996, e alterações posteriores".

A fim de dar cumprimento a tal preceito, a Secretaria da Receita Federal expediu a Instrução Normativa SRF n. 42, de 2 de maio de 2001, que cuida, dentre outras situações, das hipóteses de contribuição não recolhida em decorrência de decisão judicial.

E, para regular a matéria, a Instrução Normativa avança em assunto relativo ao devido processo administrativo que também se subordina às exigências da legalidade.

Assim dispõe a tal regra da Secretaria da Receita Federal:

"Art. 16. O valor correspondente à CPMF não retido e não recolhido pelas instituições especificadas na Lei n. 9.311, de 1996, por força de liminar em mandado de segurança ou em ação cautelar, de tutela antecipada em ação de outra natureza, ou de decisão de mérito, posteriormente revogadas, deverá ser retido e recolhido pelas referidas instituições, na forma estabelecida nos artigos subseqüentes.

"Art. 17. As instituições responsáveis pela retenção e pelo recolhimento da CPMF deverão:

"I – apurar e registrar os valores devidos no período de vigência da decisão judicial impeditiva da retenção e do recolhimento da contribuição;

"II – efetuar o débito em conta de seus clientes, a menos que haja expressa manifestação em contrário, no trigésimo dia subseqüente ao da ciência da revogação da medida judicial pela instituição responsável, ocorrida a partir de 1º de setembro de 2000;

"III – recolher ao Tesouro Nacional, até o terceiro dia útil da semana subseqüente à do débito em conta, o valor da contribuição;

"IV – encaminhar à Secretaria da Receita Federal, relativamente aos contribuintes que se manifestaram em sentido contrário à retenção, bem assim àqueles que, beneficiados por medida judicial revogada, tenham encerrado suas contas antes da data referida no inciso II, relação contendo as seguintes informações:

"a) número de inscrição do contribuinte no CPF ou no CNPJ;

"b) valor total das operações que serviram de base de cálculo da contribuição, por período de apuração, e o valor da contribuição devida, por data de vencimento."

Esse clausulado vai muito além do propósito legal.

Sob o pretexto de impor deveres instrumentais ao agente de arrecadação, a instrução da Receita Federal estabelece uma modalidade específica de lançamento, aplicável ao tributo em comento.

Modalidade que acaba pondo a nu o sigilo bancário que não é dado à instituição financeira, detentora dos dados, violar.

Ao situar os limites da faculdade regulamentar, o preceito didático do Código Tributário esclarece: "Art. 99. O conteúdo e o alcance dos decretos restringem-se aos das leis em função das quais sejam expedidos, determinados com observância das regras de interpretação estabelecidas nesta Lei".

Cabe ao decreto regulamentar definir o modo pelo qual a autoridade administrativa irá executar (*fielmente*, nos termos da Constituição) a lei. Nesse sentido, pode servir como critério de interpretação, a ser invocado pelos administrados em seu favor, em circunstâncias concretas. Embora não obrigue o administrado, vincula a autoridade pública que o expediu e, nessa medida, sua importância não pode ser descurada.

Entretanto, de nenhum modo podem os decretos regulamentares inovar na ordem jurídica, estabelecendo exigências que não foram fixados pelo legislador.

Muito menos o podem as instruções internas.

Instruções internas não são veículo apto para a introdução de qualquer inovação na ordem jurídica.

Revelando certo modo de interpretação das normas, formulado pela autoridade que as expede, podem acabar criando novas hipóteses quando, e se, se afastam da moldura normativa genérica.

É até possível, embora pouco provável, que instruções ampliem o direito, o que violaria a estrita legalidade do agir administrativo.

O Estado de Direito erige a legalidade como princípio basilar de toda a atividade administrativa.

Tendo sido as fontes formais do direito, no sistema jurídico brasileiro, enumeradas pela Constituição Federal, somente elas podem fundamentar o agir administrativo.[6]

A Constituição arrola as fontes do direito em geral e do direito tributário em particular, designando-lhes nomes próprios. Temos, então, a designação lei, significando a complementar, a ordinária e a delegada; a medida provisória; o decreto legislativo e a resolução do Senado da República (art. 59, da Lei Magna).

Por outro lado, em se tratando de normas a serem aplicadas pela Administração Pública, a Constituição admite que as mesmas sejam objeto de regulamentação, conferindo ao Executivo competência para, com o propósito de garantir a fiel execução das leis, dispor a respeito. Por expresso permissivo constitucional, só o Presidente da República (art. 84, IV) e os Ministros de Estado (art. 87, II) estão autorizados a disciplinar tais matérias.

A referência à faculdade regulamentar, como já ficou exposto, é feita pela Lei das Leis.

No entanto, o direito brasileiro admite a existência de outros atos administrativos aos quais a lei, segundo bem lançada expressão do Código Tributário Nacional (art. 100), atribui eficácia normativa.

6. Sobre as fontes do direito brasileiro, com especial referência ao Direito Tributário, vide nosso artigo "Fontes do Direito Tributário", *in Revista do Advogado* n. 32, setembro de 1990, pp. 41 e ss.

Encontrando esteio em leis, em regulamentos ou em instruções, tais atos normativos podem ser encartados na pirâmide normativa, no estádio denominado pelo CTN: *legislação complementar.*

É certo que, cada norma, não se justapõe às demais – nem no plano infraconstitucional nem no terreno infralegal, com isso passando a integrar a estrutura escalonada da ordem jurídica –, se não estiver plenamente ajustada ao preceito normativo que lhe dá fundamento de validade.

Pode-se insistir, por conseguinte, que todas as normas são limitadas pela e na legalidade. Esta última será aferida, em cada caso, pelo confronto da norma em exame com a moldura que lhe confere um específico lugar na estrutura escalonada da ordem jurídica.

Teremos então, na legislação complementar como que o primeiro instrumento por meio do qual opera o Executivo em aplicação fiel das leis, regulamentos e instruções.

Vamos nos cingir, neste ponto ao termo *instrução*.

Antigamente, o chefe do Poder Executivo expedia decretos, instruções e regulamentos.[7]

Adotando mais apurada terminologia, a Constituição de 16 de julho de 1934 passou a estabelecer distinções que, salvo no hiato autoritário em que vigorou a Constituição do Estado Novo, até hoje figuram nos Estatutos Fundamentais que se seguiram àquela Magna Carta, entre ato normativo exarado pelo Presidente da República, denominado *decreto* ou *regulamento* e as normas expedidas pelos Ministros de Estado em matérias relativas às respectivas esferas de competência, reservando para estas últimas a designação de *instruções*.[8] São estas últimas as menores expressões do poder regulamentar.

Advertia Carlos Maximiliano, quando discorria sobre o poder regulamentar, que este é, em nosso direito, limitado. E escrevia o notável exegeta:

"Dai se deduzem, quanto ao poder regulamentar, várias restrições:

"a) não cria direitos nem obrigações não estabelecidas implícita ou explicitamente em lei.

"b) não amplia, restringe ou modifica direitos, nem obrigações. Apenas desenvolve e completa em particularidade as regras estabelecidas pelo Congresso".[9]

A maior parte da doutrina, ao se debruçar sobre o tema das fontes do direito, faz referência à conhecida imagem de Hans Kelsen, onde é desenhada a ordem jurídica como estrutura escalonada em cujo ápice se encontra a Constituição, tendo esta por suporte de validade a norma fundamental hipotética.[10]

Cada ordenamento jurídico pode situar novos degraus à estrutura, a fim de incluir diversos instrumentos que, conquanto dotados de menor expressividade e menor eficácia, servem como redutores da discrição administrativa.

A respectiva utilização, como fundamento de decisões administrativas, é vedada porque só atuam, como bem notou Hely

7. Na Constituição Política do Império, de março de 1824, essa atribuição é expressa no art. 102, 12, nos seguintes termos:

"Art. 102. O Imperador é o Chefe do Poder Executivo, e o exercita pelos seus Ministros de Estado.

"Suas principais atribuições são: (...)

"12) Expedir os decretos, instruções e regulamentos adequados à boa execução das leis."

Por seu turno, a Constituição da República, de 24 de fevereiro de 1891, no art. 48, inciso I, assim estava redigida:

"Art. 48. Compete privativamente ao Presidente da República:

"1º) sancionar, promulgar e fazer publicar as leis e resoluções do Congresso; expedir decretos, instruções e regulamentos para sua fiel execução."

8. São de citar, respectivamente, os arts. 56, 1º, e 60, "b", da Constituição de 1934; 74, "a", da Carta de 1937; 87, I, e 91, II, da Constituição de 1946; 81, III, e 85, II, da Constituição de 1967, na redação da Emenda n. 1, de 1969.

9. Carlos Maximiliano, *Comentários à Constituição Brasileira*, pp.542-543.

10. Hans Kelsen, *Teoria Pura do Direito*, tradução João Baptista Machado, Arménio Amado Editor Sucessor, Coimbra, 1974, pp. 309 e ss.

Lopes Meirelles "no âmbito interno das repartições e só alcançam os servidores hierarquizados à chefia que os 'expediu'".

Em suma, as normas internas apenas se destinam a dispor a respeito da forma pela qual será posto em ato o expediente administrativo, para que o serviço público atue em conformidade com a sua missão institucional e legal.

Convém insistir em que, enquanto destinatários comuns das normas legais, assim o Poder Público como o particular, no Estado de Direito, estão sujeitos a exercer seus direitos, sempre segundo as formas, os modos e as medidas que lhes são ditadas pelo ordenamento jurídico.

Ergo, o âmbito de incidência da Instrução Normativa em comento é restrito ao pessoal subordinado ao Secretário da Receita Federal. Esses servidores estão obrigados a cumprir todos os teores da ordem que seu superior hierárquico expediu.

O PRINCÍPIO DA PROGRESSIVIDADE E SUAS IMPLICAÇÕES NO IPTU, IMPOSTO SOBRE DOAÇÕES, "CAUSA MORTIS" E "INTER VIVOS"

YOSHIAKI ICHIHARA
Juiz de Direito Substituto em 2º Grau, atualmente auxiliando na 9ª Câmara Cível de Direito Público do Tribunal de Justiça do Estado de São Paulo – Professor de Direito Tributário da UniFMU – Mestre e Doutor em Direito de Estado pela Pontifícia Universidade Católica de São Paulo e membro da Academia Paulista de Direito

1. Introdução. 2. O princípio da progressividade e suas implicações no IPTU: 2.1 Considerações iniciais; 2.2 Perfil constitucional do IPTU; 2.3 Aspectos controvertidos: a progressividade do IPTU: 2.3.1 A progressividade do IPTU e a isonomia; 2.3.2 A progressividade do IPTU e a capacidade contributiva; 2.3.3 A progressividade do IPTU em razão do valor do imóvel; 2.3.4 A progressividade do IPTU em razão da localização do imóvel; 2.3.5 A progressividade do IPTU em razão do uso do imóvel; 2.3.6 A progressividade do IPTU no tempo. 3. Imposto sobre doações, "causa mortis" e "inter vivos", de bens e direitos-ITCMD: 3.1 Considerações iniciais; 3.2 Perfil constitucional do ITCMD; 3.3 Aspectos controvertidos do ITCMD: 3.3.1 A progressividade do imposto de transmissão "causa mortis" e doação, de quaisquer bens ou direitos; 3.3.2 Quando ocorre a transmissão "causa mortis" e qual é a lei aplicável; 3.3.3 Juros moratórios pela taxa SELIC; 3.3.4 Argüição da eventual ilegalidade por falta de lei complementar sobre as matérias alteradas pela CF/88. 4. Conclusões: 4.1 O princípio da progressividade e suas implicações no IPTU; 4.2 Imposto sobre doações, "causa mortis" e "inter vivos", de bens e direitos-ITCMD.

1. Introdução

Recebi, com muita satisfação, o ofício-convite subscrito pelo Presidente Doutor Aires Barreto para participar do XV Congresso Brasileiro de Direito Tributário.

Aceitei e escolhi o primeiro tema, por envolver matérias atuais e objeto da Emenda Constitucional n. 29, de 13.9.2000, que criou novas formas de progressividade do IPTU.

Também contém assuntos de relevante interesse, considerando que a recente Lei (do Estado de São Paulo) n. 10.705, de 28 de dezembro de 2000, no exercício da competência atribuída aos Estados, desde 5.10.1988, pela Constituição Federal de 1988, apesar da evidente modificação e ampliação do campo material do imposto de transmissão *causa mortis* e doação, de quaisquer bens e direitos, inexistia lei específica instituidora.

Pretendo neste trabalho enfrentar os aspectos controvertidos que o tema oferece, o perfil constitucional dos impostos em discussão, em cada caso, com considerações de caráter pessoal sobre as matérias em discussão.

Agradeço o convite e ciente da responsabilidade, conhecendo o alto nível dos participantes do Congresso, a seguir, passo às considerações que julgo pertinentes.

2. O princípio da progressividade e suas implicações no IPTU

2.1 Considerações iniciais

A Constituição Federal de 1988, ao atribuir competência aos Municípios para instituir o imposto sobre a propriedade predial e territorial urbana, sob a óptica da materialidade, não apresentou nenhuma inovação.[1]

Todavia, o perfil constitucional sob a análise sistemática apresentou inovações explícitas, especialmente, além de colocar o princípio da isonomia como um superprincípio, fez previsão expressa do princípio da capacidade contributiva, progressividade do IPTU para assegurar o cumprimento da função social da propriedade (art. 156, § 1º, da CF/88), além da progressividade no tempo (art. 182, § 4º, II, da CF/88).

No que se refere à progressividade para assegurar o cumprimento da função social da propriedade (art. 156, § 1º, da CF/88), todas as leis municipais que instituíram esta progressividade foram declaradas inconstitucionais por decisão do Supremo Tribunal Federal.[2]

A Emenda Constitucional n. 29, de 13.9.2000, além de alterar a redação do § 1º, do art. 156 da CF/88, inseriu acréscimo de redação e criou os itens I e II, nos seguintes termos:

"Art. 156. (...).

"§ 1º Sem prejuízo da progressividade no tempo a que se refere o art. 182, § 4º, II, o imposto previsto no inciso I poderá:

"I – ser progressivo em razão do valor do imóvel; e

"II – ter alíquotas diferentes de acordo com a localização e uso do imóvel".

Portanto, pela nova redação dada pela EC n. 29, de 13.9.2000, a progressividade do IPTU poderá ser:

a) para implementar o princípio da isonomia (arts. 5º, I, 150, II, da CF/88);

b) pela graduação do ônus da tributação segundo a capacidade econômica do contribuinte ou capacidade contributiva (art. 145, § 1º, da CF/88);

c) em razão do valor do imóvel (art. 156, § 1º, I, da CF/88);

d) em razão da localização do imóvel (art. 156, § 1º, II, da CF/88);

e) em razão do uso do imóvel (art. 156, § 1º, II, da CF/88); e

f) para imóvel urbano não edificado, progressividade no tempo para determinar o seu adequado aproveitamento (art. 182, § 4º, II, da CF/88).

Não obstante algumas posições doutrinárias defendendo a inconstitucionalidade da progressividade prevista no § 1º, I e II, do art. 156 da CF/88, entendemos ser constitucional.[3]

Portanto, neste trabalho pretendemos, além da defesa da constitucionalidade da progressividade do IPTU previstas expressamente na vigente Constituição Federal, apresentar os fundamentos que sustentem a posição assumida.

2.2 *Perfil constitucional do IPTU*

Preceitua o art. 156, I, da Constituição Federal de 1988:

"Art. 156. Compete aos Municípios instituir imposto sobre:

"I – propriedade predial e territorial urbana. (...)."

Quando a Constituição atribui competência aos Municípios, a rigor, está delegando ao ente destinatário, a faculdade por meio de lei instituir e/ou aumentar o Imposto sobre a Propriedade Predial e Territorial Urbana.

1. Nesta mesma linha de raciocínio, conclui o Prof. Ives Gandra da Silva Martins: "O perfil do IPTU continua o mesmo. Se se pretender manter a estrutura anterior e o perfil conformado pelo CTN, o legislador complementar poderá rigorosamente fazê-lo. A denominação permanece a mesma, e não houve alteração em seu desenho legislativo em todo o texto constitucional" (*Sistema Tributário na Constituição de 1988*, São Paulo, Saraiva, p. 244)

2. STF, Pleno, *RTJ* 162/726.

3. Todavia, Rodrigo da Rocha Rosa diverge do entendimento: Da inconstitucionalidade da nova redação do § 1º, do art. 156 da CF, em face de EC 29 (PEC 82/95 Câmara e 86/99 Senado), que, em seu art. 3º, autoriza a progressividade fiscal para o IPTU (*Revista tributária e de finanças públicas*, São Paulo, Ed. RT, ano 9, março/abril 2001, 37/102-132).

Esta competência é indelegável e a regra-matriz[4] de incidência já está completamente conformada na Lei Maior, não existindo, para o legislador competente, nenhum campo de discricionariedade no que se refere ao perfil do imposto, já que em matéria tributária é assente que está sujeito ao princípio da estrita legalidade.[5]

Trata-se de imposto sujeito integralmente ao princípio da legalidade e à anterioridade de lei.

Até que sejam alteradas, as normas gerais constantes do Código Tributário Nacional-CTN, nos arts. 32 a 34 são totalmente aplicáveis, já que não apresentam qualquer incompatibilidade com a nova Constituição (§ 5º do art. 34 do Ato das Disposições Constitucionais Transitórias da CF/88).

O fato gerador ou a hipótese de incidência deste imposto é a *propriedade predial e territorial urbana.*

Na prática, a expressão *fato gerador da obrigação tributária* que tantas críticas foram dirigidas, já que o direito positivo adota esta expressão, basta que o intérprete, na realidade dinâmica, considere como conteúdo de duas realidades distintas: hipótese de incidência e fato imponível.

Estas expressões foram adotadas por Geraldo Ataliba[6] para designar *hipótese de incidência*, enquanto descrição dos fatos na lei e, *fato imponível,* ao acontecimento ou situação de fato ocorrido no mundo concreto ou fenomênico.

Portanto, existindo uma lei (hipótese de incidência – *nullum tributum sine lege*) e ocorrendo no mundo concreto um fato típico (fato imponível), pode-se afirmar que implementado o aspecto temporal, nasce a obrigação tributária, ou seja, comportamento consistente em ser obrigado a levar dinheiro aos cofres públicos.

Para uma melhor compreensão do fato gerador de qualquer tributo (que cientificamente é incindível), para efeitos didáticos costuma-se subdividir em *materialidade, aspectos espacial, temporal, pessoal e valorativo,* apenas com o objetivo de facilitar a compreensão, o conteúdo e a identificação de eventuais irregularidades ou situações atípicas, especialmente para demonstrar que o *fato imponível* não é idêntico à *hipótese de incidência.*

A expressão *fattispecie*, do italiano, que pode ser traduzida como "espelho do fato", além de sugestiva, bem explica a relação entre o fato gerador (hipótese e fato), como sendo: a descrição da lei é um espelho do fato. Portanto, sendo típico, idêntico, uma coincidência completa entre a *hipótese de incidência* e o *fato imponível*, pode-se concluir que ocorreu o fato gerador.[7]

A *materialidade* deste imposto é a "propriedade predial e territorial urbana", ou seja, a propriedade imóvel (prédio ou terreno) localizada na zona urbana. Zona urbana poderá ser dentro do perímetro urbano ou localizada em área urbanizada nos termos da lei municipal. Na lei complementar (arts. 32 a 34 do CTN) este imposto incide não só sobre a propriedade, mas sobre o domínio útil ou a posse de bem imóvel por natureza ou acessão física, como definidos na lei civil. Entretanto, o possuidor nos termos da lei civil não é a qualquer título, mas aquele que detém a posse com o ânimo de ser proprietário. Estão excluído, assim, o possuidor do imóvel decorrente de contrato de locação, de comodato, por requisição etc.

O *aspecto espacial* é a zona urbana do Município, seja urbana por se localizar dentro do perímetro urbano ou em área

4. Terminologia utilizada por Paulo de Barros Carvalho, *Curso de direito tributário*, São Paulo, Saraiva, 1999.

5. Terminologia, inicialmente, utilizada por Geraldo Ataliba para designar que a lei tributária exige no seu conteúdo material todos os elementos necessários para o nascimento da obrigação tributária (art. 97 do CTN).

6. *Hipótese de incidência tributária*, 6ª ed., 2ª tir., São Paulo, Malheiros Editores, 2001.

7. Confira nosso *Direito tributário*, São Paulo, Atlas, 2001, pp. 252 ss.

urbanizada. Pelo aspecto espacial, somente um Município é competente para instituir e cobrar este imposto, uma vez que não existe propriedade imóvel que ao mesmo tempo seja localizada em zona urbana de dois Municípios, nem seja ao mesmo tempo, urbana e rural. O conceito de zona urbana é o fixado em lei Municipal ou localizada dentro do perímetro urbano, sendo o imóvel rural, residual, no sentido de poder dizer que aquilo que não é zona urbana, é rural. Portanto, somente o imóvel (prédio e terreno) localizado na zona urbana (dentro do perímetro urbano e ou em área urbanizada) poderá ser objeto de tributação pelo IPTU.

O *aspecto temporal*, ou seja, o momento da ocorrência do fato gerador deste imposto, por pacífico entendimento, ocorre em 1º de janeiro de cada ano e assim, a partir de 2 de janeiro o Município poderá lançar e cobrar o imposto predial e territorial urbano. Como regra está sujeito ao lançamento de ofício, direto ou unilateral. Este aspecto é que determina o momento da ocorrência do fato gerador e, portanto, determina a lei aplicável e, a partir deste marco temporal, pode o sujeito ativo lançar o tributo e, no vencimento fixado na legislação tributária, proceder a cobrança.

No *aspecto pessoal*, como sujeito ativo aparece o Município, ou, ainda, a União e o Distrito Federal, na forma do art. 147 da CF/88. No pólo passivo aparece como contribuinte (que tem relação direta com o fato gerador) o sujeito da expressão "ser proprietário, titular do domínio útil ou possuidor, com o ânimo de ser proprietário". Não importa o nome ou o rótulo, como faz o art. 34 do CTN. O possuidor não pode sê-lo a qualquer título, mas com ânimo de ser proprietário, caso contrário o inquilino poderia ser eleito contribuinte deste imposto, já que possui a posse direta do bem. Todavia, isso não pode ocorrer, aplicando-se no caso o art. 123 do CTN, mesmo no caso em que o proprietário transfere ao locatário o encargo de arcar com o ônus do IPTU através do contrato de locação. Todavia, o instrumento particular não pode ser oposto contra a Fazenda Municipal para alterar o conceito de contribuinte. Admite-se a sujeição passiva na forma de responsável, ou aquele que tem ligação indireta com a ocorrência do fato gerador, responsabilidade que geralmente ocorre por sucessão ou por substituição.

O *aspecto valorativo*, que é composto pela base de cálculo e pela alíquota, deverá ser fixado em lei (art. 97 do CTN). Nos termos do art. 33 do CTN, a base de cálculo deste imposto é o valor venal, mas deverá ser entendido como o fixado em lei e que não poderá ultrapassar o valor venal. A alíquota, que, pela nova Constituição, também, será expressamente fixada em lei, poderá ser progressiva em razão do valor, da localização e do uso do imóvel. Não há mais limite de alíquota e nem ela será fixada em lei complementar. O limite agora é o de não ultrapassar o limite do confisco (art. 150, IV da CF/88).

Em síntese, este é o perfil constitucional do IPTU.

2.3 Aspectos controvertidos: a progressividade do IPTU

No que se refere à progressividade existem seis formas previstas expressamente na vigente Constituição: progressividade para implementar o princípio da igualdade (arts. 5º, I, 150, II, da CF/88), atendendo aos critérios da capacidade contributiva (art. 145, § 1º, da CF/88); em função do valor, da localização e do uso (art. 156, § 1º, I e II); e o previsto no art. 182, § 4º, II, da CF/88, que também é chamada de progressividade no tempo.[8]

Apesar de a Constituição Federal de 1988, já no seu preâmbulo, prestigiar expressamente o princípio da isonomia como superprincípio[9] e consignar a instituição do Estado Democrático, os precedentes juris-

8. Elizabeth Nazar Carrazza, *IPTU – Progressividade, igualdade e capacidade contributiva*, Curitiba, Juruá, 2000, pp. 43 ss.

9. Américo Masset Lacombe (*Princípios constitucionais tributários*, 2ª ed., São Paulo, Malheiros

prudenciais e as lições dos doutrinadores têm sido contrários à utilização da progressividade nos impostos, que em última análise implementa a isonomia, tendo como medida a capacidade contributiva e como resultado final a justiça fiscal.

A jurisprudência do Supremo Tribunal Federal[10] posicionou-se expressamente que não é aplicável a progressividade que era prevista na Constituição (art. 156, § 1º, CF/88), quando na vigência da Constituição anterior, onde esta questão não era sequer explícita, os doutrinadores e a jurisprudência admitiam a progressividade como sendo possível, citando exemplos da experiência alienígena.[11]

Editores, 2001, p. 16) escreve: "A isonomia é o princípio nuclear de todo o nosso sistema constitucional. É o princípio básico do regime democrático. Não se pode mesmo pretender ter uma compreensão precisa da Democracia, se não tivermos um entendimento real do alcance do princípio da isonomia. Sem ele não há República, não há Federação, não há Democracia, não há Justiça".

10. STF, *RTJ* 162/743, Rel. Min. Moreira Alves.

11. Veja as lições dos Profs. Ives Gandra da Silva Martins e Aires Fernandino Barreto: "Caracteriza a progressividade no espaço pela utilização de alíquotas diferenciadas, consoante região em que se situe o imóvel, construído ou não" (*Manual do imposto sobre propriedade predial territorial urbana*, São Paulo, Ed. RT, 1985, p. 124).

Ademais, existia a progressividade não só em função da progressividade no espaço, mas em função do valor do imóvel, em razão da superfície, em razão da destinação do imóvel, infra-estrutura ou equipamentos urbanos, conforme gabarito das construções ou número de pavimentos, critério misto de aplicação da progressividade, dentre outros (cf. ob. cit., pp. 124-128).

Não é outra a lição dos Profs. Misabel de Abreu Machado Derzi e Sacha Calmon Navarro Coelho: "Por progressividade entende-se a majoração da alíquota, a medida que cresce o valor da matéria tributável, não é incompatível com o princípio da igualdade e da profundidade. Ao contrário, é hoje aceita, e segundo relata Uckmar, da Alemanha à Áustria, da França à Itália, da Holanda à Suíça, da Inglaterra à Dinamarca, à Suécia, à Noruega, à Espanha, aos Estados Unidos, ao Canadá, ao México, à Austrália ao Japão, pode-se dizer que não existiu um Estado onde no fim do século passado ou no princípio do presente, não existam impostos com alíquotas progressivas" (*Do imposto sobre a propriedade predial e territorial urbana*, São Paulo, Saraiva, 1982, p. 68).

Esta é a razão por que o § 1º, do art. 156 da CF/88 foi emendada, com acréscimo de redação dos itens I e II.[12]

2.3.1 A progressividade do IPTU e a isonomia

O princípio da isonomia foi prestigiado na Constituição Federal de 1988 desde o preâmbulo, como direito e garantia fundamental (art. 5º, I, da CF/88), na tributação (art. 150, II, da CF/88), ordem econômica e social (arts. 170, VII, 173, § 2º, da CF/88) etc. e em todas as matérias topicamente tratadas, expressa ou implicitamente.[13]

Preceitua o art. 150, II, retrocitado:

"Art. 150. Sem prejuízo de outras garantias asseguradas ao contribuinte, é vedado à União, aos Estados, ao Distrito Federal e aos Municípios: (...)

"II – instituir tratamento desigual entre contribuintes que se encontrem em situação equivalente, proibida qualquer distinção em razão da ocupação profissional ou função por estes exercida, independentemente da denominação jurídica dos rendimentos, títulos ou direitos."

Apesar de a Constituição falar explicitamente em proibição ao tratamento desigual entre contribuintes que se encontrem em situação equivalente, *a contrario sensu* está implicitamente proibido o tratamento igual aos desiguais, ou, pelo menos, sempre que possível, cabe ao legislador tratar desigualmente os desiguais, atendendo ao verdadeiro sentido da igualdade jurídica.

De outra parte, qualquer princípio ou regra jurídica onde o tratamento isonômico esteja ausente, além de ilegítimo, carrega no seu conteúdo uma sensação de injustiça.

O direito mesmo para aqueles que defendem a posição jurídica de que "justiça" e/ou "injustiça" são elementos extrajurídicos, em última análise, nas decisões judiciais que através da sentença ou acórdão

12. Emenda Constitucional n. 29, de 13.9.2000, *DOU* de 14.9.2000.

13. Sandra A. Lopes Barbon, *IPTU*, Belo Horizonte, Del Rey, 1995, pp. 109 ss.

cria uma norma individual do caso concreto discutido, impossível falar-se em decisão judicial despido da feição ou da busca da justiça.

Nessa dimensão, também é verdade que a isonomia não quer dizer tratar todos igualmente em uma relação absoluta de igualdade.

Todavia, a compreensão da isonomia, tantas vezes repetida no Brasil e atribuída a Aristóteles, não é o de tratar todos igualmente, mas o de dar tratamento igual aos iguais e desigual aos que estiverem em situação jurídica e fática de desigualdade, quando se diz: "A verdadeira igualdade consiste em tratar igualmente os iguais e desigualmente os desiguais, na medida em que se desigualam."

Pode-se ir mais além, como ensina Celso Antônio Bandeira de Mello sobre a insuficiência da afirmação retrorreproduzida, elegendo como critério o regime jurídico aplicável.[14]

Como conseqüência, os que estiverem em situação de desigualdade não só devem ser tratados diferentemente, mas possuem este direito de serem tratados com desigualdade, numa relação de poder-dever da administração ou do Estado.

Portanto, na tributação alguém que possui um imóvel de valor elevado, de pequeno valor, localizada em bairro nobre ou em bairro pobre, com utilização ou destinação comercial, prestação de serviços, para residência ou atividade essencial ou supérflua, todas estas situações são diferenciações relevantes que justificam o tratamento diferenciado na tributação do IPTU.[15]

Com efeito, se a Lei das Leis, a Constituição, dotada de supremacia sobre todas as demais normas, a aplicação diferencial de alíquotas progressivas, tendo como limite a vedação do confisco, sem dúvida, é constitucional.

2.3.2 A progressividade do IPTU e a capacidade contributiva

A tributação progressiva não se confunde com a tributação proporcional.

Alfredo Augusto Becker, dissertando sobre a proporcionalidade e progressividade do tributo conclui: "A proporção e a progressividade de qualquer tributo em relação à base de cálculo, não lhe altera a natureza jurídica, ainda que a proporção final seja superior a cem por cento".[16]

O princípio da capacidade contributiva, na Constituição Federal de 1988, está previsto explicitamente no art. 145, § 1º, quando diz:

"Art. 145. A União, os Estados, o Distrito Federal e os Municípios poderão instituir os seguintes tributos: (...)

"§ 1º. Sempre que possível, os impostos terão caráter pessoal e serão graduados segundo a capacidade econômica do contribuinte, facultado à administração tributária, especialmente para conferir efetividade a estes objetivos, identificar, respeitados os direitos individuais e nos termos da lei, o patrimônio, os rendimentos e as atividades econômicas do contribuinte."

A dicção constitucional *sempre que possível*, conforme a melhor doutrina, tem se entendido que a graduação da tributação segundo a capacidade contributiva, sendo possível, a aplicação é obrigatória. Tal dispositivo é dirigido especialmente ao legislador.

Sobre o assunto já dissemos o seguinte: "Entendemos que a redação como colocada na nova Carta Magna, obriga o legislador "sempre que possível", a graduar na instituição do imposto, levando em consideração a capacidade contributiva do contribuinte. Em outras palavras, esse "sem-

14. *O conteúdo jurídico do princípio da igualdade*, 3ª ed., 9ª tir., São Paulo, Malheiros Editores, 2001.

15. Geraldo Ataliba escreve: "Tanto a progressividade extrafiscal ou urbanística como a fiscal podem e devem ser aplicados pela lei municipal: ao contrário de serem inconstitucionais, realizam a perfeição dos princípios constitucionais, sistematicamente interpretados" ("IPTU – Progressividade", *RDP* 93/238).

16. *Teoria geral do direito tributário*, São Paulo, Saraiva, 1970, p. 262.

pre que possível" deve ser entendido como "sendo possível, o legislador tem o dever legal de graduar o peso da tributação, segundo a capacidade contributiva do contribuinte eleito".[17]

Ademais, o princípio da capacidade contributiva deve ser aferida em relação a cada imposto e não em relação ao conjunto dos impostos integrantes do sistema jurídico brasileiro.

Sendo a capacidade contributiva atrelada ao conceito de capacidade econômica e não à capacidade financeira, impertinente se torna a invocação deste princípio para fugir da tributação, sob a alegação de que em virtude do baixo rendimento auferido pelo contribuinte, por exemplo, no caso do aposentado, inválido etc., que este não tem condições para solver a obrigação tributária.

Portanto, graduar a tributação do IPTU aplicando a progressividade em razão da capacidade contributiva, sem dúvida, além de não ser inconstitucional, aparece como critério pretendido e querido pelo constituinte de 1988.

2.3.3 A progressividade do IPTU em razão do valor do imóvel

O valor do imóvel está intimamente ligado ao princípio da capacidade contributiva, ou seja, quem possui um imóvel de valor maior, a rigor, ostenta maior capacidade econômica; e, ao contrário, quem é proprietário de imóvel de menor valor, ostenta menor capacidade contributiva.

Portanto, a capacidade contributiva (art. 145, § 1º, da CF/88) aparece como critério para a implementação do princípio da igualdade ou da isonomia (art. 150, II, da CF/88).

Desnecessária era a previsão expressa de que "... imposto previsto no item I, do art. 156, da CF/88, poderá ser progressivo em razão do valor do imóvel" (art. 156, § 1º, I, da CF/88).

A interpretação sistemática da Constituição Federal de 1988, como decorrência do princípio da isonomia e da capacidade contributiva, leva à conclusão de que a tributação progressiva do IPTU, na busca da justiça fiscal, no sentido de que quem tem mais deve pagar mais e que quem tem menos deve pagar menos.

A justiça fiscal deve ser um instrumento na busca da justiça social, já que um dos princípios fundamentais do Estado brasileiro, elencado no art. 3º, III, da CF/88, é o de "erradicar a pobreza e a marginalização e reduzir as desigualdades sociais e regionais".

Por último, se a progressividade do IPTU em razão do valor do imóvel é possível, mesmo que a previsão fosse implícita, com maior razão, quando há norma expressa, não há que se falar em inconstitucionalidade.

2.3.4 A progressividade do IPTU em razão da localização do imóvel

A localização do imóvel pode ser tomada como critério de diferenciação para implementar o princípio da isonomia; ou em outras circunstâncias poderá importar na aferição da capacidade contributiva.[18]

A localização do imóvel, dependendo do bairro, rico ou pobre, nobre ou de periferia, além de poder ser tomada como critério implementador do princípio da igualdade ou da isonomia, considerando também como exteriorização da capacidade contributiva.

Ambas as formas justificam a aplicação da progressividade do IPTU, mesmo que não houvesse qualquer menção expressa da possibilidade de aplicação de alíquotas diferenciadas (art. 156, § 1º, II, da CF/88).

Evidentemente, havendo norma expressa permissiva conforme redação dada pela

17. *Direito tributário*, São Paulo, Atlas, 1998, p. 37.

18. Ives Gandra da Silva Martins e Aires Fernandino Barreto escrevem: "Caracteriza a progressividade no espaço pela utilização de alíquotas diferenciadas, consoante região em que se situe o imóvel, construido ou não" (*Manual do Imposto sobre Propriedade Predial Territorial Urbana*, Ed. RT, 1985, p. 124).

Emenda Constitucional n. 29, da 13.9.2000, não há que se falar em inconstitucionalidade da progressividade do IPTU, porventura instituída por lei específica do Município.

Por último, se a progressividade do IPTU em razão da localização do imóvel é possível, mesmo que a previsão fosse implícita, com maior razão, quando há norma expressa, não há que se falar em inconstitucionalidade.

2.3.5 A progressividade do IPTU em razão do uso do imóvel

O uso do imóvel pode ser critério para a aferição do princípio da isonomia ou da igualdade, já que a verdadeira igualdade consiste no tratamento desigual para os desiguais e igual para os iguais.

Evidentemente que a diferenciação dos imóveis ou dos proprietários dos imóveis em razão do uso, sem ferir o princípio da isonomia, sem dúvida, é possível.[19]

De outra parte, se o tratamento desigual dos desiguais, no sentido jurídico da isonomia, é forma possível e revela a verdadeira igualdade, a aplicação da progressividade do IPTU em razão do uso, mesmo que não existisse norma expressa.

Havendo norma expressa (art. 156, § 1º, II, da CF/88), não há como sustentar a inconstitucionalidade.

Por último, se a progressividade do IPTU em razão do uso do imóvel é possível, mesmo que a previsão fosse implícita, com maior razão, quando há norma expressa, não há que se falar em inconstitucionalidade.

2.3.6 A progressividade do IPTU no tempo

Preceitua o art. 182, § 4º, II, da CF/88:

"Art. 182. A política de desenvolvimento urbano, executada pelo Poder Público municipal, conforme diretrizes gerais fixadas em lei, tem por objetivo ordenar o pleno desenvolvimento das funções sociais da cidade e garantir o bem-estar de seus habitantes. (...)

"§ 4° É facultado ao Poder Público municipal, mediante lei específica para área incluída no plano diretor, exigir, nos termos da lei federal, do proprietário do solo urbano não edificado, subutilizado ou não utilizado, que promova seu adequado aproveitamento, sob pena, sucessivamente, de: (...)

"II – imposto sobre a propriedade predial e territorial urbana progressivo no tempo;"

A progressividade aqui prevista, além da necessidade de cumprimento da ordem de providências (art. 182, § 4º, I, II e III, da CF/88), por ser uma tributação extrafiscal para obrigar o proprietário do imóvel não edificado, subutilizado ou não utilizado, a adequar o uso para atender a função social da propriedade, antes de sua instituição, o Município precisa que a área esteja incluída na lei do Plano Diretor.

Por outro lado, antes da instituição da progressividade no tempo, deverá o proprietário ser notificado para que promova o adequado aproveitamento, com oportunidade de ser instado a promover o "parcelamento ou edificação compulsórios" (art. 182, § 4º, inciso I, da CF/88).

Preenchidos os requisitos legais, desde que a progressividade não seja onerosa a ponto de se tornar além da capacidade contributiva, ou seja, confiscatória a tributação, não há que se falar em inconstitucionalidade da previsão constitucional em comento.

3. Imposto sobre doações, "causa mortis" e "inter vivos", de bens e direitos-ITCMD

3.1 Considerações iniciais

O imposto de transmissão *causa mortis* e doação, de quaisquer bens e direitos

19. Misabel de Abreu Machado Derzi e Sacha Calmon Navarro Coelho, ob. cit., p. 68 (v. nota 11).

(art. 155, I, da CF/88), de competência estadual, apresenta como critério determinador a transmissão "não onerosa", já que a transmissão *inter vivos* onerosa de imóveis, a competência foi atribuída aos Municípios (art. 156, II, da CF/88).

No caso, se a Constituição Federal de 1988, desde 5.10.1988, desdobrou o antigo imposto previsto no art. 23, I, da Constituição anterior, para os Estados, houve uma ampliação material do campo de tributação, já que incluiu a transmissão *causa mortis* e doação, de quaisquer bens e direitos, isto é, bens imóveis, móveis, imateriais e direitos.

Até o ano de 2000, não obstante a clara ampliação do campo material deste imposto pela Constituição Federal de 1988, nenhum Estado havia exercido efetivamente a competência tributária.

Entretanto, em 28 de dezembro de 2000, o Estado de São Paulo, através da Lei n. 10.705/00, instituiu o ITCMD, adaptando-o ao texto da CF/88.

Com efeito, o presente trabalho pretende fazer considerações sobre os aspectos controvertidos das mudanças ocorridas.

3.2 Perfil constitucional do ITCMD

Em relação ao imposto previsto no art. 23, I, da Constituição de 1967, ele sofreu algumas alterações, uma vez que falava em "transmissão a qualquer título, de bens imóveis".

Ganhou em extensão da materialidade, quando no sistema anterior falava em "bens imóveis", e na atual fala em "bens e direitos" – que inclui bens imóveis, móveis, materiais e imateriais, além dos direitos. Perdeu, todavia, na natureza das operações incluídas, pois enquanto a anterior falava em "transmissão a qualquer título", a atual só atinge, para a incidência deste imposto de competência estadual, "as operações de transmissão *causa mortis* e de doação".

Fato gerador da obrigação principal[20]

A *materialidade* deste novo imposto é a transmissão *causa mortis* e doação, de bens ou direitos, ressaltando que a transmissão *inter vivos* está incluída na competência dos Municípios (art. 156, II, da CF/88). A transmissão é a passagem jurídica da propriedade ou de bens e direitos de uma pessoa para outra, seja por *causa mortis* ou por sucessão, e também inclui bens móveis e direitos. A lei complementar a que se refere o item XII, do art. 155 deverá especificar quais os bens e direitos que poderão ser objeto desta tributação. A regra divisora em relação à competência municipal é a de que no imposto de competência estadual a transmissão ocorre em caráter não oneroso, seja pela ocorrência da morte (*transmissão "causa mortis"*) ou doação (*ato de liberalidade que poderá ser "inter vivos"*). Por esta característica diferenciadora poderão ocorrer conflitos de competência entre Estado e Município, especialmente se houver uma simulação de doação em transmissão de caráter oneroso ou vice-versa. Nestes casos, vale a transmissão real ocorrida, com o afastamento da forma simulada, desconsiderando-se a aparência para tributar a operação real. Tal situação poderá ocorrer, se a alíquota dos impostos estadual e municipal for muito diferenciada ou ainda nos casos em que uma das operações é proibida legalmente.

O *aspecto temporal* deste imposto ocorre no momento em que a transmissão é concretizada, seja pela morte ou por doação. A cada transmissão ocorre um fato gerador deste imposto, mesmo que aconteça no mesmo ano. Neste aspecto, o momento da ocorrência do fato gerador (até que surja uma legislação dizendo o contrário), aquilo que era considerado o momento da transmissão do imposto, previsto na forma do art. 23, I, da Constituição anterior, não sofreu qualquer alteração. Mesmo quando a transmissão por doação for um bem imó-

20. Confira nosso *Direito tributário*, São Paulo, Atlas, 2001, pp. 236 ss.

vel, no momento da lavratura de escritura de doação, e considerando-se que o proprietário do imóvel é aquele que tem o título registrado no Cartório de Registro de Imóveis competente, o entendimento é de que só naquele momento ocorre a transmissão. Todavia, a outra tese é defensável, considerando o falecimento como momento da transmissão, já que esta ocorre instantaneamente com a morte, aparecendo a regularização, como o inventário, registro etc. apenas como formalidades exigidas pela lei. Estas colocações relacionadas com o momento da transmissão têm relevância capital, pois fixa a lei aplicável, além do *termo "a quo"* da incidência dos juros de mora, multa e correção monetária.

No *aspecto pessoal* ativo, como sujeito ativo aparecem os Estados e o Distrito Federal. No pólo passivo, como contribuinte, enquanto não houver uma alteração legislativa, prevalece o disposto no art. 42 do CTN, quando diz que o "contribuinte do imposto é qualquer das partes na operação tributada, como dispuser a lei". Com efeito, aqui se fala em contribuinte no sentido de "contribuinte de direito", uma vez que na maioria dos casos o sucessor ou o beneficiário da transmissão é o que suporta o ônus. Ademais, o contribuinte deste imposto só pode ser o sujeito do verbo transmitir ou ser beneficiário da transmissão, se assim a lei instituidora definir, porquanto não poderá prevalecer a escolha de quaisquer das pessoas que não sejam estas ou que não tenham ligação direta com o fato escolhido como hipótese de incidência, mesmo que seja através de lei. A sujeição passiva na condição de responsável tributário (art. 121, parágrafo único, II, do CTN), ou seja, aquele que tem relação indireta com o fato gerador, havendo nexo causal, desde que eleito pela lei, é possível. Por exemplo, o tabelião por ocasião da lavratura do instrumento público é obrigado por lei a exigir a prova da quitação do imposto de transmissão. Não o fazendo, fica responsável pelo pagamento deste tributo.

Quanto ao *aspecto espacial*, sendo um imposto de competência dos Estados e do Distrito Federal, o âmbito espacial de aplicação é o território do respectivo Estado-membro, por exemplo, o Estado de São Paulo, o Estado do Paraná etc. ou o Distrito Federal. Sobre o âmbito espacial de aplicação, ou o que pode se enquadrar como no aspecto pessoal, preceitua o § 1º, do art. 155, I, II e III, que diz: "O imposto previsto no inciso I: I – relativamente aos bens imóveis e respectivos direitos, compete ao Estado da situação do bem, ou ao Distrito Federal; II – relativamente a bens móveis, títulos e créditos, compete ao Estado onde se processar o inventário ou arrolamento, ou tiver domicílio o doador, ou ao Distrito Federal; III – terá a competência para sua instituição regulada por lei complementar: a) se o doador tiver domicílio ou residência no exterior; b) se o 'de cujus' possuía bens, era residente ou domiciliado ou teve o seu inventário processado no exterior". Assim, no caso do item I retro, se forem bens imóveis, o objeto da transmissão *causa mortis* ou por doação, será competente o Estado onde se situar o imóvel, ou, ainda, o Distrito Federal, se o imóvel for localizado no território deste. Quando o bem for móveis, títulos ou créditos, se a transmissão for por *causa mortis*, é competente o Estado onde se processar o inventário ou arrolamento do *de cujus*; se a transmissão dos mesmos bens for por doação, competente é o Estado onde tiver domicílio o doador, na forma do item II *retro*. Por final, a competência nos casos previstos no item III, letras "a" e "b" será fixada através de lei complementar a que se refere o item XII, do art. 155 da CF/88. Em outras palavras, o imposto incidente nas questões tipificadas nesta hipótese fica dependente da existência da lei complementar. Todavia, entendemos que a omissão do legislador federal não pode inibir o legislativo estadual nem o Estado-membro ou o Distrito Federal, pois o entendimento em contrário acabaria por atentar contra o princípio da autonomia dos Estados e do Distrito Federal. (art. 18 da CF/88). Sobre esta questão, o disposto nos §§ 1º ao 4º, do art. 24 da CF/88, especialmente quando diz que "a inexistência de lei federal sobre normas gerais, os Estados exercerão a competência legislativa plena, para atender a suas peculiaridades", que deve prevalecer.

No que se refere ao *aspecto valorativo*, ou a base de cálculo e alíquota, se não houver uma fixação por lei, prevalece o disposto no art. 38 do CTN, quando diz que "a base de cálculo do imposto é o valor venal dos bens ou direitos". Quanto aos bens móveis, apesar de estar implícito que é o valor do bem, tal fixação deverá ser efetuada através de lei. Nos termos do art. 155, § 1º, IV, CF/88, as alíquotas máximas deste imposto serão fixadas pelo Senado Federal. Todavia, a falta de Resolução do Senado fixando as alíquotas máximas não impede os Estados e o Distrito Federal de instituírem este imposto, inclusive fixando as alíquotas aplicáveis. Entretanto, com a fixação da alíquota máxima pelo Senado Federal, naquilo que for incompatível, haverá perda da eficácia.[21]

Em síntese, o perfil constitucional do imposto de transmissão *causa mortis* e doação, de quaisquer bens ou direitos.

3.3 Aspectos controvertidos do ITCMD

3.3.1 A progressividade do imposto de transmissão "causa mortis" e doação, de quaisquer bens ou direitos

A Lei (do Estado de São Paulo) n. 10.705, de 28.12.2000, no art. 16 prevê a progressividade, quando diz: "O cálculo do imposto é efetuado mediante a aplicação dos porcentuais, a seguir especificados, sobre a correspondente parcela do valor da base de cálculo, esta convertida em UFESPs, na seguinte progressão: até o montante de 12.000 (doze mil) UFESPs, 2,5% (dois inteiros e cinco décimos por cento) e acima desse limite, 4% (quatro por cento)".

A aplicação da progressividade, que desde já entendemos ser constitucional, tendo em vista o disposto no § 1º, do art. 145 da CF/88, que diz o seguinte:

"Art. 145. A União, os Estados, o Distrito Federal e os Municípios poderão instituir os seguintes tributos: (...)

"§ 1º. Sempre que possível, os impostos terão caráter pessoal e serão graduados segundo a capacidade econômica do contribuinte, facultado à administração tributária, especialmente para conferir efetividade a esses objetivos, identificar, respeitados os direitos individuais e nos termos da lei, o patrimônio, os rendimentos e as atividades econômicas do contribuinte".

A capacidade econômica do contribuinte, ou como rotulam os doutrinadores do direito tributário "capacidade contributiva", aparece no texto constitucional como medida para a implementação do princípio da isonomia, que aparece como um superprincípio, contido como diretriz, desde o preâmbulo, e como direito fundamental (arts. 5º, I, 150, II, da CF/88), como diretriz específica da igualdade em matéria tributária. A verdadeira igualdade consiste em tratar igualmente os iguais e desigualmente os desiguais, na medida em que se desigualam, no sentido, especialmente, de que os que estiverem em situação de desigualdade, o direito de serem tratadas desigualmente. Um exemplo deixa claro esta questão: havendo cachorros e gatos num mesmo compartimento, caso seja dispensado um tratamento único para cachorros, sem dúvida, os gatos sentir-se-ão discriminados; ao contrário, se o tratamento único for de gatos, evidentemente os cachorros sentir-se-ão discriminados. Este é o verdadeiro cerne da igualdade ou da isonomia, que aparece no nosso sistema jurídico como um princípio constitucional, diretriz, ou na expressão de Celso Antônio Bandeira de Mello, como um mandamento nuclear do sistema.[22] A igualdade é um princípio basilar, sendo a capacidade contributiva, com a expressão "sempre que possível..." está a

21. Confira a redação dos §§ 1º ao 4º, do art. 24 da CF/88.

22. *Curso de direito administrativo*, 13ª ed., São Paulo, Malheiros Editores, 2001.

direcionar obrigatoriedade, compulsoriedade etc., da graduação e a progressividade aparecem como instrumentos, colocados à União, aos Estados, ao Distrito Federal e aos Municípios (*caput* do art. 145 da CF/88), que está colocado dentro do Título VI, Capítulo I, seção I, "Dos Princípios Gerais" e daí podemos concluir que se aplicam a todo sistema, inclusive no que é pertinente com os impostos em geral. Aliás, esta interpretação direciona no sentido da harmonia e da interpenetração dos princípios constitucionais implícitos e expressos. Por final, sendo o imposto sobre transmissão de bens, a graduação segundo a capacidade contributiva, levando-se em consideração o valor do patrimônio transmitido, está autorizado expressamente no § 1º, do art. 145 da CF/88.

Não se desconhece aqui as posições dos doutrinadores e os precedentes jurisprudenciais que entendem ser inconstitucional a progressividade do imposto de transmissão *inter vivos*, a qualquer título, por ato oneroso, de bens imóveis, de competência municipal.[23]

3.3.2 Quando ocorre a transmissão "causa mortis" e qual é a lei aplicável

A determinação do momento da ocorrência do fato gerador deste imposto é de crucial importância, uma vez que determina a lei aplicável, o momento do nascimento da obrigação tributária e o termo *a quo* da incidência dos acréscimos legais (juros, multa e correção monetária).

A transmissão *causa mortis* apresenta peculiaridades que diferem das demais situações, apesar de os arts. 17 a 20 da Lei n. 10.705/00 estabelecerem prazos e condições de recolhimento.

Como regra, o prazo para o pagamento do imposto, nos termos do art. 17, deve ser efetuado até 30 (trinta) dias após a decisão homologatória dos cálculos, desde que não ultrapasse o prazo de 180 dias da abertura da sucessão.

Não se confunde, todavia, data do recolhimento do imposto com a data da ocorrência do fato gerador, ou seja, data do nascimento da obrigação tributária.

Parece-nos que a transmissão *causa mortis* ocorre com o evento morte, sendo o inventário, a abertura da sucessão, a homologação da partilha etc., apenas formalidades visando à regularização da transmissão dos bens do falecido aos seus legítimos sucessores.

Entretanto, sobre o momento da transmissão de bens imóveis e móveis ou direitos *causa mortis*, nenhuma norma tributária específica diz expressamente sobre o momento ou quando ocorre a transmissão.

Para tanto, é preciso recorrer a regras constantes no sistema jurídico vigente, especificamente no direito civil e no direito processual civil, através do processo de integração da norma tributária, e buscar a solução possível.

Inicialmente, o art. 110 do Código Tributário Nacional, prescreve expressamente que a lei tributária não pode alterar a definição, o conteúdo e o alcance dos institutos jurídicos de direito privado para os efeitos tributários.

Assim, presume-se que a propriedade de bens móveis a simples posse. Quando se tratar de bens imóveis, pelas formas previstas no art. 530 do Código Civil, ou pela transcrição do título de transferência no registro do imóvel.

De outra parte, o art. 1.572 do Código Civil diz expressamente o seguinte: "Aberta a sucessão, o domínio e a posse da herança transmitem-se, desde logo, aos herdeiros legítimos e testamentários".

Para os efeitos da transmissão *causa mortis,* já que o legislador pátrio considera relevante a abertura da sucessão, deve ser interpretada levando-se em consideração o disposto no art. 983 do Código de Proces-

23. Ives Gandra da Silva Martins, "A progressividade do IPTU é inconstitucional?", *Notícias forenses*, abril/2001, pp. 8-9.

STF, RE 153.771-MG, *DJU* de 5.9.97, decisão do Pleno.

so Civil, que determina que "o inventário e a partilha devem ser requeridos dentro de trinta (30) dias a contar da abertura da sucessão, ultimando-se nos seis meses subseqüentes".

Com efeito, o termo *abertura da sucessão* deve ser entendido como o da data da transmissão e, portanto, ser considerado como o do aspecto temporal do fato gerador do imposto de transmissão *causa mortis,* de bens ou direitos.[24]

A abertura da sucessão no sentido utilizado pela Lei n. 10.705/00, como de abertura do processo de inventário, desde que efetivado no prazo legal, no nosso entender, não é relevante para a fixação da data da ocorrência do fato gerador, mas o evento morte, visto que com a morte da pessoa física, a sucessão se processa instantaneamente, aparecendo o inventário, o registro do título ou a homologação da partilha, apenas como formalidades para a regularização do título aquisitivo pelo sucessor.

Assim sendo, ao defendermos a tese de que se a morte ocorreu em data anterior a 1.1.2001, não podem ser aplicadas as regras da lei nova (Lei n. 10.705/00), mesmo que a abertura da sucessão, a homologação da partilha venha a ocorrer em data posterior, já que tal entendimento importaria na aplicação retroativa da lei nova, violando o disposto no arts. 5º. XXXVI e 150, III, "a", da CF/88 (princípio da irretroatividade das leis).

3.3.3 Juros moratórios pela taxa SELIC

O art. 20, § 1º, 1, da Lei n. 10.705/00, em caso de mora, prevê a aplicação da Taxa referencial do Sistema Especial de Liquidação e de Custódia (SELIC) para títulos federais, acumulada mensalmente, como juros de mora.

Esta questão, apesar da divergência existente, inclusive no Superior Tribunal de Justiça,[25] entendemos ser ilegal[26] a aplicação da taxa SELIC como substitutivo dos juros de mora de 1% ao mês (art. 161, § 1º, do CTN).

No caso, a taxa SELIC não é taxa de juros, mas rendimento médio de títulos federais, onde, além da remuneração do capital (juros), inclui correção monetária.

Sem dúvida, a aplicação da Taxa SELIC importa no desvirtuamento do conceito de juros e na prática, se o principal for corrigido pela UFESP, importara em uma aplicação da correção monetária em duplicidade.

3.3.4 Argüição da eventual ilegalidade por falta de lei complementar sobre as matérias alteradas pela CF/88

O Supremo Tribunal Federal,[27] no que se refere ao Adicional (5%) do Imposto de Renda dos Estados, julgou inconstitucional todas as leis estaduais que instituíram este imposto, que era previsto no item II, do art. 155 da CF/88, hoje extinto pela EC n. 3/93.

Tal decisão prejudicou em muito a receita dos Estados-membros, uma vez que, no nosso entender, deveria ser declarada inconstitucional, apenas na parte em que envolvesse conflitos de competência entre os Estados, considerando o disposto no art. 24, §§ 1º ao 4º, da CF/88.

Também, no caso do imposto de transmissão *causas mortis,* de bens ou direitos, apesar da omissão legislativa, somente a parte das alterações ou ampliações promovidas na competência tributária dos Estados e do Distrito Federal, que envolverem

24. Confira Angelina Mariz de Oliveira, "Tributação da transmissão de bens por sucessão hereditária", *Revista Dialética de direito tributário* 68/15 ss.

25. REsp 215.881-PR, rel. Min. Franciulli Netto. "Taxa Selic – Inconstitucionalidade", *Revista Dialética de Direito* 59/239.

26. Domingos Franciulli Netto entende ser inconstitucional: "Da inconstitucionalidade da taxa Selic para fins tributários", *Revista dialética de direito tributário* 58/7 ss.

27. STF, ADIn 28/89, de 6.10.1993.

matérias não tratadas na Constituição e relacionadas com conflitos de competência poderão ser declaradas inconstitucionais.

De resto, a Lei (do Estado de São Paulo) n. 10.705/00, é constitucional, tendo em vista o disposto no art. 18 da CF/88, que estabelece o princípio da autonomia dos Estados, como desdobramento do princípio federativo a que se refere o art. 1°, da CF/88.

Ademais, a falta de eventual lei complementar sobre algumas matérias não pode ser óbice ao exercício da competência tributária dos Estados, no sentido e invocando as lições de constitucionalistas pátrios, que a Constituição não dá com uma mão e retira com a outra.

Para a superação e fundamentação da eventual falta de normas gerais, aplicam-se as regras previstas no art. 24, §§ 1º ao 4º, da CF/88.

4. Conclusões

4.1 O princípio da progressividade e suas implicações no IPTU

I – Ao IPTU aplicam-se os princípios da isonomia e da capacidade contributiva (art. 150, II e art. 145, § 1º, da CF/88).

II – Portanto, para a implementação dos princípios da isonomia e da capacidade contributiva, sem dúvida, é possível a graduação do ônus do IPTU através da aplicação do critério da progressividade.

III – É constitucional a progressividade do IPTU tomando como critério o valor do Imóvel (art. 156, § 1º, I, da CF/88).

IV – É constitucional a progressividade do IPTU tomando como critério a localização do imóvel (art. 156, § 1º, II, da CF/88).

V – É constitucional a progressividade do IPTU tomando como critério o uso do imóvel (art. 156, § 1º, II, da CF/88).

VI – A tributação progressiva do IPTU no tempo (art. 182, § 4º, II, da CF/88) é constitucional, desde que haja Lei do Plano Diretor e seja de imóvel não edificado, subutilizado ou não utilizado, após a notificação do proprietário para promover o adequado aproveitamento.

4.2 Imposto sobre doações, "causa mortis" e "inter vivos", de bens e direitos-ITCMD

I – O perfil do imposto de transmissão *causa mortis* e doação, de bens e direitos (art. 155, I, da CF/88), em comparação com o imposto previsto na Constituição anterior, na realidade, houve ampliação do campo material, uma vez que incide não só sobre imóveis, mas sobre móveis, bens e direitos.

II – A progressividade deste imposto, para implementar a isonomia e tendo como critério a capacidade contributiva, é constitucional.

III – Portanto, a progressividade prevista no art. 18 da Lei (do Estado de São Paulo) n. 10.705, de 28.12.2000, além de implementar o princípio da isonomia, é constitucional.

IV – A transmissão *causa mortis* ocorre com o evento morte, podendo a lei específica retardar este momento, sem qualquer agressão à vigente Constituição.

V – As alterações previstas na Lei n. 10.705/00, para efeito de incidência do ITCMD, só é possível, mesmo em processo de inventário em andamento propostos em data anterior ou posterior à vigência da lei, para os falecimentos ocorridos após a entrada em vigor da lei nova (1.1.2001).

VI – A aplicação da Taxa SELIC em substituição aos juros de mora de 1% ao mês previsto no § 1º, do art. 161 do CTN é ilegal.

VII – A falta de lei complementar não impede o Estado de exercer a sua competência tributária, tendo em vista o princípio da autonomia previsto no art. 18 da CF/88, além dos §§ 1º ao 4º, do art. 24 da CF/88.

Impressão e acabamento
GRÁFICA PAYM
Tel. (011) 4392-3344

RDT 81

XIV CONGRESSO BRASILEIRO DE DIREITO TRIBUTÁRIO: *SESSÃO DE ABERTURA* • *MESA DE DEBATES "A"* — GARANTIA DE INSTÂNCIA – EFEITOS DA CONSULTA – REGIMES ESPECIAIS • *MESA DE DEBATES "B"* — PROJETO DE CÓDIGO – SIGILO BANCÁRIO • *MESA DE DEBATES "C"* — COMÉRCIO ELETRÔNICO: IMPORTAÇÃO, EXPORTAÇÃO, ESTABELECIMENTO VIRTUAL – ATOS MERCANTIS – CONFLITOS • *MESA DE DEBATES "D"* — SERVIÇOS E SERVIÇOS DE COMUNICAÇÃO – INTERNET – PROVEDORES – "SOFTWARES" – TV A CABO – FIBRA ÓPTICA • *MESA DE DEBATES "E"* — IMPACTO SOBRE CONSUMO • *MESA DE DEBATES "F"* — TRATADOS – PREÇOS DE TRANSFERÊNCIAS • *MESA DE DEBATES "G"* — RESPONSABILIDADE DOS ADMINISTRADORES • *CONFERÊNCIAS:* MEDIDAS PROVISÓRIAS E GRAVE LESÃO À CIDADANIA E À ORDEM DEMOCRÁTICA – Profa. Anna Maria Pimentel • A LEI COMPLEMENTAR E A EXPERIÊNCIA BRASILEIRA – Prof. Paulo de Barros Carvalho • TRANSPARÊNCIA FISCAL – Prof. Ricardo Lobo Torres • *SESSÃO DE ENCERRAMENTO* • ***XV CONGRESSO BRASILEIRO DE DIREITO TRIBUTÁRIO:*** ICMS E ISS: SERVIÇOS DE COMUNICAÇÃO E DE "VALOR ADICIONADO" – Aires F. Barreto • IMPOSTO SOBRE TRANSMISSÃO "CAUSA MORTIS" E DOAÇÃO E PROGRESSIVIDADE – Eduardo Bottallo • ICMS – CARÁTER NACIONAL – GUERRA FISCAL E SEUS MECANISMOS DE ATUAÇÃO – O regime dos incentivos fiscais no ICMS – Heron Arzua • LEI COMPLEMENTAR 104, DE 2001 E O ART. 116 DO CTN – José Artur Lima Gonçalves • ISS – INCIDÊNCIAS CONTROVERTIDAS – José Eduardo Soares de Melo • REFLEXÕES SOBRE A INTERVENÇÃO DO ESTADO NO DOMÍNIO ECONÔMICO E AS CONTRIBUIÇÕES INTERVENTIVAS – Lucia Valle Figueiredo • O SIGILO BANCÁRIO E A GUERRA PELO CAPITAL – Misabel Abreu Machado Derzi • IMPOSTO SOBRE DOAÇÃO – ENTIDADES FILANTRÓPICAS – IMUNIDADE DO ART. 150, VI, "C", DA CONSTITUIÇÃO FEDERAL – INCONSTITUCIONALIDADES DA LEI PAULISTA N. 10.085/00 – QUESTÕES CONEXAS – Roque Antonio Carrazza • A CPMF E SUAS INOVAÇÕES – Wagner Balera • O PRINCÍPIO DA PROGRESSIVIDADE E SUAS IMPLICAÇÕES NO IPTU, IMPOSTO SOBRE DOAÇÕES, "CAUSA MORTIS" E "INTER VIVOS" – Yoshiaki Ichihara

MALHEIROS EDITORES